Baal Müller

Die Selbstzerstörung der Demokratie

Deutschland am Abgrund

Baal Müller

Die Selbstzerstörung der Demokratie

Deutschland am Abgrund

J.K.Fischer Verlag

Originalausgabe
10/2020

Im Mannsgraben 33
63571 Gelnhausen Hailer
Tel.: 0 60 51 / 47 47 40
Fax: 0 60 51 / 47 47 41

Besuchen Sie uns im Internet unter
www.j-k-fischer-verlag.de

Die Einschweißfolie besteht aus PE-Folie und ist biologisch abbaubar.
Dieses Buch wurde auf chlor- und säurefreiem Papier gedruckt.

Layout, Satz/Umbruch, Bildbearbeitung:
Lettero Verlagsservice, Rheine, www.lettero.de
Druck & Bindung: CPI Moravia Books s.r.o.
ISBN 978-3-96850-001-0

Inhalt

Vorwort

Seit ich im Frühjahr 2016 begonnen habe, dieses Buch zu schreiben, sind mehrere Jahre vergangen, in denen sich Deutschland tiefgreifend verändert hat. Damals herrschte eine düstere, aber von mutigem Aufbegehren geprägte Stimmung zumal im Osten unseres Landes, die teilweise auf den Westen überzugreifen schien, in den dortigen Wohlstands- und Komfortzonen aber auf Befremden und Ablehnung stieß. Trotz des immer größer werdenden Akzeptanzverlustes der herrschenden Politik gelang es dieser gemeinsam mit den Massenmedien, die Demonstrationen, die sich vor allem gegen die ungebremste Einwanderung richteten, aber auch prinzipielle Fragen nach der Legitimität des Regierungshandelns stellten, auf wenige Zentren in den östlichen Bundesländern, vor allem in Sachsen, zu begrenzen und mit den üblichen Mitteln zu stigmatisieren.

Woche für Woche gingen seit Oktober 2014 die »Patriotischen Europäer gegen die Islamisierung des Abendlandes« (PEGIDA) in Dresden und anderen Orten auf die Straße und erreichten zeitweise Teilnehmerzahlen von mehreren zehntausend Menschen. Die weit überwiegende Mehrzahl von ihnen waren keine Extremisten oder sozial deklassierten Außenseiter, sondern entstammten dem mittleren Bürgertum, arbeiteten als Angestellte, Selbständige oder Unternehmer, verfügten über ein durchschnittliches oder leicht über dem Durchschnitt liegendes Einkommen und gehörten Gesellschaftsschichten an, die eigentlich nicht für fundamentale Systemkritik bekannt sind.

Von diesem politischen Klima profitierte die 2013 zunächst als eurokritische Partei mit bildungsbürgerlichem Habitus gegründete Alternative für Deutschland (AfD), die die »Flüchtlingskrise« bald als Gefahr für unser Land, aber auch als Chance, sich im Parteienspektrum zu etablieren, begriff, obwohl sie zu PEGIDA und anderen Bewegungen der von den Medien so genannten »Wutbürger« zumeist Abstand hielt.

Natürlich begann die Abkehr weiter Teile der Bevölkerung, die sich in diesen Demonstrationen und vor allem im Aufstieg der AfD manifestierte, von den Altparteien, den öffentlich-rechtlichen sowie den großen privaten Medien nicht erst damals, sondern ihr war bereits eine lange Entfremdung vorangegangen, für die jedoch das Ausdrucksmittel einer auf breite Akzeptanz stoßenden Partei fehlte. Für einen kurzen historischen Augenblick lag ein Hauch von Wende und »friedlicher Revolution« in der Luft, und es schien, dass vom Osten eine Erneuerung ganz Deutschlands ausgehen könnte, als zornige und mitreißende Stimmen über die prächtigen Straßen und Plätze Dresdens tönten und immer wieder von begeisterten Sprechchören unterbrochen wurden, während die Menschen Deutschlandfahnen – oder die »Wirmer-Flagge« des Widerstands vom 20. Juli 1944 – schwenkten. »Aufmärsche« und »Fackelzüge«, wie sie die Mainstreampresse imaginierte, fanden nicht statt, sondern locker organisierte Spaziergänge, und am Ende wurde mit Smartphones in den Nachthimmel emporgeleuchtet. Die Stimmung war aufgewühlt, aber durchgehend friedlich, und wenn es vereinzelt zu Gewalt kam, waren dafür fast immer fanatisierte Mitglieder der Antifa verantwortlich, die gemeinsam mit Altparteien, Kirchen, Gewerkschaften und anderen »zivilgesellschaftlichen Gruppen« Gegendemonstrationen abhielten und das Demonstrationsrecht der PEGIDA-Teilnehmer unrechtmäßig einzuschränken versuchten.

Eine Revolution hat diese, angesichts der verheerenden Politik, gegen die sie sich richtete, erstaunlich friedfertige Bewegung des von den tonangebenden Schichten verständnislos beargwöhnten und geschmähten »Dunkeldeutschlands« nicht hervorgebracht, aber sie hat die Atmosphäre im Land verändert. Seitdem gelang es der AfD, mit oft zweistelligen Ergebnissen in sämtliche Landesparlamente, den Bundestag und das Europaparlament einzuziehen, und sie etablierte sich, trotz schwerer parteiinterner Krisen und ständiger Flügelkämpfe, als gegenwärtig drittstärkste Partei – ein Erfolg, der in Deutschland beispiellos ist und die Altparteien, die die neue Konkurrenz bislang kategorisch ausgrenzen, zunehmend zu ungewohnten und unnatürlichen Koalitionen nötigt, die ihre Entfremdung von der Bevölkerung weiter verstärken.

Zu einem Tiefpunkt dieser Entwicklung kam es im Februar 2020, als der FDP-Abgeordnete Thomas Kemmerich im Thüringer Landtag mit Stimmen der AfD zum Ministerpräsidenten gewählt wurde, nachdem die rot-rot-grüne Landesregierung im Oktober 2019 abgewählt worden war, die Bildung einer bürgerlichen Regierung aber an der Weigerung von CDU und FDP scheiterte, mit der AfD zu koalieren oder wenigstens in irgendeiner Form zu kooperieren. Dass es dann, durch Kemmerichs Annahme der verfassungsrechtlich korrekten Wahl, doch zu einer Kooperation kam, führte zu einer wüsten Hetzkampagne der etablierten Parteien, in deren Verlauf zahlreiche Politiker und Journalisten nicht nur einen »Tabu«-, sondern sogar einen »Zivilisationsbruch« herbeiredeten und Parallelen zum Dritten Reich imaginierten. Unter den Stimmen, die den Rücktritt des Ministerpräsidenten forderten, ragte diejenige der Bundeskanzlerin hervor, die von einem »unverzeihlichen Vorgang« sprach, der »rückgängig gemacht« werden müsse. Sie bezog sich dabei, wohlgemerkt, auf eine demokratische Wahl. Der frisch gewählte Ministerpräsident konnte diesem, durch Gewaltandrohungen der linksradikalen Szene massiv verstärkten Druck nicht standhalten und trat nach wenigen Tagen zurück. Auch einige andere Spitzenpolitiker, darunter die CDU-Vorsitzende Annegret Kramp-Karrenbauer, mussten ihre Ämter aufgeben; die politische Quarantäne gegenüber der AfD wurde jedoch aufrechterhalten.

Der Begriff »Quarantäne« führt zur aktuellen, besonders besorgniserregenden, aber in ihren Konsequenzen noch nicht absehbaren Deformation unserer Demokratie durch die Maßnahmen der Bundesregierung zur Eindämmung der Corona-Pandemie. Obwohl die Zahl der Opfer des neuartigen Virus SARS-CoV-2 bei Weitem nicht den zu Beginn des Jahres 2020 verbreiteten Horrorszenarien entspricht und im Frühjahr, am Ende der Grippeperiode, bereits zurückging, verfügte die Bundesregierung Einschränkungen von Grundrechten – vor allem der Bewegungs-, Versammlungs- und Berufsausübungsfreiheit –, wie sie seit der Gründung der Bundesrepublik Deutschland undenkbar waren.

Nachdem die weit überwiegende Mehrheit der Bevölkerung diese Freiheitsbeschränkungen aus gesundheitspolitischen Gründen zunächst für geboten hielt, verdichteten sich in den Augen vieler kritischer Bürger allmählich die Anzeichen, dass die Bekämpfung des Virus der Bundesregierung lediglich als Vorwand dienen könnte, um dauerhafte Grundrechtsbeschränkungen, Eingriffe in das Wirtschaftsleben und enorme finanzielle Umverteilungen innerhalb der EU und zu Lasten Deutschlands durchzusetzen. Neben widersprüchlichen Äußerungen der Regierung, etwa zum Nutzen von Mund- und Nasenschutzmasken, und der fehlenden Unterscheidung zwischen den an Covid-19 Verstorbenen und den bei ihrem Tod lediglich mit dem Virus Infizierten in den Statistiken des Robert-Koch-Instituts trugen insbesondere die Publikationen interner Dokumente des Innenministeriums dazu bei, das Vertrauen in die Corona-Politik zu erschüttern: Ein Papier, das im März an die Öffentlichkeit gelangte, empfahl der Regierung eine drastische Krisenkommunikation mit dem Ziel, die Bevölkerung in Angst zu versetzen. Ein anderes, das im Mai bekannt wurde, sprach jedoch, nach einer umfangreichen Analyse des Infektionsgeschehens und der Zahl der überwiegend hochbetagten und vorerkrankten Verstorbenen, von einem globalen »Fehlalarm« und äußerte die Befürchtung, dass die langfristigen ökonomischen und gesellschaftlichen »Kollateralschäden« infolge des von der Regierung angeordneten Lockdowns mehr Opfer fordern könnten als die Pandemie selbst. Der Verfasser, ein Oberregierungsrat im Innenministerium, wurde daraufhin von seinem Dienst entbunden – mit der Begründung, dass er den Briefkopf des Ministeriums für sein Papier verwendet und seine Ausführungen damit fälschlich als Regierungsposition dargestellt habe.

Durch Vorfälle dieser Art sahen sich die Kritiker der Regierungsmaßnahmen bestätigt, und Demonstrationen gegen das »Corona-Regime« verzeichneten, trotz der allgegenwärtigen Panikmache, seit dem Spätsommer wachsenden Zulauf, worauf Politiker der etablierten Parteien mit dem Ruf nach strengeren Auflagen und Verboten reagierten. Anders als die PEGIDA-Veranstaltungen stießen diese Demonstrationen auch in Westdeutschland auf Zuspruch, und die Teilnehmer ließen sich nicht mehr in das traditionelle Rechts-Links-Schema einfügen, was ihre Diskreditierung durch die herrschenden Parteien erschwerte. Kampfbegriffe wie »Corona-Leugner« oder

»Covidiot« wirken unbeholfen und haben nicht dieselbe stigmatisierende Wirkung wie »Rechtspopulist«, »Rechtsextremist« oder gar »Neonazi«. Ob sich dieser außerparlamentarische Widerstand verstetigt oder bald in sich zusammenfällt und durch Verbote unterdrückt wird, bleibt abzuwarten.

Parallel zu den enormen politischen Veränderungen der Ära Merkel hat sich auch die Medienlandschaft gewandelt. Während die traditionellen Presseorgane von Jahr zu Jahr Umsatzeinbußen erleiden und der öffentlich-rechtliche Rundfunk von vielen (Zwangs-)Gebührenzahlern verachtet wird, schießen neue Zeitschriften und Online-Nachrichtenportale aus dem Boden und versorgen immer mehr Menschen mit Informationen, die ihnen die etablierten Medien vorenthalten. Natürlich sind auch unzählige »Fake News« darunter, aber das gilt für die selbsternannte »Qualitätspresse« ebenso. Auch bekannte Intellektuelle, Künstler, Schriftsteller und Journalisten melden sich kritisch zu Wort, und manche prominenten Publizisten wechselten die Seiten und wurden dafür von ihren früheren Kollegen mit Verleumdung und Feindseligkeit bedacht.

Tiefe Gräben verlaufen heute durch unser Land, zuweilen mitten durch Familien, und es ist fraglich, ob sie je überbrückt werden können. Die Entfremdung der politischen Lager vollzieht sich quer durch kulturelle, religiöse und soziale Milieus und erscheint tiefer als die Mauer, die bis 1989 die deutschen Teilstaaten trennte. Beiden Seiten geht es buchstäblich um alles oder nichts: der einen um die endgültige Durchsetzung ihrer Vorstellung von einer »offenen«, »bunten« und »toleranten« Gesellschaft, der anderen um nichts weniger als den Fortbestand Deutschlands und des deutschen Volkes. Es ist seit 1945 bislang kaum vorgekommen, dass Politiker, Wissenschaftler oder Bestsellerautoren vom drohenden Untergang unseres Landes und unserer Kultur sprechen. – Und in jüngster Zeit werden ihre Warnungen sogar noch von den apokalyptischen Ängsten einer Jugend übertroffen, die fürchtet, dass nicht nur sie, sondern weite Teile der Menschheit den Wandel des Weltklimas nicht überleben werden. Die früher oft beklagte Politikverdrossenheit gehört der Vergangenheit an; unsere Gesellschaft ist heute politisiert wie seit Jahrzehnten nicht mehr.

Vor diesem Hintergrund habe ich dieses Buch geschrieben, um mir selbst und anderen Klarheit darüber zu verschaffen, wie es zu diesen katastrophalen Entwicklungen kommen konnte. Offenkundig handelt es sich nicht nur um Probleme, die durch einen Regierungswechsel, einige Reformen und ein besseres Polit-Marketing in den Griff zu bekommen wären. Schuld sind nicht einzelne Politiker aufgrund von Inkompetenz, Machtgier oder Korruption, sondern wir haben es möglicherweise mit einer Selbstabschaffung des Systems insgesamt zu tun. Da dieses aber unsere für erfolgreich und bewährt gehaltene parlamentarische Demokratie ist, stellt sich die beunruhigende Frage, ob und inwiefern diese selbst eine gefährliche Verfallstendenz aufweist, die uns in ein neuartiges, »postdemokratisches« Zeitalter eintreten lassen könnte. Zerstört die Demokratie in Deutschland sich vor unseren Augen selbst?

Diese Frage führte mich zu dem zweiten, so umstrittenen wie verpönten Thema dieses Buches: der politischen Identität der Deutschen. Was kennzeichnet diese, und wie hängt sie mit der fraglichen Auflösung der Demokratie zusammen? Meines Erachtens muss deren eventuelle Selbstzerstörung gemeinsam mit dem pathologischen Verhältnis der Deutschen zu ihrer nationalen und kulturellen Identität betrachtet werden. Dies habe ich im vorliegenden Buch versucht, und ich hoffe, eine wesentliche Tendenz unserer Zeit nachvollziehbar beschrieben zu haben.

Bei seiner Niederschrift haben mich Freunde, Kollegen und Mitstreiter ermutigt und unterstützt. Vor allem danke ich meinen Freunden Thomas Barthélemy, Abraham Göbel, Heiko Luge, Christoph Neubarth und Gunnar Porikys für unzählige Gespräche und Anregungen. Wichtige Hinweise verdanke ich Frank Böckelmann, dem Herausgeber des Magazins »Tumult – Vierteljahresschrift für Konsensstörung«, wofür ich ihm herzlich danke. Besonderen Dank schulde ich meinem Verleger Jan Karl Fischer, der diese Arbeit angeregt und über manche Höhen und Tiefen hinweg mit großem Interesse begleitet hat. Meinem Vater Horst Müller gilt mein großer Dank für vielerlei Rat und Hilfe sowie seine rege Anteilnahme an allen meinen Projekten und Betätigungen. Und schließlich danke ich meiner Frau Christine Müller-Mey, die auch in politischen und publizistischen Angelegenheiten meine Mitstreiterin ist, für ihre Liebe, nimmermüde Geduld und ausgleichende Gutmütigkeit, mit der sie mein unruhiges, launisches und sprunghaftes Wesen immer wieder »erdet«.

Treuenbrietzen, im August 2020
Dr. Baal Müller

Einleitung

Wenn wir die unser Land betreffenden Nachrichten, die Tag für Tag auf uns einprasseln, auf einen gemeinsamen Nenner bringen wollen, bietet sich das Wort »Selbstzerstörung« an. Von einer bloßen Krise kann kaum noch die Rede sein, wenn wir – oder zumindest die noch zu politischem Urteil Befähigten unter uns – die Verheerungen betrachten, von denen Politik und Wirtschaft, Kultur und Bildungssystem, öffentliche Sicherheit und gesellschaftlicher Zusammenhalt betroffen sind, darunter:

- die sogenannte Eurorettung und die »Corona-Hilfen« für angeblich besonders betroffene Länder, die Deutschlands Sparer Hunderte Milliarden Euro kosteten bzw. noch kosten werden;
- eine Energie- und Mobilitätswende, die unsere Schlüsselindustrien opfert und die Stromversorgung gefährdet;
- die »Flüchtlingskrise« als Teilaspekt einer umfassenden Migrationsagenda, die in wenigen Jahren Millionen bildungsferne Einwanderer aus fremden Kulturkreisen ins Land spülte und fortwährend weiter betrieben wird;
- die Verfestigung muslimischer Parallelgesellschaften und über diese hinaus ein Vordringen islamischer Sitten, auf die auch Nichtmuslime – unter Verzicht auf eigene Traditionen – »Rücksicht« nehmen sollen;
- eine demographische Entwicklung, die Deutsche in absehbarer Zeit zu Fremden im einstmals eigenen Land machen wird und in vielen Städten bereits gemacht hat;
- wachsende Gewaltkriminalität junger Männer mit Migrationshintergrund gegen Einheimische und die ständige Gefahr von Terroranschlägen;
- die Enteignung des Bürgers durch immer höhere Steuern und Abgaben, für die er eine marode Infrastruktur und immer weniger staatliche Leistungen erhält;
- ein Bildungssystem, das Millionen Analphabeten produziert;

- ein jährlicher hunderttausendfacher Brain Drain bzw. die Abwanderung gutausgebildeter Leistungsträger in Länder, in denen ihre Fähigkeiten höher geschätzt werden;
- und eine Regulierung der öffentlichen Meinung durch Tabus, Sprechverbote, Formulierungsvorgaben, Gesinnungsschnüffelei, Überwachung, Bespitzelung, Versammlungsverbote, »Cancel Culture« und andere Formen der Repression – zuletzt besonders unter dem Vorwand der Corona-Bekämpfung –, die man früher nur von totalitären Staaten kannte.

Gegen all diese Tendenzen regt sich zwar Widerstand, aber noch immer werden die für diese Entwicklungen politisch verantwortlichen Parteien von breiten Mehrheiten gewählt. Der Vorwurf, die politische Klasse habe eine Art Diktatur etabliert, greift also zu kurz; stattdessen hat sich der Begriff »Postdemokratie« für das höchst beunruhigende Phänomen eingebürgert, dass zahlreiche Bürger offenbar freiwillig eine Politik unterstützen, die ihnen objektiv schadet. Diskussionen darüber sind nur schwer möglich, da oft bereits die Benennung der soeben aufgezählten Tatsachen empört zurückgewiesen und mit begrifflichen Tabus belegt wird. Während der Totalitarismus klassischer Diktaturen von nahezu der gesamten Bevölkerung als unerträglicher Zwang und Unterdrückung empfunden wurde, gilt dies für seine »sanfte«, spät- oder postdemokratische Variante nicht mehr. Im Gegenteil: Viele Bürger glauben sogar, sich mutig für die Demokratie zu engagieren, wenn sie an Demonstrationen teilnehmen, zu denen die Regierung selbst aufgerufen hat, und beteiligen sich an der Denunziation Andersdenkender, die sie als »Zivilcourage« bezeichnen.

Für diejenigen, die bereit sind, diese Entwicklung zu erkennen, stellt sich die Frage nach ihren Ursachen. Handelt es sich dabei um kontingente Faktoren wie Inkompetenz, Korruption, Macht- und Geldgier politischer Entscheidungsträger, die man abwählen könnte, oder um einen systemisch bedingten Missbrauch demokratischer Strukturen durch die politische Klasse, dem durch Reformen und mehr Bürgerpartizipation beizukommen wäre, oder gar um Verfallstendenzen, denen das demokratische System insgesamt unterliegt?

Vor der Wiedervereinigung hätten nur wenige solche Fragen gestellt; trotz mancher Gründe zur Unzufriedenheit war die weit überwiegende Mehrheit der Bevölkerung der Bundesrepublik mit der Demokratie in Deutschland zufrieden, sah das Grundgesetz – zu Recht – als Ergebnis der Lehren, die aus den Katastrophen der deutschen Geschichte gezogen wurden, und hielt die westliche, freiheitliche Gesellschaftsform im Systemvergleich mit dem Kommunismus für prinzipiell überlegen. Auch in den neuen Bundesländern war die Zustimmungsrate nach dem Beitritt hoch und hielt sich in den folgenden Jahren in West- und Ostdeutschland auf hohem Niveau, auch wenn es, bedingt durch die Art der »Abwicklung« der DDR, während der neunziger Jahre im Osten zu einer Abnahme der Zufriedenheit kam. Nach der Jahrtausendwende stieg die Anzahl der Unzufriedenen vor allem aufgrund der Euro- sowie der weltweiten Finanzkrise jedoch deutlich an – im Osten mehr als im Westen –, und in jüngster Vergangenheit führte die Migrationspolitik der Bundesregierung nicht nur zu einer Abwendung beträchtlicher Teile der Bevölkerung, insbesondere in Ostdeutschland, von den schrumpfenden vormaligen »Volksparteien«, sondern auch vom »real existierenden« demokratischen System. Diese Entwicklung ist umso besorgniserregender, als sie breite bürgerliche Schichten erfasst hat.[1]

Betrachtet man die – natürlich oft unreflektiert vorgetragene – Kritik an Demokratie und Parteienstaat näher, lässt sich feststellen, dass Verschiedenes in Frage gestellt wird:

1. *Das Funktionieren der Demokratie*
Dabei wird vorausgesetzt, dass die grundgesetzliche Ordnung noch intakt sei, durch das Verhalten der Parteien aber nicht mehr hinreichend mit der »Verfassungswirklichkeit« zur Deckung gelange.

2. *Die Demokratie des Grundgesetzes*
In den Augen dieser Kritiker wird die Demokratie bereits auf Verfassungsebene nicht ausreichend verwirklicht: Das Grundgesetz sei nur ein Kon-

strukt nach dem Willen der Siegermächte, ein Provisorium der Besatzungszeit, das nach der Wiedervereinigung durch eine wirkliche, vom Volk selbst verabschiedete Verfassung hätte ersetzt werden müssen. Da dies nicht der Fall gewesen sei, ermangele ihm die Legitimität. Oder, noch weitaus radikaler: Das GG sei im Zuge der Wiedervereinigung, von der Bevölkerung weithin unbemerkt, beseitigt worden, und eine illegitime Regierung gaukle dem Volk dessen weitere Geltung lediglich vor. Nach dieser vor allem von sogenannten »Reichsbürgern« vertretenen Auffassung ist die Bundesrepublik Deutschland mangels gültiger Verfassung überhaupt keine Demokratie, ja nicht einmal mehr ein Staat, sondern lediglich ein Wirtschaftsunternehmen, das Menschen, die sich noch immer irrtümlich für Bürger halten, als sein »Personal« beschäftigt und ausbeutet.

3. *Die Demokratie als politische Ordnung allgemein*
Eine generelle Ablehnung der Demokratie aus monarchistischer oder »führerstaatlich«-faschistischer Sicht ist nach 1945 nur noch in sehr kleinen isolierten Nischen vertreten worden; die marxistische Kritik an der »bürgerlichen (Klassen-)Demokratie«, die noch durch eine sozialistische »Volksdemokratie« vollendet werden müsse, die das Privateigentum der Produktionsmittel abschaffe und wirkliche Gleichheit herstelle, spielt seit 1990 ebenfalls keine Rolle mehr.

Abgesehen von diesen ideologischen Restbeständen gibt es heute eine – in Deutschland wenig bekannte, sondern eher in den USA vertretene – intellektuelle Demokratiekritik aus libertärer Perspektive, die monarchistische und »anarchokapitalistische« Positionen verbindet. Nach dieser Position wird die Demokratie nicht nur falsch umgesetzt, sondern ist bereits in der Theorie ein schädliches Gesellschaftsmodell, das durch eine »natürliche Ordnung« ersetzt werden sollte. Wir werden sehen, dass diese Kritik den Finger in manche Wunden legt, auch wenn man ihren radikalen Konsequenzen nicht folgen muss.

Neben der philosophischen, bis in die Antike zurückreichenden Demokratiekritik gibt es die »theokratische« Kritik des radikalen Islam, der jede säkulare Gesellschaftsform bekämpft. Aufgrund der muslimischen Einwanderung spielt sie mittlerweile auch in Europa eine Rolle, auch wenn die meisten Muslime (und ihre nichtmuslimischen Lobbyisten) – sei es aus mangelnder Vertrautheit mit den eigenen religiösen Lehren oder deren halbherziger Umsetzung, sei es aus bewusster Täuschung der »Ungläubigen« (Taqiyya) – die Unvereinbarkeit des Islam mit der Demokratie bestreiten. Sowohl der Koran als auch die politische Realität in muslimischen Ländern sprechen indes eine andere Sprache (was selbstverständlich nicht bedeutet, dass auch die meisten Muslime die Demokratie ablehnen würden).

Insgesamt zeigt sich, dass die Demokratie in Deutschland und der gesamten westlichen Welt in großer Gefahr ist und ihre Transformation bis hin zur völligen Zerstörung all dessen, was wir unter Demokratie verstehen, droht. Allerdings wird ihre Abschaffung nicht von heute auf morgen durch eine Revolution oder einen Staatsstreich stattfinden, sondern sie vollzieht sich, wenn es so weit kommt, eher als allmähliche, schleichende Zersetzung des Systems von innen heraus. Kritische Bürger, die von der veröffentlichten Meinung als »rechtspopulistische« Demokratiefeinde geschmäht werden, tragen selbst am wenigsten zu diesem Prozess bei, sondern benennen ihn lediglich auf mehr oder weniger angemessene – und manchmal auch missverständliche – Weise. Sie sind gleichsam der Seismograf, der das aufkommende Erdbeben anzeigt und dafür zerschlagen wird. Allerdings ist die Entdemokratisierung kein Naturereignis, sondern wird von der politischen Klasse – unter formaler Beibehaltung demokratischer Wahlen – herbeigeführt. Dabei wirken bewusste und willentliche Maßnahmen wie die Ausschaltung oder Marginalisierung politischer Konkurrenten durch ständige Verunglimpfung, Verdrängung aus den Massenmedien, geheimdienstliche Beobachtung usw. mit allgemeinen Verfallstendenzen zusammen.

Der Verfall der Demokratie vollzieht sich auf also mehreren Ebenen. Immanente Tendenzen zur Selbstzerstörung werden von externen, historisch kontingenten Faktoren verstärkt.

Erstere wurden bereits in der Antike wahrgenommen und von den Kritikern der attischen Demokratie problematisiert. Diese Philosophen gingen davon aus, dass die verschiedenen politischen Verfassungen aufgrund jeweils charakteristischer Verfallstendenzen spezifische »Entartungsformen« hervorbringen, auf die dann andere Staatsformen folgen. Insgesamt solle es dadurch zu einer Art Kreislauf der Verfassungen kommen, der dem Zyklus des Werdens und Vergehens in der Natur entspreche. Ausgehend von der Zahl der jeweils Herrschenden wurden bereits die drei Grundtypen der Monarchie, Aristokratie und Demokratie unterschieden und aus ihnen die jeweiligen Verfallsformen abgeleitet, in denen nicht mehr das Interesse der Allgemeinheit, sondern das eines Einzelnen oder einer Gruppe vorherrsche.

Wenn dies zutrifft, ist also auch die Demokratie auf eine ihr immanente Weise aus sich selbst heraus bedroht und fragil. Um ihre problematischen Züge einzudämmen, hat Aristoteles eine Kombination demokratischer Elemente mit solchen anderer Staatsformen, also eine »gemischte Verfassung«, vorgeschlagen.

Neben diesen Faktoren, die für die Demokratie überhaupt kennzeichnend sein sollen, gibt es solche, die aus den jeweiligen nationalen und historischen Eigentümlichkeiten folgen. So kann ein Land etwa aufgrund seiner heterogenen Bevölkerungsstruktur, konfessionellen Gegensätze, historischen Erblasten (Sklaverei, Totalitarismus, Massenmorde etc.), sozialen Spannungen, ökonomischen Probleme, aber auch wegen seiner exponierten Lage und feindlicher Aggressionen am Aufbau einer Demokratie scheitern oder überhaupt daran gehindert werden, eine eigene Staatlichkeit auszubilden. Bekanntlich galt Deutschland lange Zeit als »verspätete Nation«, bei der die Demokratisierung aufgrund einer besonderen Neigung zu Militarismus, autoritärem Untertanengeist und reaktionärem Romantizismus verzögert verlaufen und erst spät – und nicht zuletzt unter äußerem Zwang – erfolgt sei.

Im heutigen Deutschland, um das es hier vor allem geht, sind als problematische interne Faktoren paradoxerweise die geistigen Folgen der totalen Niederlage von 1945 zu nennen, obwohl diese zunächst einmal die Voraussetzung der (Re-)Demokratisierung nach dem Zusammenbruch des Nationalsozialismus gewesen ist. Einerseits sollte durch die *Reeducation* die nationalsozialistische Gesinnung ausgemerzt und der Boden für eine demokratische Entwicklung bereitet werden; andererseits handelte es sich bei der Demokratisierung durch die amerikanische Siegermacht aber um einen passiv erduldeten Vorgang, der langfristig zu einem Identitätsverlust führte, der heute sowohl den ethnischen Fortbestand Deutschlands als auch seine demokratische Verfasstheit bedroht. Geistig verinnerlicht wurde die äußerlich betriebene »Umerziehung« erst durch die von der Frankfurter Schule intellektuell begründete »Kulturrevolution« von 1968. Diese pflegte zwar einen oberflächlichen Antiamerikanismus und richtete sich vordergründig gegen den US-Imperialismus, übernahm aber die intellektuellen Moden, die später zur Herrschaft der *Political Correctness* (PC) als einem der wichtigsten psychosozialen Aspekte der Entdemokratisierung führten.

Unter dem Diktat der Politischen Korrektheit verkam die Demokratie von einem Verfahren, Legitimität durch eine mehrheitsgebundene Fundierung der Regierungsgewalt sowie durch die Konstruktion einer Gleichheit von Herrschenden und Beherrschten zu erzeugen, zu einer Weltanschauung mit totalitären Zügen. Als demokratisch gilt seitdem nicht mehr in erster Linie die korrekte Durchführung von Wahlen, um den Willen der Bevölkerungsmehrheit zu ermitteln und durchzusetzen, sondern das ritualisierte Bekunden der »richtigen«, d.h. öffentlich akzeptierten Meinung bzw. die Einhaltung bestimmter Tabus. Abweichungen werden mit dem Ausschluss aus dem Diskurs der selbsternannten Demokraten sanktioniert. Die konkreten Inhalte der PC können dabei durchaus – und zuweilen überraschend schnell – wechseln, wenn sich die gesellschaftlichen Mehrheits- und Opportunitätsverhältnisse ändern; so konnte in den letzten Jahren eine deutliche Verlagerung der ideologischen Schwerpunkte der PC von der »Vergangenheitsbewältigung« in Bezug auf die Verbrechen des Dritten Reiches hin zu den Wünschen und Befindlichkeiten von Einwanderern beobachtet werden, wobei die Ignoranz gegenüber islamischem Antisemitismus, an der auch einige oberflächliche Distanzierungen wenig ändern, vor dem Hintergrund der deutschen Geschichte irritiert.

Trotzdem sind gewisse Grundideologeme der PC wie »Gleichheit« (z.B. als angebliche Gleichartigkeit von Mann und Frau oder als postulierte Gleichwertigkeit unterschiedlicher Kulturen), »Vielfalt« (als Zusammen- oder eher Nebeneinanderleben von Menschen unterschiedlicher Kulturen), der soziale Primat (nach dem alle Konflikte lediglich soziale Ursachen haben sollen) und »Toleranz« (die stets Fremden, nicht aber dem Selbstbehauptungswillen des eigenen Volkes gilt) bislang erhalten geblieben. Veränderungen, wie etwa Abstriche bei den Frauenrechten zugunsten der »Toleranz« gegenüber dem Islam, sind in absehbarer Zeit aber möglich und zu erwarten. Die Politische Korrektheit ist, trotz des vollmundigen Pathos angeblicher »Demokraten«, die diesen totalitären Ungeist pflegen, ein Nährboden der Entdemokratisierung, die sich in ihrem Drang zu immer neuen repressiven Quoten, Verordnungen, Überwachungs- und Erziehungsmaßnahmen zeigt.

Unter den externen Faktoren, die auf die Demokratie in Deutschland schädlichen Einfluss nehmen, kann der Druck verstanden werden, der von anderen Nationen, weltumspannenden Konzernen und supranationalen Organisationen ausgeübt wird. Hier sind vor allem der Verzicht auf demokratische Souveränitätsrechte im Rahmen der EU, die aus ökonomischen Interessen vorangetriebene Globalisierung, die imperiale Machtpolitik der USA – und zunehmend Chinas –, die Zerstörung der deutschen Gesellschaft durch ungeregelte Einwanderung sowie die von in- und ausländischen Institutionen geförderte und längst zum demographischen Selbstläufer gewordene Islamisierung zu nennen.

Aufgrund der generellen Unschärfe gesellschaftlicher und kultureller Begriffe und Relationen, die niemals in exakte mathematische Verhältnisse zu übersetzen sind, hat die Unterscheidung interner und externer Faktoren nur einen Orientierungswert, da sich diese wechselseitig beeinflussen und verstärken können. Alles ist in ständiger Bewegung, und jede Betrachtung beruht auf standpunktbezogener, interessegeleiteter Selektion und Fixierung des unendlich Komplexen und Veränderlichen.

Schließlich kann die Zerstörung der Demokratie auch vor dem Hintergrund einer geistigen Selbstauflösung des abendländisch-europäischen Bewusstseins gesehen werden. Der Philosoph Frank Lisson hat mehrere Ursachen des »kulturellen Selbsthasses« benannt, der für das späte Abendland – und nur für dieses – charakteristisch sei. Seinen Ursprung sieht er bereits in der Übernahme des Christentums und der Aneignung der antiken Kultur durch die germanischen Völker, die dadurch in einer doppelten Weise »überfremdet« und von ihren eigenen Wurzeln abgeschnitten worden seien.[2] Aber auch das Christentum selbst sei bereits eine hybride Mischung aus Judentum und antikem Geist gewesen und an der Unvereinbarkeit von Glauben und Wissen, bzw. dem Widerspruch zwischen der Unterordnung unter göttliche Gebote und kirchliche Dogmen und dem freiheitlichen Geist der klassischen Philosophie zugrunde gegangen. Insbesondere gelte dies für den Protestantismus, der die christliche Tendenz zu Weltschmerz, Unbehaustheit und »transzendentaler Obdachlosigkeit« auf die Spitze getrieben habe.[3]

Auch wenn die Zerrissenheit der abendländischen Kultur enorme Energien freigesetzt und den jahrhundertelangen Vorrang des neuzeitlichen Europa in Philosophie, Kunst, Wissenschaft, Technologie, Politik und Ökonomie begründet habe, sei sie letztlich die Triebfeder hinter der Selbstaufgabe der europäischen Völker und der Nivellierung ihrer vielfältigen Kulturen in der technokratischen Zivilisation des Globalismus gewesen.

Diese Gedankengänge weisen über das Thema dieses Buches hinaus und können nicht im Einzelnen weitergeführt werden. Sie sind allerdings im Hinterkopf zu behalten, wenn wir an vielen Beispielen feststellen müssen, dass die Verfallserscheinungen unserer Demokratie ebenso wie die Zerstörung unserer deutschen Identität ihre Parallelen in ganz Nord- und Westeuropa sowie in Nordamerika haben – also überall dort, wo die vorherrschende Kultur vor allem auf germanisch-protestantischen Fundamenten ruht. In den katholischen Ländern Südeuropas und Südamerikas sowie vor allem im orthodoxen Osteuropa sind diese Tendenzen weniger gravierend. Die deutsche Situation nach zwei Weltkriegen, Nationalsozialismus und amerikanischer Reeducation ist also als besonders dramatische Ausprägung dieses Prozesses innerhalb eines umfassenden westlichen oder »abendländischen« Kontextes zu sehen.

Die Gliederung dieses Buches ergibt sich aus den sachlichen und historischen Zusammenhängen: Wenn wir die Ursachen der Selbstzerstörung der Demokratie erfassen wollen, müssen wir zunächst klären, worin deren Prinzipien und spezifische Gefährdungen liegen. Unsere Überlegungen führen uns zu den Fragen nach der Aufgabe der Politik überhaupt sowie nach dem Wesen der Souveränität. Von Volkssouveränität kann allerdings nur gesprochen werden, wenn es überhaupt ein Volk gibt, so dass wir nach dessen Identität fragen müssen. Von diesen allgemeinen Betrachtungen gehen wir zur Identität des deutschen Volkes über und beschreiben diese insbesondere in politischer Hinsicht. Wenn wir uns sodann von den mentalitätsgeschichtlichen Konsequenzen der Weltkriege über die Schilderungen der Einflüsse von Reeducation, 68er-Bewegung, Politischer Korrektheit und der Funktionsweisen der modernen Medien bis in unsere Gegenwart vorarbeiten, bewegen wir uns zugleich auf einer abschüssigen Bahn der Konkretisierung unseres deutschen Schicksals. Unter den zahlreichen Aspekten, die den Verfall der Demokratie und, damit einhergehend und sich wechselseitig bedingend, die Zerstörung der deutschen Identität ausmachen, habe ich Merkels »Flüchtlingskrise« und die aus ihr folgenden tiefgreifenden Umwälzungen besonders behandelt. Die massenhafte Migration nach Europa wiegt schwerer als alle anderen Faktoren: Ein wirtschaftlich verarmtes und ruiniertes Land kann sich wieder aufrichten; sogar nach den Zerstörungen eines Weltkriegs ist ein Wiederaufstieg möglich, aber die Voraussetzung einer jeden Regeneration ist noch immer die Existenz des geschlagenen und gedemütigten Volkes selbst.

Heute ist nicht nur die Demokratie, sondern auch die Existenz des deutschen Volkes bedroht wie kaum jemals zuvor in seiner Geschichte. Es ist alles andere als wahrscheinlich, dass es, vielleicht über geistige Nischen und Rückzugsräume hinaus, noch eine deutsche Zukunft in Deutschland geben wird; ja, dass unsere Enkel überhaupt noch verstehen werden, was damit gemeint war. Und doch ist immer eine plötzliche Wendung der Geschichte möglich. Sollte diese nicht eintreten, werden sich künftige Historiker mit der schwierigen und komplexen Frage befassen, wie es dazu kommen konnte, dass ein Volk sich auf demokratische Weise Schritt für Schritt selbst abgeschafft hat. Auch für sie ist dieses Buch geschrieben – vor allem aber für diejenigen, die sich heute bereits diese Frage stellen und daran arbeiten, dass doch noch eine große Umkehr stattfindet.

I. DEMOKRATIE UND DEKADENZ

Was ist Demokratie?

Als der glücklose Bundespräsident Christian Wulff nach monatelanger Kritik an seiner Amtsführung zurücktrat, sagte er zu Beginn seiner Rücktrittserklärung:[4]

> »Alle sollen sich zugehörig fühlen, die hier bei uns in Deutschland leben, eine Ausbildung machen, studieren und arbeiten – ganz gleich, welche Wurzeln sie haben.«

Und am Schluss seiner Rede wünschte er »unserem Land von ganzem Herzen eine politische Kultur, in der die Menschen die Demokratie als unendlich wertvoll erkennen und vor allem, das ist mir das Wichtigste, sich gerne für die Demokratie engagiert einsetzen.«

Da wir uns an die Banalität solcher Floskeln gewöhnt haben, die jeden Tag in den Medien vorüberrauschen, fällt einem ihr Unsinn oft gar nicht mehr auf. Die Kernaussagen dieser dürftigen Ausführungen lauten: Alle, die sich gerade in Deutschland aufhalten, egal warum, wie lange und woher sie kommen, *sollen sich zugehörig fühlen*, und: die Demokratie ist *unendlich wertvoll.*

Rekapitulieren wir einige zentrale Gedanken, die in zweieinhalb Jahrtausenden abendländischer Geistesgeschichte über die Demokratie formuliert wurden, und überlegen wir, was wir wirklich mit diesem Begriff verbinden, so sind diese – nicht unpassenderweise im Dokument des Scheiterns eines unbeliebten, überforderten Durchschnittspolitikers geäußerten – Phrasen alles andere als selbstverständlich. Etwas »unendlich Wertvolles« gehört einer metaphysischen Sphäre an; das Göttliche ist seinem Gläubigen unendlich wertvoll, aber eine politische Verfassung entstammt der Welt der irdischen Dinge. Offensichtlich wird ein politischer Begriff sakral überhöht. Dazu passt, dass auch die Zugehörigkeit zur Gesellschaft hier nicht real gegeben ist, sondern als moralisches Postulat erscheint: Man *soll* sich zugehörig fühlen – konkrete Voraussetzungen des Zugehörigkeitsgefühls, etwa Herkunft, Abstammung, Sprache, Wahrnehmung einer historischen Identität und Verwurzelung, Staatsangehörigkeit und Rechtstreue werden nicht genannt. Tatsächlich geht jedoch sogar die Bundesrepublik in ihrer Dekadenzphase nicht so lax mit ihren Zugehörigkeitskriterien um; selbst heute noch muss die deutsche Staatsangehörigkeit besitzen, wer sämtliche bürgerliche Rechte genießen will – und Bürger, die sich »engagiert für die Demokratie einsetzen«, indem sie z.B. Demonstrationen gegen illegale Einwanderung besuchen, machen schnell die Erfahrung, dass sie von dem Establishment, dem Wulff angehört, als nicht so »zugehörig« angesehen werden wie der Islam, von dem Wulff glaubte sagen zu müssen, dass er »zu Deutschland gehört«.

Die sakralisierte Bekenntnisdemokratie als »Zivilreligion« der westlichen Welt ist natürlich nicht dasselbe wie die Theokratie eines Papstes oder Kalifen oder das Regiment eines Kaisers »von Gottes Gnaden«. Sie ist das Säkularisierungsprodukt einer Gesellschaft, der das Religiöse weitgehend abhandengekommen ist und die doch nicht darauf verzichten kann, da sie von Grundwerten lebt, die sie selbst nicht zu erzeugen vermag. Versucht die säkulare Gesellschaft dennoch, sich selbst zu begründen, kommen modernistisch-totalitäre Kopfgeburten heraus wie die »Vernunftreligion« der Französischen Revolution oder der neopharaonische Kult der Sowjetunion um die einbalsamierte Leiche Lenins.

Die Demokratie ist nicht »unendlich wertvoll« – aber auch keineswegs wertlos –, sondern zunächst einmal eine Staatsform wie andere auch. Sie hat ihre spezifischen Vor- und Nachteile, und da sie im Laufe der Menschheitsgeschichte relativ selten vorkam, ist empirisch schwer zu ermitteln, ob langfristig ihre Vorteile oder Nachteile überwiegen. Um diese Frage beantworten zu können, muss man sich zudem darüber im Klaren sein, worum es in der Politik – und sodann in der Demokratie – überhaupt geht.

Vom Wesen der Politik

Politik kann der Durchsetzung aller möglichen Ziele dienen: Die Lobbyverbände von Frauen, Homosexuellen, Unternehmern, Abtreibungsgegnern, Muslimen, Sportfischern und Prostituierten setzen sich jeweils für die Durchsetzung der Interessen ihrer Klientel ein und versuchen dabei mehr oder weniger, diesen einen allgemeingültigen Charakter zu verleihen, um eine möglichst breite Unterstützung zu erlangen. Bei einigen, wie z.B. bestimmten Berufsgruppen, ist das partikulare Interesse offensichtlich; andere, etwa religiöse Gemeinschaften, setzen allgemeiner an der Natur des Menschen an und suchen ihn scheinbar als ganzen in den Blick zu nehmen.

Der Staatsrechtler Carl Schmitt ging davon aus, dass das Politische »seine Kraft aus den verschiedensten Bereichen menschlichen Lebens ziehen [kann], aus religiösen, ökonomischen, moralischen und andern Gegensätzen; es bezeichnet kein eigenes Sachgebiet, sondern nur den *Intensitätsgrad* einer Assoziation oder Dissoziation von Menschen, deren Motive religiöser, nationaler (im ethnischen oder kulturellen Sinne), wirtschaftlicher oder anderer Art sein können und zu verschiedenen Zeiten verschiedene Verbindungen und Trennungen bewirken. [...] Politisch ist jedenfalls immer die Gruppierung, die sich an dem Ernstfall orientiert. Sie ist deshalb immer die *maßgebende* menschliche Gruppierung, die politische Einheit infolgedessen immer, wenn sie überhaupt vorhanden ist, die maßgebende Einheit und ›souverän‹ in dem Sinne, dass die Entscheidung über den maßgebenden Fall, auch wenn das der Ausnahmefall ist, begriffsnotwendig immer bei ihr stehen muss.«[5]

Alles kann also politisch werden, auch das Privateste, wenn man es öffentlich proklamiert und auf Durchsetzung seiner Forderungen drängt. Soweit ist Schmitt zuzustimmen. Doch scheint der entschiedene Kritiker der modernen, in zahlreiche Milieus, Interessengemeinschaften und Lobbygruppen zersplitterten Gesellschaft dieser näher zu stehen, als ihm selbst bewusst war, wenn er dem Politischen keine eigene Sachsphäre zuwies. Dabei hat er doch selbst mit seiner berühmten Freund-Feind-Unterscheidung die wesentlichen Hinweise gegeben:

»Das Politische hat nämlich seine eigenen Kriterien, die gegenüber den verschiedenen, relativ selbständigen Sachgebieten menschlichen Denkens und Handelns, insbesondere dem Moralischen, Ästhetischen, Ökonomischen in eigenartiger Weise wirksam werden. [...] Nehmen wir an, dass auf dem Gebiet des Moralischen die letzten Unterscheidungen Gut und Böse sind; im Ästhetischen Schön und Hässlich; im Ökonomischen Nützlich und Schädlich oder beispielsweise Rentabel und Nicht-Rentabel. [...] Die spezifisch politische Unterscheidung, auf welche sich die politischen Handlungen und Motive zurückführen lassen, ist die Unterscheidung von *Freund* und *Feind.*«[6]

Man hat Carl Schmitt wegen solcher und anderer Äußerungen[7] eine militaristische und bellizistische Haltung vorgeworfen, ihn zeitweise auf den »Kronjuristen des Dritten Reiches« reduziert, und er hat solchen Vorwürfen durchaus Vorschub geleistet, wenn er seine Kategorien selbst mit bestimmten ideologischen Inhalten füllte (etwa mit dem »assimilierten Juden« oder dem »Antichristen« als Archetypus des Feindes); seine entscheidenden Gedanken meinen aber etwas anderes: »Freund« und »Feind« sind gerade keine beliebigen, individuell ausdeutbaren Begriffe, sie werden nicht von Privatleuten nach deren jeweiligen Sympathien bestimmt, sondern es handelt sich um *existenzielle Kategorien politischer Gemeinschaften.* »Existenziell« heißt, dass es um Sein oder Nichtsein geht, um Bedrohung und Fortleben oder Auslöschung. Und unter »politischen Gemeinschaften« sind sinnvollerweise solche zu verstehen, die *einerseits so groß sind, dass sie ihren Daseinswillen mit maximaler Wirkungskraft vertreten können, und andererseits so klein, dass sie dem Einzelnen eine kollektive Identifikationsmöglichkeit bieten, damit er sein Ich als Teil eines Wir empfindet.*

Familien weisen aufgrund natürlicher Verwandtschaft die gewöhnlich stärksten gemeinschaftlichen Bindungen auf und sind die in vielen Sprachen im »Familiennamen« zum Ausdruck kommende kleinste gemeinsame Identität über der des Individuums mit sich selbst, aber die Kernfamilie einer Abstammungsgemeinschaft von drei Generationen kann sich kaum allein gegen äußere Feinde behaupten.[8] Familien bildeten jedoch Sippen,

Sippen verbanden sich zu Stämmen, und Stämme konnten zu Völkern anwachsen, zu großen Gemeinschaften von Menschen, die durch – entfernte, aber statistisch signifikante – genetische Verwandtschaft sowie durch gemeinsame Sprache, Kultur, historische Erinnerungen und kollektive Mythen verbunden sind. Meist wird, was aufgrund solcher Gemeinsamkeiten vage und intuitiv zusammengehört, durch äußeren Druck zusammengeschweißt: durch Feinde, deren Bedrohung die Verwandten und Ähnlichen aufgrund des gemeinsam gefährdeten Lebenswillens einander als »gleich« erkennen lässt. Völker sind daher wesentlich Schicksalsgemeinschaften.

Natürlich kann auch der Privatmann seine »Feinde« haben, etwa den ökonomischen Konkurrenten, den mobbenden Kollegen oder den Nachbarn, der ihm die Ehefrau ausspannt, aber diese Verhältnisse betreffen nur seinen privaten Lebensbereich, selbst wenn der Gegner ihm nach dem Leben trachtet. Der Mörder ist ein Verbrecher, da er derselben Gemeinschaft entstammt, der feindliche Krieger nicht. Politische Feindschaft richtet sich auf politische Gemeinschaften.[9]

Ab einer gewissen Entwicklungsstufe, auf der sowohl archaische Tribalismen als auch religiös bestimmte Theokratien überwunden waren und die Emanzipation des Staates von den Religionsgemeinschaften einen hinreichenden Grad erreicht hatte, ist der Nationalstaat die vorrangige politische Entität. In Mitteleuropa vollzog sich diese Entwicklung seit Beginn der Neuzeit in mehreren, von enormen Umwälzungen geprägten Etappen, unter denen besonders der Dreißigjährige Krieg und der Westfälische Frieden, der Absolutismus und die Französische Revolution herausragen. Der Nationalstaat verkörpert deshalb die politische Einheit par excellence, weil er zwischen dem Kleinen – Familie, Sippe und Clan – und dem Allzugroßen – dem supranationalen Imperium – die Waage hält. Er ist, wie der Soziologe Jost Bauch hervorhebt, so klein, dass er »Betroffenheit, soziale Kohärenz und Solidarität ermöglicht. Auf der anderen Seite ist der Nationalstaat groß genug, um die Rationalität der Selbstbehauptung als Regulativ des Politischen durchzusetzen. Ohne Selbstbehauptung ist keine Souveränität eines Volkes oder Gemeinwesens zu haben, und ohne Souveränität gibt es keine Freiheit, höchstens Fremdherrschaft. Soziale Aggregierungsformen unterhalb des Nationalstaates sind schlicht zu klein, um diese Souveränitätsrechte durchzusetzen, im Ernstfall sind sie fremden Mächten schutzlos ausgeliefert. Und soziale Aggregierungsformen oberhalb des Nationalstaates (also jede Form des Supra-Nationalismus) sind nicht dazu in der Lage – die Situation der Europäischen Union zeigt dies eindringlich –, Identifikations- und Solidarisierungsprozesse bei den unterschiedlichen nationalen Bevölkerungen auszulösen.«[10] Dieses Fehlen kompensieren sie durch eine inhärente Tendenz zum Totalitarismus.

Der Staatsrechtler Herrmann Heller hat den Vorzug des nationalen Prinzips zum Ausdruck gebracht, indem er sagte, er liebe die Nation, »weil sie die weiteste menschliche Gemeinschaft ist, für die unmittelbar erlebte Verantwortung zu tragen ich durch meine Tat fähig und bereit bin.«[11]

Und Verantwortung für ein Gemeinwesen zu tragen, heißt letztlich nichts anderes, als sich auch langfristig für sein Wohlergehen, für seine gedeihliche Zukunft, einzusetzen.

Das Zoon politikon

Nicht nur einzelne Menschen, sondern auch menschliche Gemeinschaften haben den Willen, im Dasein fortzudauern – jedenfalls im Normalfall. Leben heißt Leben-Wollen, auch wenn dem Einzelnen wie der Gemeinschaft der Lebenswille nicht in reflektierter Form bewusst sein muss. Man spürt ihn vor allem im *Ernstfall*, wenn es um das Dasein selbst geht und sich zeigt, ob der Lebenswille und die Kräfte, das Leben zu erhalten, ausreichen oder nicht.

Der Lebenswille eines Volkes erschafft sich den Staat als Gesamtheit aller Mittel zum Daseinserhalt. Das Wort »Staat« bezeichnet seit der Antike »ein Gebilde, dessen Sinn letzten Endes nur als rational organisierte Selbsterhaltung eines geschichtlich irgendwie zustande gekommenen Zusammenhangs von Territorium und Bevölkerung bestimmt werden kann. [...] Die Selbsterhaltung schließt die geistige Behauptung und das Bekenntnis einer Nation zu sich selbst vor aller Welt ebenso ein, wie die Sicherheit im großpolitischen Sinne, und diese besteht in der Macht eines Volkes, den physischen wie den moralischen Angriff auf sich unmöglich zu machen.«[12]

Neben dieser existenziellen Funktion hat der Staat, nach klassisch-antiker, bis in die Neuzeit nachwirkender Vorstellung, noch eine umfassende ethische Dimension, die sich aus der sozialen Natur des Menschen ergibt. Der Mensch ist, laut der bekannten Definition des Aristoteles, ein »Zoon politikon«, ein gesellschaftliches Wesen; er strebt von Natur aus nach Gemeinschaft. Er tut dies nach aristotelischer Auffassung also nicht nur aus praktischen Gründen – etwa um seine Überlebenschancen zu erhöhen, die Vorteile einer arbeitsteiligen Gesellschaft zu genießen und seinen Geschlechtstrieb zu befriedigen –, sondern vor allem aus einem sittlichen Streben heraus: Nur im tätigen Miteinander könne er ein glückliches und moralisch gutes Leben führen, indem er anderen Menschen hilft und sie insbesondere auch in ihrem Streben nach Weisheit unterstützt.

Diese ethische Staatsauffassung war für die abendländische Antike charakteristisch, während in anderen Kulturräumen Weisheit eher in der Abgeschiedenheit gesucht wurde. Prinz Siddharta entfloh der Gemeinschaft von Familie und Volk und »erwachte« in einem menschenleeren Hain zum Buddha, und noch die frühchristlichen Wüstenväter zogen sich in die Einsamkeit zurück. Zwar gaben auch die Weisen des Orients ihre Erkenntnisse später, oft widerwillig, an die Gesellschaft weiter, aber um zur Erleuchtung zu gelangen, war der Weg in Einöde und Wildnis notwendig.[13]

Der Philosoph ist nach klassisch-antiker Anschauung ein am Gemeinwesen teilhabender Staatsbürger, auch wenn seine Aufgabe nicht in politischer Tätigkeit bestehen muss, sondern in der Erforschung des menschlichen Zusammenlebens liegt. Das »philosophische Staunen« – seine Grundhaltung, nichts fraglos als gegeben anzunehmen, sondern nach Ursachen und Wirkungen, Motiven und Zielen zu fragen – kann ihn zuweilen in Konflikte mit seinen Mitmenschen führen, die sich durch das In-Frage-Stellen des allgemein Gültigen und Akzeptierten provoziert fühlen. Sokrates musste seine Frageleidenschaft mit dem Leben bezahlen, nachdem er – im demokratischen Athen – zum Tode verurteilt worden war, da er angeblich Gottlosigkeit propagiert und die Jugend verdorben habe. Obwohl seine Anhänger ihm die Flucht hätten ermöglichen können, bestand er aus Ehrfurcht vor den Gesetzen auf den Vollzug des Todesurteils. Auch schlechte Gesetze dürfe man nicht übertreten, sondern nur auf legalem Wege ändern, da sonst die Staatlichkeit überhaupt negiert würde.

Zweifellos hatte Sokrates' Schüler Platon dieses Urteil und die – für die abendländische Rechtsauffassung künftig maßgebliche – strenge Objektivität seines Lehrers trotz persönlicher Betroffenheit bei der Ausarbeitung seiner Lehre vom zyklischen Verfall der Staatsordnungen vor Augen.

Ein Zyklus ist dieser Prozess, weil er als immer wiederkehrend gedacht wird, und der Verfall vollzieht sich in einem gesetzmäßigen Übergang von einer Staatsform zur nächsten:

> »Der Mensch der Aristokratie sei gut und gerecht (545a), er folge den Gesetzen und bemühe sich um Tüchtigkeit und ein ehrbares Leben. Aus der Aristokratie erwachse die Timokratie, da die nachfolgende Generation der Machthaber die Sitten ihrer Väter missachte und sich in zügelloser Streitlust und Ehrsucht übe. Ihr folge die Oligarchie, die alle Regierungskompetenzen in den Händen weniger Reicher konzentriere. Ihr Übergang in die Demokratie sei gesetzmäßig und erfolge wegen der Unersättlichkeit des Verlangens nach Reichtum. Es sei offensichtlich, schreibt Platon, ›dass man in einer Stadt unmöglich den Reichtum ehren und zugleich Besonnenheit unter den Bürgern erlangen kann. Entweder das eine oder das andere muss man drangeben‹ (555c). Eine Demokratie entstehe immer dann, wenn die Armen in der Stadt die Oberhand gewinnen und ihre Gegner entweder umbringen oder verbannen, um schließlich die Ämter unter sich zu verlosen (557a). [...] Die Umwandlung der Demokratie schließlich führe zur Tyrannis (562a ff.), und zwar wegen der übersteigerten Freiheit. Da die Menschen der Demokratie ›darin unersättlich und gegen alles andere gleichgültig‹ sind, ertöne irgendwann

der Ruf nach einer starken Hand, die wieder Ordnung in die aufgewühlte Gesellschaft bringt. Damit schließt sich der Kreis. Der Tyrann erzwingt die innere Ruhe, gewöhnt die Bürger wieder an Recht und Ordnung und schafft so die Voraussetzungen für die Rückkehr zur Monarchie bzw. zur gemäßigten Aristokratie usw.«[14]

Über die Demokratie weiß Platon also wenig Gutes mitzuteilen. Sie sei chaotisch und instabil, der in ihr vorherrschende Menschentypus des von Neid und Ressentiment beherrschten, bildungslosen Proletariers durch die Wechselhaftigkeit seiner Begierden und Launen charakterisiert. Alkibiades, ein anderer Schüler Sokrates' und Neffe des Perikles, sprach im selben Sinne von der »Zuchtlosigkeit« der Demokratie.

Als heutiger Leser neigt man dazu, Platons Position mit seiner aristokratischen Herkunft und der Zerrissenheit der athenischen Demokratie in der Zeit ihres Niedergangs zu erklären, doch eine Reduktion auf das Biographische verfehlt die strenge Objektivität eines Denkens, das im Besonderen stets das Allgemeine, die ewige Idee, zu erkennen sucht. Die eigentliche Problematik liegt eher darin, dass Platon, wie die griechische Philosophie generell, von einem mathematisch-naturwissenschaftlichen Modell der Welt ausging und dieses auf den Bereich der menschlichen Geschichte übertrug. Den kosmischen Zyklen, die die Planeten am Himmel vollziehen, entsprechen in diesem, noch von naturhaften Mythen geprägten Denken historische Zyklen des Aufstiegs und Verfalls der Staatsformen. Heute aber müssen wir davon ausgehen, dass sich, bei allen Ähnlichkeiten menschlichen Verhaltens, in der Geschichte nichts wiederholt und die Versuche, ihr gesetzmäßige Abläufe unterzuschieben, gescheitert sind. Die Ursachen dafür liegen in der unberechenbaren Freiheit des Menschen wie in seiner »technischen« Existenzweise: Seit Anbeginn hat der Mensch seine Umwelt umgestaltet und im Laufe seiner Geschichte immer stärker verändert – so sehr, dass man mittlerweile vom »Anthropozän« als der vom Menschen bestimmten Epoche der Erdgeschichte spricht.[15] Zwar kann er der ihn umgreifenden Natur, ihren Kreisläufen des Werdens und Vergehens, nicht entfliehen, aber er hat sich doch mit der Kultur eine »zweite Natur« mit eigener Gesetzmäßigkeit geschaffen, die allenfalls Abschätzungen verschiedener Entwicklungsmöglichkeiten, nicht aber eine exakte Vorhersage künftiger Ereignisse erlaubt. So plausibel Platons Lehre vom Kreislauf der Verfassungen klingt, so wenig darf doch davon ausgegangen werden, dass die Entwicklung tatsächlich immer so verläuft. Die Geschichte lässt sich nicht, wie später besonders der Marxismus propagierte, unter reduktionistischen, die untersuchten Ereignisse isolierenden Laborbedingungen beobachten und anhand immanenter Gesetzlichkeiten vorausberechnen. Zudem genügt die kurze menschliche Lebensspanne nicht, um aus eigenen Beobachtungen auf historische Gesetzmäßigkeiten zu schließen.

Aristoteles greift diese negative Einschätzung der Demokratie durch seinen Lehrer auf, ergänzt Platons zeitlos-typisierende Darstellung jedoch später durch empirisch orientierte Analysen konkreter Gegebenheiten. Zunächst, in seiner Ersten Staatsformenlehre, geht er ebenfalls noch von insgesamt sechs idealtypischen Staatsformen aus, die nach der Zahl der Regierenden sowie im Hinblick darauf unterschieden werden, ob jeweils der allgemeine Nutzen oder nur der Vorteil der Regierenden im Mittelpunkt steht. Auf der »guten« Seite finden sich die Monarchie als Herrschaft eines Regenten, die Aristokratie als Herrschaft weniger, die entweder aufgrund von Herkunft und Tugenden oder wegen ihrer Orientierung am Gemeinwohl »die Besten« seien, und schließlich die »Politie«, »Timokratie« oder Republik, in der viele Bürger – allerdings auch nach Maßgabe ihrer Verdienste, einschließlich der steuerlichen Leistungen – regieren. Negativ entsprechen diesen Verfassungen die Tyrannis als despotisches Regiment eines Einzelnen, die Oligarchie oder Plutokratie als Herrschaft der Reichen zu deren persönlichem Vorteil und schließlich die Demokratie als Herrschaft der Vielen, genauer gesagt, der armen oder gänzlich besitzlosen Freien.

Trotz der Einbeziehung der gesamten Bürgerschaft kann von einer Partizipation des Volkes im modernen Sinne im Athen des 5. Jahrhunderts noch keine Rede sein. Man schätzt die damalige Einwohnerzahl Attikas insgesamt auf 250.000 bis 300.000 Menschen. Zieht man von den ca. 170.000 bis 200.000 Erwachsenen die Hälfte, nämlich die Frauen, die prinzipiell keine Bürgerrechte hatten, die Sklaven (ca. 80.000), die etwa 25.000 ortsansässigen Fremden (Metöken) und diejenigen Bürger, die ihre Rechte verwirkt hatten, ab, so bleibt nur noch eine Minderheit von jedem siebten bis maximal jedem vierten Erwachsenen übrig, der zum Demos, zur Gemeinschaft der Bürger, gehörte.[16] Die athenische Demokratie war also, nach heutigen Maßstäben, eine sehr exklusive Angelegenheit. Bürger des Demos konnte nur der freie Mann sein und dies auch nur, wenn er waffenfähig war und väter- wie mütterlicherseits von athenischen Familien abstammte. Wenn heute betont wird, dass die athenische Demokratie nicht ethnisch, sondern vom Demos her bestimmt war, wird dieser Aspekt gerne vergessen. Für Herodot bildete das Griechentum aufgrund von »Blut« und Sprache eine Einheit und war zudem durch dieselbe Religion sowie dieselben Sitten und Gebräuche gekennzeichnet. Die Exklusion fand also noch weit unterhalb der ethnischen Ebene, innerhalb des – sich gegenüber den »Barbaren« als Einheit verstehenden – griechischen Volkes, statt und schied die Bürger des Stadtstaates streng und prinzipiell von allen Fremden. Insofern war die Zugehörigkeit zum selben Ethnos selbstverständlich.

Wodurch war diese Staatsform nun im Einzelnen gekennzeichnet?

> »Die Demokratie im Staat der Athener ist die Verfassung und die Verfassungswirklichkeit der quantitativen Gleichheit, der Freiheit und der Souveränität des Demos in der Legislative, der Exekutive und der Judikative.«[17]

Der mächtige Demos war Inhaber aller drei staatlichen Gewalten. »Die Magistrate werden von allen aus allen gewählt. Alle herrschen über jeden und jeder im Turnus über alle.« (Platon: Politik VI 2 1317b) Sämtliche Ämter – oder wenigstens die meisten, für die keine bestimme Qualifikation erforderlich war – wurden durch das Los besetzt; sie durften normalerweise nicht durch denselben Mann mehrfach besetzt werden, und die Amtsperioden waren sehr kurz. Dadurch hat ein Großteil der Bürger im Laufe seines

Lebens einmal ein Amt innegehabt, die allgemeine Teilhabe an den Staatsangelegenheiten war entsprechend ausgeprägt. Der Volksversammlung kam das höchste Gewicht zu, es gab keine Berufspolitiker und keine Parteien. Gleichwohl hatte selbstverständlich nicht jeder dieselben Wirkungsmöglichkeiten; der bäuerlich lebenden Bevölkerung auf dem Land mangelte es an Zeit, sich zu beteiligen, und insgesamt hatten manche Bevölkerungsschichten – in der Stadt Ansässige, Ältere und Wohlhabende – mehr Partizipationsmöglichkeiten als andere. Verwandtschaftliche Beziehungen spielten eine große Rolle, und einzelne begabte Redner konnten sehr großen Einfluss erlangen. Dementsprechend war die Rhetorik eine geschätzte, vielgepflegte Disziplin, was die Kritik der demokratieskeptischen Philosophen auf den Plan rief, die der Überredungskunst den Logos als wahre Rede entgegensetzten.

Trotz – oder wegen – seiner Distanz zur Demokratie (die sich biographisch schon durch seine Außenseiterstellung bzw. »Beobachterposition« als Metöke ergab) hat Aristoteles diese mit größtmöglicher analytischer Präzision beurteilt. Besonders in seiner Zweiten Staatsformenlehre wendet er sich von den idealtypischen Formen ihren konkreten Realisierungen zu; keine Staatsform existiere nämlich in der Realität in reiner Gestalt, sondern aufgrund der jeweils gegebenen soziokulturellen Verhältnisse ließen sich unterschiedliche Ausprägungen und Mischungen unterscheiden:[18] An erster Stelle sowie am zeitlichen Ursprung stehe die »gemäßigte Demokratie«, in der das Vermögen bzw. die Steuerlast für Regierungsämter qualifiziere und der Demos hauptsächlich aus Ackerbauern bestünde, die sich mit der Wahl der Exekutive weitgehend zufriedengäben. Auf der nächsten Stufe spiele der Vermögenszensus keine Rolle mehr, und als Qualifikation genüge die Abstammung; da die Amtsträger kein Honorar erhielten, sei allerdings weiterhin nur den Wohlhabenden über einen längeren Zeitraum eine Amtsführung möglich. In der dritten Demokratieform werde der Kreis der Bürger noch mehr ausgeweitet, aber erst auf der vierten Stufe komme es zur vollständigen Teilhabe aller Bürger. Diese »extreme« Form beruhe auf der völligen Gleichheit aller Bürger und der Besoldung ihrer politischen Tätigkeit, die es auch den Armen ermögliche, sich längere Zeit der Politik zu widmen. Deren finanzielle Interessen stünden nun auf Kosten der Reichen im Mittelpunkt; Demagogen – heute würden wir sagen »Populisten« – , die das Volk bald zu diesen, bald zu jenen Beschlüssen verleiteten, hätten großen Einfluss, und statt der langfristig bewährten Gesetze herrsche eine kurzfristige tagespolitische Orientierung.

Um dieser Tendenz entgegenzusteuern, empfiehlt Aristoteles eine gemischte Verfassung, die sich aus Elementen der Demokratie und der Oligarchie, möglichst in ihren mildesten Formen, zusammensetzen sollte. Neige sie mehr zur Demokratie, sei sie eine »Politie« bzw. Republik; neige sie stärker zur Oligarchie, so sei sie eine Aristokratie. So könnte etwa die Vergabe der Staatsämter auf der Grundlage von Wahlen statt aufgrund des egalitären Losverfahrens erfolgen, wodurch die individuelle Tüchtigkeit der »Besten« (*aristoi*) stärker hervortrete; dafür dürfe vom Zensusprinzip, das die Reichen begünstige, abgesehen werden.

Aristoteles gehörte zu den moderaten Kritikern der Demokratie besonders in ihrer radikalen, populistisch-egalitären Form – von vielen Autoren ist sie bis ins 20. Jahrhundert hinein weit schärfer kritisiert worden. Prinzipielle Ablehnung der Demokratie – und nicht nur ihrer unzureichenden Umsetzung – mutet den meisten Menschen heute befremdlich oder extremistisch an, da man sich daran gewöhnt hat, in der Demokratie wie selbstverständlich die beste aller möglichen Staatsformen, ja die einzig menschenwürdige, zu sehen, in der allein Freiheit und Rechtsstaatlichkeit verwirklicht seien. Bereits 1849 stellte der französische Politiker Guillaume Guizot zumindest für Frankreich fest, der Begriff »Demokratie« übe eine derartige Macht aus, »dass keine Regierung, keine Partei zu leben wagt – und es zu können glaubt –, ohne dieses Wort auf ihre Fahnen zu schreiben«.[19] Und ein gutes Jahrhundert später – im Jahre 1957 – schrieb George Orwell: »Jeder, der eine Regierungsform verteidigt, erklärt sie, wie sie auch sein mag, für demokratisch.«[20]

Diese Position hatte sich Mitte des 20. Jahrhunderts im Westen vollständig durchgesetzt. Es ist daher erstaunlich, dass sich die Demokratie – dreißig Jahre nach ihrem Siegeszug auch in den Staaten des ehemaligen sowjetischen Machtbereichs sowie Südamerikas und weiter Teile der Dritten Welt – in einer Dauerkrise befindet und zunehmend infrage gestellt wird. Zwar beanstandet auch gegenwärtig kaum jemand öffentlich das Prinzip der Volksherrschaft an sich, sondern fast jede Kritik – heute zumeist von rechts – an der »real existierenden« Demokratie betont, dass diese durch Volksentscheide gestärkt oder durch ein Zurückdrängen etablierter Parteienkartelle in vollem Umfang wiederhergestellt werden müsse.[21] Aber zuweilen wird auch eine neue »funktionalistische« Kritik an der Demokratie geäußert und deren Lösungskompetenz zumindest bei existenziellen Fragen bestritten, die schneller Entscheidungen ohne langwierige parlamentarische Verfahren bedürften[22] – ganz abgesehen von ihrer fundamentalistischen Ablehnung etwa durch den Islamismus.

Die traditionellen Demokratieskeptiker trieb vor allem die Sorge um, dass sich die Demokratie zu einer Herrschaft der »Massen« bzw. zur Diktatur charismatischer Demagogen radikalisieren könne, und empfahlen, wie Aristoteles, ihre Mäßigung und Einhegung. Manfred G. Schmidt zählt insbesondere folgende klassische Topoi der Kritik an der athenischen Demokratie auf, die wir im Anschluss an die jeweilige Behauptung kommentieren:[23]

- Das Gleichheitsprinzip missachte die unterschiedlichen Fähigkeiten und Verdienste der Bürger, sei daher ungerecht und im Sinne einer klugen, weitblickenden Staatsführung kontraproduktiv.

In der Tat war die Athener Demokratie aufgrund des Losverfahrens ausgesprochen egalitär, konnte dieses Prinzip aber nicht in allen Bereichen, insbesondere in der Außenpolitik und der Kriegführung, bei der die Existenz des Gemeinwesens auf dem Spiel stand, durchhalten. Es erscheint daher naheliegend, eine derart egalitäre Demokratie als Schönwetterverfassung bzw. als Staatsform für ruhige Zeiten (die selten eintreten) anzusehen. Wesentlich häufiger kommt in der Geschichte das Gegenteil vor: So hatte die römische Republik für Notstandsphasen die Möglichkeit einer zeitlich befristeten Diktatur vorgesehen; natürlich nimmt eine solche Bestimmung aber die Gefahr einer bleibenden Machtkonzentration oder eines Bürgerkriegs in Kauf.

- Das egalitäre Prinzip führe vor allem in der Rechtsprechung zu häufig kritisierten Fehlurteilen durch ungeschulte, parteiisch agierende Richter oder zu deren Abhängigkeit von der Volksmeinung.

Dies ist möglich, jedoch besteht bei einer stark exkludierenden, elitären Besetzung des Richteramtes umgekehrt die Gefahr, dass die Judikative in Abhängigkeit von der Exekutive gerät.

- Während heute meist – oberflächlich – davon ausgegangen wird, dass Demokratien friedfertiger als andere Staatsformen seien, wurde von antiken Kritikern gerade die Kriegführung des demokratischen Athen verurteilt: So seien Kriege mit besonderer Grausamkeit geführt und vom Attischen Seebund abgefallene Verbündete oder neutrale Staaten mit brutaler Härte bestraft worden. Vor allem der Peloponnesische Krieg sei auf athenischer Seite durch katastrophale Fehlentscheidungen gekennzeichnet gewesen. Insbesondere die besitzlosen Schichten hätten eine aggressive Militärpolitik befürwortet, während Wohlhabende eher zur Zurückhaltung gemahnt hätten.

Abgesehen von ihrer Saturiertheit mag den Angehörigen der besitzenden Klassen das Risiko des totalen Verlustes von Vermögen, Ansehen und gesellschaftlichem Einfluss vor Augen gestanden haben. Wer viel zu verlieren hat, wird sich schon deshalb anders verhalten als derjenige, der nichts zu verlieren, aber viel zu gewinnen hat, zumal wenn letzterer die militärischen Verhältnisse kaum überblickt.

- In den Volksversammlungen und Geschworenengerichten sei es aufgrund von Unwissenheit und Verführung durch eigensüchtige Redner immer wieder zu schweren, systemisch bedingten Fehlurteilen gekommen. Die große Mehrheit sei eben leicht beeinflussbar, wankelmütig, launisch, uneinsichtig und nicht zur Weisheit begabt. Die Masse könne kein Philosoph sein (so Platon: Der Staat 494a 4); am besten sei es daher, wenn besonders geschulte und begabte »Philosophenkönige« den Staat führten, wie Platon, nach der allgemein üblichen Interpretation, in seiner »Politeia« dargelegt hat.[24]

Ein solcher Staat blieb allerdings immer eine Utopie, und Platons eigener Versuch, in Syrakus in die Politik einzugreifen, schlug bekanntlich fehl. In der repräsentativen Demokratie der Neuzeit wurde das demokratische Grundproblem mangelnder Kompetenz der Entscheidungen durch die »aristokratische« Instanz gewählter Vertreter ausgeglichen. Dem Bürger obliegt nicht mehr die Entscheidung selbst, sondern die Wahl der mit den Entscheidungen Betrauten.

- Aufgrund der vorherrschenden Interessenlage würden die Wohlhabenden übermäßig besteuert, Neid und Hass gediehen, die Spannungen zwischen Arm und Reich nähmen zu, und es herrsche eine Atmosphäre des Klassenkampfes.

Die Frage, inwiefern die Demokratie per se sozialistische Tendenzen aufweist, wird uns weiter unten noch beschäftigen, wenn wir das Verhältnis von Demokratie und ökonomischer Freiheit diskutieren. Es ist anzunehmen, dass die klassenkämpferischen, revolutionären Aspekte vor allem in der Übergangsphase der Demokratisierung eine Rolle spielen, wenn die Vertreter der vorangegangenen Ordnung gerade abgesetzt wurden. Später bilden sich wieder neue ökonomische Eliten, die dann auch die Möglichkeiten der Demokratie zur Bereicherung nutzen. Die ökonomische Ungleichheit ist auch in demokratischen Gesellschaften immens. Und Neid und Hass aufgrund sozialer Unterschiede gab es auch in vordemokratischen Gesellschaften.

- Schließlich sei die Demokratie aus diesen Gründen insgesamt ein instabiles und unberechenbares System und ihre Anfälligkeit für Krisen erheblich größer als die der traditionalen Regierungsformen der Monarchie und Aristokratie.

Gegenwärtig erscheinen die größtenteils im 20. Jahrhundert etablierten Demokratien allerdings noch relativ stabil im Vergleich mit den späten Monarchien oder Diktaturen in der Zeit des »Weltbürgerkriegs« von 1914 bis 1945. Es ist allerdings die Frage, ob deren Untergang aus ihrer Instabilität folgte oder nicht vielmehr ein Ergebnis des verlorenen Ersten bzw. Zweiten Weltkrieges war. Da Demokratien in der Weltgeschichte Ausnahmeerscheinungen waren, beruht ein Vergleich mit anderen Staatsformen auf unzureichenden Grundlagen. Allein die weitaus längere Dauer monarchischer Systeme würde eher für deren Stabilität sprechen, jedoch ist auch dieses Urteil aufgrund der Vielzahl anderer relevanter, etwa ökonomischer und technologischer Faktoren fragwürdig.

Die Unterschiede der direkten, gleichermaßen egalitären wie exklusiven – große Bevölkerungsgruppen ausschließenden – attischen Demokratie und der modernen, mehr oder weniger repräsentativen – und tendenziell inklusiven – Demokratie sind offensichtlich groß: Es gab im demokratischen Athen keine Gewaltenteilung, keine Parteien oder sonstigen »Filter« der Willensbildung, keine Klasse von Berufspolitikern und keine Massenmedien, sondern nur persönliche Kommunikation oder öffentliche Bekanntmachungen. Aufgrund der unmittelbaren Partizipation bildete sich die Demokratie lediglich in kleinen Stadtstaaten aus und wäre mit den damaligen Kommunikationsmitteln schwerlich auf größere Flächenstaaten übertragbar gewesen. Dementsprechend war sie, obwohl Perikles in seiner von Thukydides überlieferten sogenannten »Leichenrede« ihre Vorbildlichkeit für andere Völker betonte, nicht universalistisch ausgerichtet und kannte keine allgemeinen Menschenrechte, sondern nur die durch Geburt und Abstammung erworbenen Rechte des autochthonen männlichen Bürgers. Zu ihren Voraussetzungen gehörten Homogenität (das ethnische Prinzip wurde, wie schon gesagt, nicht eigens betont, sondern als selbstverständlich vorausgesetzt, da sowieso nur Autochthone bürgerrechtsfähig waren), eine gewisse Übereinstimmung der Interessen, die aufgrund der Vermögensunterschiede jedoch nur teilweise gegeben war, gemeinsame und Gemeinschaft stiftende religiöse Kulte und Sportveranstaltungen (Olympiaden) – also eine unhinterfragbare »Leitkultur« –, eine breite, partizipationsfähige und -willige Mittelschicht, außenpolitische Souveränität und demographische wie territoriale Überschaubarkeit.

Mit der Eroberung Griechenlands durch die Makedonier und der Eingliederung der griechischen Stadtstaaten in das Reich Alexanders des Großen fand die antike Demokratie ihr Ende. Die römische Republik war, trotz einiger demokratischer Elemente, bis zur Einführung des Prinzipats unter Kaiser Augustus eine aristokratische Gesellschaft.

Das Alexanderreich und seine Diadochenstaaten, das römische Imperium und viele andere Reiche zeigen, dass große Flächenstaaten in der Antike monarchischer oder aristokratischer Regierungsformen bedurften. Die Demokratie war eine Ordnung kleiner, überschaubarer Gemeinwesen, in denen direkte Kommunikation und unmittelbare Partizipation ohne mediale Vermittlung möglich waren.

Hervorzuheben ist auch der Zusammenhang zwischen Universalismus und imperialer Herrschaft: Universalistische Philosophien, wie die der Stoiker und Epikureer, kamen erst in »globalen« Großreichen auf und lieferten mit ihrem Prinzip *ubi bene ibi patria* (»wo es gut ist, ist die Heimat«), das in der Kopfgeburt des »Verfassungspatriotismus« unserer Tage wiederkehrt, die »kosmopolitische« ideologische Verklärung der imperialen Machtverhältnisse: Multiethnische und »multikulturelle« Imperien wurden – und werden auch heute mit schleichender Tendenz – totalitär beherrscht. Im Gegensatz zur modernen Demokratie – die sich kaum noch als Herrschaft des Volkes, sondern als lokale Ausprägung globaler Prinzipien versteht und eher die universalen, fast nur noch individualistisch verstandenen Menschenrechte als die Rechte von Völkern auf ihre Eigenart und Eigenständigkeit vertritt – hob die griechische Demokratie ihre besonderen Eigentümlichkeiten hervor. Wenn Perikles ihre Vorbildlichkeit herausstellte, tat er dies aus Patriotismus und nicht, weil er eine Übertragung der athenischen Demokratie auf andere Staaten für möglich und wünschenswert hielt.

Die spätantiken imperialen Ordnungen mit ihrer globalen Perspektive und dem Universalismus, der im Römischen Reich – 212 n.Chr. in der *Cons-*

titutio Antoniniana unter Kaiser Caracalla – zur Erweiterung der Bürgerrechte auf alle freien Bewohner des Imperiums führte, sodann die Christianisierung Europas in Spätantike und Frühmittelalter und schließlich die Anknüpfung an das römische Vorbild durch die Theorie einer *Translatio imperii* von Rom auf die mittelalterlich-christlichen Reiche boten für eine Erneuerung der Demokratie, abgesehen von gemischten Formen wie der Wahlmonarchie, wenig Voraussetzungen.[25] Lediglich in ländlichen Gebieten außerhalb der sich allein für zivilisiert haltenden Welt konnten (noch heidnisch geprägte) Gesellschaften, in denen Volksversammlungen (etwa beim »Thing«) eine bedeutsame Funktion zukam, bis ins Hochmittelalter überdauern, d.h. bis diese bäuerlichen Kulturen nach meist zähem Widerstand in größere christliche Reiche eingegliedert wurden.

Zwar war das Christentum in politischer Hinsicht stets flexibel und favorisierte, anders als der Islam, keine bestimmte gesellschaftliche Ordnung; dennoch gibt es, wie Odo Marquard in seinem »Lob des Polytheismus« hervorgehoben hat, eine deutliche Analogie zwischen metaphysischem Monotheismus und Monarchie bzw. Polytheismus und demokratischen Staatsformen. Und nicht zufällig führten die Reformation, wenngleich dies nicht in ihrer Absicht lag, der Humanismus, die Aufklärung und die Demokratisierung schrittweise zur Abwendung von der Idee einer monotheistischen Fundierung der Weltordnung.

Moderne Vertragslehren – Hobbes, Locke, Montesquieu

Im England des 17. Jahrhunderts war die Gesellschaft durch die Reformation aus den Fugen geraten. Das Land war religiös tief gespalten, und König Jakob I. und sein Nachfolger Karl I. versuchten, am Parlament vorbei einen neuartigen Absolutismus durchzusetzen, was schließlich zum Bürgerkrieg und zur Enthauptung Karls I. führte. Unter dem Eindruck dieser Umbrüche formulierte Thomas Hobbes in seinem Werk »Leviathan oder Stoff, Form und Gewalt eines kirchlichen und bürgerlichen Staates« (1651) eine Grundlegung des Absolutismus.

Im Gegensatz zu Aristoteles war es für ihn nicht mehr selbstverständlich, dass der Mensch ein gesellschaftliches und gesellschaftsfähiges Wesen ist, sondern in seiner pessimistischen Anschauung erscheint jeder seinen Mitmenschen im hypothetischen Naturzustand bekanntlich als einsamer Wolf (*homo homini lupus*). Der Mensch sei seinem Wesen nach egoistisch, asozial und von Leidenschaften getrieben; sein größtes Bestreben liege im Selbsterhaltungstrieb. Da im Naturzustand keine übergeordnete Gewalt wirke, kämpfe jeder in totaler Freiheit gegen jeden – zugleich leide der Mensch aber auch an diesem Daseinskampf, und seine Vernunft wie sein Drang zum Daseinserhalt veranlassten ihn, auf seine ursprünglichen Rechte zu verzichten, um Frieden und Sicherheit zu erlangen, bzw. einer allgemein akzeptierten Instanz die Wahrnehmung seiner Daseinsrechte zu übertragen:

> »Jedermann soll freiwillig, wenn andere ebenfalls dazu bereit sind, auf sein Recht auf alles verzichten, soweit er dies um des Friedens und der Selbsterhaltung willen für notwendig hält, und er soll sich mit soviel Freiheit gegenüber anderen zufrieden geben, wie er anderen gegen sich selbst einräumen würde« (L 14, 100).

Die Aufrechnung der Freiheit des einen gegen die des anderen lässt Hobbes als Wegbereiter des Liberalismus erscheinen; gleichzeitig ist er auch der Vordenker des Absolutismus sowie der Begründer des Souveränitätsgedankens. Souveränität resultiere nicht aus einer göttlichen Gnade, sondern werde dem Herrscher – im Prinzip wenigstens – von den Bürgern übertragen, um dafür Ruhe und Ordnung zu erlangen. Versäume er es, seine Untertanen effektiv zu beschützen, verwirke er seine Rechte ihnen gegenüber. Das Herrschaftsverhältnis ist also ein Vertrag, der von beiden Seiten einzuhalten ist.

Zweifellos ist Hobbes kein Demokrat, aber seine Vertragslehre erwies sich später für die Lehre von der Volkssouveränität als anschlussfähig. Am Anfang soll es ja ein Vertrag freier und gleicher Individuen gewesen sein, als diese beschlossen haben, einem von ihnen die Souveränität über alle anderen in dem dadurch begründeten Staat zu übertragen – die Monarchie geht also auf eine ursprüngliche, einmalige Wahl zurück.

Ein ähnliches Modell vertritt einige Jahrzehnte später John Locke in seinen »Zwei Abhandlungen über die Regierung« (1690); sein Menschenbild ist jedoch ein gänzlich anderes und daher auch seine Theorie des Gesellschaftsvertrags. Wie Hobbes weist er die Idee einer göttlichen Legitimitätsquelle der Herrschaft ab und leitet jegliche Souveränität aus einem im angeblichen Naturzustand abgeschlossenen Vertrag her. Dieser ursprüngliche Zustand ist bei ihm jedoch kein *bellum omnium contra omnem*, sondern durch ein ungeschriebenes Naturrecht gekennzeichnet: Die Menschen hätten in Freiheit und Gleichheit zusammengelebt, was sich für Locke aus der biblischen Schöpfungsgeschichte ergibt. Jeder verfolge seine Interessen, insbesondere seinen Drang – bzw. seine göttliche Pflicht – zur Selbsterhaltung, und aus der menschlichen Arbeit ergebe sich auch das Recht auf Eigentum, aber die individuellen Grenzen lägen dort, wo man einem anderen Schaden zufüge. Vermöge seiner Vernunft sei der Mensch zwar in der Lage, die Rechte des Mitmenschen zu erkennen; dennoch sei eine übergeordnete Autorität notwendig, um gleiches Recht für alle durchzusetzen und den Einzelnen daran zu hindern, seine Grenzen zu überschreiten. Aus diesem Grunde hätten die Menschen im Urzustand eine Regierung gewählt und dieser ihre Souveränität übertragen. Sie hätten auf Selbstjustiz verzichtet und durch Mehrheitsbeschluss eine Legislative konstituiert, die dann, je nachdem, in wie viele Hände die Macht übertragen wird, die Form einer Monarchie, Oligarchie oder Demokratie annehme. Im Anschluss daran werde das ungeschriebene Naturrecht kodifiziert, und der Mensch trete in den Gesellschaftszustand ein.

Locke ist »ein Wegbereiter der liberal-repräsentativen Demokratie«.[26] Insbesondere seine Lehre von der individuellen Freiheit und Gleichheit aller Menschen bereits im Naturzustand, das Mehrheitsprinzip als klassisch demokratisches Element, seine Theorie der Trennung staatlicher Gewalten, vor allem der Legislative und Exekutive, die Betonung der Rechtsbindung der Exekutive und schließlich des Widerstandsrechts der Bürger bei schweren Rechtsverstößen der Regierung weisen auf die moderne parlamentarisch-repräsentative Demokratie voraus. Einige Formulierungen Lockes wurden daher auch nahezu wörtlich in die Menschenrechtserklärungen Virginias und des amerikanischen Kongresses übernommen; auch in der Amerikanischen Unabhängigkeitserklärung finden sich seine Gedanken zum Widerstandsrecht.

Verglichen mit der bürgerkriegsgeschüttelten Zeit Thomas Hobbes' haben sich durch die *Glorious Revolution* (1688/89) kurz vor der Veröffentlichung von Lockes »Zwei Abhandlungen« völlig andere Verhältnisse ergeben: Nach der Flucht Jakobs II. war Wilhelm von Oranien vom englischen Parlament berufen worden – das Parlament war nun Träger der staatlichen Souveränität.

Es ist bemerkenswert, dass Hobbes und Locke von der Konstruktion eines angeblichen Naturzustandes zu völlig unterschiedlichen Begründungen ihrer Gesellschaftsmodelle gelangten, und man kann lange darüber diskutieren, welches Menschenbild realistischer ist. Heutige Interpreten werden wohl dasjenige Lockes favorisieren, das auch der aristotelischen Auffassung vom *Zoon politikon* nähersteht. Auch in Urzeiten war der Mensch keine einsam in der Wildnis hausende Bestie, und es zeugt von der Weisheit des griechischen Mythos, dass er nur halbmenschliche Ungeheuer wie Zyklopen und Zentauren außerhalb der Zivilisation leben lässt. Dennoch ist die Einschätzung der Befähigung des Menschen zu einem geordneten, friedlichen Zusammenleben auch in unserer Zeit vom jeweiligen historisch-kulturellen Hintergrund beeinflusst. Es ist eine Konstante menschlichen Sozialverhaltens, sich in Kriegs- und Krisenzeiten starken Führungspersönlichkeiten anzuvertrauen, von denen man sich schnelle, rettende Entscheidungen erhofft. Selbst Montesquieu, der Theoretiker der Gewaltenteilung, sieht einen Vorteil der Monarchie darin, dass ein einzelner Herrscher im Notfall keinen langwierigen Entscheidungsprozessen unterworfen ist.

Ein anderes Problem besteht darin, ob es überhaupt realistisch ist, einen mehr oder weniger friedlichen Zustand als Normalität anzusehen und den Krieg nur als Ausnahmezustand zu betrachten. Carl Schmitt, der sich wesentlich auf Hobbes' »Leviathan« berief, erklärte bekanntlich denjenigen für souverän, der über den Ernstfall gebietet bzw. nach dessen Eintreten fähig ist, seine Macht gegenüber Konkurrenten zu behaupten. Souveränität – d.h. die Möglichkeit und Bereitschaft, politische Entscheidungen zu fällen und gegen Widerstände durchzusetzen – erweist sich nicht in Titeln, Deklarationen und Inszenierungen. Populär formuliert: »Macht« kommt von »machen«.

Da Menschen und menschliche Gemeinschaften stets um Ressourcen konkurrieren, die in einem begrenzen Raum notwendig knapp sind,[27] wird ein zumindest latenter Krieg solange der Normalfall bleiben, bis »unendliche« Quellen an Nahrung und Energie erschlossen werden können. Allerdings handelt es sich dabei nicht, wie Hobbes annahm, um einen »Krieg« einzelner Individuen gegeneinander, sondern um den Überlebenskampf der Gemeinschaften, in denen Menschen notwendig leben. Billige Sozialdarwinismus- und Militarismus-Vorwürfe sind hier selbstverständlich unangebracht; die Kunst des Krieges besteht zuallererst darin, ihn durch eine Politik des weitsichtigen Ausgleichs und der klugen Bündnisse zu vermeiden, und erst zweitens darin, ihn möglichst schnell siegreich zu beenden.

Der Grundirrtum, dem Hobbes und Locke gleichermaßen unterlagen, besteht im Ausgang von einer abstrakten Konstruktion, die sie für den »Naturzustand« hielten. Verträge setzen jedoch Kultur und geteilte Werte – also eine »Leitkultur« – voraus. In der Natur werden keine Verträge geschlossen, und der Mensch lebte, soweit wir wissen, niemals in einem präkulturellen Zustand.

Zudem führt die Vertragshypothese zu merkwürdigen Fragen und Widersprüchen: Müssen alle künftigen Staatsbürger beim Vertragsschluss anwesend sein oder nur einige, und wenn ja, welche? Hat sich die Staatlichkeit grundsätzlich in allen Staaten auf diese Weise konstituiert, oder gibt es auch andere Möglichkeiten ihrer Begründung? Wer wählte die Vertragspartner nach welchen Kriterien aus? Woran bemisst sich, wer zum Vertragsschluss zugelassen wird, wenn die Staatlichkeit, die den Staatsbürger vom Nichtstaatsbürger trennt, erst durch den Vertragsschluss entstehen soll?

Der Zirkel, bei dem das zu Begründende immer schon vorausgesetzt wird, ist unvermeidlich. Wischt man diese Fragen aber mit dem Argument beiseite, dass es sich bei der Vertragshypothese nur um ein Denkmodell handle, so ist nicht nachvollziehbar, inwiefern es dann den »Naturzustand« beschreiben soll. Der Übergang vom impliziten naturrechtlichen zum expliziten kodifizierten Rechtszustand wird dadurch nicht einsichtig. Jede politische Ordnung setzt bereits eine andere voraus, und die Ursprünge verlieren sich im Dunkel der Vorgeschichte. Dieses ist aber nicht die Finsternis des Nichtwissens, sondern das Dunkel mythischer Unbegründbarkeit. Die Anfänge aller Staatlichkeit liegen im Mythos.

Mit einer anderen Annahme sucht Charles de Montesquieu in seinem Hauptwerk »Vom Geist der Gesetze« (1748) den Hiatus zwischen Natur- und Gesellschaftszustand zu schließen: Ihm geht es »um die Frage nach den dem menschlichen Leben inhärenten *Naturgesetzen*. Anders als etwa Thomas Hobbes ist nämlich für Montesquieu der Staat nicht ein Mittel, den natürlichen Krieg aller gegen alle zu beenden, vielmehr entspricht ein Staat, der nach den Naturgesetzen aufgebaut ist, der Natur des Menschen.«[28]

Montesquieu vertritt die für die Aufklärung typische deistische Gottesauffassung, nach der Gott nur Schöpfer, nicht aber Lenker des Universums sei. Er habe seine Schöpfung gleichsam in die Unabhängigkeit entlassen – aber nur in die Unabhängigkeit von ihm selbst, nicht von den Naturgesetzen, die im Kosmos wirken. In diesen – und allein in diesen, nicht in göttlichen Eingriffen bzw. »Wundern« – zeige sich seine Göttlichkeit. Da die gesamte Welt Gottes Schöpfung sei, wirkten letztlich auch dieselben Gesetze in der menschlichen Gesellschaft wie in der Natur. Die Frage nach dem Übergang vom Natur- zum Gesellschaftszustand stellt sich dann nicht mehr – allerdings bleibt die Frage offen, warum der Mensch sich manche Gesetze selbst gibt, während er andere nicht beeinflussen kann.

Montesquieus Interesse lag jedoch nicht primär im philosophischen Bereich; er war empirischer Forscher und wollte Handlungsanweisungen für die praktische Politik vorlegen. Gute Politik ist seiner Auffassung nach durch die Ausbalancierung der verschiedenen Gewalten und die Vermeidung einer zu großen Machtkonzentration in einer Hand gekennzeichnet. Alles wirke in der Natur zusammen, und auch in der Gesellschaft müssten die einzelnen Kräfte interagieren und sich ergänzen. So wurde Montesquieu zum eigentlichen Begründer der Lehre von der Gewaltenteilung, in der Exekutive, Legislative und Judikative jeweils ihr eigener Bereich zugemessen wird, um Despotismus einerseits und Anarchie andererseits zu verhindern. Damit nicht doch eine Gewalt die anderen aufsaugt, sollen verschiedene Sicherungsmaßnahmen wie die allgemeine Wahl von Abgeordneten, die Unterteilung der Legislative nach englischem Vorbild in Ober- und Unterhaus und die Bindung der Exekutive an die Gesetze für Stabilität und das »rechte Maß« im aristotelischen Sinne sorgen.

Montesquieu plädiert also für eine gemischte Verfassung nach dem Vorbild des Aristoteles und nicht für ein radikales Demokratiemodell, aber seine Lehre von der Gewaltenteilung hat die Ausbildung der modernen parlamentarischen Demokratie wesentlich beeinflusst. Auch diese ist de facto mehr oder weniger eine Mischverfassung. Zwar heißt es etwa im Grundgesetz der Bundesrepublik Deutschland, dass alle Gewalt vom Volke ausgeht, aber diese Gewalt wird nicht einheitlich vollzogen, sondern entäußert sich, wie in den antiken Verfassungslehren entworfen, in unterschiedlichen Formen. Die allgemeine, freie und geheime Wahl ist heute das vorherrschende demokratische Element (was nicht immer so war – man denke an das radikal elitäre Losverfahren bei den Athenern), aber die Repräsentation des Volkes in einem Parlament weist aristokratische Züge auf, und in der Institution eines Präsidenten, dem je nach Verfassung mehr oder weniger Rechte zugemessen werden, zeigt sich ein monarchisches Erbe. Auch das Bundesverfassungsgericht in Deutschland vertritt in gewisser Weise eine monarchische Instanz, insofern es nicht nur judikative Aufgaben wahrnimmt, sondern der Exekutive durch die Beurteilung der Verfassungsmäßigkeit ihres Handelns einen Rahmen setzt.

Die funktionale Begründung der staatlichen Gewalten entspricht bei Montesquieu den traditionellen Annahmen: Die monarchische Exekutive solle in der Hand von »Entscheidungsexperten« liegen; der Adel verfüge als gesellschaftliche Elite über wirtschaftliche Unabhängigkeit und größtmögliches Urteilsvermögen; und das Volk sei zwar der Souverän, könne seine Souveränität aber selbst nicht hinreichend artikulieren und ausschöpfen.

Souveränität und allgemeiner Wille

Hier sorgte nun Jean-Jacques Rousseau als radikaler Theoretiker der Volkssouveränität für einen Paradigmenwechsel. Der Schriftsteller, Gelehrte, Komponist, Hauslehrer, Privatsekretär und Liebhaber adliger Damen, die ihm mäzenatisch zugetan waren, war nicht nur wegen seiner »prekären Lebensverhältnisse« das Enfant terrible unter den französischen Intellektuellen seiner Zeit, sondern irritiert bis heute durch seine Widersprüchlichkeit. Man hat ihn als Aufklärer und zivilisationsfeindlichen Romantiker, Vordenker der Französischen Revolution und Stichwortgeber ihrer Kritiker, Basisdemokraten, Freiheitskämpfer und Wegbereiter des Totalitarismus gesehen – und alles nicht ohne Grund, wenn man jeweils einzelne Aspekte aus ihrem Zusammenhang herausgreift.

Auch Rousseau spekuliert über den mutmaßlichen Naturzustand des Menschen und kommt in seiner »Abhandlung über die Wissenschaften und Künste« (1750) sowie in der »Abhandlung über den Ursprung und die Grundlagen der Ungleichheit unter den Menschen« (1755) zu dem für den damaligen Fortschrittsglauben vernichtenden Ergebnis, dass der menschliche Zivilisationsprozess lediglich zum Verfall der Moral geführt habe. Ursprünglich hätten die Menschen, abgesehen von physischen Unterschieden, in einem Zustand der Gleichheit und allgemeinen Empathie gelebt; erst das »Verbrechen«, Grenzen zu ziehen und Dinge, die von der Natur jedem gleichermaßen gewährt wurden, als persönliches Eigentum zu bezeichnen, habe zu Ungleichheit und Interessengegensätzen geführt, die später durch Gesetze fixiert worden seien. »Der Mensch ist frei geboren, und überall liegt er in Ketten«, heißt es zu Beginn seines politischen Hauptwerkes »Vom Gesellschaftsvertrag oder Grundsätze des Staatsrechts« (1762).

Trotz des heute üblichen, fast selbstverständlich erscheinenden Lobes der Aufklärung sollte man nicht übersehen, dass es sich bei Rousseaus Ideen um Projektionen handelt, die von Archäologie, Ethnologie und historischer Forschung längst widerlegt wurden. Ihre kritischen Impulse sind damit jedoch nicht erledigt, sondern nur manche ihrer zeitbedingten Inhalte. Noch immer müssen wesentliche Anregungen der Aufklärung gegen ihre (z.B. religiös motivierten) Feinde und Verächter verteidigt und weitergeführt werden – vor allem der Mut, sich seines eigenen Verstandes zu bedienen, wie Kant die aufklärerische Maxime zusammenfasste –, aber ebenso ist es nötig, die falschen, selbsternannten Aufklärer aufzuklären. Wie die meisten politisch-intellektuellen Bewegungen war sie in der Kritik plausibler als in ihren eigenen positiven Entwürfen, und da sie dazu neigte, aus ihren rationalistischen Postulaten irrationale Ideologien abzuleiten, bedarf sie der Anwendung ihrer Prinzipien auf sich selbst. Um den kritischen Kern der Aufklärung zu retten, muss man sie auch gegen ihre Propagandisten verteidigen – ähnlich wie die Demokratie vor denen, die sich selbst am lautstärksten als Demokraten feiern, in Schutz zu nehmen ist.

Einer der unsinnigsten und doch einflussreichsten Gedanken der Aufklärung war das Tabula-rasa-Prinzip, das aus der kritischen Stoßrichtung gegen klerikale Bevormundung heraus verständlich, aber deswegen noch nicht richtig ist. Der Mensch kommt weder als unbeschriebenes Blatt »frei« und »gleich« zur Welt, noch tritt er so in die Geschichte ein. Immer trägt er eine Erbschaft mit sich, ist bestimmt durch Genetik und Kultur und kann sich nur in einem vorgegebenen Rahmen entfalten.

Ebenso, wenn auch nicht ganz so offenkundig wirklichkeitsfremd ist die Auffassung, Eigentum sei etwas »Unnatürliches«. Nur Tiere kennen kein Eigentum (auch wenn sie bereits ein Revierverhalten zeigen), aber der Mensch machte sich immer schon seine Umwelt zu eigen. Ob es sich dabei um individuelles oder kollektives Eigentum, etwa einer Familie oder eines Stammes, handelt, ist zweitrangig. »Unnatürlich« ist Eigentum nur, insofern es notwendig der Sphäre der Kultur angehört. Diese bildet jedoch die »zweite Natur« des Menschen und lässt ihn den rein biologischen Bereich transzendieren.

Zweifellos ist Eigentum auch keine zufällige, kontingente Erfindung, sondern ergibt sich aus der existenziellen Verfasstheit des Menschen, seinem In-der-Welt-Sein: Zum menschlichen Dasein gehört, wie insbesondere Martin Heidegger dargelegt hat, wesentlich seine Zeitlichkeit. Der Mensch lebt aus der Vergangenheit und entwirft sich auf seine Zukunft hin. Das Eigentumsprinzip ist daher Ausdruck seines existenziellen Bestrebens, auch morgen noch über das verfügen zu können, was sich gestern und heute als nützlich erwiesen hat. Da der Mensch durch Gedächtnis und Erinnerung ausgezeichnet ist und seine Zukunft plant, hat er einen Drang, das – mit Heidegger gesprochen – »Zuhandene«, bzw. der Benutzung Verfügbare, über den Augenblick des Nutzens hinaus für künftige Verwendungsmöglichkeiten aufzubewahren.[29] Und aufgrund seines Bewusstseins der eigenen Identität (auf die wir unten näher eingehen) beansprucht er dieses Nützliche oder Sinnstiftende als individuelles oder gemeinschaftliches Eigentum. Eigentum ist also kein »Verbrechen«, sondern ein Existenzial, eine Grundkategorie der menschlichen Existenz.

Trotz der fortschrittskritischen Haltung, die Rousseau zu einem Ahnherrn des konservativen »Kulturpessimismus« (richtiger müsste es heißen: »Zivilisationspessimismus«) werden ließ, blieb er doch dem konstruktivistischen Gesellschaftsdiskurs seiner Zeit verhaftet: Am Anfang soll wieder einmal ein Vertrag gestanden haben. Offenbar erschien dieses Konzept einer sich nach Sicherheit und Befriedung sehnenden Epoche der Religions- und Bürgerkriege, aber auch eines aufstrebenden, sich durch Handel und Geschäftsbeziehungen definierenden Bürgertums so attraktiv wie selbstverständlich. Eine andere Linie führt von Rousseaus Kritik am Eigentum zur marxistischen Linken – er habe lediglich am Beginn der Menschheitsentwicklung gesucht, was eigentlich am Ende zu erreichen sei, lautet das spätere linke Verdikt.

Auch bei Rousseau zeigt sich, dass sein Vertragsbegriff äußerst ambivalent ist, denn durch den Vertragsschluss erfolgt für ihn die »Entäußerung jedes Mitglieds mit allen seinen weiteren Rechten an das Gemeinwesen als Ganzes« (GV I 6,17). Klingt dies noch ähnlich wie bei Thomas Hobbes, so besteht doch der entscheidende Unterschied darin, dass die Souveränität des Einzelnen, die er aus Schutz- und Sicherheitsgründen abgibt, nicht einem anderen Einzelnen, sondern der Gemeinschaft insgesamt »übertragen« wird, ohne dass jedoch ein tatsächlicher Souveränitätstransfer stattfindet.

> »An die Stelle der Einzelpersonen tritt eine *sittliche Gesamtkörperschaft*, das Volk, dem die absolute Souveränität zukommt. Die einzelnen Glieder des Volkes nehmen eine doppelte Rolle ein – als Teilhaber an der Souveränität sind sie an der Gemeinwillenbildung beteiligt und werden *Bürger* genannt; gleichzeitig sind sie dazu verpflichtet, dem Gemeinwillen zu folgen, und somit *Untertanen*.«[30]

Das Individuum wird frei, indem es sich unterwirft; es wird souverän, indem es seine Macht abgibt; es wird zum Volk, indem es sich aufgibt. Die merkwürdigen Widersprüche sollen sich in der Konstruktion des *volonté generale*, des Gemeinwillens, auflösen. Dieser ist »das Kernstück in Rousseaus Volkssouveränitätslehre – durch ihn wird das Volk in der Ausübung der Souveränität angeleitet. Während der Gesamtwille (*volonté de tous*) von Rousseau als die Summe aller Sonderwillen (*volonté particulière*) definiert wird, zielt der Gemeinwille auf das Gemeinwohl. Die vom Gemeinwillen geleitete Souveränität sieht Rousseau als *unveräußerlich* und *unteilbar* an.«[31]

Wie stellt sich Rousseau nun diesen allgemeinen Willen vor? Um ihn zu erhalten, müsse man das »Mehr und Weniger« vom Gesamtwillen abziehen; er ist so etwas wie der kleinste gemeinsame Nenner, wenn man die berechtigten Wünsche der Individuen um ihre überzogenen egoistischen Sonderinteressen bereinigt. Rousseau geht also davon aus, dass dem Willen der Einzelnen ein vernünftiger Kern innewohnt, aber er bestimmt ihn – trotz seiner leidenschaftlichen Imaginationen des »edlen Wilden« im Banne des mathematisch-mechanistischen Denkens der Aufklärung – rein quantitativ. Es geht nur darum, das, was jeder Einzelne für sich zu viel fordert, abzuziehen – aber wer soll das tun? Eine repräsentative Instanz steht nicht zur Verfügung, da Souveränität für Rousseau »unveräußerlich« ist. Auch eine Gewaltenteilung wird explizit abgelehnt; dem Volk obliegt unmittelbar selbst die Legislatur als Wesen und Ausdruck seiner Souveränität, und ein Gesetz, »das das Volk nicht selbst beschlossen hat, ist nichtig; es ist überhaupt kein Gesetz« (GV III 15, 103). Exekutive und Judikative sind dementsprechend keine eigenständigen Gewalten, sondern nur nachgeordnete Funktionen, die von dazu beauftragten Organen – nicht aber von »Vertretern« des Volkes – auszuführen sind.

Folglich kann das Volk nur selbst, durch Abzug der überschießenden Einzelinteressen, seinen Gemeinwillen bestimmen; alle Bürger müssten dazu über jedes Gesetz abstimmen, was in der Praxis schwer zu bewerkstelligen ist. Dementsprechend kann Rousseau nur sehr kleine Gemeinwesen, die wie die griechischen Stadtstaaten die Bürgerrechte auf wenige Einwohner beschränken, als legitime Staaten anerkennen und muss eine demokratische Regierungsform für große Flächenstaaten als unmöglich zurückweisen. Dennoch ist selbst bei kleinsten Staatsgebilden davon auszugehen, dass repräsentative Elemente irgendwie durch die Hintertür eingeführt werden, sei es auch nur durch den größeren Einfluss politisch besonders begabter und/oder wohlhabender Individuen, die andere Bürger gleichsam informell repräsentieren.

Rousseau sieht sich trotz seiner emphatischen Betonung der Volkssouveränität daher auch nicht als Demokraten, sondern als Anhänger der Republik, worunter er das durch Gesetze definierte Gemeinwesen versteht. Im Grunde ist jeder legitime Staat also eine Republik – eine *res publicans*, die Sache der Allgemeinheit –, und die konkrete Regierungsform – Monarchie, Aristokratie oder Demokratie – resultiert aus der Anzahl der mit der Exekutive Beauftragten. Eine wirkliche Demokratie ist äußerst selten – »eine so vollkommene Regierung passt für Menschen nicht« (GV III 4,74) –, und in seinen Verfassungsentwürfen für Korsika und Polen schlägt er trotz seiner strikten Souveränitätslehre gemischte Systeme vor. Wie auch als Pädagoge,[32] zeigt er sich hier von seiner pragmatischen Seite. Trotz der allgemein aus seinem Werk abgeleiteten Forderung »Rückkehr zur Natur!«[33] erweist sich Rousseau als Theoretiker ohne Bodenhaftung und veranschaulicht in der Widersprüchlichkeit seiner Schriften ein wohlbekanntes Prinzip: Je umfassender der theoretische Anspruch und je strikter die Moral, desto stärker ist immer wieder der Wirklichkeitsschock.

Nicht ohne Grund klaffen Theorie und Praxis bei ihm weit auseinander: Sein Konzept einer durch faktische Selbstregierung erzeugten Identität von Herrschenden und Beherrschten ist, wenn überhaupt, nur in einem sehr kleinen Staat zu verwirklichen, und sein Begriff des Gemeinwillens bleibt merkwürdig unbestimmt. Im Prinzip kann der Gemeinwille alles verlangen, wenn die Mehrheit dies bestimmt – die Minderheit hat sich dann zu unterwerfen und genießt auch keinerlei Schutz etwa durch einen verfassungsmäßigen Rahmen. Und erst recht verfügt das Individuum über keinen Grundrechtsschutz oder sonstige gegen den Zugriff des Staates gerichtete Abwehrrechte, wie sie für die liberale Verfassungstradition charakteristisch sind. Rousseaus *volonté generale* krankt also an seiner rein zahlenmäßigen Bestimmung und kann, wie oft bemerkt wurde, totalitäre Züge annehmen. Letztlich ist nicht einsichtig, mit welchem Recht sich eine – oft knappe und schwankende – Mehrheit als Stimme des Gemeinwillens definieren, also eine höhere Qualität der Willensbildung in Anspruch nehmen darf, wenn sie doch nur quantitativ bestimmt ist.

Wir haben demgegenüber eine konkrete Bestimmung des Gemeinwohls vorgeschlagen, indem wir davon ausgehen, dass es politischen Entitäten – wie dem Volk als zentralem politischem Subjekt – um ihr Selbst geht: Sie streben danach, sich im Dasein zu erhalten, und dem Gemeinwohl ist alles förderlich, was diesem Ziel dient. Von daher lassen sich auch Rahmenbedingungen definieren, die das Wuchern schädlicher Gesetze ausschließen, in denen partielle Gruppen-, Lobby- und Minderheiteninteressen das Gemeinwohl usurpieren, wie es in den heutigen Demokratien durchgängig der Fall ist.

Das Individuum wird durch eine am Volk und dessen Wohlergehen orientierte Konzeption keinesfalls einem »völkisch« formierten Staatswesen geopfert, wie heute oft gedankenlos dahergeredet wird. Die individuelle Persönlichkeit und das Volk, dem sie angehört, stehen ja, da der Mensch ein gesellschaftliches Wesen ist, nicht in einem Gegensatz. Wenn man das Wesen der Politik darin sieht, Leben und Wohlergehen des Volkes zu sichern und zu erhalten, folgt daraus keine Unterdrückung des Einzelnen. Im Gegenteil: Der einzelne und allein hilflose Mensch wird vor kollektivistischen, gleichmacherischen und entwurzelnden – letztlich krank machenden und lebensfeindlichen – Ideologien geschützt, wenn er einem lebendigen, daseinswilligen, sich aus seiner Vergangenheit heraus für seine Zukunft erneuernden Gemeinwesen verbunden ist; und dem Fortbestand eines solchen sind starke, freie Individuen förderlicher als ferngesteuerte Konsumenten der jeweils modischen oder vorgeschriebenen Ideologie. Etwas salopp formuliert ist (gute) Politik die Medizin des Volkes. Der Politiker hilft dem Volk, sein Leben zu erhalten, im Idealfalle so wie ein Arzt dem Einzelmenschen. In der Realität ist heute leider oft das Gegenteil der Fall, wenn linksextreme Politiker und Aktivisten den »Volkstod« propagieren und Kritiker solcher Parolen als »Rechtsextremisten« verunglimpft werden.

Die Tatsache, dass Rousseau zwei Staaten dann doch gemischte Verfassungen empfohlen hat, zeigt, dass es sich bei seinen Ausführungen letztlich um – freilich sehr einflussreiche – Gedankenspiele handelte, die von äußerst gegensätzlichen politischen Richtungen aufgegriffen werden konnten, von den Befürwortern einer plebiszitären Demokratie ebenso wie von Vertretern eines identitären »Führerstaates«.

Ungeachtet dessen gewinnt Rousseaus kategorisches Eintreten für die unmittelbare Demokratie in gesellschaftlichen Umbruchphasen wie 1989 oder in der Spätphase der Merkel-Regierung immer wieder neue Aktualität. Demokratie ist, wie er sagt, letztlich die Verfassung eines Volkes von Göttern – man könnte dies, da Menschen keine Götter sind, aber auch zu dem Satz abwandeln: Demokratie ist die Verfassung eines Volkes in einem »göttlichen« Augenblick, einem herausragenden *kairos* seiner Geschichte. Wirkliche Demokratie ist ein historischer Moment, in dem ein Volk sich als es selbst begreift, unabhängig von seiner jeweiligen zeitbedingten Verfasstheit. Demokratie ist ein Ereignis – kein selbstverständlicher Zustand –, und die Staatskunst muss darin bestehen, diesem eine gewisse Dauer zu verschaffen bzw. es zu einem fortdauernden »täglichen Plebiszit« (Ernest Renan) werden zu lassen.

Rousseau war einer der bedeutendsten Köpfe der politischen Philosophie der Neuzeit, aber praktisch umgesetzt wurden seine Gedanken kaum – und als man sich während der Französischen Revolution auf sie berief, brachte man die Schreckensherrschaft des Tugendterrors hervor, auf die zunächst das napoleonische Kaisertum und sodann ein jahrzehntelanger

Wechsel von Restaurationsbemühungen und demokratischen Eruptionen folgte.

Insgesamt sollte sich die moderne Verfassungswirklichkeit schließlich in die Tradition repräsentativer Demokratietheorien stellen.

Das Janushaupt der Massendemokratie

Ein wichtiger Meilenstein dieser Entwicklung war die Ratifizierung der amerikanischen Verfassung, die die Konföderationsverfassung des Unabhängigkeitskrieges (1775–1783) ersetzen sollte. Um die Akzeptanz dieser neuen Ordnung in der Öffentlichkeit zu fördern, veröffentlichten Alexander Hamilton, der spätere Finanzminister George Washingtons, James Madison, der 1809 Nachfolger Jeffersons als Präsident der USA wurde, und der Außenminister John Jay unter dem Pseudonym »Publius« von Oktober 1787 bis Mai 1788 eine Serie von 85 Zeitungsartikeln, die *Federalist Papers*, in denen sie das neuartige Projekt eines auf Volkssouveränität beruhenden Gemeinwesens in einem Flächenstaat entwarfen. Zum einen sollte die Union der dreizehn ehemaligen Kolonien politisch, ökonomisch und militärisch stärker zusammengeschlossen werden; zum anderen ging es aber auch darum, radikaldemokratische Bewegungen im Zaum zu halten. Vor allem aber sollte ein historisches Novum verwirklicht werden: eine Republik in einem großen Nationalstaat, die für alle maßgeblichen Theoretiker wie Montesquieu oder Rousseau undenkbar war. Es galt das Prinzip, dass eine demokratische Verfassung höchstens in sehr kleinen Staatsgebilden verwirklicht werden könne; Flächenstaaten müssten als Monarchien oder allenfalls als Mischsysteme verfasst sein. Und in der Tat gab es dafür auch kein historisches Vorbild, außer allenfalls die Republik der Sieben Vereinigten Niederlande, auf die sich die Gründerväter Benjamin Franklin und John Adams beriefen. Auch die Autoren der *Federalist Papers* vermeiden allerdings noch den Begriff »Demokratie«, unter dem sie in antiker Tradition nur die direkte Demokratie verstanden; stattdessen sprechen sie von einer Republik, meinen damit aber das, was wir heute als »repräsentative Demokratie« bezeichnen. Die direkte Demokratie tendiere zu Maßlosigkeit und sei nicht gegen die Möglichkeit einer Tyrannei der Mehrheit auf Kosten der Minderheit geschützt – einen solchen Schutz biete erst das Repräsentativsystem, das den Volkswillen bändige und kanalisiere. Mit ähnlichen Argumenten versuchen allerdings auch heute noch die Vertreter des politischen Mainstreams, ihre Macht angesichts der Herausforderung des sogenannten Populismus zu zementieren.

Und gegen das Argument der *Anti-Federalists*, dass die Größe eines Flächenstaates mit einer republikanischen Verfassung nicht vereinbar sei, wandten sie ein, dass gerade Größe und Bevölkerungszahl eine hinreichende gesellschaftliche Pluralität garantiere, die dem Machtegoismus einzelner Gruppen entgegenwirke und die für eine Republik erforderliche Gewaltenteilung stabilisiere.

Leider müssen wir jedoch oft genug feststellen, dass ein zu hohes Maß an Pluralität – im Jargon der Mainstream-Parteien »Vielfalt« – zum Zerfall von Gesellschaften führt und dass mit der Größe und Macht eines Landes auch die globalen Einflussmöglichkeiten seiner elitären Kreise wachsen.

So neuartig das Verfassungskonzept der *Federalist Papers* für einen von Kolonisten hervorgebrachten, jungen und weitgehend geschichtslosen Staat war, so sehr war es doch, trotz des Anspruchs der *pilgrim fathers*, *God's own country* begründet zu haben, um Mäßigung und Ausgleich der Kräfte bemüht. Gleichwohl erkannte der scharfsichtigste Interpret der amerikanischen Demokratie des 19. Jahrhunderts, Alexis de Tocqueville, welches Potential künftiger, nicht zuletzt besorgniserregender Entwicklungen in ihm angelegt war. Wilhelm Dilthey sagte von dem französischen Denker, er sei »unter allen Analytikern der politischen Welt der größte seit Aristoteles und Macchiavelli.«[34]

Tocqueville entstammte einem alten französisch-normannischen Adelsgeschlecht und war zunächst als Richter tätig, bis er 1831 zu einer langen Reise in die Vereinigten Staaten von Amerika aufbrach, offiziell um das amerikanische Gefängniswesen zu studieren – vor allem aber, um die neue, im alten Europa unbekannte, demokratische Gesellschaft der USA kennenzulernen. Nach seiner Rückkehr verfasste er sein Werk »De la Démocratie en Amérique«, dessen erster Band 1835 erschien und den erst Dreißigjährigen schlagartig berühmt machte. Fünf Jahre später folgte der zweite Band. Man hat ihn als liberalen Befürworter wie auch als aristokratisch-konservativen Gegner der Demokratie gesehen; tatsächlich verortet er sich selbst zwischen den Epochen und bezieht aus dieser Position des außenstehenden Beobachters seine besondere Fähigkeit zur methodisch-neutralen Analyse:

> »Als ich anfing zu leben, war die Aristokratie schon gestorben und die Demokratie noch nicht geboren. Mein Instinkt konnte mich also nicht blind bestimmen, die eine oder die andere Partei zu ergreifen. Ich lebte in einem Lande, das seit vierzig Jahren an allem herumprobiert hatte, ohne sich endgültig für etwas zu entscheiden. Ich war also keineswegs für politische Illusionen zugänglich. Da ich selbst der alten Aristokratie meines Vaterlandes angehörte, hasste oder beneidete ich sie nicht und liebte sie auch nicht mehr besonders, als sie zerstört wurde; denn nur dem Lebendigen verbindet man sich gern. Ich war ihr nahe genug, um sie gut zu kennen, und stand ihr genügend fern, um sie ohne Leidenschaft beurteilen zu können. Über die Demokratie kann ich das gleiche sagen. Kein Interesse flößte mir für sie eine natürliche und notwendige Neigung ein; sie hatte mich auch persönlich nie beschimpft. Keine besonderen Motive bestimmen mich, sie zu lieben oder sie zu hassen, es seien denn die meiner eigenen Vernunft.«[35]

Tocqueville war seit Aristoteles der erste Analytiker, der die Demokratie aus einer weitgehend unvoreingenommenen Anschauung heraus »am lebenden Objekt« studieren konnte. Worin bestand nun sein besonderer Blickwinkel?

Erstens sieht er die Demokratie, trotz ihrer Seltenheit, nicht mehr als Ausnahme an, sondern als – künftige – Regel. Die Demokratie sei die politische Verfassung der Zukunft; sie sei, ob man dies wolle oder nicht, das Schicksal der modernen Welt.

Zweitens betrachtet er sie nicht mehr nur als verfassungsmäßige Ordnung, sondern als Gesellschafts- und Lebensform, die einen spezifischen Menschentypus hervorbringe. Dementsprechend wurde ihm auch, insbesondere von John Stuart Mill, vorgehalten, er habe einen allzu unscharfen Demokratiebegriff, bzw. er »verwechselt die Wirkungen der Demokratie mit den Wirkungen der Zivilisation. Er fasst in einem abstrakten Begriff alle Tendenzen der modernen kommerziellen Gesellschaft zusammen und gibt ihr einen Namen – ›Demokratie‹.«[36] Was als Vorwurf gemeint war, trifft indes tatsächlich das Wesentliche von Tocquevilles Demokratieverständnis, auch wenn er neben seinem weiten Begriff einer »social democracy« u.a. auch den engeren der »political democracy« verwendet.[37] »In dem weit gefassten Sinne ist Demokratie identisch mit dem Gesellschaftszustand der Gleichheit der Bedingungen und Sammelbegriff für all das, was nicht mehr ständische Gesellschaft und Politik ist.«[38]

Damit ist der dritte Punkt benannt: Demokratie besteht in der Herrschaft der Gleichheit.

Viertens bedeutet Demokratie für Tocqueville die Herrschaft der Mehrheit, auch wenn zu seiner Zeit in den USA de facto nur die Bevölkerungsminderheit der weißen Männer wahlberechtigt war.

Tocqueville hebt durchaus wohlwollend gewisse Aspekte der amerikanischen Demokratie hervor und spricht ihr zu, Wohlstand, Bürgersinn, Orientierung am Gemeinwohl, Fleiß und Tatkraft zu fördern, sieht ihre wesentlichen Tendenzen aber dennoch mit Sorge. Ihr größtes Problem zeige sich in einem grundlegenden Konflikt zwischen Gleichheit und Freiheit. Über den Bürgern »erhebt sich eine gewaltige Vormundschaftsgewalt, die es allein übernimmt, ihr Behagen sicherzustellen und über ihr Schicksal zu wachen. [...] Sie arbeitet gern für ihr Glück, aber sie will allein daran arbeiten und allein darüber entscheiden. [...] Auf diese Weise macht sie den Gebrauch des freien Willens immer überflüssiger und seltener, beschränkt die Willensbetätigung auf ein immer kleineres Feld und entwöhnt jeden Bürger allmählich der freien Selbstbestimmung. Auf all das hat die Gleichheit die Menschen vorbereitet: hat sie bereit gemacht, es zu erdulden, ja es häufig sogar für eine Wohltat zu halten.« (DA 343f.)[39]

Da die Durchschnittsmenschen eher nach Gleichheit der Lebensverhältnisse als nach Freiheit der geistigen Betätigung strebten, neige die Demokratie zu Nivellierung und Gleichmacherei. Besondere Begabungen würden gehemmt. Sie eröffne zwar vielen Menschen die Möglichkeit zur Teilhabe, aber kurze Amtsperioden und dürftige Besoldung machten eine Karriere in ihren Institutionen meist nur für mittelmäßige Talente attraktiv. Der Wähler sei mangelhaft über politische Zusammenhänge informiert, Regierungen wechselten schnell, und Gesetze würden daher oft überhastet ausgearbeitet. Generell sei der Zeithorizont politischer Entscheidungen aufgrund der häufigen Wahlen eng; der Demokratie ermangele die Nachhaltigkeit; ihre Entscheidungen hätten meist nur kurzfristige Dauer; und sie führe aufgrund der ihr eigenen Ineffizienz zu stets steigenden Ausgaben und unsoliden Staatshaushalten. Des Weiteren sei sie für Kriegs- und Krisenzeiten, die Opferbereitschaft und Hartnäckigkeit erforderten, wenig geeignet; überhaupt sei ihre Domäne eher die Innen- als die Außenpolitik, die der geschickten Diplomatie hinter verschlossenen Türen und nicht der öffentlichen Diskussion bedürfe. Schließlich biete sie wenig Sicherheit gegen eine Tyrannei der kurzsichtigen Mehrheit; ja, es müsse aufgrund des Gleichheitsstrebens stets mit einem Umschlagen in den Despotismus gerechnet werden.

> »Ich bin überzeugt, dass es leichter ist, eine absolute und despotische Regierung in einem Volk zu errichten, in dem die gesellschaftlichen Bedingungen gleich sind, als in einem anderen, und ich glaube, eine derartige Regierung würde – einmal in einem solchen Volk errichtet – die Menschen nicht nur unterdrücken, sondern auf die Dauer jedem einige der wesentlichen Attribute der Menschheit entreißen. Der Despotismus erscheint mir daher in den demokratischen Zeiten als eine besondere Gefahr.« (DA 348)

Tocqueville hat auch ein wesentliches Kriterium des demokratischen Despotismus darin erkannt, dass es sich um eine neuartige, »milde« und »weiche« Herrschaft handelt, die mit den traditionellen Formen auf Gewalt gestützter Tyrannei wenig zu tun hat:

> »Es scheint, als werde der Despotismus, sollte er bei den heutigen demokratischen Nationen sein Lager aufschlagen, andere Züge tragen; er dürfte

> ausgedehnter und milder sein und die Menschen erniedrigen, ohne sie zu quälen. Ich hege keinen Zweifel, dass es den Herrschern in Zeiten der Aufklärung und der Gleichheit – wie den unsrigen – viel leichter fallen wird, die gesamte öffentliche Gewalt in ihrer Hand zu vereinigen und beständiger und tiefer in den Kreis der privaten Interessen einzudringen, als irgendein Herrscher der Antike das jemals vermochte.« (DA 341f.)

Dieser Gefahr könne allenfalls, wie in den *Federalist Papers* dargelegt, durch ein System ausgleichender Gegenkräfte, eine Verteilung der Macht auf unterschiedliche Institutionen, entgegengewirkt werden. Nötig seien ferner eine Rechtskultur mit aristokratischer Tendenz, die patriotischen Bürgersinn fördere, und ein religiöser Geist, der die allgemeine Moral stärke.

Hier klingt bereits das »Böckenförde-Theorem« an, dass »der freiheitliche, säkularisierte Staat von Voraussetzungen [lebt], die er selbst nicht garantieren kann. [...] Als freiheitlicher Staat kann er einerseits nur bestehen, wenn sich die Freiheit, die er seinen Bürgern gewährt, von innen her, aus der moralischen Substanz des einzelnen und der Homogenität der Gesellschaft, reguliert. Anderseits kann er diese inneren Regulierungskräfte nicht von sich aus, das heißt mit den Mitteln des Rechtszwanges und autoritativen Gebots zu garantieren suchen, ohne seine Freiheitlichkeit aufzugeben und – auf säkularisierter Ebene – in jenen Totalitätsanspruch zurückzufallen, aus dem er in den konfessionellen Bürgerkriegen herausgeführt hat.«[40]

Der säkulare, demokratische Staat bedarf Voraussetzungen, die er, wie noch weit energischer seine libertären und »reaktionären« Kritiker hervorheben, nicht nur nicht garantieren, sondern auch nicht erzeugen kann – ja sogar beständig abbaut. Sucht er sie allerdings im Gewande einer »Zivilreligion«, also einer politischen Ersatzreligion, wiederherzustellen, droht die totalitäre Gefahr.

Bedenkt man, dass Tocqueville eine Gesellschaftsform beschreibt, die in Europa noch alles andere als selbstverständlich war, so mutet seine Antizipation späterer Entwicklungen, trotz seiner nüchternen, empirischen Grundhaltung, visionär an. Tocqueville erscheint dadurch als »Prophet des Massenzeitalters«, in dem zahllose Einzelne umso mehr in der Masse verschwinden, je mehr sie die herrschende Ideologie des Individualismus verinnerlichen:

> »Ich will entwerfen, unter welchen neuen Zügen der Despotismus sich in der Welt einstellen könnte: Ich sehe eine unübersehbare Menge ähnlicher und gleicher Menschen, die sich rastlos um sich selbst drehen, um sich kleine und gewöhnliche Freuden zu verschaffen, die ihr Herz ausfüllen. Jeder von ihnen ist, ganz auf sich zurückgezogen, dem Schicksal aller anderen gegenüber wie unbeteiligt [...] und wenn ihm auch noch eine Familie bleibt, so kann man doch zumindest sagen, ein Vaterland hat er nicht mehr.« (DA 343)

Nietzsches »letzter Mensch« blinzelt bereits um die Ecke, wenn Tocqueville schreibt:

> »Die Charaktere sind nicht kraftvoll; die Sitten dafür mild und die Gesetze menschlich. Begegnet man kaum großer Opferbereitschaft, kaum sehr hoher, strahlender und reiner Tugend, so sind dafür die Gewohnheiten geordnet, die Gewalttätigkeit selten und die Grausamkeit so gut wie unbekannt. Die Menschen leben länger, ihr Eigentum ist gesicherter. Das Leben ist nicht sehr glanzvoll, aber sehr behaglich und friedlich. Es gibt wenig sehr zarte und wenig sehr grobe Freuden, wenig Höflichkeit in den Umgangsformen und wenig Rohheit des Geschmacks. Sehr gelehrte Männer trifft man kaum, dafür aber auch kaum sehr unwissende Bevölkerungsschichten. Genie wird selten, dafür die Bildung allgemeiner. Der menschliche Geist entwickelt sich durch die gemeinsamen kleinen Bemühungen aller, nicht durch den mächtigen Vorstoß einzelner. Es gibt weniger Vollkommenheit, aber größere Produktion. Die Bande der Rasse, Klasse und Nation werden locker; das große Band der Menschheit strafft sich. [...] Fast alle Extreme schleifen sich ab; fast alles Hervorragende schwindet, um irgendeiner Mittelmäßigkeit Platz zu machen, die zugleich minder hoch und minder tief, minder glanzvoll und minder armselig ist, als was die Welt bisher sah.

> Ich lasse meine Blicke über die zahllose Menge gleicher Wesen schweifen, wo nichts sich erhebt, nichts sich senkt. Das Schauspiel dieser universellen Einförmigkeit stimmt mich traurig und kalt, und ich fühle mich versucht, die Gesellschaft zu bedauern, die nicht mehr ist.« (DA 361f.)

Und damals wie heute fragt sich der »letzte Mensch«, der »homo (social-)democraticus«, was denn an dieser Utopie der Behaglichkeit und Sorglosigkeit so traurig sein soll – schließlich genießen alle nicht nur dieselben Rechte, sondern sind auch sonst ziemlich gleichgestellt. Mehr als hundertfünfzig Jahre vor Francis Fukuyama scheint das »Ende der Geschichte« bereits eingetreten – zumindest im geistigen Sinne: Alle großen Fragen sind angeblich geklärt, alles Übrige ist nur noch eine Frage der technischen Umsetzung. Wenn es trotzdem noch Probleme gibt, sind diese »sozialer Natur« oder beruhen auf »mangelnder Aufklärung« – entsprechend sind sie durch Tarifabschlüsse, Sozialleistungen, Integrationskurse und Bildungsgutscheine zu lösen. Wenn nur nicht immer noch die wären, die sich der Schönen Neuen Welt beharrlich verschließen und ihre Segnungen ablehnen, die unbelehrbaren Rechtspopulisten, Ewiggestrigen oder religiösen Fanatiker! Notfalls muss der sanften Gewalt des Sozialstaates eben die Härte des Rechtsstaates nachdrücklich an die Seite treten …

Laut Tocqueville hat die Demokratie ein Janushaupt mit zwei Gesichtern. Eines trägt die ebenmäßigen Züge sittlichen, tatkräftigen Bürgersinns; das andere schneidet Grimassen und grinst despotisch. Gerade dieses Gesicht ist es aber, das in die Zukunft schaut. Tocquevilles Beschreibung der damals erst am geschichtlichen Horizont heraufdämmernden Massengesellschaft und des in ihr vorherrschenden hedonistischen Menschentypus erscheint in ihrer Hellsichtigkeit kaum bestreitbar – aber gilt dies auch von ihrer demokratischen Verfasstheit? Vermengt er nicht die moderne Zivilisation – und speziell ihre Auswüchse – mit der Demokratie? Macht er letztere für Phänomene verantwortlich, die mit ihr nichts zu tun haben, ihr sogar entgegengesetzt sind? Bedeutet Demokratie nicht gerade Freiheit? Schließlich haben die Bürger einer Demokratie die Freiheit, sich zwischen verschiedenen

Alternativen zu entscheiden; sie können ihre Regierung wählen und auch wieder abwählen.[41] In einer Monarchie oder gar in einem tyrannischen System geht das nicht; ein Regierungswechsel ist nur durch eine meist blutige Revolution möglich.

So lautet jedenfalls die vorherrschende Meinung. Sie hat sich jedoch in Europa erst allmählich im 20. Jahrhundert durchgesetzt. Anfang des 19. Jahrhunderts waren Demokratie und Republikanismus, trotz der hochfahrenden Erwartungen einiger Intellektueller, durch das jakobinische Terrorregime der Französischen Revolution gründlich diskreditiert und nach der Niederlage Napoleons und der Neuordnung Europas durch den Wiener Kongress 1815 scheinbar überwunden. Dennoch gingen die Auseinandersetzungen um die richtige Staatsform weiter: In Frankreich brach 1830 die Julirevolution aus, die Bourbonen wurden gestürzt, und der Herzog von Orléans ließ sich zum »Bürgerkönig« Louis Philippe I. krönen. Durch die Februarrevolution von 1848 wurde Frankreich wieder eine Republik, deren Präsident Charles Louis Napoléon Bonaparte sich ein Jahr nach seinem Staatsstreich am 2. Dezember 1851 zum Kaiser Napoléon III. ausrufen ließ. 1870 wurde er im Deutsch-Französischen Krieg gefangen genommen, und es begann die Zeit der Dritten Republik (bis 1940).

In Deutschland war nach den Befreiungskriegen von 1813 bis 1815 Napoleon zwar besiegt und die französische Fremdherrschaft beseitigt worden, aber die Niederwerfung des Usurpators erfüllte längst nicht alle Hoffnungen der Freiheitskämpfer, Patrioten und Demokraten. Insbesondere forderten sie eine Überwindung der Kleinstaaterei und die Einigung aller deutschen Staaten entweder unter einem kaiserlichen Monarchen oder unter demokratischem Vorzeichen oder auch in einer konstitutionellen Monarchie als einer Mischung aus beidem. Sie wurden als »Demagogen« verfolgt, versammelten sich 1817 auf der Wartburg und 1832 in Hambach, erlebten 1848/49 Triumph und Niederlage. 1871 wurde der preußische König Wilhelm I. – widerwillig – zum deutschen Kaiser gekrönt, sein Haupt war aber nicht »mit demokratischem Öl gesalbt«, wie es der Dichter und Paulskirchenabgeordnete Ludwig Uhland gefordert hatte. Deutschland war, im Sinne der kleindeutschen Lösung, ohne Österreich vereint, aber noch keine Demokratie mit allgemeinem, freiem und geheimem Wahlrecht; stattdessen bestand u.a. in Preußen ein Zensuswahlrecht (Dreiklassenwahlreicht), das sich an der Steuerleistung orientierte. Dennoch gab es durch den Reichstag, der die Budget-Hoheit innehatte, bereits eine republikanische Institution; und insbesondere die Sozialdemokratie wurde, trotz der von 1878 bis 1890 geltenden Sozialistengesetze, zur Keimzelle der Weimarer Republik, in deren Reichsverfassung von 1919 erstmals das uneingeschränkte, gleiche Wahlrecht für Frauen und Männer eingeführt wurde.

Einerseits wiesen das ganze 19. Jahrhundert hindurch mächtige Tendenzen auf die Demokratisierung voraus, und die Kreise der Wahlberechtigten wurden bereits in der Spätphase der Monarchie schrittweise erweitert; andererseits deutete am Vorabend des Ersten Weltkriegs noch wenig auf den baldigen Untergang der meisten großen Monarchien des Kontinents hin. 1914 waren unter den europäischen Staaten lediglich Frankreich und die Schweiz Republiken; 1917 wurden die Romanows, im folgenden Jahr die Hohenzollern und die Habsburger gestürzt, und aus den Konkursmassen Russlands, Deutschlands, Österreich-Ungarns sowie des Osmanischen Reiches entstanden – bis auf das neugeschaffene kurzlebige Königreich Jugoslawien – demokratische Republiken bzw. in der Sowjetunion eine kommunistische Diktatur. Auch die verbliebenen europäischen Monarchien sind heute de facto Demokratien mit einem Monarchen an der Spitze, der im Wesentlichen nur noch repräsentative Funktionen ausübt.

Die Demokratie hat auf ganzer Linie gesiegt – in Deutschland aber wurde sie 1918 von weiten Teilen der Bevölkerung als Danaergeschenk der Sieger betrachtet. Nicht nur auf der äußersten Rechten galten demokratische Politiker oft bloß als Erfüllungsgehilfen der Siegermächte, die Deutschland nach dem Diktat von Versailles unterjocht hatten, mit unerfüllbaren Forderungen demütigten und mit gigantischen Reparationserpressungen gnadenlos ausbeuteten. Das neue demokratische System stand für Fremdherrschaft, Hunger und Inflation.

Ganz anders in Amerika: Dort vermied man zwar noch den Begriff der Demokratie, aber die im Unabhängigkeitskrieg erstrittene Republik trug über die sezessionistischen Südstaaten mit ihrem »reaktionären« Gesellschaftssystem den Sieg davon, und der Triumph des neuen republikanischen Gedankens verband sich mit dem älteren *frontier*-Bewusstsein der Kolonisten, die in ein – ihrer Auffassung nach – nur von rechtlosen Wilden dünn besiedeltes Gebiet vorstießen und dabei die Grenze der »Zivilisation« immer weiter nach Westen verschoben. »Sie kamen«, so der Theologe und Kulturhistoriker Thomas Berry, »ihrem Selbstverständnis nach mit der besten Religion der Welt, mit dem höchsten intellektuellen, ästhetischen und moralischen Entwicklungsstand und mit der besten Rechtsprechung; folglich brauchten sie den Kontinent lediglich als politisches Refugium und als Region, die sie ausbeuten konnten.«[42]

Auch nachdem unter der Präsidentschaft Theodore Roosevelts das letzte Stück freien Landes vergeben worden war, blieb das Bewusstsein vorherrschend, nicht nur an einer Grenze von Zivilisation und Barbarei zu leben, sondern die zivilisierte Welt durch stetige Expansion vergrößern zu müssen. Dieser missionarische Geist, der in dem religiösen Eifer der frühen Siedler wurzelt, wurde auch in seiner säkularisierten Gestalt zu einem wesentlichen Bestandteil des amerikanischen Selbstbewusstseins. Ihm stand der Isolationismus der 1823 durch den US-Präsidenten James Monroe begründeten Monroe-Doktrin entgegen, die jede Einmischung der europäischen Kolonialländer in amerikanische Angelegenheiten zurückwies. Der Erste Weltkrieg brachte schließlich den expansionistischen Kräften den Durchbruch. Der Krieg wurde als Geburtshelfer einer »globalen Demokratisierungsbewegung« inszeniert. Unter Demokratie verstand man nun nicht mehr den skeptisch-konservativen, durch ein System von *checks and balances* austarierten Republikanismus der *Federal Papers*, sondern eine missionarische Heilsidee. Ihr oberster Verkünder, Präsident Woodrow Wilson, nahm es jedoch, wie viele Prediger, mit seinen eigenen Lehren nicht ganz so genau. Das lautstark propagierte Prinzip der Volkssouveränität sollte für die besiegten Feindstaaten Deutschland und Österreich bekanntlich nicht gelten;

die von der Mehrheit beider Länder gewünschte Vereinigung wurde 1919 durch die Anschlussverbote der Verträge von Versailles und Saint-Germain unterbunden. Selbstbestimmung wurde nur den Völkern gewährt, die geltend machen konnten, von den Mittelmächten unterdrückt worden zu sein, nicht aber den Deutschen und Österreichern selbst oder den Völkern in den Kolonien europäischer Mächte.

Die Mehrheit des deutschen Volkes, das naiv auf Wilsons 12-Punkte-Programm vertraut hatte und sich »im Felde unbesiegt« wähnte, sah sich nun im Frieden betrogen und konnte in der aus Niederlage und Zusammenbruch geborenen Demokratie wenig anderes als fremde Herrschaft und eigenen Verrat erkennen: den sogenannten »Dolchstoß« in den Rücken der kämpfenden Nation durch international ausgerichtete, »pazifistische« Kreise, die in Wahrheit das Geschäft des Feindes besorgten.

Die Demokratie hatte in Deutschland also denkbar schlechte Ausgangsbedingungen, und ihr erster Versuch scheiterte nach einer kurzen, scheinbaren Stabilisierung in den »goldenen Zwanzigern« mit der nationalsozialistischen Machtergreifung.

War es aber nicht nur ein Zerrbild der Demokratie, das hier unter ungünstigsten Verhältnissen oktroyiert wurde?

Einerseits war das neue demokratische System ein Ergebnis der Niederlage – aber auch der schmählichen Flucht des Kaisers und des katastrophalen Versagens der alten Eliten –; andererseits vollzog sich der Regimewechsel aber frei von unmittelbaren Maßnahmen der Siegermächte. Die morsche alte Ordnung fiel in sich zusammen.

Es erscheint als ein merkwürdiges Paradoxon, wenn Demokratie durch militärische Sieger vorgeschrieben wird. Dennoch kann man auch hier wieder das Janushaupt der modernen Massendemokratie erkennen. Ihr despotisches Antlitz zeigte sich nun in der diktatorischen Willkür der Siegerstaaten.

Betrachtet man die Außenpolitik der USA in neuerer Zeit – etwa die Instrumentalisierung der NATO nach dem Untergang der Sowjetunion als Mittel amerikanischer Expansion, die Förderung oder gewaltsam betriebene Absetzung orientalischer Machthaber je nach tagespolitischem Kalkül und die Bündnisse mit despotischen Regimen wie denen der Golfstaaten –, dann erkennt man, dass es sich beim Gebaren der »einzigen Weltmacht« (Zbigniew Brzezinski) nicht nur um Missverständnisse und Selbstverfehlungen handelt. Kann es tatsächlich sein, dass der Demokratie totalitäre Züge innewohnen? Oder ist sie nicht doch das Gegenmodell zu jedem Totalitarismus?

Kein Gott?

Bekanntlich ist die Demokratie heute nahezu sakrosankt. Wer sie kritisiert, bemängelt nur ihre jeweilige Umsetzung, nicht die Demokratie an sich. Abgesehen von sehr schmalen politischen Rändern gilt dies auch für Kritiker der *Political Correctness* und Vertreter alternativer Bewegungen. Nahezu jede Kritik zielt auf »mehr Demokratie« ab, nicht auf weniger. Die politische Gesäß-Differenzierung nach »links« oder »rechts« spielt dabei eine geringere Rolle als die Zugehörigkeit zum Establishment oder zur jeweiligen außerparlamantarischen Opposition. So traten die Grünen in den achtziger Jahren für mehr direkte Demokratie ein, wollten davon aber nicht mehr viel wissen, als sie 1998 mit der SPD die erste rot-grüne Koalition auf Bundesebene bildeten. Die auf eine Subkultur im Umfeld diverser Zeitungen und Zeitschriften beschränkte Neue Rechte der neunziger Jahre wiederum pflegte gerne einen elitären Habitus, und manche ihrer Autoren kokettierten mit der Konservativen Revolution der zwanziger und frühen dreißiger Jahre;[43] aber spätestens seit dem Aufkommen der AfD und verschiedener Bürgerbewegungen in ihrem Umfeld kann auch in Deutschland von einer rechtskonservativen Massenbewegung gesprochen werden, zu deren Kernforderungen die Ausweitung plebiszitärer Elemente gehört. Natürlich sind diese Forderungen z.T. auch taktisch motiviert, da man auf schweigende Mehrheiten hofft; allerdings artikulieren sie auch die nicht unbegründete Wahrnehmung vieler Menschen, von den Funktionseliten ignoriert zu werden, sowie ihre Überzeugung, dass nur eine Erneuerung und Stärkung der Demokratie Abhilfe schaffen könne. Entsprechend groß ist das ratlose Unbehagen, mit dem Mainstream-Politiker auf Demonstranten schauen, die mit dem

Wende-Slogan »Wir sind das Volk« (oder dessen Aktualisierung »Vollende die Wende«)[44] durch die Straßen ziehen. Anstatt Fehler zuzugeben und zu korrigieren, setzen sie auf Härte und Repression, geißeln Forderungen nach »mehr Demokratie« als populistisch und beklagen einen »Missbrauch« der Meinungsfreiheit durch »Fake News« und »Hassrede«. Sogar einem demokratisch gewählten Staatsoberhaupt, das seit vielen Jahren Mehrheiten hinter sich versammelt, von denen die einstigen Volksparteien in Deutschland nur träumen können, werfen sie vor, es würde das Volk »aufwiegeln«, weil es dieses – anders als in Deutschland üblich – in einer existenziellen Angelegenheit befragen lässt.[45] Dennoch führen die Gouvernanten der »öffentlichen« bzw. veröffentlichten Meinung jeden Tag demokratische Lippenbekenntnisse im verkniffenen Munde, auch wenn es sich dabei nur um Bekenntnisse zu einer humanitären *democracy*, eine Ansammlung von Moralvorschriften, handelt.

Ein Autor, der die vom politisch-medialen Komplex grimmig überwachten Tabus souverän ignoriert, ist der an der Universität von Nevada in Las Vegas lehrende Ökonom Hans-Hermann Hoppe, dessen Buch »Demokratie – Der Gott, der keiner ist« sicher zu den bedeutendsten und provokantesten politisch-philosophischen Arbeiten seit der Jahrtausendwende zählt. In Deutschland wäre es derzeit schwer vorstellbar, dass ein derart freigeistiger Wissenschaftler an einer Hochschule tätig sein könnte.

Hoppe zählt zu den wichtigsten Repräsentanten der Österreichischen Schule der Nationalökonomie, die nach der Emigration Ludwig von Mises' 1940 in den USA Fuß fasste, dort von Murray N. Rothbard u.a. weiterentwickelt wurde und in neuerer Zeit, durch die libertäre Bewegung popularisiert, auch in Europa wieder Anhänger fand. Der *Libertarianism*, der vor allem durch die philosophische Schriftstellerin Ayn Rand populär wurde, ist ein radikaler Liberalismus – böse Zungen würden sagen, mit sozialdarwinistischen Zügen –, der jedoch den sozial(istisch)-demokratischen Vorwurf, er nehme asoziales Verhalten und die Ausbeutung der Schwachen und Armen in Kauf, mit der Behauptung zurückweist, es sei im Gegenteil gerade die Demokratie – und deren sozialistische Steigerung –, die Menschen in staatlichem Interesse ausbeute und bevormunde.

Schlagworte, die über die libertäre Bewegung im Umlauf sind, lauten »Privateigentumsanarchie«, »Anarchokapitalismus« oder »Privatrechtsgesellschaft«; Hoppe selbst bevorzugt die Bezeichnung »natürliche Ordnung«, gilt aber auch, da sein »Anarchismus« ausgeprägte konservative oder »reaktionäre« Züge aufweist, als »Paläo-Konservativer«.

Allgemein ist der klassische Liberalismus staatsskeptisch, will den Staat auf seine inneren und äußeren Schutzfunktionen beschränken, das Leistungsprinzip fördern, den Leistungsträger vor den Begehrlichkeiten der minder Leistungsfähigen schützen und den staatlichen Anteil an der Volkswirtschaft senken; der Markt soll sich möglichst frei entfalten und nur durch solche Gesetze geregelt werden, die sein Funktionieren gewährleisten, indem sie kriminelles Gebaren konkurrierender Marktteilnehmer und eventuell auch die Bildung von Monopolen, durch die der Markt sich selbst aufhebt, ausschließen. Hoppes Radikalismus geht über diese Vorstellungen vom Staat als »Nachtwächter« allerdings weit hinaus: Er lehnt nicht nur den Staat überhaupt, sondern insbesondere auch die Demokratie ab und bekundet, dieser im Zweifelsfall die Monarchie als kleineres Übel vorzuziehen. Sämtliche Anschauungen des demokratischen *common sense* werden von ihm ins Gegenteil gewendet: Die Demokratie garantiere die Freiheit nicht, sondern schränke sie ein; die Monarchie sei immerhin noch freiheitlicher als die Demokratie; der Monarch sorge sich, wenn auch nur aus Eigennutz, mehr um das Wohl seiner Bürger als eine demokratische Regierung; staatliche Sozialgesetzgebung schaffe Armut, anstatt sie zu bekämpfen, und der gesellschaftliche Fortschritt der Demokratisierung sei in Wirklichkeit ein Prozess der Entzivilisierung.

Hoppes Ausgangspunkte sind ökonomische und anthropologische Überlegungen:

> »Indem er handelt, zielt ein Handelnder immer darauf ab, einen weniger zufriedenstellenden Zustand durch einen zufriedenstellenderen zu ersetzen. Er zeigt dadurch eine Präferenz für mehr statt weniger Güter. Darüber hinaus zieht er immer auch in Betracht, sowohl wann in der Zukunft er seine Ziele erreicht haben wird, d.h. die zur Erreichung der

> Ziele notwendige Zeit, als auch die Haltbarkeit eines Gutes. Damit zeigt er außerdem eine universelle Präferenz für frühere statt spätere und für mehr statt weniger haltbare Güter. Dies letztere ist das Phänomen der Zeitpräferenz.«[46]

Güter sind immer knapp, die Lebenszeit ist endlich; man genießt einen Besitz lieber jetzt als später und verzichtet auf einen möglichst baldigen Konsum nur um der Aussicht willen, dass Konsumbeschränkung zum Zwecke der Investition einen größeren künftigen Besitz hervorbringt. Die Neigungen und Voraussetzungen dazu sind höchst unterschiedlich: Kinder und Jugendliche tendieren, da es ihnen aufgrund ihrer bislang kurzen Lebenszeit an Investitions- und Besitzakkumulationserfahrungen weitgehend mangelt, zu schnellem Konsum; sie haben also eine hohe Zeitpräferenz. Dies gilt auch für Arme, deren Bedürfnisse hoch und deren Rücklagekapazitäten gering sind, für bildungsferne Menschen ohne Einblick in ökonomische Zusammenhänge, für Söhne und Töchter aus reichem Hause, die niemals sparen mussten, um sich Wünsche zu erfüllen, für Milieus, die stark an Mode und Lifestyle orientiert sind, sowie für Gesellschaften, die sich vorwiegend an kurzlebigen Trends ausrichten, und erst recht für solche, in denen politische und ökonomische Unsicherheit langfristige Planungen erschwert. Sind künftige Risiken (etwa infolge von Arbeitslosigkeit, Berufsunfähigkeit, Alter und Krankheit) kalkulierbar, ist man an einer Vorsorge interessiert; werden Krisen aber zu Dauerzuständen, gibt man lieber aus, was man jetzt noch hat. Umgekehrt weisen Menschen im mittleren Alter, insbesondere wenn sie eine Familie haben, Bessergestellte mit höherem Einkommen und Gebildete eine niedrigere Zeitpräferenz auf. Im höheren Alter kann sich diese Tendenz umkehren, da nur noch wenig Lebenszeit zur Verfügung steht – es sei denn, der ältere Mensch spart und investiert für seine Kinder und Enkel, macht sich also deren Zukunft gleichsam zu eigen. Sicherlich kann man auch Geld in andere Zwecke investieren, aber die biologische Gewissheit, in Kindern und Enkeln fortzuleben, wirkt stärker als das gute Gefühl, z.B. einem Tierschutzverein etwas vererbt zu haben.

Nicht nur ökonomische Krisen haben Einfluss auf die Zeitpräferenz, sondern auch stabile gesellschaftliche Faktoren – vor allem kontinuierlich wachsende staatliche Enteignung. Jede Regierung monopolisiert Enteignungen in einem bestimmten Territorium, insbesondere durch Steuern; in Monarchien ist dies aber in deutlich geringerem Maße der Fall: Noch am Vorabend des Ersten Weltkriegs überstieg die Steuerlast in den europäischen Monarchien kaum irgendwo zehn Prozent (»den Zehnten«). Der Monarch hat schließlich als »privater Regierungseigentümer«, der sein Land als seinen Besitz betrachtet, über den er allein oder in Abstimmung mit seiner Familie verfügt, ein Interesse daran, es möglichst schonend auszubeuten:

> »Daher wird ein Privateigentümer der Regierung (ein König) es z.B. vermeiden, seine Untertanen so stark zu besteuern, dass seine zukünftigen Einnahmen und mithin der gegenwärtige Wert seines Besitztums (des Königreichs) an Wert verlieren. Stattdessen wird er sich, um den Wert seines Eigentums zu erhalten oder gar zu mehren, in seiner Steuerpolitik systematisch zurückhalten, da die Untertanen umso produktiver sein werden, je geringer der Grad der Besteuerung ist, und je produktiver die Bevölkerung ist, umso höher steigt der Wert des parasitären Enteignungsmonopols des Herrschers. Natürlich wird er sein monopolistisches Privileg ausnützen. Er wird nicht nicht besteuern. Aber als Privateigentümer der Regierung ist es in seinem Interesse, parasitär von einer wachsenden, zunehmend produktiven und blühenden Wirtschaft zu leben, da dies – immer und ohne Anstrengung auf seiner Seite – auch sein eigenes Vermögen und seinen Wohlstand erhöht. Steuerquoten werden daher eher niedrig sein.«[47]

Auch die Kriegführung war in monarchischer Zeit im neuzeitlichen Europa – nachdem die ideologische Phase der Glaubenskriege überwunden war – »eingehegt« und folgte festgelegten Codices. Sie war ein »erweitertes Duell« der Könige, das die Völker wenig betraf, und die Herrscher suchten ihrem Gegner möglichst ohne große Verluste ihren Willen aufzuzwingen. Eine allzu große Schwächung des Feindes wurde dabei vermieden, da sie die monarchische Herrschaft insgesamt diskreditiert hätte. Am liebsten vergrößerte man sein Territorium durch geschickte Heiratspolitik. Mit der Französischen Revolution sowie der aus dieser folgenden napoleonischen Epoche trat dann das Zeitalter der Ideologien und ideologischen Kriege in die Geschichte ein. Mit ihm kamen Massen- und Volkskriege auf, die sich in den beiden Weltkriegen fortsetzten und noch das *moral bombing* des Westens seit den neunziger Jahren, als Kampf »des Guten« gegen »das Böse«, grundieren.

Erst im Zeitalter der Demokratie, zu der das verzerrte Spiegelbild des Totalitarismus gehörte, entwickelten sich Kriege zu »totalen Kriegen«, in denen der militärische Gegner zum Feind schlechthin – sogar der gesamten Menschheit – erklärt wurde, den es ein für alle Mal auszurotten gelte, damit endlich das Gute – Frieden, Demokratie, Menschenrechte usw. – siegen würde.

Das maßvolle Verhalten des Monarchen zeigt sich nach Hoppe ebenso in Moral und Gesetzeswesen wie an einer allgemeinen Orientierung am Überlieferten. Tradierte Sitten wurden gepflegt, Neuerungen meist nur ungern eingeführt, und man beließ es bei einem relativ einfachen, klaren Gesetzeskorpus, anstatt, wie in unserer Zeit, immer neue unüberschaubare Gesetze zu verabschieden und damit das Vertrauen in den Rechtsstaat zu unterhöhlen – was heute Recht ist, kann morgen zu Unrecht erklärt werden oder umgekehrt, und selbst hochspezialisierte Fachanwälte können ihren Mandanten oft nur vage Schätzungen anbieten.

> »Im Gegensatz zur internen und externen Mäßigung einer Monarchie impliziert eine demokratische (im öffentlichen Besitz befindliche) Regierung zunehmende Auswüchse, und vom Übergang einer Welt der Könige zu einer Welt demokratisch gewählter Präsidenten muss erwartet werden, dass es zu einem systematischen Wachstum der Intensität und des Ausmaßes der Regierungsmacht und einer deutlich verstärkten Tendenz zur Entzivilisierung kommt. Ein demokratischer Herrscher kann den Regierungsapparat zu seinem persönlichen Vorteil benutzen, aber er

gehört ihm nicht. Weder kann er Regierungsressourcen verkaufen und den Erlös davon privat einstecken, noch kann er Regierungseigentum an seinen persönlichen Erben weitergeben. Ihm gehört die *laufende Verwendung* der Regierungsressourcen (Nießbrauch), aber nicht ihr Kapitalwert. In deutlichem Unterschied zu einem König wird ein Präsident nicht den Gesamtwert des Regierungsvermögens (Kapitalwerte und laufendes Einkommen) maximieren wollen, sondern das laufende Einkommen (unabhängig und auf Kosten von Kapitalwerten). [...] Entsprechend muss es als unvermeidbar betrachtet werden, dass öffentliches Besitztum zu kontinuierlichem Kapitalkonsum führt. Anstatt den Wert des Regierungseigentums zu erhalten oder gar zu mehren, wie es ein König tun würde, wird ein Präsident (der vorübergehende Verwalter oder Beauftragte der Regierung) die Regierungsressourcen so schnell wie möglich verbrauchen, denn was er nicht *jetzt* verbraucht, wird er womöglich *niemals* verbrauchen können. Insbesondere hat ein Präsident (im Unterschied zu einem König) kein Interesse daran, sein Land nicht zu ruinieren.«[48]

Hoppes Beschreibungen der Demokratie klingen so, als wären sie auf Diktaturen gemünzt, aber ähnlich wie für Tocqueville sind Demokratie und Diktatur für ihn zwei Seiten einer Medaille: Die Demokratie erzeuge lediglich die Illusion einer Identität von Herrschenden und Beherrschten; letztere glaubten die Propaganda, sie würden selbst regieren, weil sie alle paar Jahre eine Wahl zwischen einer vorgegebenen Anzahl von Parteien treffen dürfen, die zudem einander recht ähnlich sein müssten, um erstens überhaupt zur Wahl zugelassen zu werden und zweitens nennenswerte Chancen zu haben. Alle Parteien unterlägen schließlich dem Zwang, dem Wähler und besonders ihrer als Machtbasis bevorzugten Zielgruppe Wahlgeschenke machen oder wenigstens versprechen zu müssen. Da immer irgendein Wahlkampf stattfände, müssten immer irgendwelche Interessen bedient werden; die Zeitpräferenz sei entsprechend hoch, und das demokratische System tue sich schwer mit nachhaltigen, langfristig angelegten Entscheidungen.

Jeder habe theoretisch Zugang zum Regierungsapparat, aber niemand hafte persönlich für Fehlentscheidungen; entsprechend ausgeprägt sei die

Neigung von Charakteren, die Geschmeidigkeit mit Brutalität verbinden können, aber für eine Karriere in der freien Wirtschaft zu wenig qualifiziert wären, in Parteioligarchien aufzusteigen. Steuern würden insgesamt immer weiter erhöht, jedoch die Gelder selten nachhaltig investiert, so dass die Staatsverschuldung immer stärker ansteige. Da der demokratische Politiker sich kaum noch eines geschichtlichen Erbes, das es zu bewahren gelte wie ein Familienbesitz, bewusst und der Zukunft seines Landes weniger verpflichtet sei als seiner vor den nächsten Wahlen zu bedienenden Klientel, »wird die Fürsprache und Durchsetzung einer Politik der Umverteilung geradezu zur Voraussetzung für die Erlangung des Postens bzw. der Position eines Regierungsverwalters.«[49]

Jede Art der Umverteilung – durch Transferzahlungen, Subventionierung oder Marktregulierungen – führt im »Wohlfahrtsstaat« nach Hoppe erstens schon durch den Akt einer ideologieabhängigen, wirklichkeitsfremden Gesetzgebung zu Rechtsunsicherheit und Steigerung der Zeitpräferenz und zweitens zu einer qualitativen und quantitativen Verschlechterung der Produktivität. Umverteilung bedeutet, »dass die Leistungsempfänger ökonomisch bessergestellt werden, ohne mehr oder bessere Produkte oder Dienstleistungen bereitgestellt zu haben, während andere (die Leistungserbringer) schlechter gestellt werden, ohne quantitativ oder qualitativ weniger hergestellt zu haben. Nichts zu produzieren, nichts Wertvolles zu produzieren oder die zukünftige Tauschnachfrage für die eigenen Produkte unkorrekt vorherzusagen, wird dadurch relativ attraktiver (oder weniger untragbar), verglichen mit der Fähigkeit, etwas Wertvolles zu produzieren und die Tauschnachfrage korrekt vorherzusagen.«[50]

Eine Umverteilung, die etwa Arbeitslose, Geringverdiener, Obdachlose, Geringqualifizierte, Integrationsunwillige usw. unterstützt, bewirke insgesamt also nicht, dass deren Zahl ab-, sondern dass sie zunimmt, weil es bequemer sei, sich in diesen Zuständen einzurichten, zumal wenn aufgrund der Transferleistungen ein ähnlicher Lebensstandard ermöglicht wird wie ohne diese. Hohe Zeitpräferenz, Konsumorientierung, Parasitentum, asoziales Verhalten würden zum Normalzustand, und in der Konsequenz steige auch die Kriminalitätsrate, da sich – aus gutmenschlich-»humanitärer« Gesinnung heraus nicht effektiv bestrafte – Kriminalität mehr lohne als die legale Alternative geringqualifizierter, schlecht bezahlter Arbeit.

Aufgrund einer gemeinsamen Orientierung an breiten Bevölkerungsmassen glichen sich die politischen Parteien einander immer mehr an,[51] und diejenigen, die die meisten Versprechen machten, hätten am meisten Erfolg. Das Parteiensystem rücke nach links, alle Parteien würden mehr oder weniger sozialdemokratisch.[52]

Scheinbar werden »die Reichen« gemolken, tatsächlich handelt es sich aber, wie man korrigierend anmerken muss, um durchschnittlich verdienende oder etwas besser gestellte bürgerliche Leistungsträger, während die wirklich Reichen geschont werden, ihr Vermögen in Steueroasen beiseiteschaffen und vom System profitieren.

Allgemein haben die demokratischen Parteien nach Hoppe ein Interesse daran, sich neben ihrer jeweiligen traditionellen Klientel eine Manövriermasse wahlberechtigten Prekariats gefügig zu machen; sie müssten diesem – zu Lasten nachhaltiger Investitionen, der Steuerzahler und künftiger Generationen – immer neue Gründe, sie zu wählen, anbieten, seien jedoch nicht daran interessiert, die Abhängigkeit ihrer Klientel dauerhaft zu ändern.

Im Gegenteil scheint es heute in den Augen der Parteien offenbar nie genug Prekariat im Lande zu geben, weshalb sie noch fremdes fortwährend hinzuholen, in dem sie möglicherweise künftige Wähler sehen, die ihre Vertrauens- und Stimmenverluste bei den Einheimischen ausgleichen können.[53] Dem Widerstand von Angehörigen des schrumpfenden autochthonen Restvolkes gegen ihre langfristige tendenzielle Abschaffung und der Weigerung, die Entkoppelung von Volk und Volksherrschaft, bzw. die Pervertierung des Demokratieprinzips durch seine Überdehnung, hinzunehmen, begegnet die herrschende politische Klasse mit Beschimpfung und Kriminalisierung. Der Eindruck drängt sich auf, dass die Einheimischen soweit marginalisiert werden sollen, dass sie zwar noch genügend Steuerleistungen erbringen können, um das System aufrecht zu erhalten, aber keine Möglichkeit mehr haben, die Verhältnisse durch Wahlen zu ihren Gunsten zu verändern.[54] Das sich daraus ergebende Dilemma ähnelt demjenigen eines militärischen Siegers, der den besiegten Feind nicht gleichzeitig seiner Produktionsmittel berauben und ihm Reparationen abpressen kann. Man entscheidet sich daher für eine auf Dauer gestellte Zwischenlösung und kann immer abwechselnd mit weiterem Marginalisierungsdruck drohen oder eine Entlastung des Bürgers versprechen, wie es gerade opportun erscheint.

Ungeachtet der Plausibilität mancher Züge seiner Kritik an der Parteiendemokratie ist Hoppe eine zu enge Fixierung auf den ökonomischen Standpunkt vorzuwerfen. Der Mensch handelt schließlich nicht immer nur nach rein wirtschaftlichen Gesichtspunkten. Außerdem sind viele der von ihm beschriebenen Verfallstendenzen nicht allein der Demokratie bzw. einer sozialdemokratisierten Ökonomie – oder eigentlich »Ökophobie« – eigentümlich, sondern resultieren auch aus der Entwicklung moderner Technologien und Massenmedien sowie dem Verfall des Religiösen in der westlichen Welt. Monokausal sind diese Phänomene nicht zu erklären.

Bringt die Demokratie den Massenmenschen hervor? Oder schafft dieser sich eine demokratische Gesellschaft? Und lebt die Demokratie wirklich vom Abbau von Leistungen, die eine Minderheit erbringt oder deren Voraussetzungen gar in früheren, vordemokratischen Zeiten geschaffen wurden? Der große Abstand des heutigen Deutschland zum einstigen Land der schöpferischen Dichter und Denker, der innovativen Forscher und Erfinder, der begabten Techniker, der am Gemeinwohl orientierten Beamten und der aufopferungsvollen, disziplinierten Soldaten lässt sich kaum bestreiten; und es ist ebenso offenkundig, dass wir noch immer von Leistungen unserer Vorfahren im neunzehnten und frühen zwanzigsten Jahrhundert zehren. »Humanistisches Bildungsideal« und »made in Germany« sind Nachklänge aus fernen, besseren Zeiten.

Man kann nun einwenden, dass in der Demokratie mehr Menschen Schulen und Universitäten besuchen – entscheidend ist aber, dass Bildung und Intelligenz, nach einem jahrzehntelangen Anstieg im 20. Jahrhundert, dem sogenannten Flynn-Effekt, in den westlichen Nationen mittlerweile im Sinken begriffen sind, was u.a. an der Sozialdemokratisierung des Bildungssystems, der verhältnismäßigen Begünstigung von Unterschichten durch den Sozialstaat gegenüber Angehörigen der Mittelschicht und einer Zuwanderungspolitik liegt, die vor allem Geringqualifizierte aus Afrika und dem Orient mit statistisch niedrigerem Intelligenzquotienten anzieht.[55]

Die Ursachen des politischen, kulturellen und ökonomischen Verfalls sind jedoch nicht allein dem demokratischen System anzulasten. Bereits das spätrömische Kaiserreich ging an der zunehmenden Einwanderung germanischer »Barbaren« – die damals immerhin »integrationswillig« waren –, seinem Kulturrelativismus und den niedrigeren Geburtenraten der autochthonen Bevölkerung zugrunde, und umgekehrt verfolgen manche demokratische Staaten wie Australien oder Japan heute – sehr zu ihrem Vorteil – eine restriktive Einwanderungspolitik. Gleichwohl hat Hoppe Tendenzen benannt, die jeder im Auge haben sollte, der über die Demokratie spricht – gerade auch, wenn man diese weiterentwickeln will und nicht nur dem Status quo der Parteien- und Medienapparate das Wort redet.

Insgesamt ist es jedoch nicht primär die Demokratisierung, die zu den benannten negativen Konsequenzen führt, sondern die Verabsolutierung einer rein quantifizierenden und verdinglichenden Betrachtungsweise, wie sie in der Moderne zur Vorherrschaft gelangte (und freilich auch die moderne Demokratie prägt). Die Natur ist nach dem auch von Hoppe geteilten Weltbild kein qualitativer Zusammenhang, kein Kosmos im klassischen Sinne und keine *physis*,[56] sondern eine bloße Menge ausgedehnter Gegenstände, ein Geschiebe von Körpern und Kräften – bzw. im ökonomischen Bereich von Geld, Arbeit und Waren – in einem entleerten Raum. Diesen reduktionistisch aufgefassten Bereich der lediglich durch ihre Ausdehnung bestimmten Dinge (*res extensa*) hatte der französische Philosoph René Descartes in seinem Hauptwerk »Meditationes de prima philosophia« (1641) der *res cogitans*, dem denkenden Ich, entgegengesetzt; die Natur wurde dadurch zu einem bloßen Mechanismus erklärt. Eine ähnliche Auffassung, der das eigentlich Natürliche aus dem Blick gerät, spricht aus den Werken von Francis Bacon, Isaak Newton und vielen anderen Vordenkern der mechanistischen Naturwissenschaft, die erst im 19. und 20. Jahrhundert von Denkern wie Schelling, Nietzsche, Bergson, Klages, Heidegger, F.G. Jünger sowie im Rahmen der Naturwissenschaften auch von der Quantenphysik überwunden wurde.[57]

Diese neuzeitliche Grundhaltung stand am Beginn von Entwicklungen, die sich auch im ökonomisch-technokratischen Parteienstaat niederschlugen. Der materialistische Ökonomismus beherrscht Hoppes libertär-kapitalistisches Denken ebenso sehr wie das Weltbild der von ihm bekämpften Demokraten und Sozialisten.

Es ist allerdings ein demokratisches Zerrbild, an dem sich Hoppe abarbeitet. Diese Seite der Demokratie gehört zu ihr als ihre Verfallsform, aber sie ist nicht mit ihr identisch. Zu Recht kritisiert er die moderne Parteiendemokratie mit ihrer Tendenz zu Umverteilung und Umerziehung, gegen die sich allerdings in der gesamten westlichen Welt eine teilweise direktdemokratische, als »Populismus« angefeindete Bewegung erhoben hat. Das Modell, das Hoppe stattdessen anbietet, taugt allerdings nicht als Alternative. Hoppes »natürliche Ordnung«, die ausschließlich auf Privatwirtschaft und freiwilligen Verträgen beruhen soll, hat es zumindest in historisch fassbarer Zeit niemals gegeben – sie ist ebenso eine Utopie wie die sozialistischen und kommunistischen Gesellschaftsentwürfe. Es wäre dringend geboten, die Tätigkeit des Staates auf seine Kernaufgaben, d.h. insbesondere die Gewährleistung innerer und äußerer Sicherheit, zu beschränken, aber dadurch würde der Staat an sich nicht zurückgedrängt, sondern im Gegenteil in seiner Substanz erst wiederhergestellt.

Zwar gibt es ein Spannungsverhältnis zwischen Liberalismus, bzw. dessen libertärer Radikalisierung, und Demokratie, nicht jedoch zwischen Liberalismus und Staatlichkeit. Gegen die »Legende« einer angeblichen »Staatsfeindlichkeit« des Liberalismus hat Panajotis Kondylis eingewandt, dass sie »unter dem Eindruck der sich abzeichnenden Gefahr einer Einspannung staatlicher Macht für demokratische Zwecke entstand.«[58] Der bürgerliche Liberalismus habe den Staat bejaht, da Freiheit und privatwirtschaftliches Unternehmertum durch Gesetze geschützt werden müssten, aber die egalitären, atomisierenden und auflösenden Tendenzen der Massendemokratie zurückgewiesen. Sein Konzept vom Individuum entsprach noch dem der in vorgegebene soziale und hierarchische Verhältnisse eingebundenen Personalität, während die Demokraten, um die Meritokratie der Leistungsfähigsten zu beschränken, »dem Individuum all das aus dem Marschgepäck nehmen« wollten, »was nicht mit Talent und Leistung zusammenhängt, d.h. alle Vorteile, die einem Einzelnen wegen seiner Gruppen- oder Klassenzugehörigkeit zuwachsen.«[59] Sie vollzogen dabei aber weniger eine Abkehr vom Liberalismus als vielmehr eine vereinnahmende, radikalisierende Umdeutung des individualistischen Prinzips zum materiellen Gleichheitsideal. Die »Loslösung der Individuen von ihren substanziellen Bindungen und sozialen Voraussetzungen« suchte »jene Gleichheit materiell unter ihnen herzustellen, die nur formell sein konnte, solange jene Loslösung nicht stattfand. Die Liberalen nannten dies einerseits Entwurzelung des Individuums, Verengung der Persönlichkeit und Atomisierung des sozialen Ganzen, andererseits Einschränkung der konkreten Freiheit zugunsten einer abstrakten Gleichheit und Bürokratisierung oder Mechanisierung des gesellschaftlichen Lebens; für die Demokraten bedeutete dieser selbe Vorgang zum einen die Befreiung des Individuums von den Fesseln der Heteronomie (der autoritären Familie etc. etc.) und die Erlangung wahrer Selbständigkeit, zum anderen die institutionelle Garantie dafür, dass sich das selbständige Individuum auf der Basis derselben Voraussetzungen wie alle anderen entfalten kann. Im demokratischen Konzept gehen also paradoxer-, aber logischerweise die Radikalisierung des Individualismus und die Forderung nach organisiertem Schutz der Individuen Hand in Hand.«[60]

Dem Staat, der die traditionellen Bindungen und natürlichen Unterschiede bzw. die mit diesen einhergehenden »Ungerechtigkeiten« abschaffen soll, wird nun also die Aufgabe zugemessen, eine utopische Gesellschaft herzustellen, in der jedem Individuum seine »Selbstverwirklichung« möglich ist.

Es erscheint dabei als Widerspruch, dass mit dem Konstrukt des atomisierten Individuums als höchstem Wert gerade dessen – seine Freiheit beschränkende oder gänzlich auslöschende – Determination durch soziale, d.h. vor allem ökonomische Faktoren betont wird, aber gerade diese »Verdinglichung« des Individuums ist die Voraussetzung seiner konstruktivistischen Neuschöpfung im Sinne des materialistischen Machbarkeitsdenkens.

Angesichts dieses »demokratischen Auftrags« ist es auch nicht verwunderlich, dass die amalgamierende Vereinnahmung des Liberalismus durch die Demokratie zu einer Vergesellschaftung und Überhöhung der vormals vor allem als privat verstandenen Moral führte, die auf deren monströse Hypertrophie in der Politischen Korrektheit unserer Zeit vorausweist. Der Staat wird vom Wächter über Recht und Freiheit zur Erziehungsanstalt, deren pädagogisches Ideal niemals zu verwirklichen, aber umso stärker aufgegeben und anbefohlen ist.

Hundertfünfzig Jahre später lässt sich der libertär-anarchistische Brandsatz, den Hoppe in diese Anstalt zu werfen sucht, beinahe als wohltuender Befreiungsakt empfinden – aber eben nur beinahe, denn mit den gesichtslosen Glas- und Plattenbauten der Massendemokratie würden auch deren unverzichtbare staatliche Fundamente abbrennen. Gesetze, die Freiheit und Fortbestand des Volkes gefährden, sind abzuschaffen, aber Gesetze, die seine Freiheit und seinen Fortbestand schützen, müssen weiterhin gelten.

Hoppe hat recht, wenn er annimmt, dass sich z.B. das Problem der Überfremdung gar nicht stellen würde, wenn freie Vertragswahl herrschte – jeder würde vorzugsweise mit solchen Menschen Verträge schließen oder zusammenleben, die ihm durch ihre Kultur und Mentalität verwandt wären und zu denen er mehr Vertrauen hätte als zu fremderen. Der Staat müsste dann weder die Einheimischen ständig zur Toleranz ermahnen noch die Zuwanderer – mit Milliardensummen und wenig Erfolg – zu integrieren versuchen. Allerdings verkennt Hoppe, dass längst Verhältnisse geschaffen sind, die sich auch durch eine libertäre Revolution kaum noch ändern ließen. Ohne staatliche Schutzfunktionen wäre die Stellung der Autochthonen noch problematischer als ohnehin schon. Zwar werden diese von staatlichen Organen mittlerweile de facto und sogar schon de jure benachteiligt,[61] aber noch besteht Hoffnung auf eine Wiederherstellung des Rechtsstaates. Würde der Staat nach einer libertären Wende mehr oder weniger abgeschafft, blieben die Konsequenzen ähnlich düster wie bei seiner fortwährenden demographisch bedingten Erosion bzw.

der Ersetzung rechtsstaatlicher Institutionen durch tribale Abmachungen. Die autochthonen Europäer stünden noch schutzloser einer Konkurrenz gegenüber, die bereits an tribalistische Verhältnisse gewöhnt ist und ihre Identität, neben der ethnischen Zugehörigkeit, aus der unhinterfragten Geltung ihrer Religion bezieht. Und wie sollte sich ein Justizwesen auf vertraglicher Grundlage organisieren lassen? Wenn kein staatliches Gewaltmonopol mehr gelten sollte, müsste eine private Instanz von allen jeweils streitenden Parteien akzeptiert werden, etwa ein sogenannter »Friedensrichter«. Eine solche Autorität ist aber nur in einer homogenen Gesellschaft möglich, nicht in den fragmentierten, »multikulturellen« Gesellschaften, die das staatliche Gewaltmonopol unterminiert haben. Zudem ist Hoppes »Paläo-Konservatismus« bzw. Neotribalismus alles andere als ein Garant des libertären Individualismus. Echte tribale Strukturen waren und sind stets anti-individualistisch, und der einzige halbwegs verlässliche Beschützer individueller Freiheiten ist bislang der Staat gewesen. Eine »natürliche Ordnung«, die die moderne Demokratie ersetzen könnte, ist nicht erkennbar. Die Demokratie ist, nach einem bekannten Diktum Churchills in einer Rede vor dem britischen Unterhaus (1947), »die schlechteste aller Regierungsformen, abgesehen von allen anderen Formen, die von Zeit zu Zeit ausprobiert worden sind.«

Demokratie ist kein Allheilmittel, und Demokratisierung muss nicht per se zu mehr Humanität oder Freiheit führen, wie die demokratische Wahl von Tyrannen zuweilen besonders augenfällig gezeigt hat. Sie ist aber auch keinesfalls schlechthin Ochlokratie oder »Pöbelherrschaft«, wie bekennende Reaktionäre meinten. Sie hat ihre historischen Voraussetzungen sowie ihre spezifischen Vorzüge und Nachteile. In einem großen, bevölkerungsreichen Staat ist direkte Demokratie nicht permanent, sondern allenfalls in gelegentlichen Volksabstimmungen, die das Wahlsystem ergänzen und korrigieren, zu verwirklichen. Zudem bedarf die Demokratie ab einer Bevölkerungszahl, die keine persönlichen Kontakte aller Zugehöriger mehr zulässt, Medien, die politische Positionen vermitteln.

Dementsprechend sollte man bei der Beurteilung der Demokratie oder anderer Staatsformen seine jeweiligen Maßstäbe mitteilen. Wer z.B. die

Auffassung vertritt, dass sich eine Gesellschaft nach göttlichen Geboten auszurichten habe, wird, wenn er den »Ungläubigen« gegenüber ehrlich ist, diese Gebote kaum einer weltlichen Verfassung oder gar einem demokratischen Mehrheitsprinzip unterordnen können. Unabhängig davon, ob man in einer Theokratie leben möchte oder nicht, wird man feststellen müssen, dass die Demokratie zur Fundierung einer solchen Gesellschaft nicht geeignet ist. Wer eine religiös begründete Staatsordnung anstrebt, sollte daher auch zugeben, dass dieser, wenn überhaupt, die Monarchie entspräche. Diese Herrschaftsform ist – theoretisch – am besten geeignet, ewige Werte zu verwirklichen, aber sie gerät in Legitimitätsschwierigkeiten, wenn Zweifel an der Ewigkeit dieser Werte aufkommen.

Die besondere Aufgabe der demokratischen Regierungsform wiederum besteht in der Neuzeit darin, eine hinreichende bzw. hinreichend glaubhafte Identität zwischen Herrschenden und Beherrschten herzustellen; ihre spezifischen Probleme liegen in der elitären Abkoppelung von Repräsentationsorganen, in der Unbeständigkeit von Mehrheitsentscheidungen sowie im Relativismus der gesellschaftlichen Milieus. Zur Herstellung dieser Identität und zur Vermeidung von Auflösungserscheinungen ist eine weitgehende Homogenität unverzichtbar. Während Monarchien oftmals verschiedene Völker unter einer übergeordneten Reichsidee zusammenfassen konnten, beruht die Demokratie als Volksherrschaft wesentlich auf einer »Familienähnlichkeit« (Wittgenstein), die aus gemeinsamer Sprache, Kultur, Abstammung und dem Bewusstsein eines gemeinsamen Schicksals sowie einem daraus folgenden Zusammengehörigkeitsgefühl besteht, ohne dass es eines einzigen, starr fixierten Identitätskriteriums bedürfte, das alle verbindet, die sich dem Volk zugehörig fühlen.

Demokratie setzt also »auch und vor allem die Existenz eines relativ homogenen Volkes voraus, das sich dessen bewusst ist, was es eigentlich ist«, wie der französische Philosoph Alain de Benoist hervorgehoben hat.[62] In dem Maße, in dem sich kulturelle Homogenität auflöst, bedarf die Demokratie repräsentativer, vermittelnder Instanzen, die in der Antike noch nicht nötig waren. Aus der Homogenität und der Selbstverständlichkeit ihrer Gegebenheit – nicht allein aus Bevölkerungszahl und plebiszitärer

Mitwirkung – ergeben sich die wesentlichen Unterschiede zur modernen repräsentativen Demokratie:

> »Die antike Demokratie war gemeinschaftlich und ›holistisch‹, die neuzeitliche ist vor allem individualistisch. Die antike Demokratie setzt die Staatsbürgerschaft auf Grund der Abkunft fest und gibt dann den Bürgern Gelegenheit, sich am Leben der Stadt zu beteiligen. Die moderne Demokratie organisiert zu Bürgern Individuen an sich, die vor allen Dingen unter dem Blickwinkel des abstrakten Egalitarismus betrachtet werden. Die antike Demokratie gründet sich auf die Idee der organischen Gemeinschaft, die moderne als Erbin des Christentums und der Aufklärung stützt sich dagegen einzig auf das Individuum. In beiden Fällen erhalten die Begriffe ›Stadt‹, ›Volk‹, ›Nation‹, ›Freiheit‹ einen ganz anderen Sinn.«[63]

Wir haben gesehen, dass die Vertragstheorien der Aufklärung an fiktiven Individuen orientiert sind, die sich zur Gewährleistung ihrer Sicherheit zusammenschließen und ihre Souveränität auf Instanzen übertragen, die sich angeblich durch diesen Akt konstituieren. In Wirklichkeit aber gehen die Gemeinschaft und mit ihr das Recht, Verträge abschließen zu können, dem Individuum immer schon voraus:

> »Die Bürgerschaft-als-Funktion leitet sich aus der Bürgerschaft-als-Status ab, die ausschließlich von der Geburt herrührt. Ein Bürger zu sein, heißt, im vollen Sinn des Wortes einem Vaterland anzugehören, das heißt, einem Land und einer Vergangenheit zugleich. Man wird als Athener geboren, man wird es nicht (bis auf sehr wenige Ausnahmen). Die athenische Tradition entmutigt übrigens die Mischehe. Die gesetzlich festgelegte politische Gleichheit folgt aus der gemeinsamen Herkunft, die sie daher bestätigt. Nur die Abkunft verleiht die individuelle *politeia*. Die Demokratie wurzelt in einer autochthonen (bodenständigen) Auffassung der Bürgerschaft, die ihre Ausübung mit der Herkunft derjenigen eng verknüpft, die sie innehaben. Die Athener des 5. Jahrhunderts preisen

> sich ständig als ›das bodenständige Volk des so berühmten Athen‹, und in diesem Gründungsmythos sehen sie die Grundlage der Demokratie.«[64]

Auch die Freiheit beruhte auf der Abkunft: Frei war, wer frei geboren wurde, also nicht von Sklaven abstammte oder ein versklavter Fremder und Kriegsgefangener war. Man war nicht primär, wie im modernen liberalen Sinne, frei *von etwas*, sondern frei *zu etwas*; die Freiheit begabte den Freigeborenen mit den bürgerlichen Rechten (deren er auch verlustig gehen konnte, wenn er sich ihrer nicht würdig erwies; sie waren also keine »unveräußerlichen« Menschenrechte).

Die ursprüngliche, direkte und »identitätsbasierte« Demokratie ist also »vor allem das Ergebnis einer kulturellen Kohäsion und der Einsicht in die gemeinsame Zugehörigkeit. Je enger sich die Mitglieder einer Gemeinschaft verbunden fühlen, desto eher haben sie die gleichen Gefühle, die gleichen Werte, die gleiche Art, die Welt zu sehen und die sozialen Bedingungen aufzufassen, desto leichter können sie kollektive Entscheidungen treffen, die zum Gemeinwohl beitragen, ohne auf eine Vermittlung angewiesen zu sein. Die neuzeitlichen Gesellschaften erfordern dagegen eine Vielzahl an Vermittlungsstellen, weil sie nicht mehr der Ort eines kollektiv erlebten Sinns sind.«[65]

Benoists Verständnis der Demokratie steht mit seiner Betonung der Homogenität in der Tradition Carl Schmitts. Dieser hat in seiner Schrift über »Die geistesgeschichtliche Lage des Parlamentarismus« hervorgehoben, dass »alle demokratischen Argumente auf einer Reihe von Identitäten beruhen. In diese Reihe gehören: Identität von Regierenden und Regierten, Herrscher und Beherrschten, Identität von Subjekt und Objekt staatlicher Autorität, Identität von Staat und jeweilig abstimmendem Volk, Identität von Staat und Gesetz, letztlich Identität des Quantitativen (ziffernmäßige Mehrheit oder Einstimmigkeit) mit dem Qualitativen (Richtigkeit des Gesetzes).«[66]

Diese Gleichungen sind jedoch »nicht handgreifliche Wirklichkeiten«, nicht schlechthin gegeben, sondern »beruhen auf einer Anerkennung der

Identität. Weder juristisch noch politisch noch soziologisch handelt es sich um etwas real Gleiches, sondern um Identifikationen.«[67] Das heißt nicht, dass sie beliebig konstruiert wären – dem Akt der Identifikation muss zuvor eine Ähnlichkeit zugrunde liegen, die aufgrund ihrer Bedeutsamkeit aus einem Geflecht anderer Ähnlichkeitsbeziehungen selektiert wird.[68]

> »Ausdehnung des Wahlrechts, Abkürzung der Wahlperioden, Einführung und Ausdehnung von Volksentscheiden, kurz alles, was man als Tendenzen und Einrichtungen der unmittelbaren Demokratie bezeichnet und was, wie eben erwähnt, durchaus von dem Gedanken einer Identität beherrscht ist, ist zwar konsequent demokratisch, kann aber doch niemals eine absolute, unmittelbare, in jedem Augenblick *in realitate präsente* Identität erreichen. Immer bleibt eine Distanz zwischen der realen Gleichheit und dem Resultat der Identifikation. Der Wille des Volkes ist natürlich immer identisch mit dem Willen des Volkes, ob nun aus dem Ja oder Nein von Millionen abgegebenen Stimmzetteln eine Entscheidung abgegeben wird, oder ob ein einzelner Mensch auch ohne Abstimmung den Willen des Volkes hat, oder das Volk auf irgendeine Weise ›akklamiert‹. Alles kommt darauf an, wie der Wille gebildet wird. Die uralte Dialektik der Lehre vom Willen des Volkes ist immer noch nicht gelöst: die Minderheit kann den wahren Willen des Volkes haben; das Volk kann getäuscht werden; man kennt ja seit langem die Technik der Propaganda und der Bearbeitung der öffentlichen Meinung.«[69]

Letztlich ist Identifikation für Schmitt eine Machtfrage – und damit auch die Unterscheidung: »Jede wirkliche Demokratie beruht darauf, dass nicht nur Gleiches gleich, sondern, mit unvermeidlicher Konsequenz, das Nichtgleiche nicht gleich behandelt wird. Zur Demokratie gehört also notwendig erstens Homogenität und zweitens – nötigenfalls – die Ausscheidung oder Vernichtung des Heterogenen. […] Die politische Kraft einer Demokratie zeigt sich darin, dass sie das Fremde und Ungleiche, die Homogenität Bedrohende, zu beseitigen oder fernzuhalten weiß.«[70]

Es wäre verfehlt, sich über diese Formulierung, allein aufgrund des Unbehagens über Schmitts spätere politische Orientierung, moralisch zu entrüsten. Auch gegenwärtige Demokratien differenzieren zwischen Innen und Außen, Staatsbürgern und Ausländern; ja, sie können durchaus zwischen Bürgern und »inneren Feinden«, bei denen sogar der Entzug von Bürgerrechten möglich wäre,[71] unterscheiden. Jede menschliche Gemeinschaft beruht auf Inklusion und Exklusion. Verliert sie ihre Fähigkeit zur Unterscheidung, löst sie sich auf.

Auch der Gegensatz zwischen Liberalismus und Demokratie, den Hoppe und Benoist betonen, wurde von Schmitt in aller Schärfe – und mit guten Gründen – herausgestellt. Zwar haben Liberalismus und Demokratie in Gestalt des Parlamentarismus eine hybride Einheit gebildet, aber ihrem Wesen nach gehören sie nicht zusammen. Der Liberalismus kennt letztlich nur Individuen, die sich durch quantitative Bestimmungen (Besitzverhältnisse) voneinander unterscheiden, ansonsten aber als gleich betrachtet werden, miteinander handeln und Verträge abschließen. Seine politische Ausdrucksform ist der Parlamentarismus; er versteht das Parlament naiverweise als einen Ort des Gespräches, des Austausches von Ideen »frei gewählter«, nur »ihrem Gewissen verpflichteter« Abgeordneter, während es eigentlich der Selbstinszenierung der Parteien dient und im Medienzeitalter seine Bedeutung immer weiter einbüßt – Abstimmungen könnten heute schließlich auch auf andere Weise vollzogen werden. Das Wesentliche des Parlamentarismus liegt für Schmitt nicht in seiner repräsentativen Funktion für Gemeinwesen, in denen sich aufgrund ihrer Größe nicht alle Bürger unter der Dorflinde versammeln können, sondern im Glauben an das Verhandeln von Argument und Gegenargument, an Debatte und Diskussion. Daraus würde dann, unter Voraussetzung des rationalistischen Glaubens an die allgemeine Vernunft aller Gesprächspartner, eine »allgemeine Harmonie« entstehen: »Was die durch Öffentlichkeit und Diskussion garantierte Balance eigentlich bewirken sollte, war nicht weniger als Wahrheit und Gerechtigkeit selbst;« der Liberale glaubte an »den Sieg des Rechts über die Macht.«[72]

Mit dem Individualismus korrespondiert der Universalismus, dessen kosmopolitisch-egalitäres Menschenbild die moderne Demokratie verfremdet:

»Wollte man aber mit einer Menschheitsdemokratie Ernst machen und wirklich jeden Menschen jedem andern politisch gleichstellen, so wäre das eine Gleichheit, an der jeder Mensch kraft Geburt oder Lebensalters ohne weiteres teilnähme. Dadurch hätte man die Gleichheit ihres Wertes und ihrer Substanz beraubt, weil man ihr den spezifischen Sinn genommen hätte, den sie als politische Gleichheit, ökonomische Gleichheit usw., kurz als Gleichheit eines bestimmten Gebietes, hat. Jedes Gebiet hat nämlich seine spezifischen Gleichheiten und Ungleichheiten.«[73]

Universales und identitäres, liberales und demokratisches Denken bilden also einen fundamentalen Gegensatz oder stehen, wenn sie sich im Parlamentarismus überlagern, in einem Spannungsverhältnis.

Demgegenüber gibt es keine derart grundlegende Differenz zwischen Demokratie und Diktatur; vielmehr kann die Demokratie durchaus totalitäre Züge annehmen, wie J.L. Talmon in seiner klassischen Studie über »Die Ursprünge der totalitären Demokratie« dargelegt hat. Darin beschreibt er, wie »sich im achtzehnten Jahrhundert – gleichzeitig mit dem liberalen Typ der Demokratie und aus denselben Prämissen heraus – eine Tendenz in Richtung auf das anbahnte, was wir als totalitären Typ der Demokratie bezeichnen möchten.«[74] Somit erscheint »die Geschichte der letzten hundertfünfzig Jahre als die systematische Vorbereitung auf den schroffen Zusammenprall zwischen empirischer und liberaler Demokratie einerseits und totalitärer messianischer Demokratie andererseits.«[75]

Anstelle des Schmittschen Dualismus von Liberalismus und Demokratie sehen wir hier also einen Gegensatz zweier Demokratie-Konzeptionen: Auf der einen Seite das Modell der »offenen Gesellschaft« (Karl Popper), die Politik als »Experiment« und politische Systeme als »pragmatische Einrichtungen menschlicher Schöpfungskraft und Freiwilligkeit« betrachtet und private Angelegenheiten einer anderen Sphäre zumisst; und auf der anderen die Lehre von einer »alleinigen und ausschließlichen Wahrheit in der Politik«: »Man kann sie politischen Messianismus nennen in dem Sinne, dass sie eine vorausbestimmte harmonische und vollkommene Ordnung der Dinge postuliert, zu der die Menschen unwiderstehlich getrieben und zwangsläufig gelangen werden.«[76] Der private Bereich wird vom politischen vollständig aufgesogen. Das im 18. Jahrhundert vorherrschende rationalistische Paradigma führte zu einem umfassenden gesellschaftlichen Determinismus. Obwohl die tonangebenden Denker – ihrem Selbstbild nach – »glühende Propheten der Freiheit und der Menschenrechte waren«, blieben sie in einer Idee der Tugend befangen, »die nichts anderes war als Übereinstimmung mit der erhofften Gesellschaftsordnung. Sie weigerten sich, den Konflikt zwischen Freiheit und Tugend als unvermeidlich anzusehen.«[77] Dies führte dazu, »dass man die Menschen nicht so betrachtete, wie sie tatsächlich sind, sondern so, wie sie sein sollten und unter ›richtigen‹ Bedingungen sein würden«;[78] das Ergebnis war die jakobinische Erziehungsdiktatur: »Der totalitäre Messianismus erstarrte zu einer alles andere ausschließenden Doktrin, vertreten durch eine Avantgarde von Aufgeklärten, die sich für berechtigt hielten, Zwangsmittel anzuwenden gegen diejenigen, die sich weigerten, gleichzeitig frei und tugendhaft zu sein.«[79]

Talmon behandelt in seinem Werk die Ursprünge der totalitären Demokratie im französischen Frühsozialismus, aber die Spannung zwischen Freiheit und Moral besteht auch heute noch; nur sprechen wir statt von »Tugend« von »Politischer Korrektheit«.

Es gibt für Talmon durchaus auch einen rechten Totalitarismus, der allerdings andere theoretische Ausgangspunkte habe, indem er sich auf Kollektive wie Staat, Nation oder Rasse berufe, während der Totalitarismus der Linken von der »Vernunft« und dem »Heil« des Menschen ausgehe und sogar dann noch individualistisch, atomistisch oder rationalistisch orientiert sei, wenn Partei oder Klasse zu absoluten Werten erhoben würden. Auch diese seien schließlich »nur mechanisch gebildete«, also aus Individuen zusammengesetzte Gruppen, während die Rechte mit historischen, rassischen und allgemein »organischen« Kategorien operiere. Da die Linke von der Voraussetzung ausginge, »die Menschheit sei die Summierung vernünftiger Einzelwesen«, neige ihre Ideologie immer dazu, »den Charakter eines universellen Glaubensbekenntnisses anzunehmen«,[80] was der Rechten fremd sei. Deren Totalitarismus negiere eine solche Einheit, leugne die Allgemeingültigkeit menschlicher Werte und strebe nach einer Daseinsform, in der die Fähigkeiten des Menschen innerhalb bestimmter Grenzen und Differenzierungen zum Ausdruck gebracht werden könnten.

Ein weiterer Unterschied bestehe darin, dass die Linke den Menschen seiner Wesensanlage nach für prinzipiell gut und »der Vervollkommnung fähig« halte, während die Rechte von den Unzulänglichkeiten des Menschen, seiner Schwäche, Uneinsichtigkeit und »Verderbtheit« ausgehe. Die Anwendung von Zwang diene im ersteren Fall also der Erziehung und »Verbesserung«, im letzteren dem Erhalt einer – stets fragilen – Ordnung. Der linke Rationalismus oder – religiös aufgeladene – Messianismus strebe daher immer nach einer Revolutionierung der Gesellschaft als ganzer, um eines Tages einen perfekten Zustand zu erreichen.

Talmon zeigt sich als Vertreter der kämpferisch-liberalen Totalitarismustheorie, die eine maßvolle, im Popperschen Sinne »kritisch-rationalistische«, empirisch vorgehende und auf letztgültige Wahrheiten verzichtende Mitte von linken und rechten Extremismen bedroht sieht. Es ist jedoch unübersehbar, dass er diese Mitte etwas idealisiert. Eine von jeder Ideologie unbeeinflusste politische Leerstelle des reinen, vernünftigen Gesprächs, des vorurteilsfreien Experimentierens nach dem Prinzip von »trial« and »error« gibt es nicht. Gesellschaftliche Verhältnisse lassen sich nicht unter Laborbedingungen betrachten; ihre unübersehbar mannigfach zusammenwirkenden Faktoren können nicht isoliert werden. Und insbesondere das Parlament, in dem die Parteien ihre Politik inszenieren, oder die »Formate« der Mediendemokratie sind keine Stätten des rationalen Austauschs »sine ira et studio«.

Gegenwärtig wird die Demokratie nicht von den Rändern aus bedroht, sondern von einem Extremismus der Mitte, von der »Konsensdemokratie« (Josef Schüßlburner) der sich selbst so bezeichnenden »Demokraten«, die alle alternativen Konzepte in ihrer Machtarroganz stigmatisieren und kriminalisieren. Die Mitte, eigentlich die neutrale Position, wird als Ort der Vernunft, der Vermittlung und des Augenmaßes dargestellt, während links und rechts nur extreme und gefährliche Meinungen lauern würden; daher haben heute alle Parteien ein so großes Interesse daran, sich in die

Mitte zu drängen. Eigentlich aber sind »in einer funktionierenden parlamentarischen Demokratie [...] die Begriffe ›Rechts‹ und ›Links‹ für die politische Entscheidungsfindung des Volks die maßgeblichen Kategorien. Jede Politik gründet nämlich auf einer Alternative zwischen zwei Lösungen; die vermittelnden Lösungen lehnen sich dann an eine der beiden an.«[81] Normalerweise ist Politik »asymmetrisch auf eine hegemoniale Stellung der einen politisch-ideologischen Richtung über die konkurrierende Formation ausgerichtet«, wobei sich laut Schüßlburner »aus anthropologischen Gründen – nämlich wegen der Unterschiedlichkeit (Ungleichheit) der Menschen in ihren Befähigungen, Vorstellungen und Wünschen, die automatisch zu einer gesellschaftlichen Schichtung führt – normalerweise eine rechte Hegemonie« einstellt.[82]

»Rechts« ist der Normalfall, »links« der Sonderfall, das Aufbegehren gegen eine vorgegebene Ordnung, das freilich zu allen Zeiten zu beobachten, mithin ebenfalls »normal« ist, aber wenig zur Übernahme nachhaltiger Regierungsverantwortung qualifiziert. Jede linke Regierung tendiert daher dazu, nach der Abschaffung der alten Hierarchien neue Schichtungen einzuführen, beispielsweise die Herrschaft – oder Diktatur – einer Partei der »wohlgesinnten« und »fortschrittlichen« Kräfte zu errichten und die Vertreter der traditionellen Normen und Werte als Feinde zu behandeln.

Eine sogenannte Mitte gibt es lediglich als zeitweilig ausgehandelten Kompromiss; sie hat keine eigene Theorie und Weltanschauung. Dies zeigt sich auch schon daran, dass es heute ausschließlich linke Positionen sind, die als »Mitte« ausgegeben werden. Gemessen an den Kategorien einer am Staatsbürger ausgerichteten Demokratie einerseits bzw. einer am »biologisch-theologischen Begriff des Menschen« andererseits orientierten Weltzivilgesellschaft »findet man im Deutschen Bundestag derzeit nur Parteien der Linken« – jedenfalls bis zum Einzug der AfD 2017 –, die sich entweder ausdrücklich so bezeichnen oder ihre linken Ziele dem Wähler mit einer liberalkonservativen Rhetorik andienen.[83]

Eine solche Mitte, die sich zu Unrecht als etwas Ganzes versteht, stellt »eine politische Anmaßung dar, sich anstelle der Nation als Richter zu setzen. Gleichzeitig impliziert Mitte die Distanzierung von der Nation, die begrifflich ein Volk zur Voraussetzung hat, das durch den freien Wahlakt über Links oder Rechts ein jeweils zeitlich befristetes Urteil fällen und damit eine Mehrheit herstellen soll. Sich selbst als Mitte zu bezeichnen, ist insofern auch eine Distanzierung von der Demokratie, da der Wahlakt (als eigentliche Vermittlung) vorweggenommen scheint. Es verwundert daher nicht, dass der ideologische Kern der bundesdeutschen Mitte in einer post-demokratischen Europakonzeption besteht, die ihren zentralen Bezugspunkt außerhalb der Nation hat. Politik soll dabei durch Ökonomie und Moral ersetzt werden. Maßgebend sind dann nicht mehr primär politische Kategorien wie Volk und Nation, sondern zivilreligiöse und biologische Begriffe wie Menschheit.«[84]

Es ist unschwer zu erkennen, dass in Schüßlburners Begriff der »Konsensdemokratie« mit ihrer »Mitte« der »gemäßigten«, also nicht zu »Prüffällen« oder »Verdachtsfällen« des Verfassungsschutzes erklärten Parteien Schmitts Parlamentarismuskonzept wiederkehrt. Liberal-universalistische Begriffe werden mit demokratischen Kategorien – unter Ausscheidung deren notwendigerweise nationaler und identitätspolitischer Dimension – amalgamiert und hybridisiert.

Das Ergebnis ist das heutige »demokratische Paradox«, wie Chantal Mouffe mit Bezug auf Schmitt feststellt: Das demokratische Prinzip, nach dem die Macht vom Volk ausgehen solle, tritt in einem symbolischen Rahmen auf, der vom liberalen Diskurs mit seiner Betonung des Wertes individueller Freiheit und der Menschenrechte geprägt ist. Diese sollte man »nicht einfach der demokratischen Tradition einverleiben, deren Kernwerte Gleichheit und Volkssouveränität sich unterscheiden. Tatsächlich haben die für die Politik des Liberalismus zentrale Trennung von Kirche und Staat, von öffentlichem und privatem Raum, sowie die eigentliche Idee des Rechtsstaates ihren Ursprung nicht im demokratischen Diskurs, sondern kommen von anderswo.«[85]

In der modernen Demokratie laufen also zwei gegensätzliche Traditionslinien zusammen: »Auf der einen Seite haben wir die liberale Tradition, die von Rechtsstaatlichkeit, der Verteidigung der Menschenrechte und dem Respekt vor individueller Freiheit gekennzeichnet ist, auf der anderen die demokratische Tradition, deren Hauptideen jene der Gleichheit, der Identität zwischen Regierenden und Regierten und der Volkssouveränität sind. Es gibt kein notwendiges Verhältnis zwischen diesen beiden unterschiedlichen Traditionen, sondern nur eine kontingente historische Artikulation.«[86] Dadurch wurde »der Liberalismus demokratisiert und die Demokratie liberalisiert.«

Ein klassisches Beispiel für diesen Gegensatz wäre ein – streng demokratisch zustande gekommener – Beschluss der Mehrheit, eine Minderheit zu enteignen, zu entrechten oder gar zu töten. Man könnte ihm nicht demokratieimmanent, sondern unter Berufung auf Menschenrechte begegnen. Umgekehrt tendiert der humanitäre Liberalismus dazu, Wahlen und Abstimmungen schon im Vorfeld durch moralisierende Normierungen auszuhebeln. Wozu soll man überhaupt noch wählen, wenn die zulässigen Ergebnisse durch Frauen- oder sonstige Quoten, Absprachen innerhalb eines Parteienkartells und der Kriminalisierung von Konkurrenzparteien determiniert sind? Der humanitäre Liberalismus, aus dem durch die Übernahme kulturmarxistischer Ideologeme in der Nachfolge von 1968 die »Politische Korrektheit« hervorgegangen ist, hat auf diese Frage keine Antwort. Er will noch nicht einmal erkennen, »dass die liberale Demokratie aus der Artikulation zweier Logiken resultiert, die in letzter Instanz inkompatibel sind, und es keinen Weg gibt, auf dem sie restlos miteinander versöhnt werden könnten.«[87] Seine intellektuelle Ratlosigkeit zeigt sich in der Arroganz und Selbstverständlichkeit, mit der die sogenannte »Diskursethik« eines Jürgen Habermas bestimmte Prinzipien als verbindlich ansetzt. Zum »herrschaftsfreien Diskurs« ist nur zugelassen, wer Teil des Establishments ist oder dessen »Werte« vertritt.

Chantal Mouffes Fazit besteht darin, dass die Spannung zwischen Liberalismus und Demokratie ausgehalten werden muss. Ebenso ist zu akzeptieren, dass das demokratische Prinzip der Volkssouveränität notwendigerweise den Ausschluss derer beinhaltet, die keine Staatsbürger sind. Leugnet man diese fundamentalen Differenzen, begehrt die aus der Diskursgemeinschaft ausgestoßene Volkssouveränität in populistischer Radikalisierung und ins Ethnische gewendet umso nachdrücklicher Einlass, wie Mouffe befürchtet.

Mag diese Furcht auch übertrieben und linker Sozialisation geschuldet sein, so ist Mouffe doch zuzustimmen, dass das demokratische Paradox nicht so einfach aufzulösen ist.

Die Problematik vertieft sich sogar noch weiter, wenn man bedenkt, dass auch die Grundprinzipien des Liberalismus und der Demokratie/Volkssouveränität ihrerseits schon widersprüchliche Tendenzen aufweisen.[88] Demokratie beruht auf Identität der Herrschenden und der Beherrschten, die sich aus der Gleichheit aller, also auch der aus dem Volk ausgewählten Herrscher, ergibt. Allerdings ist Identität nie einfach gegeben; sie wird stets aus Ähnlichem hergestellt, das – unter Absehung vom Unterschiedlichen – für gleich erklärt wird. Aus dieser relativen Gleichheit von Sprache und Kultur, Sitten und Gebräuchen, historischen, regionalen, landschaftlichen, klimatischen und anderen Prägungen ergibt sich dann ein gemeinsames Fundament des Politischen bzw. das kollektive Wir durch die relative Homogenität des Volkes.

Die Tatsache, dass diese sich immerfort wandelt und neu entsteht, liefert kein Argument dafür, sie vollständig zu leugnen. Vielmehr vernehmen wir diese Leugnung besonders von denen, die jede Homogenität als gefahrvoll verdammen und bekämpfen – damit aber zugleich als gegeben anerkennen. Hinter der Leugnung steht eigentlich ein völkerfeindlicher Annihilationsdrang. Gesellschaftlicher Zerfall und Demokratieabbau werden durch immer stärkere Maßnahmen der ethnokulturellen Fragmentierung vorangetrieben. Offenbar glaubt man, mit der – stets relativen, nicht mathematisch gegebenen, sondern intuitiv wahrnehmbaren – Homogenität der Völker auch das Bedürfnis nach Identität bzw. den selbstverständlichen Wunsch, lieber mit ähnlichen Menschen statt mit Fremden zusammenzuleben, ausrotten zu können.[89] Die Ergebnisse dieser Politik verfolgen wir jeden Tag in den Medien und erleben sie zunehmend auch im Alltag.

Demokratie bedarf einer hinreichenden Homogenität, und diese ist auch die Grundlage von gemeinschaftlicher Identität. Identität ist gleichsam die Bewusstwerdung von Homogenität. Ein Volk, das keine Identität mehr besitzt, ist kein Volk mehr, sondern eine Bevölkerung, eine Ansammlung von Menschen, die sich zufällig am selben Ort aufhalten. Und ein solches

Nichtvolk kann auch keine Volksherrschaft mehr ausüben, sondern wird von Interessengruppen beherrscht, die Demokratie durch massenmedial inszenierte Surrogate ersetzen. Was aber ist unter »Identität« zu verstehen?

Identität als Voraussetzung der Demokratie

Individuelle Identität

Von Identität ist in vielerlei Hinsicht die Rede – wir können von der Identität einer Person oder einer Sache mit sich selbst sprechen oder auch von gemeinschaftlicher Identität, etwa der in Deutschland immer wieder ausgiebig diskutierten, so leidenschaftlich beschworenen wie in Abrede gestellten Identität des deutschen Volkes.

Zunächst bedeutet »Identität« oder »Selbigkeit« die vollständige Übereinstimmung von etwas mit sich selbst. Der Unterschied zur Gleichheit besteht darin, dass es sich bei letzterer nur um äußerliche Ununterscheidbarkeit bzw. maximale Ähnlichkeit numerisch verschiedener Entitäten handelt. In Logik, Mathematik und Sprachwissenschaft bezeichnet »Identität« eine Übereinstimmung des Umfangs zweier Ausdrücke: »Der Morgenstern ist der Abendstern« (die Venus), oder: »Die deutsche Identität ist die Identität der Deutschen«. Inhaltlich ist damit noch nichts ausgesagt.

Beziehen wir uns auf personale oder nationale Identität, gibt es auch dort eine rein formale Zuschreibung über den Eigennamen bzw. die Staatsangehörigkeit, aber diese äußerliche Identifizierung berührt das, was wir mit dem Begriff des »Wesens« zu beschreiben suchen, nicht. Jenseits des Begrifflichen verstehen wir darunter etwas Unveränderliches und dem jeweiligen Gegenstand schlechthin Eigentümliches. Ob und wie dieses wirklich existiert, ist eine andere Frage.

Die abendländische Philosophie suchte das Wesenhafte, den heidnisch-religiösen Kosmozentrismus[90] ihres ursprünglichen Kulturraumes transformierend, in ihren Anfängen vor allem am Himmel: Die »Sphärenharmonie«, der berechenbare Wandel der Gestirne, sollte das Ewige verbürgen. Die Rechnung ging jedoch nicht auf. Die scheinbare Harmonie wurde offenkundig immer wieder durch plötzliche katastrophische Ereignisse gestört. Und die Bahnen der Himmelskörper ließen sich nicht in ganzzahligen, »harmonischen« Zahlenverhältnissen beschreiben. Die Suche nach dem Wesen der Dinge verlagerte sich schließlich immer weiter in den abstrakten Bereich. Nach Platon sollen alle Dinge Abbilder ewiger Ideen sein; nach Aristoteles wohnen die Ideen den Dingen inne.

Zu einem grundlegenden Paradigmenwechsel kam es, als in der Neuzeit das Ich zum zentralen Prinzip der Philosophie erhoben wurde und sich mit ihm die Frage nach der Identität neu stellte. Eine Ausgangsüberlegung bestand in dem methodischen Zweifel René Descartes', der in seinen »Meditationes de prima philosophia« (»Meditationen über die Grundlagen der Philosophie«, 1641) der Frage nachging, ob es ein Wissen gäbe, das jedem Zweifel standhalte. Während der platonische Sokrates – gemäß einer ihm zugeschriebenen, eigentlich aber fehlübersetzten Stelle der »Apologie« – den berühmten Satz prägte »Ich weiß, dass ich nichts weiß«, glaubte Descartes, feststellen zu können, dass es immerhin ein Ich geben müsse, das sich seiner Existenz, sobald es zweifle bzw. überhaupt denke, stets gewiss sei. Sein »Cogito, ergo sum« (ich denke, also bin ich) wurde zum vielleicht meistzitierten und am meisten missverstandenen Grundsatz der Philosophie. Die Existenz des Ich – und damit dessen Identität mit sich selbst, denn das Ich ist das »je meine« und nicht heute dieses und morgen ein anderes – stellt sich Descartes als unmittelbare Erfahrung dar und nicht etwa als logischer Schluß, bzw. als unvollständiger Syllogismus, zu dem der Obersatz »Alles, was denkt, existiert« gehören würde.[91]

Mit seinem Rückgang auf das eigene Denken hat Descartes die europäische Philosophie einerseits dazu angeregt, die Voraussetzungen des Denkens überhaupt zu reflektieren; andererseits hat er ihrer weiteren Entwicklung einen subjektivistischen und rationalistischen Pfad vorgezeichnet, den sie erst im ausgehenden 19. und 20. Jahrhundert überwinden konnte. Unter »Subjektivismus« ist hier keine Hypostasierung des empirischen Ich zu verstehen, sondern die Zurückführung jeglicher Erkenntnis auf Akte eines »transzendentalen« Subjekts, demgegenüber die Objektseite zum bloßen Material degradiert wird. Die Prinzipien der Erkenntnis entstammen nach Kant vollständig der Subjektivität und bestehen in Raum und Zeit als Formen der Anschauung sowie in den zwölf Verstandeskategorien. Das Subjekt soll zwar die Einheit aller Erkenntnisleistungen verbürgen, bleibt selbst jedoch unzureichend erklärt, obgleich Kant das sogenannte »Reflexionsmodell« des Selbstbewusstseins, wie es im englischen Empirismus sowie von Leibniz vertreten wurde, kritisiert. Nach diesem identifiziere »ich« mich mit »mir« selbst, wenn ich sage: »Ich bin ich«. Wie könnte das eine Ich dieses Satzes aber aus der Reflexion erkennen, dass es auch das andere ist, wenn es dies nicht schon vorher gewusst hat? Das Reflexionsmodell ist also zirkulär oder führt in einen infiniten Regress.

Die Fundierung jeglicher Erkenntnis der Welt, die Kant nach Auffassung der nachfolgenden philosophischen Generation des Deutschen Idealismus nicht hinreichend geleistet habe, suchte Fichte mit seinem Rekurs auf eine ursprüngliche »Tathandlung« zu liefern: »Wir haben den absolut ersten, schlechthin unbedingten Grundsatz alles menschlichen Wissens aufzusuchen. Beweisen oder bestimmen lässt er sich nicht, wenn er absolut erster Grundsatz seyn soll. Er soll diejenige Thathandlung ausdrücken, welche unter den empirischen Bestimmungen unseres Bewußtseyns nicht vorkommt, noch vorkommen kann, sondern vielmehr allem Bewußtseyn zu Grunde liegt, und allein es möglich macht.«[92]

Das Wesen des Ich besteht nach Fichte also in einer Handlung, einer Setzung seiner selbst, in der allein es existiert; es »setzt sich als Ich und Nicht-Ich« (das gleichursprünglich mitgegeben sein soll). Wie aber kann sich etwas selbst »setzen«, wenn es nicht schon im Voraus »gesetzt« ist? Ähnlich wie eine Erkenntnis des Ich in der Reflexion auf sich selbst nur möglich ist, wenn es bereits ein präreflexives Wissen von sich hat, kann es sich auch nicht selbst erschaffen, sondern allenfalls im Dasein erhalten, wenn ihm dieses bereits gegeben ist.

Die Frühromantiker versuchten, diesem präreflexiven Sich-Selbst-Vorhergehen des Ich spekulativ und poetisch nachzuspüren; vor allem Novalis ist hier zu nennen, der in seinen »Fichte-Studien« kurz und bündig festgestellt hat: »Die Filosofie ist ursprünglich ein Gefühl.«[93] Jedem Denken, auch dem Nachdenken über Ich und Identität, geht ein Selbstgefühl, ein primäres Bei-sich-selbst-Sein, voraus. Novalis rekurriert auf den Begriff des »sensus sui«, der, über die Scholastik vermittelt, bis auf die Stoa zurückgeht und dort neben dem Gefühl eines Lebewesens, es selbst zu sein, auch seinen Willen zur Selbstbehauptung bezeichnete. »Was jedem Lebewesen zuerst eigen ist, ist seine eigene Konstitution und deren Selbstbewusstsein.«[94] Und »warum sollte die Natur es von sich selbst entfremden oder es erst erschaffen und dann weder von sich entfremden noch es sich zueignen? So müsse man sagen, dass mit der Konstitution eines Lebewesens die Natur es ihm selbst übereignet – oder es mit sich selbst vertraut gemacht hat. Mithin wehrt das Lebewesen ab, was ihm schadet, und nimmt an, was ihm zu eigen ist.«[95]

Es handelt sich beim Selbstbewusstsein, dem Bewusstsein der eigenen Identität, also zunächst um ein Selbstgefühl, das erst sekundär auf begriffliche Weise ausgestaltet und nachkonstruiert wird. Novalis ist sich mit Fichte dahingehend einig, dass Selbstbewusstsein nicht aus einer Reflexion abgeleitet werden kann, aber er sieht das ursprüngliche Wissen des Ich von sich selbst nicht in einem Tun, sondern in einem Nichttun und Nichtwollen gegeben. Das Gefühl des Ich verweist auf ein Sein, das ihm immer schon vorausgeht, auf eine »schlechthinnige Abhängigkeit« (Schleiermacher); es kann nicht aus der Beobachtung eines Objektes durch ein Subjekt erklärt werden, sondern ist sich, wie im 20. Jahrhundert z.B. Sartre dargelegt hat, immer schon präreflexiv durchsichtig. Der Philosoph Manfred Frank illustriert diese Gegebenheit mit der Erfahrung von Schmerzen: Wenn ich z.B. Zahnschmerzen habe, weiß ich immer schon, dass ich selbst es bin, der Schmerzen hat; niemals werden zuerst die Schmerzen wahrgenommen und dann einem Ich zugeordnet – womöglich noch so, dass man sich dabei auch täuschen und nachträglich korrigieren könnte.

Jedem Gefühl haftet ein »Ich-Indikator« an. Selbstbewusstsein ist als Selbstgefühl »immer adäquat« (Husserl) oder »unfehlbar«; das im Gefühl »Präsentierte« ist restlos »präsent«, wenngleich sich seine Interpretation im Laufe der Zeit ändern kann – so kann etwa ein vergangenes Erlebnis vor dem Hintergrund einer neuen Erfahrung an Bedeutung verlieren, aber jedes Erlebnis ist im Augenblick seines Erlebtwerdens ganz und gar gegeben. Ein Gefühl lässt sich als solches auch nicht z.B. auf neurologische Veränderungen im Gehirn zurückführen, da zwischen objektiver Beschreibung und subjektivem inneren Gewahrsein eine grundsätzliche Differenz besteht. Jedes äußerlich wahrgenommene Objekt kann sich bei näherer Betrachtung als etwas anderes erweisen als zunächst angenommen wurde, aber niemals kann etwas Schmerz sein, ohne sich auch schmerzhaft anzufühlen. Sein und Erscheinen fallen im Erlebnis also zusammen, und mit beiden ist immer schon ein Ich, in seiner Identität mit sich selbst, gegeben. Sucht man dieses Sein aber begrifflich zu fassen, entzieht es sich immer wieder und verliert sich in einem unendlichen Werden.

Die Rückführung der Subjektivität auf ihre Voraussetzungen führt also zu deren »Verzeitlichung« – analog zur »Objektseite«: Da Kant die Zeit als »Anschauungsform« allein dem Subjekt zugemessen hat, musste er sein »Ding an sich« konsequenterweise als zeitlos und statisch auffassen. Schopenhauer, der das Kantische Ding an sich als eine Art kosmischen Willen interpretierte, tat damit einen Schritt hin zu dessen Temporalisierung, die jedoch erst mit Nietzsche wirklich vollzogen wurde, der die Welt insgesamt als »Willen zur Macht« verstand, als unaufhörliches Werden und Vergehen einzelner »Willenszentren«.[96]

Um die Jahrhundertwende wurde diese Tendenz sodann einerseits von den modernen Naturwissenschaften, die jedoch nur einen quantitativen Zeitbegriff kennen, und andererseits von der Lebensphilosophie, insbesondere von Henri Bergson und Ludwig Klages, fortgesetzt.[97] Beide sahen die Welt als fortwährenden Prozess an, in den erst sekundär statische Elemente hineininterpretiert werden, was Bergson aus einer Neigung unseres Verstandes zur Verräumlichung der Zeit erklärte, während Klages darin eine Verfehlung des Kontinuums des Werdens durch seine »Punktualisierung« erkannte. Entscheidend ist aber der Aspekt der Temporalisierung: Es gibt keinen ewigen, immer gegebenen Wesenskern, sondern jedes Wesen zeigt sich allein in seiner Entwicklung.

Diese ontologische Temporalisierung korrespondiert mit der »Entdeckung des Zeitlichen« auch auf anderen, konkreteren Ebenen: Das späte 19. Jahrhundert war die Epoche des Historismus und der historischen Sprachwissenschaften, der Evolutionstheorie, die die Biologie durch ihre These von der Entstehung und Entwicklung der Arten verzeitlichte, und schließlich der aufkommenden Psychoanalyse, die sich der – individuellen, später auch kollektiven – »Vorgeschichte« des Bewusstseins widmete.

Sowohl die historische Forschung als auch Kolonialismus und Ethnologie führten dazu, dass statische Identitätsmodelle infrage gestellt wurden; Identität wurde entweder, wie beim frühen Nietzsche, als Täuschung zurückgewesen bzw. allenfalls als nützliches Konstrukt des Verstandes aufgefasst, dem aber in der Realität nichts entspräche, oder sie wird als Kontinuität neu verstanden: Das Kontinuum besteht nur aus seinen Veränderungen, aber es gibt in ihm keine Brüche; jede Veränderung folgt aus einer anderen, so dass die beliebte postmodernistische Kritik der Neuen Linken am Identitätsbegriff, die darauf abzielt, dass sich alles immer schon verändert habe und auch weiter verändere, danebengeht. Veränderungen gibt es in der Tat, aber es ist ein Unterschied, ob sie, wie das organische Wachstum, bruchlos verlaufen (und dadurch als Veränderungen eines Selbst erlebt werden können) oder mit Disruption, Fragmentierung, Destruktion und künstlicher Rekonstruktion des Zerstörten einhergehen.

Die Temporalisierung der Identität im Zeitalter des Historismus führte zu einer Neubewertung von Kultur und Sprache als Voraussetzungen und Medien jeder Identität. Das Ich ist zwar im Sinne eines präreflexiven »Cogito« immer schon gegeben, aber sobald man es begrifflich zu erfassen sucht, greift man auf das sprachliche Erbe zurück, das sich in der Vorgeschichte verliert. Und jede Versprachlichung eines Sachverhalts ist, wie Nietzsche sowie die moderne Sprachphilosophie und Hermeneutik immer wieder dargelegt haben, zugleich ein interpretatorischer Akt. Selbst ein Satz wie »Ich denke« enthält unhinterfragte Voraussetzungen und impliziert bereits durch seine Subjekt-Objekt-Struktur eine Interpretation der Welt, die möglicherweise mit der Substanz-Akzidenz-Struktur der klassischen Ontologie korrespondiert. So stellt Nietzsche in Frage, dass es überhaupt ein Ich gibt, das neben anderen Tätigkeiten auch denkt. Vielleicht ist das Denken primär gegeben, das erst sekundär ein Ich hervorbringt? Und denke ich überhaupt selbst? Ist das Denken ein aktiver Vorgang oder nicht in den meisten Fällen ein passives Geschehen? Kommt ein Gedanke, wenn ich will oder wenn er selber will?[98]

Vom Ich zum Wir

Das Ich lässt sich nicht erfassen. Dies hat manche Denker sogar zu der Annahme veranlasst, dass es ein Ich überhaupt nicht gäbe. In buddhistischen Sutras wird danach gefragt, wo das Ich oder das Selbst in Körper, Geist oder Seele denn anzutreffen sei, und aus der Unmöglichkeit einer klaren Angabe wird dann der Schluss gezogen, dass ein Ich überhaupt nicht existiere. Ähnlich könnte man aber auch behaupten, dass es keine abstrakten Gegenstände wie »die Wahrheit«, »die Gerechtigkeit«, »die Liebe«, noch nicht einmal »den Tisch« und »den Baum« gäbe, weil wir immer nur etwas Konkretes wahrnehmen oder empfinden. Was in jenen buddhistischen Schriften dargelegt wird, ist allein die Nichtexistenz eines bestimmten »Gegenstandes«, den wir als »das Ich« nicht fixieren können und der daher für sich genommen unsere Identität nicht ausmachen kann. Wir müssen daraus jedoch nicht auf einen Mangel, sondern können auch, in der Tradition der Romantik, auf eine Fülle schließen: Unser wirkliches Ich ist unendlich viel mehr als das, was wir von ihm erfassen.

Was für das einzelne Ich evident ist, gilt noch stärker für das kollektive Subjekt, für das Wir. Die Sprache, in der sich jedes Nachdenken über die eigene Identität artikuliert, verweist auf die übergeordnete Gemeinschaft, die den Menschen als »Zoon politikon« umfasst. Der einzelne Denkende kann niemals völlig neu beginnen, sondern bewegt sich, auch wenn seine Gedanken das Weltbild der Menschen revolutionieren, immer schon in den Bahnen, die andere vorgezeichnet haben; er knüpft mit dem sprachlichen

Erbe an dasjenige ihres Geistes an und hat sich mit diesem auseinanderzusetzen. Nicht nur er selber denkt, sondern seine Sprache denkt in ihm und durch ihn – eine Erkenntnis, die jedoch nicht zum anderen Extrem verleiten darf: zu dem postmodernen Schlagwort vom »Tod des Autors«, der sich in ein Netzwerk von Diskursen auflöst. Jedes Netz hat auch seine Knoten, in dem mehr oder weniger Fäden zusammenlaufen.

Darüber hinaus gibt es die Felder der Sitten und Gebräuche, der rechtlichen und moralischen Vorstellungen, sowie insbesondere der Religion, aus der die Regeln des Zusammenlebens hervorgegangen sind. Sie prägen die Identität einer Gemeinschaft, die durch eine gewisse genetische Verwandtschaft gekennzeichnet ist und sich von gemeinsamen Vorfahren herleitet. Die biologischen Übergänge zu anderen Völkern und Stämmen sind mehr oder weniger fließend, und wenn wir weit genug zurückgehen, stoßen wir auf immer kleinere Menschengruppen, von denen wir abstammen. Genetiker sprechen aufgrund deren geringer Zahl vom Phänomen des »Ahnenschwunds«.[99] Oft werden solche Rekurse auf die Prähistorie als Argumente gegen nationale und kulturelle Identitäten ins Feld geführt – hier ist jedoch anzumerken, dass die Vorgeschichte das Menschsein letztlich der Biologie überlässt, während erst die bekannte, überlieferte Geschichte Identitätszusammenhänge stiftet. Zwar teilen wir die meisten Gene und biologischen Eigentümlichkeiten mit allen anderen Menschen, aber politisch wird die Menschheit deswegen noch keine Einheit bilden, da wir uns – durchaus auch aus biologischen Gründen – eher mit unseren Nächsten als mit den Fernsten identifizieren; diese Nächsten sind gewöhnlich die Mitglieder unserer Familie, um die sich in konzentrischen Ringen die Gemeinschaften von Freunden, Gesinnungsgenossen und Bünden, von Stadt und Land, schließlich der Nation, des Kulturraumes und zuletzt und am abstraktesten der Menschheit lagern.

Die fließenden Übergänge, aufgrund derer wir letztlich alle miteinander verwandt und in abgestuftem Maße einander ähnlich sind, führen also nicht dazu, dass wir alle miteinander *in gleicher Weise* verbunden sind. Dies liegt erstens an den höheren oder niederen Graden der Verwandtschaft, zweitens aber auch an externen Maßstäben wie Grenzziehungen. Man mag biologisch mit Menschen jenseits einer Grenze enger verwandt sein als mit vielen Menschen diesseits, aber die politische Welt konstituiert eine metabiologische Ordnung, die die »unscharfen Ränder« (Wittgenstein) des mehr oder weniger Verwandten gleichsam nachschärft. Die Gemeinschaft erfährt sich durch ihre Umgrenzung sowie durch die – friedliche oder kriegerische – Begegnung mit der Welt jenseits der Grenzen als Schicksalsgemeinschaft, und die Stabilität einer Nation hängt wesentlich davon ab, in welchem Maße ihre verschiedenen (sprachlichen, kulturellen, biologischen) Einheiten durch einen politischen Willen zur Deckung gebracht werden. Oft ist es ein gemeinsamer Feind, der die nebeneinander Lebenden aufgrund der gemeinsamen Bedrohung zu einer Einheit zusammenschweißt, aber auch dann ist die Einheit noch ein Akt des Willens, der sich täglich bewähren muss.

Hier zeigen sich die Unterschiede zwischen individueller und kollektiver Identität am deutlichsten. Zwar konstituiert sich Identität jeweils zuerst auf der gefühlsmäßigen und erst später auf der intellektuellen Ebene, und sicher lassen sich individuelles Bewusstsein und politisches Handlungszentrum, Unterbewusstsein und unhinterfragtes gemeinschaftliches Über-Ich (in Gestalt von Sitten und Gebräuchen) parallelisieren, aber auf kollektiver Ebene bedarf das Gefühl einer Vermittlung, die für das individuelle Ich nicht gegeben sein muss und kann: Meine Schmerzen erlebe ich, wie oben schon angedeutet, stets und unhinterfragbar als *meine* Schmerzen, aber die Schmerzen des Nachbarn, ja der Eltern oder Kinder, muss man sich erst durch einen Akt der Vergemeinschaftung zuordnen, um sich selbst betroffen zu fühlen. Je näher die Verwandtschaft, desto zuverlässiger, schneller und instinktgeleiteter verläuft dieser Vergemeinschaftungsakt, aber im Großraum einer Nation bedarf es vermittelnder Instanzen – des Staatsapparates und der Medien –, die etwa eine Bedrohung zum Gemeinschaftsfall erklären. Die Identität der Nation beruht also immer auch auf einem von Eliten vorformulierten und von den breiten Massen nachvollzogenen politischen Willen, sich im Dasein zu erhalten und zu behaupten. Die Nation ist in den Worten von Ernest Renan »ein tägliches Plebiszit«:

»Die Nation ist eine große Solidargemeinschaft, die durch das Gefühl für die Opfer gebildet wird, die erbracht wurden und die man noch zu erbringen bereit ist. Sie setzt eine Vergangenheit voraus und lässt sich dennoch in der Gegenwart durch ein greifbares Faktum zusammenfassen: die Zufriedenheit und den klar ausgedrückten Willen, das gemeinsame Leben fortzusetzen. Die Existenz einer Nation ist (man verzeihe mir diese Metapher) ein tägliches Plebiszit, wie die Existenz des Individuums eine ständige Bekräftigung des Lebens ist.«[100]

In diesem stets zu erneuernden Willen, »das gemeinsame Leben fortzusetzen«, in seiner Artikulation und Behauptung, liegt der Sinn des Politischen. Es liegt auf der Hand, dass der Wille zum Selbsterhalt nicht zwangsläufig Expansion und Krieg oder, nach innen, Diktatur und Unterdrückung bedeuten muss, wie heute oft unterstellt wird. Im Gegenteil: Eine Politik, die danach strebt, mit den Nachbarn friedlich zusammenzuleben, und die Freiheitsrechte des Bürgers sicherstellt, wird den Fortbestand der Nation eher fördern.

Dem Willen zum Wir muss allerdings das Gefühl, in einem vagen Sinne bereits ein solches Wir zu sein, zugrunde liegen. Um dieses näher zu bestimmen, ist ein weiterer kurzer Rückblick auf das Identitätsdenken der Deutschen Romantik, die das Selbstbild unserer Nation so stark geprägt hat, sinnvoll.

Der Philosoph Kurt Hübner unterscheidet fünf für das romantische Denken charakteristische Versuche, die Identität der Nation auf den Begriff zu bringen:[101] Der erste »Romantische Identitätstypus« bestand darin, eine bestimmte historische Epoche herauszugreifen, in der das deutsche Wesen besonders unverfälscht hervorgetreten sei, etwa im Mittelalter oder in der Reformationszeit. Wenn aber eine vergangene Zeit noch fortwirkt, muss sie in einem bestimmten Sinne auch gegenwärtig sein.

Der zweite stützt sich auf einen »nationalen Urmythos, aus dem die geistige Evolution einer Nation abgeleitet werden könne.«[102] Jakob Grimm etwa vermutete, »dass gewisse mythische Grundvorstellungen beinahe von allen Völkern geteilt werden, aber jede Nation gibt ihnen ein spezifisches Kolorit und entwickelt sie auf ihre Weise. [...] Nach Grimm wächst aus der Poesie des Mythos das gesamte, unverfälschte nationale Leben wie in einem weitverzweigten Baum.«[103] Allerdings beklagten gerade die Romantiker oft, dass die Deutschen von ihren mythischen Quellen abgeschnitten seien – vielleicht ist dieser Heraustritt aus dem Mythos, der auf die Wiederkehr des verlorenen goldenen Zeitalters hingeordnet ist, aber ebenso ein Teil der deutschen Identität wie der Mythos selbst.

Nach dem dritten Romantischen Identitätstypus wird das nationale Wesen nach Art einer Entelechie verstanden, als ein Strukturprinzip, das sich aufgrund einer inneren Anlage wie die Pflanze aus ihren Samen entfaltet. Im 20. Jahrhundert hat vor allem Oswald Spengler diese Auffassung, von Nationen auf Kulturen erweitert, populär gemacht. »Mit der Vorstellung eines inneren Prinzips, das es gestattet, die Nation im Bilde einer Pflanze zu veranschaulichen, weil sie sich wie diese nach ihrem eigenständigen Gesetz entfaltet und dabei doch wechselnden Bedingungen anpasst, ist freilich gegenüber den anderen bereits abgehandelten Romantischen Identitätstypen nur dies gewonnen, dass auf einen abstrakten Begriff gebracht wird, was jene in der Form konkreter Mythen oder zahlreicher Einzelbeispiele fassen sollen.«[104] Liegen eine historische Epoche oder der Urmythos in der Vergangenheit, so hat die Entelechie ihre eigene Zeitlichkeit, verweist also auf das Ganze der geschichtlichen Entwicklung. Aufgrund seiner Analogien zur Natur ist dieser organismische Blickwinkel für eine Position, die den rationalistisch-diskursiven Modellen der Aufklärung kritisch gegenübersteht, bis heute attraktiv – jedoch wirft er die Fragen auf, wie sich etwa Jugend, Blütezeit, Reife und Verfall des nationalen Lebens bestimmen lassen sollen: War z.B. die höfische Epoche des Hochmittelalters das deutsche Jünglingsalter und die klassisch-romantische Zeit das Alter der Reife, oder ist nicht bereits die höfische Epoche eine Spätzeit gewesen, in der die Jugend der Völkerwanderungszeit zu poetischer Entfaltung gelangte? War die Reformation der Untergang des Mittelalters oder der Aufgang des Deutschtums? Sah sich nicht schon die Romantik, in der den Nachgeborenen das deutsche Wesen besonders deutlich zum Ausdruck zu kommen schien, als Spätzeit? Und kann nicht sogar noch die literarische Moderne mit ihren vielfältigen Strömungen als eine zweite, bis heute vorbildliche Klassik verstanden werden? Die Analogie zum vegetativen Leben hat offenbar ihre Grenzen.

Und nach dem vierten Typus schließlich, den vor allem Adam Müller, Leopold v. Ranke und Friedrich Carl v. Savigny vertreten haben, ist die Nation eine in ihrer unabgeschlossenen geschichtlichen Dynamik zu betrachtende Idee, die niemals begrifflich fixiert werden kann. Man könnte sagen, die Metapher der Pflanze wurde durch die des Flusses ersetzt, der ohne ersichtliche zeitliche Begrenzung weiterströmt. Diese Neufassung trägt der Indeterminiertheit des geschichtlichen Daseins Rechnung; allerdings stellt sich die Frage, ob angesichts solcher Offenheit überhaupt noch die Bestimmung eines Wesens möglich ist. Wann ist eine Einwicklung soweit fortgeschritten, dass etwas Neues entstanden ist? Welche geographischen, demographischen, kulturellen und konstitutionellen Veränderungen sind mit der Identität eines Volkes noch zu vereinbaren und welche nicht mehr? Einen wie großen Teil seines Staatsgebietes kann ein Volk verlieren, ohne an seiner Identität irreparablen Schaden zu nehmen? Unter welchen Bedingungen kann es in einer Diaspora seine Identität bewahren? Welcher Anteil an Immigranten kann assimiliert werden, und ab wann kommt es zur Überfremdung, zum »Volkstod«? Oder kann man den ethnischen Bestand eines Volkes völlig austauschen und es allein über seinen konstitutionellen Rahmen weiter definieren? Wenn »alles fließt«, bleibt dann nur noch das reine Fließen selbst?

Einen fünften Romantischen Identitätstypus erkennt Hübner zuletzt noch in dem Bestreben Herders oder Humboldts, den »Geist« einer Nation in ihrer Sprache erfassen zu wollen. Zu Recht sahen die klassisch-romantischen Denker in der Sprache nicht nur ein »totes« Zeichensystem, das der bloßen Benennung von Gegenständen dient; Sprache ist nach Humboldt *ergon* und *energeia*, »Werk« und »Tätigkeit«, ein lebendiger Prozess der Kommunikation und Interpretation, der dem Sprecher die Welt in einer je verschiedenen Weise erschließt. Jede Sprache habe ihre spezifische Subjektivität, »färbe« also die Perspektive dessen, der sich ihrer nicht nur bediene, sondern in ihr aufgewachsen sei – ein Ansatz, der vor allem von Nietzsche und in der hermeneutischen Philosophie etwa Hans-Georg Gadamers weiterentwickelt wurde. Eine Sprache präge also durch den jeweiligen Grad ihrer Exaktheit, emotionalen Expressivität usw. die jeweilige Weltsicht. Da Sprachen eine spezifische Lebendigkeit zukomme, unterlägen auch sie dem Gesetz des Werdens, Blühens und Vergehens, bildeten also eine Entelechie.

Hübner stellt hierzu fest, dass die Sprache, neben ihrer strukturell und linguistisch beschreibbaren Seite, durchaus eine national-kulturelle Dimension habe; sie sei als das Medium, in dem sich der nationale Geist bewege, dessen Bedingung, nicht aber dieser Geist selbst.

> »Aus ihr vermögen wir jedoch höchstens zu erklären, dass diese oder jene Inhalte sich nur in dieser oder jener Sprache bilden konnten. Dagegen lässt sich aus der Einheit der Sprache, in der sich eine Gedankenwelt vollzieht, nicht die Einheit von deren Inhalt ableiten. Unendlich Verschiedenes, einander Widersprechendes, miteinander Inkompatibles oder Unvergleichliches vermag der unendlichen Tiefe der Sprache zu entspringen. Deswegen kann das Problem der nationalen Identität ebenso wenig mit Hilfe der Sprache gelöst werden wie das Problem der Identität einer einzelnen Person. Man könnte bildlich sagen, die Sprache sei die Mutter. Aber das aus ihrem Schoße Geborene, wie sehr es auch von der Mutter geprägt sein mag, lebt sein eigenes Leben, das weit über die Mutterbindung hinausgeht.«[105]

Die Sprache prägt den Geist einer Nation und wird von ihm selbst wiederum geprägt. Hübner versucht, die romantischen Ansätze in ihrer relativen Berechtigung zum einen in seiner Theorie »nationaler Systemmengen« und zum anderen in seiner Philosophie des Mythos weiterzuführen. »Die Identität einer Nation ist zu einem bestimmten Zeitpunkt durch eine strukturierte Systemmenge geprägt. Darin besteht ihre synchrone Identität.«[106] Es handelt sich um nichts anderes als die »geschichtlichen Regelsysteme«, die durch gemeinsame Werte, Sprache, Sitten, politische Ideen, Rechtsauffassungen usw. vorgegeben werden und selbstverständlich mehr oder weniger inkohärent, widersprüchlich und veränderlich sind; dementsprechend kommt zur synchronen noch eine diachrone Systemmenge hinzu: Die Systeme verändern sich schließlich auf eine indeterminierte, aber nicht bloß zufällige Weise; sie verdrängen oder ergänzen sich oder gehen in einem Dritten auf. Was scheinbar zufällig geschieht, wird im Rückblick als schicksalhaft und damit sinnstiftend empfunden. Kein einzelner Bestandteil konstituiert für sich schon nationale Identität (außer im formalen Sinne einer Staatsbürgerschaft), auch die Summe zu einem bestimmten Zeitpunkt ist nicht entscheidend. Die Systemmengen bilden lediglich den »Stoff«, an dem sich historische Identität artikuliert. »Eine Nation definiert sich durch ihre Geschichte«,[107] lautet das schlichte Fazit. Auf den darauf sich ergebenden Zirkel geht Hübner leider nicht ein, denn um sich durch *ihre* Geschichte zu definieren, muss die Nation bereits »wissen«, welche historischen Ereignisse Teil ihrer Genese sind und welche nicht. Die Identität muss also präreflexiv, als Identitätsgefühl und Bewusstsein eines gemeinsamen Schicksals, schon bestanden haben. Hübners systemtheoretischer Formalismus setzt das zu Erklärende also schon voraus.

Der Begriff des Schicksals verweist auf den für Hübner wichtigsten Aspekt nationaler Identifikation: den Mythos, den er ähnlich wie Mircea Eliade beschreibt. Mythisches Denken sei vor allem durch die Differenz von heiliger und profaner Zeit sowie durch die Einheit von Vergangenheit und Gegenwart, in der ein archetypisches Ereignis rituell erneuert und die Profanität der gewöhnlichen Zeit durchbrochen werde, bestimmt:

> »So werden die archetypischen Geschichten der Götter als Ereignisse aufgefasst, die sich einmal in undatierbarer Zeit und an unbestimmbarem Ort ereignet haben und sich nun überall dort wiederholen, wo das Einzelne, Sterbliche, von ihnen durchdrungen, sich [...] typisch verhält. Es handelt sich also um Ursprungsgeschichten, griechisch Archái, die immer wieder aufs Neue in die zeitlich-räumliche Wirklichkeit einbrechen und ihr einen bestimmten Ereignisverlauf aufprägen. Ihre Wiederholung ist also buchstäblich ein Wieder-Holen desselben. In undatierbarer Zeit zeigte Athene den Menschen, wie man Oliven anbaut, wie man töpfert,

> zeigte Demeter, wie man den Acker bestellt usw., und immer wieder ist die Gottheit substantiell anwesend und wird auch durch Gebet und Opfer herbeibeschworen, wo solches geschieht.«[108]

Die Götter selbst sind »Individuen mit Allgemeinheitsbedeutung« bzw. »Personifikationen archetypischer Mächte: Aphrodite ist die Personifikation der Liebe, Ares diejenige des Krieges, Apollo weitblickender Weisheit, Dionysos des Rausches usf.«[109]

Ähnlich wie die Zeit durch das »Wieder-Holen« eines archetypischen Ereignisses einen qualitativen Charakter hat und nicht bloß das leere Verstreichen immergleicher, zählbarer Augenblicke ist, so ist auch der Ort eine Ganzheit:

> »Die Landschaft, der Kosmos, sind göttliche Sphären und Wirkungsfelder, der Raum ist nicht eine bloße Form, die verschiedene Inhalte beherbergen kann. ›Oben‹ ist das Reich der Olympier, ›unten‹ dasjenige der Unterwelt. Im Osten herrscht Eos, im Süden Notos, im Norden Boreas, im Westen ist das Haus der Hesperiden. Jeder Ort, an dem ein Gott wohnt, ist ein Témenos, ein heiliger Bezirk, und sofern der Gott in ihm anwest, erfüllt er ihn mit seiner substantiellen Gegenwart. In diesem Sinne sind alle Orte identisch, wo er haust. [...] Mythischer Ort und mythische Zeit durchdringen substantiell die ›profane‹ Welt als das in ihnen wirkende ›Heilige‹.«[110]

In diesem Sinne weisen nach Hübner mythische und nationale Identifikation dieselben Strukturen auf, »die Einheit des Allgemeinen und Besonderen, des Ganzen und des Teils, des Ideellen und des Materiellen, die Einheit von Gegenwart und Vergangenheit usw. Mythisches Denken ist also keineswegs notwendig an einen bestimmten Zyklus von Göttergeschichten gebunden, es kann uns vielmehr überall begegnen, so in der Kunst (die fast immer mythisch ist) und selbst im täglichen Leben. [...] Auch die Nation ist eine Personifikation und ein überzeitliches Individuum mit Allgemeinheitsbedeutung, ohne deswegen aber eine Gottheit zu sein.«[111]

Die Schicksalhaftigkeit großer nationaler Ereignisse, das Fortwirken der Vergangenheit und deren Anwesenheit an »heiligen Orten« bilden die mythische Struktur der Nation:

> »Alle nationalen Heiligtümer, also jene, die auch ohne jedes Pathos konstitutives Element des nationalen Selbstverständnisses sind, werden in Wahrheit unter einem transzendenten, die unmittelbar gegebene Welt sinnlicher Erscheinung übersteigenden Aspekt betrachtet. In der Gegenwärtigkeit des Vergangenen, das diese Heiligtümer bedeuten, ist die Kette ›profaner‹ Kausalität ausgeschaltet, für die es ja nur eine seriell abzählbare Zeitfolge gibt. Sie alle vermitteln daher die Botschaft von Schicksal und die Anwesenheit der Toten. Das aber bedeutet nichts anderes als das Vorliegen eines Numinosen.«[112]

Der gewöhnlichen, »profanen« Realität der Politik, die uns über die Massenmedien vermittelt wird, liegt ein primäres Ausdrucksgeschehen zugrunde – ein Sich-selbst-Verstehen und Bei-sich-Sein des Volkes an seinen Erinnerungsorten, in den großen und kleinen Mythen, die sich um seine Existenz ranken und die immer wieder neu erzählt werden. »Was bleibet, aber stiften die Dichter« (Friedrich Hölderlin).

II. ZUR POLITISCHEN IDENTITÄT DER DEUTSCHEN

»Tatenarm, aber gedankenvoll«

Spottet nimmer des Kinds, wenn noch das alberne
Auf dem Rosse von Holz herrlich und viel sich dünkt,
O ihr Guten! auch wir sind
Tatenarm und gedankenvoll!

Mit dieser Strophe lässt Friedrich Hölderlin seine Hymne »An die Deutschen« beginnen.[113] Auch Friedrich Schiller hielt es nicht für »des Deutschen Größe, obzusiegen mit dem Schwert«, sondern »in das Geisterreich zu dringen«[114] und für Vernunft und Wahrheit zu streiten. »Zur Nation euch zu bilden, ihr hoffet es, Deutsche, vergebens. / Bildet, ihr könnt es, dafür freier zu Menschen euch aus«, riet, er gemeinsam mit Goethe, den Deutschen in einem berühmten Xenion.[115]

Im 19. Jahrhundert gehörte es in zahlreichen Reflexionen über das deutsche Wesen beinahe zum guten Ton, den Deutschen sowohl die Befähigung zur Politik als auch überhaupt eine eigene Nationalität abzusprechen. Nicht ganz zu Unrecht, denn eine selbstbestimmte, den Interessen eines großen Volkes gemäße Politik war in Deutschland immer die Ausnahme. Die wahre Berufung der Deutschen läge im Reich des Geistes, in Philosophie, Dichtung und Musik. Am bekanntesten wurde das Diktum vom »Volk der Dichter und Denker«, mit dem die französische Schriftstellerin und Napoleon-Gegnerin Madame de Staël die in ihren Augen tiefsinnigen, treuherzigen und etwas schwerfälligen Deutschen charakterisierte und von ihren kriegerischen und revolutionären, auf äußere Wirkung bedachten Landsleuten unterschied.[116] Bis heute wird diese Formulierung bei Debatten über die deutsche Identität gerne im Mund geführt; nicht selten in Verbindung mit der dürftigen Behauptung, die Deutschen würden sich überdies vor allem durch Fleiß und Pünktlichkeit auszeichnen. Um die Kenntnis dieser Dichter und Denker ist es dann meist noch schlechter bestellt als um die gerühmten – oder von anderer Seite verteufelten – Sekundärtugenden. Allzu leicht kann man sich schließlich bei dem behaglichen Gedanken ausruhen, einem auserwählten Kulturvolk anzugehören. Es hat einen zusätzlichen Reiz, provokativ stolz auf die Leistungen der Geistesheroen vergangener Zeiten zu sein, wenn Leistung und erst recht Nationalstolz nicht hoch im Kurs stehen.

So war es aber nicht gemeint, als Richard Wagner seine berühmte Formel prägte, deutsch sei, eine Sache »um ihrer selbst und der Freude an ihr willen« zu treiben.[117] Fremd sei dem Deutschen daher jedes »Nützlichkeitswesen«; vielmehr habe der deutsche Geist, namentlich in der Philosophie Kants, die Selbstgesetzlichkeit des »Schönen und Edlen«, die Zweckfreiheit der Kunst, zum höchsten Prinzip erkoren. Wagner greift hier auf die Idee der Kulturnation zurück, die bereits in Herders Konzept der Nation als Sprachgemeinschaft angelegt ist: »Mittelst der Sprache wird eine Nation erzogen und gebildet.«[118]

Zweifellos ist die Sprache eines ihrer Fundamente; der Gedanke, dass das Wesen der Nation ausschließlich in ihrer Sprache liege, beruht jedoch auf der Erfahrung von Machtlosigkeit: »Mit dem Verfalle der äußeren politischen Macht, d.h. mit der aufgegebenen Bedeutsamkeit des römischen Kaiserthumes, worin wir gegenwärtig den Untergang der deutschen Herrlichkeit beklagen, beginnt [...] erst die rechte Entwickelung des deutschen Wesens«, hob Wagner hervor.[119] Das reale Deutschland wird demgegenüber in Goethes und Schillers Xenien beinahe für unwesentlich erklärt: »Deutschland? Aber wo liegt es? Ich weiß das Land nicht zu finden. / Wo das gelehrte beginnt, hört das politische auf.«[120]

Wenn heute das »übernationale« Weltbürgertum der Weimarer Klassiker gelobt wird, sollte aber nicht der Gedanke der Auserwähltheit unterschlagen werden, der diesem Kosmopolitismus innewohnt: »Der Tag des Deutschen«, orakelte Schiller chiliastisch, liege weder in der Vergangenheit oder in der Gegenwart, sondern in der Zukunft, »wenn der Zeiten Kreis sich füllt« und »die Ernte der ganzen Zeit« eingefahren wird.[121] Die deutsche Sprache werde sogar »die Welt beherrschen«.[122] Am radikalsten wurde die deutsche Weltbürgerlichkeit in Fichtes »Reden an die deutsche Nation« sowie in dessen späteren politischen Aufzeichnungen überhöht. Die ungeheuer wirkmächtigen Reden des Philosophen entstanden unter dem Eindruck der vernichtenden Niederlage Preußens bei Jena und Auerstedt 1806. Sie richteten sich an ein zerrissenes Land an einem Tiefpunkt seiner politischen Geschichte, und Fichtes Ziel war es, dass »die gesunkene Nation sich aufrichte zu einem neuen Leben«.[123] Dazu sei eine »neue Erziehung« nötig, die alle Stände erreiche und »die Deutschen zu einer Gesamtheit« bilde.[124] Es gelte, »schlechthin an alles ohne Ausnahme, was deutsch ist, die neue Bildung zu bringen, so dass dieselbe nicht Bildung eines besonderen Standes, sondern dass sie Bildung der Nation schlechthin als solcher werde [...].« Indem Fichte an den »gemeinsamen Grundzug der Deutschheit« appelliert, sucht er das »Zusammenfließen« mit dem Ausland abzuwehren und ein »aller Abhängigkeit durchaus unfähiges Selbst« der Nation zu gewinnen.[125]

Es geht also einerseits um deutsche Selbstbehauptung und Selbstabgrenzung, andererseits aber doch auch um die Verwirklichung einer universalistischen Freiheitsidee, als deren Protagonisten Fichte die Deutschen ansah. Fichte zeigt sich hier weitaus stärker vom Geist des napoleonischen Frankreich geprägt, als es seinem Aufruf zur nationalen Emanzipation auf den ersten Blick entspricht. Fichtes »Reden« sind daher, in den Worten Dieter Borchmeyers, »ein zwiespältiges Werk, schwankend zwischen utopisch-zukunftsweisenden und überständigen Ideen, zwischen Universalismus und Nationalismus, zwischen Überheblichkeit, befremdlicher Verabsolutierung deutscher Sprache, Kultur und Gemeinschaft auf der einen Seite, der Idee einer Völkergemeinschaft, in der alle Staaten und Nationen ihre ›Eigenheit‹, Selbständigkeit, Freiheit und Mündigkeit bewahren, auf der anderen Seite [...].«[126]

Dieter Borchmeyer hat daher auf das »Janusgesicht« der Idee der deutschen Weltbürgerlichkeit hingewiesen:

»Sie kann entweder wie zumal bei Goethe jedes Superioritätsdenken ausschließen oder aber in dasselbe umschlagen; tut sie Letzteres, besteht die Gefahr, dass sie sich irgendwann nicht mehr nur *über* die anderen Nationen, sondern auch *gegen* sie erhebt, sich von ihnen abgrenzt, um die Welt nicht mehr weltbürgerlich, sondern weltbestimmend zu dominieren.«[127]

Nicht von ungefähr konnte auch ein liberaler Neukantianer wie Paul Natorp während des Ersten Weltkriegs vom »deutschen Weltberuf« sprechen und den »Tag des Deutschen« anbrechen sehen.[128] Der heute immerzu kritisierte nationale Chauvinismus beruht also keineswegs selbstverständlich auf engstirniger Selbstbeschränkung; vielmehr »hat die neuere Geschichte der Deutschen gelehrt, dass auch weltbürgerliche Gesinnung in Anmaßung und Bevormundung umschlagen kann. Das scheinen die Nachbarstaaten immer wieder zu befürchten«[129] – und zwar seit der Wiedervereinigung, vielleicht sogar seit 1945, nie so stark wie in der Ära Merkel.

»Die Ausländer stehen erstaunt und angezogen vor den Räthseln, die ihnen die Widerspruchs-Natur im Grunde der deutschen Seele aufgiebt«, bemerkte Nietzsche in »Jenseits von Gut und Böse« (1886). Und: »Es kennzeichnet die Deutschen, dass bei ihnen die Frage ›was ist deutsch‹ niemals ausstirbt.«[130]

Einerseits fehlt den Deutschen aufgrund ihrer Weltbürgerlichkeit angeblich ein fester Nationalcharakter – andererseits scheint es, als hätten sie sehr viele solche Charaktere, die jedoch in jeder Generation wechseln. Wolfgang Schivelbusch hat eingehend geschildert, wie sich die Konstruktionen von »Kulturnation« und »militärischem Machtstaat« in den Selbst- und Fremdbildern Deutschlands und Frankreichs mit der politisch-militärischen Vorrangstellung wandelten:[131] Dem zerstückelten und von Napoleon besetzten Land der Dichter und Denker stand um 1800 das machtvolle Kaiserreich gegenüber; nach dem deutsch-französischen Krieg und der deutschen Reichsgründung 1871 war im französischen Bewusstsein plötzlich das Bismarckreich der Obrigkeitsstaat, in dem sich soldatische Disziplin mit industriellem Aufschwung verband, die Grand Nation hingegen der Hort der Kultur. 1914 sah sich die deutsche Kultur im Kampf mit der übermächtigen Zivilisation des westlichen Materialismus, und im Zweiten Weltkrieg schließlich stellte sich aus westlicher Sicht die Humanität dem brutalen Ungeist der Nazis entgegen.

Es wäre dennoch verkürzt, würde man wegen dieser raschen Wechsel nur von beliebigen Konstruktionen sprechen; ihnen allen liegen durchaus Wesenseigentümlichkeiten zugrunde, die jedoch keine statischen Entitäten bilden, sondern sich wie alles Lebendige fortwährend wandeln.

Wenn wir auf der Suche nach der Urgeschichte des deutschen Volkes bis in die Völkerwanderungszeit zurückgehen, liegt der Grund nicht zuletzt darin, dass unsere ältesten literarischen Überlieferungen aus dieser Zeit stammen. Was noch früher geschah, verliert sich im Dunkel der Vorgeschichte und liefert keine Basis mehr für unsere Identitätszuschreibungen; das Spätere geht auf diese Urgeschichte zurück und wandelt in ihren Bahnen. Man darf sich die Bezugnahmen des Späteren auf das Frühere nicht nur als absichtliche – etwa literarische oder auch kulturpolitische und propagandistische – Rückgriffe vorstellen, sondern es handelt sich auch um archetypische Zusammenhänge. Wenn das Nibelungenlied als »deutsches Nationalepos« angesehen wurde (und wird), dann nicht nur deshalb, weil dies im Interesse der deutschen Nationalbewegung des 19. Jahrhunderts lag, sondern weil es archetypische Neigungen und Gefahren von Charakterzügen spiegelt, die seit Jahrhunderten für »typisch deutsch« gehalten werden – etwa die Zerrissenheit seiner Helden zwischen widerstreitenden Prinzipien, zwischen Trug und Wahrhaftigkeit, Heldentum und Todessehnsucht, Treue und Verrat, und vor allem eine Gefolgschaftstreue gegenüber falschen Führern, an der bis in den Untergang festgehalten wird. Ein gefahrvoller Weg führt von Etzels Halle zu den Schlachtfeldern des 20. Jahrhunderts und noch bis in unsere Zeit der Eurorettung, »koste es, was es wolle«, der Grenzöffnung und anderer Alternativlosigkeiten.

Fluch und Segen der Mittellage

Aufgrund seiner Lage in der Mitte Europas, seiner zahlreichen Nachbarn und des langen Fehlens einer zentralen Regierungsgewalt war Deutschland von jeher besonders vielfältigen Einflüssen ausgesetzt; ein großer kultureller Reichtum und die Begeisterung für das Fremde und Exotische gehören daher ebenso zu seinem Nationalcharakter wie die Angst vor Überfremdung, die Sorge um seine Identität und der tief empfundene Auftrag, das verborgene Eigene im Anderen, insbesondere im humanistischen Erbe der Antike, zu erkennen. Schon am Beginn standen Teilung und Zwietracht: Dem »freien Germanien«, der *Germania libera*, lagen die germanischen Provinzen des Römischen Reiches gegenüber, und Arminius, der Bezwinger des römischen Feldherrn Varus, starb, von anderen Germanenfürsten bekriegt, durch die Hand eines Verwandten.

In der Völkerwanderungszeit kämpften nicht Römer gegen Germanen, sondern an allen Fronten fochten germanische Krieger in römischen, hunnischen oder germanischen Diensten miteinander und gegeneinander. In der Schlacht auf den Katalaunischen Feldern 451 n.Chr. stellten sie Hilfstruppen auf beiden Seiten, schon damals zwischen Großmächten zerrieben. Und Rom ging sicher nicht an germanischer Vitalität und Virilität zugrunde, sondern am Schwund seiner Identität, am »Multikulturalismus« seines Imperiums, am pragmatischen Relativismus, mit dem es orientalische Kulte und Religionen übernahm, an der Glaubensstärke und Opferbereitschaft der christlichen Märtyrer, deren Eifer es nur staatliche Repression entgegenzusetzen wusste, an der Überdehnung des Riesenreiches, die Administration und Kriegführung erschwerte, sowie an den geringen Geburtenraten der traditionstragenden Volksteile und dem Immigrationsdruck der »Barbaren«, die auf der Flucht vor Kriegen und Missernten über die Grenzen drängten.[132]

Während die Römer in ihrer Spätzeit durch Multikulturalisierung und Christianisierung überfremdet waren, kam bei den Germanen zur letzteren noch die Übernahme der römischen Staatsidee hinzu, die sie bald energischer vertraten als die Römer selbst. Der germanische Fürst Odoaker, der 476 n.Chr. den letzten weströmischen Kaiser Romulus Augustulus absetzte, besiegelte damit erst im Rückblick späterer Historiker das Ende des Weströmischen Reiches; seinem eigenen Selbstverständnis nach diente er als *magister militum* dem Kaiser in Konstantinopel, indem er die Einheit des Imperiums durch Beseitigung eines Usurpators wiederherstellte; und auch sein Bezwinger und Nachfolger Theoderich sah sich formal noch als Vasall des oströmischen Kaisers. Ein starkes und spezifisch germanisches Identitätsgefühl kann bei Goten, Vandalen und anderen auf dem Gebiet des zerfallenden Reiches lebenden Völkern, zumal bei den Eliten, kaum noch ausgebildet gewesen sein, da sie bereits zum arianischen Christentum bekehrt waren und das politische Erbe Roms so bereitwillig übernahmen.

Aus guten Gründen hat Frank Lisson in diesem Fehlen einer genuin abendländischen Identität eine Ursache für die Unruhe gesehen, die für den »faustischen Menschen« (Spengler) so charakteristisch ist. Noch in den späten nihilistischen Verfallsformen der Moderne, etwa in den totalitären Bewegungen des 20. Jahrhunderts, wirkt diese Zerrissenheit fort, »denn die Geschichte des abendländischen Europas war von Anfang an eine Suche nach den eigenen religiösen und kulturellen Wurzeln. Und zwar deshalb, weil das Abendland keine *genuine Identität* besaß, sich folglich erst eine ›erfinden‹ oder aneignen musste, wozu es sich hauptsächlich aus den Quellen zweier fremder Kulturen speiste: dem Judentum und der griechisch-römischen Antike. – Es gab aber keine Kontinuität mit der Alten Welt, nicht einmal eine *translatio imperii*, die keine bloß administrative und propagandistisch herbeigesehnte war. Selbst das Christentum war ein Import aus dem Orient mit jüdischen Wurzeln, was die Gläubigen immer wieder unter Rechtfertigungsdruck gestellt hat und von der Kirche nie geleugnet wurde. Dieser innere Kampf hat den politischen Verlauf Europas maßgeblich mitbestimmt.«[133]

Der Preis dieser Übernahme bestand »im Verlust des eigenen kulturellen Ursprungs«, was immer neue Schmerzen und Konflikte nach sich zog. Die Wunden, die der Prozess der Adaption schlug, »sind nie ganz verheilt. Denn fortan suchten diese Völker beständig nach einer neuen Identität, die sie aber nirgendwo fanden.«[134]

Eine geistig-kulturelle Einheit Europas hat es nie gegeben bzw. wurde nur im romantisierenden Rückblick imaginiert, und jede halbwegs stabile politische Ordnung blieb stets vorläufig und umstritten. Dennoch setzte sich in West- und Mitteleuropa nach der Taufe Chlodwigs I. um 500 n.Chr. und der Herausbildung der fränkischen Dominanz für die nächsten Jahrhunderte der Katholizismus durch, den bereits die römischen Legionäre mitgebracht und sodann Mönche aus Irland und Schottland weiter verbreitet hatten.

War diese iroschottische Mission im späteren Süddeutschland auf eine relativ behutsame – heute würde man sagen »kultursensible« – Weise verlaufen und konnte die Stellung der Kirche davon profitieren, dass sie in einer Zeit katastrophischer Übergänge als Sinnstiftungsinstanz und Ordnungsmacht wirkte, so musste die Christianisierung der mittel- und norddeutschen Stämme im 8. Jahrhundert anders wahrgenommen werden, nämlich als »Entwurzelung einer Kultur, die fortan Fremdes ihr Eigen nennen wird.«[135] Für Chatten, Sachsen und Friesen war die Kirche zunächst nichts weiter als eine Institution, die der ideologischen Flankierung der brutalen Kriegs- und Eroberungspolitik Karls des Großen diente. Dennoch wurde der Schritt zur Übernahme der neuen Religion, nach anfänglich erbitterter Gegenwehr, auch freiwillig vollzogen; vielleicht aus einer »erfahrungsreligiösen« Schicksalsergebenheit heraus, die den Sieg des fremden Gottes durch die Schwerter seiner Diener als überzeugendstes Argument ansah.[136]

Und wie so oft wurde die traumatisch erlebte Gewalt weitergegeben: Anderthalb Jahrhunderte später setzten die gewaltsam christianisierten Sachsen unter ihren Herzögen und späteren deutschen Königen gegenüber den slawischen Stämmen östlich der Elbe die Politik der Unterwerfung und Christianisierung fort. Die erbitterten, wechselvollen Kriege endeten 1168 mit dem Fall der letzten heidnischen Bastion auf Rügen. Vielleicht nicht ganz zufällig sind auch heute noch die Widerstände gegen Zumutungen aus dem Westen dort am stärksten, wo – wie in Sachsen und Mecklenburg-Vorpommern – slawische Erbteile bestehen und nicht nur die geographische, sondern auch die gefühlte Nähe zu Prag oder Warschau größer ist als die zu Paris oder Brüssel.

Ebenso ist es kein Zufall, dass sich die Reformation später gerade in jenen Gebieten Nord- und Ostdeutschlands ausbreitete, die, anders als die süddeutschen, mit äusserster Brutalität christianisiert worden waren: Eines der innersten Motive des Protestantismus war, über dogmatische Fragen hinaus, ein Unbehagen an der Kirche, das sich zu jener Zeit nur innerhalb des christlichen Rahmens zu artikulieren wusste. »Feuer und Schwert, die Mittel zur Missionierung heidnischer Völker von 600 bis 1600, aber auch die rigoros geführten Machtapparate der Kirche standen im strikten Widerspruch zu der Botschaft Jesu, weshalb es immer wieder zu Versuchen kam, eine Art ›Urchristentum‹ zu reaktivieren.«[137] Die Teilungen Deutschlands entlang des Limes in ein römisches und ein freies Germanien und später in freiwillig und gewaltsam missionierte Stammesgebiete lebten in der konfessionellen Zerrissenheit wieder auf.

Dabei spiegelte die äußere Zerteilung Deutschlands, die der Protestantismus gegen seinen Willen herbeiführte, die innere Zerrissenheit und Friedlosigkeit seines Bewusstseins wider. Einerseits hat Luther dem Gläubigen die Aufgabe erteilt, sich von der kirchlichen Autorität geistig zu befreien und sich allein an die Heilige Schrift zu halten. Damit wurde die vermittelnde Rolle des Priesters ausgeschaltet und das eigene Gewissen zur höchsten Instanz erklärt. Nicht mehr das gemeinschaftlich gefeierte Ritual stand im Zentrum des Glaubens, sondern das Abwägen des Wortes Gottes im stillen Kämmerlein, so dass die Vernunft in einer seit der Antike kaum mehr gekannten Weise aufgewertet wurde. Andererseits musste sie gerade deshalb an den verstörenden Widersprüchen, die sich aus der christlichen Dogmatik ergaben, verzweifeln. »An eben dieser inhärenten Absurdität, die Freiheit des Geistes, menschliche Vernunft und den Glauben an den einen Gott und an die unauslöschliche Sündhaftigkeit des Menschen miteinander verbinden zu wollen, ist der Protestantismus schließlich zugrunde gegangen.«[138] Gleichwohl folgte aus dieser Unruhe und Zerrissenheit eine gewaltige Energie des Leidens an sich selbst, eine unstillbare Sehnsucht nicht nur nach Gott, sondern, in säkularisierter Form, auch nach einer verlorenen Heimat, fernen Horizonten oder neuen Wirtschafts- und Gesellschaftsformen, die Dichter und Philosophen, Staatsmänner und Industriekapitäne umtrieb.

Nachdem der Dreißigjährige Krieg Deutschland zu weiten Teilen entvölkert hatte, wurde mit dem Westfälischen Frieden zwar eine neue Ordnung hergestellt, aber die Einheit des Reiches war zerfallen, die protestantischen Länder standen gegen die katholischen, der preußisch dominierte Norden gegen den österreichischen Süden, und die deutschen Länder blieben Spielbälle der mächtigen Nachbarn. Thorsten Hinz hat die lange vorherrschende Mentalität einer nach allen Seiten offenen und jedem Angriff ausgesetzten Mittellage brillant beschrieben:

> »Deutschlands Schicksal war bestimmt von der europäischen Mittellage, die jahrhundertelang seine nationalstaatliche Konsolidierung verhindert hatte. Zu viele auswärtige Interessen waren hier involviert, überkreuzten sich und verstärkten die partikularen Tendenzen, die so von keiner Zentralgewalt zu bändigen waren. Tief hatte der Dreißigjährige Krieg von 1618 bis 1648 sich in das kollektive Gedächtnis eingebrannt, als das amorphe Reich den Nachbarn als Schlachtfeld, Durchmarschgebiet und Proviantkammer und seine Kleinstaaten als Verfügungsmasse auswärtigen Kalküls dienten. Als der Westfälische Frieden geschlossen wurde, war Deutschland verwüstet, seine Bevölkerung zu großen Teilen ausgerottet. Für Frankreich, England oder die Niederlande dagegen zählte das 17. Jahrhundert zu den glanzvollsten überhaupt. Ihre niederschmetternde Unterlegenheit immer wieder vor Augen geführt zu bekommen, führte bei den Deutschen zu Komplexen und Unglücksgefühlen, aus denen spezifische Denk- und Verhaltensweisen erwuchsen.«[139]

Wer unbehaust und gefährdet lebt, sehnt sich nach Ruhe. Es waren primär geopolitische Gegebenheiten, die Deutschland zu einer »verspäteten Nation« werden ließen, in der Ruhe als »erste Bürgerpflicht« galt – der Staat hatte vor allem dem Schutz seiner Bürger zu dienen, die von ihm eher Sicherheit als Möglichkeiten demokratischer Partizipation erwarteten, und Preußen verwirklichte dieses funktionale Staatskonzept auf besonders erfolgreiche Weise. Gerade dieses Land, dem es an natürlichen Grenzen mangelte, das nicht durch Gebirge oder Meer geschützt, aber von mächtigen

Nachbarn umgeben war und nicht einmal über ein eigenes, stammesmäßig gewachsenes Staatsvolk verfügte, konnte nur aufgrund überlegener Organisation überleben: als Polizei- und Militärstaat, in dem man privat immerhin »nach seiner Façon« selig werden durfte. Thomas Mann hat dieses Verhältnis bekanntlich als »machtgeschützte Innerlichkeit« auf den Begriff gebracht. Ein gutgläubiges, leider oft naives Vertrauen auf die Legitimität institutionellen Handelns hat hierin seine Wurzeln. Unter günstigen Bedingungen bildete es die Grundlage eines loyalen Bürgersinns, in schlechten Zeiten degenerierte es zu obrigkeitsfixiertem Spießertum, Untertanengeist und jener denunziationsversessenen Blockwartmentalität, die sich heute als »Zivilcourage« lobt. Die ideologischen Vorzeichen wurden von Zeit zu Zeit ausgetauscht, aber die innere Haltung blieb bis heute konstant, und den von ihr geprägten Nationalcharakter zeigen gegenwärtig diejenigen am besten, die dessen Existenz entweder überhaupt bestreiten oder in moralischer Dauerentrüstung auf andere beziehen.

Aufgrund ihrer Halbbildung und geistigen Abhängigkeit von Lehrplänen, Parteipropaganda, Medienjargon und Behördengutachten haben konformistische »Proeuropäer« und selbsternannte »Weltbürger« wenig Grund, sich auf klassische Dichter zu berufen, die den Deutschen um 1800 empfahlen, sich statt um Politik lieber um die Ausbildung einer ganzheitlichen Persönlichkeit zu bemühen.

Zur selben Zeit aber setzte in der jungen Generation erst des Sturm und Drang und später vor allem der Frühromantik eine Politisierung ein, die sich aus dem französischen Vorbild speiste. Zunächst waren es die Verheißungen der Revolution, sodann die napoleonische Fremdherrschaft und die Befreiungskriege, die zu leidenschaftlichem Engagement anregten. Die großen Hoffnungen demokratischer Patrioten wurden nach dem Sieg über Napoleon zwar enttäuscht, aber der neue Geist der Freiheit konnte doch nicht mehr völlig von der Restauration erstickt werden. Die Forderung nach Freiheit von äußerer Herrschaft war erfüllt, nicht aber diejenige nach Demokratie und staatlicher Einheit. Beides schloss sich im Geiste der Vormärz-Intellektuellen nicht aus, sondern ergänzte sich. Die Revolution von 1848 »war der Versuch,

Einheit und Freiheit zur Deckung zu bringen. Sie scheiterte an der eigenen Schwäche, aber erneut erwies sich auch die Mittellage als fatal, denn ein deutscher Nationalstaat, ob demokratisch oder obrigkeitsstaatlich verfasst, hätte an das europäische Gleichgewicht gerührt. Die scharfe Ablehnung des Einheitsstrebens durch den russischen Zaren durfte man erwarten. [...] Doch auch England und selbst Frankreich, seit 1789 das Land der permanenten Revolutionen, zeigten sich abgeneigt. Zur selben Zeit, als das vom Frankfurter Paulskirchen-Parlament eingesetzte Reichsministerium sich in Paris um seine völkerrechtliche Anerkennung bemühte, erklärte der französische Aussenminister Jules Bastide dem preußischen Gesandten: ›Wir werden den Triumph der demokratischen und unitarischen Tendenzen in Deutschland bekämpfen; wir werden durch unsere moralische Stütze die deutschen Fürsten halten, und deshalb werden wir auch keinen Gesandten der Zentralgewalt amtlich empfangen.‹ Ähnlich enttäuschend verliefen die Sondierungen in England, auf das die deutschen Liberalen besondere Hoffnungen gesetzt hatten.«[140] Die Ablehnung der deutschen Einheit durch François Mitterand und Margaret Thatcher steht also in einer langen historischen Tradition.

1871 hat Bismarcks überlegene Staatskunst in Verbindung mit den militärischen Erfolgen Preußens die Einigung Deutschlands zwar doch noch ermöglicht, aber »trotz aller Rücksichtnahme auf die Empfindlichkeiten der Nachbarn löste die Reichsgründung ein schweres Beben im europäischen Gefüge aus«.[141] Großbritannien sah seine Politik der *balance of power*, die darin bestand, jeden europäischen Staat an der Erlangung einer Hegemonie auf dem Kontinent zu hindern, gefährdet, und in Frankreich lösten die Niederlage im deutsch-französischen Krieg und die Abtretung Elsass-Lothringens einen wütenden Revanchismus aus. So sehr sich Bismarck bemühte, die Saturiertheit des Deutschen Reiches zu betonen, und er weiteren – großdeutschen oder kolonialen – Ambitionen energische Absagen erteilte, genügte doch bereits das wirtschaftliche Gewicht des neuen Giganten in der Mitte Europas, um seine Nachbarn in Sorge zu versetzen:

»In der Industrieproduktion lag Deutschland schon 1870 mit 13 Prozent weltweit an dritter Stelle nach England (32 Prozent) und den USA

> (23 Prozent). Im Jahr 1900 kam Deutschland mit 16 Prozent nahe an England (18 Prozent) heran, während die USA ihren Vorsprung auf 31 Prozent ausbauten. Deutschland stellte allerdings um drei Prozent mehr her als Frankreich (7 Prozent) und Russland (6 Prozent) zusammen, wodurch Deutschland schon 1890 die Nummer eins des kontinentalen Europas beziehungsweise Eurasiens war. Im selben Jahr hatte Deutschland mit 6,6 Millionen Tonnen in der Stahlproduktion längst England abgehängt. Das Deutsche Reich war also in ganz Europa auf dem ersten Platz, wobei es sogar etwas mehr Stahl produzierte als England (4,9 Millionen Tonnen) und Frankreich (1,6 Millionen Tonnen) zusammen. Weltweit lagen die Deutschen an zweiter Stelle hinter den USA, die sage und schreibe 10,2 Millionen Tonnen herstellten.«[142]

1887 schloss Bismarck mit Russland den Rückversicherungsvertrag ab, um sich die Neutralität des Zaren im Falle eines Angriffs durch Dritte zu sichern; törichterweise wurde er von seinen Nachfolgern nicht verlängert, die erfolglos auf ein Bündnis mit Großbritannien hinarbeiteten. Die Einkreisung Deutschlands schritt voran, und Bismarcks schwache und kurzsichtige Nachfolger sowie die politische Öffentlichkeit des wilhelminischen Zeitalters verfügten weder über diplomatisches Geschick noch auch nur über eine halbwegs realistische Erkenntnis der Lage, in der sich Deutschland befand.

Diese war allerdings auch verzwickt genug: Größe, Bevölkerungszahl, Industrie und Technik wiesen Deutschland eine Rolle als primus inter pares in Europa zu, die jedoch von niemandem anerkannt wurde. Deutschland war zu klein, um durch reine Faktizität zu führen, aber zu groß, um sich unterordnen zu können, schon aufgrund der lebensnotwendigen Bedürfnisse seines wachsenden Volkes. Man war zur Weltpolitik verdammt, konnte diese plötzlich zugewachsene Rolle nicht adäquat ausfüllen und schwankte zwischen forschem, herrischem Auftreten und trotzigem Rückzug auf sich selbst. Reale äußere Einkreisung und eine bisweilen übersteigerte Wahrnehmung, von lauter Feinden umzingelt zu sein, bedingten und förderten einander. 1904 schlossen Briten und Franzosen die Entente cordiale, drei Jahre später kam es zum britisch-russischen Ausgleich, und die Konstellation des

Zweifrontenkrieges war vorgegeben. Wenige Tage vor dem Kriegsausbruch 1914 notierte Kaiser Wilhelm II.:

> »Also die berühmte Einkreisung Deutschlands ist nun doch endlich zur vollsten Tatsache geworden, trotz aller Versuche unserer Politiker und Diplomaten, sie zu hindern. Das Netz ist uns plötzlich über den Kopf gezogen, und hohnlächelnd hat England den glänzendsten Erfolg seiner beharrlich durchgeführten puren antideutschen Weltpolitik, gegen die wir uns machtlos erwiesen haben, indem es uns isoliert im Netz zappelnd aus unserer Bündnistreue zu Österreich den Strick zu unserer politischen und ökonomischen Vernichtung dreht.«[143]

Ähnlich betonte Großadmiral Alfred von Tirpitz später in seinen »Erinnerungen«, dass die Reichsleitung den Krieg schon deshalb nicht gewollt habe, da sie von der Unmöglichkeit eines Sieges überzeugt gewesen sei. Eventuell hätte eine Chance darin gelegen, als Anwalt der kleinen unterdrückten Völker gegen den angelsächsischen Weltkapitalismus aufzutreten,[144] aber dies hätte erstens den Zerfall des fragilen österreichischen Verbündeten bedeutet und zweitens eines weltpolitischen Sendungsbewusstseins bedurft, über das Deutschland nicht verfügte.

Kultur und Zivilisation

Bereits der Erste Weltkrieg war wesentlich ein Kampf der Ideologien und der Propaganda. Die Deutschen hatten ihren Gegnern auf diesem Gebiet wenig entgegenzusetzen, zum einen aus dem allzu konservativen Vertrauen darauf, dass Kriege von Generalstäben und nicht von Medien und Presse-Agenturen geführt werden, zum anderen aufgrund des Fehlens einer universalistischen Ideologie, wie sie Frankreich in den Prinzipien von 1789 und der Menschenrechte, England in Liberalismus und (Handels-)Freiheit, Russland nach der Oktoberrevolution im Kommunismus besaß. Deutschland propagierte den »Geist von 1914«, aber es handelte sich dabei allein um eine nationale Idee; man war außerstande, sie im Sinne eines globalen Emanzipationsstrebens auf kleinere europäische Völker oder auf die Kolonien der Westmächte zu übertragen. Auch das Deutsche Reich besaß schließlich einige Kolonien, deren Bewohner man nicht zum Aufruhr bewegen wollte; und nicht zuletzt hingen einflussreiche Kreise rassenideologischen Vorstellungen an, die die positive Einbeziehung fremder Völker erschwerten oder unmöglich machten. Nötig wäre eine Haltung gewesen, die nicht nur die eigene Identität betont, sondern allen Völkern das Recht auf ihre spezifische Identität – frei von Wertungen und Hierarchisierungen – zugesprochen hätte. Das staatstragende Establishment sowie weite Teile der aufkommenden völkischen Bewegung waren damals und noch lange nach dem Ersten Weltkrieg – von Ausnahmen wie einigen Konservativen Revolutionären und Nationalbolschewisten der zwanziger Jahre abgesehen – weit von einem solchen »dritten Weg« jenseits der egalitären Ideologien des kapitalistischen Westens und des kommunistischen Ostens entfernt. Die große Herausforderung wurde allein im Kampf um das nationale Eigene, nicht um die jeweilige Eigenart der Völker überhaupt, gesehen:

> »Die geistige Mobilmachung Deutschlands beschränkte sich in ihrer Wirkung auf das eigene Land. Die deutsche Kultur wurde als eine sittliche beschrieben, das deutsche Volk als ein überlegenes. Es verkörpere die Tragik der Geschichte und zugleich das Letzte und Höchste der europäischen Kultur gegenüber der Barbarei des Ostens und der zivilisatorischen Überspanntheit des Westens. Man hob seine starke Monarchie, die preußische Staats- und Manneszucht, die Volkstümlichkeit seiner Staats- und Rechtsordnung hervor. Gepriesen wurden die straffe Organisation und das hohe Niveau der Schulbildung, das innige Naturgefühl und die Fähigkeit der Deutschen, von Äußerlichkeiten zu abstrahieren und sich in geistige Gegenstände und Phänomene tiefer als andere zu versetzen. Zugleich wurden sie als ein Volk in Waffen, den Griechen vergleichbar, gerühmt, und aus der Summe dieser Vorzüge leitete man den Anspruch auf Weltpolitik ab.«[145]

Der von Werner Sombart geprägte Gegensatz zwischen den angelsächsischen »Händlern«, die von »Krämergeist« und Profitgier beherrscht seien, und den zu großen, edlen Taten berufenen deutschen »Helden« brachte ein weitverbreitetes Lebensgefühl zum Ausdruck, das den Ersten Weltkrieg als Zusammenstoß zwischen »westlicher Zivilisation« und »deutscher Kultur« interpretierte.[146] Der »unsterblich wahre Gegensatz von Musik und Politik, von Deutschtum und Zivilisation« ist auch Gegenstand von Thomas Manns »Betrachtungen eines Unpolitischen«.[147] »Auf seiten des Deutschtums« war er in seinen Augen »eine nur zögernd einzugestehende Tatsache des Gemütes, etwas Seelisches, nicht verstandesmäßig Erfasstes und darum Unaggressives.« Ihr stand der »politische Hass« der Zivilisation entgegen; diese sei »Politik durch und durch, ist die Politik selbst, und auch ihr Hass kann immer nur und muss sofort politisch sein. Der politische Geist als demokratische Aufklärung und ›menschliche Zivilisation‹ ist nicht nur politisch widerdeutsch; er ist mit Notwendigkeit auch politisch deutschfeindlich, wo immer er walte.« Besonders intensiv und verhängnisvoll waltet er für Thomas Mann nicht nur hinter den feindlichen Linien, in der feindlichen Propaganda, sondern auch in den Werken der heimischen »Zivilisationsliteraten«, womit der Schriftsteller nicht zuletzt seinen Bruder Heinrich Mann meint. Der Riss geht also durch Deutschland hindurch: Auch wenn »der radikale Literat« [...] mit Leib und Seele zur Entente, zum Imperium der Zivilisation«[148] gehört, so darf er doch nicht »undeutsch« genannt werden: »Man kann höchst deutsch sein und dabei höchst anti-deutsch.«[149]

Als geistigen Kriegsdienst verstand auch Oswald Spengler seine schriftstellerische Tätigkeit, weshalb er 1917 sogar seinem philosophischen Hauptwerk »Der Untergang des Abendlandes« im Vorwort den Wunsch beifügte, dass es »neben den militärischen Leistungen Deutschlands nicht ganz unwürdig dastehen möge.«[150] Auch er ordnet »Kultur« und »Zivilisation« nicht schematisch verschiedenen Nationen zu, aber es handelt sich bei ihrem Gegensatz in seinen Augen nicht um eine synchrone Differenz als Ergebnis einer Überfremdung, sondern um das Ergebnis eines notwendigen, organologisch verstandenen Alterungs- und Verfallsprozesses. Zivilisation ist die greisenhafte Spätphase einer jeden Kultur, die die Stadien ihrer Früh-

und ihrer Blütezeit hinter sich gelassen hat und stets durch dieselben Phänomene wie Materialismus, Synkretismus, moralischen Verfall, Areligiosität und aggressiven Imperialismus gekennzeichnet ist. Kulturen können sich in Spenglers Augen nicht beeinflussen; lediglich die »Pseudomorphose« einer missverstandenen Nachahmung ist möglich. Dementsprechend gibt es auch keine Weltgeschichte, sondern nur die Geschichte einzelner Kulturen wie der antiken, der faustisch-abendländischen usw.

Zu Recht wurde der Relativismus dieser Auffassung kritisiert. Gerade eine organismische Betrachtung der Kulturgeschichte müsste auch die Wechselwirkungen zwischen Kulturen einbeziehen. Kulturen haben zwar ihr je eigenes »Leben«, bilden aber gerade darum keine opaken Blöcke; sie existieren weder zeitlich noch räumlich unabhängig von- bzw. nebeneinander. Folglich entsteht eine Kultur nicht einfach aus dem Nichts, sondern sie steht mit vorangegangenen Kulturen in einem kontinuierlichen Zusammenhang. Im Trommelfeuer der Propaganda – und in Deutschland unter den besonderen Bedingungen militärischer Einkreisung – wurde in ganz Europa das Wissen verdrängt, trotz aller Eigenheiten ein gemeinsames europäisches Erbe weiterzuführen. Wenn der deutsche Geist auch an der westlichen Zivilisation teilhat, beruht dies weder auf Verrat und Entfremdung noch auf Verfall, sondern darauf, dass Deutschland und seine westlichen Nachbarn Erben der antiken und der Welt des Mittelalters sind. Und überall verlaufen neben den Sphären der Hochkultur die untergründigen Ströme der Volksüberlieferungen, die weit in archaische Zeiten zurückreichen. Dieses Zusammenspiel macht in ihrer Mannigfaltigkeit Kultur und Zivilisation der europäischen Völker aus.

Gleichwohl gibt es einen besonderen »protestantischen« Geist der Deutschen, wie ihn Thomas Mann mit Dostojewski beschreibt. Er hat nicht erst in der Reformation seinen Ursprung, sondern geht bereits auf den alten Dualismus von germanischem Tribalismus und römischem Universalismus zurück. Diese besondere Spannung und Spaltung Mitteleuropas steht am Beginn der Ausbildung des deutschen Nationalcharakters.

Als zweiter prägender Faktor kam hinzu, dass der Westen bereits früh durch relativ scharfe Grenzen fixiert war, während der Raum östlich der

Elbe in einem jahrhundertelangen Prozess erobert und assimiliert wurde. Deutschland war nach Osten hin offen, nach Westen nicht; die daraus folgende Ostkolonisation und der Austausch mit den slawischen Völkern entfernte Deutschland von Rom und Westeuropa und führte zu seiner politischen wie kulturellen »Überdehnung« und lange anhaltenden Fragmentierung.

Der Philosoph Max Scheler hat einmal bemerkt, dass den Deutschen aufgrund ihrer landsmannschaftlich-stammesmäßigen Gliederung ein vorbildlicher nationaler Mentalitätstypus fehle, wie ihn die Engländer etwa im Gentleman besäßen. Fleiss und Arbeitsethos seien daher, nach der Reichsgründung im Industriezeitalter, in zu großer Schroffheit und den Neid der Nachbarvölker provozierender Weise hervorgetreten und nicht durch eine ästhetisierte Formensprache abgemildert worden.

Im Rückblick auf die letzten beiden Jahrhunderte zeigt sich zwar, dass es durchaus zeitweise in der öffentlichen Wahrnehmung vorherrschende Nationaltypen in Deutschland gab – aber auch, dass diese mit beinahe jeder Generation wechselten. »Den Deutschen« stellte man sich nacheinander als Dichter und Denker, Unternehmer und Techniker, Arbeiter und Soldaten, Blockwart und KZ-Aufseher, Häuslebauer und Urlauber, Spießbürger und Oberlehrer vor – auf regionaler Ebene behielten die landsmannschaftlichen Gestalten des Bayern, Schwaben, Sachsen, Norddeutschen zwar lange ihre jeweilige Prägung, doch auch diese löste sich durch Massenimmigration und arbeitsplatzbedingte Binnenmigration, den Einfluss von Medien und vereinheitlichten Schulen sowie durch die Übernahme der globalisierten westlichen Lebensform allmählich auf. An ihre Stelle traten neue Gegensätze zwischen soziokulturellen Milieus, parteipolitischen Lagern und den einander mehr denn je entgegengesetzten politischen Kulturen Ost- und Westdeutschlands.

Angesichts der späten Einigung der zersplitterten, religiös, kulturell und ethnisch heterogenen deutschen Staaten ist das Fehlen eines die positive Selbstidentifikation ermöglichenden Nationaltypus nicht verwunderlich. Leider hat dies wesentlich zur Unsicherheit der Deutschen (und ihrer Nachbarn) hinsichtlich ihrer Identität beigetragen und war dafür mitverantwortlich, dass zwar die deutsche Hoch-, weniger aber eine allgemeine deutsche Volkskultur für andere Völker vorbildlich und attraktiv werden konnte.

Noch nicht die Reichsgründung, sondern der Erste Weltkrieg schweißte die Deutschen zur Nation als Schicksalsgemeinschaft zusammen. In den Schützengräben, wo der Friese neben dem Bayern, der Arbeiter neben dem Adligen lag, wurden die Stammes- und Klassengegensätze eingeschmolzen, und der Mythos der Volksgemeinschaft wurde erlebbar, wie es Fichte gut hundert Jahre zuvor in seinen »Reden an die deutsche Nation« gefordert hat. Hier erst folgte die seelische Einheit auf die staatliche, aber es lag ein Verhängnis in dieser Einigung: nicht, weil sie sich im Krieg vollzog – dies gilt ebenso für die erfolglose Einigungsbewegung des frühen 19. Jahrhunderts unter dem Druck Napoleons –, sondern weil dieser Krieg auf so demütigende Weise verloren wurde. Die Deutschen waren in der Niederlage und Erniedrigung vereint. Bestand das deutsche Nationalbewusstsein in einem wesentlichen Grundzug in der düsteren Ahnung fortwährender Bedrohung, und ergriff es die deutsche Jugend machtvoll in der kriegerischen Erhebung gegen die napoleonische Herrschaft, so vollendete es sich nun in der Gemeinschaft der Besiegten.

Abgesehen vom zugelassenen Lärm des »Fußballpatriotismus« und dem erhobenen Zeigefinger des »Verfassungspatriotismus« der Oberseminare und Sonntagsreden kennzeichnet dieser unheilschwangere, tragische und zuweilen krampfhaft pathetische Charakter das Nationalgefühl der Deutschen bis auf den heutigen Tag.

Gemeinschaft der Besiegten – Demokraten wider Willen

Der Gewinn der Niederlage

»Wir mussten den Krieg verlieren, um die Nation zu gewinnen«, lautet das Motto von Franz Schauweckers Roman über den Ersten Weltkrieg »Aufbruch der Nation«.[151] Angesichts der rauschhaften Begeisterung bei Kriegsausbruch, des millionenfachen Sterbens und schließlich der ruhmlosen Niederlage, auf die der völlige Zusammenbruch der bisherigen staatlichen Ordnung folgte, verwundern solche Worte, aber sie geben eine damals, gerade auch in den Kreisen nationalistischer Intellektueller, weitverbreitete Stimmung wieder: Das alte Regime war hohl und morsch geworden, übertönte seine Leere nur noch mit dem Abspulen seichter, verlogener Phrasen und hatte längst den öden Materialismus des Westens übernommen, dem es doch angeblich eine tiefere deutsche Kultur entgegensetzte. Das »Stahlbad« des Krieges hat tatsächlich, wie in der Propaganda oft beschworen, eine »Reinigung« bewirkt, aber es war der zur Fassadenhaftigkeit erstarrte Geist des Wilhelminismus, der ihm zum Opfer fiel. Nach dieser Deutung hatte der Krieg, trotz all der ungeheuren Verluste und des unfassbaren Absturzes in das Jammertal von Niederlage und Fremdbestimmung, doch noch seinen Sinn: Die Deutschen wurden von allem falschen Tand befreit und fanden sich selbst, arm und bloß, aber geläutert, als »Deutsche allein« wieder – so der Titel eines anderen Romans von Schauwecker.

Man könnte auch dies für Propaganda oder für den gequälten Versuch eines besiegten Nationalisten halten, sich mit einem Trostpreis abzufinden, aber hinter dieser Gedankenfigur – dass die Niederlage eigentlich nur der Sturz der alten Obrigkeit gewesen sei, die versagt und den Weg für eine Erneuerung freigemacht habe – verbirgt sich eine komplexe »Kultur der Niederlage«, deren psychische Strukturen und Mechanismen Wolfgang Schivelbusch eindrucksvoll dargelegt hat.[152] Sowohl für das Verständnis des wiederholten Scheiterns der Demokratie in Deutschland als auch zur Beschreibung der deutschen Identität mit ihren Rissen, Spannungen und

Überspanntheiten als Ursachen dieses Scheiterns sind seine Forschungen maßgeblich.

Es ist eine Binsenweisheit, dass »die Geschichte von den Siegern geschrieben wird« und deren Perspektive – nicht zuletzt auf Fragen der Kriegsschuld, aber auch in allgemeiner politischer und kultureller Hinsicht – die Sicht der Nachgeborenen bestimmt. Sie prägt die Tendenz der akademischen Historiographie, geht in die Schulbücher ein und gibt der Massenpresse die Richtung vor, wie wir seit 1945 in Deutschland noch heute jeden Tag feststellen können. Der Sieger hat nach dieser »historiopragmatischen« Einstellung »alles richtig gemacht«; er wurde von der Geschichte bestätigt, der Verlierer »widerlegt«, denn dieser verlor den Krieg schließlich nicht, weil ihm das Schlachtenglück in einem entscheidenden Augenblick abhold gewesen wäre oder seine Soldaten weniger tapfer gekämpft hätten, sondern weil – unter den Bedingungen moderner, die gesamte gesellschaftliche Organisation erfassender Kriege – seine politische, militärische, ökonomische und sozialpsychologische Existenz defizitär gewesen ist.

Demgegenüber hat Reinhard Koselleck auf das intellektuelle Potenzial der Verliererperspektive gegenüber der Sieger-Geschichtsschreibung hingewiesen:

> »Mag die Geschichte – kurzfristig – von Siegern gemacht werden, die historischen Erkenntnisgewinne stammen – langfristig – von den Besiegten [...]. Die Erfahrung des Besiegtwerdens enthält Erkenntnischancen, die ihren Anlass überdauern, gerade wenn der Besiegte genötigt ist, wegen seiner eigenen auch die übergreifende Geschichte umzuschreiben [...]. Im Besiegtwerden liegt offenbar ein unausschöpfliches Potential des Erkenntnisgewinns.«[153]

Der Sieger hält seine Truppenparaden ab, erlegt dem Besiegten Reparationen auf und lässt dessen Schuld in Friedensverträge, Zeitungen und Geschichtsbücher schreiben, aber der Verlierer ist zur Reflexionsarbeit, zur Aufarbeitung seines Traumas, verdammt. Und wenn die Niederlage keine

»totale« war und er nicht – was natürlich häufig genug vorkam – physisch und psychisch soweit zugrunde gerichtet ist, dass er seine geschichtliche Existenz aufgibt, kann er bei der Ergründung seiner Unterlegenheit sogar vom Sieger lernen. Die daraus resultierenden Erkenntnisgewinne können dann, in Verbindung mit der Situation nach einem schweren Zusammenbruch, der einen radikalen Neubeginn erzwingt, dazu führen, dass er sich überraschend schnell wieder erholt und wie Phönix aus der Asche steigt – ein klassisches Beispiel dafür sind die Siege der Preußen und ihrer Verbündeten über Napoleon in der Völkerschlacht bei Leipzig 1813 und Waterloo 1815 nur wenige Jahre nach der vernichtenden Niederlage von Jena und Auerstedt 1806; ein anderes Beispiel sind die Blitzsiege Hitlers über Polen und Frankreich, rund zwanzig Jahre nach Versailles.

Wenn die Niederlage psychisch und intellektuell bewältigt werden kann, folgt die Aufarbeitungsstrategie typischen Narrativen, die Schivelbusch am Beispiel der amerikanischen Südstaaten nach dem Bürgerkrieg, Frankreichs nach dem deutsch-französischen Krieg und Deutschlands nach dem Ersten Weltkrieg analysiert. Im Folgenden interessieren uns nur seine Ausführungen zum politischen Klima in Deutschland nach 1918. Später wird sich zeigen, warum die Situation nach 1945 eine völlig andere war.

In methodischer Hinsicht ist anzumerken, dass eine Betrachtung von Diskursen über historische Phänomene nicht bedeuten muss, dass sich die Phänomene selbst in diese Diskurse auflösen. Manche Vertreter der Postmoderne und des New Historicism neigten dazu, den Anschein zu erwecken, als bestünde zwischen einem Historiker und einem Verfasser historischer Romane kein Unterschied. Demgegenüber ist an dem grundsätzlichen Postulat festzuhalten, dass die Geschichtsschreibung zu erfassen und zu erklären sucht, »wie es eigentlich gewesen ist« (Ranke), auch wenn die Fülle und Komplexität der Ereignisse und damit die Vielzahl ihrer möglichen Interpretationen unendlich über jeden Text hinausragt, der nur eine eng begrenzte Anzahl von Aspekten berühren kann und von der interessegeleiteten Perspektive seines Verfassers geprägt ist. Aus der hermeneutischen Tatsache, dass »alles Interpretation ist«, folgt weder die Nichtexistenz des Interpretierten noch ein Relativismus, nach dem jede Interpretation gleichermaßen gültig wäre, sondern es verhält sich umgekehrt: Die interpretierbare und interpretierte (und darüber hinaus die noch unbekannte) Wirklichkeit ist eine prinzipiell unerschöpfliche Fülle, der sich jede Interpretation von ihrem Standpunkt aus annähert, so dass immer nur eine »Abschattung« (Husserl) der Realität gegeben ist. Es gibt aber weite und enge Perspektiven: Erstere suchen möglichst viele Standpunkte einzunehmen, reflektieren dabei ihre eigene Standpunktabhängigkeit und wahren eine methodische Ergebnisoffenheit. Man kann sich der unendlichen Mannigfaltigkeit des Wirklichen mit vielschichtigen Interpretationen anzunähern versuchen oder ihr mit einfältigen Erklärungen ausweichen.

Viele Untergänge ohne Würde

Seit den Volkskriegen des 19. Jahrhunderts, bei denen es in der allgemeinen Wahrnehmung um Sein oder Nichtsein der Nation ging (wenn auch noch nicht um das Leben jedes einzelnen Zivilisten), werden militärische Niederlagen – wieder – als Katastrophen verstanden, die jeden Bürger angehen. Zwar gab es zu allen Zeiten auch Vernichtungskriege, die sämtliche Angehörigen der beteiligten Stämme oder Völker betrafen (oder wenigstens alle männlichen, sofern Frauen am Leben gelassen und als Beute betrachtet wurden), aber bereits im Mittelalter – wenngleich nur gegenüber christlichen Gegnern – und zunehmend seit der frühen Neuzeit wurde der Krieg »eingehegt«. Die sogenannten »Kabinettskriege« des 18. Jahrhunderts unterschieden streng zwischen Kombattanten und Nichtkombattanten und ließen letztere, abgesehen von Einquartierungen, Beschlagnahmungen von Lebensmitteln usw., weitgehend unbehelligt. Die Kriege glichen – tendenziell – eher Turnieren oder Duellen, die die Könige abhielten, wurden mit verhältnismäßig maßvollem Kräfteeinsatz geführt und hatten nicht die völlige Vernichtung des Gegners zum Ziel. Sie sollten lediglich Rang- und Machtverhältnisse ermitteln, und in der nächsten Runde waren alle wieder dabei. Ähnlich wurde es noch beim Wiener Kongress gehandhabt, obgleich die napoleonischen Kriege als erste Volkskriege der Neuzeit weit über die klassischen Kabinettskriege hinausgegangen waren.

Eine völlig neue Stufe wurde durch die »totale Mobilmachung« (Ernst Jünger) aller Kräfte der beteiligten Nationen in den beiden Weltkriegen erreicht. Auch wenn im August 1914 nur die Soldaten – zum großen Teil junge Kriegsfreiwillige – ins Feld zogen und vom Kaiser die Versicherung mitbekamen, sie würden bald wieder zu Hause sein, war der Kriegsausbruch ein Ereignis, dass die ganze Nation erfasste, aber – von besorgten Ausnahmen abgesehen – als ein Freudenfest, dem sich kaum jemand zu entziehen vermochte, empfunden wurde. Natürlich bezog sich die Begeisterung nicht auf den Kriegsausbruch als solchen, sondern auf den imaginativ vorweggenommenen Sieg, der jedoch für die wenigen nüchternen, gut informierten Beobachter nicht wahrscheinlich war. Eigentlich feierte sich die Nation aber selbst, als Volksgemeinschaft, in der endlich alle Gegensätze der Stände, Klassen, Regionen und Konfessionen versöhnt schienen. Sogar die Sozialdemokraten, die den Kriegskrediten zustimmten, hatten endlich Gelegenheit zu zeigen, dass sie, zumindest in ihrer Führungsspitze, nicht mehr die utopischen Internationalisten und daher mit guten Gründen verfolgten Außenseiter waren, sondern sich zu Nation und Monarchie bekannten.

Der Freudentaumel dauerte nicht lange, viele der jungen Freiwilligen mit Blumen in den Gewehrläufen kehrten nicht mehr zurück, und die anderen entfremdeten sich in der perpetuierten Ausnahmesituation an der Front immer mehr des in den alten Bahnen weiterlaufenden bürgerlichen Lebens der Heimat.

Dann kam, nach vier Jahren des Hoffens, Entbehrens und Trauerns, die Nachricht von der Niederlage, die aus mehreren Gründen unfassbar schien. Meist werden Niederlagen so erlebt, als wären sie aus heiterem Himmel hereingebrochen, aber dennoch laufen sie immer wieder nach einem ähnlichen Schema ab, wie Schivelbusch darlegt: Irgendwann und irgendwo schwinden Siegeszuversicht und Kampfbereitschaft einzelner Teile des Heeres, die dann andere Teile demotivieren und zur Flucht oder bestenfalls zum geordneten Rückzug verleiten. Verlorene Gefechte akkumulieren sich zu verlorenen Schlachten, verlorene Schlachten zu verlorenen Kriegen. Die völlige Erschöpfung und letztendliche Handlungsunfähigkeit des Niedergerungenen wie Deutschlands am Ende des Zweiten Weltkriegs ist in der neuzeitlichen Geschichte aber der Ausnahmefall; gewöhnlich gibt der Besiegte auf, bevor er völlig kampfunfähig ist.

Während den an den Kämpfen unmittelbar beteiligten Soldaten das Ausmaß des Unheils unmittelbar bewusst ist, »versetzt die Nachricht von der Katastrophe die Heimat in panischen Schrecken« (Clausewitz). »Auf dem Weg der Übermittlung in die Heimat nimmt die Niederlage eine Dimension des Ungeheuerlichen, des Überwältigenden an, die dem vorangehenden Kommunikationsvorgang innerhalb der Schlacht und der Streitmacht fehlte. [...] Die Steigerung der Erregung proportional zur Entfernung vom Ort der Niederlage ist eine Folge der unterschiedlichen Kriegsteilnahme und -psychologie von Front und Heimat.«[154]

In Deutschland kam 1918 hinzu, dass die politisch-militärischen Eliten als Epigonen der Gründerzeit nach Schivelbusch zwar noch vom martialischen Symbolkapital ihrer Altvorderen gezehrt hatten, auf eine derartige Katastrophe aber, von langem Frieden und Prosperität verwöhnt, in keiner Weise vorbereitet waren. Ihre Propaganda hatte stets auf einen heroischen Sieg gesetzt; eine Niederlage erschien undenkbar, jede Form der Verständigung mit dem Gegner ebenfalls. Der »Siegfrieden« galt als »alternativlos« – offenbar ist eine solche Haltung eine Konstante im Denken der politischen Führer Deutschlands von Ludendorff über Hitler bis zu Honecker und Merkel.

> »So erklären sich die Reaktionen im Moment des Bekanntwerdens des militärischen Unterliegens. Nicht männliche Gefasstheit, wie es das heldische Selbstverständnis erwarten ließ, bestimmte das Bild, sondern Fassungslosigkeit bis hin zum regelrechten Ohnmachtsanfall und Nervenzusammenbruch. Als Ludendorff Ende September seinen Stab über das bevorstehende Waffenstillstandsgesuch unterrichtete, notierte einer der Anwesenden: ›Die Wirkung dieser Worte auf die Hörer war unbeschreiblich! Während Ludendorff sprach, hörte man leises Stöhnen und Schluchzen, vielen, wohl den meisten, liefen unwillkürlich die Tränen über die Backen.‹«[155]

Man hat viel über die Ursachen dieses plötzlichen Zusammenbruchs spekuliert; rein militärisch war die Lage nämlich noch keineswegs hoffnungslos. Die deutschen Armeen standen überall im Feindesland, Paris und London lagen unter deutschem Beschuss. Zwar war ein Sieg nach dem Kriegseintritt der USA unmöglich geworden, und die Seeblockaden der Entente brachten zermürbenden Hunger, aber ein Rückzug auf Verteidigungsstellungen und ein weiterer Kampf waren nach einhelliger Meinung militärischer Fachleute ohne Weiteres noch denkbar. Tiefgreifende politische Reformen hätten ein Übriges bewirken können: Der Übergang zur Republik hätte laut Arthur Rosenberg jetzt noch auf einer Stufe relativer Stärke erfolgen und von einer außenpolitischen Verständigung mit Russland und einem sinnvollen Einwirken auf Österreich-Ungarn sowie die Balkanstaaten begleitet sein können; Friedensverhandlungen wären noch auf Augenhöhe geführt worden, und Deutschland wäre Versailles erspart geblieben.

In Frankreich war der Kaiser 1871 gestürzt worden, die Republik hatte eine *levée en masse* (Volkserhebung) ausgerufen und dadurch, im Bewusstsein der Franzosen, die Ehre der Nation wiederhergestellt. Auch dort war die Republik eine Frucht der Niederlage, nicht aber eines völligen Zusammenbruchs, sondern es gelang den Republikanern, die Schuld auf das alte Regime abzuwälzen und die staatliche Ordnung zu bewahren. Kurzzeitig haben der letzte Reichskanzler Prinz Max von Baden und Walter Rathenau auch in Deutschland die Möglichkeit einer allgemeinen Erhebung des Volkes erwogen, die womöglich als »eine Art Druckausgleich zwischen der vom Kriegsgeschehen noch unberührten Heimat und der zusammengebrochenen Front« gewirkt hätte, »indem sie die erschöpfte Kampfmoral der Armee gegen die noch frische National- oder Symbolmoral (die ›Ehre‹) der Nation« ausgetauscht hätte.[156]

Jedoch konnte man »nicht in einen Volkskrieg verwandeln, was immer einer gewesen war« (Golo Mann).[157] Die Moral von Volk und Armee war erschöpft, wie Max von Baden im Rückblick konstatierte: »Wohl würden die Massen aufstehen, aber nicht gegen den Feind, sondern gegen den Krieg und gegen die ›militärischen Beherrscher‹ und ›monarchischen Aristokraten‹, zu deren Schutz er ihrer Meinung nach geführt würde.«[158] Eine Erhebung zugunsten der alten Ordnung war nicht mehr möglich – auch wenn sie in den Augen des Volkes noch nicht so stark diskreditiert war, wie sie heute meist dargestellt wird –, aber auch die Vertreter einer neuen, demokratischen Ordnung waren nicht bereit oder in der Lage, den Krieg mit erneuertem Elan weiterzuführen. Die gemäßigten Sozialdemokraten wie Friedrich Ebert verstanden sich selbst eher als unfreiwillige Konkursverwalter des wilhelminischen Systems und waren einer Revolution abgeneigt, und die radikalen Kräfte – Unabhängige Sozialisten und Kommunisten – wiederum waren Pazifisten, bei denen sich teilweise schon die für die radikale deutsche Linke charakteristische Neigung zum nationalen Selbsthass zeigte. Dem größten Teil des damals noch nicht von dieser destruktiven Energie besessenen deutschen Volkes erschien die Art und Weise, wie sich die revolutionäre Linke dem Feind gleich Strebern und Überläufern anbiederte, niederträchtig und verächtlich, wie sich in der krachenden Niederlage Kurt Eisners bei den ersten demokratischen Wahlen in Bayern zeigte.

Freilich versagte auch der Kaiser völlig. Kurzzeitig wurde der Gedanke erwogen, er solle sich in einem heroischen Akt an die Spitze des Heeres stellen, um in letzter Schlacht den Tod zu suchen. Dadurch wäre das Gesicht der Monarchie gewahrt und die Einheit von Front und Heimat des Kriegsbeginns wiederhergestellt worden. Wilhelm II. hätte nicht mehr als vermeintlich Kriegsschuldiger belangt werden können, sein Thronfolger hätte die Friedensverhandlungen geführt, und revolutionären Bestrebungen wäre der Wind aus den Segeln genommen worden. Der Kaiser wäre zum Mythos geworden. Stattdessen zog er es vor, bei Nacht und Nebel mit eilig zusammengerafften Relikten seines Pomps ins holländische Exil zu flüchten und noch ein jahrzehntelanges Schattendasein als Holz hackender Rentner zu fristen.

Aber seine erbittertsten Gegner boten kein besseres Bild; statt als charismatische Führer einer neuen Ordnung den Weg zu weisen, zeigten sie sich, von Ausnahmen abgesehen, als Meuterer und Fahnenflüchtige. »Als Urszene des Umsturzes wurde später erinnert, dass meuternde Soldaten und Zivilisten Offizieren am helllichten Tag mitten auf der Straße die Schulterstücke abrissen. Das war die Gegengeste zu der des heroischen Untergangs: der zum Schreckbild gewordene Augenblick des Versagens und der Machtlosigkeit der wilhelminischen Krieger- und Beamtenkaste«,[159] schreibt Schivelbusch mit Recht, bemerkt dabei aber nicht, dass der entlaufene Pöbel sich durch solche Schäbigkeiten ebenso entehrte wie die gescheiterte Obrigkeit. Die einen liefen wie die anderen davon, und die aus der Katastrophe des Zusammenbruchs entstandene erste deutsche Demokratie hatte denkbar schlechte Startbedingungen.

»Zu jubeln ziemt nicht: kein triumf wird sein ·
Nur viele untergänge ohne würde«

– schrieb der Dichter Stefan George schon 1917 in seinem Gedicht »Der Krieg«.

Traumland und böses Erwachen

Trotz allem folgte auf den totalen Zusammenbruch nicht nur tiefe Verzweiflung – im Gegenteil: Von vielen Menschen wurde die Zeit des Umbruchs als Phase der Wandlung erlebt, in der die Last des Krieges von ihnen abgefallen war und neue, ungeahnte Möglichkeiten aufschienen. Aufgrund ihres unwirklichen Charakters hat Ernst Troeltsch sie mit dem Begriff »Traumland« bezeichnet. Das alte Regime war zusammengebrochen, eine neue Ordnung noch nicht errichtet; expressionistische Dichter wandten sich an die Massen und beschworen die Menschheit, es war eine Zeit rauschhafter Euphorie, jubelnder, tosender Menschenmengen und wilder, oft zügelloser Feiern, häufig mit einer entfesselten Tanzsucht – als exzessiver Verneinung des aufgezwungenen militärischen Gleichschritts – verbunden. In Deutschland brach die Zeit der Anarchisten, selbsternannten Propheten und »Inflationsheiligen« an, die gewaltige Anhängerscharen für ihre utopischen Ziele entflammten und singend, tanzend und predigend durch die Lande zogen. Man begeisterte sich für neue lebensreformerische Ideen oder für politische Utopien, die plötzlich als realisierbar erschienen. Am 7. November 1918 rief Kurt Eisner auf der Münchner Theresienwiese zur Revolution auf; die unruhigen Monate der bayerischen Räterepublik begannen. Natürlich wurden nicht alle Bevölkerungsschichten gleichermaßen von diesem Taumel erfasst, für viele, vielleicht die meisten, bedeutete das Ende der Monarchie den Untergang der in Jahrhunderten gewachsenen Weltordnung, der Kultur, der Sicherheit und des Wohlstandes. Plötzlich traten bislang an den Rand gedrängte Klassen und gesellschaftliche Aussenseiter – oft Literaten und jüdische Intellektuelle – in die erste Reihe, was nicht gerade zur Akzeptanz des Umschwungs durch breite, bürgerlich-konservative Schichten beitrug. Das Pendel schlug von der einen auf die andere Seite, aber es fand keine neue Mitte, und die republikanische Gesellschaftsform, die sich nach den Wirren der Novemberrevolution herauskristallisierte, wurde nicht emphatisch bejaht, sondern widerwillig akzeptiert. Scheinbar wiederholte sich in der Traumland-Periode der gemeinsame euphorische Aufbruch von 1914, wenngleich er nicht in den Krieg, sondern in den Frieden führte, aber tatsächlich war es nur der Traum einer lautstarken Minderheit von radikalen Demokraten und Anarchisten. Die Generation der »Söhne« stieß ihre »Väter« beiseite, machte sie für alle Leiden, Zwänge und Entbehrungen des Krieges und zuletzt auch für die Niederlage selbst verantwortlich. Wer jetzt Parteigänger der neuen Ordnung wurde, konnte gleichsam die Niederlage von sich auf die »Väter« abwälzen – schließlich hatten diese doch, wie man gerne glaubte, den Krieg begonnen. Fast konnte man sich auf die Seite der Sieger stellen, zumal wenn diese die Demokratie und das Selbstbestimmungsrecht der Völker versprachen. Am 25. November 1918 publizierte Eisner als neuer Ministerpräsident Dokumente des Bayerischen Außenministeriums, die die deutsche Hauptschuld am Kriegsausbruch dokumentieren sollten. Im Februar des folgenden Jahres bekundeten USPD-Politiker wie Eisner und Kautsky inbrünstig die deutsche Kriegsschuld auf der Internationalen Arbeiter- und Sozialistenkonferenz in Bern sowie auf der dortigen Völkerbundkonferenz einen Monat später.

Für den Philosophen Ernst Bloch, der damals für das – wahrscheinlich aus den USA und Frankreich finanzierte – Emigrantenblatt »Freie Zeitung« schrieb, gingen sogar diese Selbstbezichtigungen nicht weit genug. Nicht nur durch politische Akte, sondern »durch Reue [...], durch innerstes Erleben der deutschen Kriegsschuld, durch demütige, sich selbst im Unrecht fühlende Mitverantwortlichkeit, durch Umkehr von den Wegen und inneren Prämissen, die schließlich zur deutschen Kriegsinitiative führten, muss jeder einzelne in Preußen-Deutschland […] hindurchgehen.«[160] Unterschiede zwischen Hindenburg und Scheidemann seien nur taktischer Natur; ganz Deutschland, so Bloch, sei »ein einziges Heerlager«, eine »Nation voll Selbstsucht und nacktester, kreatürlichster Machtgier«, die vor ein »moralisches Weltparlament« gestellt werden müsse.[161] Seine absurden Hoffnungen richtete der messianische Sozialist und Utopiker auf die USA wie auf die Sowjetunion gleichermaßen, denn eine »neue Mystik der Brüderlichkeit und Gemeinde zieht aus Amerikas kräftig offener Jugend so gut wie aus Russlands Wärme, Tiefe und Christushoffnung heraus; aus der Morgenfrische dieser beiden Reiche leuchtet endlich Radikal-Gutes in die Welt.«[162]

Mögen Blochs phantastische Überspanntheiten in der Zerrissenheit seiner Existenz und einem spezifischen deutsch-jüdischen Selbsthass[163] ihren Ursprung haben, so sind sie doch auch ein linksradikales Spiegelbild der Politik- und Diplomatie-Unfähigkeit weiter Kreise der wilhelminischen Führungsschichten und ihrer Nachfolger. Auch das offizielle Deutschland kultivierte schließlich einen realitätsfernen Wilson- und Amerika-Mythos:

> »Die diplomatischen Noten des US-Präsidenten Wilson hatte man in Deutschland so verstehen wollen, dass die Abdankung des Kaisers den Deutschen erlauben würde, ihren Gegnern zwar als Unterlegene, aber als gleichberechtigte Verhandlungspartner gegenüberzutreten. Noch in der Antwortnote, mit der die Reichsregierung 1919 die Versailler Friedensbedingungen abzumildern hoffte, wurde auf Wilsons Ausführungen hingewiesen und an die ›große Wandlung‹ in Deutschland erinnert, von der die Welt sich bisher nur unvollkommen Rechenschaft gebe: ›Durch den Willen seines Volkes ist Deutschland zur Demokratie geworden.‹«[164]

Die Antwort des französischen Ministerpräsidenten Clemenceau weckte die Deutschen unsanft aus der Traumland-Episode: Zwar begrüßten die Alliierten die politischen Veränderungen in Deutschland; auf die Friedensregelungen hätten sie jedoch keinerlei Auswirkungen. Deutschland hätte »durch den Krieg seine Leidenschaft für die Tyrannei« befriedigen wollen, dieser sei »das größte Verbrechen gegen die Menschheit« und »in der Geschichte fast beispiellos« gewesen; zudem habe die Revolution erst stattgefunden, als keine Hoffnung mehr auf einen Sieg bestand, sie sei also kein moralischer Akt gewesen, sondern man habe lediglich diejenigen, denen man gestern noch zugejubelt hatte, wegen ihrer Erfolglosigkeit verjagt.[165]

Es gab also keinen Bonus für den gesellschaftlichen Umbruch, und der Sieger nahm das ganze Land in Haft. Man setzte auch nach dem Waffenstillstand die Hungerblockade fort, besetzte die linksrheinischen Gebiete, »internationalisierte« die Binnenschifffahrt, begrenzte das Heer auf 100.000 Mann, duldete die Grenzverletzungen und Annexionsversuche Polens und Litauens, trennte das Saarland ab und erlegte dem Reich ungeheure Reparationszahlungen auf. Zudem erlaubte der Versailler Vertrag den Alliierten, in Deutschland jederzeit Untersuchungen im Auftrag des Völkerbundes durchzuführen, um die Vertragserfüllung zu überprüfen. Der Abzug der alliierten Truppen aus den besetzten Gebieten sollte dann innerhalb von 15 Jahren erfolgen, allerdings lag die Entscheidung, ob Deutschland seine dafür notwendigen Verpflichtungen erfüllt habe, allein bei den Alliierten. Das Selbstbestimmungsrecht der Völker, das Wilson versprochen und auf das man in Deutschland gutmütig und naiv vertraut hatte, erwies sich als Makulatur, und die Weimarer Republik war ein Staat unter feindlicher Aufsicht.

Man unterschied also nicht zwischen dem »bösen« alten und dem »guten« neuen Deutschland – ganz so, wie es Bloch in seinen Hass- und Bußtiraden gefordert hat. Es ist nicht verwunderlich, dass solche »Pazifisten« (neben denen es auch wenige wirklich friedliebende gab) von großen Teilen des Volkes als Verräter und Agenten des Feindes wahrgenommen wurden. Die ersten Wahlen der Weimarer Republik führten daher zu ähnlichen Mehrheitsverhältnissen wie zuvor im Kaiserreich, die radikalen Kräfte blieben erfolglos, und die Reste der alten Ordnung, Justiz, Polizei und Reichswehr, arbeiteten mit der Mehrheitssozialdemokratie Hand in Hand bei der Niederschlagung der spartakistischen Revolutionsversuche. In Bayern wurde Kurt Eisner nach einer verheerenden Niederlage seiner USPD erschossen und die Räterepublik von den Freikorps in einem Bürgerkrieg mit mehrheitlicher Unterstützung der Bevölkerung bekämpft. Die etablierte Geschichtsschreibung spricht zwar – nicht völlig ohne Grund – vom »weißen Terror«, neigt aber dazu, den vorangegangenen roten Terror der bayerischen Räte-Kommunisten zu relativieren und die Gefahr einer Sowjetisierung ganz Deutschlands zu ignorieren.

Dolch und Bazillus

Das offenkundige Paktieren der Revolutionäre mit den Feinden Deutschlands spielte selbstverständlich den früheren Vertretern des Wilhelminismus und deren jüngeren Parteigängern oder radikaleren Nachfolgern in die Hand, die weite Teile des Bürgertums mit seiner Sehnsucht nach Ordnung und stabilen Verhältnissen auf ihrer Seite hatten. Da der äußere Feind es nicht geschafft hat, das Reich auf militärische Weise niederzuringen, lag es nahe, die Schuld am Zusammenbruch einem inneren Feind in die Schuhe zu schieben, und hier bot sich natürlich die Sozialdemokratie an, die schon Bismarck als Hauptfeind ausgemacht hatte. Nur war die SPD zu dessen Zeit tatsächlich noch eine internationalistisch-revolutionäre, die Diktatur des Proletariats erstrebende Partei; mittlerweile hatte sie sich, wie die Politik Friedrich Eberts zeigte, zu einer staatstragenden Organisation gewandelt. Traf der Vorwurf, ein »vaterlandsloser Geselle« zu sein, einen Ebert oder Noske durchaus nicht mehr, so war (und ist) er doch an die meisten Vertreter der radikalen Linken zu Recht adressiert.

Ein Jahr nach dem Zusammenbruch, im Herbst 1919, sagte Hindenburg erstmals, die deutsche Armee sei »von hinten erdolcht worden«.[166] In seinen 1920 erschienenen »Erinnerungen« variierte er dieses Bild unter Bezug auf den Nibelungen-Mythos: »Wie Siegfried unter dem hinterlistigen Speerwurf des grimmen Hagen, so stürzte unsere ermattete Front; vergebens hatte sie versucht, aus dem versiegenden Quell der heimatlichen Kraft neues Leben zu trinken.«[167]

Der Vorwurf geht also in zwei Richtungen: Die Heimat hat die Front nicht mehr hinreichend unterstützt, und aus ihrer Mitte wurde der schändliche Speer geworfen, der nun den Dolch – das »Schwert des kleinen Mannes«, die im Gewand versteckte Waffe des Verräters oder der schwachen Frau – ersetzte. Die Deutung Siegfrieds als lauteren, reinen Helden und Hagens als hinterhältigen Mörder war keinesfalls selbstverständlich; der im 19. Jahrhundert vielgelesene Dichter und Übersetzer des Nibelungenliedes Karl Simrock hatte im Gegenteil das Bild von Hagen als treuem Dienstmann popularisiert, der im Auftrag seines Königs den fremden Eindringling, der die rechtmäßige Herrschaftsordnung in Frage stellte, beseitigte und ihn nur deshalb von hinten töten musste, weil Siegfried durch sein Bad im Drachenblut unverwundbar war und somit seinerseits die Regeln eines ritterlichen Wettkampfes außer Kraft gesetzt hat. Nun repräsentierte Siegfried, der von völkisch orientierten Forschern auch mit Hermann dem Cherusker symbolisch oder sogar historisch gleichgesetzt wurde,[168] aber das helle, ritterlich-soldatische Deutschland, Hagen die im Verborgenen agierenden Verräter und Meuchelmörder einer »antideutschen« (oft mit »Weltjudentum«, Freimaurerei oder Marxismus gleichgesetzten) Internationale. In den zwanziger Jahren verschob sich das Siegfried-Bild mancher Autoren wieder etwas: der jugendliche Held erschien nun erneut als Störenfried, der vom rechtschaffenen Soldaten liquidiert wurde.

Außerhalb der wilhelminisch gesinnten Kreise und der Frontsoldatenverbände wie dem »Stahlhelm« wurde die Dolchstoßlegende kaum vertreten; auch die Konservativen Revolutionäre um Ernst und Friedrich Jünger, Edgar Julius Jung, Arthur Moeller van den Bruck, Friedrich Hielscher u.a. lehnten sie ab, da sie die Relikte des Wilhelminismus geringschätzten und Restaurationsversuche für sinnlos hielten. Ihr Credo war, laut Moeller van den Bruck, dem Verfasser des berühmten Werkes über »Das dritte Reich« (1923), dass erst wieder etwas geschaffen werden müsse, was sich zu bewahren lohne; der Zusammenbruch sei demnach geradezu ein reinigendes Gewitter gewesen.

Ein andere Metapher für die Ursachen des Niederlage war die »Verseuchung«. Sie wurde von der Obersten Heeresleitung erstmals Anfang November 1918 verwendet, als man ein Übergreifen der Revolution auf die

Front befürchtete – die revolutionären Ideen glichen in den Augen der militärischen Führung also geistigen Bazillen. Die um den Sieg betrogene Armee erscheint in der Metaphorik des Dolchstoßes völlig anders als unter dem Bild der Infektion: »Im einen Fall ist das Opfer der kämpfende Krieger, im anderen der anfällige Patient. [...] Der Dolchstoß kommt von außen, die Krankheit, auch wenn sie durch Übertragung erfolgt, impliziert eine innere Disposition.«[169] Und der Gedanke war damals recht modern: Robert Koch hatte das Tbc-Bazillus entdeckt, Paul Ehrlich das Syphilisheilmittel Salvarsan vor einem guten Jahrzehnt entwickelt, und Gustave Le Bon hatte in seiner »Psychologie der Massen« deren »Infektion« durch neue Ideen, Gefühle, Erregungen mit dem Einfluss von Mikroben verglichen. Besonders in den Reden und Schriften des Le-Bon-Lesers Hitler wurde die »Bazillophobie« weidlich ausgeschlachtet; hier sind es vor allem die Juden, die sich als »Parasiten« im »deutschen Volkskörper« eingenistet haben, um ihn auszusaugen und zu zersetzen. Möglicherweise geht Hitlers Bakterien-Besessenheit auf Erfahrungen bzw. Traumatisierungen seiner Frühzeit in Krieg und Obdachlosigkeit zurück; das Gegenmodell zu der Welt des Kleinen und Schmutzigen bildet seine Kunstauffassung, die von Größe und Monumentalität, aber auch von Reinheit und kalter, lebloser Sterilität beherrscht ist. War es in der postwilhelminischen »Bazillopolitik« die kränkelnde Front, die von den Erregern befallen wurde, so ist es später für Hitler das gesamte deutsche Volk, das es nun zu reinigen und zu heilen gilt. In beiden Fällen erscheint das Opfer leidend und der Medizin bedürftig; bei Hitler verschiebt sich das Bild noch stärker ins Weiche und Weibliche.

Sieger der Herzen

»Kein Feind hat euch überwunden«, rief Friedrich Ebert am 10. Dezember 1918 den heimkehrenden Truppen zu;[170] man habe ja sozusagen aus freien Stücken um einen Waffenstillstand nachgesucht.

Die Auffassung, das deutsche Heer sei nicht in einem rechtmäßigen Kampf bezwungen worden, war damals auch außerhalb der Kreise, die bald darauf die Dolchstoß-Legende aufbrachten, weit verbreitet; die übliche Formulierung lautete »Im Felde unbesiegt«.[171]

Dass gerade die SPD-Führung sich diese Formel zu eigen machte, um dem Militär entgegenzukommen und die Nation zu einen, war ein Schuss, der für die eben erst in die moralische Volksgemeinschaft aufgenommene Partei nach hinten losgehen konnte, wie Schivelbusch hervorhebt, denn wenn das Heer nicht »im Felde« besiegt wurde, stellt sich die Frage, wo denn sonst. Womöglich in der Heimat, durch Revolution und Demokratisierung? War es dann nicht doch ein Dolchstoß? Oder hatte sich die Niederlage woanders ereignet? Vielleicht in den Redaktionsstuben und Fabriken? Hier ist an den Einsatz von Propaganda und neuen Technologien zu denken, die dem traditionellen kriegerischen Ethos nicht entsprachen (Tanks, Giftgas, U-Boote, Hungerblockade usw.). Max Scheler hat nach dem Ersten Weltkrieg selbstkritisch angemerkt, dass seine Kriegsschriften zwar nicht eigentlich falsch gewesen seien, sich aber eher auf die Perserkriege als auf den Ersten Weltkrieg bezogen hätten.[172] Diese Fehleinschätzungen waren für viele Intellektuelle symptomatisch, insbesondere für solche, die ihren Kampf vom Schreibtisch aus führten. Sie hatten das homerische Kriegertum vor Augen, die Helden der Illias, die einander Mann gegen Mann mit gleichen Waffen bekämpften; im 20. Jahrhundert aber wurden Kriege mit Massenvernichtungswaffen geführt, die den Achilles genauso wie den feigen Thersites getötet hätten.[173] Im Granatfeuer und Giftgasnebel sterben alle gleichermaßen. Am Ende siegt im modernen Krieg nicht der Tapferste, sondern derjenige, der über die größeren technologischen und industriellen Ressourcen verfügt oder technische Innovationen geschickter einsetzt.

Natürlich bewirkten solche Kriege auch keine Selektion der Mutigsten, Stärksten und Tapfersten; sie waren kein reinigendes »Stahlbad« im Sinne völkisch-militaristischer Autoren, sondern führten im Gegenteil eher zu einer Negativselektion im militärischen Sinne: Es waren ja vor allem junge Männer mit kriegerischem Naturell und leistungsfähiger Physis, die sich freiwillig zum gefährlichen Fronteinsatz meldeten, während der minder martialische Typus Verwaltungsdienste in der Etappe versah und deutlich größere Überlebenschancen hatte. Man sollte auch diese ungeheuren menschlichen Verluste durch die beiden Weltkriege nicht vergessen, wenn man darüber nachdenkt, warum die einst so geachteten wie gefürchteten Deutschen nach 1945 doch noch zu friedlichen Demokraten werden konnten. Unzählige Fotos junger Männer mit energischen, kantig-maskulinen Gesichtszügen aus der ersten Hälfte des 20. Jahrhunderts deuten den genetischen Aderlass an, den das deutsche Volk – und natürlich nicht nur dieses – erlitten hat.

Das Auseinanderklaffen der traditionellen »soldatischen« Sicht auf den Krieg und der Realität industrialisierter Massenpropaganda und Massenvernichtung in der Moderne führte wie von selbst dazu, dass der Vorwurf, der Krieg wurde nicht »rechtmäßig« geführt oder mit »unlauteren« Mitteln gewonnen, aufkam. Der Gegensatz von »Händlern« und »Helden« (Werner Sombart) entbehrte durchaus nicht jeder Grundlage – nur kommt die moderne Kriegführung dem Händlertypus mehr entgegen. Von globalen Wirtschaftsmächten verhängte Embargos sind effektiver als tollkühne Husarenstücke militärischer Spezialeinheiten. Sie fordern auch mehr Todesopfer, vor allem unter Zivilisten, die unter Hungerblockaden mehr zu leiden haben als die bis zuletzt versorgte Armee – aber Verhungerte lassen sich massenmedial nicht so spektakulär ausschlachten wie die Opfer kaltblütiger kriegerischer Attacken.

Die Überzeugung, auf unehrenhafte Weise besiegt oder gar um den Sieg betrogen worden zu sein, zieht nicht nur Empörung nach sich, sondern kann verschiedene Reaktionen bewirken: Zum einen wird der Unterlegene sein Recht moralisch oder juristisch geltend machen wollen, zum anderen kann die Niederlage auch »sakralisiert« werden: Das von seinen Nachbarn aufgeteilte Polen imaginierte sich als »Jesus unter den Völkern«, der eines Tages wiederauferstehen und dadurch ein Reich der Freiheit für alle unterdrückten Völker einläuten werde; die Serben erhoben die verlorene Schlacht auf dem Amselfeld zum nationalen Mythos eines Opfers für das Abendland, und auch der nach dem Ersten Weltkrieg poetisch gepflegte Mythos vom »geheimen« und »heiligen« Deutschland, das anders als das untergegangene wilhelminische nicht besiegt worden sei, sondern ewig in einem Geisterreich seiner großen Dichter, Denker, Kaiser und Helden lebe, gehört in diesen Zusammenhang.[174]

Das religiöse Vorbild für solche Mythenschöpfungen, mit denen Niederlagen bewältigt wurden, ist die christliche Heilsgeschichte, in der Jesus durch sein Martyrium – in den Augen der Gläubigen – nicht etwa als »falscher Gottessohn« widerlegt wurde, sondern mit seinem als Selbstopfer gedeuteten Tod die gesamte Menschheit erlöste. Politisch-militärisch waren es »archetypische« heroische Kämpfe auf verlorenem Posten wie die Schlacht zwischen Spartanern und Persern bei den Thermopylen, die herangezogen werden konnten. War die Selbstaufopferung der Spartaner jedoch militärisch von Bedeutung, so ist die Beantwortung der Frage, ob Jesus durch seinen Kreuzestod »gescheitert« ist oder die Menschheit erlöst hat, eine Glaubenssache.

Das klassische Paradigma der Umwidmung einer verheerenden Niederlage zu einem Sieg liegt in der prophetischen Interpretation der Vernichtung Israels und der Zerstreuung seiner Bewohner im babylonischen Reich. Unter den antiken Völkern herrschte der »erfahrungsreligiöse« Konsens, dass eine Niederlage daraus folge, dass man von den eigenen Göttern verlassen worden sei oder dass die der Feinde sich als mächtiger erwiesen hätten.[175] Die Propheten lösten sich aus diesem Konsens, indem sie dem jüdischen Volk die Schuld an seiner Misere gaben: Dessen Gott Jahwe habe sein Volk nicht im Stich gelassen oder sei gar unterlegen gewesen, sondern er habe die Israeliten für ihren Unglauben und ihre mangelnde Gesetzesbefolgung bestraft. Insofern seien sie nun dazu angehalten, seine Vorschriften auch und gerade unter den Bedingungen der Niederlage umso strenger einzuhalten. Durch diese neue Gedankenfigur konnte die Identität des jüdischen Volkes unter widrigsten Umständen bewahrt bleiben; sie war jedoch auch eine Ursache für den von jüdischen Intellektuellen wie Theodor Lessing diagnostizierten »Selbsthass« oder, weniger drastisch formuliert, für eine negative Interpretation der eigenen religiösen und kulturellen Identität.

Auferstehen aus Ruinen

Das antike jüdische Vorbild ist ein Beispiel dafür, wie Verlierer mit ihrer Niederlage umgehen können: Sie bewältigen die Katastrophe, indem sie aus ihr lernen. Sie fragen nach ihren Ursachen und erforschen die Gründe, warum der Gegner den Sieg davongetragen hat. Eine wesentliche Voraussetzung ist dafür allerdings, dass das nationale Selbstbewusstsein und der Wille, als Volk und Kultur zu überleben, auch wenn vielleicht keine staatliche Ordnung mehr besteht, noch intakt sind. Dann kann selbst aus einer verheerenden Niederlage neue Kraft geschöpft werden.

Bezog sich die Niederlageninterpretation der jüdischen Propheten auf die religiösen Voraussetzungen, so sind es in neuerer Zeit eher militärische, ökonomische und politische Faktoren, die von den Verlierern bei ihren Versuchen, die Frage zu beantworten, warum es zur Niederlage kommen konnte, in den Blick genommen werden. Die »unsoldatischen« neuen Kriegstechnologien haben wir schon erwähnt; ein anderer wichtiger Punkt war die feindliche Propaganda. Wie das Kaninchen auf die Schlange habe man auf diese gestarrt. Sie habe die geistige Kriegsfähigkeit und den deutschen Glauben an den Endsieg fundamental erschüttert, erklärte Ludendorff in seinen Memoiren. Nun waren beide Seiten in ihren Propaganda-Bemühungen allerdings nicht zimperlich, und gerade Ludendorff hatte eine derart instrumentelle Vorstellung von der Propaganda, dass er hoffte, sie könnte die Volksmassen »gleichsam per Knopfdruck« (Schivelbusch) gegen Kriegsende noch einmal in neue Ekstase versetzen. Ein Fachmann wie John Buchan, ein zeitweise für die britische Propagandaabteilung tätiger Bestsellerautor, wusste hingegen, dass »die beste Propaganda […] weder einen Sieg des Gegners noch einen Fehlschlag der Alliierten ungeschehen machen« kann.[176] Die Wirkungen skrupelloser antideutscher Gräuelpropaganda wie des berüchtigten Märchens von den abgehackten Kinderhänden in Belgien konnte die Reichswehr 1914 nicht stoppen,[177] und als Lord Northcliffe 1918 zum bald legendären Chef der britischen Propaganda ernannt wurde, stand der Zusammenbruch infolge des Hungers, der allgemeinen Kriegsmüdigkeit und der Hoffnungen auf Wilsons Friedensangebot ohnehin schon kurz bevor.

Die Befeuerung der russischen Revolution durch die Unterstützung Lenins und nicht zuletzt durch eine umfassende deutsche Agitation zeigt aber, dass man auch in Deutschland auf Propaganda setzte. Wahrscheinlich unterschied sich nicht so sehr der Gebrauch der Propaganda bei der Entente und den Mittelmächten, sondern ihr Verständnis: In England und den USA sah man sie pragmatisch als massenmediale Kommunikationstechnik, die im Rahmen ihrer Regeln und Grenzen eingesetzt werden kann; in Deutschland hingegen hielt man sie teils für eine Art Wunderwaffe, teils verabscheute man sie aus kulturkonservativer Gesinnung heraus. Kultur und »deutscher Geist« auf der einen Seite, Zivilisation und Propaganda auf der anderen standen einander im Weltbild konservativer deutscher Intellektueller entgegen. Wenn es nach dem Krieg darum gehen sollte, was man von den Methoden des Gegners lernen könne, ohne Schaden an seiner »Seele« zu nehmen, musste man diesen Gegensatz überwinden.

Philosophen wie Martin Heidegger oder Ludwig Klages forderten eine Rückbesinnung auf die Wurzeln des Abendlandes und suchten die Misere der Gegenwart von diesen aus zu heilen: Heidegger, indem er die philosophische Tradition als Geschichte der notwendigen Verstellung der griechischen Urerfahrung des Seins auffasste und ein völlig neues, von der Erfahrung des Seins selbst ausgehendes Denken zu formulieren suchte; Klages, indem er die europäische Geschichte als einen Kampf zwischen technisch-instrumentellem Geist und lebendiger Seele verstand, in dem ersterer letztere unterjocht und verdinglicht. Auf populäre Weise neigten die Jugend- und Lebensreformbewegungen der zwanziger Jahre zur Hoffnung auf eine Erneuerung Deutschlands durch die Rückbesinnung auf Natur, nationale Vergangenheit und ländliches Leben. Wieder einmal war Deutschland in zwei Lager gespalten – das eine strebte nach einer »schöpferischen Restauration« (Rudolf Borchardt) aus der eigenen Tiefe heraus, das andere erhoffte das Heil durch einen Anschluss an die moderne Zivilisation des kapitalistischen Westens oder des kommunistischen Ostens.

Durchgesetzt hat sich das letztere Modell der »Aufklärung« und Rationalisierung, innerhalb dessen Kapitalismus und Sozialismus nur feindliche, gleichermaßen materialistische Brüder waren. Und in diesen dezidiert modernen Kontext, weniger in einen »völkischen«, »neuromantischen« oder »regressiven«, gehörte auch der Nationalsozialismus, obgleich er Elemente verschiedenster Weltanschauungen aufgriff und zu einfachen Parolen verarbeitete, um die Massen auf seine Seite zu ziehen. Theodor Heuss hat hervorgehoben, dass die Abschnitte in Hitlers »Mein Kampf«, die von Propaganda handeln, besser und präziser als der Rest des Buches geschrieben seien.[178] Ausdrücklich lobte Hitler die Suggestionstechniken, mit denen die Marxisten ihre »Zersetzungsarbeit« betrieben hätten; und für völkische Sektierer, die für das alte Germanien schwärmten, hatte er nur Spott übrig.[179] Ohne die souveräne Beherrschung der Massenpropaganda und den Einsatz der damals modernsten Medien und Technologien – besonders spektakulär war Hitlers Nutzung von Flugzeugen im Wahlkampf – wäre Hitlers Aufstieg nicht möglich gewesen; sein Erfolg ergab sich wesentlich daraus, dass die NSDAP während der Weimarer Republik als die modernste Partei in Deutschland wahrgenommen wurde.

Die Machtergreifung als »legale Revolution«?

Das Jahr 1933 markiert keinen radikalen Kulturbruch wie das Jahr 1945. Die mannigfachen Modernisierungsschübe der Weimarer Republik wurden im Wesentlichen fortgesetzt. Hollywood galt als unerreichbares Vorbild der UFA; Berlin war bereits in den zwanziger Jahren die »amerikanischste« Stadt in Europa und blieb das auch nach 1933; in der Wirtschaft führte man das Ford'sche Programm weiter, die moderne kapitalistische Arbeit vom Charakter des Zwanges und notgedrungenen Broterwerbs abzukoppeln – sie sollte vielmehr Freude bereiten, indem der Arbeitende sich als Teil einer schaffenden, schöpferischen Volksgemeinschaft erfahren und die Früchte seiner Arbeit, etwa in Gestalt des »Volkswagens«, geniessen könnte. Nicht mehr »Ausbeutung« und »Entfremdung«, sondern »Kraft durch Freude« lauteten die Schlagworte, die im Fordismus ihren Ursprung haben.

Ob nun die »Brechung der Zinsknechtschaft«, die Schaffung von Arbeitsplätzen oder die Revision des Vertrags von Versailles gefordert wurde – der Nationalsozialismus griff im Grunde nur auf, was weite Teile der Gesellschaft verlangten bzw. was auch von der etablierten Politik, wenngleich nicht mit der allgemein gewünschten Schnelligkeit und Effizienz, angestrebt wurde. Auch sein Antisemitismus und die Erörterungen einer möglichen Lösung der »Judenfrage« knüpften an verbreitete gesellschaftliche Strömungen an, blieben jedoch bis zur »Endlösung« hinter der theoretischen Radikalität mancher Autoren noch zurück; zudem war der Antisemitismus in einigen Ländern durchaus noch ausgeprägter.

Und schließlich erfolgte die »Machtergreifung«, nachdem Hitlers Putschversuch 1923 gescheitert und er zu der Auffassung gelangt war, nur auf legale Weise die Macht erringen zu können, äußerlich im Rahmen der politisch-juristischen Strukturen der Weimarer Republik. Die NSDAP hatte bei den Reichstagswahlen von November 1932 gegenüber den Wahlen im Juli desselben Jahres sogar Verluste von 4,2 Prozent auf 33,1 Prozent hinnehmen müssen, so dass ihr Aufstieg gestoppt schien, und verfassungsrechtlich war es mit der Ernennung Hitlers zum Reichskanzler einer Koalition aus NSDAP und Deutschnationalen am 30. Januar 1933 bloß zu einem neuerlichen Regierungswechsel gekommen.

Die Wahrnehmung war jedoch eine andere, nicht nur bei Anhängern oder Gegnern des Nationalsozialismus. Schnell verstummten die Kommentatoren, die Hitler durch Hugenberg und Papen eingebunden und »entzaubert« sahen, ihn bald an seinem Dilettantismus, an wirtschaftlichen Problemen und Interventionen des Auslands scheitern ließen oder auf den Widerstand der linken Parteien und Gewerkschaften setzten – »sie alle wurden in einem Machteroberungsprozess, der in der Geschichte kaum ein Beispiel hat, eindrucksvoll widerlegt«,[180] wie Joachim Fest diesen Vorgang beschreibt.

> »Mächtige, traditionsreiche Parteien und Verbände knickten unter dem Ansturm zusammen und überließen, noch vor Zwangsauflösung und Verbot, den führungslosen Anhang sich selbst. Die Vergangenheit: Republik, Zerrissenheit, Ohnmacht, war vorüber. Die rasch zusammenschmelzende Minderheit derer, die dem hektischen Bekenntnisdrang zum Neuen nicht

> verfiel, geriet zusehends in die Isolierung und sah sich ausgeschlossen von den überwältigenden Kundgebungen des neuen Gemeinschaftsgefühls mit Massenschwüren unter Lichterdomen, Führeransprachen, nächtlichen Höhenfeuern und Choralgesang von Hunderttausenden. Selbst die ersten Anzeichen des Terrors vermochten den Jubel nicht zu dämpfen, sie trugen ihn vielmehr mit. Denn das öffentliche Bewusstsein deutete sie als Ausdruck einer durchgreifenden Energie, die es allzu lange vermisst hatte [...].«[181]

In den Augen der Beobachter war nicht einfach nur eine andere Regierung gewählt worden, sondern es hatte eine Revolution stattgefunden – keine sozialistische oder gar internationale; keine, die wie die von 1918 von der Bevölkerungsmehrheit als destruktiv wahrgenommen wurde; aber auch keine »konservative Revolution« oder gar Restauration, sondern eine Revolution neuen Typs: »national« und »legal«.

Ihr nationaler Charakter wurde als Aufbruch, aber auch Rückkehr Deutschlands zu sich selbst empfunden; »obwohl die Verfassung und die Spielregeln der Republik vorerst gültig blieben, wirkten sie doch auf eigentümliche Weise überholt, abgeworfen wie etwas Fremdes; und es war dieses Bild einer Nation, die in der bejubelten Abkehr von den europäischen Traditionen der Vernunft und des Fortschritts den Anschluss an das eigene Wesen wiedergefunden zu haben schien [...].«[182]

Bemerkenswert an dieser Aussage Fests ist weniger die konventionelle Behauptung, Deutschland habe sich von »Vernunft« und »Fortschritt« abgewandt – denn der Nationalsozialismus stand durchaus auch in den rationalistischen und materialistischen Traditionen der Aufklärung und ihres Geschichtsbildes –, entscheidend sind vielmehr die Selbstverständlichkeit, mit der das westlich-parlamentarische System als fremdartig und aufgezwungen angesehen wurde, sowie der triumphal gefeierte Schein der Selbstfindung, der ähnlich inszeniert war wie die Gleichsetzung der Beherrschten mit ihren Beherrschern in der modernen Massendemokratie.

In den Augen vieler Miterlebender schien sich in diesem nationalen Aufbruch der »Geist von 1914« zu erneuern, wie Peter Suhrkamp, der einer

Sympathie mit dem Nationalsozialismus gewiss unverdächtig ist, berichtet: »Mich hat immer wieder die Identität mit Erinnerungen an den Sommer 1914 erschüttert.« Diese »stimmte bis in Einzelzüge: Es marschierten jetzt die uniformierten SA und SS und Stahlhelmer; es marschierten auch die Bürger zur Seite, mit und ohne Abzeichen; und die Kinder und die älteren Frauen und die Dienstmädchen; und zwischen den Marschierenden und den Zuschauern auf den Gehsteigen, den Zäunen, den Bäumen und auf den Dächern der Elektrischen war ein Strom von Einverständnis und herzlicher Offenheit hinüber und herüber. [...] Überall waren die uniformierten jungen Männer im Mittelpunkt – und alle Uniformierten wirkten jung. [...] Das Überraschende und Ungewohnte aber war, dass die Armee trotz der Kriegsgesänge nichts Kriegerisches hatte, sondern im Moment durchaus etwas Friedfertiges.« Der allgemeine Ausdruck hatte dennoch »keineswegs etwas Gemütliches oder Kriegervereinshaftes«, sondern »war überall ernste Bereitschaft.«[183]

Das neue Regime hat durchaus »den revolutionären Charakter des Machteroberungsprozesses betont. Gewiss war es anfangs peinlich darauf bedacht gewesen, das Geschehen als ›nationale Erhebung‹ zu deklarieren, und tatsächlich hat es mit diesem Begriff vielfältige Illusionen, restaurative Sehnsüchte und die Hingabewünsche eines naiven Mitläufertums entfacht. Aber schon in seiner Rede zum Ermächtigungsgesetz sprach Hitler statt von ›nationaler Erhebung‹ von ›nationaler Revolution‹, und wiederum vierzehn Tage später wies Göring in einer Rede auch diese Formel ausdrücklich zurück und ersetzte sie durch den Begriff der ›nationalsozialistischen Revolution‹.«[184]

Die Abfolge der Begriffe zeigt das taktische Wechselspiel von »Erhebungs«- und Revolutionsvokabular mit einer Verschiebung zu letzterem hin. Der Spagat sollte einen radikalen Aufbruch suggerieren und jeden mitreißen, der sich nach umwälzenden Veränderungen sehnte, dabei aber doch das Bürgertum beruhigen, das auf die formale Legalität noch der größten Umwälzung wert legte.

Die Frage nach der Legalität der Hitlerschen Machtergreifung ist für die Frage nach dem Scheitern der Demokratie von außerordentlicher Bedeutung. Schaffte Hitler diese von innen heraus ab, und haben ihre Strukturen ihm den Weg geebnet? Oder beseitigte er sie von außen, als ihr Feind und Zerstörer? Der heutigen Stilisierung Hitlers als Inbegriff des absolut, geradezu metaphysisch Bösen, das dem Guten in Gestalt der demokratischen Ordnung entgegengesetzt ist, würde eher ein Weg der äußerlichen Abschaffung entsprechen; tatsächlich aber ist Hitlers Aufstieg, wie Joachim Fest bemerkt, »in seinem Ablauf noch immer das klassische Modell für die totalitäre Überwältigung demokratischer Institutionen von innen her, das heißt mit Hilfe und nicht im Widerstreit mit der Staatsmacht.«[185]

Die Demokratie hat den Totalitarismus zugelassen; ja, sie hat ihn aus sich hervorgebracht. An der Medaille des Massenzeitalters ist er die dunkle, abgewandte Seite, die nun, weder zum ersten noch zum letzten Male, ins grelle Licht gedreht wurde. Hitler sah sich nicht nur aus strategischen Gründen auf die Zustimmung der Massen angewiesen, sondern »als Sohn und Exponent eines demokratischen Zeitalters« wie auch »aus seinem individuellen Bedürfnis«: »Ich bin kein Diktator und werde nie ein Diktator sein« – er habe zwar »das Prinzip der Abstimmung beseitigt, doch sei er deshalb keineswegs frei; genau besehen gebe es gar keine Willkürherrschaft, sondern nur verschiedene Arten, einen ›Generalwillen‹ [Rousseaus *volonté generale*, Anm. d. Verf.] zu erzeugen: ›Der Nationalsozialismus macht mit der Demokratie, die im Parlamentarismus entartet ist, ernst‹, versicherte er, und: ›Wir haben veraltete Institutionen über den Haufen geworfen, gerade weil sie nicht mehr dienten, mit der Gesamtheit der Nation in fruchtbarer Beziehung zu bleiben, weil sie zum Geschwätz, zum dreisten Betrug geführt hatten.«[186]

Hitler, der in der Zeit der Räterevolution in München mit der Sozialdemokratie sympathisierte[187] und noch in »Mein Kampf« ihren Einsatz für das allgemeine Wahlrecht und ihre Agitation gegen die Monarchie gelobt hat,[188] war seinem Selbstverständnis nach durchaus ein Demokrat. Er lehnte lediglich die Prinzipien von Abstimmung und Majoritätsherrschaft ab und erstrebte die Ersetzung der repräsentativen Demokratie durch eine

»Führerdemokratie« oder »germanische Demokratie«,[189] in der die Identität des Herrschenden mit den Beherrschten statt mit Hilfe von Wahlen durch eine scheinbar »eidetische« Beziehung – mit dem technokratischen Mittel der »Gleichschaltung« – erzeugt werden soll: Der Führer »verkörpert« das Wesen seines Volkes, zumindest in der Theorie und in nicht geringem Maß auch in der fortwährend als Massenspektakel inszenierten und durch alle Arten von Zwang unterstützten Praxis – den »dreisten Betrug« (Joachim Fest) eingeschlossen, denn in Wahrheit war die »Legalität« der Revolution, der Kontinuität von parlamentarischer und »neocäsaristischer« Demokratie zum Trotz, eine gewaltige Täuschung. Die Gewalt war stets eine Triebfeder der »legalen Revolution«, aber Hitler legte großen Wert darauf, sie »maßvoll« und kalkuliert einzusetzen, selbstverständlich nicht aus Humanität, sondern weil ein Übermaß zuviel Abscheu und Widerstand hervorgerufen hätte. Hinsichtlich der Zahl der Todesopfer gab es für ihn keine Obergrenze, wohl aber bezüglich Form und Ausführung: Gewalt war stets geordnet und organisiert anzuwenden; Exzesse und Straßenterror etwa der SA wurden nur in der Anfangszeit in beschränktem Maße gegen politische Gegner wie die außerhalb ihrer Wählerschaft gefürchteten Kommunisten geduldet, deren Rückhalt in der Bevölkerung entsprechend gering war.

Ebenso wie der Parlamentarismus nicht von außen durch Putsch und Staatsstreich ausgeschaltet, sondern von innen heraus »überwunden« werden sollte, kam auch dem politischen Gegner seine Rolle im großen Spiel um die Macht zu: Der bürgerliche Gegner wurde durch Umarmung erdrückt (anstatt dass es ihm gelungen wäre, Hitler zu »zähmen«); der kommunistische Feind wurde als Schreckgestalt derart erhöht, dass seine Überwindung umso dramatischer inszeniert werden konnte. »Es gehörte zum Konzept der legalen Revolution, den Gegner nicht gewaltsam durch offenen Terror und Verbotsmaßnahmen zu überwältigen, sondern immer wieder zu Gewaltakten zu provozieren, so dass er selber Vorwände und Rechtfertigungen für gesetzliche Unterdrückungsmaßnahmen schuf.«[190] Goebbels notierte dazu bereits am 31. Januar 1933 in sein Tagebuch: »Vorläufig wollen wir von direkten Gegenmaßnahmen (gegen die Kommunisten) absehen. Der bolschewistische Revolutionsversuch muss zuerst einmal aufflammen. Im geeigneten Moment werden wir dann zuschlagen.«

Mit dem Reichstagsbrand vom 27. Februar bot sich dieser geeignete Moment, in dem sofort verbreitet wurde, dass es sich um das Fanal eines kommunistischen Aufstandes handele, der mit allen Mitteln niedergeschlagen werden müsse. Hatte sich Hitler unmittelbar nach seiner Ernennung zum Reichskanzler, etwa in seinem »Aufruf an das deutsche Volk« vom 1. Februar, noch einigermaßen moderat und staatsmännisch gegeben und die Einheit der Nation, christliche und konservative Werte beschworen, so konnte er nun, im Wissen, die Mehrheit des Volkes angesichts der kommunistischen Bedrohung hinter sich zu haben, andere Saiten aufziehen.

Von Hitlers Reaktion unmittelbar am Tatort berichtet der spätere erste Gestapo-Chef Rudolf Diels:

> »Als ob er bersten wollte, schrie er in so unbeherrschter Weise, wie ich es bisher nicht an ihm erlebt hatte: ›Es gibt jetzt kein Erbarmen; wer sich uns in den Weg stellt, wird niedergemacht. Das deutsche Volk wird für Milde kein Verständnis haben. Jeder kommunistische Funktionär wird erschossen, wo er angetroffen wird. Die kommunistischen Abgeordneten müssen noch in dieser Nacht aufgehängt werden. Alles ist festzusetzen, was mit den Kommunisten im Bunde steht. Auch gegen Sozialdemokraten und Reichsbanner gibt es jetzt keine Schonung mehr!«[191]

Noch in der Nacht wurden tausende kommunistische Funktionäre und sozialistische Intellektuelle verhaftet, und schon am nächsten Vormittag legte Hitler dem Reichspräsidenten die bereits ausgearbeitete »Notverordnung zum Schutze von Volk und Staat« zur Unterzeichnung vor, die sämtliche Grundrechte außer Kraft setzte und den Staatsorganen größte Handlungsfreiheit gab, gegen missliebige Personen vorzugehen. Ergänzt durch eine zweite Verordnung »gegen Verrat am Deutschen Volke und hochverräterische Umtriebe« war sie »die entscheidende Rechtsgrundlage der nationalsozialistischen Herrschaftsordnung und zweifellos das wichtigste Gesetz des Dritten Reiches überhaupt; es ersetzte den Rechtsstaat durch den permanenten Ausnahmezustand.«[192]

Vor solchem bedrohlichen Hintergrund wurde am 5. März die letzte Reichstagswahl abgehalten, die dazu gedacht war, das neue Regime eindrucksvoll zu bestätigen. Das Ergebnis – 43,9 Prozent für die NSDAP – blieb hinter den Erwartungen zurück, die absolute Mehrheit wurde deutlich verfehlt, und formal war Hitler immer noch auf die Unterstützung Hugenbergs und Papens angewiesen. Jedoch spielte dieser »Schönheitsfehler« keine Rolle mehr; der Ausnahmezustand war bereits zum psychischen Normalzustand geworden.

»Was bedeuten jetzt noch Zahlen? Wir sind die Herren im Reich und in Preußen«, lautete die Marschrichtung, die Goebbels vorgab; der 5. März wurde zum »Tag der erwachenden Nation« erklärt, auf den am 21. März, für den die erste Sitzung des neugewählten Reichstags anberaumt war, der »Tag der nationalen Erhebung« folgen sollte. Ein feierlicher Staatsakt in der Potsdamer Garnisonkirche, von dem das berühmte Bild, wie Hitler ehrerbietig dem greisen Hindenburg die Hand drückt, in das historische Gedächtnis eingegangen ist, führte aller Welt die scheinbare Versöhnung von alter Ordnung und neuem Geist, Preußentum und Nationalsozialismus, vor Augen. Auch diese nicht zufällig am Tag des Frühlingsbeginns perfekt inszenierte Aufführung fand vor einer Kulisse der Gewalt und des Terrors statt; und doch überwog für die Zeitgenossen der Eindruck der Wiederherstellung der Reichseinheit und eines würdigen, kraftvollen Neubeginns.

Zwei Tage später trat der Reichstag in der Krolloper zusammen, und die Machtergreifung wurde mit dem »Gesetz zur Behebung der Not von Volk und Reich«, dem sogenannten »Ermächtigungsgesetz«, vollendet, das den Reichstag ausschaltete und der Regierung unbeschränkte Handlungsvollmacht gab. Die Parteien der Mitte und der Rechten hatten, wenn auch zögerlich und unter Druck, zugestimmt, die kommunistischen Abgeordneten waren bereits inhaftiert oder geflohen, und die Ablehnung des Gesetzes durch die SPD sowie die pathetische Beschwörung der Demokratie durch ihren Parteivorsitzenden Otto Wels konnten sogar zu dem Eindruck beitragen, dass die »vaterlandslosen Gesellen« sich wieder einmal abseits stellten, wo Einigkeit geherrscht habe.

Joachim Fest fasst zusammen, dass die Möglichkeiten, gegen politische Gegner jeder Couleur vorzugehen, nur den einen Teil des Gewinnes darstellten, den das Gesetz Hitler brachte; der andere lag in der formalen Legalität:

> »Die Taktik, nicht als revolutionärer Usurpator, sondern im Mantel des Gesetzgebers [...] nach der unbeschränkten Macht zu greifen, hat zugleich die Entstehung eines rechtlosen Raumes verhindert, die im Allgemeinen zu den Folgen gewaltsamer Umstürze zählt. Mit dem Ermächtigungsgesetz stand Hitler der Apparat der staatlichen Bürokratie einschließlich der Justiz [...] zur Verfügung. [...] Wer sich dennoch sperrte, setzte sich nicht nur persönlicher Maßregelung durch ein sofort erlassenes besonderes Gesetz aus, sondern hatte von nun an auch den Schein des Rechts gegen sich. Es war freilich nie mehr als ein Schein, und entgegen der nach wie vor verbreiteten These eines bruchlosen, gleitenden Übergangs von der parlamentarischen Republik zum totalitären Einheitsstaat zwingt die Berücksichtigung aller Umstände zu der Feststellung, dass im Prozess der Legalen Revolution die revolutionären Elemente die legalen weitaus überwogen.«[193]

Die Öffentlichkeit war gerade deshalb so sehr getäuscht worden, weil der »Szenenwechsel gleichsam auf offener Bühne«[194] vorgenommen wurde.

Zu einer ähnlichen Deutung kam jüngst auch Johannes Pauli aus juristischer Perspektive. Der weitverbreiteten Meinung, dass Hindenburg Hitler zum Reichskanzler ernennen musste, da dieser sich auf eine parlamentarische Mehrheit stützen konnte, die Notstandsentscheidungen unmöglich gemacht hätten, setzt er Hitlers Erklärung entgegen, »er würde alle Parteien (außer seine eigene) aus dem Reichstag hinausfegen. Damit hatte er in klarer Weise dargestellt, dass er nicht bereit sei, anderen Parteien oder Bewegungen das Recht zuzugestehen, auch Mehrheiten zu erzielen und ihn abzuwählen. Um dies zu erreichen, wollte Hitler Gewalt anwenden, wobei der Missbrauch der öffentlichen Gewalt, seit er Kanzler war, zur Herstellung der entsprechenden Rechtslage als unzulässige Gewalt zu beurteilen ist. Das angekündigte Verhalten Hitlers nach seiner Einsetzung als Kanzler, sich nicht mehr an die Verfassung zu halten, war somit verfassungswidrig […]. Danach hätte Hindenburg Hitler nicht zum Reichskanzler berufen dürfen.«[195] Gemäß dieser Auffassung haben nicht nur die Machtmittel der Weimarer Demokratie, sondern auch deren höchste Institutionen selbst versagt.

Nach Fest lässt sich das Paradox der »legalen Revolution« jedoch nicht völlig auflösen und bleibt ambivalent, obwohl die revolutionären – und damit illegalen – Züge überwiegen. Selbstverständlich wurde Fest für diese These von linken Historikern, die den Revolutionsbegriff für »progressive« und »emanzipatorische«, d.h. in ihren Augen sozialistische Positionen reserviert wissen wollten, scharf kritisiert. Da die sozialistischen Anteile des Nationalsozialismus (der nicht ohne Grund so heißt) mittlerweile hinreichend erforscht sind, dürfte sich dieser interessegeleitete Einwand erledigt haben.[196] Klarheit brachte vor allem Ernst Noltes Unterscheidung eines »normativen« Revolutionsbegriffs von einem »empirischen«: Letzterer bezeichne tiefgreifende, über gewöhnliche Veränderungen hinausgehende Umwälzungen, die nicht unbedingt mit Gewalt einhergehen müssten; bei ersterem werde ein moralisches Urteil zugrunde gelegt, je nachdem, ob der Betrachter diese Wandlungen für »gut« oder »schlecht« hält. Zudem spricht Nolte noch von der »Fundamentalrevolution«, die »den Prozess der Industrialisierung, der Entgrenzung, der Modernisierung, des Weltverkehrs, der Europäisierung, der Differenzierung, der Professionalisierung« bezeichne. Im Hinblick darauf sei Hitler ein Gegenrevolutionär gewesen, da er sowohl den Kapitalismus als auch den Kommunismus, die beiden Erscheinungsformen der Fundamentalrevolution, bekämpft habe.[197]

Rainer Zitelmann, der ein vielbeachtetes Werk Hitlers Selbstverständnis als Revolutionär gewidmet hat, wendet hier ein, dass der Nationalsozialismus durchaus als dritte mögliche Form der Fundamentalrevolution verstanden werden könnte.[198] Es war nicht seine Vereinnahmung völkischer oder nationaler Positionen, sondern »Hitlers revolutionäres Programm, das ihn zum Massenführer werden ließ«, so Zitelmann.[199] Ähnlich deutlich hat sich auch Horst Möller für die Anwendbarkeit des Revolutionsbegriffs auf den Nationalsozialismus ausgesprochen: »Die Reflexion der NS-Machtergreifung mit Hilfe zeitgenössischer, aber auch modernem Verständnis entsprechenden soziologisch-historischer Revolutionsmodelle führt zu einem eindeutigem Befund: Die NS-Machtergreifung war eine Revolution.«[200]

Zahlreiche Äußerungen Hitlers, etwa zur »sogenannten« Novemberrevolution (die in seinen Augen folglich keine richtige Revolution war), zur Beseitigung der Monarchie, für die er »unseren« Sozialdemokraten »dankbar« war,[201] und zur prinzipiellen »Notwendigkeit der Schaffung eines neuen Zustandes, da der alte versunken und vertan ist«,[202] untermauern dies nachdrücklich. Der Parlamentarismus, der der österreichischen Alldeutschen Bewegung ihren »gewaltigen Schwung« geraubt habe, sei, wie er in »Mein Kampf« ausführte, als »eine der schwersten Verfallserscheinungen der Menschheit« abzulehnen und zu »zertrümmern«. Wenn die Nationalsozialisten dennoch an Parlamentswahlen teilnähmen, dann würden sie sich dadurch »auf legalem Wege jene legalen Waffen schmieden, die geeignet sind, den Sieg der Bewegung bis ins Letzte zu vollenden, und wir werden den Sieg der Bewegung nur darin sehen, dass wir die Destrukteure unseres Volkes auslöschen und ausrotten.« Das Ziel sei eine »nichtparlamentarische, eine deutsche Volksdiktatur«, die »selbstverständlich vollkommen legal die Demokratie beseitigen« werde.[203]

Obwohl die Linke zuweilen bis heute der Ansicht verhaftet blieb, Nationalsozialismus und Faschismus seien nur – aufgrund der Dialektik der Geschichte notwendige – Radikalisierungen bürgerlich-kapitalistischer Herrschaft,[204] haben intellektuell aufmerksamere Beobachter von links bereits in den dreißiger Jahren auf die Analogien zwischen sozialistischer und faschistischer Revolution hingewiesen. Trotz der Beibehaltung des Kapitalismus, wenn auch in einem neuen Stadium, ist »die faschistische Revolution« für Paul Sering insofern »eine echte Revolution, als sie einen notwendig in revolutionären Formen vor sich gehenden, durch die ökonomische Entwicklung bedingten wesentlichen Einschnitt in die Entwicklung der bürgerlichen Gesellschaft darstellt.«[205]

Noch weiter ging Friedrich Pollock, einer der Mitarbeiter des Institute of Social Research um Herbert Marcuse und Max Horkheimer, der im Nationalsozialismus eine »neue Ordnung« sich vollziehen sah, die »ein neues wirtschaftliches und gesellschaftliches System im Gegensatz zum Monopolkapitalismus bilde.« Der totalitäre Staat des Nationalsozialismus entwickle eine »effiziente« planwirtschaftliche Ökonomie, die Vollbeschäftigung und soziale Sicherheit durchsetze und nicht mehr auf dem Profit als oberstem Prinzip beruhe.[206]

Äußerungen dieser Art aus dem Munde eines konservativen oder »rechtspopulistischen« Politikers hätten heute in den Massenmedien eine mittelschwere Empörungskampagne zur Folge.

Die sozialen Aspekte der nationalsozialistischen Modernisierung[207] der Gesellschaft haben in den sechziger Jahren u.a. Ralf Dahrendorf und David Schoenbaum hervorgehoben. Der Nationalsozialismus habe als totalitär-moderne Bewegung die konservativen Bindungen an Religion, Familie und Landsmannschaft zerrissen: Die Menschen wurden »dabei aus überlieferten, eigenen, oft besonders engen und intimen Bindungen herausgelöst und einander gleichgemacht.« Allerdings kann man nach Dahrendorf »nicht sagen, dass Hitler ausgezogen ist, diese Revolution aufzulösen und zu vollenden. Im Gegenteil: seine Schriften und Reden wie die ganze verquollene nationalsozialistische Ideologie sprechen dafür, dass die Tradition und die Werte der Vergangenheit wiederhergestellt werden sollten; die Nazis gaben sich gerne dort catonisch, wo sie in Wirklichkeit radikale Neuerer waren. [...] Hitler brauchte die Modernität, so wenig er sie mochte.«[208]

Ähnlich, aber etwas präziser unterscheidet Schoenbaum zwischen einer reaktionären »Revolution der Zwecke« und einer industriell-modernen »Revolution der Mittel«.[209] Betrachtet man Hitlers Ziel einer vollständig durchorganisierten, mobilisierten und rationalisierten Gesellschaft sowie seine Feindschaft gegenüber »reaktionären Kräften«, der Monarchie oder der völkischen Bewegung aber genauer, wird man Zitelmann zustimmen müssen: »Er bewunderte die moderne Technik und wollte Deutschland zu einem hochindustrialisierten Land machen, das in seiner industriellen Potenz sogar die Vereinigten Staaten noch überholen sollte.«[210] Der Unterschied zur sozialistischen Linken und zum ebenso materialistischen liberalen Kapitalismus bestand nicht in einer Ablehnung von Wissenschaft und Technik, sondern in einem anderen Verständnis von Egalitarismus: Auch der Nationalsozialismus war egalitär ausgerichtet, aber die Gleichschaltung des Ungleichen sollte nicht, wie bei linken und liberalen Globalisierern, weltweit, sondern nur innerhalb einer langfristig zu »züchtenden« Rassengemeinschaft erfolgen.

Die Irritation über Hitlers – trotz aller rhetorischen Avancen an Nation, Christentum und bürgerliche Gesellschaft – revolutionären Modernismus hat Hermann Rauschning, der zeitweise selbst NSDAP-Mitglied war, zu seiner berühmten These von einer »Revolution des Nihilismus« geführt.[211] Die konservativen Kräfte, die Hitler anfangs unterstützten, hätten den zynischen und destruktiven Charakter seiner Bewegung verkannt, da sie noch vom klassischen Vorbild der Französischen Revolution ausgegangen seien und nicht verstanden hätten, dass es sich um eine Revolution neuen Typs gehandelt habe, für die Zerstörung offenbar ein Selbstzweck sei. Versteht man dies in dem gleichsam metaphysischen und »dämonischen« Sinne, dass Hitler die »Inkarnation des Bösen« gewesen sei, so wird man dem nur aus einer »gläubigen« Perspektive zustimmen können; dennoch hat Rauschning einen wichtigen Aspekt zumindest angedeutet: den Primat der Form vor dem Inhalt bzw. Hitlers in die Politik sublimiertes Künstlertum. Der erfolglose Künstler sah sich vor allem als obersten Architekten des Reiches. Politik sollte in seinen Augen »Großes« und »Ewiges« schaffen – und wo käme dies augenfälliger zum Ausdruck als in der Baukunst?

Die spezifisch deutsche Neigung, der Kunst eine von den Niederungen des alltäglichen Daseins, ja des Lebens überhaupt erlösende Funktion zuzuschreiben, hat ihre Wurzeln in der Romantik und wurde von Schopenhauer philosophisch systematisiert, indem die Musik den Menschen zu einer kontemplativen, vom Drang des blinden, triebhaften Willens befreiten Haltung finden lässt. Von hier führt der Weg zu Richard Wagners eklektizistischer Religion des musisch-theatralischen Gesamtkunstwerks, dessen Helden und Ritter über die finsteren Mächte von Politik und Mammon triumphieren.

»Die Politik müsse zum großen Schauspiel werden, der Staat zum Kunstwerk, der Künstler an die Stelle des Staatsmannes treten, verlangte er; die Kunst war Mysterium, ihr Tempel Bayreuth, das Sakrament die kostbare Schale arischen Blutes, das dem gefallenen Amfortas Genesung geschenkt und die in Klingsor verkörperte Gegenkraft von Judentum, Politik, Sexualität unter die Trümmer des Phantasieschlosses verbannt hatte.«[212]

Nietzsches »Übermensch« ist nicht zuletzt als künstlerischer Schöpfer eines neuen Menschentums gedacht; Julius Langbehn, der »Rembrandtdeutsche«, hat den Gedanken der Befreiung von Politik und moderner Zerrissenheit durch die Kunst popularisiert und Stefan George eine um den »Gott« Maximin zentrierte poetische Religion in seinem Kreis verankert. Dichtung war für ihn nicht Literatur, sondern Ausdrucksform und wirkmächtiges Medium des durch einen pädagogischen Genius zu schaffenden »schönen Lebens«. Man hat ihm, wie fast allen nicht dezidiert linken und/oder jüdischen Dichtern und Philosophen, vorgeworfen, mit solchen Anschauungen dem Dritten Reich den Weg geebnet zu haben, was er angesichts dessen in seinen Augen plebejischen Charakters in einem politischen Sinne zurückwies, ohne seine »Ahnherrschaft« für die neue »nationale Bewegung« gänzlich zu bestreiten.[213] Wie Heidegger, Spengler, Benn und viele andere verstand er darunter 1933 jedoch etwas völlig anderes als das, was dann kommen sollte.

Bekanntlich hat Walter Benjamin davon gesprochen, dass der Faschismus die Politik ästhetisiert habe, und er dachte dabei an die Choreographie der Massenaufmärsche, die Fahneneide, Frühlingsfeste, Erntefeiern, Lichtdome und vieles andere, was die Faszination von Faschismus und Nationalsozialismus, neben ihren sozialen Tendenzen, der Ausnutzung von Ressentiments und den massensuggestiven Gewalt- und Größenphantasien, ausmachte. Ebenso fällt die Tatsache ins Auge, dass es oft Künstler mit einem elitären, dandyhaften und ästhetizistischen Habitus waren, die Affinitäten zum Faschismus aufwiesen. Besonders ist hier natürlich an d'Annunzio zu denken, dessen kurzlebiger Kunststaat in Fiume ein frühes ästhetisches Laboratorium des Faschismus gewesen ist.

Von solchen Künstlern, die es in die Politik verschlug, nachdem sie ihr eigentliches Werk schon hervorgebracht hatten, unterscheidet Hitler, dass er in der Politik erst zu verwirklichen suchte, was ihm in der Kunst nicht gelungen war. Die Politik hat ihm »vor allem ein Vehikel zur Größe bedeutet, die unvergleichliche Chance, das unzureichende künstlerische Talent in einer grandiosen Ersatzrolle zu kompensieren. Alles, was er selber vom Politiker besaß, hatte er sich angeeignet oder als Rolle auf Zeit übernommen; in seinen impulsiven Eingebungen dagegen hat er durchweg mythisch, ästhetisch, realitätsfern, kurzum unpolitisch gedacht.«[214] Der leidenschaftliche Bewunderer Wagners konnte beim Musikgenuss Tränen vergießen, während ihm »Menschenmaterial« nur den Werkstoff für die noch zu schaffenden Formen des riesigen Reiches vom Atlantik bis zum Ural mit seiner zu errichtenden Hauptstadt »Germania« bedeutete. Er war überzeugt, dass ein großer Feldherr in erster Linie ein intuitiv verfahrender künstlerischer Genius zu sein habe, und setzte sich mit diesem Gestus immer wieder, von seinen anfänglichen Kriegserfolgen bestärkt, über den Rat seiner Generale hinweg. Das besetzte Paris betrat er als Kunstreisender in Begleitung Arno Brekers, und als seinen würdigsten Nachfolger sah er zeitweise Albert Speer, wie er es überhaupt genoss, mit Architekten den Neubau des Reiches zu planen.

Von einem wirklichen Machtpolitiker wie Bismarck war er weit entfernt; die Frage, ob er ein »großer Staatsmann« gewesen, wie noch heute seine wenigen verbliebenen Anhänger behaupten, oder als Politiker gescheitert ist, beantwortet sich beinahe von selbst, da er sich nicht einmal selber als solchen sehen wollte, sondern sich nur durch die Not der Zeit in die Politik getrieben fühlte und davon träumte, diese endlich hinter sich lassen zu können. Sein fehlender, durch das Schweben in ästhetischen Sphären ersetzter Realitätssinn ließ ihn jeden mit Glück und höchstem, risikoreichstem Einsatz erkauften Erfolg nur als Einstieg in den Kampf um den nächsten, noch größeren Erfolg sehen; wie einem Spieler, der das Casino nicht mit einem kleinen Gewinn verlassen kann, weil er fürchtet, dann einen größeren zu »verschenken«, waren ihm realistische, pragmatische Maße fremd. Auf den Anschluss Österreichs musste die Lösung der polnischen Frage folgen;

diese sollte sich zur Abschaffung der polnischen Nation, schließlich zum Weltkrieg ausweiten. Stets ging es um »Endsieg« und »Endlösung«; immer sollte – auch hierin ähnelt er seinem »pazifistischen« Widerpart – endgültig aufgeräumt und alles Störende radikal ausgemerzt werden, wobei, wie oben angedeutet, seine Auffassung von der marmornen, sterilen »Reinheit« großer Kunst mit seiner Bazillophobie, seiner Metaphorik von »Keimen«, »Wirtskörpern« und »Blutsaugern« korrespondierte. Wie die Kunst »ewig« sein soll, so müsse auch das arische Imperium jahrtausendelang bestehen, und noch seine Trümmer sollten, wie die Pyramiden Ägyptens und die Tempel Roms und Griechenlands, von seiner Größe zeugen, wenn es in fernen Zeiten untergegangen ist. In gewisser Weise hofft jeder Künstler auf eine »irdische Unsterblichkeit« im Nachleben seiner Werke, aber Hitlers imperiale Ewigkeitsfixierung erweist sich letztlich als Todessehnsucht, wenn er bei seinen Architekturprojekten bereits deren mutmaßliche Verfallsformen als Ruinen mit einbezieht. Sieht man Hitlers Leben als von pathologischen Größen-Imaginationen und -Berauschungen und weniger von konkreten politischen Ideen beherrscht an, und bedenkt man, dass ihm am deutschen Volk nur soviel gelegen war, wie es ihm als Baustoff seines Reichsmonumentes dienen konnte, das bereits auf seine Trümmerwirkung hin geplant war, dann muss man ihm zweifellos Erfolg zusprechen, und in diesem Sinne war er wirklich »der Größte«: Er ging als Meister der Vernichtung und Kunstfigur des »schlechthin Bösen« in die Geschichte ein, zumindest im globalen öffentlichen Bewusstsein.

Seit Hitlers totaler Ästhetisierung des Politischen hat man in Deutschland auf Pathos und Schönheit in der Politik weitgehend verzichtet. Von jeher war politische Ästhetik zwar eher eine Angelegenheit der großen Imperien, die über entsprechende Ressourcen verfügten und deren Pharaonen, Großkönige und Kaiser als Herrscher von Gottes Gnaden, vergöttlichte Menschen oder Göttersöhne über dem gemeinen Volk thronten, aber auch das demokratische Bewusstsein hätte eine ihm gemäße Ästhetik ausbilden können. Indes war es selten dazu in der Lage, und wo es heute noch eine politische Ästhetik in Demokratien gibt, zehrt man, wie in Frankreich, vom römisch-cäsarischen Erbe in seinen neuzeitlichen Verkleinerungen. Die Demokratie hat kaum eine eigene, überzeugende Ästhetik hervorgebracht; die Bauhaus-Architektur mit ihrem radikal-funktionalistischen Design oder die kalten Fassaden der »Berliner Republik« bleiben der industriellen Moderne verhaftet und sind zuweilen nur geschrumpfte, modernisierte und kommerzialisierte Formen antiindividualistischer, totalitärer Architektur. Und auch dort, wo sie sich von dieser Vergangenheit scheinbar emanzipieren, gelingt ihnen dies nur unzureichend: Glaskuppeln und -fassaden etwa repräsentieren nicht, wie angeblich gewünscht, Transparenz, Offenheit und Sichtbarkeit des politischen Geschehens, sondern eher den »Gläsernen Bürger« als Objekt von Verwaltung, Planung und Überwachung.

Umerziehung zu Demokraten

1945 war wieder ein Weltkrieg verloren, wieder wurde den Besiegten die Demokratie von den Siegern verordnet – und doch war diesmal alles ganz anders. Die Sieger haben aus ihren Fehlern gelernt: Erstens genügt es nicht, den Besiegten nur äußerlich niederzuwerfen; man muss ihn auch innerlich besiegen, wenn man ihn wirklich beherrschen will – mit anderen Worten, man muss ihm seine bisherige Identität nehmen und sie durch etwas Anderes ersetzen, was ihm auch selbst, wenigstens nach einiger Zeit, besser erscheint; zweitens muss man ihn zu diesem Zwecke auf eine sanfte Weise statt mit brutaler Gewalt beherrschen; und drittens sollte man dem am Boden Liegenden, anstatt ihn weiterhin zu treten, die Hand reichen, damit er wieder aufsteht. Erst wenn man ihn als Verbündeten gewinnt, ist er wirklich besiegt, nämlich als eigener Machtfaktor ausgeschaltet.

Bereits die Römer haben diese Herrschaftsform zur Meisterschaft entwickelt, seit sie über ein Imperium herrschten, während sie in ihrer Frühzeit noch gegen Karthago einen archaischen Vernichtungskrieg geführt hatten; und selbst Jahrhunderte, nachdem das Römische Reich nicht mehr existierte, kannten die Nachfahren seiner einstigen Feinde keine höhere politische Ehre, als sein Erbe weiterzuführen. Als die großen germanischen Stämme und Völker in der Völkerwanderungszeit in das Licht der Geschichte traten, waren sie bereits weitgehend romanisiert und christianisiert, und die Lust am Fremden, die zuweilen mit einer manisch-depressiven Hassliebe zum Eigenen einhergeht, scheinen ihre Nachfahren beibehalten zu haben, wobei heute freilich der Hass überwiegt. Wenn im gegenwärtigen offiziellen Deutschland plakativ von Patriotismus, »unseren Werten« oder gar von »Leitkultur« die Rede ist, werden stets nur formale, institutionelle oder »universale« Eigenschaften gelobt, und alles wirklich Eigene und Eigentümliche steht unter Generalverdacht.

Sowohl der angesichts des eben noch erbittert geführten Kampfes gegen die westlichen Alliierten erstaunliche Erfolg der Demokratisierung in der Nachkriegszeit als auch die zunehmende Entdemokratisierung in unserer Zeit, die Selbstzerstörung der Demokratie, haben einen Großteil ihrer Wurzeln paradoxerweise in der Reeducation. Eigentlich wurden nur die Deutschen »umerzogen«, aber da letztlich ganz Europa den Zweiten Weltkrieg verloren hat, indem es geteilt und der Herrschaft der Supermächte unterstellt wurde, lasten die Spätfolgen der Reeducation heute auf ganz Europa. Den Deutschen sollte ihre Identität ausgetrieben werden, weil sie sich der angelsächsischen Weltordnung am grimmigsten entgegengestellt hatten, aber letztendlich zielte die Umerziehung auf alle Völker, die noch ihr Selbstbewusstsein bewahren wollen, anstatt sich einer globalen Herrschaft zu unterwerfen. Kurzfristig führte die Reeducation zwar zu einer Demokratisierung, da sie die Abschaffung der Demokratie im Nationalsozialismus rückgängig machte; langfristig trug sie jedoch wesentlich zu dem Verfall der westlichen Demokratie bei, den wir in unseren Tagen erleben.

Volksherrschaft ist nicht ohne Völker zu haben, und die Beherrschung einer heterogenen Bevölkerung wird umso totalitärer sein, je disparater diese Masse ist.

Die amerikanische Reeducation der Deutschen wurde erstmals umfassend von Caspar von Schrenck-Notzing in seinem Standardwerk »Charakterwäsche« dargestellt, auf das wir uns im Folgenden stützen. Ihre geistigen

Voraussetzungen in den USA sind, lange vor dem Krieg, bereits in der Verbindung von *frontier*-Bewusstsein und Bekenntnis zur demokratischen Weltmission zu suchen.[215] Was nach 1918 versäumt wurde, sollte nun richtig nachgeholt werden, und hierbei halfen die aufstrebenden Sozialwissenschaften nach Kräften mit:

> »Die Social Sciences stellten den amerikanischen Missionarismus auf neue Füße. ›Die Unabhängigkeitserklärung (We hold these truths to be selfevident …) plus Sozialwissenschaft ergab nun erst die wahre Demokratie‹ (Friedrich Tenbruck). So konnten die Social Sciences den ›American Dream‹ neu formulieren und ihn zugleich in die Praxis überführen.«[216]

Bereits bei der Planung des Bombenkrieges kamen die Sozialwissenschaftler voll zum Zuge:

> »Es ging um die Untersuchung der Wirkungen des Bombenkrieges auf die deutsche Bevölkerung. Während auf englischer Seite wenig Skrupel bestanden, die völkerrechtswidrigen, keinesfalls kriegsentscheidenden und ausgesprochen inhumanen Flächenbombardierungen durchzuführen, wie noch nachträglich durch die Errichtung des Denkmals für den Bomber-General Harris bestätigt wurde, zögerten die amerikanischen Luftwaffen-Generäle und führten ihre Zustimmung auf den Druck der ›Psycho-Boys‹ des U.S. Strategic Bombing Survey zurück. Der Bombenkrieg, der der deutschen Bevölkerung eine harte Lehre über die Folgen ihres Fehlverhaltens erteilen sollte, war wie die Forderung der bedingungslosen Kapitulation eine Vorstufe der Umerziehung. Das besiegte Deutschland bot den optimistisch-missionarisch in die Welt aufbrechenden Social Sciences ein Experimentierfeld ohnegleichen.«[217]

Eine »Stunde Null« hat es nie gegeben. Deutschland wurde zu einem großen sozialwissenschaftlichen Versuchslabor, und die Sozialtechnokraten und Polit-Therapeuten hatten die Aufgabe, dem deutschen Patienten die mentalitätsmäßigen Voraussetzungen beizubringen, die eine dauerhafte Implementierung der Demokratie möglich machen sollten. *Democracy* wurde dabei vor allem als Lebensform und erst in sekundärer Hinsicht als Staatsform verstanden. Erst musste die Beseitigung der alten Ordnung und ihrer geistigen Restbestände, dann der sozialtechnische Umbau und parallel der institutionelle Neubau erfolgen. Freilich haben die Europäer in der Neuzeit selbst schon nach Kräften ihre eigenen geistigen Bastionen geschleift und in immer neuen Versionen das Lied vom »Neuen Menschen« gesungen, der wahlweise durch soziale Revolutionen oder biologische Züchtung hervorgebracht werden sollte. Das letztere Modell war 1945 obsolet, aber auch die sozialistischen Versuche, der Heraufkunft des Neuen Menschen durch Änderung der politisch-ökonomischen Verhältnisse den Weg zu ebnen, waren, wie wahrnehmungswillige linke Zeitzeugen der Oktoberrevolution längst bemerkt hatten, gescheitert. Geistig bewegliche Linksintellektuelle wie Antonio Gramsci oder Walter Benjamin hatten bereits in den zwanziger Jahren ihre Perspektive vom (materialistischen) Sein auf das Bewusstsein verschoben und erkannt, dass eine Änderung der Gesellschaft mit einer Revolution des Denkens und Empfindens beginnen müsse, aber diese Ideen einzelner Theoretiker konnten erst jetzt im großen Stil in die Praxis umgesetzt werden.

Bevor die Pädagogen und Psychologen an die Arbeit gehen konnten, mussten allerdings, neben den militärischen, noch einige geistige Schlachten geschlagen werden. Die große Frage lautete: Warum sind die Deutschen so, wie sie sind? Aus ihrer Beantwortung konnten dann jeweils verschiedene Maßnahmen abgeleitet werden, wie dieses Volk nach seiner Bändigung zu behandeln sei.

Neben einer strikt antigermanischen Haltung, die den Deutschen insgesamt vorwarf, aufgrund ihres »Nationalcharakters« seit Jahrhunderten einen von der menschlichen Zivilisation abgewandten Sonderweg zu verfolgen, gab es mehr oder weniger moderate Positionen, die nur einzelne deutsche Wesenszüge oder Gesellschaftsschichten inkriminierten.

Zu den einflussreichsten Vertretern der radikalsten »Antigermanisten« zählte Louis Nizer, von dessen Buch »What to do with Germany« Harry S.

Truman sagte, dass es »jeder Amerikaner« lesen sollte. Die Deutschen haben nach Nizer seit ihrem ersten Auftreten in der Geschichte den Krieg zu ihrem Beruf gemacht. Ihre Vorfahren hätten in der Schlacht von Adrianopel im Jahre 378 n.Chr. die römische Zivilisation vernichtet und überall, wo sie hinkamen, Terror verbreitet. Karl der Große hätte diese unselige Tradition fortgesetzt und die Welt mit gnadenlosen Eroberungs- und Vernichtungsfeldzügen überzogen. »Er führte jedes Jahr Krieg«, und »die Deutschen folgten ihm mit der fanatischen Ergebenheit für die gleichen Prinzipien, die sie anleiteten, in unserer Generation dem Kaiser oder Hitler zu folgen. [...] Im 12. Jahrhundert war der Führer ein anderer, aber das monotone Programm das gleiche. Da war es Friedrich Barbarossa, der den Frieden erdolchte. [...] Während des dreißigjährigen Krieges war die Brutalität der Deutschen im Kriege unvermindert. Sie überrannten Böhmen und verfolgten das tschechische Volk mit einer Wildheit, die nur von den Legionen der Nazis übertroffen wurde. [...] Führer, die die deutsche Kriegslust verkörperten, fehlten nie: der Große Kurfürst, der Soldatenkönig, den man als einen der widerlichsten Rüpel, die je lebten, beschrieben hat, Friedrich der Große, der jede Freiheit, die unter seinen Gefolgsleuten existierte, zerstörte und Preußen in eine militärische Aristokratie umformte, deren einziges Ziel Krieg und Eroberung war.« Aber auch die Dichter und Denker, etwa »Adam Müller, Novalis, Fichte, Johann Josef Görres spielen alle diese gleiche Melodie. Das deutsche Volk horcht begierig auf diese kriegerische Musik. [...] Es ist durch den Wahnsinn hypnotisiert und folgt ihm mit brutalen Stiefeln [...] ja, es gibt eine deutsche Verschwörung gegen den Weltfrieden und gegen jeden freien Menschen in jedem beliebigen Lande. Es ist eine Verschwörung, die nach einer Niederlage nie verlöschen wird. Sie ist in das Volk eingesenkt und hält es in allen dunklen Zeiten aufrecht, bis der Tag kommt.« Gemeint ist »der Tag der deutschen Weltherrschaft.«

Roosevelt verteilte Nizers Machwerk an seine Kabinettsmitglieder, und »General Eisenhower versandte 100.000 Exemplare und ließ alle Offiziere seines Stabes Aufsätze über das Buch schreiben.«[218]

So sehr die Überspanntheit und ideologische Einäugigkeit dieses Buches den Geist der Kriegszeit atmet, so wenig darf man doch verkennen, wie stark diese antideutschen Ressentiments das Denken der Sieger und durch die geschichtspolitischen Parolen von »Sonderweg«, »Kollektivschuld« und »langem Weg nach Westen« das kollektive Bewusstsein der Deutschen geprägt haben: Die Deutschen hätten nicht nur die Alleinschuld am Zweiten Weltkrieg, sondern – so die Jahrzehnte lang propagierte, offiziöse Geschichtsschreibung – auch am Ersten und seien als »Tätervolk« kollektiv auch für den Holocaust verantwortlich, der als größtes Verbrechen der Menschheitsgeschichte mit keinem anderen verglichen werden könne und dürfe. Die moralische und juristische Tatsache, dass Schuld sinnvollerweise nur individuell zugeordnet und bestraft werden kann, wird bei einer solchen »metaphysisch«-kollektivistischen (bzw. nach heute eigentlich üblichem Sprachgebrauch »rassistischen«) Auffassung völlig negiert, und die Konsequenzen können nur lauten: entweder völlige Abkehr von der eigenen Identität zugunsten eines »universalen Humanismus« oder ewiger »Schuldkult« (oder auch eine Kombination aus beidem, sofern die Besiegten trotz aller Läuterung nicht aus ihrer Haftung entlassen werden, denn wenn die Schuld, die sie auf sich geladen haben, »inkommensurabel« und »unendlich« ist, darf auch niemals ein »Schlussstrich« unter die Vergangenheit gezogen werden).

Antideutscher Rassismus und moralischer Globalismus bedingen einander:

> »Wenn Deutschland der Träger einer Abirrung vom Hauptstrom der Weltzivilisation ist, dann muss es weltanschauungslogisch auch eine solche Weltzivilisation geben. Der Antigermanismus, der da glaubt, dass der deutsche Charakter negative Besonderheiten besitzt, die ihn zum dauernden Brutbett von Verschwörungen gegen die Zivilisation machen, bedingt weltanschauungslogisch den Panhumanismus, der eine Formel für die ideologische und organisatorische Zusammenfassung aller Völker in einer Weltgesellschaft oder einem Weltstaat anbietet.«[219]

Auf die Frage, wie die Welt künftig vor dem Unwesen der Deutschen zu schützen ist, konnten nun verschiedene Antworten gegeben werden. Die radikalste war die Forderung nach einer biologischen Ausschaltung des deutschen Volkes. Theodore W. Kaufman propagierte in seinem noch vor dem Kriegseintritt der USA verfassten Buch »Germany must perish« die »Sterilisierung aller Deutschen im zeugungsfähigen Alter. Die sterilisierten Deutschen sollten dann auf die Nachbarvölker verteilt werden und bis zu ihrem Tode deren Sprachen sprechen. [...] Ein anderer Weg der biologischen Ausschaltung wurde in Harvard ausgearbeitet. Die deutschen Männer sollten als Zwangsarbeiter auf die Nachbarvölker verteilt werden und in ihrer Freizeit diese Völker biologisch auffrischen [...].«[220]

Die zweite Form der Ausschaltung war die militärische, die mehr oder weniger auch durch eine strikte Begrenzung der deutschen Wirtschaftskraft flankiert werden sollte. Während die militärische Entwaffnung des besiegten Deutschlands allgemeiner Konsens war, wurde über seine ökonomische Beschränkung lebhaft gestritten. Sollte Deutschland Reparationen zahlen, müsste es über eine leistungsfähige Wirtschaft verfügen. Diese könnte aber auch zu neuer Kriegsproduktion genutzt werden. Militärisch verwendbare Industrieanlagen sollten daher beseitigt werden. »Da der Erfindungsgeist jedoch aus Notlagen Vorteile zu ziehen vermag« – während sich der Sieger womöglich in seiner Saturiertheit allzu gemütlich einrichtet – »sei vor allem die deutsche Forschung auszuschalten. Aneignung der deutschen Patente, Fortführung der Wissenschaftler, Verbot oder Kontrolle von Laboratorien und Instituten sowie die Kulturhoheit der Länder waren mögliche Wege zur Ausschaltung der Wissenschaft«[221] – die dann auch reichlich begangen wurden.

Drittens war auch »die politische Ausschaltung Deutschlands durch seine Aufteilung in verschiedene Einzelstaaten im Gespräch«, wobei unterschiedliche Modelle – etwa eine Wiederauflage von »norddeutschem Bund« und österreichisch-ungarischer Donaukonföderation unter Einschluss Bayerns – diskutiert wurden. Bekanntlich lief es dann nicht auf eine Nord-Süd-, sondern eine Ost-West-Teilung hinaus, aber »für Roosevelt waren Teilungsfragen nur Teilfragen. Er war der staatsmännische Exponent der Position, die sich aus der Verkoppelung von Antigermanismus und Panhumanismus ergab. Das sicherste Mittel zur Ausschaltung Deutschlands war die Errichtung der Weltgesellschaft, die die Machtmittel dieser Erde bei den verbündeten Großmächten monopolisierte. Die Niederhaltung Deutschlands war nach Roosevelt eine Funktion des guten Zusammenwirkens der ›vier Polizisten‹.«[222]

In Gestalt der NATO wurde dieses Ziel schließlich verwirklicht, allerdings nur im Rahmen der westlichen »Wertegemeinschaft« in Frontstellung zum östlichen Machtblock und nicht innerhalb einer von kooperierenden Großmächten gemeinsam angeführten Weltgemeinschaft. Die NATO diente also dazu, »die Amerikaner drinnen [in Westeuropa], die Russen draußen und die Deutschen unten zu halten,« sagte 1955 der damalige NATO-Generalsekretär Lord Ismay.[223]

Während die Forderung nach einer biologischen Vernichtung der Deutschen eine – zeitweise einflussreiche – Außenseiterposition blieb und umgekehrt bezüglich der militärischen Ausschaltung Deutschlands ein allgemeiner Konsens herrschte, blieb die Frage nach der künftigen politisch-ökonomischen Situation des besiegten Landes bis zum Kriegsende heiß umstritten.

Als Vordenker einer »harten Linie« gegenüber den Deutschen gilt bekanntlich der amerikanische Finanzminister Henry Morgenthau, der Deutschland deindustrialisieren und in eine Agrarnation verwandeln wollte. Der von Roosevelt und Churchill (zunächst) gebilligte Morgenthau-Plan – der eigentlich von dem aus einer jüdisch-litauischen Familie stammenden und später als sowjetischer Spion entlarven Volkswirt und Politiker Harry Dexter White ausgearbeitet worden war – sah die Zerschlagung Deutschlands in einen nord- und einen süddeutschen Staat vor, die beide stark föderativ organisiert sein sollten; überdies sei das Ruhrgebiet unter Verwaltung der Vereinten Nationen zu stellen. Insbesondere müsse die deutsche Industrie durch Demontage zerstört und deren Wiederaufbau dauerhaft unterbunden werden. Abgesehen von Enteignungen, Gebietsabtretungen und deutscher Zwangsarbeit im Ausland enthielt der Morgenthau-Plan keine Reparationen durch produzierte Güter oder Finanzleistungen, da diese ja eine leistungsfähige Wirtschaft voraussetzen würden. Die amerikanischen und britischen Alliierten sollten sich bald nach dem Krieg aus Deutschland zurückziehen und die Umsetzung dieses Planes dessen Nachbarländern überlassen. Nachdem man die Voraussetzungen dafür geschaffen habe, dass Deutschland die alliierte Weltordnung künftig nicht mehr in Frage stellen könnte, dürfe man ihm die Verwaltung seines Elends übertragen, solle aber weiterhin auf sein Presse- und Bildungswesen Einfluss nehmen.

Obwohl Morgenthaus Plan den antideutschen und universalistischen Vorstellungen Roosevelts entsprach, rückte dieser allmählich von ihm ab, als er an die Öffentlichkeit kam, und vermied eine eindeutige Positionierung, um die Gegner eines radikalen Deutschlandkonzeptes nicht zu verprellen (während er sich der Befürworter relativ sicher war); außerdem hatte er die Wählerstimmen von Amerikanern osteuropäischer, vor allem polnischer, Abstammung im Blick, die angesichts der Eroberungsfeldzüge der Sowjetunion in großer Sorge waren. Die sowjetischen Bestrebungen, sich die »befreiten« Gebiete dauerhaft anzueignen, waren mit dem moralischen Universalismus, wie ihn Roosevelt propagierte, schwer vereinbar. Auf der Konferenz von Jalta (4. bis 11. Februar 1945) wurden Einflusszonen zwischen den westlichen Alliierten und der Sowjetunion in Osteuropa festgelegt und letzterer auch deutsche Reparationen zugesprochen (Demontage von 80 % der Schwerindustrie und Lieferungen aus der laufenden Produktion über einen Zeitraum von zehn Jahren).

Aus der vollständigen Besetzung Deutschlands und der Kapitulation der deutschen Wehrmacht am 8. Mai 1945 ergab sich dann bei der Potsdamer Konferenz (17. Juli bis 2. August 1945) eine Faktizität der Verhältnisse, die eine Einigung in Bezug auf die noch strittigen Reparationsfragen und territorialen Neugliederungen ermöglichte. Vom Prinzip, Deutschland als politische und ökonomische Einheit zu behandeln, musste man vor allem deshalb abrücken, weil die Sowjetunion auf einer »harten« Position in der Reparationsfrage bestand, während die westlichen Alliierten Deutschland in den Stand setzen wollten, sich alsbald wieder selbst ernähren zu können, wozu eine industrielle Infrastruktur nötig ist. Morgenthaus Agrarisierungsplan war damit vom Tisch, zumal gerade die Agrargebiete östlich von Oder und Neiße abgetrennt werden sollten und das zerstörte Restdeutschland Millionen von Flüchtlingen aufnehmen musste, deren »Überführung« laut

Potsdamer Abkommen »in ordnungsgemäßer und humaner Weise«[224] erfolgen sollte; de facto lebte von den rund 15 Millionen Deutschen zum Zeitpunkt der Kapitulation noch rund die Hälfte in den östlichen Vertreibungsgebieten, alle anderen waren schon geflohen oder sind getötet worden. Andere Aspekte des Morgenthau-Plans wurden jedoch umgesetzt, darunter die Aufteilung Deutschlands (wenngleich in anderen Grenzen), die Demilitarisierung, Entnazifizierung und Demokratisierung. Die beiden letzteren Vorhaben bedurften einer Umgestaltung und Kontrolle der Medien, des Schulsystems und des Universitätswesens – also einer Umerziehung.

Eine »Charakterwäsche« war allerdings nur denkbar, wenn sich der »Schmutz« auswaschen ließe, d.h. wenn der deutsche Nationalcharakter nicht seinem ganzen Wesen nach verdorben wäre. Das Konzept beruhte also auf der Lehre von den »zwei Deutschlands« – neben dem »bösen« müsse es noch ein »anderes«, »gutes Deutschland« geben, das entsprechend zu fördern sei. Der Determinismus der Antigermanisten, in deren Augen Deutschland immer schon der Widersacher jeder humanen Ordnung gewesen ist, und die Gleichgültigkeit gegenüber dem deutschen Schicksal, die für die »Chaosboys«, wie die Anhänger Morgenthaus im Militärjargon genannt wurden, charakteristisch war, konnten keine Grundlage für eine Umerziehung der Deutschen bieten.

Die anzuwendenden Maßnahmen hängen natürlich eng mit der Frage zusammen, worin das auszurottende »böse« Deutschland eigentlich besteht. Wenn sich Deutschland nicht in seiner Gesamtheit gegen den Weltfrieden verschworen hat, wer dann? Zwar bezeichnet die amerikanische Anklage im Nürnberger Kriegsverbrecherprozess die Nationalsozialisten als »Verschwörer«, aber der Zusammenbruch des Nationalsozialismus machte dessen noch verbliebene Anhänger als Feinde sowie als Umerziehungsobjekte irrelevant. Führende NS-Funktionäre wurden in Nürnberg angeklagt und z.T. hingerichtet, aber wenn diese wenigen Hauptverbrecher die eigentlich Schuldigen gewesen sein sollen, hätte das deutsche Volk insgesamt nur aus verführten Mitläufern oder Unschuldigen bestanden, was angesichts der keinesfalls nur erzwungenen Zustimmung weiter Teile der Bevölkerung nicht überzeugend erschien; zudem wäre eine Umerziehung des eigentlich gutmütigen Volkes dann ja nicht nötig. Also mussten weitere Hauptfeinde bzw. »Verschwörer« ausgemacht werden; Schrenck-Notzing zählt hier »die Junker« auf, deren Macht durch die – völkerrechtswidrige – Auflösung Preußens »als Träger des Militarismus und der Reaktion« sowie die bereits von den Amerikanern geplante Bodenreform in der Sowjetischen Besatzungszone beseitigt werden sollte; des Weiteren den deutschen Generalstab, der Hitler als Werkzeug benutzt hätte und nun insgeheim den Dritten Weltkrieg vorbereite, indem er Wirtschaft, Finanzwesen und Presse der westlichen Staaten unterwandere; die als eine Art Geheimbund aufgefassten »Geopolitiker«, deren Hauptvertreter Karl Haushofer der eigentliche Vordenker des Dritten Reiches gewesen wäre; die Industriekartelle, die Hitlers Aufstieg ermöglicht hätten und daher zerschlagen werden müssten – wobei sich allerdings die Frage nach der Rolle der amerikanischen Trusts stellte – und schließlich »die deutschen Philosophen«.[225] Bei diesen kann man zwar, zumal wenn es sich um Persönlichkeiten aus früheren Jahrhunderten handelt, keine unmittelbare weltverschwörerische Zusammenrottung annehmen, aber die Geistesgeschichte bietet genügend Möglichkeiten, verderbliche Linien von Luther über den deutschen Idealismus, die Romantik, Nietzsche bis zu Heidegger und anderen Repräsentanten des deutschen Geistes in der Gegenwart zu ziehen. Greift man einzelne Aspekte heraus, wird man überall »irrationale«, »inhumane« und »reaktionäre« Tendenzen finden, die dem Nationalsozialismus den Boden bereitet hätten. Welcher Denker als Hauptschuldiger gilt, wechselt je nach Forschungsschwerpunkt, aber diese Theorie bietet eine geeignete Grundlage, um eine vollständige Reform des deutschen Bildungssystems zu betreiben, wenn es durch dieses Erbe angeblich derart kontaminiert ist. Bedarf die Ausschaltung der anderen »Verschwörer«, insbesondere des preußischen Adels, des Generalstabs und der Industriellen, struktureller Reformen, so ist zur Beseitigung der verderblichen Einflüsse der deutschen Dichter und Denker eine umfassende Bildungs- und »Charakterreform« nötig.

Das theoretische Arsenal stand längst bereit: Seit den zwanziger Jahren war die in Wien konzipierte Psychoanalyse in den USA zu einer populären Reformbewegung angewachsen, die zunehmend politisch-gesellschaftliche Dimensionen annahm, die Freud ursprünglich noch fremd waren. Dessen soziologische und kulturanthropologische Kritiker warfen ihm vor, das menschliche Triebleben zu statisch und »ontologisch« konzipiert zu haben; viele Triebe seien hingegen von kulturellen Faktoren abhängig und dementsprechend »fluid«.

Die Politisierung der Psychoanalyse ging vor allem vom 1923 gegründeten Frankfurter Institut für Sozialforschung aus, dessen Leitung 1931 der Philosoph Max Horkheimer übernahm. 1933 musste es wegen »staatsfeindlicher Umtriebe« geschlossen und nach New York verlegt werden; die vom Institut herausgegebene »Zeitschrift für Sozialforschung« erschien zunächst in Paris und schließlich ebenfalls in New York. Das Institut für Sozialforschung sollte gleich zweimal eine herausragende Rolle bei der Umformung des »deutschen Charakters« spielen: zunächst in der äußeren, fremdgesteuerten Reeducation durch die Amerikaner, später in der verinnerlichten »Selbst-Umerziehung« durch die Achtundsechziger. Beide Umerziehungen zeigen sich letztlich als Phasen eines großen Gesamtprojektes, das, nachdem es von außen angestoßen war, schließlich zum Selbstläufer wurde. Heute stellt das an die Frankfurter Goethe-Universität angeschlossene Institut unter der Leitung des Habermas-Schülers Axel Honneth eine Hauptinstanz der orthodoxen Politischen Korrektheit dar.

In seiner Frühzeit zählte das u.a. von Max Horkheimer, Theodor W. Adorno, Friedrich Pollock, Walter Benjamin, Ludwig Marcuse und Erich Fromm geprägte Institut zu Deutschlands intellektuellen Zentren, auch wenn damals schon die weiterführende, vermittelnde und synthetisierende Arbeit die schöpferische Leistung überwog. Das Hauptanliegen der in Frankfurt entwickelten Kritischen Theorie war die Reform des Marxismus, da dieser sich offensichtlich als unzureichend erwiesen hatte, die gesellschaftlichen Entwicklungen zu beschreiben. Sowohl die Oktoberrevolution als auch vor allem der Faschismus hatten für Horkheimer und seine Mitstreiter gezeigt, dass »auch die Situation des Proletariats [...] in dieser Gesellschaft keine Garantie der richtigen Erkenntnis« bildet.[226] Das materielle Sein bestimme also doch nicht das Bewusstsein, da dieses zu stark auch durch andere Faktoren »verdorben« sei, vor allem durch die Unterdrückung des Trieblebens, wie Herbert Marcuse und Wilhelm Reich immer wieder betonten. »Die Gesellschaft sei krank, da die Einzelnen krank seien.«[227] Die Krankheit sei freilich der Normalzustand, oder anders gesagt: »Der Faschismus ist nur der politisch organisierte Ausdruck der durchschnittlichen menschlichen Charakterstruktur.«[228]

Reich unterschied drei Hauptschichten des menschlichen Charakters, denen er die politischen Hauptströmungen zuordnete: Der obersten Schicht der Vernunft und Kooperation entspreche der Liberalismus, die unterste der künstlerischen und sonstigen schöpferischen Leistungen korrespondiere mit der revolutionären Linken; beide könnten sich aber nicht produktiv verbinden, da zwischen ihnen die Schicht sämtlicher Egoismen, Sadismen und Brutalitäten stünde – die des Faschismus. Dieser sei der Normalzustand der gegenwärtigen autoritären Gesellschaft, die dem gewöhnlichen autoritären Charakter gemäß sei, nicht also einem deutschen oder anderen Volkscharakter. Daher unterstütze der Durchschnittsmensch auch den Faschismus und lasse ihn zur Massenbewegung werden. Aufklärung und politisch-ökonomische Reformen griffen also nicht tief genug, sondern müssten durch eine Therapie des autoritären Charakters fundiert werden. Dieser sei durch die sadomasochistische Veranlagung des Untertanentypus gekennzeichnet, der aus seinem Gehorsam gegenüber der Obrigkeit und seinem Hass auf alle Fremden und Schwächeren seine Lust beziehe. Die Familie sei die Keimzelle der reaktionär-autoritären und faschistischen Gesellschaft, da sie die Frau auf die Mutterrolle festlege, ihre Sexualität auf die Fortpflanzungsfunktion sowie die Befriedigung des Sexualtriebs des autoritären Mannes/Vaters reduziere und die Sexualität der Kinder überhaupt unterdrücke. Die Befreiung des Menschen müsse also mit der Befreiung seiner Sexualität und der Auflösung der traditionellen Familienbande beginnen; nur dadurch könne zuletzt auch die Gesellschaft befreit werden.

1944 organisierte der American Jewish Congress eine Tagung, auf der das Phänomen des »Vorurteils« wissenschaftlich untersucht werden sollte. Mit der Leitung einer dabei gegründeten Abteilung des AJC wurde Horkheimer betraut; in der Folge erschienen fünf Bände mit »Studies in Prejudice«, darunter ein zweibändiges Werk von Adorno und anderen Autoren über die »autoritäre Persönlichkeit«. Im Vorwort dazu heißt es:

> »Unser Ziel ist nicht nur, das Vorurteil zu beschreiben, sondern es zu erklären, um bei seiner Ausrottung zu helfen. Ausrottung meint Umerziehung, die wissenschaftlich geplant wird und auf der Grundlage des auf dem Wege der wissenschaftlichen Untersuchung erreichten Verständnisses steht. Erziehung in einem strikten Sinne ist aber der Natur nach persönlich und psychologisch.«[229]

Zur Umerziehung gehöre die Erkenntnis »potentiell faschistischer Individuen«, deren Gefährlichkeit man anhand einer F-Skala bestimmen könne und deren »Syndrom« die autoritäre Persönlichkeit sei, die sich in »Sekundärtugenden« wie Ordnung, Fleiß, Tüchtigkeit, korrektem Benehmen, sogar in Sauberkeit und Gesundheit zeige. Es ist nicht ganz überraschend, dass man recht unbestimmt ließ, wie sich die aus der Umerziehung hervorgehende demokratische Persönlichkeit stattdessen verhalten solle. »Der nicht-autoritäre Charakter ist – gleich der alliierten Koalition – durch die Negation gekennzeichnet.«[230] Auch der damalige wie der heutige »Antifaschismus« als politische Bewegung definiert sich durch das Dagegensein (und da es ihm an positiven Zielen mangelt, ist er so leicht von den jeweils herrschenden Parteien instrumentalisierbar).

Zwar sei die gesamte zivilisierte Welt erkrankt, aber Deutschland galt als Hauptpatient. Wie sollte er therapiert werden? Zunächst müsse ein Chaos der Verhältnisse hergestellt werden, das jede bestehende Ordnung »verflüssige«. Dann müsse ein Austausch oder eine ideologische Umprogrammierung von oben, von den Eliten, nach unten zu den breiten Massen erfolgen, da diese sich, zumal wenn sie durch das Chaos der Kriegsniederlage orientierungslos geworden seien, relativ leicht an den neuen oder »gewendeten« Eliten ausrichten würden, und schließlich müsse der Wechsel verstetigt, ein neues Gleichgewicht durch Selbstregulierung bzw. Verinnerlichung der neuen Prinzipien erzeugt werden. Da alle kulturellen Erscheinungsformen wie Erziehung, Sitten, politisches Verhalten, religiöse Anschauungen miteinander zusammenhingen, müsse »ein Kulturwechsel mehr oder weniger alle Aspekte des nationalen Lebens durchdringen«, führte der Sozialpsychologe Kurt Lewin aus.[231]

Auf den totalen Krieg kann also nur die totale Umerziehung folgen.

Eines der Laboratorien der Umerziehung war die Kongressbibliothek in Washington unter der Leitung des Schriftstellers Archibald McLeish, der ab 1942 auch als stellvertretender Leiter des Office of War and Information (OWI) fungierte und zwei Jahre später ins Außenministerium wechselte, wo er insbesondere für die Gründung der Vereinten Nationen eintrat. Unter McLeish wurde dem neofreudianischen und »kulturmarxistischen« Politologen Harold D. Lasswell die Führung der von der Rockefeller-Stiftung finanzierten Arbeitsgruppe »War Communications« übertragen, die etwa 300 Experten für Propaganda rekrutierte, weiterbildete und ihnen geeignete Positionen vermittelte. Lasswell konstruierte den Typus der »demokratischen Persönlichkeit«, die durch gesellschaftliche Institutionen zu entwickeln sei.

Die Aufgabe des OWI war zunächst die psychologische Kriegführung als Vorstufe der Umerziehung, wobei es allerdings mit acht weiteren Behörden, vor allem mit dem Office of Strategic Services (OSS), konkurrierte; ersterem oblag die »weiße« (offene), letzterem die »schwarze« (geheime) Propaganda. Zwischen ihnen stand noch das Amt für psychologische Kriegführung der Armee unter der Leitung von General Robert A. Mc. Clure, Eisenhowers Propagandaberater.

Das zivile und das militärische Konzept des Psychokrieges unterschieden sich erheblich: Während ersteres die totale Umprogrammierung des Charakters aller unterworfenen Deutschen zum Ziel hatte, lag es in der Strategie des letzteren, zwischen Nazis, Nazigegnern und einem dazwischenliegenden Spektrum in unterschiedlichen Ausdifferenzierungen zu unterscheiden, um sie gegeneinander auszuspielen.[232] Mit der deutschen Kapitulation war diese Aufgabe eigentlich beendet, während die der Umerziehung nun erst beginnen konnte.

Das Hauptwerkzeug der Reeducation war zunächst das Lizenzsystem, das in den westlichen Besatzungszonen, im Gegensatz zur ökonomisch-sozialen

Umgestaltung der gesamten Gesellschaft in der sowjetischen Zone, auf die Eliten abzielte.

> »Beide Systeme hatten ihre Vorteile und Nachteile. Verursachte das kollektive östliche System eine Sinnesänderung großer Massen der Bevölkerung, [...] die jedoch vor allem auf der Anerkennung geänderter Machtverhältnisse beruhte und daher verhältnismäßig oberflächlich blieb, so bewirkte das individuelle westliche System zwar nur die Sinnesänderung einzelner, ausschlaggebender Gruppen, dafür aber eine Sinnesänderung, die in die Tiefe drang und ›unter die Haut‹ ging. Die Charakterwäsche war überall dort erfolgreich, wo ein einzelner – als Zeitungsherausgeber, Verleger, Filmunternehmer – eine weittragende Wirkung ausüben konnte [...].«[233]

Die Differenzen in den Umerziehungskonzepten wirkten nicht nur in den späteren deutschen Teilstaaten, sondern auch noch nach der Wiedervereinigung bis in die Gegenwart fort. Im Westen wurde eine neue Mentalität verankert; im Osten passte man sich nur äußerlich dem Willen einer neuen Obrigkeit an, trennte zwischen öffentlicher und privater Rede und entwickelte ein feines Gespür dafür, was man wo sagen durfte. Jeder DDR-Bürger wusste seine Rolle zu spielen, aber nahezu jeder wusste auch, dass es eben nur eine Rolle war; kaum jemand glaubte wirklich an das, was er in der Öffentlichkeit von sich gab. Das Unverständnis, mit dem Ost- und Westdeutsche einander in der Ära Merkel immer noch – bzw. aufgrund der stark ideologisch geprägten, die Gesellschaft spaltenden Politik dieser Zeit wieder – begegnen, hat z.T. in diesen unterschiedlichen Konzepten seine Ursprünge.

Wussten die Sowjets recht genau, was sie von ihrer Besatzungszone erwarteten – Reparationsleistungen und eine Stärkung der sowjetischen Wirtschaft –, so konkurrierten in den westlichen Besatzungszonen sehr unterschiedliche Vorstellungen, wie und mit welchen Zielen die Deutschen zu behandeln seien. Anfangs wollte man einen Feind niederringen, aber bald wollte man ihn als neuen Bündnispartner aufbauen, wozu er jedoch erst, vor allem durch das Lizenzsystem der Medien, zu einem Teil des »freien Westens« gemacht werden musste.

Zunächst wurde im SHAEF-Gesetz 1919 vom 24.11.1944 der Druck von Büchern, die Produktion von Filmen, das Aufführen von Musik, der Betrieb von Rundfunk und Theater usw. für das besetzte Deutschland untersagt, aber sofort nach Kriegsende erlaubte die Nachrichtenkontrollvorschrift Nr. 1 vom 12. Mai 1945 sämtliche medialen, publizistischen und darstellerischen Tätigkeiten auf der Grundlage von Lizenzen. Die Lizenzträger waren nominell unabhängige Unternehmer, die von den Offizieren der Nachrichtenkontrolle eine Genehmigung zum Betrieb ihrer Firma, zur Veröffentlichung ihrer Druckerzeugnisse etc. erhalten hatten, die unbefristet erteilt wurde und jederzeit kündbar war. »Die Lizenz prämiierte also ein über einige Jahre durchgehaltenes Wohlverhalten, das sich nach den verschiedenen Wendungen der amerikanischen Politik richten musste.«[234] Ausgeschlossen von einer Lizenzvergabe waren ehemalige Nationalsozialisten, Offiziere, Verleger und Journalisten, die nach 1935 noch publizistisch tätig waren, sowie Vertreter des »reaktionären« Adels. Ausgesprochen erwünscht war der Wille zur Zusammenarbeit mit den »demokratischen Kräften«, d.h. vor allem mit Sozialdemokraten und – unmittelbar nach dem Krieg – auch Kommunisten. Die Auswahl der Lizenzträger erfolgte anhand von Fragebögen und persönlichen Interviews; dabei ging es nicht nur um die politische Gesinnung, sondern auch um die charakterliche Eignung, die von einem »Screening Center« in psychiatrischen »Tiefeninterviews« festgestellt wurde, bei denen sich die Kandidaten intimen Befragungen zu ihrer familiären Herkunft und sogar zu ihrem Sexualleben unterziehen lassen mussten.[235] Seine Aufgabe sah dieses Screening Center nicht in der politischen Entnazifizierung, da die wirklichen Nazis ja nur eine relativ kleine, unterscheidbare Gruppe der deutschen Bevölkerung waren, sondern in der umfassenden Veränderung der Charakterstruktur der Deutschen, durch die sich diese angeblich – aufgrund von Härte, Autoritätsglauben, Militarismus, Unterwürfigkeit, Grausamkeit usw. – von Nichtdeutschen unterschieden. Dabei stand man vor dem Problem, dass man die Deutschen einerseits zu freien, demokratischen, eigenverantwortlichen Persönlichkeiten erziehen wollte, dass aber jede von oben verordnete Umerziehung gerade die unerwünschten autoritätsfixierten Eigenschaften voraussetzte. Eine Auflösung dieses Dilemmas war kurzfristig kaum möglich, da man es ja mit einem Volk besiegter Erwachsener zu tun hatte, dem man nur eine neue Obrigkeit in der Hoffnung vorsetzen konnte, dass es sich aufgrund seiner autoritätsorientierten Haltung vor dem Hintergrund seiner Katastrophe bald den neuen demokratischen Führern und ihren Medien unterwerfen werde. Langfristig bot sich jedoch die Möglichkeit, durch ein grundlegend reformiertes Schul- und Universitätssystem noch formbare Kinder und Jugendliche zu anderen Menschen zu erziehen als es ihre Eltern waren.

Die Umerziehung des deutschen Volkes verlief langsam, aber tiefgreifend; die äußerliche Entnazifizierung blieb dagegen ihrem Wesen nach an der Oberfläche, wie ihr daher später oft vorgehalten wurde. Sie wurde »mit Strick« im Rahmen der Kriegsverbrecherprozesse sowie »ohne Strick« als Befragung und Durchleuchtung der gesamten Bevölkerung mit Hilfe eines 133 Fragen umfassenden Fragebogens vollzogen. Im ersteren Falle richtete sie sich gegen wenige, zu denen kaum jemand gehörte, und im letzteren gegen so viele, dass sie nicht sinnvoll durchführbar war. Der Nürnberger Hauptkriegsverbrecherprozess vom 20. November 1945 bis 1. Oktober 1946 richtete sich auf der Basis des Londoner Abkommens der Besatzungsmächte vom 8. August 1945 gegen 24 Angeklagte wegen »Verschwörung gegen den Frieden«, »Verbrechen gegen den Frieden«, »Kriegsverbrechen« und »Verbrechen gegen die Menschlichkeit«. So unscharf dieses hier neu geschaffene Recht war, das nicht nur dazu dienen sollte, die deutschen Haupttäter zu verurteilen, sondern auch die Grundlage eines zukünftigen Völkerrechts bilden sollte, so genau begrenzt war sein Adressatenkreis; und die Verurteilung einiger führender NS-Politiker hätte der breiten Mehrheit daher die Möglichkeit verschaffen können, sich durch Distanzierung und Konzentration der Schuld auf diese wenigen »zu reinigen«. Wer gehörte denn schon zu den führenden Nazis? Und wer wollte ihnen nach 1945 noch anhängen?

Wie wir gesehen haben, bot der Zusammenbruch der monarchischen Ordnung am Ende des Ersten Weltkriegs vielen diese Möglichkeit, ihre Identität relativ ungebrochen aufrechtzuerhalten. 1945 war die militärische Niederlage zwar vollständig und Deutschland ein einziges Trümmerfeld, während es 1918 »nur« ausgehungert und kriegsmüde war, aber die zwölfjährige NS-Herrschaft hatte im Volk bei weitem nicht dieselbe Verankerung wie Kaiser und Monarchie. Seine Identität und Integrität durch die Abwälzung aller Schuld auf Hitler und »die Nazis« zu wahren, wurde dem kleinen Mann jedoch nicht einfach gemacht, denn auch er bekam sein Nürnberg: Am 5. März 1946 wurde von den Ministerpräsidenten der Länder der amerikanischen Besatzungszone das »Gesetz zur Befreiung von Nationalsozialismus und Militarismus« unterzeichnet, das alle Deutschen in die fünf Kategorien der »Hauptschuldigen«, »Belasteten«, »Minderbelasteten«, »Mitläufer« und »Entlasteten« einteilte.

Bei der Entnazifizierung herrschte seltene Einigkeit zwischen allen Vertretern der amerikanischen Deutschlandpolitik: Die antideutsche Richtung verfolgte das Ziel, die Deutschen insgesamt zu diskreditieren, die Anhänger der Lehre von den beiden Deutschlands wollten die Schuldigen von den Unschuldigen unterscheiden, und die Charakterreformer hofften, Maßstäbe für die weitere Reeducation aufstellen zu können. 13 Millionen Exemplare des Fragebogens wurden ausgeteilt; jeder, der eine halbwegs wichtige Stellung einnehmen wollte, wurde überprüft. Die amerikanischen Behörden hatten nicht die Kapazitäten, alle Fragebögen zu bearbeiten; daher wurden auch deutsche Dienststellen mit der Entnazifizierung beauftragt, der sie rege nachkamen. 1947 war das große Jahr der rückblickenden Gesinnungsüberprüfung, aber schon im folgenden Jahr erlahmte der Elan, als die Russen die Entnazifizierung für beendet erklärten und auch aus den USA ein anderer Wind herüberwehte. Bereits die Kongresswahlen des Jahres 1946 hatten zu einer republikanischen Mehrheit geführt, Truman emanzipierte sich zunehmend von seinem Vorgänger und begann, gegenüber der Sowjetunion eine Politik des Containment (»Eindämmung«) zu verfolgen, die auf stabile Gesellschaften in Westeuropa baute. Um solche zu errichten, musste man mangels neuer Eliten bis auf Weiteres auf die alten zurückgreifen, was – anders als man zunächst befürchtet hat – keine Gefahr für die Nachkriegsordnung darstellte; die fanatischen nationalsozialistischen Ideologen waren doch, trotz ihrer Dominanz in den Medien der NS-Zeit, nur eine kleine Minderheit, und so überraschend schnell wie erstaunlich zuverlässig stellten sich auch scheinbar überzeugte ehemalige Nazi-Mitläufer auf die Seite der neuen Machthaber. Die Chaos-Politik Morgenthaus wurde nicht mehr verfolgt; Armut, Krisen und ideologische Auseinandersetzungen könnten schließlich zu Aufständen, Bürgerkriegen und einem weiteren Anwachsen des sowjetischen Machtbereichs führen, und der künftige deutsche Partner wurde während der Berlinkrise durch die Luftbrücke und dann vor allem durch den Marshall-Plan unterstützt. Das European Recovery Program, das aus Krediten, Rohstoffen, Lebensmitteln und Waren bestand, wurde am 3. April 1948 vom amerikanischen Kongress verabschiedet; bis 1952 leisteten die USA bedürftigen Staaten Hilfe in Höhe von insgesamt 13,12 Milliarden Dollar (denen heute rund 131 Milliarden Dollar entsprächen).[236]

Die Not der Trümmerjahre wurde allmählich überwunden, das Wirtschaftswunder nahm seinen Anfang, und vielen Deutschen war nach allem, was hinter ihnen lag, die Lust auf große Politik vergangen. Der Nationalsozialismus war trotz des zähen Widerstandes, auch als die Niederlage längst unausweichlich geworden war, 1945 völlig zusammengebrochen – da der Krieg zuletzt weniger von den Nazis aus Fanatismus, sondern vielmehr von den Deutschen aus Verzweiflung geführt wurde –; und mit den dürftigen Versuchen etwa der Sozialistischen Reichspartei (SRP), einen »Nationalsozialismus light« wieder aufleben zu lassen, wurden die deutschen Behörden leicht selber fertig. Der Durchschnittsdeutsche war froh, »davongekommen« zu sein, und richtete sich unter Schutz und Aufsicht der Amerikaner leidlich und bald erträglich ein.

Reichlich billig wirft man seitdem den Deutschen der Wirtschaftswunderjahre von links wie von rechts vor, sich dem Konsum verschrieben und, je nachdem, moralisch oder politisch versagt zu haben, da sie sich nicht tagtäglich der Buße und Aufarbeitung ihrer Schuld widmeten bzw. keinen Widerstand gegen das Besatzerregime leisteten. Beide Vorwürfe wurden von

Spät- oder Nachgeborenen erhoben und gingen an der Realität eines zweimal in einem halben Jahrhundert völlig besiegten Volkes vorbei. Die Deutschen insgesamt empfanden sich als von der Geschichte »widerlegt«; ihr Versuch, einen Platz als Weltmacht der Mitte zwischen Ost und West, Kommunismus und Kapitalismus, einzunehmen und dem Materialismus beider Weltlager eine geistige Alternative entgegenzusetzen, war gescheitert, und der Durchschnittsbürger hatte ohnehin nach Flucht und Vertreibung, Ausbombung und Obdachlosigkeit, dem Verlust von Angehörigen und vielfachen physischen und psychischen Verletzungen andere Sorgen. Die seelischen Wunden waren zu groß, um zu verheilen, also mussten sie wenigstens, damit sie nicht endlos weiter schwären, »eingekapselt« werden. Um lebens- und handlungsfähig zu bleiben oder wieder zu werden, musste man Ungeheurliches verdrängen; und für den Einzelnen bestand gerade darin die ihm mögliche »Vergangenheitsbewältigung«.[237] Es war selbstverständlich, dass ständige Selbstgeißelung den Lebenswillen gebrochen hätte – daher ignorierte man weitgehend die noch relativ wenigen Prediger, die dazu aufriefen. Darüber hinaus wirkte es wenig überzeugend, wenn sich nun gerade solche Institutionen zu einer »Solidarität der Schuld« – so die evangelische Kirche in ihrem »Stuttgarter Schuldbekenntnis«[238] – bekannten, die das nationalsozialistische Regime bis zuletzt unterstützt hatten.

In den unterschiedlichen Programmen Konrad Adenauers und Kurt Schumachers erkennen wir heute einander stark entgegengesetzte Konzepte, die zu energischer Parteinahme für die jeweilige Agenda aufforderten, und wir sehnen uns nach solcher Verschiedenheit der beiden großen politischen Lager zurück, die jedoch gleichermaßen von streitbarer Leidenschaft und verantwortungsbewusster Grundhaltung geprägt waren. Beide wollten die Souveränität und Einheit Deutschlands wiederherstellen und sahen nur unterschiedliche Wege ihrer Verwirklichung, wie Schrenck-Notzing dargelegt hat:

> »Den einen schlugen Konrad Adenauer und in der SPD Ernst Reuter ein. Es war der Weg der kleinen und der großen Schritte. Adenauer und Reuter gingen davon aus, dass die Souveränität in der Hand der Alliierten lag.

> Durch Ausnützung günstiger Momente und erhebliche Konzessionen für den Augenblick versuchten sie, sie Stück für Stück wiederzugewinnen. Der andere Weg war der Kurt Schumachers. Er ging davon aus, dass die Souveränität nach wie vor beim deutschen Volk lag und nur zeitweise von den Alliierten usurpiert worden war. Sie sei von den Alliierten einzufordern als ein Recht, an dem nicht herumgehandelt werden dürfe. Auf beiden Wegen war die deutsche Teilung ein Mittel, um später zur Souveränität des ganzen Deutschland zu kommen. Die Wiedervereinigung bildete den imaginären Schlußpunkt in Verlängerung des eingeschlagenen Weges. Für Adenauer und Reuter sollten sich der Souveränitätszuwachs und die Stärkung der Bundesrepublik in einer wachsenden Handlungsfreiheit auszahlen, die unter Ausnutzung der gegebenen, schnell wechselnden Situationen auch einmal der deutschen Politik die Chance geben würde, ihr Ziel mit Erfolg zu vertreten. Für Schumacher war die deutsche Einheit ein unverlierbares staatliches Grundrecht, das solange von den Alliierten einzufordern war, bis diese vom rechtswidrigen Vorenthalten der Einheit Abstand nahmen. Der Status quo der Kontrollratsherrschaft [...] würde sich nie zur deutschen Selbstherrschaft, sondern nur zu einer anderen Form der interalliierten oder internationalen Fremdherrschaft weiterentwickeln. Nicht Adenauer oder Schumacher, Kapitalismus oder Sozialismus, bildeten die Alternativen der deutschen Nachkriegspolitik, sondern Adenauer-Schumacher auf der einen Seite und jene Länder-, Partei- oder Gesinnungspolitiker auf der anderen Seite, die sich 1946 im Status quo der Fremdherrschaft einzurichten wünschten [...].«[239]

Schumacher hatte das Völkerrecht, Adenauer die Realpolitik auf seiner Seite, und letztere setzte sich durch. Beide traten für die Einheit und die Souveränität Deutschlands ein und stimmten auch darin überein, dass die Einheit rechtlich fortbestand, auch wenn sie de facto nicht gegeben war, aber offenbar verstanden sie unter Souveränität etwas anderes: Adenauer die praktische Handlungsfähigkeit und Schumacher das prinzipielle Recht zu handeln. Legen wir Carl Schmitts Definition zugrunde, dass souverän ist, wer über den Ausnahmezustand gebietet, müssen wir zu dem Ergebnis kommen, dass Adenauer richtig lag: Das deutsche Volk gebot sicher nicht über den Ausnahmezustand seiner Teilung. Aber auch die Alliierten waren nicht mehr vollkommen souverän, denn westliche und östliche Besatzungsmächte hielten sich gegenseitig in Schach, hatten also die Souveränität Deutschlands unter sich aufgeteilt, was deren Wesen widersprach. Wenn de facto aber niemand mehr in Deutschland souverän war, Souveränität aber existiert, dann kann nur noch von einer theoretischen Souveränität, einem Recht auf Souveränität ausgegangen werden, das nur das deutsche Volk innehatte, aber nicht ausüben konnte, wie Schumacher glaubte. Souveränität ist dann nicht Machtausübung, sondern Rechtsbesitz. Letztlich ist die Frage nach der Souveränität falsch gestellt, wenn man von einem strikten Entweder-Oder ausgeht. In der realen Welt gibt es Grade und Stufen von Souveränität, die Schmitt aus seinem theoretischen Dezisionismus ausgeschlossen hat, weil er als Katholik und politischer Theologe Souveränität als irdische Entsprechung einer fiktiven göttlichen Allmacht auffasste. In jeder realen Wirklichkeit aber ist Souveränität nur als Mehr oder Weniger gegeben, ähnlich wie die Götter des Polytheismus mächtiger oder weniger mächtig sind, aber nie allmächtig wie der abstrakte Gott des Monotheismus.

Es bleibt festzuhalten, dass sich Adenauers CDU bald mit der Macht der Verhältnisse arrangierte, während Schumachers oppositionelle SPD noch längere Zeit die Forderungen der Theorie aufrechterhielt (und von beiden Parteien entschieden nationaler orientiert war).

An dieser Aufteilung änderte sich zunächst auch nichts, als die SPD 1959 in Bad Godesberg ihre Fundamentalopposition in der Außen-, Wirtschafts- und Verteidigungspolitik (die Ablehnung von Westbindung, Kapitalismus und Wiederbewaffnung) aufgab und eine neue oppositionelle Rolle in der Gesinnungspolitik suchte. Im Gegenteil: Sie konkurrierte nun mit der CDU auf unterschiedlichen Gebieten. Vertrat die CDU weiterhin »die Macht«, so stand die SPD zwar immer noch auf der Seite »der Moral«, aber diese verschob sich immer mehr von einer nationalen zu einer inter- oder transnationalen Ausrichtung.

Laut Schrenck-Notzing hat gerade diese »Gewaltenteilung« den freiheitlichen Geist der fünfziger Jahre ausgemacht:

> »Die Besatzung hat in ihrer ersten Phase den Deutschen den Auftrag gegeben, ihre Gesinnung zu wandeln, in ihrer zweiten Phase den Deutschen den Auftrag gegeben, einen stabilen Staat und eine leistungsfähige Wirtschaft aufzubauen. Der Gesinnungsauftrag von 1945 hat sich in den Organen der öffentlichen Meinung (Presse, Rundfunk, Fernsehen) institutionalisiert, der Stabilisierungsauftrag von 1950 in der Bundes- (mehr als in der Länder-)Verwaltung, in Wirtschaft, Rechtsprechung und Bundeswehr. Die öffentliche Meinung, die den Gesinnungsauftrag von 1945 erfüllte, war ohne Macht; die Verwaltung, die den Stabilisierungsauftrag von 1950 erfüllte, war ohne Stimme. Beide standen in einer Konkurrenz, die die Freiheit der 50er Jahre begründete.«[240]

Die Auffassung, dass dem Bereich der öffentlichen Meinung keine reale Macht zukomme, war auch in den fünfziger Jahren – angesichts der Erfahrung mit der nationalsozialistischen Propaganda – reichlich kurzsichtig; später wirkte sie nur noch grotesk. Sie blieb indes für den bundesdeutschen Strukturkonservatismus noch jahrzehntelang charakteristisch; entsprechend ratlos stand er dem Durchmarsch der Achtundsechziger in Medien, Schulen und Universitäten gegenüber. Allmählich wurde die Meinung zur Macht in der Medien- und Bildungsgesellschaft. Die Unfähigkeit des »hinterherlaufenden« Restkonservatismus, Presse und Bildungsinstitutionen konstruktiv zu nutzen, spiegelt sich auf inhaltlicher Ebene in seinem Unvermögen, der Linken attraktive Ideen statt nur Verweise auf Sekundärtugenden entgegenzusetzen. Nation, Kirche, Volk, Vaterland, Militär – sämtliche Identitätsanker des Konservatismus galten als diskreditiert. Natürlich konnte dies für zentrale Ideen und Prinzipien der Linken – Herrschaft der Arbeiterklasse, Egalitarismus, internationale Solidarität etc. – angesichts deren kommunistischer Umsetzung ebenso behauptet werden, aber die Linke wusste sich entschieden besser zu vermarkten; schließlich gelang es ihr sogar, »Vergleichstabus« für die totalitäre Verwirklichung ihrer Ideologie durchzusetzen. Den Konservativen blieben nur die resignierte Behauptung ihrer staatlichen Ordnungsbastionen und eine funktionale Totalitarismustheorie, die Nationalismus und Kommunismus gleichermaßen verdammte, was so lange genügte, wie man noch die Not des Krieges im Gedächtnis und die kommunistische Bedrohung vor Augen hatte. Als eine neue Generation in Frieden und relativem Wohlstand herangewachsen war, die Krieg und Diktatur nicht mehr bewusst erlebt hatte, war das zu wenig.

Zuvor aber hatte die SPD ihre Hinwendung zur Meinungselite vollzogen – ihr Zusammenwirken als große, parlamentarisch vertretene Partei mit der außerparlamentarischen intellektuellen Opposition ermöglichte ihr in den sechziger Jahren die schrittweise Regierungsübernahme (und verschaffte den Linksintellektuellen bis heute ihr scheinbar selbstverständliches Anrecht auf Lehrstühle, Literaturpreise, Stipendien und allerlei sonstige Vergünstigungen, Posten und Pöstchen im Kulturbetrieb).

Viele Vertreter der intellektuellen Opposition der fünfziger Jahre hatten ihr »Damaskuserlebnis«, sofern sie nicht schon in den dreißiger Jahren emigriert waren, in den alliierten Kriegsgefangenenlagern. Es ist nicht zu bestreiten, dass unter ihnen auch Menschen waren, denen es, wie von Helmut Gollwitzer oder Hans Werner Richter beschrieben, tatsächlich um eine Reflexion eigener Verirrungen und die Suche nach einer neuen Ethik ging, aber in vielen Fällen passten sich sehr junge Leute einfach nur den neuen politischen Einflüssen an.

Besondere Bedeutung kam dabei der Kriegsgefangenenzeitschrift »Der Ruf« zu, die im Lager von Fort Getty (Rhode Island), wo die Amerikaner ein großes Umerziehungsprogramm durchführten, erschien. Die Zeitschrift wurde ab 1945 unter der Redaktion von Hans Werner Richter, Erich Kuby, Alfred Andersch und Carl August Weber in Deutschland weitergeführt. 1947 rief Richter mit ehemaligen Mitarbeitern des »Ruf« die legendäre »Gruppe 47« ins Leben, die bald zur einflussreichsten literarischen Gruppierung der jungen Bundesrepublik sowie zum Zentrum der linksintellektuellen Opposition in den fünfziger Jahren werden sollte.

Einige Jahre später war das Elend der Nachkriegszeit bereits Geschichte. Nikita Chruschtschow hatte nach dem Tod Stalins 1953 seine »Tauwetterperiode« eingeleitet; in den USA verstärkten die Wahlen von 1958 die demokratische Mehrheit und zwangen den Präsidenten Eisenhower zu einem liberaleren Kurs, und der Status quo der deutschen Teilung wurde, nach der Niederschlagung des Volksaufstandes vom 17. Juni 1953 in der DDR, von den Siegermächten wie von den Deutschen selbst zunehmend als Ergebnis des Zweiten Weltkriegs angesehen, mit dem man sich abzufinden habe.

Da in Deutschland eine neue politisch-ökonomische Ordnung eingekehrt und die Wiedervereinigung auf die lange Bank geschoben war, gingen den Konservativen die Projekte aus, und sie ließen sich von der zunehmend linksdominierten öffentlichen Meinung von einer Krise in die nächste treiben. Längst konnten nicht mehr nur dringende materielle Bedürfnisse gestillt, sondern auch Konsumwünsche befriedigt werden, die in der unmittelbaren Nachkriegszeit noch für unerfüllbar gehalten worden wären, und angesichts der Erfolge der sozialen Marktwirtschaft verlegte die linke Opposition ihren Schwerpunkt auf die Moral. In dichter Folge hielten nun moralische Krisen die Öffentlichkeit in Atem. Im Dezember 1959 verübten Mitglieder der SRP antisemitische Schmierereien an der Kölner Synagoge, die neben einigen ähnlichen Taten, von denen manche möglicherweise durch die Stasi gesteuert waren, wesentlich dazu beitrugen, dass die »Vergangenheitsbewältigung« von der Kultusministerkonferenz schon im Februar 1960 zu einem Kernanliegen des Geschichtsunterrichts erhoben wurde. Verstärkt wurden in der Folgezeit auch an den Hochschulen Lehrstühle für Politologie – de facto eigentlich »Demokratiewissenschaft« – eingerichtet.

Im selben Jahr erfolgte auch der Sturz des Bundesvertriebenenministers Theodor Oberländer, dem man wahrheitswidrig antisemitische Äußerungen sowie, als Bataillonsführer der Wehrmacht, die Verantwortung für einen Massenmord an 3000 Juden in Lemberg vorwarf. Die Kampagne wurde zunächst von der Zeitschrift »Izvestija«, sodann von der Stasi, der kommunistisch unterwanderten VVN (»Vereinigung der Verfolgten des Naziregimes – Bund der Antifaschistinnen und Antifaschisten«) und der »antifaschistischen« öffentlichen Meinung in der Bundesrepublik betrieben. Nachforschungen endeten mit dem Nachweis der vollständigen Haltlosigkeit der Anschuldigungen und der juristischen Rehabilitierung Oberländers – zurücktreten musste er trotzdem. Der SPD-Pressedienst sprach scheinheilig-verlogen von einem »Sieg des Moralischen in der Politik«, während der DDR-Propagandachef offen frohlocken konnte, dass »im Kampf gegen die Verderber Deutschlands das Gesetz des Handelns an die DDR übergegangen ist.«[241] Die »Ära der Moralpolitik« begann – man könnte auch sagen, Oberländer war das erste Opfer der Politischen Korrektheit, lange bevor dieser Begriff erfunden wurde.

Auch die »Spiegel«-Krise von 1962 führte zu einem Sieg der »Moral« über die bisherige »Macht«. Nicht nur musste Franz-Josef Strauss als Verteidigungsminister zurücktreten, sondern auch das Ende der Ära Adenauer nahte. Seine Nachfolger Ehrhardt und Kiesinger blieben als Kanzler Übergangsfiguren, bis es mit der Kanzlerschaft Willy Brandts zu einer weitgehenden Deckung von Macht und Moral kam – jedenfalls in den Augen des »fortschrittlichen« Mainstreams. Wer weiterhin linke Opposition betreiben wollte, musste noch weiter nach links rücken; der Linksradikalismus wurde salonfähig und in linksbürgerlichen Medien verteidigt.

Laut Schrenck-Notzing waren »die Debatten über Pressefreiheit, Geheimnisverrat, parlamentarische Sitten und ministerielle Zuständigkeiten« nur ein »Vorwand, um die Herrschaft eines Charaktertyps über den anderen zu fordern.«[242] Der angeblich autoritäre Charakter sollte durch den (links-)liberalen ersetzt werden. Ähnliches lässt sich auch von heutigen Debatten über Familie, »Gender«, »Ehe für alle«, Migration usw. sagen – nur dass sich die scheinbaren Selbstverständlichkeiten seitdem noch erheblich nach links verschoben haben –, aber man sollte die linke bzw. auf die Reeducation zurückgehende Unterscheidung zwischen den beiden Charaktertypen nicht einfach, wie es Schrenck-Notzing hier unterläuft, übernehmen. Autoritär ist die Politik der Linken oder Linksliberalen ebenso; sie vermarket sich nur auf ebenso geschickte wie perfide Weise als »tolerant«. Ihr Ziel ist die Implementierung einer Moral, der jeder »Wohlmeinende« zustimmen müsse, und ihre Strategie ist die bekannte Salamitaktik, die dem Gegner ein Zugeständnis nach dem anderen abverlangt und dabei immer das fordert, was er aufgrund des Drucks der veröffentlichten Meinung am wenigsten verweigern kann. Sie zielt nicht mehr nur, wie in einem Rechtsstaat üblich, auf die Tat und das äußerlich feststellbare Faktum, sondern auf das Denken, die Gesinnung, das seelische Empfinden. Abgesehen vom egalitären Grunddogma ist linke Ideologie daher irrational und unberechenbar. Der Rechtsstaat begann schon damals, sich zum Gesinnungsstaat zu wandeln.

Bereits in den sechziger Jahren war »die zweite Entnazifizierung« ein »Kampf gegen Rechts« – und nicht etwa nur gegen wirkliche Nationalsozialisten:

> »Die zweite Entnazifizierung, die seit 1958/59 in Gang gekommen ist, unterscheidet sich sehr wesentlich von der ersten. Die erste Entnazifizierung umfasste alle Deutschen und rechnete alle Pgs und Mitglieder nationalsozialistischer Gliederungen, alle Stabsoffiziere und zahlreiche weitere Kategorien zu den Betroffenen. Sie scheiterte nicht zuletzt an der ungeheuren Zahl der Fälle. Die zweite Entnazifizierung ist klüger – sie ist eine Auswahlentnazifizierung. Die Betroffenen der zweiten Entnazifizierung sind die Missliebigen, die Ankläger ›selbsternannte Gesinnungspolizisten‹ (Friedrich Sieburg), das Verfahren ist formlos.«[243]

Der Beschuldigte hat kaum noch die Möglichkeit, die Vorwürfe durch überprüfbare Entlastungsgründe zu entkräften, sondern aus selektiv ausgewählten Zitaten wird ein »Fall« konstruiert, und »das Urteil wird gefällt, indem die Vorgesetzten oder Arbeitgeber der Betroffenen entscheiden, ob sie es sich leisten können, diesen zu halten oder nicht.«[244] Die Unschuldsvermutung gilt nicht mehr, sondern umgekehrt wird der Angeschuldigte prinzipiell als schuldig angesehen, sofern es ihm nicht gelingt, seine Unschuld zu beweisen, was ihm kaum möglich gemacht wird. Die Beschuldiger setzen auf das Prinzip, dass »immer etwas hängen bleibt« und der Ruf des Betroffenen dauerhaft dadurch zerstört wird, dass er nun »umstritten« ist.

Die Schuldbehauptung anstelle der rechtsstaatlichen Unschuldsvermutung ist letztlich eine Konsequenz der »zweiten Entnazifizierung« oder perpetuierten Vergangenheitsbewältigung, der es gar nicht wirklich um Bewältigung – also Beendigung einer traumatischen Wirkung – geht, sondern um die »Dauerpräsentation der Schande« (Martin Walser). »Es ist schwer begreiflich, wie die völlige Formlosigkeit der zweiten Entnazifizierung mit einem Rechtsstaate, ja überhaupt mit einer Rechtsordnung in Einklang gebracht werden kann.«[245] Die Antwort auf diese Frage lautet: gar nicht. Vielmehr versucht man umgekehrt, die Rechtsordnung an die gerade vorherrschenden Meinungen anzupassen, was zur Auflösung genau definierter Tatbestände und deren Ersetzung durch schwammige, jederzeit von Politik und Justiz mit anderen Inhalten assoziierbare Gesinnungsäußerungen führt. Da eine unspezifische »herrschende Meinung« vorgibt, wer ein »Nazi« ist bzw. welche Positionen gerade als rechtsextrem, rechtspopulistisch usw. gelten, kann das Urteil jeden treffen, der sich nicht schnell und beflissen genug anpasst, und seine bürgerliche Existenz vernichten. Der Verdacht schwebt über allen. Verdächtig ist jeder Deutsche und in einem erweiterten Sinne jeder »Rechte«, da das offizielle Deutschland die selbstzerstörerischen Prinzipien seiner »Vergangenheitsbewältigung« mittlerweile weltweit auszubreiten sucht.

Einerseits besteht dadurch ein »moralisches Gefälle« (Schrenck-Notzing) zwischen Deutschen und Nichtdeutschen, andererseits wird der Deutsche aber auch durch seine aus der Vergangenheitsbewältigung gewonnene »Moralität« über andere Völker erhoben und maßt sich das Recht an, seine Moral – die stets das Gegenteil dessen sein soll, was man offiziell mit dem Nationalsozialismus verbindet – in alle Welt zu exportieren, so dass doch wieder am deutschen Wesen – jetzt in dessen angeblicher Negationsform – die Welt genesen soll. Alle schlimmen Erscheinungen der Vergangenheit, alle Gräueltaten, die von Deutschen begangen wurden, werden tatsächlich oder vermeintlich deutschen Denkmustern, Traditionen und Charakterzügen zugesprochen – obwohl man sonst jeden »Essenzialismus« als »Rassismus« perhorresziert –; sie werden in inbrünstigem »Schuldstolz« für »singulär« erklärt, und die Aufseher der »korrekten« Bewältigung, die niemals zufrieden sind, dürfen sich über die ewig Schuldigen erhaben fühlen. Den Zutritt zum erlauchten Kreis derer, die wirklich aus der Vergangenheit gelernt haben, erhält man, sofern man nicht durch eine Opfer-Abstammung legitimiert ist, durch möglichst vollständige Abkehr von allem Deutschen oder als deutsch Geltendem. Gerade diese (Anti-)»Haltung« erscheint heute aufgrund ihrer medialen Omnipräsenz als besonders deutsch und wird im Ausland verständlicherweise mit einer Mischung aus Argwohn, Sorge und Geringschätzung betrachtet.

1968: Die Reeducation wird verinnerlicht

Noch immer sieht man in der Studentenbewegung der sechziger Jahre einen radikalen Bruch mit der Vergangenheit, der in der Öffentlichkeit – bzw. von der veröffentlichten Meinung – gewöhnlich positiv bewertet wird. »1968« habe uns vom Muff der Adenauer-Ära befreit, angeblich noch fortwirkende NS-Kontinuitäten in Politik, Justiz und Verwaltung aufgedeckt, die endlich notwendige Bewältigung der Vergangenheit eingeleitet und uns vor allem sexuelle Freiheit und persönliche Selbstbestimmung gebracht. Außenpolitisch hätten die Achtundsechziger auf die Gefahr eines Atomkriegs hingewiesen, imperialistische Kriege der USA oder deren Stellvertreter bekämpft und die Ausbeutung der Dritten Welt angeprangert; dabei seien sie zwar mit ihrem Antiamerikanismus über das Ziel hinausgeschossen, hätten kommunistischen Diktatoren gehuldigt und deren Verbrechen verharmlost, aber ihre Kritik sei doch im Kern berechtigt gewesen, und ihre Parteinahme habe eigentlich einer erst noch zu schaffenden sozialistischen Gesellschaft, nicht dem »real existierenden« Sozialismus, gegolten.

Die Bildung der rot-grünen Regierungskoalition unter Bundeskanzler Gerhard Schröder und Außenminister Joseph »Joschka« Fischer, die als Exponenten der 68er-Generation galten, wurde in den Medien als Konsequenz einer dreißigjährigen »Demokratisierung« der Gesellschaft sowie der »Reifung« der Achtundsechziger auf ihrem langen »Marsch durch die Institutionen« dargestellt. Sie seien nun »staatstragend« geworden, und das positive Erbe ihrer Bewegung habe sich gegenüber jugendlichen Überspanntheiten durchgesetzt.[246]

Nichts davon ist richtig. Insbesondere wurde die Gesellschaft durch die Folgen von 1968 nicht demokratisiert, sondern ihr Meinungsspektrum langfristig verringert; selbst von einer Stärkung der »Selbstbestimmung« kann, abgesehen von Fragen der sexuellen Orientierung, kaum die Rede sein. Zwar wurden traditionelle Bindungen an Familie, Religion oder Nationalität geschwächt, aber sie wurden lediglich durch den Einfluss von Massenmedien, Werbeindustrie und Moden aller Art ersetzt, die das entwurzelte Individuum noch manipulierbarer machen.

Nachdem die in den sechziger Jahren noch starken Gegenstimmen immer weiter in die Defensive gedrängt worden waren und schließlich nur noch in marginalisierten konservativen Milieus überlebten, während die Erbschaften von 1968 bis in alle Ewigkeit zu herrschen schienen, zeichnet sich seit der Jahrtausendwende ein Umbruch ab, der zu einer Abwendung immer größerer Teile der Bevölkerung vom politisch-medialen Mainstream führte. Allmählich reagiert auch dieser Mainstream selbst auf diese Entwicklung, die zu massiven Verlusten seines Einflusses geführt hat, und passt sich zaghaft an oder gibt zumindest ab und zu Kritikern eine Stimme. Eine vollständige Trendwende ist dies noch nicht, und sie ist auch angesichts der Fragmentierung der heutigen Gesellschaft nur schwer möglich, aber das geistige Erbe von 1968, das die politisch-moralischen Normen jahrzehntelang geprägt hat, hat seine Normativität eingebüßt.

Ein Beispiel für diese Neubewertung ist das 2008 erschienene, vielbeachtete Buch »Unser Kampf 1968 – ein irritierter Blick zurück« des Historikers Götz Aly, das schon aufgrund des provokanten Titels als Abwendung eines ehemaligen Achtundsechzigers von der Studentenbewegung aufgefasst wurde. Neu und »unerhört« für linke Feuilletons war zwar überhaupt der kritische Umgang dieses Buches mit »1968«, aber die Stoßrichtung verlief doch noch in den Bahnen des linksliberalen Mainstreams, der die ideologischen Tendenzen der 68er-Bewegung assimiliert hat, soweit sie mit der westlichen Massen- und Konsumgesellschaft kompatibel waren. So sieht Aly bei den linken deutschen Studenten – zu Recht – »eine böse historische Kontinuität der Vergewaltigung des Mitmenschen aus Gesinnung« und wirft der 68er-Generation eine Nähe zu der von 1933 vor, die sich in Demokratiefeindlichkeit und reaktionärer Gesinnung zeige.[247] Sogar der Begriff der »Bewegung« sei vor diesem Hintergrund zu sehen. Aus dem Ergebnis einer Umfrage von 1967, nach der 81 % der befragten Studenten der Forderung zugestimmt hatten, Deutschland solle sich »von nationaler Bevormundung freimachen«, leitet Aly einen Antiamerikanismus ab, der diese Generation mit der ihrer Eltern verbinde; und ihre Sympathie für »nationale Befreiungsbewegungen« in der Dritten Welt habe sie zur Unterstützung von Terrororganisationen, zur Feindschaft gegenüber Israel und sogar zum Antisemitismus geführt.

Die Schärfe der Kritik ist erstaunlich, aber der scheinbare Mut Alys wird durch seine merkwürdige Gleichung relativiert, in der die Achtundsechziger beinahe als »Rechte« erscheinen. In seinen Augen negative, totalitäre Tendenzen sind nach dieser, völlig dem linksliberalen Mainstream verhafteten, Auffassung »rechts«. Hinter ihr steht das alte linke Bestreben, sozialistische und kommunistische Gesellschaftsexperimente vom Totalitarismusvorwurf reinzuwaschen. Auch die Vorwürfe des Antiamerikanismus, einer angeblich »völkischen« Position, weil man sich für nationale Bewegungen eingesetzt habe, und das Totschlagargument des »Antisemitismus« entstammen dem links- und neoliberalen Arsenal der Linken, seitdem diese mit dem westlichen Globalismus ihren Frieden geschlossen hat. Freilich war sie mit diesem nie wirklich verfeindet; der einstige linke Antiamerikanismus richtete sich nur auf die damalige Politik, nicht auf die hinter dieser stehende Gesinnung, und die »Solidarität« mit nationalen Befreiungsbewegungen bezog sich auf Vietnam oder Kuba, Chile oder Nicaragua, endete aber fast immer bei dem Teil des deutschen Volkes, der immerhin schon das zweifelhafte Glück genoss, im Sozialismus leben zu dürfen. Statt einen Sozialismus mit menschlichem Antlitz, wie ihn die Dissidenten des Prager Frühlings forderten, verfochten die deutschen Achtundsechziger eigentlich einen »Amerikanismus mit menschlichem Antlitz«. Wesentlich treffender als die wohlfeile, halboffiziöse Faschismuskeule, die Aly gegen diejenigen erhebt, die sie vorzugsweise schwingen, ist daher das Bonmot Sloterdijks: »Alle Wege von 68 führen letzten Endes in den Supermarkt.«[248]

Trotz ihrer ideologischen Fixierung beruhte der Erfolg der Achtundsechziger nicht auf Debatten bei Dritte-Welt-Kongressen oder in soziologischen Oberseminaren, sondern lag in einem neuen, von Popkultur, Sexualisierung, Aufbruchstimmung und adoleszentem Aufbegehren geprägten Lifestyle, dem die Vertreter der »alten Ordnung« nur eine diskreditierte, schwindende Autorität und ohnmächtige Appelle entgegenzusetzen hatten – 68 war »sexy«.

Neue politische Ideen, auch die zu Kulturrevolutionen wie der von 1968, entstehen zwar meist in den Köpfen von Männern,[249] müssen aber auf junge Frauen überzeugend, d.h. »attraktiv« wirken, um Breitenwirkung zu erzielen.[250] Die Revolution muss »Spaß machen«; es muss »cool« und »angesagt« sein, dazuzugehören. Der eigentliche Phänotyp von 1968 ist nicht der organisatorische Kopf und »Führer« der Bewegung Rudi Dutschke, sondern das erste deutsche Rockmusik-Groupie Uschi Obermeier.

Ein 68er-Veteran, der »Spiegel«-Journalist Cordt Schnibben, nimmt kein Blatt vor den Mund: »Eigentlich waren wir zunächst knallharte Egoisten. Wir wollten eine Schule haben, die es uns leichter machte. Wir wollten uns gegen die Eltern durchsetzen. Wir wollten Sex haben. Wir wollten bessere Musik hören.«[251] Man wünschte sich also Spaß und Bequemlichkeit, verbrämte beides mit Moral und gefiel sich in »revolutionärer« Pose. Am Ende blieb davon bei den Altachtundsechzigern nur noch die Bequemlichkeit zurück – das eigentliche Lebensziel aller linken Revoluzzer.

Karlheinz Weißmann merkt dazu unter Hinweis auf Sloterdijk an, »dass die Achtundsechziger mit ihrer Sache auch die ihres Hauptfeindes – des Kapitalismus – vorantrieben. Denn ihr Kampf galt dem, was bis dahin nicht nur dem Utopismus entgegengesetzt wurde, sondern auch dem, was den Markt zähmte. Gemeint ist die Menge an Werthaltungen, die der Reduzierung des Menschen auf seine Rolle als Verbraucher entgegenstanden: Gebote, Traditionen, Hochschätzung von Askese, Dienstbereitschaft, Pflichterfüllung um ihrer selbst willen.«[252] Doch nicht nur »Sekundärtugenden« wurden diskreditiert, sondern die »*conditio humana*, das in seinen Grundzügen unveränderliche Mensch-Sein, zu dem Entfremdung, Scheitern und Tod gehören und gehören müssen«,[253] wurde infrage gestellt. Eine klassenlose Gesellschaft wurde dadurch zwar nicht geschaffen, wohl aber »eine neue Form der Zivilisation, in der der einzelne als Verbraucher nomadisiert, durch nichts mehr gebunden als sein Kaufbedürfnis.«[254] Ohne die linke Schützenhilfe hätte der globale Kapitalismus die Entwurzelung des Menschen, seine Entfremdung, die Verdinglichung und Ökonomisierung aller Beziehungen kaum mit solchem Erfolg durchsetzen können; und dieses Zusammenwirken, bei dem sich linke Ideologen zu »nützlichen Idioten« des Kapitals machten, hat nicht etwa nur mit Karrierismus zu tun, ist keine »Abkehr von den früheren Idealen«, sondern folgt aus der Verwandtschaft von kapitalistischem und sozialistischem Denken, aus dem gemeinsamen, ökonomisch bestimmten Bild vom Menschen als Produzenten und Konsumenten.

Es mag wie eine Ironie der Geschichte klingen, aber die Langzeitfolgen der 68er-Bewegung waren die Verinnerlichung der zuvor nur oberflächlich erduldeten Reeducation und dadurch die dauerhafte Verwestlichung Deutschlands. Bis dahin hatten die letzten bedeutenden Ausläufer des deutschen Geistes noch die fünfziger Jahre beherrscht. Ihre kulturpessimistische und technikkritische Grundhaltung, wie sie in den Schlagworten vom »Untergang des Abendlandes« (Spengler), der »Seinsvergessenheit« (Heidegger) oder dem »Geist als Widersacher der Seele« (Klages) zum Ausdruck gekommen war, prägte die intellektuelle Elite nicht nur deshalb noch, weil maßgebliche Dichter und Philosophen in der Nachkriegszeit noch lebten und tätig waren, sondern weil sich ihre düsteren Prognosen in den Augen vieler bewahrheitet hatten: Europa war ja unter fremden Mächten aufgeteilt worden, das Reich vernichtet, Unzählige waren im Krieg, in Konzentrations- und Gefangenenlagern umgekommen, im Bombenhagel verbrannt; die moderne Technik hatte in Hiroshima und Nagasaki ihre bis dahin grauenvollsten Triumphe gefeiert, ein Atomkrieg zwischen den Supermächten schien nur noch eine Frage der Zeit, das Überleben der Menschheit auf der Kippe zu stehen – und doch zeigten sich Wirtschaft und Technik bald auch von ihrer freundlichen Seite: Fernseher und Küchengeräte, moderne Möbel und neueste Mode, Motorroller und Kleinwagen, Campingausflug und

Urlaubsreise wurden nicht nur für immer mehr Menschen erschwinglich, sondern prägten bald ihren Lebensstil. Amerika hatte sich bereits durch Marshallplan und Luftbrücke als fürsorgliche Besatzungsmacht erwiesen; es wurde nun zum Land der Sehnsucht, rund eine Million Deutsche wanderten in der Nachkriegszeit in die USA aus. Die Zuhausegebliebenen hörten Rock 'n' Roll und träumten von weiter Welt, freier Liebe und großzügigem Leben. Ein hinreichendes Auskommen oder sogar ein bescheidener Wohlstand wurde selbstverständlich, und mit ihm stiegen die Ansprüche. Die Amerikanisierung war »in erster Linie populär, eine Sache der einfachen Leute und der Jugend.«[255] Die hergebrachten kulturellen Eliten standen ihr ablehnend gegenüber, aber gerade die Tatsache, dass sie mit ihren Untergangsprophezeiungen recht behalten haben, war der Grund für ihre Marginalisierung. Wer sollte denn noch für das Abendland kämpfen, wenn es seine leidenschaftlichsten Parteigänger selbst für tot erklärt hatten? Das Reich war besiegt, das Abendland untergegangen, aber die Frauen und die Jugend begannen die Sieger zu lieben.

Was in den fünfziger Jahren auf modischer und popkultureller Ebene begann und sich in den Sechzigern durch die Übernahme immer neuer Facetten eines gewandelten Lebensgefühls, der Einflüsse der Hippie-Bewegung mit ihrer Mischung aus Musik, freizügiger Sexualität, synkretistischer Religion und Esoterik, durch die Solidarisierung mit der farbigen Bürgerrechtsbewegung in den USA sowie durch die Proteste gegen den Vietnamkrieg und das Interesse an der sogenannten Dritten Welt und deren »Befreiungsbewegungen« fortsetzte, wurde durch die späte, erfolgreiche Karriere der Frankfurter Schule theoretisch fundiert.

Als Adorno aus dem amerikanischen Exil zurückkehrte, hatte er den besonderen Ehrgeiz, Heidegger »zu erledigen«, und dank seines mit finanziellen Mitteln der amerikanischen Besatzungsmacht, bundesrepublikanischer Institutionen und anderer Geldgeber ausgestatteten, 1951 in Frankfurt wiedereröffneten Instituts für Sozialforschung gelang es ihm tatsächlich, den Einfluss des bisherigen Übervaters der deutschen Philosophie erheblich zurückzudrängen. Seine Polemik gegen den Heideggerschen »Jargon der Eigentlichkeit« vermochte jedoch nicht über den geistigen Abstand hinwegzutäuschen – selbst sein ehemaliger Assistent Jürgen Habermas bezweifelte, ob Adorno Heidegger überhaupt gründlich gelesen habe –; ungeachtet dessen kann kaum bestritten werden, wie nahe Adorno Heidegger und anderen Kritikern der abendländischen Metaphysik aus heutiger Sicht ideologisch stand.

Allzu deutlich zeigt dies schon »Die Dialektik der Aufklärung«, Horkheimers und Adornos Grundlagenwerk ihrer Kritischen Theorie, dessen zentrale Aussage in der »Verschlingung von Mythos und Aufklärung« (Habermas) liegt. Schon in der Frühzeit der Menschheitsgeschichte habe sich eine »instrumentelle Vernunft« durchgesetzt, die sich die Natur und den Menschen zu unterwerfen suche. Der Anspruch reiner, objektiver Theorie und wertfreier Wissenschaft sei eine Illusion; die »Entzauberung der Welt« führe zu ihrer Verdinglichung. Die Vernunft emanzipiere sich nicht von der Mythologie, sondern sei mit dem mythischen Denken vielmehr eng verschränkt: So wie dieses bereits Aufklärung darstelle, indem Mythen und Rituale die Natur ordneten und gliederten, falle die Aufklärung selbst wieder in Mythologie zurück, indem sie das Konkrete mit den Mitteln von Logik und Abstraktion vereinheitliche, quantifiziere und dadurch berechenbar und beherrschbar mache. Alles, was sich der Logik der Machbarkeit entziehe, werde als Aberglauben bekämpft. Auf der gesellschaftlichen Ebene folgten daraus die Manipulierbarkeit des Menschen durch Warenwirtschaft und Massenmedien sowie seine Entfremdung. Der Faschismus ergebe sich somit nicht etwa aus einem – womöglich spezifisch deutschen – Irrationalismus, sondern vielmehr aus der ihrem Wesen nach instrumentellen, aufklärerischen Vernunft selbst; er ist also Ausdruck der totalitären Seite der Moderne.

Es versteht sich von selbst, dass Adorno und Horkheimer mit dieser an Nietzsche anknüpfenden – und sogar mit der Zivilisationskritik von Ludwig Klages verwandten – Position vom orthodoxen Marxismus weit entfernt sind; selbst Gramsci als Vordenker des westlichen »Kulturmarxismus« hätte sie als »irrationalistisch« verworfen. Zwar hatte dieser die Erlangung der kulturellen Hegemonie durch marxistische Intellektuelle als Ziel formuliert, da die Arbeiterklasse die Revolution allein aufgrund der Zuspitzung von Verteilungsfragen im Sinne des dialektischen Materialismus nicht herbeiführe, sondern sich vielmehr durch Zugeständnisse der kapitalistischen Ordnung in diese integrieren lasse, aber den Primat der Produktivkräfte über den »Überbau« hat Gramsci noch nicht in Frage gestellt. Die Kritische Theorie ging hingegen weit über strategische Fragen hinaus; die Verschränkung von Mythos und Aufklärung erschien ihr unhintergehbar – so wie sich das Sein laut Heidegger »gleichursprünglich« in seiner Offenheit verbirgt –, und die Massen werden im Kapitalismus immer manipuliert und von einem »falschen Bewusstsein« beherrscht bleiben.

Zwar wurde Adorno zuletzt selbst Opfer der von ihm geistig mit vorbereiteten »Revolution«, die sich nicht zuletzt gegen den auch noch von ihm repräsentierten Typus des Ordinarius und bildungsbürgerlichen Gelehrten richtete,[256] aber sein Einfluss auf Generationen von Geistes- und Sozialwissenschaftlern, Lehrern und Journalisten blieb enorm. Gerade weil die Frankfurter Schule marxistische Begriffe aufgriff, um sie in ihrer »Ideologiekritik« letztendlich mit idealistischen, kulturpessimistischen, sozialwissenschaftlichen, moralischen und ästhetischen Gedankengängen zu verschmelzen, haben ihre Betrachtungen zum »autoritären Charakter« und zur bürgerlichen Familie als dessen Keimzelle, zu Ökonomie und Massenmedien sowie nicht zuletzt zu Antisemitismus und Faschismus den neuen Zeitgeist seit den sechziger Jahren nachhaltig geprägt. Wie der französische Existenzialismus war sie in erster Linie intellektuelle Mode und Habitus, aber gerade deshalb so erfolgreich.

Wesentlich radikaler als der betuliche Adorno trat Herbert Marcuse, ein anderer Hauptvertreter der Frankfurter Schule, in Erscheinung. Bereits 1918 war er zwanzigjährig einem Soldatenrat beigetreten und 1933 zunächst in die Schweiz, danach in die USA emigriert, wo er beim Institut für Sozialforschung eine feste Anstellung erhielt. 1942 wurde Marcuse – der sich als scharfen Kritiker autoritärer, militaristischer Gesellschaftsformen verstand – Mitarbeiter des Office of Strategic Services (des Vorläufers der CIA), und bis 1951 arbeitete er noch als Europasektionsleiter einer Nachfolgeorganisation des OSS. 1954 wurde er Professor für Philosophie und Politikwissenschaft an der Brandeis University in Waltham (Massachusetts), 1964 Professor für Politikwissenschaft an der University of California, San Diego, und 1965 noch außerordentlicher Professor an der Freien Universität Berlin.

Seine Hauptwerke »Eros and Civilization« (1955, dt. »Triebstruktur und Gesellschaft«, 1965), »One-Dimensional Man« (1964, dt. »Der eindimensionale Mensch«, 1967) und »Kritik der reinen Toleranz« (1967) behandeln das Problem der Entfremdung in der modernen Gesellschaft und verbinden dabei Marxismus und Psychoanalyse. Mit Freud ist Marcuse der Meinung, dass die Sublimierung des Eros eine Voraussetzung sowohl der Kultur als auch einer stabilen Gesellschaft gewesen ist. Anders als der Begründer der Psychoanalyse sieht er darin aber nur eine historisch kontingente Gegebenheit und hebt die negativen Aspekte der Triebunterdrückung hervor: Die Unterdrückung des Lustprinzips stärke die destruktive Tendenz des Todestriebs (Thanatos) und führe zu Faschismus, Krieg und Massenmord. Andererseits trage das auf dem Leistungsprinzip beruhende System aber den Keim seiner Überwindung in sich: Die Steigerung der Produktion und die zunehmende Automatisierung schaffe Freiräume von der entfremdeten Arbeit; das »Reich der Freiheit« könne durch die anzustrebende »Große Verweigerung« im »Reich der Notwendigkeit« entstehen, wenn die Möglichkeiten der Produktivkräfte genutzt, deren Erzeugnisse gerecht verteilt und die repressiven »judäochristlichen« Moralvorstellungen überwunden würden.

Für Marcuses Vorstellungen gilt, was man für die 68er-Bewegung, in der sie ein lebhaftes Echo fanden, insgesamt konstatieren kann: Auf berechtigte Fragen wurden falsche Antworten gegeben. Marcuses Theorien sind inkohärent und inkonsequent. In seinen Versprechungen mischt sich marxistischer Utopismus mit nativem Technikglauben. Technischer Fortschritt ist aber kein Selbstläufer; er bedarf eines bestimmten Menschentypus und muss jeden Tag aufs Neue erarbeitet werden. Eine Abkehr vom Leistungsprinzip unter Beibehaltung des Wohlstands ist in einer Massengesellschaft, zumal wenn sie humanitär und egalitär – andererseits aber auch als Vereinigung selbstbestimmter Individuen – organisiert sein soll, nicht möglich; und zum dauerhaften Verzicht auf Wohlstand werden Mehrheiten kaum freiwillig bereit sein, insbesondere nicht in Schwellenländern, denen Konsummöglichkeiten lange vorenthalten wurden. Im Gegenteil zeigen manche einstige Kolonialländer, deren Bevölkerungen von westlichen Linken als »revolutionäre Subjekte« gefeiert wurden, heute technologischen Fortschritt, wirtschaftliche Effizienz und eine produktive Leistungsethik,[257] während der Wohlstand in bisherigen Industriezentren stagniert oder aufgrund des »Bündnisses« zwischen dem Neoliberalismus und der Neuen Linken faktisch zurückgeht.

Besonders unausgegoren wirkt Marcuses Parole von einer »Großen Verweigerung«. Die »Aussteiger« waren in der Hippie-Ära schließlich vor allem diejenigen, die es sich leisten konnten, weil die »entfremdete« Arbeit ihrer Väter einigermaßen einträglich war. Da ein totaler Ausstieg in der modernen, vernetzten Welt mit ihrer globalen Ökonomie kaum noch möglich ist, kann man westlichen Wohlstandshippies ihr Scheitern nicht unbedingt vorwerfen, sondern sich allenfalls über die Naivität mancher »Verweigerer« wundern, die letztendlich parasitär an dem partizipieren, was sie bekämpfen.

Zudem hat Marcuse die Fähigkeit der modernen Industriegesellschaft unterschätzt, immer wieder vermeintliche Widerstandsbewegungen, »Gegen«- und Subkulturen zu integrieren, einzubinden und zu vermarkten. Sämtliche, meist vor allem über einen bestimmten Musikgeschmack definierte Jugendkulturen von Blues und Rock 'n' Roll, Punk und Metal, Gothic und Dark Wave bis zu dem Staats-Hip-Hop und den mit Preisen ausgezeichneten »multikulturellen« Rappern der Gegenwart liefern anschauliche Beispiele.

Marcuse hat diese Umarmung des Gegners unter Zusprechung eines neuen »Labels«, die fast jedem »Aussteiger« eine neue ökonomisch-soziale Nische zubilligt, mit seinem Begriff der »repressiven Toleranz« zu beschreiben versucht. Das System sei also nur scheinbar tolerant und stabilisiere sich durch solche Vereinnahmungen eines neuen »Lifestyles« selbst. Er hätte damit den Finger in eine Wunde legen können, wenn er die Grenzen der Toleranz wirklich präzise beschrieben hätte: Sie werden von den Herrschenden in der westlichen Welt dort am entschiedensten gezogen, wo Menschen, Völker und Volksgruppen ihre eigene kulturelle und ethnische

Identität zu behaupten versuchen. Wer aber meinen könnte, Marcuse wolle der »repressiven Toleranz« eine wirklich freiheitliche Moral entgegensetzen, wird von ihm eines Schlechteren belehrt: Es sei selbstverständlich, »dass die bürgerlichen Rechte jenen entzogen werden, die ihre Ausübung verhindern.«[258] Gemeint waren natürlich die »Klassenfeinde«, »Abweichler« und »Konterrevolutionäre«, kurz all jene, die dem Fortschritt nach seiner Auffassung im Wege stehen und die letztlich einer »Erziehungsdiktatur« und »Gehirnwäsche« zu unterziehen oder auf andere Weise zum Verstummen zu bringen sind.

> »Das totalitäre Moment in dieser Art der Argumentation haben weder Marcuse noch seine Anhänger begriffen oder zugeben wollen. Aber hier lag die Ursache nicht nur für die zunehmende Brutalität, mit der die Neue Linke diesseits wie jenseits des Atlantiks gegen Professoren, Rektoren, Polizisten, dann gegen jeden vorging, der auch nur Bedenken äußerte. Hier lag auch die Rechtfertigung für eine spezifische Art von ›Meinungsterror‹, der zuerst nur Redner durch lauter werdendes Zischen oder rhythmisches Klatschen zum Verstummen brachte, dann ›Liberale aus dem Saale!‹ skandierte, die Opposition in der Vollversammlung niederbrüllte oder körperlich attackierte, den Genossen zur ›Selbstkritik‹ vor der Gruppe zwang und zuletzt – im Fall derer, die Dutschkes Partisanenphantasie ernst nahmen – die ›Schweine‹ wie jeden Verdächtigen kalten Herzens liquidierte.«[259]

Letztlich beließ es Marcuse, wie fast alle Vordenker der Achtundsechziger – die von dem rhetorisch bekämpften System ihr professorales Einkommen bezogen –, nur beim Kokettieren mit der Gewalt, bei der revolutionären Pose, aber dieser Verbalradikalismus hat einerseits denen, die aus den Parolen mörderische Konsequenzen zogen, die Begründungen geliefert, und andererseits der schleichenden Zersetzung der Gesellschaft, der Zerstörung von Ehe und Familie, der Auflösung nationaler Identität und der totalitären Stigmatisierung jedes andersdenkenden Gegners den Weg geebnet. Diese Gesamtentwicklung war weitaus schwerwiegender als das Abgleiten einiger weniger Außenseiter in einen Terrorismus, der nicht nur die staatlichen Institutionen, sondern die gesamte Bevölkerung gegen sich hatte.

Rudi Dutschke, dem führenden Aktivisten der »Bewegung«, reichte dieses Lavieren nicht mehr. Vor allem seit der nicht durch Notwehr oder Nothilfe begründeten, vom damaligen Regierenden Bürgermeister Berlins Heinrich Albertz im Nachhinein gebilligten Erschießung des Studenten Benno Ohnesorg am 2. Juni 1967 kippte die bereits durch die Demonstrationen gegen den Schah-Besuch und die Diskussion um die Notstandsgesetze aufgeheizte Stimmung immer mehr. Aus einer Minderheit wurde eine Massenbewegung, für die sich die Frage nach der künftigen Strategie stellte. Wie ernst würde man es mit seiner Rhetorik meinen? Beim Kongress »Hochschule und Demokratie« des SDS in Hannover am 9. Juni 1967 kam es zu einer Kontroverse zwischen Habermas und Dutschke.

> »Habermas betonte die positiven Effekte, die die Vorstöße der Studenten gehabt hätten, insofern es ihnen gelungen sei, mit Provokationen auf Missstände hinzuweisen oder die Macht der staatlichen Institutionen in Frage zu stellen. Jetzt stehe die Bewegung aber am Scheideweg und müsse sich der Gefahr bewusst sein, die in blindem Aktionismus liege. Das war eine kaum verhohlene Kritik an Dutschke, der mit einer scharfen Antwort nicht zögerte und Habermas vorwarf, dass ›begriffloser Objektivismus […] das zu emanzipierende Subjekt‹ erschlage und dass dessen Analyse zwar an Marx orientiert sei, aber die tatsächliche Lage in der spätkapitalistischen Gesellschaft verkenne. Die zeige nur eine Scheintoleranz durch die ›Pseudoöffentlichkeit der Massenmedien‹ oder die fallweise Gewährung von Demonstrationsfreiheit. Angesichts der Ermordung Ohnesorgs sei aber deutlich geworden, dass jede echte Opposition durch ›exemplarischen Polizeiterror‹ vernichtet werde. Die Studenten als Vorhut der emanzipatorischen Kräfte müssten deshalb zur Einsicht kommen, dass ›die etablierten Spielregeln dieser unvernünftigen Demokratie nicht unsere Spielregeln sind‹.«[260]

Aber auch Dutschke legte seine Spielregeln nicht wirklich offen. Anders als viele Verbalrevoluzzer verfolgte er eine durchdachte Doppelstrategie, die einerseits auf eine Politisierung der Gesellschaft und die Bildung radikaler »Aktionszentren«, andererseits auf bewaffnete Kämpfe in der Dritten Welt setzte, die sich schließlich zu einem Flächenbrand entwickeln sollten: *Schaffen wir zwei, drei, viele Vietnam* lautet der Titel einer Schrift von Che Guevara, die Dutschke 1967 zusammen mit dem chilenischen Studenten Gaston Salvatore ins Deutsche übersetzte, um die »Fokus-Theorie« des kubanischen Revolutionärs in Deutschland bekannt zu machen. In dieser wurde in der Tradition Gramscis nicht mehr auf die Arbeiterklasse als revolutionäres Subjekt gesetzt, sondern zur Schaffung von »Brennpunkten« durch entschlossene Minderheiten aufgerufen, von denen der Aufruhr auf die breiten Massen übergreifen sollte.

Über Revolution und Gewalt wurde viel schwadroniert – was Habermas sogar von einem »linken Faschismus« sprechen ließ –, aber letztlich erhoffte man sich die entscheidenden Impulse aus den fernen – in exotistischer Tradition romantisierten – Urwäldern Vietnams und Südamerikas, wo wilde Krieger, deren Kommandanten man religiös verklärte (»Jesus mit der Knarre«), heroische Kämpfte führten, während man selbst im Hörsaal randalierte.

Es wäre aber zu billig, sämtlichen Führungsfiguren von 1968 Mutlosigkeit vorzuwerfen – immerhin hat Dutschke sein Engagement mit dem Leben bezahlt –; die Ursachen, warum die meisten Achtundsechziger die letzte Konsequenz doch nicht zogen, liegen darin, dass sich das kapitalistische System der westlichen Welt eben doch nicht in einer derart umwälzenden Krise befand, wie man zu diagnostizieren glaubte; stattdessen hatte es die breite Akzeptanz bürgerlicher Mehrheiten einschließlich der gemäßigten Linken. Seit der großen Koalition wusste es sich durch Reformen zu stabilisieren, die viele linke Forderungen aufnahmen, und konnte dem revolutionären Elan, der wesentlich auf den Identitäts- und Adoleszenzkrisen einer in relativem Wohlstand herangewachsenen, materiell saturierten Nachkriegsgeneration und deren Suche nach eigenen kulturellen und mentalitätsspezifischen Ausdrucksformen beruhte, den Wind aus den Segeln nehmen.

Nicht ohne Grund erkannte Habermas bei allem Wohlwollen für »begrenzte Regelverletzungen«, von denen ein »heilsamer Schock« auf die Gesellschaft ausgehen könne, im Gebaren der Studentenbewegung vor allem »ritualisierte Formen der Erpressung und des Trotzes von Heranwachsenden gegenüber unaufmerksamen, aber relativ nachsichtigen Eltern.«[261] Viele dieser jungen Leute stammten außerdem, worauf Habermas ebenfalls hinwies, durchaus nicht aus reaktionären oder »faschistoiden«, sondern aus liberalen Elternhäusern. Ihr Aufbegehren, das die Achtundsechziger als »Widerstand« gegen eine autoritäre Obrigkeit feierten, war eher die Radikalisierung eines bereits herrschenden Laissez-faire, das sich nicht zuletzt in einem wohlwollenden Verständnis weiter Teile des linksliberalen Feuilletons zeigte.

Anders als die aufgehetzten Mitläufer, die ihre Lifestyle-Revolte mit politischen Phrasen aufdonnerten, verfolgte Dutschke mit seiner Doppelstrategie aus relativ moderaten, konkreten Forderungen wie der »Enteignung des Springer-Konzerns« und dem allmählichen Übergang zur Gewalt ein rationales Konzept, auch wenn er sich über dessen Akzeptanz und Massenbasis im Irrtum befand. Einerseits hetzte er seine Anhänger zu »zivilem Ungehorsam« und »Gegengewalt« gegen die staatlichen »Repressionsorgane« auf, deren zunehmend faschistischer Charakter durch die Erschießung Ohnesorgs hinreichend belegt erschien; andererseits plante er hinter den Kulissen schon weitere Schritte in Richtung revolutionärer Gewalt, zu der vor allem sein enger Mitstreiter Bernd Rabehl drängte. Natürlich ließ sich beides nicht trennen, und die militante Rhetorik peitschte den »zivilen Ungehorsam« zum – theoretisch legitimierten – Gesinnungsterror auf: »Seit dem Sommer 1967 kam es zu einer ununterbrochenen Reihe von Happenings, Demonstrationen und Provokationen, vor allem sexueller Art. Gottesdienste oder Theateraufführungen störte man durch Erstürmen des Altarraums oder der Bühne und das Absingen der ›Internationale‹, den Straßenverkehr durch Sitzblockaden.«[262] Die »Politclowns« der Kommune I um Rainer Langhans und Rainer Kunzelmann führten »situationistische« Subversive Aktionen durch, und es kam zu einer allgemeinen Verwahrlosung und Verrohung der Sitten. »Niemand hielt sich mehr an das Verbot, im Seminar zu rauchen, den Rasen zu betreten oder in der Bibliothek das Sprechen zu unterlassen. Das ›Umfunktionieren‹ von Vorlesungen und Seminaren zu Teach-ins war an der Tagesordnung, und zusammen mit den Universitätsstreiks führten sie fast zum Zusammenbruch des Hochschulbetriebs.«[263] Jeder Nachlässigkeit und Rüpelhaftigkeit, Verunreinigung und Beschädigung fremden Eigentums oder jedem Diebstahl konnte man als Widerstand eine Scheinlegitimation zusprechen.

Daneben liefen die Vorbereitungen zum »bewaffneten Kampf«, für den Dutschke die Unterstützung des italienischen Millionärs, Kommunisten und Freund Castros und Guevaras Giangiacomo Feltrinelli gewann, der ihm Sprengstoff für Anschläge auf amerikanische Schiffe besorgte. Auch Sabotageaktionen gegen den Sender American Forces Network (AFN) und sogar die Erstürmung amerikanischer Kasernen waren geplant.

Der Vietnam-Kongress am 17. und 18. Februar 1968 in Berlin, den die Elite der europäischen Linksintelligenz unterstützte,[264] markierte den Höhepunkt von Dutschkes Einfluss auf die Studentenbewegung. Am letzten Tag fand eine Abschlusskundgebung vor mehr als 12.000 Teilnehmern statt. »Sie trugen wieder rote und Fahnen des Vietcongs und große Bilder von Trotzki, Luxemburg, Karl Liebknecht, Ernst Thälmann und Che Guevara, die der SDS eigens vorbereitet hatte. Man hakte sich in langen Reihen unter, rief ›Ho, Ho, Ho Tschi Minh‹ oder ›Wir sind eine kleine, radikale Minderheit‹, um dann im Laufschritt vorzustürmen. Aber die Hochstimmung dieses Tages hielt nicht an.«[265] Bald zeigte sich nur allzu deutlich, dass die Außerparlamentarische Opposition in der Tat nur eine Minderheit war: Zu einer vom Springer-Konzern mit Unterstützung des Berliner Senats, der großen Parteien und des DGB – heute würde man sagen »von einem breiten gesellschaftlichen Bündnis«[266] – organisierten »Freiheitskundgebung« versammelten sich wenige Tage später fast 150.000 Menschen – also mehr als zehnmal so viele wie bei dem Vietnam-Kongress.

Dutschke hätte sich nun endgültig entscheiden müssen, ob den revolutionären Aufrufen wirklich der bewaffnete Kampf folgen sollte, oder er hätte wohl mitansehen müssen, wie die durch seine charismatische Persönlichkeit bislang zusammengehaltene Bewegung allmählich in verschiedene Richtungen zerrinnt. Unter dem Einfluss seiner bürgerlich und familiär denkenden

Frau, einer amerikanischen Theologiestudentin, zögerte er auf dem Zenit seines Ruhmes, erwog ausgerechnet nach Amerika auszuwandern und dort seine Doktorarbeit abzuschließen – da wurde ihm die Entscheidung durch das Attentat am 11. April 1968, von dessen Folgen er sich bis zu seinem frühen Tod 1979 nicht mehr erholte, abgenommen. Dass der Attentäter ein Hilfsarbeiter war, markiert noch einmal den Abstand zwischen der Studentenbewegung und dem einfachen Volk. Die Arbeiterklasse taugte durchaus nicht als »revolutionäres Subjekt«, aber die linke Intelligenz genauso wenig. Die Rebellion flammte noch einmal in ohnmächtiger Wut auf; an den folgenden Tagen kam es in ganz Deutschland zu zahlreichen Demonstrationen und Kundgebungen, bei denen man Repräsentanten des Staates und den Springer-Konzern zu den eigentlichen Schuldigen erklärte. Die Bundesrepublik erlebte ihre bislang schwersten Unruhen und Straßenschlachten mit zwei Toten, über dreihundert Verletzten und enormem Sachschaden.

Die Krise war zugleich Höhe- und Umschlagspunkt: Das linksbürgerliche Feuilleton rückte von der APO ab, selbst »Die Zeit« sprach von der »Schreibtischtäterschaft des SDS«, der revolutionäre Elan verebbte allmählich, und die durch den Ausfall Dutschkes kopflos gewordene Bewegung »entmischte« sich, so dass sich schließlich drei große, heterogene Lager mit mannigfachen Führungsfiguren, Untergruppen und -grüppchen bildeten: erstens die große Masse der durch die Studentenbewegung geprägten Linken, die den bewaffneten Umsturz verwarfen, auf Reformen statt einer Revolution setzten, später meist bürgerliche Laufbahnen einschlugen und sich für Parteien der gemäßigten Linken engagierten; zweitens die Sektierer der marxistischen, leninistischen, trotzkistischen oder maoistischen Kleinparteien, die sich teils am chinesischen, teils am albanischen Kommunismus orientierten oder von der Stasi unterwandert wurden; und drittens die kleinen terroristischen Gruppen, die in den Untergrund abtauchten und vor allem in den siebziger Jahren durch ihre Anschläge das Land in Schrecken versetzten.

Auch in manchen europäischen Nachbarländern wandelte sich die Stimmung; im Juni 1968 errang de Gaulle nach den schweren Mai-Unruhen, die sogar zu seiner kurzzeitigen Flucht zu den französischen Truppen nach Deutschland geführt hatten, einen triumphalen Wahlsieg, und in der Tschechoslowakei wurde mit dem Prager Frühling der Versuch eines demokratischen Sozialismus zerschlagen. Dabei zeigte nicht nur die Sowjetunion ihr wahres Gesicht, sondern auch westliche Linke, die sich in Lippenbekenntnissen vom Stalinismus distanzierten, den Kommunismus aber bei allen, meist nur widerwillig zugestandenen Mängeln doch für das bessere und progressivere System hielten, entlarvten sich als naiv, wirklichkeitsblind oder verlogen. Anstatt Solidarität mit den Altersgenossen zu zeigen, die in der Tschechoslowakei gegen die Besatzungsmacht kämpften, warnten Vertreter der westlichen Linken wie Dutschke davor, den Kapitalismus einzuführen, und mahnten zur Beibehaltung der »Errungenschaften« des Sozialismus.

Obwohl Dutschke und einigen seiner Weggefährten im Rückblick nachgesagt wurde, dass sie den Unabhängigkeitskampf unterdrückter Völker auch als nationalen Befreiungskampf gesehen und dabei ausdrücklich auch das deutsche Volk eingeschlossen hatten, sprechen die meisten Verlautbarungen der radikalen außerparlamentarischen Linken eine andere – reichlich schulmeisterliche und obrigkeitsorientierte – Sprache: Kritik an der östlichen Obrigkeit stand schnell im Verdacht, »reaktionär« motiviert zu sein; die Menschen, die immerhin schon das Glück hatten, in einer noch nicht gänzlich ausgereiften sozialistischen Gesellschaft zu leben, sollten an deren Vollendung mitarbeiten; und der Unabhängigkeitskampf eines Volkes war nur dann unterstützenswert, wenn er sich gegen ein »reaktionäres« Regime richtete und letztlich der Vorbereitung der Weltrevolution diente.

Insgesamt behielten die Sympathiebekundungen für den »real existierenden Sozialismus«, abgesehen von den durchaus nicht wenigen östlich gesteuerten, kommunistischen »Betonköpfen«, die in die K-Gruppen, ökologischen und pazifistischen Bewegungen der siebziger und achtziger Jahre (wie auch in die Partei der Grünen) einsickerten, oft Züge eines intellektuellen Spleens. Man provozierte und gefiel sich in der Rolle des Bürgerschrecks und »kritischen Intellektuellen«, der anders als links gar nicht vorstellbar war, bezog sich aber doch meist auf die »unorthodoxen«, »häretischen« und »utopisch-sozialistischen« Autoren des westlichen Marxismus. Die Neue

Linke war ein westliches Phänomen, und konnte, da sie eigentlich nur eine sozialistisch verbrämte Radikalisierung des schon von der amerikanischen Besatzungsmacht erwünschten Linksliberalismus war, leicht vom beschimpften System aufgesogen werden, nachdem sie sich die Hörner abgestoßen hatte.

Natürlich trug die anthropologische Tatsache, dass auch Linke älter werden und sich mit den bestehenden Verhältnissen arrangieren, zu dieser Entwicklung bei, aber wichtiger war, dass ihre Ziele denen der kapitalistischen Wohlstandsgesellschaft gar nicht so sehr entgegenstanden. Wohlfahrt und materielle Sicherheit verhieß auch der Spätkapitalismus, und wenn er sich dabei schließlich gegenüber Sozialismus und Kommunismus als erfolgreicher erweisen sollte, was sprach dann dagegen, irgendwann die Konsequenz der Anpassung zu ziehen? Es war durchaus keine einseitige Anpassung und Korrumpierung der ursprünglichen Ziele, wie der radikale Flügel argwöhnte, sondern eine wechselseitige Angelegenheit: Die radikale Linke versöhnte sich mit dem marktwirtschaftlichen Wohlfahrtsstaat, und der Kapitalismus pflegte mehr und mehr auch egalitäre Prinzipien – sofern sie Wohlstandsgefälle und »Leistungsprinzip« nicht berühren. Der Egalitarismus ist in den liberalkapitalistischen Prinzipien der »Chancengleichheit« oder der quantifizierenden Bewertung des Menschen nach seiner Produktivkraft schließlich schon angelegt. Zwar ist die Arbeitsleistung des Einen auf dem Markt mehr wert als die des Anderen, aber alle Konkurrenten unterliegen letztlich denselben ökonomischen Maßstäben. Möglichkeiten, einen linken Egalitarismus unter kapitalistischem Vorzeichen umzusetzen, gab es genug – sie sollten bald das Konzept der sogenannten Politischen Korrektheit kennzeichnen.

Die »Fusion« von Neoliberalismus und Linksideologie in der westlichen Welt seit den neunziger Jahren hat den Achtundsechzigern einen späten Sieg beschert und zu einer Gleichschaltung der öffentlichen Meinung geführt, die man zuvor nur aus Diktaturen kannte.

Caspar von Schrenck-Notzing hat das Ende der Ära der relativen Freiheit, die in der Nachkriegszeit herrschte, wie oben dargestellt, in der Aufhebung der adenauerzeitlichen Trennung von »Macht« und »Moral« gesehen; dieser

Prozess begann mit der Abkehr der SPD von Sozialismus und Blockfreiheit, bzw. ihrem Frieden mit der Marktwirtschaft im Godesberger Programm, und setzte sich mit der Hinwendung der Sozialdemokratie zur »heimatlosen Linken« der sechziger Jahre fort, so dass sie nun einen Spagat zwischen linker Mitte und linkem Radikalismus »wagen« konnte. »Mehr Demokratie wagen« hieß also, sich ideologisch breiter aufzustellen. Eine reformwillige Mitte wurde Schritt für Schritt veranlasst, die Umsetzung dezidiert linker Forderungen zuzulassen oder sogar zu verlangen, und der Linksradikalismus wurde zu den staatlichen Institutionen zurückgeführt, deren Legitimität er nun akzeptierte.

Dieser Konsens, der die SPD an die Macht gebracht hat und den Linksradikalismus weithin akzeptabel werden ließ, kam Anfang der achtziger Jahre scheinbar zu einem Ende, als der sozialdemokratische Bundeskanzler Helmut Schmidt der – in Teilen kommunistisch gesteuerten – »Friedensbewegung« keine Zugeständnisse machen wollte und stattdessen das verfolgte, was in seinen Augen die Staatsräson erforderte. Wer vom Regierungswechsel 1982 die von der CDU versprochene »geistig-moralische Wende« erhofft bzw. aus entgegengesetzter Perspektive ein konservatives »Rollback« befürchtet hatte, erlebte jedoch, dass sich eine neue Politik der CDU/FDP-Koalition allenfalls auf ökonomischem Gebiet zeigte. Den Bereich der »Moral« bzw. die Auseinandersetzung um politische Ideen überließ man der Linken, ohne auch nur zu versuchen, wesentliche Korrekturen an linken »Errungenschaften« der siebziger Jahre durchzuführen. »Konservative« Politik besteht seit den achtziger Jahren bestenfalls in der Bewahrung des jeweiligen, von den Linken geschaffenen Status quo; allenfalls bekämpfte man verbal die nächsten Attacken auf tradierte Identitätsbestände, um später, nach einer durch solchen Betrug gewonnenen Wahl, einmal mehr die Politik der Linken zu übernehmen.

Hinter dieser geistigen Auszehrung und der Übernahme einstmals äußerst linker, jetzt zum Mainstream gehörender Positionen steht eine lange Entwicklung, die mit der Zusammenführung von »Macht« und »Moral« in den sechziger Jahren begann. Erst trat die linke, dann die bürgerlich-konservative Mitte auf die Seite der »Moral«. Der Begriff der Mitte, der in Deutschland noch immer – und trotz allem, was Politiker der Mitte angerichtet haben – mit Ruhe, Ordnung, Beständigkeit, Sicherheit und Vernunft assoziiert ist (anstatt mit Trägheit, Behäbigkeit, Denkfaulheit und Untertanengeist), wurde aus taktischen Gründen beibehalten, das tatsächlich unter »Mitte« Verstandene aber immer weiter nach links verschoben. Auf linker Seite verfolgte man die »Salamitaktik«, bei der man immer das relativ Akzeptanzfähigste forderte, um dem Gegner Scheibe für Scheibe seine Bestände abzutrotzen; auf konservative Seite reagierte man darauf in hilfloser Getriebenheit. Man sagte »Weiter so«, aber das »So« gab längst der Gegner vor. Alle Fragestellungen kamen von links, und auch die »konservativen« Antworten bewegten sich, schon dadurch, dass man die Geltung und Relevanz dieser Fragestellungen vorbehaltlos akzeptierte, innerhalb des abgesteckten Rahmens, der im Laufe der Jahre immer enger wurde.

Der Zerfall der 68er-Bewegung und das Scheitern ihrer revolutionären Bestrebungen bedeuteten nicht den Untergang ihrer Ziele, sondern waren die Voraussetzungen für deren Durchsetzung. Dabei hat es noch in den achtziger Jahren so ausgesehen, als hätte sich die Bewegung erledigt – der Zeitgeist war zwar alles andere als konservativ, aber auch noch nicht links, sondern hedonistisch, wirtschafts- und konsumorientiert; die Jugend galt überwiegend als unpolitisch; der »Popper« verdrängte den »Punker«, der »Yuppie« den linken Demonstranten (und rechte Demonstranten gab es so gut wie gar nicht). Große Krisen fanden allenfalls »woanders« statt, der Atomkrieg war auch vor Gorbatschow bereits ein abstraktes Szenario, ökologische und »friedenspolitische« Sorgen bewegten nur eine Minderheit wirklich ernsthaft, man vertraute auf Wirtschaftswachstum und steigende Löhne. Um nationale oder sexuelle Identitäten machte sich die Mehrheit kaum Gedanken, und kleine radikale Minoritäten mit entsprechenden Obsessionen belächelte man, wenn man sie überhaupt zur Kenntnis nahm. Die Grundstimmung war für deutsche Verhältnisse entspannt, man gab sich »cool« und »relaxed«. Jeder war »im Prinzip« für Gleichberechtigung, spottete aber über »Emanzen«. In jeder Schulklasse gab es einen Türken, Italiener, Griechen oder Jugoslawen, aber ein Problem der Überfremdung konnte man noch kaum erkennen, und anfängliche Warnungen schrieb man in den Wind. Im Umgang mit der deutschen Vergangenheit hatte tatsächlich eine gewisse »Normalisierung« eingesetzt, und der Nationalsozialismus wurde an den Schulen behandelt wie andere Themen auch. Zwar gab es Debatten über Auschwitz, Kriegsschuld, »Vergangenheitsbewältigung« oder »Nestbeschmutzung«, und Bundespräsident Richard von Weizsäcker hielt 1985 seine berühmte Rede, in der er das Kriegsende zur Befreiung umdeutete, aber all das bewegte nur wenige Intellektuelle. Als dann die Mauer fiel und die Wiedervereinigung kam, stand die Linke ratlos und nörgelnd abseits. Die SPD verlor mit ihrem relativ jungen »Hoffnungsträger« Oskar Lafontaine die Bundestagswahl, während Helmut Kohl, dessen Image zuvor das eines tumben und hämisch verspotteten Langweilers war, sich zum Kanzler der Einheit aufschwang. Der Kommunismus war erledigt, ein irgendwie mögliches »menschliches Antlitz« wollte kaum noch jemand an ihm erkennen, auch westliche linke Intellektuelle standen plötzlich unter Rechtfertigungsdruck.

Und dennoch erlebte die Linke nach kurzer Schockstarre ein beeindruckendes, damals kaum für möglich gehaltenes Revival. Ausgerechnet aus den USA, dem kapitalistischen Sieger der Geschichte, strömten neue Ideen nach Deutschland, die der Substanz nach äußerst links waren, aber in einem nichtsozialistischen, schon gar nicht marxistischen, sondern liberalen, poppigen, postmodernen Gewande daherkamen. Wieder schien das »Ende der Geschichte« gekommen, nur eben nicht in der klassenlosen sozialistischen Gesellschaft, sondern in Gestalt des liberalen Kapitalismus, der Demokratie und Menschenrechte schützte und scheinbar jede Vernunft auf seiner Seite hatte. Früher oder später würden auch die verbliebenen, noch von reaktionären Gesinnungen beherrschten Länder und Kulturkreise sich öffnen und nachziehen, und dann gibt es nur noch technischen Fortschritt, da alle großen gesellschaftlichen Fragen gelöst sind.

Dieser utopische Charakter des Neoliberalismus erlaubte es der westlichen Linken, in kurzer Zeit die Seiten zu wechseln, ihre frühen Sympathien für den »real existierenden« Sozialismus zu vergessen und die neoliberale Propaganda von der »Einen Welt«, in der alle friedlich miteinander leben, wenn sie nur »tolerant« sind, zu übernehmen und als neue Utopie die »Weltrepublik« anzunehmen. Zwischenzeitlich sollte die EU die utopischen Bedürfnisse befriedigen. »Europa« wurde zur neuen postnationalen Utopie, der Internationalismus des Kapitals ersetzte den Internationalismus der Arbeiterklasse und wurde durch den von der deutschen Linken verinnerlichten kollektiven Selbsthass, die Verachtung alles Deutschen oder mit Deutschland klischeehaft Assoziierten, befeuert.

Wieder einmal fanden »Macht« und »Moral« gut zusammen: Die »Macht« in Gestalt der ehemaligen Besatzungsmächte und jetzigen »Freunde« verlangte, dass Deutschland unbedingt in ein vereintes Europa eingebunden werden und mittelfristig auch seine Währung – Symbol und Garant deutschen Wohlstandes – aufgeben müsse, und der Linken, deren Hauptsorge stets einem neuen »Nationalismus« und »Faschismus« galt, machte mit der kurz zuvor noch bekämpften oder wenigstens beargwöhnten EU ihren Frieden. Links war jetzt nicht mehr, wer erwartungsvoll nach Osten, sondern wer nach Westen schaute.

Die Achtundsechziger, die eben noch als ergraute Parteigänger vergangener Zeiten und Ideen abseitsstanden, hatten gewonnen. Ihre utopischen Maximalforderungen wie Räterepublik, Verstaatlichung der Produktionsmittel, klassenlose Gesellschaft hatten sich nicht erfüllt, die sozialistische Revolution hatte nicht stattgefunden, aber der Egalitarismus als – für linkes Denken und linke Politik überhaupt – zentrales Prinzip, ihr Moralismus und ihr Hedonismus gelangten auch unter kapitalistischem Vorzeichen zur Vorherrschaft.

Wurde das Gleichheitsprinzip im Sozialismus gewöhnlich mit Askese, Zwang, Arbeit und Verzicht assoziiert, so konnte es durch die Verbindung mit dem »Spaßprinzip« in der globalkapitalistisch-neulinken Fusionsideologie eine erstaunliche Attraktivität gewinnen. Gleichheit wurde nun nicht mehr auf niedrigstem Niveau durchgesetzt, sondern so, dass sie für viele auf einem zumindest passablen Wohlstandslevel erlebbar wurde, wobei Ungleichheit trotzdem erhalten, aber aus der je eigenen Welt verbannt wurde. Man vergleicht sich mit seinen Nachbarn oder Kollegen, nicht aber mit Superreichen, denen man niemals begegnet, so dass man sie auch nicht beneidet. Die Welt der Reichen, Schönen und Berühmten wird durch die Medien so vermittelt, dass sie nah genug erscheint, um bewundert zu werden, aber doch so fern, dass man den Reichtum nicht als eigenen Mangel wahrnimmt. Im Gegenteil hielt der Neokapitalismus stets das Versprechen aufrecht, dass jeder durch Leistung etwas erreichen könne. Die Reichen leben in der offiziell dehierarchisierten, nivellierten Demokratie eigentlich genauso wie jedermann, und manche Medienformate suggerieren umgekehrt, dass »jedermann« auch ein »Star« und »reich« und »berühmt« werden könne – durch dieses, freilich so gut wie nie eingelöste Versprechen bleibt das gewaltige und in immer weiter zunehmende Wohlstandsgefälle unangetastet.

Indem linker Egalitarismus sich mit dem Spaßprinzip verband, konnte sich der globale Kapitalismus der ihm nur scheinbar entgegengesetzten, eigentlich aber von ihm abgespaltenen linken Ideologie bemächtigen, so dass Linke im Zeitalter der Politischen Korrektheit zu den Propagandisten des Globalismus der Konzerne werden konnten. Die einen machten ihr Business, die anderen lieferten die humanitären Werbeslogans dafür.

Politische Korrektheit oder der Zwang, immer lieb und dumm zu sein

Der wichtigste Faktor bei der normierenden Durchsetzung linken Denkens, trotz der regelmäßig wiederkehrenden, systemisch bedingten Misserfolge linker Politik, war der Import des Konzepts der Political Correctness aus den USA seit den neunziger Jahren. Bis dahin war das linke Weltbild, wie es etwa die Achtundsechziger vertraten, nur eine politische Grundhaltung – die einer Minderheit – neben anderen, und im Wettstreit der Meinungen konkurrierten Sozialismus, Liberalismus und Konservatismus in ihren mannigfachen Abstufungen und Fraktionen. Den gemeinsamen diskursiven Rahmen, innerhalb derer die Auseinandersetzung möglich war, bildete die Rechtsordnung des jeweiligen Staates.

Die Politische Korrektheit entwickelte parallel zu diesem formalen Regelwerk eine Art Morallehre, die ersteres allmählich aufsog und umgestaltete; diese (Un-)Ordnung ging zwar von bestimmten historischen Situationen aus, formulierte ihre Prinzipien aber als angeblich universal gültige oder noch durchzusetzende, globale Ethik. Die am Wahrheitsbegriff orientierte ältere politische Theorie, der es um die Geltung für richtig gehaltener Prinzipien ging, wurde durch eine am Begriff des Guten ausgerichtete politisierte Moral- bzw. eigentlich Gefühlslehre ersetzt, denn im Zentrum der Politischen Korrektheit steht nicht nur ein bestimmtes Wohlverhalten, sondern auch das »korrekte« Empfinden.

»Im Kampf und in der Kritik der Ideologien ging es um Wahrheit oder Falschheit des Allgemeinen und eigentlich um ein Allgemeines, das erst zu schaffen war, während es der Political Correctness um den Schutz eines als selbstverständlich gegebenen Allgemeinen zu tun ist, das seine Geltung unabhängig von Reflexion und Kritik hat.«[267] Die Political Correctness tritt also, wie Peter Furth in seinen ausgezeichneten Überlegungen über »Kategorielles zur Political Correctness« darlegt, »mit der Unmittelbarkeit einer selbstverständlichen Moral auf ohne einen bestimmten Träger oder Adressaten. Die Ubiquität und Anonymität des ›Man‹ sind ihr Kennzeichen.«[268]

Nicht zufällig hat die Politische Korrektheit als offiziell erwünschte Mentalität der Massendemokratie einen ausgesprochen weiblichen bzw. – insofern Weiblichkeit als Ideologie auftritt – feministischen Charakter:

> »Der Bereich, in dem nicht Reflexion und Entscheidung, sondern das sich Geziemende, das ›Man sagt‹ und ›Man tut‹ gilt, ist von alters her eine Domäne der Frau. In Erinnerung an Goethes ›Tasso‹ kann es einem so vorkommen, als wäre *Political Correctness* so etwas wie die demokratische Version der Frauenrolle in der höfischen Kultur. So nimmt es nicht wunder, dass der Feminismus bei Proklamation und Durchsetzung der *Political Correctness* als treibende und führende Kraft fungierte.«[269]

Die von den Wächtern und insbesondere Wächterinnen der Politischen Korrektheit propagierte Moral soll nun, da sie kaum rational vermittelbar ist, sondern, wie weiter unten noch beschrieben wird, ausgesprochen irrationale Züge aufweist, möglichst habituell verankert werden. Politische Korrektheit als Diskurs- und Herrschaftsform ist also der Versuch, eine emotionale Korrektheit herzustellen, wie schon von George Orwell in seinem berühmten Roman »1984« vorausgesehen. Wir sollen nicht mehr nur damit aufhören, uns »falsch« zu verhalten, weil wir dann mit Sanktionen rechnen müssen, sondern wir sollen gar nicht mehr »falsch« handeln *können*, weil uns das »falsche« Empfinden aberzogen wurde. Diese Konditionierung soll durch möglichst früh ansetzende Erziehungsmaßnahmen im Sinne der gewünschten egalitären, »genderneutralen«, »antirassistischen« und allgemein »nichtdiskriminierenden« Ziele erreicht und durch eine möglichst umfassende Kontrolle der öffentlichen wie der privaten Sprache aufrechterhalten werden.

Die politische Korrektheit kritisiert, anders als die klassische Linke, wenn überhaupt nur pro forma die politischen und ökonomischen Herrschaftsverhältnisse, deren fortwährender Bestätigung sie de facto längst dient. Ihr Hauptaugenmerk gilt der »Spracherziehung«:

> »Sie will die öffentliche Sprache inaugurieren und Verkehrsformen durchsetzen, die das gesellschaftliche Leben von Diskriminierungen säubern sollen. [...] Sie geht also Ungleichheit und Herrschaft als Kommunikationsprobleme an und hat dabei die Überzeugung, dass auf diesem Weg die materiellen gesellschaftlichen Verhältnisse letztendlich in gleiche und herrschaftsfreie umgebaut werden können.«[270] Tatsächlich wird dabei jedoch Herrschaft errichtet oder aufrechterhalten: »Die Political Correctness tritt nicht als freier Diskurs auf. Ihre Sprachkritik findet als Sprachhygiene statt, die mit Quarantänevorschriften arbeitet. Ihre Umwertungen von Rollen und sozialen Beziehungen haben die Formen von Anordnungen; Abweichungen davon oder auch nur Indifferenz stehen unter schwerwiegenden Sanktionen.«[271]

Die erwünschten oder vorgeschriebenen Umbenennungen gleiten oft ins Lächerliche und Absurde ab, wenn beispielsweise Maskulina oder Neutra durch feminine Neukonstruktionen ergänzt oder ersetzt werden (»Gästin«

oder gar »Menschin«, »herstory« statt »history«, »femtal« statt »mental« usw.), weil man nicht zwischen grammatischem und biologischem Geschlecht zu unterscheiden gewillt ist. Oder man sucht, seit das Geschlecht in neuerer Zeit überhaupt dekonstruiert und neutralisiert werden soll, »zweigendernde« (die geschlechtliche Polarität zum Ausdruck bringende) Formulierungen möglichst zu vermeiden und schreibt etwa »Studierende« statt »Studentinnen« und »Studenten«. Mit großem Eifer werden auch Schreibweisen verwendet, die sich, wie das große Binnen-I (»TeilnehmerInnen«), Gender-Sternchen oder neutrale Endungen auf x in der gesprochenen Sprache kaum oder gar nicht artikulieren lassen. Was nicht ausgesprochen werden kann, wird dann durch entsprechende Betonung, Mimik oder Gestik akzentuiert, wie die in geisteswissenschaftlichen Seminaren typischen »Flatterbewegungen« der angehobenen Hände, mit denen der Vortragende Anführungszeichen zum Ausdruck bringen will. Es ist schließlich eine besonders beliebte Praxis, Begriffe wie »Volk«, »deutsch«, »Heimat« oder sogar »Mann« und »Frau«, deren reale Entsprechungen man bestreitet oder »dekonstruiert«, in Anführungszeichen zu setzen. Albernheiten dieser Art werden von den Vertretern der Politischen Korrektheit allerdings mit großem Ernst betrieben und, insofern es sich um behördliche Vorgaben handelt, mit Steuergeld finanziert. Längst gibt es in Deutschland erheblich mehr Lehrstühle für die Pseudo-Wissenschaft der Gender Studies als z.B. für Altphilologie oder Slawistik.

Die Politische Korrektheit ist in sämtliche, auch die intimsten Lebensbereiche vorgedrungen und setzt die alte Forderung linker Emanzipationsbewegungen um, dass das Private öffentlich werden müsse, wobei aufgrund ihrer Schwammigkeit und Ungreifbarkeit schwer zu entscheiden ist, »ob es sich bei der Political Correctness um eine Politisierung der Privatheit oder eine Privatisierung der Politik handelt. Die Ziele sind sicher politisch, aber ihren Rang und ihre Plausibilität gewinnen sie aus der emotionalen Vorstellungswelt der Privatheit. [...] Freiräume gibt es also für die Political Correctness nicht.« Sie »sichert die konforme Ausrichtung der Intimität; die Welt ist für sie imaginärer Wohninnenraum.«[272]

Furth spricht auch von der »Tyrannei der Intimität« und meint damit sowohl die »Formierung der massendemokratischen Mentalität« als auch die Politische Korrektheit als deren charakteristische Ausdrucksform.

Politik und Privatsphäre werden also nicht mehr, wie in freien Gesellschaften üblich, prinzipiell auseinandergehalten, so dass der Staat nur in rechtlich begründeten Ausnahmefällen in das Privatleben seiner Bürger eingreift, sondern jeder Bereich gilt als politisch und unterliegt entsprechenden Vorschriften. Diese Nichtdifferenzierung zwischen privater und öffentlicher Sphäre, Moral und Politik, verbindet die Politische Korrektheit mit dem klassischen Totalitarismus, geht aber, trotz der »Weichheit« der Sanktionsmechanismen, durch ihre emotionalisierende Kontrolle noch über diesen hinaus. Während etwa der Sozialismus in der DDR immer noch Räume des privaten Unter-sich-Seins zur eingehegten verbalpolitischen Triebregulierung duldete, in denen das Sagbare und seine Grenzen, obwohl niemals klar definiert, bekannt waren, kann die Politische Korrektheit nicht eher ruhen, bis das Fühlen und Denken aller Menschen in ihrem Sinne konditioniert ist und es keine »Diskriminierung« aufgrund von Unterschieden mehr gibt.

Da Unterschiede aber erstens zur Lebendigkeit des Menschen gehören und jede Erkenntnis »Diskriminierung« (von lat. *discriminare*, »unterscheiden«, »trennen«, »absondern«) voraussetzt, und da zweitens aus der Verschiedenheit aller Menschen ihre unterschiedlichen Möglichkeiten und Fähigkeiten folgen, ist der Versuch, Gleichheit durchzusetzen, ein unendlicher Prozess. Sein ständiges Scheitern wird von den Ideologen der Politischen Korrektheit selbstverständlich niemals zum Anlass genommen, ihre Prinzipien zu überdenken. Da deren Wahrheit in ihren Augen für alle »guten« und »richtig« fühlenden Menschen intuitiv wahrnehmbar und evident ist, kann aus dem Scheitern immer nur die Aufforderung folgen, sich noch mehr »anzustrengen« und an der allgemeinen Umerziehung, wie auch an der Selbsterziehung zum Gutsein, zu arbeiten. Wer dazu nicht gewillt ist, erscheint den so genannten Gutmenschen nicht nur als politisch Andersdenkender, den man durch Argumente überzeugen müsste, sondern, da es sich bei ihrer Weltanschauung um eine emotionalisierte Morallehre handelt, als emotionaler Krüppel und/oder »Gedankenverbrecher«. In ihrer äußersten

Steigerung nimmt die Politische Korrektheit Züge einer atheistischen »Zivilreligion« an, und ihre Gegner werden als »Ketzer« oder »Ungläubige« verfolgt.

Wer an unbotmäßigen Auffassungen festhält, wird, wie schon von den Vordenkern der Reeducation in Deutschland, in bestimmte Kategorien (»reaktionär«, »rassistisch«, »rechtspopulistisch«, »rechtsextrem« usw.) einsortiert, über deren Zuweisung der politisch Korrekte von einer angemaßten Hierarchieebene aus befindet, und zudem noch pathologisiert, kriminalisiert oder zum Häretiker erklärt. Aufgrund dieses quasireligiösen Eifers behandelt der politisch Korrekte den Dissidenten, auch wenn er ihn selbst pathologisierend als »Spinner« oder kriminalisierend als »Verfassungsfeind« bezeichnet, oft mit der Unduldsamkeit, die der religiöse Fanatiker für den übrig hat, der von der reinen Lehre abweicht oder die Heilsbotschaft gar nicht erst annehmen will.

Das therapeutische Verständnis, das man dem psychisch Kranken sonst entgegenbringt, oder die Möglichkeit zur Resozialisierung, die dem Kriminellen in Deutschland oft allzu generös eingeräumt wird, weichen dann der gnadenlosen Härte einer lebenslangen Stigmatisierung. Der Gedankenverbrecher, der gegen die Heilslehre verstockt bleibt, oder der Täter, dessen unerhörte Tat darin besteht, Mitglied einer unerwünschten Partei zu sein oder auch nur früher einmal gewesen zu sein, bleiben aus der Gesellschaft der richtig Empfindenden und Rechtgläubigen ausgestoßen. Zuweilen wird zwar dem Büßenden, der sich öffentlich demütigt, seine »Schuld bekennt« und gänzlich auf die Seite der wahrhaft Gläubigen überwechselt, eine Absolution erteilt, aber anders als in der Katholischen Kirche gibt es dafür keine festen Regeln und Kriterien. Die einflussreichsten, von ihren Ämtern und Posten in Parteien, Medien und Verbänden aus agierenden Prediger und Priester der unduldsamen Zivilreligion bewerten »Schuld« und »Unschuld« nach eigenem Gutdünken.

Die Politische Korrektheit ist ein Produkt westlicher Dekadenz in der Spätphase ihres Selbsthasses, deren letzte fanatische Leidenschaft der Nihilismus geworden ist, bzw. der Mentalität des wohlstandsverwöhnten, vor Anforderungen des Leistungsprinzips, Eigeninitiative und Selbstverantwortung behüteten narzisstischen Individuums, des »letzten Menschen« Nietzsches.

Aufgrund ihrer Kontrafaktizität gehört die Lüge zu ihrem Wesen: Der Angepasste feiert seinen Mut, der Vermummte zeigt Gesicht, der Menschenrechtsaktivist bekämpft das Menschenrecht des Andersdenkenden auf Meinungs- oder Demonstrationsfreiheit. Politische Korrektheit ist als Morallehre für den westlichen Massenmenschen konzipiert, der sich für einen Individualisten hält, wenn er seine Kleidung der Mode seines bevorzugten Milieus angleicht oder seinen Musikgeschmack aus der Szene übernimmt, die ihm seine Identitätsversatzstücke liefert. Als Exzentriker gilt schon, wer sich seine Haare grün färbt oder seinen Körper mit Tätowierungen bedeckt, die jeder andere auch hat, weil derjenige, der nur als Nummer zählt, auch Bild sein möchte. Der Individualismus ist die Massenideologie der neoliberalen Gesellschaft: Jeder ist seinem Wesen nach gleich, Unterschiede sind beliebig und frei wählbar; Meinungen beruhen darauf, dass sich etwas »für mich gut anfühlt«, und jeder hat daher »seine eigene Wahrheit« (sofern nicht »der demokratische Grundkonsens« oder »die Menschenrechte« dadurch betroffen sind).

Wenn aber alles gleich gut und gleich viel wert ist, dann ist auch alles gleich schlecht und gleich wertlos. Der Relativismus entstammt dem Konsumdenken, das alles auf käufliche Waren reduziert; der Mensch ist der Konsument und »Verbraucher«, der zwischen verschiedenen, ihrem Wesen nach gleichen – da gleichermaßen in Geld quantifizierbaren und sich nur im Preis unterscheidenden – Waren auswählt; und er verbindet dieses liberalkapitalistische Prinzip mit dem Gleichheitsdogma linker Ideologie. Natürliche Unterschiede soll es nicht mehr geben dürfen; Natur überhaupt wird als »gesellschaftliches Konstrukt« denunziert, und selbst offenkundig naturbedingte, existenzielle Gegebenheiten wie das Geschlecht werden – durch den Taschenspielertrick der Unterscheidung von »sex« und »gender« – für sozial bedingt und frei wählbar erklärt.[273] Einerseits soll völlige Freiheit – von natürlichen Voraussetzungen – herrschen, andererseits darf diese Freiheit immer nur zur Gleichheit führen, da substanzielle Unterschiede und Hierarchien per se als »ungerecht« oder gar »faschistisch« gelten.

Durch ihre Fusion mit dem Neoliberalismus wurde die Politische Korrektheit seit den Neunziger Jahren zur Herrschaftsideologie der westlichen Welt. Ihre historischen Wurzeln liegen im Feminismus sowie in der farbigen Bürgerrechtsbewegung der USA. Wurden damals zwar auch für die Mehrheitsgesellschaft nachvollziehbare Forderungen gestellt, so zeigen doch schon diese Ursprünge eine Ambivalenz berechtigter und utopisch-totalitärer Ansprüche.

Die Erfüllung nachvollziehbarer Wünsche bildete stets den Einstieg in den Kampf um weniger berechtigte; die Machtverhältnisse wurden immer weiter verschoben. Durch die Salamitaktik, bei der immer die jeweils plausibelste Forderung gestellt wurde, um dann Schritt für Schritt dem Fernziel eines umfassenden Egalitarismus näherzukommen, wurde die Gutwilligkeit der breiten Mehrheit getäuscht. Im Ergebnis führt Politische Korrektheit nicht zum Abbau unberechtigter Privilegien, sondern zur Privilegierung besonderer Gruppen. Im Namen der Gleichheit wird neue Ungleichheit geschaffen.

Besonders deutlich zeigt die Frauenbewegung diesen Zwiespalt der Politischen Korrektheit, denn die Feministinnen engagierten sich vor allem in eigener Sache und erst in zweiter Linie allgemein gegen Diskriminierung. »Was feministisch die Durchsetzung der eigenen Besonderheit ist, ist nach den Regeln der Political Correctness chauvinistisch. Gleichwohl […] ist es ganz in ihrem Sinn, eine diskriminierte, weil ungleich behandelte Besonderheit zum Zwecke ihrer Gleichstellung zu privilegieren.«[274] Zuweilen versucht der heutige Herrschaftsfeminismus diesen Widerspruch propagandistisch zu übertünchen, indem er verlangt, »alle« – also auch Männer – sollten Feminist(inn)en sein; die Besonderheit des Weiblichen wird durch die scheinbare Allgemeinheit eines auf Antidiskriminierung reduzierten Feminismus überlagert, aber im Ergebnis wird dadurch Männlichkeit für überflüssig erklärt – an manchen amerikanischen Fakultäten gilt sie sogar als per se schädlich und »toxisch«:

Sophie Liebnitz hat in ihrem Buch »Tote weiße Männer lieben« die – seit langem etablierte und für selbstverständlich gehaltene – Agitation des linksliberalen akademischen Establishments gegen den »DWEM« (»Dead White

European Male« oder Dead White European Man«) anschaulich beschrieben und anhand erschreckender Beispiele illustriert.[275]

Konnte die klassische Frauen- und Bürgerrechtsbewegung immerhin noch auf nachweisbare Benachteiligungen verweisen, so argumentieren die heutigen Vertreter der Politischen Korrektheit von einer angeblichen Evidenzerfahrung aus, die von der gesellschaftlichen Mehrheit fraglos als gegeben und normativ relevant zu akzeptieren ist, sofern sie von einem Mitglied einer – tatsächlichen oder vermeintlichen – (sexuellen, ethnischen, religiösen oder anderen) Minderheit geäußert wird. »Die Machtposition dieser Art von ›Feminismus‹, der längst keiner mehr ist« – oder der Politischen Korrektheit allgemein – »zeigt sich darin, dass nicht einmal mehr *versucht* wird, Tatsachen zur Kenntnis zu nehmen oder Argumente aufzufahren.«[276]

Die »Minderheit« bzw. privilegierte Gruppe hat gegenüber der Mehrheit per se den Status, »diskriminiert« zu sein und daraus entsprechende Forderungen ableiten zu dürfen. Letztlich zielen diese Forderungen nicht auf Gleichberechtigung, sondern auf eine Umkehrung der (tatsächlich oder vermeintlich) traditionellen Hierarchie ab. Die »Unterprivilegierten« erhalten, etwa durch sogenannte *affirmative action*, die offiziell dazu dienen soll, ihre Benachteiligung auszugleichen, Privilegien gegenüber der Mehrheit. Und diese leistet nicht nur keinen nennenswerten Widerstand, sondern unterdrückt diesen nach Kräften, wo er sich doch einmal regt, und verpflichtet sich zur Unterwerfung.[277]

Erste radikale Formen der politischen Korrektheit zeigten sich in den achtziger Jahren vor allem an der University of Berkeley, als Studenten gegen kulturwissenschaftliche Pflichtveranstaltungen zur westlichen Zivilisation agitierten und kritisierten, dass dort die Werke von *Dead White European Males* vorrangig behandelt und weibliche sowie außereuropäische Autoren aus angeblich sexistischen und rassistischen Gründen unterrepräsentiert würden. Das sachliche Argument, dass die westliche Zivilisation nun einmal von weißen Männern begründet wurde und die meisten großen, schöpferischen Kulturleistungen bis heute von diesen ausgehen, gilt in solchen

Kreisen als unerhört, und bis heute reagieren politisch Korrekte auf empirische Argumente, die ihre Tabus ignorieren oder ihre Dogmen widerlegen, mit wütendem Hass, Faschismus- oder Verschwörungstheorievorwürfen und Verbotsforderungen. Da sich der politisch Korrekte wie ein religiöser Fanatiker im Besitz der alleinseligmachenden Wahrheit wähnt, hält er eine ergebnisoffene rationale Argumentation, die möglicherweise zu neuen Erkenntnissen führt, für ungehörig, frevelhaft und empörend. Einwände werden oftmals niedergeschrien; empirischen Hinweisen oder logischen Schlüssen begegnet man durch die – gefühlsmäßige oder bewusst propagandistische – Assoziation mit Kampfbegriffen wie »Rassismus« und dergleichen. Da die Grundbegriffe der Politischen Korrektheit »Gleichheit« und »Frieden« – wobei dieser aus jener angeblich folge – lauten, schwingt in ihrem Feindbildvokabular immer eine Bedeutung von Ungleichheit und Unfrieden mit: »Rassist« ist, wer angeborene Unterschiede zwischen Menschenrassen für gegeben hält oder sogar nur die Existenz von Rassen überhaupt anerkennt; er ist daher auch »hasserfüllt« usw. Die politisch Korrekten zeigen in ihrer Reaktion auf Andersdenkende stets genau die Verhaltensweisen, die sie ihnen vorwerfen – insbesondere Hass und Intoleranz.

So verlangten auch die hasserfüllten, intoleranten Studenten der University of Berkeley eine nicht an kulturgeschichtlicher Bedeutung, sondern an ihren Gleichheitsdogmen und Nichtdiskriminierungsvorschriften orientierte Neugliederung des Lehrstoffes, um den bisherigen Literaturkanon aufzulösen, und begannen, *Speech Codes* zu etablieren, durch die Minderheiten angemessener berücksichtigt würden.

Anstatt solche Forderungen in die Schranken zu weisen, kam man ihnen Schritt für Schritt entgegen; die damals in den USA noch äußerlich vorherrschende Leitkultur war innerlich bereits erodiert, wie die Kultur des Westens insgesamt. Aufgrund der Selbstzersetzung der westlichen Kultur in der Moderne wäre es falsch, die Schuld an dem Verfall nur auf diejenigen zu schieben, die ihn für ihre Zwecke nutzten. Die kulturmarxistische Ideologie war lediglich Symptom des beschleunigten Verfalls, nicht dessen Ursache.

In Deutschland konnte der Übergang von 1968 zur Politischen Korrektheit besonders bruchlos erfolgen und deshalb so schnell die letzten morschen Traditionsbestände abräumen, weil hier unter dem Einfluss der Reeducation bereits eine weitgehende Inversion des zuvor krankhaft übersteigerten, in Wirklichkeit defizitären, kollektiven Selbstbewusstseins erfolgt war: Die Kinder der nationalsozialistischen Elterngeneration »verurteilten Imperialismus und Krieg mit der gleichen Entschiedenheit, mit der diese zuvor geführt worden waren, und lenkten die Energie des *kulturellen Selbsthasses* nunmehr wieder und zwar ausschließlich nach *innen.*« Aus heutiger Sicht zeigt sich, »wie sehr die sogenannten 68er ihrer geistigen Anlage nach waren, was sie nie sein wollten, nämlich Reaktion auf das Scheitern des Nationalsozialismus. Sie stellten gerade keine wirkliche Gegenbewegung dar, sondern Fortführung, nur jetzt in entgegengesetzter Richtung. Statt Eroberungswille und Rassenwahn nun totaler Machtverzicht (wenigstens nach außen), statt Gleichberechtigung nun Nivellierung, statt Hass auf das Fremde nun Hass auf das Eigene. [...] Der Trägertypus dieser ebenfalls genuin totalitären Bewegung bildete die pervertierte Form desjenigen, aus dem er hervorgegangen war.«[278]

Die an den progressiven Universitäten und anderswo vorgenommene »Umwertung aller Werte« geht in ihrer Radikalität über die gewöhnlichen Neuorientierungen und Umbrüche hinaus, die die Kulturgeschichte ausmachen: Die Kritik der Jugend an der Kunstauffassung der älteren Generation, der Abscheu Gebildeter vor dem Banausentum der Masse oder die Auflehnung von Avantgarde-Bewegungen gegen die Dominanz etablierter Klassiker halten die Geistesgeschichte in lebendiger Bewegung, aber hier handelt es sich nicht mehr nur darum, neue Maßstäbe aufzustellen, den Kanon zu erweitern und irgendwann selbst in diesen einzuziehen, sondern die Stoßrichtung zielt auf die Idee der Kanonizität überhaupt: Es soll eigentlich gar keine Hierarchien mehr geben – wobei man in der Folge allerdings die Dominanz des Fremden über das Eigene in Kauf nimmt oder gar fördert –, und man will auch gar nicht mehr selbst durch eigene, mehr oder weniger innovative Leistungen Anerkennung finden und sich dadurch auf die Stufe etablierter Autoren stellen, sondern man lehnt das Leistungsprinzip generell ab. Die Politische Korrektheit ist trotz ihrer ständigen Beschwörung von »Werten« fundamental relativistisch – jedoch nicht etwa aufgrund ihrer immerzu betonten (Pseudo-)Toleranz, da echte Toleranz vertikal von oben nach unten gewährt wird, Unterschiede mithin bestätigt und zulässt. Ihr Relativismus liegt vielmehr darin, dass sie Unterschiede überhaupt einzuebnen sucht. Folglich ist sie auch essentiell unkreativ, da sie schöpferische Leistungen unter Hierarchieverdacht stellt und somit nicht mehr dazu animiert, Herausragendes zu schaffen, das als solches gar nicht mehr gewürdigt werden soll und kann. Ihre entropische Endstufe ist daher der Nihilismus: Da die gesamte Wirklichkeit aus Polaritäten wie Männlichkeit und Weiblichkeit, Licht und Finsternis, Materie und Energie usw. besteht und diese einander nicht starr entgegengesetzt sind, sondern sich wechselseitig ergänzen und dadurch immer wieder neue Spannungen von Unterschieden erzeugen, ist eine vollkommen nivellierte Welt letztendlich tot. Sie geht an ihrer Entropie zugrunde. Eine alt und gleichgültig gewordene Gesellschaft, deren letzter Wert die Gleichheit ist, wird von spannungsreicheren Gesellschaften, die Unterschiede noch anerkennen, allmählich verdrängt.

Eines der beliebtesten Schlagworte der Politischen Korrektheit lautet zwar »Diversity« bzw. »Vielfalt«, gemeint ist damit aber lediglich das Warenangebot der Konsumkultur; und da die Erzeugnisse aller möglichen Kulturen insoweit sie als Waren verkäuflich und in Geld quantifizierbar sind, gleichermaßen konfliktfrei konsumiert werden können – indem man heute z.B. Italienisch und morgen Chinesisch isst, am Samstag einen Yoga- und am Sonntag einen Feng-Shui-Kurs besucht –, sind sie auf dieser Ebene auch alle »gleich« und austauschbar. Diese künstlich hergestellte Konfliktfreiheit des käuflichen Nebeneinander überträgt die politische Korrektheit auf den politisch-gesellschaftlichen Bereich und negiert dabei, dass es dort zuweilen noch »um etwas geht«, dass die eine Lebensform die andere ausschließt – so dass etwa der westliche »Lifestyle« und das islamische Recht, die Scharia, unvereinbar sind – und dass es in der politischen Welt noch immer die Differenz und die Interessengegensätze gibt, die das Politische ausmachen: Einem »Wir« stehen »die Anderen« gegenüber.

Die künstlich hergestellte und vereinheitlichte Vielfalt entpuppt sich als lebensferne, reduktionistische Einheitlichkeit und Einfalt; und alles, was die scheinbare Harmonie stören könnte, wird entweder, insofern es sich um interne Kritik handelt, als Feindbild exkludiert (unter Verwendung der üblichen Worthülsen wie »Rechtspopulismus«, »Fremdenfeindlichkeit«, »Hass« usw.), oder es wird, paradoxerweise dann, wenn es externen Ursprungs ist, verbal »integriert«, indem man seine Fremdartigkeit und Andersartigkeit leugnet.

So verfährt man heute insbesondere mit dem Islam, den man gebetsmühlenhaft für friedlich und tolerant erklärt oder von dem man wider jede historische Evidenz behauptet, dass er »zu Deutschland gehört.« Man »toleriert« ihn solange, bis er keine taktischen Anpassungen an das Gleichheits- und Toleranzdogma der nihilistischen Dekadenzgesellschaft mehr nötig hat. Da der »linke« politisch Korrekte ebenso wie der »liberale« Globalist unter »Kultur« lediglich Waren- und Dienstleistungsangebote versteht, hat er auch gar kein Verständnis davon, dass wirkliche – von einer religiösen Grundhaltung her bestimmte – Kultur etwas ganz anderes ist: Sie ist eine Weise des metaphysisch bedingten, gemeinschaftlichen In-der-Welt-Seins des Menschen, bei der es den ihr Zugehörigen »um alles«, d.h. auch um Leben und Tod, geht. Für ihren Gott oder für ihre Kinder, in denen sie als Volk und Kultur weiterleben – also für ihre wertvollsten, am meisten geliebten geistigen oder biologischen Erzeugnisse – sind Menschen, die noch von einer Kultur bestimmt sind, notfalls bereit zu sterben, während für den globalen Zivilisationsmenschen, dem alles käuflich erscheint, das konsumierende Individuum der höchste Wert ist.

Die Politische Korrektheit war ungeheuer erfolgreich, weil sie sowohl dem Lustprinzip – dem Konsumdrang – als auch der moralischen Selbstgefälligkeit breiter Massen der abendländischen Spätzivilisation so sehr entgegenkam.

Beide Prinzipien verschränken sich im Prinzip der »Vielfalt«: Der Konsum, den die klassische Linke bis zu den Achtundsechzigern negativ beäugt hat, wird moralisiert, da die globale Wirtschaft »Vielfalt« fördert und

»Menschen verbindet«, und die Moral wird zum billigen Konsumartikel, da Weltanschauungswaren insoweit zu tolerieren sind, als sie nichts Wesentliches bedeuten und ihr Erwerb nichts zur Folge hat, weil sie nur Ausdrucksformen eines »individuellen« Lebensstils darstellen. Meint es jemand aber doch ernst in der Meinungsgesellschaft, stigmatisiert man ihn als Extremisten und entfernt ihn aus der offiziell zugelassenen Diskursgemeinschaft.

Das entropisch-nihilistische Endziel der totalen Einheit, Einfalt und Eintönigkeit – der »Monotonotheismus« (Nietzsche) als letzte Schwundstufe des Monotheismus, mit dem die Globalisierung ihren geistigen Anfang nahm – wird nicht benannt; stattdessen ist in dem Illusionstheater, bei dem alles zusammenpasst und integrierbar ist, nur von »Vielfalt« und »Miteinander« die Rede. Und wer hätte schon etwas gegen Vielfalt, zumal es doch gerade dem europäischen Selbstverständnis entspricht, ein autonomes, selbstbestimmtes, unverwechselbares Individuum und ein demokratischer Bürger mit der Fähigkeit zur eigenen Meinung und gesellschaftlichen Teilhabe zu sein? Wer will Vielfalt durch »Ausgrenzung« beschränken und sich dadurch selbst um Konsummöglichkeiten, die für den Konsumbürger Selbstverwirklichung bedeuten, bringen?

Als Massenideologie der Spätzivilisation, die linke Moral und »rechtes« – richtiger: liberales – Wohlstandsdenken verbindet, wurde die Politische Korrektheit von einer immer breiteren Öffentlichkeit – unter wohlwollender Förderung der Herrschenden – mitgetragen. Seit den letzten Jahrzehnten des 20. Jahrhunderts wurden ihre Zielvorgaben immer mehr ausgeweitet, radikalisiert und institutionalisiert, so dass sich ein exzentrischer Minderheitendiskurs zum geisteswissenschaftlichen und journalistischen Mainstream wandelte und mindestens ab der Jahrtausendwende die veröffentlichte Meinung sowie das Denken weitester Kreise von mehr oder weniger Gebildeten bestimmt.

Ausgehend von angeblich universalen ethischen Wahrheiten, die die Mehrheit längst für fraglos gültig hält, erlaubt sie es nahezu jedem, sich auf die »richtige Seite« zu stellen, schon indem er die richtigen Formulierungen verwendet. Die zu erbringende Leistung ist gering und erfordert nur etwas Unterordnung, die den meisten Menschen aufgrund ihres natürlichen Herdentriebes nicht schwerfällt, und man kann sich sofort mit dem wohligen Gefühl belohnen, zu den »Guten« und »Mutigen« zu gehören, die sich »gegen Diskriminierung« oder »für Toleranz« engagieren. Wer würde schon freiwillig sagen, dass er für Diskriminierung oder gegen Menschenrechte sei? Und wenn man sich erst auf die politisch korrekten Themen, Maßstäbe und Fragestellungen eingelassen hat und beispielsweise »Gleichstellung« prinzipiell und in jeder Weise bejaht, hat man beinahe schon akzeptiert, dass auch eine aktive »Gleichstellungspolitik« nötig ist, und wird dafür auch die Einstellung von »Gleichstellungsbeauftragten« gutheißen, selbst wenn diese dann ebenfalls – aber stets im Dienste der »guten Sache« – diskriminieren; schließlich ist die gewünschte Gleichheit ja noch immer nicht vollkommen hergestellt.

Die Politische Korrektheit machte also dadurch, dass sie dem gesellschaftlichen Herdentrieb so sehr entgegenkam, eine beispiellose Karriere und wurde schließlich nicht nur zum herrschenden Diskurs, sondern auch zum Diskurs der Herrschenden. Eine durch Politische Korrektheit formierte, sich also auf der Basis scheinbarer Freiwilligkeit normierende Gesellschaft ist leicht zu beherrschen; der Zwang tarnt sich als Anstand und wird nur von einer Minderheit durchschaut, die geistig rege und unbotmäßig genug ist. Zudem korrespondieren die in ihr dominierenden linken Denkmuster hervorragend mit der ebenfalls auf Gleichheit – der Beherrschten – abzielenden neoliberalen Agenda; es war für deren Betreiber also von größtem Vorteil, sich durch die Übernahme politisch korrekter Parolen mit einer beinahe unantastbaren Moral auszustaffieren, um von ihren wenig moralischen Zielen abzulenken.

Gänzlich unhinterfragt blieb diese Entwicklung allerdings doch nicht; zu groß waren die Gegensätze zwischen Behauptung und Wirklichkeit, und sie wurden naturgemäß immer größer, je mehr sich die Politische Korrektheit radikalisierte. Da ihr eine Radikalisierungsmaschinerie aber gleichsam eingebaut ist, trägt sie den Keim ihres Scheiterns bereits in sich, denn mit jedem Erfolg bei der Bekämpfung irgendeiner »Ungerechtigkeit« wächst ihr

Regulierungsanspruch, und sie nimmt immer neue »Diskriminierungen« ins Visier. Weil die Welt aber aus Unterschieden besteht und durch deren Spannung in Gang gehalten wird, produziert der Drang zur Nivellierung immer stärkere Rückschläge der Wirklichkeit – jedenfalls solange die totale Entropie noch nicht eingetreten ist; und dies wird nicht der Fall sein, solange wir noch lebendige Organismen sind.

Parallel zur Durchsetzung der Politischen Korrektheit zunächst in Geisteswissenschaften und Medien, bald darauf auch in der Politik, wuchs die Opposition gegen sie. Schon seit den frühen 1990er Jahren wird der Begriff *politically correct* in den USA, und mit der üblichen zeitlichen Verzögerung auch in Europa, zunehmend pejorativ bewertet. Nach Jahrzehnten politischer und publizistischer Auseinandersetzungen erst zwischen einem Herrschaftsdiskurs und den tatsächlich vielfältigen, heterogenen und nur im weitesten Sinne traditionsorientierten Positionen einer Minderheit, später zwischen zwei annähernd gleich großen, aber unterschiedlich organisierten und medial repräsentierten Lagern, steht mittlerweile einer nach wie vor positiven Verwendung des Begriffs ein vollkommen konträrer Wortgebrauch gegenüber. Wo die eine Seite ein Plus macht, setzt die andere ein Minus und umgekehrt.

Nach linker Auffassung wurde die Bezeichnung »politisch korrekt« – als ob die Linke eine Art Copyright für Wortschöpfungen und deren »richtigen« Gebrauch hätte – von Rechten und Konservativen gleichsam gekapert und böswilligerweise mit einer neuen antiegalitären, antifeministischen und antiglobalistischen Bedeutung versehen, um damit »menschenfeindliche« Absichten zu tarnen. Linke Medien und Politiker verwenden den Begriff bis heute positiv und setzen ihn mit höflichen Umgangsformen, korrektem Benehmen und »politischem Anstand« gleich; manche Linke bestreiten aber auch, dass es eine politische Korrektheit überhaupt gäbe, und äußern sich so, als hätten Rechte diese Bezeichnung erfunden, um Linke/Linksliberale zu diffamieren. In jedem Fall verdrehen politisch Korrekte, ob sie sich selbst so nennen oder nicht, den tatsächlichen Sachverhalt ihrer bisherigen Diskursherrschaft vollständig und schreiben sich wahlweise die Stellung einer verfolgten Minderheit oder den – eigentlich entgegengesetzten – Standpunkt des *common sense*, in jedem Fall aber die Position mutiger Kämpfer für eine gerechte Sache zu, um sich gegen Kritik zu immunisieren und jeden Kritiker durch die Verwendung entsprechender Schlagworte (»Rechtspopulist«, »Rechter«, »Faschist«, »Nazi«, »Antifeminist«, »Rassist« usw.) zu stigmatisieren.

Die Folgen dieser von Parteien, Medien, Organisationen, die sich der Durchsetzung Politischer Korrektheit widmen, oder sogar von Staatsorganen wie dem – politisch instrumentalisierten – Verfassungsschutz betriebenen Hetze umfassen alle politischen, wirtschaftlichen, sozialen und privaten Bereiche: Der Denunzierte muss berufliche Nachteile bis hin zur Existenzvernichtung oder sogar zum faktischen Berufsverbot fürchten, erleidet Rufschädigung und soziale Ächtung und muss nicht selten auch erleben, wie sich Freunde und Familienmitglieder, die durch die Parolen der Politischen Korrektheit aufgehetzt wurden oder den ständigen Druck nicht mehr aushalten, von ihm abwenden. Meinungsfreiheit ist formal noch gegeben, aber ihr Preis ist oft das Karriereende, die Verarmung oder soziale Isolation.

Viele Menschen verzichten daher zumindest öffentlich auf politisch unliebsame Äußerungen und tragen durch ihr Schweigen dazu bei, dass die Meinungsfreiheit noch stärker eingeschränkt wird, weil sich die offiziösen Maßstäbe des »Unsagbaren« durch Kritikverzicht weiter verschieben (was die Meinungsforscherin Elisabeth Noelle-Neumann als Schweigespirale bezeichnet hat), oder sie zensieren bereits ihre eigenen Gedanken (»Schere im Kopf«).

In jüngster Zeit aber verlagern sich die Machtverhältnisse deutlich, und die Auseinandersetzungen sowohl um die Tagespolitik als auch um die Deutungshoheit der zentralen politisch-historischen und moralischen Begriffe werden immer härter und unerbittlicher. Während die maßgeblichen privaten Medienkonzerne, der öffentlich-rechtliche Rundfunk und die meisten Parteien noch immer über die »richtige« Sprechweise und die Einhaltung von Tabus wachen bzw. nur wenige »Quotenkonservative« zulassen, die ein breiteres Meinungsspektrum suggerieren, um bestimmte Leser- und

Zuschauerkreise bzw. Wählerschichten bei der Stange zu halten, begehren immer mehr Menschen gegen die Gesinnungsherrschaft auf, indem sie sich zu abweichenden Meinungen bekennen, sich in Bürgerbewegungen für den Schutz und Erhalt ihres Landes und seiner Identität, für mehr Beteiligung und direkte Demokratie, gegen Überfremdung, Islamisierung, ungesteuerte, illegale und sozial schädliche Zuwanderung, Überwachungs- und Zensurbestrebungen oder auch gegen die Frühsexualisierung und Gender-Indoktrination ihrer Kinder engagieren und dabei vor allem das Internet zur Mobilisierung einer Gegenöffentlichkeit in den sozialen Netzwerken nutzen.

Parallel dazu hat sich in Konkurrenz zur Mainstreampresse in den letzten Jahren ein rasant wachsender, unüberschaubar gewordener Markt von Alternativmedien unterschiedlichster Ausrichtung entwickelt, der kaum noch etwas mit den wenigen konservativen oder rechtsgerichteten Nischenmedien vergangener Jahrzehnte zu tun hat und mittlerweile für Millionen von Nutzern Hauptinformationsquellen liefert. Die Auflagen der meisten großen Zeitungen sinken nicht zuletzt aufgrund dieser Konkurrenz von Jahr zu Jahr, und auch bei den öffentlich-rechtlichen Medien ist fraglich, ob sie sich ohne die juristisch umstrittene, mittlerweile aber vom Bundesverfassungsgericht abgesegnete Zwangsgebühr auf dem Markt behaupten könnten. Politisch unkorrekte Medien und die in ihnen vermittelten »alternativen Fakten« (wie die Mainstreammedien abschätzig sagen) werden auch für junge Leute, die am stärksten der Indoktrination durch Schulen und Universitäten ausgesetzt sind, attraktiver, da sie den Charme des Unangepassten und Rebellischen haben. Das »Verbotene« und »Umstrittene«, als »rechte Hetze«, »Verschwörungstheorie« oder »Fake News« Abqualifizierte, ist für Neugierige natürlich erst recht interessant, und negative Werbung funktioniert umso besser, je mehr sich das politisch-mediale System durch die Abweichung seiner Dogmatik von der erlebten Realität vieler Menschen diskreditiert.

Seit einiger Zeit ist Politische Unkorrektheit für eine wachsende Zahl von Publizisten und Politikern auch ein Geschäftsmodell und Mobilisierungsfaktor, während die politisch korrekten Medien und Institutionen – allerdings immer noch auf hohem Niveau – Einbußen erleiden.

Das Meinungsspektrum in Deutschland ist derzeit in zwei einander unversöhnlich entgegengesetzte Lager gespalten; eine Verständigung erscheint kaum möglich, und jedes Lager wirft dem anderen vor, Deutschland oder auch Europa »zu spalten«. In vielen europäischen Ländern haben politisch unkorrekte Parteien ihre durch strikte Ausgrenzung bewirkte Isolation mehr oder weniger überwunden und z.T., trotz mannigfacher Benachteiligungen und ständiger Verunglimpfung, beachtliche Wahlerfolge erzielt, die das Parteienspektrum völlig durcheinanderbrachten. Infolgedessen mussten sie mancherorts (etwa in Österreich und Italien) gegen den erbitterten Widerstand der Verteidiger des Status quo an der Regierung beteiligt werden, errangen sogar eigene Mehrheiten (z.B. in Ungarn und Polen) oder stellen die größte parlamentarische Oppositionsfraktion (Deutschland). Meist handelt es sich bei diesen »rechtspopulistischen« Parteien um Neugründungen (wie die Alternative für Deutschland oder die niederländische Partij voor de Vrijheid), manchmal auch um ältere, traditionell rechte Parteien (z.B. der französische Rassemblement National, bis 2018 Front National, die FPÖ oder die italienische Lega Nord), die ihren Auftritt modernisierten und sich programmatisch erneuerten, gelegentlich auch um etablierte liberalkonservative Parteien des Mainstreams, die (wie die ÖVP unter dem österreichischen Bundeskanzler Sebastian Kurz) etwas nach rechts gerückt sind. Besonders sozialdemokratische Parteien, die ihren Zugang zu den »kleinen Leuten« an die »Rechtspopulisten« verloren haben, sind die Verlierer dieses Prozesses und wurden in manchen Ländern von einstmals staatstragenden Massenparteien zu Kleinparteien herabgestuft. Zuweilen reagierte das Establishment mit einer Art Populismus der Mitte, indem es populistische Inszenierungen in inhaltlich modifizierter Form übernahm und war dabei – besonders in Frankreich mit der neu gegründeten Partei En Marche – erfolgreich; oft stehen die Altparteien des Establishments aber selbst nach jahrelanger Möglichkeit, auf diese Entwicklungen zu reagieren, der neuen Konkurrenz noch immer hilflos gegenüber, beschwören stupide ihre »Werte« bzw. abgegriffenen Parolen, die bei immer mehr Menschen nur noch Abscheu erregen, und taumeln von Wahlniederlage zu Wahlniederlage.

In Deutschland konnten sich die Mainstreamparteien bislang dank einer jahrzehntelang erprobten Strategie des »Divide et Impera« und der Simulation von Unterschieden, wo es faktisch nur noch eine Einheitspartei mit unterschiedlichen Flügeln namens CDU, SPD, Grüne usw. gibt, an der Macht halten und die 2013 gegründete AfD von einer Regierungsbeteiligung fernhalten, mussten aber deren beispiellos schnellen Einzug in die Landesparlamente, den Bundestag und das Europaparlament hinnehmen und tun sich mit der Ausgrenzung der Konkurrenz immer schwerer. Um eine – manchen Wahlergebnissen entsprechende und von vielen Wählern gewünschte – Mitte-Rechts-Regierung zu verhindern, finden sie sich zu unerwünschten Koalitionen zusammen und schleifen durch diese erzwungenen Annäherungen, denen ein jahrzehntelanger Drang zur sogenannten Mitte voranging, ihr kaum noch erkennbares Profil weiter ab, was es der AfD ermöglicht, ihre Programmatik zu schärfen und sich als neue und alternative Kraft zu inszenieren. Dadurch gerät die Politische Korrektheit in die Defensive, obwohl die etablierten Parteien zusammen immer noch eine deutliche Mehrheit haben. Die zentralen Themen werden aber zunehmend von »Rechtspopulisten« vorgegeben.

Dieselbe Entwicklung zeigt das Verhältnis der Mainstreampresse zu den zahllosen Alternativmedien. Zwar verfügen erstere immer noch über eine erdrückende Marktdominanz, aber sie sehen sich seit einigen Jahren gezwungen, entgegen den linken Grundpositionen der meisten Journalisten, immer häufiger und ausführlicher auch solche Themen zu behandeln, die weite Teile der Bevölkerung, die sich durch Politische Korrektheit bevormundet fühlen, erwarten.

Deutschland ist in einer Umbruchphase, die Diskursmacht der Politischen Korrektheit und damit auch die Macht der etablierten Parteien erodiert, aber in den vergangenen Jahrzehnten sind politische, gesellschaftliche und vor allem – durch Kinderlosigkeit, Zerstörung der Familie, Überalterung des Staatsvolkes und Masseneinwanderung – demographische Verhältnisse geschaffen worden, die eine neue politische Kraft selbst nach einem großen Wahlsieg kaum noch umkehren, sondern allenfalls korrigieren kann.

Betrachten wir noch einmal die Gemeinsamkeiten zentraler Begriffe der Politischen Korrektheit wie »Gleichheit«, »Vielfalt«, »Toleranz« und »Akzeptanz«, dann reduzieren sie sich auf die Norm eines humanitären und ubiquitären Allgemeinen und das entsprechende Verbot eines kollektiven Eigenen und Besonderen, sofern dieses auf seiner Besonderheit beharrt. Zuweilen wird ein Besonderes auch als Allgemeines ausgegeben, wenn etwa der Feminismus als allgemeines Bestreben, Diskriminierung zu beseitigen, auftritt. Aufgrund der Inkohärenz, die der Politischen Korrektheit als äußerst unterkomplexer Morallehre und Gefühlshygiene eigen ist, krankt sie an unausweichlichen Zielkonflikten, wenn beispielsweise »Toleranz« auch solchen Kulturen zu gelten hat, die das Gleichheitsprinzip gegenüber Frauen oder »Ungläubigen« missachten und selbst wenig Toleranz gegenüber anderen Kulturen zeigen. Die Politische Korrektheit reagiert darauf widersprüchlich, indem sie sich bald naiv auf eine »ewige« Geltung von Verfassungen und Grundgesetzen beruft, ohne deren kulturellen Entstehungskontext zu beachten, bald der fremden Kultur Sonderrechte einräumt.

Die allgemein eingeforderten Prinzipien von »Gleichheit« und »Vielfalt« unterschiedlicher Kulturen, Geschlechter oder anderer Gruppen stehen in einem unauflösbaren Spannungsverhältnis zu einander, das nur durch Heuchelei kaschiert werden kann. »Political Correctness und Heuchelei gehören untrennbar zusammen.«[279] Dennoch ist die Heuchelei, wie Peter Furth ausführt, nicht unbedingt eine Schwäche der Politischen Korrektheit, sondern sie »verstärkt deren gleichschaltende Politisierungskraft und macht sie zudem unempfindlich für Kritik. [...] Die konformistische Kraft der Heuchelei ist in der Political Correctness so stark wirksam wie in keiner der älteren Ideologien. In der Political Correctness wird gerade auch die aggressive Seite der Heuchelei manifest; Heuchelei, nicht um sich zu verstecken, sondern um die anderen heucheln zu machen, das ist die informelle Botschaft der Political Correctness.«[280]

Ähnlich sieht Manfred Kleine-Hartlage im Zwang zur Affirmation trotz offensichtlicher Inkohärenz eines der Herrschaftsinstrumente der Politischen Korrektheit:

»Aus der Sicht der Herrschenden ist die Fadenscheinigkeit ihrer ideologischen Konstrukte – etwa der ›Diversity‹, des ›Gender Mainstreaming‹ oder der ›gruppenbezogenen Menschenfeindlichkeit‹ – durchaus funktional, gerade *weil* jeder Plattkopf sie durchschaut. Wer sie dagegen bejaht, bekundet dadurch seine Bereitschaft zu glauben, was er glauben *soll*, also zur ideologischen Unterwerfung. Nicht trotz, sondern *wegen* ihrer surrealistischen Wirklichkeitsferne eignen sie sich perfekt als das moderne Äquivalent zum Gesslerhut. Mit Demokratie hat das alles selbstredend nichts zu tun.«[281]

Wer gewohnt ist, ständig zu heucheln und sich den herrschenden Lügen beugt, obwohl beide – Herrscher und Beherrschter – von deren Unwahrheit wissen, beweist seine Loyalität gründlicher als derjenige, der von einer Lüge tatsächlich überzeugt ist. Letzterer könnte ihre Unwahrheit ja noch erkennen und sodann die Herrschaft der Lüge abzuschütteln versuchen; aus diesem Grund produzierte der klassische Totalitarismus mit seinem Wahrheitsanspruch immer auch seine Dissidenten. Wer dagegen der Lüge wider besseres Wissen gehorcht, stets im Bewusstsein der Erniedrigung lebt und diesen Zustand verinnerlicht hat, ist der zuverlässigere Untertan. Solange ihm seine Loyalität materielle oder statusbezogene Vorteile einbringt, wird er sie beibehalten.

Eine konkrete Erscheinungsform dieser Ambivalenz Politischer Korrektheit besteht, wie schon angedeutet, in der Einbindung traditionell linker Inhalte in eine neoliberale Agenda. In den Worten von Peter Furth:

»Betroffen davon ist ihre Hauptstoßrichtung, die Funktion, die sie im Prozess der Globalisierung innehat. Programmatisch obliegt ihr die Ächtung aller Ausgrenzungen und Distanzvorbehalte. Ideologisch steht sie dabei unter den Normen des Humanitarismus. Funktional aber besteht ihr Wirken in der Optimierung des Verhältnisses von kapitalistischer Ökonomie und demokratischer Politik. Die Aufgabenstellung kommt dabei aus der globalen Dynamik der kapitalistischen Produktionsweise; sie verlangt den ubiquitären Abbau aller Instanzen, die den Vorrang des

> Massenkonsums einschränken könnten. Die Political Correctness hat dabei die Rolle, Konsumzugänge zu entgrenzen, Käuferrollen zu enthierarchisieren, Akzeptanzschwellen abzubauen, überhaupt für die Verschmelzung von Konsum und idealen Selbstwertgefühlen zu sorgen. Das ist funktional für die Öffnung kapitalistischer Räume, ist aber, wenn es um die Verteidigung des Vorsprungs geht, dysfunktional.«[282]

Offenkundig gehen diese Entgrenzungsprozesse zu Lasten der Völker, die immer größere Bestände an Demokratie und Identität einbüßen, wenn sie durch Massenmigration in fragile, anomische Patchwork-Gesellschaften verwandelt werden. Deren größte Leidtragende sind die zunehmend entrechteten Staatsbürger, die einander als Jobnomaden, Konkurrenten auf dem globalen Arbeitsmarkt sowie der neuen »Kampfzone« (Houllebecq) der sexuellen Märkte oder als tribalisierte Fremde und »Feinde« in den No-go-Areas der Großstadtdschungel entgegen geworfen werden.

Das politisch korrekte Regime erweist sich als eine Herrschaft der Unruhe und Beunruhigung, des permanenten Ausnahmezustandes, wie ihn in der Vergangenheit der Krieg darstellte. Die Politische Korrektheit ist die als permanenter Friedensaufruf getarnte Propaganda eines Krieges der globalen Eliten gegen die Völker bzw. eines Klassenkampfes von oben. »Es geht darum, durch Bevölkerungsschwund einen Immigrationssog zu erzeugen, der die europäischen Völker als Solidargemeinschaften auslöscht«,[283] wie Kleine-Hartlage zutreffend feststellt. Gemeinschaften, in denen die Menschen untereinander solidarisch verbunden sind, beruhen auf einer kollektiven Identität – diese sucht ihnen das politisch-korrekte, globalkapitalistische System daher auszutreiben, indem es insbesondere die natürlichen gemeinsamen Identitäten von der Familie bis zum Volk zerstört. Damit sich aber aus dem gemeinsamen Bewusstsein, beherrscht zu werden, möglichst keine neue Identität bildet, die den Herrschenden gefährlich werden könnte, soll die Durchmischung immer weiter fortgesetzt werden, worin Kleine-Hartlage einen wichtigen Unterschied der politisch korrekten Herrschaftsform gegenüber den klassischen Totalitarismen erkennt. Diese zielten darauf ab, die Gesellschaft und mit ihnen die Herrschaftsverhältnisse zu konservieren und ihren Status permanent zu überwachen; bei der Politischen Korrektheit handelt es sich hingegen um eine neuartige Technik der Machtausübung, bei der man »die Gesellschaft sozusagen nicht einfriert, sondern kocht«:[284]

> »Wer buchstäblich ewig herrschen will, darf aber nicht nur die alten Solidargemeinschaften zerschlagen, er muss auch die Bildung neuer verhindern. Es ist ja keineswegs auszuschließen, dass die systematisch miteinander vermischten Völker sich zu neuen Einheiten formen, so wie sich die Angelsachsen und Normannen als englisches Volk rekonstituiert haben. Man muss die Menschen also auf Trab halten. Es genügt nicht, Bevölkerungen *einmal* zu durchmischen, man muss immer wieder umrühren; man muss *Mobilität* fordern und durchsetzen. Man muss Chaos organisieren.«[285]

Man könnte metaphorisch auch sagen: Der Kommunismus war eine Herrschaft des Todes; die Politische Korrektheit ist eine Herrschaft des Teufels.

»Lügenpresse«: Wie wir manipuliert werden

Ausgebrütet wurde die Politische Korrektheit in Universitäten und Think Tanks; damit sie aber in der gesamten westlichen Welt durchgesetzt werden konnte, bedurfte es der Massenmedien. Die schleichende Zerstörung der westlichen Gesellschaft, die Auflösung ihrer freiheitlich-demokratischen Ordnung, ihrer Rechtsordnung, Identität und ethnisch-kulturellen Substanz in den ersten Jahrzehnten des 21. Jahrhunderts ist in besonderer Weise das Werk der Medien. Ohne sie hätten sowohl die globalen Herrschaftsvisionen des Finanzkapitalisten als auch deren vom linken Dauerorchester gespielte Begleitmusik niemals ihre verhängnisvolle Wirkung entfaltet. Wie konnte es dazu kommen? Welche Rolle spielten und spielen die Massenmedien?

Seit den Pegida-Demonstrationen ab 2014 ist das Wort »Lügenpresse« in aller Munde. Die Medien reagierten, wie die etablierte Politik, entsetzt und versuchten wie üblich, die Verwendung des Begriffs durch seine Etikettierung als »rechtspopulistisch« oder »rechtsextrem« zu tabuisieren – die Gesellschaft für deutsche Sprache erklärte ihn im selben Jahr, ebenfalls in üblicher Obrigkeitsbeflissenheit, sogar zum »Unwort des Jahres«, aber seine Verbreitung bis in weiteste Kreise der bürgerlichen Mitte hinein konnte dadurch nicht verhindert werden. Zu groß war bereits der in Jahren angewachsene Vertrauensverlust, zu deutlich sind die Diskrepanzen zwischen der eigenen Wahrnehmung und dem, was die Medien gewöhnlich berichten, zu tief hatte sich das Gefühl, von den Massenmedien belogen oder durch einseitig-tendenziöse und unvollständige Nachrichten desinformiert zu werden, bereits ins Bewusstsein eingegraben, als dass dieser Begriff auf ein – angeblich – radikales Milieu beschränkt blieb.[286]

Natürlich ist auch das Wort »Lügenpresse« tendenziös; es ist ein Schlagwort der politischen Auseinandersetzung und dient der polemischen Zuspitzung, womit es auf die Verunglimpfungen reagiert, mit der die Presse Kritiker der Politischen Korrektheit gewöhnlich überzieht, die je nach Anlass z.B. als »Verschwörungstheoretiker«, »Putinversteher«, »Rechtspopulisten«, »völkische Ideologen«, »Islamfeinde« oder gar als »Nazis« beschimpft werden. Bezeichnenderweise herrscht hier eine wiederholt gerichtlich abgesegnete Waffenungleichheit: So musste sich die NPD laut Urteil des Verfassungsgerichts von 2014 die Titulierung als »Spinner« durch Joachim Gauck, der als damaliger Bundespräsident eigentlich über dem Parteiengezänk hätte stehen müssen, gefallen lassen,[287] oder der AfD-Fraktionsvorsitzenden Alice Weidel wurde vom Landgericht Hamburg bescheinigt, dass ihre Bezeichnung als »Nazi-Schlampe« in der NDR-Satiresendung »Extra 3«, d.h. durch einen öffentlich-rechtlichen, theoretisch also zu Qualität und Ausgewogenheit verpflichteten und durch Zwangsgebühren finanzierten Sender, von der Meinungsfreiheit gedeckt war,[288] während in einem anderen Fall die Grünen-Politikerin Claudia Roth laut Amtsgericht Chemnitz nicht als »fette Qualle« und »widerliches Etwas« bezeichnet werden durfte.[289]

Manche medienkritischen Autoren haben den Begriff »Lügenpresse« zu »Lückenpresse« abgewandelt, um die Tatsache zu betonen, dass die Medien ihre Unwahrheiten vor allem durch Auslassungen wesentlicher Fakten und

Halbwahrheiten verbreiten. So sagt Ulrich Teusch in seinem Buch »Lückenpresse«, dass »der Mainstream schon immer Lückenmainstream« war, und stellt die Frage: »Aber wie unterscheiden sich Lücken von Lügen? Wie unterscheiden sich Lückenmedien von Lügenmedien?« Seine Antwortet lautet einerseits: »Ja, objektiv und ›von außen‹ betrachtet ist es so, dass Lücken und Lügen am Ende (das heißt in ihrer Funktion, ihrer Wirkung) auf das Gleiche hinauslaufen. Verschwiegene Informationen, unten gehaltene Informationen, künstlich hochgespielte Informationen, dominante Narrative etc. – das alles verzerrt die Wirklichkeit, trägt zu einem letztlich unwahren Bild bei.« Andererseits glaubt er aber nicht, »dass es allzu viele Journalisten gibt, die absichtsvoll und bewusst die Unwahrheit sagen oder die die Wirklichkeit absichtsvoll und bewusst verzerren, also lügen. [...] Die Ursache der Misere liegt nicht in massenhaften individuellen Verfehlungen oder Unzulänglichkeiten; die Ursache ist systemischer Natur.«[290]

Ein bekanntes Beispiel für bewusste »systemische« Auslassungen, die man der »Lückenpresse« vorwirft, ist der trotz ständiger Kritik immer noch häufig gepflegte Usus, bei ausländischen mutmaßlichen Straftätern die Herkunft zu verschweigen; auch wenn über diese mehr bekannt ist, spricht man dann nur vage von »Männern« (z.B. bei Vergewaltigungen), »Jugendlichen«, »Gruppen« (bei Schlägereien, Körperverletzungen, insbesondere Messerangriffen) oder »Familien« (etwa bei Straßenschlachten zwischen verfeindeten Clans). Taten, die für bestimmte Zuwanderermilieus typisch sind, heißen dennoch offiziell nur »Beziehungstaten« oder »Familientragödien«, und Täter aus Afrika oder dem Nahen Osten sind »Südländer«. Auch die Polizei beteiligt sich an diesen Täuschungsmanövern, was besonders absurd ist, wenn ein mutmaßlicher Täter gesucht wird und mit Hilfe einer konkreteren Beschreibung (die dann aber womöglich »rassistische Stereotypen« bedienen würde) leichter gefasst werden könnte. Die Grenze von der Weglassung zur Lüge wird überschritten, wenn die Namen der Presse bekannt sind, aber ausländische Namen durch typisch deutsche ersetzt werden, als wäre es völlig unerheblich, ob der Täter »Mohammed« oder »Dieter« heißt.

Gewöhnlich werden diese Lückenpresse-Maßnahmen mit dem Pressekodex des Deutschen Presserates begründet, dessen Richtlinie 12.1 besagt, dass

»die Zugehörigkeit der Verdächtigen oder Täter zu religiösen, ethnischen oder anderen Minderheiten nur dann erwähnt [wird], wenn für das Verständnis des berichteten Vorgangs ein begründbarer Sachbezug besteht.«[291] Betrachtet man Straftaten rein individuell, so erscheint diese Weglassung human motiviert, da sie dazu dienen soll, Vorverurteilungen und stereotype Verdächtigungen zu vermeiden. Allerdings kann man bestimmte Straftaten nicht mehr auf einer rein individuellen Ebene betrachten, wenn sie überproportional häufig von bestimmten Gesellschaftsteilen begangen werden und diese Tatsache auch Fragen der Asyl- oder Einwanderungspolitik berührt. Die Taten haben dann eine politische Dimension, über welche die Medien ihre Rezipienten eigentlich informieren müssten. Manche Journalisten und Mitglieder des Presserates forderten 2016 eine Streichung dieser Richtlinie, aber der Presserat lehnte eine solche Änderung ab; schließlich dürfe auch jetzt die Täterherkunft erwähnt werden, wenn ein ausreichender Sachbezug gegeben ist. Daraufhin kündigten einige Medien an, auch Rügen des Presserates in Kauf zu nehmen, wenn dies der Preis einer adäquaten Abbildung der Wirklichkeit sei, aber die großen Verlage orientieren sich weiterhin an der bisherigen Praxis.[292]

Neben solche alltäglichen Auslassungs- und Verschweigungstaktiken treten die besonders skandalösen Fälle. Einer der größten Medienskandale der letzten Jahre – geradezu ein medialer Super-GAU, der das ohnehin stark beschädigte Vertrauen in die Mainstreampresse noch erheblich weiter erschüttert hat – war die Verweigerung jeglicher Berichterstattung zu den Vorfällen der Kölner Silvesternacht von 2015/16. Tagelang haben die großen Medien gemeinsam mit Polizei und Politik versucht, die massenhaften sexuellen Übergriffe hauptsächlich nordafrikanischer Migranten auf Frauen auf der Kölner Domplatte zu verschweigen; erst nachdem sich Augenzeugenberichte in den sozialen Netzwerken sowie Berichte in Alternativmedien viral verbreitet hatten, musste die Lückenpresse ihre klaffende Spalte schließen. Sie tat es durchwegs widerwillig, relativierte den Zusammenhang mit der Masseneinwanderung und sorgte sich eher darum, dass »Rechtspopulisten« das Ereignis »instrumentalisieren« – also den offenkundigen Zusammenhang mit der Zuwanderung thematisieren – könnten, als um das Schicksal der betroffenen Frauen. Beschämend war auch das dröhnende Schweigen des Staats- und Netzfeminismus, der sich sonst wochenlang über irgendeine anzügliche Bemerkung eines Prominenten echauffieren kann. Die Hauptsorge des Medienestablishments war, dass es in der Bevölkerung zu einem Stimmungsumschwung von der Affirmation zur Kritik der »Willkommenspolitik« kommen könnte, was dann auch – nicht nur aus diesem einen Grund – teilweise geschah.

Angesichts solcher Fälle, die jedoch nur besonders skandalöse Ausprägungen einer weitverbreiteten Medienpraxis sind, böte sich auch der Begriff der »Tendenzpresse« an. Allerdings würde damit nur etwas im Grunde Selbstverständliches zum Ausdruck gebracht; zudem könnte man einen solchen Begriff kaum bei Demonstrationen skandieren. Letztlich hat jedes Presseorgan seine spezifische Tendenz, z.B. eine konservative, sozialistische oder liberale Ausrichtung; und dies ist auch nicht verwerflich – ganz im Gegenteil: Es wäre wünschenswert, wenn sich innerhalb der großen »Leitmedien« mehr klar unterscheidbare, profilierte Positionen ausmachen ließen. Stattdessen liefert uns die Mainstreampresse bezüglich grundlegender Fragen gewöhnlich ein ideologisches Einerlei, das uns als selbstverständlich und »alternativlos« verkauft wird.

Da jede Interpretation der Wirklichkeit standpunktbezogen ist (wenngleich es weitere und engere Perspektiven gibt), besteht der tendenziöse Charakter der »Tendenzpresse« nicht im Vorherrschen einer bestimmten Tendenz, sondern in deren Verabsolutierung. Diese zeigt sich etwa an folgenden Aspekten:

a) Der eigene Standpunkt wird nicht reflektiert und als solcher ausgewiesen, sondern für allgemeingültig und schlechthin gut, gerecht und human erklärt oder implizit so behandelt. Oft beruft man sich auf den »gesunden Menschenverstand«, bestimmte Moralvorstellungen, berühmte Persönlichkeiten, Experten oder »Sympathieträger«. Der Hintergrund ist entweder ein bestimmtes »Framing«, eine bewusste Maßnahme der Informationsselektion und -einordnung, oder die bereits vorbewusste Verinnerlichung einer herrschenden Ideologie durch Journalisten.

b) Alternative Positionen werden ausschließlich pejorativ dargestellt; die Meinung des politischen Gegners ist stets dumm, unaufgeklärt, extremistisch, sektiererisch usw. Dazu gehören die Verwendung von Dysphemismen, die Dämonisierung des Gegners, die Erzeugung von Angst und Hass durch Übertreibungen, Anschuldigungen, Falschdarstellungen, Verzerrungen, Auslassungen, Verallgemeinerungen, absichtliche Fehlschlüsse, reductio ad absurdum, Gräuelpropaganda usw.
c) Bestimmte Parteien, Personen und Positionen werden ad nauseam etikettiert und stereotypisiert, also in einer Art Endlosschleife mit immer denselben abwertenden Epitheta wie »Faschist«, »rechtsextrem«, »rechtspopulistisch« oder »umstritten« versehen, während andere scheinbar neutral behandelt oder mit pauschalem Wohlwollen attribuiert werden.
d) Fakten werden selektiv berücksichtigt, ausgeblendet, für unwesentlich oder für »alternativlos« erklärt, wie es jeweils ins Konzept passt oder
e) derjenige, der zusätzliche oder »alternative« Fakten oder »unerwünschte« Ansichten vertritt, wird aufgrund seiner politischen, gesellschaftlichen, ökonomischen oder sonstigen Position per se für befangen oder inkompetent erklärt oder ad hominem, also persönlich, attackiert, beschimpft, beleidigt und verächtlich gemacht.[293] Gibt er selbst nicht genügend Angriffsfläche her, erhebt man auch den Vorwurf der »Kontaktschuld«, der insbesondere angesichts der hohen Vernetzung vieler Personen und zumal Prominenter in den sozialen Netzwerken leicht seine »Argumente« findet. Oft muss man jemanden gar nicht näher kennen oder gar dessen Meinungen teilen, um von Kontaktschuld betroffen zu sein, sondern es genügt schon eine Facebook-»Freundschaft« oder gar das »Liken« oder Teilen eines Beitrags.
f) Diese Verächtlichmachung erfolgt nicht nur explizit, sondern auch implizit, beispielsweise indem von missliebigen (meist konservativen, rechten bzw. im Medienjargon »rechtspopulistischen«) Politikern gewöhnlich nur unvorteilhafte Bilder gezeigt werden, die sie – dem gewünschten Klischee entsprechend – als hasserfüllt, gefühlskalt, grim-

mig, missmutig, unmodern und unattraktiv präsentieren. Man arbeitet also mit negativer Ästhetisierung. Umgekehrt werden die erwünschten »Sympathieträger« als attraktiv, sexuell anziehend oder schutzbedürftig und Mitleid erweckend dargestellt.

g) Zuweilen wird natürlich auch tatsächlich und ganz bewusst gelogen. Oft gehen solche Lügen auf gezielte PR-Maßnahmen zurück, die die Öffentlichkeit täuschen und einen bestimmten »Spin« erzeugen sollen, etwa um sie auf einen Krieg vorzubereiten. Ein mittlerweile »klassischer« Fall ist die sogenannte »Brutkastenlüge«, mit der die amerikanische Öffentlichkeit 1990 auf die Invasion im Irak vorbereitet werden sollte.[294]

h) Ebenso gibt es auch reale »Verschwörungen«, also kartellartige Absprachen zwischen Einzelpersonen oder Gruppierungen, aber im Normalfall sind solche gar nicht nötig, denn

i) Journalisten, die für die tonangebenden Medien tätig sind, beweisen dadurch täglich aufs Neue, dass im Sinne der Herrschenden auf sie Verlass ist. Sie haben eine entsprechende Ausbildung durchlaufen, die weniger der Wissensvermittlung, sondern vielmehr der Konformisierung dient, und haben sich umso stärker korrumpierbar gezeigt, je höher sie die Karriereleiter erklommen haben.

Es ist hier anzumerken, dass dieser Tendenzjournalismus nicht jedem Medienbeitrag und jedem Medienschaffenden gleichermaßen angelastet werden kann, sondern nur im Großen und Ganzen bei den öffentlich-rechtlichen und großen privaten Medien vorherrscht. Selbstverständlich gibt es noch immer einige Journalisten, die ihre Aufgabe vorwiegend in der Informationsvermittlung und weniger in der moralisierenden Belehrung und Indoktrination des Publikums sehen, aber sie dürften mittlerweile Ausnahmen sein. Meist sind sie auch nicht mehr in den politischen und kulturellen Sparten tätig – bzw. wurden aus diesen verdrängt –, sondern in solchen, die ideologisch weniger »kontaminiert« sind, und treten erst nach dem Erreichen des Ruhestandes, wenn sie also nichts mehr zu verlieren haben, als Publizisten im nonkonformen Milieu profiliert hervor.

Oft ist mit dem Vorwurf der Lügenpresse auch derjenige verbunden, die Medien würden »von oben«, also von der Politik oder aus Kreisen, die den öffentlich sichtbaren Bereich des Politischen noch überragen, »gesteuert«. Sicher gibt es genügend Beispiele dafür, wie Politiker versucht haben, durch Drohungen auf die Berichterstattung über sie in den Medien Einfluss zu nehmen[295] oder führende Journalisten durch privilegierende Einladungen und die Übermittlung besonderer »Hintergrundinformationen« an sich zu binden, aber die Vorstellung, die Beeinflussung der Medien durch die Politik verlaufe nach Art einer direkten Befehlskette, ist allzu simplifizierend. Entsprechend höhnisch weisen Mainstream-Journalisten die angeblich von »Wutbürgern« bei Pegida und anderswo vertretene Auffassung zurück, beispielsweise die Bundeskanzlerin würde bei ihnen in der Redaktion anrufen und ihnen mitteilen, was sie in dieser oder jener Angelegenheit zu schreiben hätten, aber auch diese Pappkameraden-Konstruktion des törichten Rechtspopulisten ist natürlich eine Simplifikation. Sicherlich machen die Spitzenpolitiker den Journalisten – meist – keine unmittelbaren Vorgaben; sie haben dies auch gar nicht nötig. Das System der Massenmedien ist, ebenso wie das politische System, längst hinreichend »eingespielt«, und beide stabilisieren sich wechselseitig, weshalb ein personeller Austausch von Spitzenfunktionären nur wenig bewirkt.

Wer Journalist eines großen, meinungsbildenden Mediums ist, funktioniert bereits hinlänglich im Interesse seines Arbeitgebers und der hinter diesem stehenden Machteliten; sonst hätte er es nicht zu seinem Posten gebracht. Die Gründe dafür liegen erstens in der ideologischen Grundausrichtung des Mediums und dem in ihm herrschenden Gruppenzwang, zweitens, auf den unteren und mittleren Stufen der Karriereleiter, in der Angst vor dem Arbeitsplatzverlust (sofern man als Journalist überhaupt fest angestellt ist und sich nicht als freiberuflicher Autor mit kümmerlichen Zeilenhonoraren über Wasser hält) und drittens, auf den höheren und höchsten Stufen, in der korrumpierenden Wirkung eines beträchtlichen Einkommens sowie der Illusion, an »der Macht« partizipieren zu können.

Von der Hauptlinie eines Mediums abweichende Journalisten bestätigen meist die Regel bzw. dienen als Alibischreiber, die Meinungspluralismus suggerieren sollen, sowie als Lockvogel für bestimmte Konsumentensegmente, und stabilisieren dadurch das System. Sie unterstützen also den Mainstream, auch wenn sie zuweilen gegen ihn anschreiben, denn sie tragen dazu bei, ihm einen Anstrich von Vielfalt zu verpassen. Da sämtliche große Medien der BRD heute de facto linksliberal bis links ausgerichtet sind, handelt es sich bei diesen scheinbaren Abweichlern und »unabhängigen Köpfen« also um »Feigenblatt-Konservative« mit Hofnarren-Funktion, die stets genau wissen, wo auch für sie die rote Linie verläuft, die sie nicht überschreiten dürfen. Tun sie es dennoch, werden sie gnadenlos aus dem System entfernt.

Der Begriff der »Lügenpresse« ist nicht so sehr wegen der durch ihn aufgeworfenen Frage nach der »Wahrheit« in der Presse bemerkenswert – da Journalisten keine Philosophen sind und nicht die Aufgabe haben, Wahrheiten zu vermitteln, sondern Informationen zu verbreiten –, sondern weil er durch das Ausmaß seiner Verwendung den Vertrauensverlust der Presse anzeigt.

Das Wort »Lügenpresse« wurde weder von Pegida-Demonstranten erfunden, noch geht es auf Joseph Goebbels zurück, wie die Medien gerne behaupten, sondern es findet sich schon weitaus früher. Laut Peter Denk tritt es schon kurz nach 1840 in signifikanter Häufigkeit auf, also in einer Zeit, in der sich das relativ neue Medium der Zeitung, begünstigt durch Erfindungen wie die Schnellpresse 1812 und die Rotationsmaschine 1845, immer zügiger und in immer größeren Mengen verbreitete.[296] Die Epoche des Vormärz, die dem Revolutionsversuch von 1848 voranging, war zudem eine Zeit heftiger politischer Auseinandersetzungen, in der die Kämpfe um »Pressfreiheit«, die man als Kernelement von Freiheit überhaupt ansah, ebenso energisch geführt wurden, wie der Zorn auf die »Pressbengel« wütete.

Die weiteren Höhepunkte der Verwendung des Wortes »Lügenpresse« werden durch die Jahre 1869 (Gründung der Sozialdemokratischen Arbeiterpartei SDAP, der Vorläuferorganisation der SPD, der heftige Auseinandersetzungen zwischen Bismarck und der Arbeiterbewegung folgten),

1914 (Ausbruch des Ersten Weltkriegs mit massiver Kriegspropaganda, die besonders von britischer Seite modern und professionell betrieben wurde) und 1940 (Zweiter Weltkrieg und Kampf der nationalsozialistischen Propaganda gegen die alliierte und NS-kritische Presse) markiert. Während des Zweiten Weltkriegs verwendete allerdings nicht nur Goebbels diesen Begriff, sondern auch NS-Gegner kritisierten mit dem »Lügenpresse«-Vorwurf die gleichgeschaltete Presse des Dritten Reiches. In jüngerer Vergangenheit schließlich bekämpfte die Studentenbewegung der sechziger Jahre die bürgerlichen Medien – vor allem bekanntlich den Springer-Konzern und besonders die Bild-Zeitung – als »Lügenpresse«.

Dieser Überblick zeigt, dass die Verwendung des Wortes »Lügenpresse« nicht an einen bestimmten – rechten oder linken – politischen Hintergrund gebunden war, sondern vor allem in Zeiten großer politischer Umwälzungen und Auseinandersetzungen auftrat. Die Krisen und Umbrüche unserer Zeit stehen jenen sicher nicht nach.

Politische Umwälzungen sind immer mit tiefgreifenden gesellschaftlichen Veränderungen, technologischen Innovationen und oft auch mit Medienrevolutionen verbunden. Die Reformation wäre ohne die Erfindung des Buchdrucks 1445 nicht möglich gewesen, da sich die neue Lehre ohne Bücher und sogenannte »Einblattdrucke« als Vorläufer von Zeitungen kaum so schnell hätte verbreiten können. Die Entstehung und zunehmende Etablierung des Zeitungswesens im 17. und 18. Jahrhundert fällt nicht zufällig mit dem Zeitalter der Aufklärung zusammen; die Zeitung, deren tägliche Lektüre mit zunehmender Alphabetisierung wachsender Bevölkerungsschichten im 19. Jahrhundert allmählich zur Selbstverständlichkeit wurde, entwickelte sich zum spezifisch bürgerlichen Medium.[297]

> »In dieser Zeit formten sich auch die unterschiedlichen Ausprägungen von Zeitungen, wie beispielsweise die reißerische Boulevardpresse. Der ›New York Herald‹, der 1835 das erste Mal erschien, gilt als die erste moderne Zeitung nach heutigen Maßstäben. Dort wurden Reporter in festen Arbeitsverhältnissen angestellt, die aus verschiedenen Städten der

USA, dem Kongress und von der Wall Street berichteten. Reportagen und Interviews waren dort ein wichtiger Teil des Inhalts.«[298]

Die eigentliche Blütezeit der Zeitung waren dann die zwanziger Jahre des 20. Jahrhunderts, als die Drucktechnologien ausgereift, das Medium des Rundfunks aber noch nicht hinreichend entwickelt war. Auch kulturell war die Zeitung jetzt etabliert, was sich u.a. daran zeigte, dass nun auch bedeutende Schriftsteller regelmäßig in Zeitungen publizierten oder einflussreiche Feuilletonisten in den Rang von Literaten aufstiegen, während man im 19. Jahrhundert noch einen deutlichen Wertunterschied zwischen Literatur und Journalismus angenommen hat.

Die Zeitung kann, trotz ihrer Entstehung in der Epoche der aufgeklärten, neuzeitlichen Monarchie, als das vorherrschende Medium der Demokratie in der ersten Phase ihrer Entwicklung, allmählichen Durchsetzung und Ausbreitung in der modernen westlichen Welt angesehen werden. Sie ist das Medium der Auseinandersetzung zwischen den verschiedenen klassischen politischen Weltanschauungen des Liberalismus, Sozialismus und – eher notgedrungen – des Konservatismus und ihrer mannigfachen Abstufungen und Zwischenformen, die um die Gunst des Lesers bzw. Wählers ringen. Man kann noch weiter gehen und sie noch spezifischer als das Medium der repräsentativen Demokratie bezeichnen, denn ähnlich wie der Bürger eine Weltanschauung im Zeitungsformat präsentiert bekommt, die er konsumieren soll und im Kaffeehaus oder am heimischen Frühstückstisch diskutieren darf, aber kaum beeinflussen kann, so darf er zwischen verschiedenen Parteien und ihren Programmen wählen, ohne darüber hinaus politisch mitzuentscheiden.

Etwas zugespitzt kann man demgegenüber das Radio zum Medium des totalitären Zeitalters erklären. In ihm dominiert nicht mehr die Schrift, die zu lesen und zu deuten ist, sondern die Stimme, die wie »aus dem Nichts«, gleichsam wie der Gott Jahwe zu Moses aus dem brennenden Dornbusch spricht. Sie hat für den Hörer keine Gestalt, ist keine wahrnehmbare Person, sondern nichts als Stimme, während in der Zeitung immerhin noch Bilder meist von Prominenten abgedruckt werden und der Zeitungsjournalist einem halbwegs bürgerlichen Beruf nachgeht. Die Stimme, die aus dem Radio ertönt, spricht zu schnell, als dass man ihre Aussagen in Ruhe wie einen Zeitungsartikel interpretieren kann; ihre körperlosen »magischen« Worte beeinflussen den Hörer daher viel unmittelbarer, wodurch der »Volksempfänger« zum idealen Medium der Führeransprachen wurde. Etwas zugespitzt formuliert: Das Radio ist diktatorisch. Zwar darf sich in seltenen Ausnahmefällen auch der gewöhnliche Hörer im Rundfunk äußern und Grüße übermitteln, aber diese Vergünstigung gleicht derjenigen, die ein BDM-Mädel genoss, das dem Führer einen Blumenstrauß überreichen durfte. Schreibt hingegen der Zeitungsleser einen Leserbrief, so erinnert dieses bürgerliche Ritual, das Mitsprache suggerieren soll, an den Antrag, den man bei einer Behörde stellt und dem dann stattgegeben wird oder nicht.

Auch nach dem Ende des totalitären Zeitalters – in der westlichen Welt Mitte des 20. Jahrhunderts (in peripheren westlichen Ländern etwas später) – blieb das Radio noch lange ein populäres Medium, beschränkte sich aber in dem Maße, in dem es immer handlicher und portabler wurde, allmählich auf den Bereich der Unterhaltung und Musik, während sich die politische Kommunikation auf das Fernsehen als neues Leitmedium verlagerte. Dieses wurde also zum Medium der Demokratie in ihrer zweiten neuzeitlichen Phase, die in ihrer Dekadenzform bis heute andauert. Der seit den letzten Jahrzehnten des 20. Jahrhunderts im Fernsehen interviewte oder kurze Ansprachen haltende Politiker ist nicht mehr der unnahbare, selten leibhaftig erblickte Vorsitzende einer klassischen, durch ihre ideologische Richtung bestimmten Partei (wie der SPD von Bebel bis Brandt), sondern er gleicht mehr und mehr dem Bürger von nebenan. Helmut Kohl, Gerhard Schröder, Angela Merkel, Sigmar Gabriel, Martin Schulz oder Andrea Nahles könnten jedermanns Nachbarn sein, mit denen man am Gartenzaun über das Wetter spricht – jedenfalls wollten oder wollen sie so gesehen werden, auch wenn sie allmählich, beschleunigt seit der Ära Merkel bzw. im Internet-Zeitalter, nur noch als Funktionäre ihrer Parteiapparate wahrgenommen werden.

Der klassische spätdemokratische Fernsehpolitiker drang jeden Abend ins Wohnzimmer ein – zumindest bis in die achtziger Jahre gab es noch

Menschen, die sich ihren »guten Anzug« anzogen, bevor sie »staatstragende« Nachrichtensendungen sahen, weil sie annahmen, dass Nachrichtensprecher und Politiker sie genauso sehen könnten wie sie diese –; der Politiker war ein vertrauter Teil des täglichen Lebens, man schaute zu ihm nicht mehr auf wie zu einem Monarchen oder Diktator vergangener Zeiten, sondern betrachtete ihn mit dem Respekt, den man seinem Bürgermeister zollte. Der Fernsehpolitiker war nicht entrückt wie die unbegreiflich und gestaltlos in den Raum tönende Stimme aus dem Radio, sein Bild zeigte vielmehr die Einheit von Nähe und Ferne, die Walter Benjamin am Begriff der Spur entwickelt hat, die die Anwesenheit von etwas Abwesendem präsentiert.

Die Vertrautheit des spätdemokratischen Fernsehpolitikers brachte es mit sich, dass »Demokratie« nun vor allem, entsprechend dem, was oben zur Politischen Korrektheit festgestellt wurde, als gefühlsmäßige Angelegenheit wahrgenommen wurde. In der bürgerlichen Epoche diskutierte man über das in der Zeitung Gelesene als sachlich-rationale Angelegenheit im Café oder am Kneipenstammtisch; über die im Fernsehen als »richtig« und »angemessen« mitgeteilten Meinungs- und Gefühlsäußerungen wachen die Fernsehpolitiker wie die Leute aus der Nachbarschaft; sie erscheinen als das Gestalt gewordene Heideggersche »man«, als die Anonymität des Jedermann, die doch so sichtbar ist, dass man sie nicht einfach ignorieren kann.

Im Zeitalter des Internet schließlich, das Ende der neunziger Jahre mit dem Siegeszug dieses neuen Mediums begann, das unsere Welt und unsere Wahrnehmungs-, Denk- und Kommunikationsweisen schon jetzt mindestens so stark verändert hat wie der Buchdruck die neuzeitliche Gesellschaft, kann man Mainstreampolitik und -medien weitgehend ignorieren, und wachsende Teile der Bevölkerung tun dies in einem Maße, das im Fernsehzeitalter noch undenkbar war. Sie konsumieren fast nur noch Alternativmedien und sind für Politik und herkömmliche Massenmedien kaum noch zugänglich. Viele Menschen kennen allenfalls noch die Namen und Gesichter führender Politiker, können sie aber kaum noch bestimmten Ämtern zuordnen und betrachten sie eher wie austauschbare Köpfe einer Hydra – ähnlich wie die früher klar unterscheidbaren Parteien mit ihren einander ausschließenden Konzepten heute als verschiedene PR-Abteilungen eines einzigen Politik-Unternehmens erscheinen, die dieselbe Politik verschiedenen Zielgruppen verkaufen sollen.

Traditionelle Parteien und Medien erreichen die Menschen seit der Jahrtausendwende immer weniger und haben, trotz ihrer Daueralarmierung angesichts dieses Zustandes, noch immer keine Lösung für dieses Problem gefunden. Die Prozente der Mainstreamparteien sanken wie die Umsatzzahlen der Mainstreammedien, während Alternativparteien und -medien, die vornehmlich im Internet tätig sind, hohe Zuwachszahlen verzeichneten.

Das Internet entwickelt sich zum Massenmedium des postdemokratischen Zeitalters, das bis jetzt nur in groben Umrissen erkennbar ist. Um die Jahrtausendwende herrschte noch die Auffassung vor, dass dem neuen, alles scheinbar wie von gleich zu gleich verbindenden Netz ein egalitär-anarchischer Zug innewohne, da es immer mehr Menschen ermögliche, schnell und kostengünstig zu kommunizieren, sich zu informieren und eigene Inhalte ohne den Filter traditioneller Verlagsstrukturen mitzuteilen. Auch wenn die etablierten, sich selbst so nennenden »Qualitätsmedien« natürlich vor einem Niveauverlust warnten, würde die Gesellschaft dadurch freier, anarchistischer oder zumindest basisdemokratischer, wie nicht nur »Internet-Gurus« verkündeten. Qualitativ würde sich die Spreu vom Weizen aufgrund der Marktgesetze schon trennen.

Heute hat man erkannt, dass eher das Gegenteil der Fall ist: Das Internet ist zwischen einigen globalen Konzernen in den Händen weniger Milliardäre aufgeteilt; was ein Großteil der Menschen weiß oder zu wissen glaubt, wird durch Suchmaschinen und die auf sie angewandten Marketingstrategien vorgegeben; »Datenkraken« erfassen, analysieren, beeinflussen und vermarkten unsere Interessen, Aufmerksamkeitsprofile, Wahrnehmungsmuster und unser Konsumverhalten; auch Nonprofit- und Open-Source-Unternehmen wie Wikipedia unterliegen einem ideologischen Zwang zur Selbstgleichschaltung; und unsere Bekanntschaften, Freundschaften, Beziehungen, unser Selbst- und Fremdbild, die Art und Weise, wie sich Hunderte Millionen »User« im Internet und durch dessen Dauerpräsenz auch im »realen Leben« präsentieren und inszenieren, wird durch Facebook, Instagram usw. bestimmt.

Natürlich hat dies alles auch Auswirkungen auf unser Denken und Fühlen: Wer ständig online, verkabelt, verstöpselt und »zugedröhnt« ist, wird, ohne es zu wissen, ferngesteuert, und sein Ausdrucks- und damit auch sein Denkvermögen passen sich allmählich dem Stil der kurzen E-Mails und SMS-Nachrichten an, die er täglich schreibt. Sein Intellekt droht zu verkümmern, für den Ausdruck von Gefühlen benötigt er vorgefertigte Smileys, und nicht ohne Grund vermindert sich das Intelligenzniveau in der westlichen Welt seit einem Jahrhundert des allmählichen Anstiegs in jüngster Zeit rapide, wozu auch die Immigration minder bildbarer Bevölkerungsschichten das Ihre beiträgt. Die ständige virtuelle Verfügbarkeit ungeheurer Datenmengen hat den durchschnittlichen Internetnutzer nicht klüger gemacht; im Gegenteil hat sie die Gesellschaft verwirrt und fragmentiert, da sich jeder zumeist nur noch in den »Filterblasen« seines Wahrnehmungsmilieus bewegt. Jenseits dieser Blasen erkennen immer mehr Menschen kaum noch Autoritäten und Experten an, denen sie vertrauen und deren Aussagen sie nicht für interessegeleitet und gekauft halten.

Zwar haben sich glücklicherweise zahllose Alternativmedien im Netz etabliert, so dass es durchaus möglich ist, sich vielseitiger zu informieren als in früheren Zeiten, aber erstens haben die meisten Menschen kaum die Zeit und die nötige Vorbildung dazu (und schauen sich lieber Katzenvideos an), zweitens verfolgen auch diese Medien ihre unternehmerischen oder sonstigen Interessen, sind also nicht per se »neutraler«, und drittens arbeiten neben den etablierten Medien, die sich von der neuen Konkurrenz bedroht sehen, längst staatliche Institutionen daran, den Markt der Alternativmedien unter Kontrolle zu bringen oder zumindest seine Einflusssphären zu begrenzen. Sowohl durch Behörden als auch durch private Konzerne wie YouTube und Facebook (hier vor allem auf Druck von Behörden) wird in einer Weise Zensur geübt, wie es angesichts der täglichen Beschwörung von Offenheit, Vielfalt und Toleranz kaum glaublich erscheint. Der formale Einwand, dass der Zensurvorwurf auf private Medien nicht zutreffe, da für diese Vertragsfreiheit gelte, geht ins Leere, wenn globale Megakonzerne den Informationsaustausch von Millionen Menschen kontrollieren wie in früheren Zeiten allenfalls Staaten. Zudem wurde in jüngster Zeit die private

Vertragsfreiheit ohnehin stark eingeschränkt, um angeblichen Diskriminierungen zu begegnen, und wenn Medienkonzerne nun de facto zensieren, tun sie dies nicht aufgrund privater unternehmerischer Entscheidungen, sondern aufgrund staatlichen Drucks.

Peter Denk hat darauf hingewiesen, dass man mediengeschichtlich »eine Art Wellenbewegung in der Freiheit der Presse« bemerken könne:[299] Auf die Zensurbestimmungen der Karlsbader Beschlüsse 1819 folgte 1848 die erstmalige Verankerung der Pressefreiheit in der Paulskirchenverfassung. Nach dem Scheitern der Revolution kam es wieder zu stärkeren Regulierungen, die jedoch nicht mehr an die Striktheit der Metternich-Ära heranreichten. Mit dem Reichspressgesetz von 1874 erlebte die Pressefreiheit wieder einen Aufschwung, der bis zum Ersten Weltkrieg mit seiner Militärzensur andauerte. Die Weimarer Republik brachte wieder eine freiere Presselandschaft, die jedoch durch Republikschutzgesetze und später durch Notverordnungen eingeschränkt wurde. Nach der Machtergreifung der Nationalsozialisten wurden die Medien der Kontrolle durch das Reichsministerium für Volksaufklärung und Propaganda unterstellt, und bereits am 4. Oktober 1933 erfolgte die Verabschiedung des »Schriftleitergesetzes«, das »die Ausübung des Journalisten- und Redakteursberufs regelte. Damit konnte jeder, der nicht im Sinne der Führung arbeitete, unmittelbar mit einem Berufsverbot belegt werden.«[300] Viele Zeitungsverlage wurden infolgedessen geschlossen, unter Zwang verkauft oder enteignet. Die Presse wurde umfassend zensiert, in manchen Redaktionen wurden auch staatliche Redakteure eingesetzt, und ganz besonders widmete sich das Regime dem relativ neuen Medium des Films, das durch die scheinbare Lebendigkeit seiner bewegten Bilder als besonders wirklichkeitsnah wahrgenommen wird. Es entspricht unserer evolutionär verankerten Erfahrung, dass wir dem, was wir mit eigenen Augen gesehen haben, eine unmittelbare Evidenz zusprechen, die das bloß Erzählte nicht haben kann. Die Film- und Fernsehindustrie macht sich dieses Wahrnehmungsmuster bis heute zunutze; noch immer hat das Fernsehen für viele Menschen unter allen Medien die höchste Glaubwürdigkeit, obwohl nicht nur fiktionale, sondern auch scheinbar dokumentarische

Filme oder Interviews so produziert werden können, dass sie jede beliebige Botschaft vermitteln.

Nach dem Krieg wurden mit der Verkündung des Grundgesetzes und der Gründung der Bundesrepublik Deutschland 1949 zwar die verfassungsrechtlichen Voraussetzungen der Pressefreiheit neu geschaffen, aber durch das Lizenzsystem der Besatzungszeit, die enorme Konzentration der Märkte und mannigfache Begrenzungen der tatsächlichen Publikationsmöglichkeiten blieb das grundgesetzlich verbriefte Recht de facto eingeschränkt.

Die Durchsetzung der Politischen Korrektheit führte in den letzten Jahrzehnten zu einer Selbstgleichschaltung der Medien, die in jüngster Zeit noch durch staatliche Zensurmaßnahmen, selbstverständlich unter anderem Namen, verstärkt wird. Ideologische Abweichler wurden aus den großen Medien entfernt oder gar nicht erst hineingelassen, und unabhängige Köpfe finden sich heute meist nur noch in kleinen, vom Staat und den großen Konzernen unabhängigen Verlagen. Dementsprechend herrschen in den Mainstreammedien überall dieselben Meinungen vor – jeder ist »europäisch«, »transatlantisch« und »demokratisch« (im Sinne der herrschenden Parteien) eingestellt, täglich werden dieselben Feindbilder zelebriert –, und den Zeitungen laufen die Leser davon, was nicht allein an der kostenlosen Konkurrenz im Internet, sondern an der langweiligen Gleichförmigkeit der Inhalte liegt.

Erstaunlich ist weniger, dass es zu der aktuellen »Glaubwürdigkeitskrise« (die sicher noch länger andauern wird) kommen konnte, sondern dass sie so spät einsetzte und bislang noch relativ moderat ausfällt. Die Massenmedien haben die deutsche Gesellschaft nach wie vor fest im Griff; sonst kämen die etablierten Parteien nicht immer noch – wenn auch in schwieriger werdenden Koalitionen – auf deutliche Mehrheiten.

Eine unübersehbare Menge an Rundfunk- und Fernsehprogrammen, an Zeitungen und Zeitschriften, die alle möglichen Interessen bedienen (oder erzeugen) sollen, veranschaulicht zweifellos eine ungeheure Fülle, und die gleichwohl omnipräsente Einheitlichkeit der politischen Tendenzen vermittelt den Eindruck, dass diese doch nicht völlig falsch sein können. Auch hier machen sich die Medien unsere gewöhnliche Wahrnehmungsweise bzw. unseren natürlichen Opportunismus zunutze. Gesellschaften funktionieren nur, wenn der Zusammenhalt durch gemeinsame Überzeugungen hinreichend stark ist, und wir neigen daher dazu, uns den Meinungen anzupassen, die viele andere Menschen schon vor uns für überzeugend befunden haben. Nicht der Opportunismus an sich, der auf der Selektion von Erfahrungen beruht, ist das Problem, sondern seine Instrumentalisierung für falsche Ziele durch die Politische Korrektheit oder auch seine ökonomische Ausbeutung durch die Medienindustrie.

Schauen wir etwas genauer hin, dann schrumpft die Vielfalt der Medienbranche ziemlich schnell auf erstaunliche – und erschreckende – Weise zusammen. Der allergrößte Teil der deutschen Medienlandschaft befindet sich in den Händen von acht Konzernen sowie der beiden öffentlich-rechtlichen Rundfunkanstalten ARD und ZDF. Aufgrund des Umsatzes ergibt sich folgende Reihenfolge: Bertelsmann, ARD, Axel Springer SE, ProSiebenSat.1, Hubert Burda Media Group, ZDF, Verlagsgruppe Georg von Holtzbrinck, Funke Mediengruppe und Verlagsgruppe Weltbild. Als einziges deutsches Unternehmen liegt Bertelsmann mit einem Umsatz von 16,675 Milliarden Euro hinter sieben amerikanischen Konzernen und einem japanischen (Sony Entertainment) weltweit unter den Top Ten. Die drei größten Medienkonzerne sind Comcast mit 51,769, Google Inc. mit 49,681 und die Walt Disney Company mit 35,308 Milliarden Euro Jahresumsatz (Stand 2014).

Zu Bertelsmann gehört eine Vielzahl großer Unternehmen, »darunter Gruner & Jahr und die RTL-Group. Gruner & Jahr gibt aktuell weltweit über 300 verschiedene Magazine (darunter ›Stern‹, ›Eltern‹, ›Brigitte‹, ›Schöner Wohnen‹, ›Capital‹, ›Auto, Motor & Sport‹ […]) und viele andere heraus. Dazu gesellt sich eine Reihe von Tageszeitungen wie die ›Sächsische Zeitung‹. Gruner & Jahr ist auch zu 25,5 Prozent (Stand 8/2012) am ›Spiegel‹-Verlag beteiligt, der ansonsten zu einem weiteren knappen Viertel der Erbengemeinschaft Rudolf Augstein und zu 50,5 Prozent der KG Beteiligungsgesellschaft für Spiegel-Mitarbeiter mbH & Co. gehört.

Hinter der RTL-Group verbergen sich folgende Sender: RTL Television, Vox, N-TV, RTL Living, RTL Crime, RTL NITRO, GEO Television, Passion, RTL II (hier hält die RTL Group/Bertelsmann nur eine Minderheitsbeteiligung), Super RTL (hier hält die RTL Group 50 Prozent der Anteile, die anderen 50 Prozent gehören Disney). Zu Bertelsmann gehört weiterhin die Verlagsgruppe Random House in München mit bekannten Verlagen wie Goldmann und Heyne.«[301]

Betrachtet man die Eigentümerverhältnisse des Bertelsmann-Konzerns und der zugehörigen Bertelsmann Stiftung genauer, so stößt man auf die hauptbeteiligte Familie Mohn und deren derzeitiges Oberhaupt, die wegen ihres »sozialen Engagements« mit zahlreichen Preisen wie dem Großen Verdienstkreuz der Bundesrepublik Deutschland ausgezeichnete Elisabeth (»Liz«) Mohn.

Ähnlich sieht es im zweitgrößten deutschen Medienkonzern Axel Springer aus, der außer »Bild« und »Welt« zahlreiche weitere Zeitungen und Zeitschriften herausbringt, Anteile an diversen Fernseh- und Rundfunksendern hält und an vielen Internet-Unternehmen beteiligt ist. Der Mehrheitseigner des Konzerns ist die Axel Springer SE, die sich zu 90 Prozent im Besitz der Friede Springer GmbH & Co. KG befindet. Friede Springer, die Gattin des verstorbenen Verlegers Axel Springer, deren Privatvermögen auf 2,5 Milliarden Dollar geschätzt wird (womit sie offiziell auf Platz 29 der reichsten Menschen Deutschlands steht), unterhält einen engen freundschaftlichen Kontakt zu Bundeskanzlerin Angela Merkel und nahm bislang fünfmal als Mitglied der Bundesversammlung an der Wahl des Bundespräsidenten teil. Merkels Ehemann Joachim Sauer wiederum gehört, neben dem früheren Bundespräsidenten Horst Köhler, dem siebenköpfigen Kuratorium der Friede Springer Stiftung an.[302]

Weiterhin sei noch Hubert Burda Media erwähnt, die mit Titeln wie »Die Bunte«, »Focus«, »Playboy«, »TV Spielfilm«, »TV Today«, »Freizeit Revue«, »Super Illu« und »Chip« knapp die Hälfte aller deutschen Zeitschriftenleser erreicht und auch an Internetunternehmen wie Xing (52,6 Prozent), Holidaycheck (94 Prozent) und Elitepartner beteiligt ist. Eigentümer des angeblich reichweitenstärksten deutschen Zeitschriftenverlags ist Hubert Burda, der (gemäß Forbes-Liste 2014) über ein Privatvermögen von 2,7 Milliarden Dollar verfügen soll. Selbstverständlich ist auch er vielfältig mäzenatisch tätig, engagiert sich intensiv für die »deutsch-jüdische Aussöhnung« (u.a. im Beirat der Vereinigung Gegen Vergessen – Für Demokratie) und ist bestens in der deutschen Spitzenpolitik vernetzt (so feierte er seinen 70. Geburtstag 2010 in der Münchner Residenz im Beisein der Bundeskanzlerin). Aufschlussreich ist auch die lange Liste seiner Preise und Auszeichnungen, die sich teilweise mit derjenigen Friede Springers deckt; so ist er neben dem Bundesverdienstkreuz und diversen anderen staatlichen Auszeichnungen ebenfalls Träger des Preises für Verständigung und Toleranz des Jüdischen Museums München, dem er eine Million Euro gespendet hat.[303]

Auch die Bauer Media Group und die Funke-Mediengruppe, zu der u.a. die »Westdeutsche Allgemeine Zeitung« (WAZ) und die »Berliner Morgenpost« gehören, befinden sich vornehmlich in Privatbesitz (zu 85 Prozent von Yvonne Bauer bzw. zu 66,6 Prozent von Petra Grotkamp, der Tochter des WAZ-Gründers Jakob Funke).

Diese wenigen Beispiele mögen genügen, um ein bekanntes Diktum des Gründungsherausgebers der FAZ Paul Sethe zu illustrieren:

> »Pressefreiheit ist die Freiheit von 200 reichen Leuten, ihre Meinung zu verbreiten. […] Da die Herstellung von Zeitungen und Zeitschriften immer größeres Kapital erfordert, wird der Kreis der Personen, die Presseorgane herausgeben, immer kleiner. Damit wird unsere Abhängigkeit immer größer und immer gefährlicher […].«[304]

Mittlerweile muss man wohl für Deutschland von einer deutlich kleineren Zahl Superreicher ausgehen, da die Konzentration des Pressewesens weiter vorangeschritten ist, seitdem Paul Sethe dies 1965 in einem Leserbrief an den »Spiegel« schrieb. Es versteht sich von selbst, dass solche Besitzverhältnisse und die engen Verflechtungen zwischen der Politik und milliardenschweren Verlegern in den Medien, die diesen gehören, selten thematisiert, geschweige denn kritisiert werden. Die Hand, die einen füttert, schlägt man nicht.

Neben den privaten Medienunternehmen gibt es noch solche, die im Besitz politischer Parteien sind; hier ist vor allem die Deutsche Druck- und Verlagsgesellschaft (DDVG) zu nennen, die zu 100 Prozent der SPD gehört und an zahlreichen Tageszeitungen, u.a. über die Verlagsgesellschaft Madsack, Zeitschriften (z.B. »Ökotest«), Radiosendern, Druckereien und Buchhandlungen beteiligt ist. Auch die mittlerweile insolvente und vom FAZ-Verlag übernommene »Frankfurter Rundschau« war zeitweise zu 90 Prozent im Besitz der DDVG bzw. der SPD. Es ist wenig überraschend, dass die einst einflussreiche Zeitung auch inhaltlich der Sozialdemokratie nahestand.

Völlig anders sind die öffentlich-rechtlichen Medien organisiert, die sich bekanntlich gerade deshalb nicht in privatem Besitz befinden, weil sie eine von finanziellen Interessen unabhängige und seriöse Berichterstattung gewährleisten sollen, die doch für die Meinungsbildung des »mündigen Bürgers« und damit für die Demokratie angeblich so entscheidend ist. Auch für den Zusammenhalt der Gesellschaft gelten die öffentlich-rechtlichen Medien als wichtig – und es ist sicher kein Zufall, dass die Abwendung von ihnen mit derjenigen von den etablierten Parteien korrespondiert. Manche gesellschaftlichen Gruppen werden von ARD und ZDF kaum noch erreicht. Deren verbliebenes Stammpublikum ist tendenziell bildungsfern und vor allem überaltert.

Was gut gemeint war und in Zeiten funktionierte, in denen eine relativ homogene Gesellschaft zu rund 90 Prozent die »Volksparteien« wählte und sich allabendlich im Wohnzimmer versammelte, um sich von zwei überregionalen Sendern unterhalten und informieren zu lassen, kann heute offenbar nur noch mit Zwangsmaßnahmen (»Beitragsservice«) aufrecht erhalten werden. Die öffentlich-rechtlichen Sender sind noch immer fest in den Händen der etablierten Parteien, die in den letzten Jahren Millionen Wähler verloren haben, sowie diverser Interessen- und Lobbygruppen. Oberstes Führungsgremium des ZDF ist der Fernsehrat, der laut Gerichtsbeschluss seit 2016 nur noch zu maximal einem Drittel (von über 70 Mitgliedern) aus Politikern bestehen darf. Dieser wählt den Verwaltungsrat, zu dessen 14 Mitgliedern fünf

Vertreter der Bundesländer und ein Vertreter des Bundes gehören. Weitere acht dürfen keiner Regierung und keinem Parlament angehören, allerdings wird diese Regelung durch die Ernennung ehemaliger Parteipolitiker umgangen. In der ARD ist die politische Durchdringung ähnlich, auch wenn sie sich aus den einzelnen Landesrundfunkanstalten zusammensetzt, deren Mitglieder für mindestens ein Jahr einer Rundfunkanstalt die Geschäftsführung übertragen.

Beim öffentlich-rechtlichen »Staatsfunk« ist die weitgehende Parteilichkeit natürlich noch verständlicher und offensichtlicher als bei den Konzernmedien, die gemeinsam ein Oligopol bilden. Wenn die herrschenden Parteien und parteinahe »zivilgesellschaftliche« Verbände über die Grundlinien der Berichterstattung bestimmen, ist es nicht erstaunlich, dass alternative Parteien und politische Strömungen, die die Macht der Etablierten herausfordern, tagtäglich in öder Eintönigkeit beschimpft und ihre Vertreter nur selten zu Talkshows eingeladen werden, wo man sie dann mit einer Überzahl von Politikern des herrschenden Parteienkartells konfrontiert. Auch die scheinbar neutralen »wissenschaftlichen Experten«, die bei solchen Shows den Eindruck von Objektivität vermitteln sollen, werden sorgfältig aufgrund ihrer Gesinnung ausgewählt. Sogar das Publikum wird oftmals vor der Sendung »gebrieft«, wen es durch Beifall zu unterstützen und wen es »auszubuhen« hat; zuweilen finden sich unter dem Publikum auch stillschweigend eingeschleuste Parteimitglieder.

Angesichts der äußerst engen Beziehungen zwischen Politik, Medienkonzernen und Großaktionären braucht man sich über die triste Einheitlichkeit in allen politischen Grundlinien, die einem trotz der scheinbaren Vielfalt überall begegnet, nicht zu wundern – und ebenso wenig darüber, warum die sogenannte »Vierte Gewalt« ihrem von ihr selbst gerne beschworenen Auftrag, politische Entscheidungen kritisch zu hinterfragen, kaum noch nachkommt. Umso höher ist das Maß des Vertrauensverlustes zu bewerten, der sich in der Abwendung von Millionen Konsumenten von der Mainstreampresse bzw. ihrer Hinwendung zu neu entstandenen Alternativmedien – meist Online-Portalen – zeigt. In Anbetracht der enormen Zerstörungen, die die etablierte

Politik in den vergangenen Jahren angerichtet hat, erscheint der Grad der Abwendung noch viel zu gering, aber aufgrund des extrem asymmetrischen Kräfteverhältnisses zwischen global tätigen Großkonzernen und unabhängigen Bloggern oder kleinen Medienunternehmen mit wenigen Mitarbeitern bezeichnet er doch eine Art Kulturrevolution. Kaum eine andere Berufsgruppe hat derzeit ein so schlechtes Image wie Journalisten und Politiker.

Insgesamt sind die Verhältnisse in den meisten Ländern der westlichen Welt nicht wesentlich anders; Pressefreiheit ist im Prinzip zwar gegeben und gesetzlich garantiert, de facto aber durch die realen Machtverhältnisse eingeschränkt und bedroht. Woanders ist die Lage allerdings nicht besser: Laut Pressefreiheitsindex 2014 von »Reporter ohne Grenzen« (ROG) ist die Pressefreiheit in den letzten Jahren in 120 von 180 Ländern drastisch gesunken.[305] Die Presse unterliegt häufig staatlicher Zensur, und Journalisten müssen Repressionen bis hin zu schwersten Strafen bei unliebsamer Berichterstattung fürchten. Allerdings sollten auch die Publikationen von »Reporter ohne Grenzen« nicht völlig unkritisch als Maßstab angesehen werden, da diese Organisation die Beschränkung der Pressefreiheit in der westlichen Welt durch Politische Korrektheit und die Oligopolstellung der Medienkonzerne weitgehend ausklammert – und zwar aus naheliegenden Gründen: Finanziert wird ROG nur zu 45,5 Prozent (Stand 2010) aus selbstgenerierten Einnahmen wie Auktionen und Verkäufen und ansonsten aus Spenden von Unternehmen und Stiftungen, Zuwendungen öffentlicher Institutionen wie des Europäischen Instruments für Demokratie und Menschenrechte (einem EU-Programm) und anderen Quellen.[306] Laut der Zeitung »junge Welt« wurde ROG auch von dem amerikanischen Multimilliardär George Soros, dem französischen Rüstungsindustriellen und Medienzaren Serge Dassault sowie dem National Endowment for Democracy finanziert, das 90 Prozent seiner Einnahmen aus dem US-Staatshaushalt bezieht.[307]

Im Vorstand sowie im beratenden Kuratorium der deutschen Sektion von ROG finden sich Alpha-Journalisten wie Katja Gloger (»Stern«, Mitglied der Atlantik-Brücke), Martin Kaul (taz), Thomas Bellut (ZDF-Intendant), Klaus Brinkbäumer (Chefredakteur des »Spiegel« und Herausgeber von »Spiegel Online«), Wolfgang Büchner (Chief Content Officer der Madsack-

Mediengruppe; zuvor Chefredakteur des »Spiegel«), Peter-Matthias Gaede (bis 2014 Chefredakteur von GEO bei Gruner & Jahr), Giovanni di Lorenzo (Chefredakteur der »Zeit«), Bascha Mika (Chefredakteurin der »Frankfurter Rundschau«, zuvor der taz), Heribert Prantl (»Süddeutsche Zeitung«, Mitglied der Chefredaktion), Karola Wille (Intendantin des MDR, bis 2017 Vorsitzende der ARD) und Patricia Schlesinger (Intendantin des RBB).[308]

Bei einem solchen Who's Who der Mainstreampresse kann eine kritische Betrachtung der Situation der Pressefreiheit in Deutschland oder Europa natürlich nicht erwartet werden.

In den USA ist die marktbeherrschende Stellung weniger riesiger Medienkonzerne ähnlich wie in Deutschland; nur sind diese in noch weit größerem Umfang global tätig und prägen daher das Denken von Milliarden Menschen auf der ganzen Welt. Aufgrund des – wesentlich durch Alternativmedien wie das Nachrichtenportal »Breitbart News« möglich gewordenen – Sieges von Donald Trump bei den Präsidentschaftswahlen am 8. November 2016 hat sich in den USA freilich eine andere Situation ergeben; Politik und Medienoligopole ziehen nicht mehr wie in Deutschland an einem Strang, sondern arbeiten gegeneinander, was zu einer neuen Qualität der Auseinandersetzungen geführt hat. Ob daraus langfristig mehr Vielfalt und Meinungsfreiheit folgen wird, bleibt abzuwarten, da der Machtkampf innerhalb der amerikanischen Eliten, denen selbstverständlich auch Trump angehört, zwischen dem bislang vorherrschenden globalistischen und einem eher protektionistischen und nationalkonservativen Flügel noch nicht entschieden ist. Hoffnungen auf baldige Verbesserungen haben sich bislang nicht erfüllt.

Angesichts des bislang Gesagten ist der »Lügenpresse«-Vorwurf alles andere als erstaunlich und unerhört; eher »stellt sich die Frage, warum noch immer so viele Menschen Vertrauen in die Medien haben. Immerhin halten – einer WDR-Infratest-Umfrage vom Dezember 2016 zufolge [also während der Hochphase der medienkritischen Pegida-Bewegung, B.M.] – 72 Prozent das öffentlich-rechtliche Fernsehen und 65 Prozent die Tageszeitungen für glaubwürdig. Nur 20 Prozent sind der Überzeugung, dass in Tageszeitungen gelogen, also absichtlich die Unwahrheit gesagt wird, und nur 30 Prozent glauben, dass im öffentlich-rechtlichen Fernsehen gelogen wird.«[309]

Wenngleich also nur eine Minderheit der Ansicht ist, dass die Medien explizit lügen, so hatten trotzdem »2015 einer repräsentativen Umfrage der ZEIT zufolge 60 Prozent der Befragten wenig oder kein Vertrauen in die Medien.«[310] Offenbar wirkt sich die jahrzehntelange Indoktrination durch die Massenmedien immer noch systemstabilisierend aus und lässt die meisten Medienkonsumenten, wie auch in ihrem Wahlverhalten, noch vor einer fundamentalen Systemkritik zurückschrecken. Gleichwohl werden die Zweifel immer größer – und dies nicht erst seit gestern. Es handelt sich um einen seit langem andauernden Entfremdungsprozess. Immer mehr Menschen wurde der einseitig-tendenziöse Indoktrinationscharakter der Massenmedien schon angesichts ihrer »Berichterstattung« beispielsweise zu den Kriegen in Ex-Jugoslawien, dem Irak, Afghanistan, der Ukraine, in Libyen und Syrien, zur finanziellen »Rettung« Griechenlands oder in den letzten Jahren zur »Flüchtlingskrise« und zum Klimawandel bewusst. Da andererseits aber ein Großteil der Bevölkerung die herrschende Politik noch immer affirmiert und den Medien Glauben schenkt, wächst die Polarisierung.

Laut dem weltberühmten Linguisten und Medienkritiker Noam Chomsky sollte man sich keine Illusionen über den »Mythos der freien Presse« machen: »Die Massenmedien im eigentlichen Sinn haben im Wesentlichen die Funktion, die Leute von Wichtigerem fernzuhalten«, stellt er bündig fest.[311] Die Leute sollen mit Fußball oder Sexskandalen unterhalten werden, damit sie die Mächtigen nicht »stören« bzw. die Herrschaftsverhältnisse nicht infrage stellen. Mit dem Schlagwort »Brot und Spiele« bezeichnete man bekanntlich schon im alten Rom die Technik der Machtausübung; nur hat sich das System in unserer Zeit so ausdifferenziert, dass der Staat für das »Brot« zuständig ist, indem er, zumindest in Europa, ein Existenzminimum bereitstellt, das Rebellionen verhindert, während die Medien für die »Spiele« sorgen.

Die »Elitemedien« – also diejenigen, die wie die »New York Times« oder CBS (in Deutschland insbesondere die öffentlich-rechtlichen Sender und die großen Tageszeitungen) die Agenda vorgeben, an denen sich die übrigen Medien orientieren – sind, so Chomsky, in erster Linie »riesige, sehr profitable Unternehmen. Außerdem sind die meisten von ihnen entweder mit noch weit größeren Konzernen wie General Electric oder Westinghouse oder dergleichen verbunden oder befinden sich direkt in deren Eigentum. Sie stehen also ganz an der Spitze der Machtstruktur der Privatwirtschaft, einer extrem tyrannischen Struktur. Diese Unternehmen sind, strukturell gesehen, nichts weiter als Tyranneien, hierarchische Gebilde, die von der Spitze aus kontrolliert werden. […] Die großen Medien sind Bestandteil dieses Systems.«[312]

Ihre Aufgabe besteht darin, ein Produkt zu verkaufen, das aber nicht, wie man meinen könnte, in den mitgeteilten Informationen besteht – die ja im Internet großenteils kostenlos zur Verfügung gestellt werden –, sondern: »Das Produkt sind die Leser.«[313] Verkauft werden diese an die Werbekunden der Medien, also an andere Unternehmen, und das ganze System wird durch die »Propagandabranche der Wirtschaft«, die PR-Industrie, nach außen aufrecht erhalten, während die internen Filtermechanismen der akademischen und medialen Subsysteme intern dafür sorgen, dass nur die Richtigen in leitende Positionen aufsteigen. »Die Elite-Institutionen wie zum Beispiel Harvard und Princeton sowie die kleinen exklusiven Universitäten sind darauf ausgerichtet, ihre Studenten zu sozialisieren. Wer also die Harvard-Universität besucht, durchläuft dort vor allem ein Verhaltenstraining. Man wird darauf getrimmt, sich wie ein Mitglied der Oberschicht zu verhalten, das Richtige zu denken und so weiter.«[314] Das heißt: »Wer das Falsche denkt, ist von vornherein von gewissen Machtpositionen ausgeschlossen.«[315]

Der amerikanische Soziologe C. Wright Mills hat die Herrschaftsverhältnisse der amerikanischen Gesellschaft (die sich auch auf die übrigen Länder der westlichen Welt übertragen lassen) in seinem klassischen Werk »The Power Elite« (1956) mit Hilfe eines Modells von vier konzentrischen Kreisen beschrieben:

> »Im innersten Kreis finden wir die globale Geldelite, die reichsten Individuen, Familien oder Clans mit einem Vermögen deutlich über einer Milliarde Euro. Den zweiten Kreis bilden die CEOs großer transnatio-

naler Konzerne und die größten internationalen Finanz-Magnaten. Sie beschäftigen sich vor allem damit, den Reichtum des innersten Kreises und somit auch ihren eigenen zu mehren. Im dritten Kreis befinden sich die wichtigsten internationalen Politiker, einige in Regierungsfunktion, andere als Berater im Hintergrund und in internationalen Institutionen, sowie die Spitzen des Militärs. Diese im engeren Sinn politische Klasse hat zwei Aufgaben: Sie muss die Verteilung des gesellschaftlichen Produkts so organisieren, dass so viel wie möglich hin zu den beiden inneren Kreisen transferiert wird; und sie muss den politischen Zirkus einer vermeintlich pluralistischen Demokratie mit der erforderlichen Legitimität absichern. Im vierten Kreis finden wir die Spitzen der Wissenschaft, die Medienmogule, Rechtsanwälte, zuweilen auch prominente Schriftsteller, Stars aus Film und Musik, Künstler, wenige Vertreter von NGOs oder der Kirchen, ein paar Spitzenkriminelle – kurz: alles, was die Angehörigen der inneren Kreise für ihre Dekoration schätzen. Sie genießen den Zugang zu den Mächtigen, sind gut bezahlt und werden alles dafür tun, diese Privilegien nicht zu verlieren.«[316]

Zuweilen haben Vertreter der politischen Machtelite selbst auf die Herrschaft von Hintergrundeliten hingewiesen; so sagte der amerikanische Präsident Theodore Roosevelt bereits 1912: »Hinter dem, was wir für die Regierung halten, thront im Verborgenen eine Regierung ohne jede Bindung an und jede Verantwortung für das Volk. Die Vernichtung dieser unsichtbaren Regierung und Zerschlagung der unheiligen Allianz von korrupter Wirtschaft und korrupter Politik ist die entscheidende politische Herausforderung dieser Zeit.«[317]

Weniger kryptisch drückte sich der Staatssekretär Hans Tietmeyer als Chefunterhändler der Regierung Helmut Kohl bei den Wirtschaftsgipfeln in Davos am 3. Februar 1996 aus: »Ich habe bisweilen den Eindruck, dass sich die meisten Politiker immer noch nicht darüber im Klaren sind, wie sehr sie bereits heute unter der Kontrolle der Finanzmärkte stehen und sogar von diesen beherrscht werden.«[318] Und von Horst Seehofer stammt das vielzitierte Bonmot, das er am 20. Mai 2010, damals noch als bayerischer Ministerpräsident, äußerte: »Diejenigen, die entscheiden, sind nicht gewählt, und diejenigen, die gewählt werden, haben nichts zu entscheiden.«[319]

Die Machtelite der Superreichen bildet die globale »herrschende Klasse«, die trotz ihrer internen Konkurrenz durch das gemeinsame Interesse geeint ist, erstens den globalen Reichtum weiterhin von unten nach oben zu verteilen, wozu sie sich aller möglichen politischen, ökonomischen und militärischen Mittel bedient, und zweitens die Illusion aufrecht zu erhalten, dass eigentlich in der westlichen Welt – im Gegensatz zu den noch zu bekämpfenden Schurkenstaaten – Demokratie herrsche. Zwar gibt es auch nach einer solchen, im Sinne der politisch korrekten Massenmedien ketzerischen Interpretation noch durchaus Unterschiede zwischen westlicher (Post-)Demokratie und den Herrschaftssystemen autokratischer Potentaten anderer Weltteile, aber diese zeigen sich nicht in strikten Gegensätzen von Freiheit und Unfreiheit oder Demokratie und Diktatur, sondern eher im gleitenden Übergang von »weicher«, allgemein akzeptierter und »harter«, vornehmlich durch Zwang ausgeübter Herrschaft.

Genau in dieser Verbrämung der Herrschaft des »Tiefen Staates«, der eigentlichen Hintergrundeliten, durch die Suggestion von Teilhabe sieht der Wahrnehmungspsychologe Rainer Mausfeld die Funktion der parlamentarischen Demokratie im Spätkapitalismus. Dieser habe sich »der verbliebenen Hülsen einer repräsentativen Demokratie und aller relevanten Entscheidungsmechanismen des Gemeinwesens in totalitärer Weise bemächtigt.«[320] Im Gegensatz zur wirklichen Demokratie des antiken Athen, in der das Volk die Souveränität im Sinne der Selbstgesetzgebung innegehabt habe, sei die repräsentative Demokratie in der Neuzeit überhaupt nur deshalb entwickelt worden, um das Volk von der eigentlichen Macht fernzuhalten und die bestehende Eigentumsordnung aufrecht zu erhalten, denn – hier ist sich ein linker Basisdemokrat wie Mausfeld mit einem libertären Demokratiekritiker wie Hoppe einig – die Demokratie tendiert, wenn die Besitzlosen Macht erlangen, per se zur Umverteilung; nur deren Bewertung durch sie ist entschieden anders.

»Die Gründerväter der amerikanischen Verfassung entwickelten mit diesem Konzept einen Demokratiebegriff, der seiner Natur nach das Modell einer wirklichen, also partizipatorischen Demokratie ausschloss. Für diese Form einer durch freie Wahlen legitimierten Oligarchie wurde die Bezeichnung Demokratie beibehalten, um das Bedürfnis des Volkes nach einer Volksherrschaft zu befriedigen – und zwar durch die Illusion einer Demokratie. Die dabei zugrunde gelegte Form von Repräsentation wurde ›als ein Mittel verstanden, um das Volk von der Politik fernzuhalten‹ und ›eine besitzende Oligarchie mit der Unterstützung der Masse der Bevölkerung über Wahlen an der Macht zu halten.‹ [...] Die repräsentative Demokratie hat also bereits den Intentionen ihrer Erfinder nach einen verdeckt autoritären Charakter.«[321]

Die übliche, heute von der Mehrheit des Wahlvolkes – auch wenn es gelegentlich murrt – akzeptierte Erklärung, dass die Verhältnisse im modernen Staat mit seiner komplexen Gesellschaft nur von Spezialisten angemessen überblickt und reguliert werden können, sieht Mausfeld als Propaganda der herrschenden, besitzenden Klasse an; schließlich müsse, wie der Federalist James Madison selbst angibt, »sichergestellt sein, dass die Gruppen der Erfolgreichen und Besitzenden einen größeren Einfluss auf die Gestaltung des Gemeinwesens und auch der öffentlichen Meinung haben als die Gruppen der Nichtbesitzenden.«[322]

Die dezidierte Kritik der repräsentativen Demokratie durch einen (mittlerweile emeritierten) Professor einer bundesrepublikanischen Universität ist einigermaßen erstaunlich, und Mausfeld wurde dementsprechend auch vorgeworfen, sich »verschwörungstheoretischen« und »populistischen« Positionen anzunähern.[323] Allerdings weist er eine »konkretistische Personalisierung von Machtkonstellationen« oder deren »Mystifizierung«[324] explizit als Fehldeutung zurück; entscheidend sei nicht die Entlarvung bestimmter geheimer Machthaber, etwa »der Rothschilds«, sondern die Tatsache, dass sich das System unabhängig von seinem Personal immer wieder, auch durch seine selbsterzeugten Krisen hindurch, stabilisiere. Relevanter ist der Populismusvorwurf, denn er verdeutlicht sowohl, warum Mausfelds Positionen (wie diejenigen Chomskys) im akademischen Rahmen noch geduldet wurden, als auch, warum er letztlich zu kurz greift. Mausfeld ist eben ein »Linkspopulist«. Seine Kritik zielt allein aus einer ökonomischen Perspektive auf Macht- und Besitzverhältnisse ab, und eine solche wird, auch wenn sie radikal erscheint, immer noch zugelassen. Dies liegt nicht daran, dass das System so »tolerant« ist, sondern daran, dass linke Gesellschaftskritiker seit der Vereinnahmung von 1968 durch das neoliberale System ein systemstabilisierender Faktor geworden sind. Wäre er ein »Rechtspopulist«, oder würde er gar die Demokratie überhaupt und nicht nur deren Repräsentationsmodell kritisieren, dann hätte er seinen Lehrstuhl kaum bekommen, ganz so wie Chomsky es bezüglich der Systemkritiker ausführt – nur, dass Chomsky und Mausfeld selbst Professoren waren.

Seine Kritik an der »Bewusstseinsindustrie« und der Propagandafunktion der Medien wird dadurch nicht entkräftet; ebensowenig seine Bemerkungen zur Entpolitisierung der Gesellschaft und der noch verbliebenen linken Intellektuellen, die sich meist nur noch für Minderheiten-Identitäten »engagieren« und durch ihren »progressiven Neoliberalismus« das System stabilisieren. Nicht ohne Grund beklagt er eine »Fragmentierung und Zersetzung emanzipatorischer und sozialer Bewegungen und der politischen Linken allgemein«, deren emanzipatorisches Potential »gleichsam privatisiert wurde.«[325] Zu Recht sieht er »das vorrangige Ziel des Neoliberalismus darin, eine radikal entpolitisierte und sozial atomisierte Gesellschaft zu erzeugen. Damit gar nicht erst die *Idee* eines gemeinsamen Interesses und damit Handlungsoptionen einer kollektiven Bündelung von Veränderungsbedürfnissen entstehen können, ist es erforderlich, dass das Individuum seine soziale Situation einzig seiner Anpassungskompetenz an die ›Erfordernisse‹ des ›Marktes‹ zuschreibt. Sofern überhaupt Vorstellungen einer kollektiven Identität entstehen, sollen sie sich auf Aspekte des Konsumbereichs und des Bereichs individueller ›Life Styles‹ beziehen. Die so erreichte Entpolitisierung hat eine Reihe von machtpolitisch erwünschten Konsequenzen: Sie wirkt entsolidarisierend, entwurzelt das Individuum von der sozialen Erfahrungsgeschichte der eigenen sozialen Klasse und lässt es, hoffnungslos auf sich selbst gestellt, mit Gefühlen der Hilflosigkeit und Resignation zurück.«[326]

All das ist richtig beobachtet und greift doch zu kurz. Die Atomisierung löst das Individuum nicht allein aus ökonomischen, sondern auch aus kulturellen und metaphysischen Zusammenhängen; eine kollektive Identität besteht nicht in gemeinsamen Handlungsoptionen und Veränderungsbedürfnissen, sondern vor allem in der Zugehörigkeit zu einer Abstammungs- und Schicksalsgemeinschaft; und die Entwurzelung reißt das Individuum nicht nur aus seiner sozialen Klasse, sondern auch aus seinem Volk heraus.

Auch Mausfelds Kritik an der repräsentativen Demokratie geht, den prinzipiellen Beschränkungen linken Denkens entsprechend, daneben. Selbstverständlich hat er recht, wenn er hinter dieser die Macht- und Geldeliten am Werke sieht, aber die Lösung des Betrugs der Massen durch kartellparteiliche Demokratiesimulation kann in modernen Massengesellschaften nicht allein in »Schwarm-Intelligenz« und »Basisdemokratie« liegen. Die Federalists sahen nicht ganz ohne Grund das Gemeinwohl besser bei einer Elite aufgehoben, nur müsste es dann auch wirklich eine Elite sein und kein bloßer »Geldadel«. Wenn es nur noch Massen und keine Völker mehr gibt und im Hintergrund nur Finanzeliten die Strippen ziehen, anstatt dass wirkliche Repräsentanten des Volkes – unabhängig von der Frage, wie diese ermittelt werden – das Wohl des Ganzen im Blick haben, wird sich weiterhin ein »Tiefer Staat« parlamentarisch-demokratischer, letztlich nur staatsanaloger Mittel bedienen, um seine Macht zu sichern und zu mehren. Und Politiker wie Angela Merkel werden ihm zu Diensten sein.

Nach diesen allgemeinen Betrachtungen zur Rolle der Medien in der modernen Gesellschaft seien einige wesentliche »Produktionsmittel« und »Produktionsmethoden« der »Bewusstseinsindustrie«[327] zusammengefasst und erläutert.

A. »Produktionsmittel«

Nachrichtenagenturen:

Ein Großteil der in den Medien publizierten Nachrichten geht nicht auf deren eigene Recherche zurück, sondern stammt von Nachrichtenagenturen.

Die Texte werden direkt übernommen und dann meist mit entsprechenden Kürzeln als Agenturmeldungen gekennzeichnet, was der Leser jedoch gewöhnlich nicht bemerkt, oder sie werden in die jeweilige Landessprache übersetzt und dabei leicht umformuliert oder mit Bildern und Graphiken illustriert, um sie als eigene Leistungen auszugeben. Derzeit gibt es nur noch drei global tätige Nachrichtenagenturen:

> »Die amerikanische Associated Press (AP) mit weltweit über 4000 Mitarbeitern. Die AP gehört US-Medienunternehmen und hat ihre Hauptredaktion in New York. AP-Nachrichten werden von rund 12000 Medien genutzt und erreichen dadurch täglich mehr als die Hälfte der Weltbevölkerung.
> Die quasi-staatliche französische Agence France Presse (AFP) mit Sitz in Paris und ebenfalls rund 4000 Mitarbeitern. Die AFP versendet pro Tag über 3000 Meldungen und 2500 Fotos an Medien in aller Welt.
> Die britische Reuters in London, die privatwirtschaftlich organisiert ist und etwas über 3000 Mitarbeiter beschäftigt. Reuters wurde 2008 vom kanadischen Medienunternehmer Thomson – einem der 25 reichsten Menschen der Welt – gekauft und zu Thomson-Reuters mit Sitz in New York fusioniert.«[328]

Daneben gibt es noch kleinere Agenturen, die vorwiegend national tätig sind und mit den drei großen kooperieren. Im deutschsprachigen Raum sind dies die Deutsche Presse-Agentur (DPA) im Besitz deutscher Medienverlage mit rund 1000 journalistischen Mitarbeitern in rund 100 Ländern, die Austria Presse Agentur (APA) im Besitz von österreichischen Tageszeitungen und des ORF mit 165 Redakteuren sowie die Schweizerische Depeschenagentur (SDA) mit rund 150 Mitarbeitern. Die beiden letzteren verfügen über kein eigenes Korrespondentennetz und übernehmen nur Meldungen der DPA und der globalen Agenturen über Ereignisse aus dem Ausland. Die DPA wiederum kooperiert eng mit der AP und vermarktet AP-Nachrichten im deutschsprachigen Raum. Angesichts der globalen Oligopolstellung der wenigen weltweit tätigen Nachrichtenagenturen ist es nicht verwunderlich, dass sich viele Nachrichten in scheinbar unterschiedlichsten Medien oft gleichen oder nur durch unwesentliche Umformulierungen von einander abweichen. Und es gilt dadurch natürlich ein rigides Filterprinzip: Was die Schwelle zur Agenturmeldung nicht überschreitet, findet für die meisten Menschen nicht statt; und auch nur ein Bruchteil dessen, was die Agenturen den Medien vermitteln, gelangt tatsächlich an die Öffentlichkeit.

Leitmedien:

Die Medien mit großer Reichweite und einem Korrespondentennetz im Ausland sind diejenigen, die die in der Öffentlichkeit diskutierten Themenschwerpunkte setzen und an denen sich daher die kleineren und regionalen Medien orientieren. Unter den deutschsprachigen Zeitungen sind dies vor allem »Der Spiegel«, die »Süddeutsche Zeitung«, die FAZ, »Die Zeit«, »Die Welt«, die NZZ und die »Bild«-Zeitung, die noch immer die mit Abstand größte deutsche Tageszeitung ist; lange Zeit war sie auch die auflagenstärkste Tageszeitung Europas. Ihre verkaufte Auflage liegt derzeit noch bei 1.608.113 Exemplaren; das bedeutet ein Minus von 63,5 Prozent seit 1998.[329] Während die globalen Nachrichtenagenturen ein Korrespondentennetz von mehreren tausend Mitarbeitern unterhalten, verfügen große deutschsprachige Zeitungen nur über ein paar Dutzend Auslandskorrespondenten, die sie sich häufig noch miteinander teilen. Deren Berichte werden dann auch oft noch innerhalb eines einzelnen Medienkonzerns von mehreren Publikationen verwertet. Zudem wagen sich westliche Korrespondenten oft gar nicht in die Kriegs- und Krisengebiete vor, über die sie angeblich berichten. Die »Kriegsberichterstatter«, die uns über Vorgänge im Nahen Osten informieren, sitzen fern von den Fronten im relativ sicheren Istanbul, in Beirut oder Kairo und werten manchmal nur YouTube-Videos aus, die irgendjemand hochgeladen hat. Tatsächlich stützte sich ein Großteil der Berichterstattung zum Syrienkrieg lediglich auf die »Syrische Beobachtungsstelle für Menschenrechte«, eine dubiose Ein-Mann-Organisation mit Sitz in London, die ihre Meldungen an die globalen Agenturen lieferte, die sie dann an Hunderte Millionen Leser und Zuschauer weltweit verbreiteten. Der »Endverbraucher« kommt gar nicht auf die Idee, diese Nachrichten, die in nahezu allen Medien inhaltsgleich erscheinen, in Frage zu stellen, denn wenn alle dasselbe berichten, muss es ja stimmen. Und was er doch gelegentlich an abweichenden Nachrichten zur Kenntnis nimmt – sofern er nicht zu den Millionen vorwiegend älteren Menschen gehört, die noch immer das Fernsehen als primäres oder ausschließliches Medium nutzen –, muss dann eben auf »Putin-Trolle« oder »rechte Verschwörungstheoretiker« zurückgehen, die solche – von den Mainstreammedien so genannten – »Fake News« in die Welt setzen.

Staatliche Akteure:

Hier sind die offiziell zuständigen Institutionen wie Pressesprecher usw. von verdeckt arbeitenden Behörden (Geheimdiensten) zu unterscheiden, deren Aufgabe darin besteht, die Bevölkerung durch Desinformation in die Irre zu führen. Sie produzieren »weiße« bzw. »schwarze« Propaganda, aber in der Praxis sind die Übergänge fließend, wie sich bereits in ihren Ursprüngen zeigt: Die Briten richteten als erste ein Informationsministerium ein, das die Aufgabe hatte, die zunächst pazifistisch und isolationistisch eingestellten USA in den Krieg hineinzuziehen, indem es Lügengeschichten über die barbarischen »Hunnen« wie diejenige von den abgehauenen Händen belgischer Kinder verbreitete. Die Propaganda fiel auf fruchtbaren Boden, was auch daran lag, dass Präsident Woodrow Wilson, der 1916 aufgrund seines Antikriegsprogramms gewählt wurde, von Anfang an vorhatte, in den Krieg einzutreten. Um die Bevölkerung umzustimmen, berief er das Committee on Public Information (»Komitee für Öffentlichkeitsinformation«) – nach seinem Leiter George Creel auch »Creel-Kommission« genannt – ein, und innerhalb weniger Monate herrschte in den USA eine ungeheure Kriegshysterie. Der von Edward Barneys 1917 für Wilsons Kriegskampagne kreierte Slogan lautete »Make the world safe for democracy.« Amerikanische Politiker wie Bush sen., Clinton, Bush jr. oder Obama hätten ihn in unserer Zeit noch genauso benutzen können.

Die Deutschen hatten den globalen Propagandaapparaten der Briten und Amerikaner wenig entgegenzusetzen, weil sie noch zu sehr in den Kategorien traditioneller und regionaler Kriegführung dachten und zudem die amerikanische Öffentlichkeit kaum erreichen konnten, da gleich zu Kriegsbeginn die durch den Atlantik verlaufenden Überseekabel gekappt worden waren. Die deutsche Propaganda konzentrierte sich vor allem darauf, die Heimatfront bei der Stange zu halten, und scheiterte schließlich an der allgemeinen Kriegsmüdigkeit.

Als besonders aufmerksamer Schüler der Entente-Propaganda erwies sich Hitler, der nach seiner »Machtergreifung« als erstes ein Propagandaministerium einrichtete. Der nächste Weltkrieg konnte dementsprechend bis zum totalen militärischen Zusammenbruch und der vollständigen Besetzung Deutschlands geführt werden. Die Amerikaner und ihre Alliierten waren nun bestrebt, Deutschland in ihre Machtstrukturen einzubinden und dafür zu sorgen, dass es auf Dauer ein Teil der »westlichen Wertegemeinschaft« wird. Zu diesem Zweck behielten die USA auch nach dem Ende der unmittelbaren Besatzungszeit eine Oberaufsicht über die staatlichen Institutionen der BRD und beeinflussen bis heute die deutsche Politik und die öffentliche Meinung über eine Vielzahl von transatlantischen Organisationen, in die führende deutsche Politiker und Journalisten eingebunden sind.

Vereine, Stiftungen und Think Tanks:

In seinem Buch über »Gekaufte Journalisten« berichtet Udo Ulfkotte von einem besonders skurrilen Fall politisch-medialer Verfilzung:

> »Da hat der »Zeit«-Autor Jochen Bittner zusammen mit einem Kollegen 2014 einen Artikel über deutsche Außenpolitik geschrieben. In dem Artikel geht es um die Münchner Sicherheitskonferenz und um eine Rede des deutschen Bundespräsidenten Gauck, der deutsche Auslandseinsätze unterstützt. Gaucks Rede wird in dem »Zeit«-Artikel gelobt. Was der Leser nicht erfährt: Gaucks Rede geht in Teilen auf ein Projekt der transatlantischen Organisation German Marshall Fund zurück, welche diese

> zusammen mit der Stiftung Wissenschaft und Politik (gefördert vom Auswärtigen Amt) erarbeitet hatte. Und »Zeit«-Journalist Bittner war an dem Projektpapier unmittelbar beteiligt, hat an dem Projekt mitgearbeitet.«[330]

Dem Zeitungsleser sollte also der Eindruck vermittelt werden, Gauck vertrete als »verantwortungsvoller Staatsmann« seine Überzeugung, dass die Bundeswehr zur »Friedenssicherung« im Ausland eingesetzt werden müsse – dabei trat der Bundespräsident hier eher wie eine Werbefigur auf, die Positionen zu vermarkten hatte, die andere ihr vorgaben. Und diese »anderen« waren dann hinterher noch dieselben, die darüber wohlwollend berichteten, ohne ihre Urheberschaft – oder genauer gesagt, ihre Mitwirkung daran – offenzulegen. Dieser Fall ging weit über die übliche Praxis hinaus, dass sich ein Politiker von einem Ghostwriter eine Rede oder einen Rede-Entwurf schreiben lässt, denn hier lag die Autorschaft zumindest teilweise bei einer Organisation, als deren Sprecher sich Gauck, der eigentlich Deutschland und das deutsche Volk hätte repräsentieren müssen, gleichsam betätigte. Erst nachdem die Satiresendung »Die Anstalt« am 29. April 2014 das Thema aufgegriffen hat, sah sich »Die Zeit« genötigt, auf die Einbindung ihres Autors in das Projekt der SWP und des German Marshall Fund hinzuweisen.

Die Redakteure der »Anstalt« gingen aber noch weiter und illustrierten in einem Schaubild die Verbindungen von Jochen Bittner und den weiteren führenden Journalisten Josef Joffe (ebenfalls »Die Zeit«), Stefan Kornelius (»Süddeutsche Zeitung«), Günther Nonnenmacher und Klaus-Dieter Frankenberger (beide FAZ) zu zwölf transatlantischen Denkfabriken, darunter das Aspen Institute, die Trilaterale Kommission, die Deutsche Gesellschaft für auswärtige Politik und die Bundesakademie für Sicherheitspolitik. »Dann sind ja all diese Zeitungen nur so etwas wie die Lokalausgaben der NATO-Pressestelle«, lautete ihr satirisch zugespitztes Fazit.[331] Die »Zeit«-Journalisten klagten gegen die Redaktion der Satiresendung und erwirkten, dass der Beitrag nicht mehr ausgestrahlt werden durfte; andere große Zeitungen und Zeitschriften berichteten über diesen Streitfall nicht.

Solche Vernetzungen sind natürlich keine Einzelfälle, sondern unter Topjournalisten die Regel. Man müsste dies weniger problematisch finden, wenn es erstens bekannt wäre und es zweitens auch Topjournalisten gäbe, die in völlig anderen, z.B. prorussischen – oder idealerweise prodeutschen – Netzwerken Mitglieder wären; dann wüsste der Leser ihre jeweiligen Beiträge einzuordnen. Wie oben schon gesagt, gibt es keine Standpunktlosigkeit, aber man kann seinen Standpunkt deutlich machen (und auch andere Standpunkte zulassen oder sie gar, zumindest um der Überprüfung willen, einzunehmen versuchen) – oder eben auch nicht. Fast alle führenden deutschen Journalisten sind in transatlantische Netzwerke eingebunden, die offiziell der »deutsch-amerikanischen Freundschaft« oder der »Förderung der Demokratie« dienen, tatsächlich aber die Aufgabe haben, die politischen, militärischen und wirtschaftlichen Ziele der USA zu unterstützen.

Eine besondere Rolle unter diesen Netzwerken kommt dem Verein »Atlantik-Brücke« zu, der bereits 1952 auf Anregung des früheren Weltbankpräsidenten John McCloy gegründet wurde. »McCloy wurde in jener Zeit Vorstandsvorsitzender von Rockefellers Chase Manhattan Bank. McCloy war zuvor Hoher Kommissar für die BRD, also führender Kopf der amerikanischen Besatzungsmacht in (West-)Deutschland. Die Journalistin Marion Gräfin Dönhoff, Mitherausgeberin der Wochenzeitung ›Die Zeit‹, gehörte zu den Gründungsmitgliedern der Atlantik-Brücke, welche es als selbstverständlich betrachteten, mit allen medial zur Verfügung stehenden Möglichkeiten die öffentliche Meinung zu beeinflussen. Offiziell verfolgte der Verein laut Satzung das Ziel, Bildungs-, wissenschaftliche, kulturelle und mildtätige Zwecke sowie die Förderung der Völkerverständigung zu verfolgen.«[332]

Die FAZ nannte ihn 1981 eine »elitäre Mitbestimmungsgruppe«,[333] und der frühere Vorsitzende dieses Vereins Arend Oetker sagte recht freimütig: »Die USA wird von 200 Familien regiert, und zu denen wollen wir gute Kontakte haben.«[334] »Der Spiegel« nannte die Atlantik-Brücke 1958 eine »Gesellschaft ehemaliger Besatzungsfunktionäre im Nachkriegsdeutschland«; dementsprechend gab sie von 1957 bis 1970 auch das englischsprachige Informationsblatt »Meet Germany« für in Deutschland stationierte

US-Soldaten heraus; sie ist schließlich »eine Propagandaorganisation der früheren Besatzungsmacht.«[335]

Heute gehören ihr rund »500 führende Persönlichkeiten aus Bank- und Finanzwesen, Wirtschaft, Politik, Medien und Wissenschaft« an,[336] darunter Politiker wie Bundeskanzlerin Angela Merkel, Friedbert Pflüger, Joachim Pfeiffer (alle CDU), Dorothee Bär, Markus Blume (beide CSU), Sigmar Gabriel, Karsten Voigt (beide SPD), Christian Lindner, Philipp Rösler, Patrick Döring (alle FDP) und Stefan Liebich (Die Linke). Bemerkenswert ist, dass sich unter den politischen Mitgliedern, soweit bekannt, vor allem natürlich Vertreter der traditionell »staatstragenden« Parteien, daneben aber auch vereinzelt Mitglieder der (in letzter Zeit zur künftigen Regierungspartei auf Bundesebene aufgebauten) Grünen oder der Linken finden. Eine grüne/linke Gesinnung ist also möglich, sofern sie sich mit einer positiven Haltung zu Multikulturalismus und Globalismus verbindet; linke Kritiker des globalen Finanzkapitalismus finden sich nicht unter den Mitgliedern. Erst recht ist kein Vertreter einer rechten Partei anzutreffen.

Die Mitgliedschaft ist nur durch Nominierung und Kooptation durch den Vorstand möglich. Aktueller Vorsitzender der Atlantik-Brücke ist der frühere Vorsitzende der CDU/CSU-Bundestagsfraktion Friedrich Merz; auf der folgenden Liste finden sich die übrigen Vorstandsmitglieder (Stand: 12. Januar 2017):[337]

Name	**Funktion**	**weitere Tätigkeiten und Mitgliedschaften**
Friedrich Merz	Vorsitzender	CDU, bis 1989 Verband der Chemischen Industrie, Mayer Brown LLP, Berlin; Mitglied Trilaterale Kommission, Verwaltungsrat Commerzbank AG, BASF, HSBC Trinkaus & Burkhardt AG,
Edelgard Bulmahn	stellvertretende Vorsitzende	SPD, bis 2017 Vizepräsidentin des Deutschen Bundestages und Mitglied Auswärtiger Ausschuss, Vorsitzende The German Group der Trilateralen Kommission

Burkhard Schwenker	stellvertretender Vorsitzender	Roland Berger Strategy Consultants, Hamburg
Andreas R. Dombret	Schatzmeister	Vorstand Deutsche Bundesbank, Vorstand bei der Bank für Internationalen Zahlungsausgleich
David Deißner	Geschäftsführer	
Kai Diekmann	Vorstandsmitglied	ehem. Gesamtherausgeber BILD-Gruppe, ehem. Chefredakteur Bild, Bild am Sonntag
Jürgen Fitschen	Vorstandsmitglied	Ehemaliger Vorstandsvorsitzender Deutsche Bank AG, Mitglied Trilaterale Kommission, American Academy Berlin
Angelika Gifford	Vorstandsmitglied	Geschäftsführerin Hewlett Packard Deutschland
Jürgen Großmann	Vorstandsmitglied	ehemaliger Vorstandsvorsitzender RWE AG, Aufsichts-/Beirat u.a. Deutsche Bahn AG, Volkswagen AG, British American Tobacco, Mitglied American Council on Germany
Ingrid Hengster	Vorstandsmitglied	ehemaliger Vorstand Royal Bank of Scotland plc, Vorstand Kreditanstalt für Wiederaufbau (KfW)
Reiner Hoffmann	Vorstandsmitglied	Vorsitzender des Deutschen Gewerkschaftsbundes (DGB)
Michael Hüther	Vorstandsmitglied	Wirtschaftsforscher und Direktor des Instituts der deutschen Wirtschaft Köln
Wolfgang Ischinger	Vorstandsmitglied	Vorsitzender der Münchner Sicherheitskonferenz, Global Head of Government Relations und Aufsichtsratsmitglied Allianz SE, Mitglied Trilaterale Kommission, Council ECFR, American Academy Berlin, American Jewish Committee, Stiftung Wissenschaft und Politik

Eckart von Klaeden	Vorstandsmitglied	CDU, Leiter der Abteilung Politik und Außenbeziehungen der Daimler AG, bis 2013 MdB, von 2009 bis 2013 Staatsminister bei der Bundeskanzlerin, Aspen-Institute Berlin, Atlantische Initiative, DGAP
Alexander Graf Lambsdorff	Vorstandsmitglied	FDP, MdEP, Europ. Parlament, Mitglied Ausschuss für auswärtige Angelegenheiten, DGAP, Council ECFR, Gründungsmitglied Atlantische Initiative, Mitglied im Beirat des American Jewish Committee
Christian Lange	Vorstandsmitglied	SPD, Parlamentarischer Geschäftsführer der SPD-Bundestagsfraktion, Parlamentarischer Staatssekretär beim Bundesminister der Justiz und für Verbraucherschutz
Omid Nouripour	Vorstandsmitglied	MdB, Bündnis 90/Die Grünen, stellvertretendes Mitglied Auswärtiger Ausschuss
Norbert Röttgen	Vorstandsmitglied	CDU, MdB, Vorsitzender des Auswärtigen Ausschusses des Deutschen Bundestages
Karsten Uhlmann	Vorstandsmitglied	Leiter der Frankfurter Brauhaus GmbH
Max Warburg	Vorstandsmitglied	Leiter der Investment- & Privatbank M.M. Warburg & CO
Michael Werz	Vorstandsmitglied	Center for American Progress, Washington D.C.
Ute Wolf	Vorstandsmitglied	Finanzvorstand Evonik Industries AG, Essen

Dem Vorstand steht ein internationales Beratergremium zur Seite, dem amerikanische Politiker sowie Banker und Großindustrielle angehören.

Zu den Mitgliedern zählen auch zahlreiche Spitzenjournalisten. Ulfkotte hat eine Liste von 88 Namen von Journalisten zusammengestellt, die laut der Jahresberichte der Atlantik-Brücke von 2006 bis 2012 einen »Kontakt« zu dieser Organisation besaßen;[338] darunter finden sich z.B. Jörg Schönenborn, Matthias Deiß, Thomas Roth, Dr. Bernhard Wabnitz, Tina Hassel (alle ARD), Wilhelm Ulrich (Intendant des Bayerischen Rundfunks), Kai Diekmann (ehemaliger »Bild«-Chefredakteur), Prof. Dr. Michael Stürmer (»Die Welt«), Theo Sommer, Josef Joffe, Matthias Nass, Marc Brost (alle »Die Zeit«), Dr. Nikolas Busse, Klaus-Dieter Frankenberger, Cornelia von Wrangel (alle FAZ), Christiane Hoffmann (»Der Spiegel«), Marc Hujer (»Spiegel online«), Dr. Mathias Döpfner, Dr. Dietrich von Klaeden, Dr. Clemens Trautmann (alle Springer Verlag), Stefan Kornelius, Christian Wernicke, Reymer Klüver (alle »Süddeutsche Zeitung«), Juliane Schäuble (»Der Tagesspiegel«), Bodo Hombach (WAZ-Mediengruppe), Theo Kroll, Dr. Jan Philipp Burgard, Udo van Kampen, Dr. Claus-Detlev Kleber (alle ZDF).

In anderen transatlantischen, entweder amerikanischen oder zumindest bis zur Wahl Trumps kritiklos proamerikanischen Organisationen wie der Trilateralen Kommission (einer Gründung des Milliardärs David Rockefeller), der American Academy, dem American Jewish Committee, dem Aspen Institute, der Atlantischen Initiative, der Deutschen Atlantischen Gesellschaft, der Deutschen Gesellschaft für Auswärtige Politik und dem European Council on Foreign Relations (ECFR) des Milliardärs George Soros finden sich z.T. dieselben oder andere äußerst bekannte Namen aus Medien, Politik und Wirtschaft. Vor allem Soros ist mittlerweile auch in der breiten Öffentlichkeit dafür bekannt, über seine Stiftungen und NGOs politischen Einfluss in weiten Teilen der Welt im Sinne seiner globalistischen Agenda auszuüben, gegen Politiker vorzugehen, die sich, wie der ungarische Ministerpräsident Viktor Orbán, seinen Bestrebungen widersetzen, und durch die Unterstützung von Oppositions- oder auch Rebellengruppen unliebsame Regierungen zu stürzen und »Regime Changes« herbeizuführen.

In Zeitungen wie der »Welt« wird Soros noch immer euphemistisch als »Star-Investor« und »Philanthrop« gepriesen, der Demokratie und »westliche Werte« fördere.

Geheimdienste:

An »Persönlichkeiten, die sich in besonderem Maße um die deutsch-amerikanischen Beziehungen verdient gemacht haben«, vergibt die Atlantik-Brücke den Vernon-A.-Walters-Award.[339]

Vernon A. Walters (1917–2002) war Geheimdienstkoordinator der USA im Ausland und operativer Leiter der CIA. Laut Ulfkotte war er mitverantwortlich für den Aufbau des geheimen paramilitärischen Gladio-Netzwerkes und an zahlreichen Kriegen, Revolutionen, Umstürzen und Putschen der Nachkriegszeit vom Koreakrieg (1950–1953) bis zur Nelkenrevolution in Portugal (1974) mit subversiven Aktionen beteiligt.

Auch andere transatlantische Organisationen sind eng mit amerikanischen Geheimdiensten vernetzt, etwa der German Marshall Fund. Als Ulfkotte noch FAZ-Redakteur war, wurde er während einer sechswöchigen USA-Reise, die von der FAZ »offiziell abgesegnet« war, Mitarbeitern amerikanischer Dienste sowie des BND vorgestellt. Dabei erlebte er eine sehr gastfreundliche und großzügige Behandlung: »Der German Marshall Fund gab jedem von uns einen Umschlag mit Bargeld für den Aufenthalt in den USA. Ich durfte mir einen klimatisierten Mietwagen aussuchen, der Sprit wurde natürlich auch bezahlt. Ebenso die Hotels, Wäschereien, die Mahlzeiten. Und es gab [...] Geschenke.«[340] Man kannte seine Hobbies und wusste, dass er zuvor auf einer anderen Reise als »Bestechungsgeschenk« des Sultans von Oman für eine positive Berichterstattung in der FAZ neben dem Aufenthalt in Luxushotels u.a. einen teuren Tauchkurs finanziert bekommen hatte; infolgedessen bekam er nun eine Tauchausrüstung geschenkt und durfte sie mit einem Team der Navy Seals testen. Während dieser Reise wurde er zum Dank für seine Verbreitung einer proamerikanischen Gesinnung sogar mit der Ehrenbürgerschaft von Oklahoma überrascht. Schließlich blickte er irgendwann kaum noch durch, »wer nun wirklich nur vom German Marshall Fund war und wer eher den US-Geheimdiensten zuzurechnen war.«[341] Seine Berichterstattung nach solchen Reisen in die USA oder in den Nahen Osten, auf denen er von Politikern und Geheimdienstlern Geld und Geschenke erhielt, war dann in erster Linie an die Geheimdienste als eigentliche Auftraggeber und nur sekundär an die FAZ als seinen Arbeitgeber adressiert. Dort sah man in solcher Nähe zu Geheimdiensten, führenden Politikern und Diktatoren – Ulfkotte beschreibt ausführlich seine geschmierte Reise nach Oman – kein Problem, sondern im Gegenteil einen Ausweis exzellenter Beziehungen.

Das Wesen geheimdienstlicher Kontakte bringt es mit sich, dass von ihnen sowie von den zugehörigen Leistungen und Gegenleistungen im Detail selten die Rede ist; in Berichten von Journalisten heißt es dann lapidar, sie hätten »aus Geheimdienstkreisen« dieses oder jenes erfahren.

Informelle Verbindungen (»Trauzeugenjournalismus«):

Spitzenjournalisten verfügen stets über ausgezeichnete Beziehungen zu Spitzenpolitikern. Es ist eine Win-Win-Situation, denn beide Seiten wären sonst nicht an der Spitze. Gelder müssen dabei nicht unbedingt fließen, obwohl es natürlich auch vorkommt, dass Journalisten für bestimmte Artikel »geschmiert« werden, aber gewöhnlich funktioniert das System auch so und damit risikolos und skandalfrei: Die Politiker versorgen ihre Freunde von der Presse, denen sie eine besondere Nähe gewähren, mit »exklusiven Informationen«, die ihnen Vorteile gegenüber der Konkurrenz verschaffen (die es nach Möglichkeit natürlich genauso macht), und die Journalisten revanchieren sich mit wohlwollender Berichterstattung. Diese Nähe der Presse zur politischen Macht wird in den Mainstreammedien selbstverständlich niemals kritisch kommentiert, sondern Topjournalisten mit »ausgezeichneten Beziehungen« werden gerühmt, gefeiert und mit Preisen geehrt. Die Verbindungen von Chefredakteuren, Ressortleitern und Hauptstadtkorrespondenten zu bestimmten Politkern prägen natürlich nicht nur ihre eigene journalistische Arbeit, sondern auch die ihrer Untergebenen. Zuweilen kann sich das freundschaftliche Verhältnis sogar zu einer familiären Verbindung auswachsen. Udo Ulfkotte spricht in solchen Fällen von »Trauzeugenjournalismus«, was ganz wörtlich zu verstehen ist:

> »Als Helmut Kohl 2008 seine Lebensgefährtin Maike Richter heiratete, da war ›Bild‹ ganz nah dabei. Daniel Biskup, Kohls Lieblingsfotograf, machte

> Fotos. Und ›Bild‹-Chefredakteur Kai Diekmann hat über die Hochzeit berichtet. Diekmann war, neben Leo Kirch, Trauzeuge bei Kohls Eheschließung. So wie Kohl auch 2002 Trauzeuge bei Diekmanns Hochzeit war. [...] Die vielen positiven Bild-Berichte der Vergangenheit über Kohl erscheinen da jedenfalls rückblickend in einem ganz anderen Licht.«[342]

Dieselben Verhältnisse gibt es natürlich auch in anderen Ländern:

> »Der Milliardär Bernard Arnault beispielsweise, Eigentümer der wichtigsten täglich erscheinenden Wirtschaftszeitung in Frankreich (›Les Echos‹) und der weltweit größten Luxusgütergruppe (LVMH), ist [...] mit Sarkozy befreundet. Diese Freundschaft geht tief – auch er war Trauzeuge bei der Hochzeit Sarkozys – und als er ›nur‹ Besitzer von ›La Tribune‹ (Konkurrent von ›Les Echos‹) war, unterstützte das Blatt Sarkozy rückhaltlos und von Zeit zu Zeit zum Nachteil von Ségolène Royal, Mitstreiterin um das Präsidentenamt.«[343]

Umso praktischer für Arnault und seine politischen Freunde, dass er auch das wichtigste Konkurrenzblatt aufkaufen konnte ...

B. »Produktionsmethoden«

Propaganda und Public Relations:

Der bekannteste und einflussreichste Vordenker der Propaganda-Industrie war der Freud-Neffe Edward Bernays, der die Lehren der Psychoanalyse und Sozialwissenschaften unter dem Eindruck des Ersten Weltkriegs auf die Öffentlichkeitsarbeit anwandte. In seinem berühmten Buch »Propaganda« von 1928, das als »Bibel« der Public Relations gilt, schreibt er:

> »Die bewusste und intelligente Manipulation der organisierten Gewohnheiten und Meinungen der Massen ist ein wichtiges Element in der demokratischen Gesellschaft. Wer die ungesehenen Gesellschaftsmechanis-

men manipuliert, bildet eine unsichtbare Regierung, welche die wahre Herrschermacht unseres Landes ist. Wir werden regiert, unser Verstand geformt, unsere Geschmäcker gebildet, unsere Ideen größtenteils von Männern suggeriert, von denen wir nie gehört haben. Dies ist ein logisches Ergebnis der Art wie unsere demokratische Gesellschaft organisiert ist. Große Menschenzahlen müssen auf diese Weise kooperieren, wenn sie in einer ausgeglichen funktionierenden Gesellschaft zusammenleben sollen. In beinahe jeder Handlung unseres Lebens, ob in der Sphäre der Politik oder bei Geschäften, in unserem sozialen Verhalten und unserem ethischen Denken werden wir durch eine relativ geringe Zahl an Personen dominiert, welche die mentalen Prozesse und Verhaltensmuster der Massen verstehen. Sie sind es, die die Fäden ziehen, welche das öffentliche Denken kontrollieren.«[344]

Der Begriff »Propaganda« wurde hier noch in einem neutralen Sinne benutzt und explizit auf die Demokratie angewandt. Erst seit dem Zweiten Weltkrieg gilt er durch den Nationalsozialismus als negativ konnotiert; auch in der DDR bezeichnete er noch lange die staatlich organisierte »Information« des Volkes. In demokratischen Gesellschaften werden heute daher Begriffe wie »Public Relations« oder »Öffentlichkeitsarbeit« bevorzugt, die sich nicht nur auf die öffentliche Kommunikation von staatlichen Institutionen, sondern auch von Unternehmen, Verbänden usw. beziehen. Bernays selbst war auch für private Unternehmen, insbesondere der Tabakindustrie, tätig. Die Aufgabe der Propaganda bzw. der PR ist nach Bernays das *engineering of consent* (»Technik zur Herstellung von Konsens«), bei dem es darum geht, kollektive Motive und Wünsche zu erkennen und zu steuern.

Bernays hat einen Acht-Punkte-Plan zur Durchführung einer PR-Kampagne entworfen:[345]

1. Definiere Deine Ziele.
2. Führe Forschungen durch.
3. Verändere Deine Ziele auf Basis dieser Forschungen.
4. Lege eine Strategie fest.

5. Erstelle Themengebiete, Symbole und Anreize.
6. Rufe eine Organisation ins Leben, um deine Strategie auszuführen.
7. Entscheide über den Zeitplan und die Taktiken.
8. Führe deine Pläne aus.

Wichtig ist dabei die Nutzung sämtlicher verfügbarer Mittel und Medien; großen Wert legte er auch darauf, prominente Multiplikatoren, etwa »Stars« und andere »Sympathieträger« als Zugpferde einzuspannen. Auch scheinbar neutrale Wissenschaftler und akademische Institutionen können aufgrund des ihnen allgemein entgegengebrachten Vertrauensvorschusses zur Verbreitung einer Agenda genutzt werden; ebenso »empirisch forschende«, also vermeintlich objektive Daten durch »wissenschaftliche Umfragen« ermittelnde Meinungsforschungsinstitute werden gerne einbezogen. Schon die Formulierung der Fragestellung und die Auswahl des Publikums, aber auch die Verwertung des »Rohmaterials« bzw. die Art der Berechnung, machen es möglich, sehr unterschiedliche Ergebnisse durch »Meinungsforschung« zu generieren.

Bernays' Methoden werden auch heute noch von PR-Agenturen in aller Welt angewandt, um die öffentliche Meinung im Sinne ihrer Auftraggeber zu beeinflussen.

Erzeugung eines Spins:

Wenn der PR-Berater einem Sachverhalt eine bestimmte »Drehung« bzw. Tendenz geben möchte, spricht er von dem »Spin«, den er bekommen soll; er betätigt sich dann als »Spin-Doctor«. Im Unterschied zur Propaganda, die man für eine bestimmte Weltanschauung, Sichtweise oder ein konkretes Ziel wie z.B. einen Kriegseintritt macht, geht es bei der Erzeugung eines Spins darum, den Auftraggeber und dessen Politik oder auch andere Personen, Parteien, Ereignisse etc. allgemein in einem positiven oder negativen Licht erscheinen zu lassen. Der Spin-Doctor bleibt dabei selbst im Hintergrund und arbeitet z.B. mit Hilfe von suggestiven Bildern, Inszenierungen von »Events«, Slogans, Besetzungen von Begriffen usw.

Bei der Bundestagswahl 2002 führte der Kandidat der CDU/CSU Edmund Stoiber – dem Angela Merkel den Vortritt als Kanzlerkandidaten hatte lassen müssen, weil ihm größere Chancen zugesprochen wurden – in den Umfragen vor dem amtierenden Bundeskanzler Gerhard Schröder und dessen von diversen Affären gebeutelter rot-grüner Koalition. Als Schröder jedoch beim Elbe-Hochwasser im August des Jahres sein Image als pragmatischer Macher ausspielen konnte, gewann er plötzlich einen Sympathievorsprung vor dem als intelligent und kompetent, aber kühl und technokratisch geltenden Stoiber und siegte wenige Wochen später mit knapper Mehrheit. Möglicherweise haben die Bilder des Kanzlers in Gummistiefeln seinem Wahlkampf den nötigen Spin verschafft.

Als im Herbst 2015 täglich Tausende Asylsuchende unter Bruch der Dublin-Regeln über die Balkanroute nach Deutschland einreisten und nicht nur Pegida-Demonstranten, sondern auch Verfassungsrechtler von Staatsversagen sprachen, gelang es den Medien und diversen NGOs, der illegalen Einwanderung in die Sozialsysteme einen Spin von Menschlichkeit und »Willkommenskultur« zu geben, der die Migrantenflut humanitär verbrämte und Merkel die Kanzlerschaft rettete. Selbstverständlich sind auch positiv besetzte Begriffe wie »Flüchtling«, »Geflüchteter« oder »Schutzsuchender«, die auch bei überwiegend nicht asylberechtigten Personen Assoziationen von Schutzbedürftigkeit wecken sollen, ebenso Bestandteile eines Spins wie die negativen Bezeichnungen als »Ausländerfeinde«, »Flüchtlingsfeinde« oder »Islamhasser« für Menschen, die die ungeregelte und illegale Einwanderung kritisieren.

Die Zwanghaftigkeit, im Dienste der Politischen Korrektheit immer neue Euphemismen oder Dysphemismen zu konstruieren, führt nicht selten zu sperrigen und unfreiwillig komischen Konstruktionen wie »Mensch mit Migrationsgeschichte«, »people of color« oder »Willkommenskulturträger«. Der amerikanisch-kanadische Linguist und Kognitionswissenschaftler Steven Pinker hat darüber hinaus auf das Phänomen der von ihm so genannten »Euphemismus-Tretmühle« hingewiesen: Bei dieser zeigt sich, dass euphemistische Neologismen nach einiger Zeit die negativen Konnotationen derjenigen Wörter wieder annehmen, die sie eigentlich ersetzen sollten. Beispiele sind etwa »Geflüchteter« statt »Flüchtling« oder »Mensch mit Migrationsgeschichte« statt »Mensch mit Migrationshintergrund« statt »Migrant«. Politisch korrekte Begriffssetzungen ändern eben nichts an konkreten Problemen, in diesem Fall der Masseneinwanderung oder der hohen Migrantenkriminalität, die zum negativen Klang ursprünglich neutraler Begriffe geführt haben. Die Realität lässt sich durch Umbenennungen nicht wegwischen, da sie doch nicht nur aus bloßen »Diskursen« besteht, wie postmoderne Ideologen meinten.

Die Möglichkeiten wie die Grenzen einer Spin-Erzeugung zeigte der Wahlkampf des SPD-Kanzlerkandidaten Martin Schulz 2017. Kaum war er im Januar als Kandidat aufgestellt worden, überboten sich die Medien mit Lobpreisungen und redeten einen »Schulz-Effekt« herbei, der weder durch irgendwelche Leistungen noch ein besonderes Charisma des unscheinbaren, meist griesgrämig auftretenden ehemaligen EU-Bürokraten gerechtfertigt war. Kurzzeitig schnellten die Umfrageergebnisse der SPD, die ihn mit 100 Prozent (einem Ergebnis, das an kommunistische Diktaturen erinnert) zum Parteivorsitzenden wählte, nach oben, aber beim Wahlvolk verfing dieser Spin nicht dauerhaft, und bei der Bundestagswahl im September erzielte Schulz das bislang schlechteste SPD-Ergebnis der Nachkriegsgeschichte. Da die SPD seitdem auf noch niedrigerem Niveau stagnierte und der Trend in Wahlen und Umfragen eigentlich auf eine Mitte-Rechts-Koalition von CDU/CSU und AfD verwies, die allerdings aufgrund des Abgrenzungskurses der Union bislang nicht möglich ist, lief danach ein Spin an, der den Grünen das Image einer bürgerlich-linksliberalen Partei verschaffen und sie statt der SPD als künftigen Partner der Union aufbauen sollte. Wenn eine rein linke, etwa rot-grüne oder rot-rot-grüne Koalition nicht möglich ist, wollen die Spindoktoren der Medien wenigstens ein Linksbündnis der unter Merkel weit nach links gerückten CDU retten, um einen Umschwung nach rechts zu verhindern.

Agenda-Setting:

Beim Agenda-Setting geht es nicht um die Art und Weise, wie das Publikum über eine Sache denkt, sondern ob es sich überhaupt mit ihr befasst. Nach Bernard C. Cohen haben die Medien auf ersteres wenig Einfluss, wohl aber auf letzteres. Die Kommunikationswissenschaftler Maxwell E. McCombs und Donald L. Shaw haben diese Annahme in ihrer sogenannten Chapel-Hill-Studie im Vorfeld des amerikanischen Präsidentschaftswahlkampfes 1968 empirisch belegt und vier Jahre später den Begriff des »Agenda-Settings« eingeführt. Die durch Inhaltsanalysen ermittelte Korrelation zwischen Medienagenda und Publikumsagenda lag bei über 90 Prozent. Heute dürfte die Übereinstimmung bei zahlreichen Themen deutlich niedriger sein. Neben dem Agenda-Setting, bei dem etwa eine Partei im Wahlkampf ihre bevorzugten Themen zu Hauptdiskussionsgegenständen zu machen sucht, unterscheidet man das »Agenda Surfing«, bei dem ein ungeplantes Ereignis aufgegriffen wird (wie die Elbe-Hochflut durch Schröder), und das »Agenda Cutting«, durch das man Themen von der politischen Tagesordnung zu verdrängen sucht (z.B. Kriminalität durch Flüchtlinge).

Als »Framing« bezeichnet man allgemein die Auswahl und Hervorhebung bestimmter Themen und deren Einordnung in einen gewünschten Deutungsrahmen (Frame). So wird Migration beispielsweise in der Mainstreampresse unter den Frames von »Flucht und Asyl« oder auch »Fachkräfte-Zuwanderung« behandelt, obwohl überwiegend nicht asylberechtigte Sozialstaatsmigranten einreisen. Die Auswahl des einen Themas bedingt die Weglassung des anderen. So beruhte die besonders skandalöse Nichtthematisierung der Kölner Silvesternacht von 2015/16 durch die Medien sicher nicht auf Unwissenheit, da auch Mainstreamjournalisten die sozialen Netzwerke zur Kenntnis nehmen, sondern auf Framing – ebenso wie die nachträgliche Deutung der Ereignisse mit Hilfe des Frames »sexistische Männergewalt« (durch den Mainstream-Feminismus). Der Alternativ-Frame der nonkonformen Medien[346] lautete demgegenüber »Migrantengewalt/islamischer Sexismus«.[347]

Ikonisierung:

Besondere Bedeutung für jede PR-Maßnahme kommt der Lancierung eindrucksvoller Bilder, Filme oder Videos zu, da die meisten Menschen überwiegend visuell gesteuert sind und visuelle Eindrücke auf einer prärationalen, unbewussten Ebene unser Empfinden und damit auch unser Denken prägen. Manche Stars oder Politiker erlangten vielleicht nur durch ein gelungenes Foto, das zur Medienikone wurde, den Status eines modernen »Mythos« – exemplarisch ist an das berühmte Foto Che Guevaras von Alberto Korda zu erinnern, das den kubanischen Revolutionär als »Guerrillero Heroico« zeigt und ihn mit seinen hippiehaft halblangen Haaren unter einem militärischen Barett, seinem kurzen Bart und dem in die Ferne gerichteten Blick als kriegerische Version eines modernen, weltrevolutionären Heilands inszeniert.[348]

Auch wenn es natürlich nur selten vorkommt, dass ein Bild solchen Kultstatus gewinnt, arbeiten die Medien ständig mit Fotos, die die gewünschten Gefühle und Effekte erzeugen sollen. Artikel der Mainstreammedien zur sogenannten »Flüchtlingskrise« (die keine Krise ist, da sie bewusst erzeugt wurde und fortwährend aufrechterhalten wird, siehe unten) wurden häufig mit Fotos schutzbedürftiger, mitleiderregender Frauen und Kinder illustriert, obwohl überwiegend junge Männer einreisten. In »rechtspopulistischen« Medien wiederum zeigt man im Kontext der Masseneinwanderung farbige oder orientalisch aussehende Männer mit finsteren Blicken, aggressiv fordernd auftretende Migranten oder Kriminelle, die Frauen vergewaltigen – natürlich versuchen auch die Alternativmedien, ihrem Anliegen den gewünschten Spin zu verleihen.

Politiker der Grünen werden in den Mainstreammedien gerne fröhlich lachend oder warmherzig lächelnd abgebildet, was nicht verwunderlich ist, da überproportional viele Journalisten diese Partei favorisieren. Umgekehrt werden Vertreter konservativer und insbesondere rechter Parteien gewöhnlich mit griesgrämiger, eisiger oder hassverzerrter Miene dargestellt. Möglicherweise liegt dieser Eindruck auch daran, dass scharfe Kritiker der herrschenden Politik, die unser Land oder ganz Europa dem Untergang entgegentaumeln sehen, tatsächlich weniger Gründe haben, fröhliche Gesichter zu machen, aber auch ernste Mienen ließen sich positiv, z.B. als verantwortungsbewusst, zuverlässig, ehrlich und respektgebietend darstellen, wenn ein entsprechender Spin verfolgt würde. Im Übrigen gäbe es auch von rechtspopulistischen Politikern, zumal nach manchen Wahlerfolgen der letzten Jahre, genügend vorteilhaftes Bildmaterial, das man benutzen könnte. Stattdessen verwendet man zur Spin-Erzeugung immer noch uralte Fotos von Bildagenturen, die »Oldschool-Skinheads« mit Glatzen und tätowierten Oberarmen oder Springerstiefel mit weißen Schnürsenkeln zeigen, wie sie in den neunziger Jahren in der Skinhead-Szene beliebt waren, wenn man Berichte über das Thema »Rechtspopulismus« illustrieren will. Selbst Artikel über die Neue Rechte, also über Rechtsintellektuelle, die eher Anzüge oder Tweed-Sakkos und Cordhosen tragen, werden zuweilen so illustriert.

Bei der bildlichen Präsentation »unerwünschter« Politiker, die manchmal geradezu an Hetzdarstellungen der NS-Presse erinnert, muss man zwischen der bloßen Auswahl unvorteilhafter Fotos und deren darüber hinausgehender Manipulation z.B. durch eine Änderung der Farbwerte oder ungünstige Zuschneidungen, vorzugsweise der Hals- und der unteren Gesichtspartie, um eine füllige Person noch dicker erscheinen zu lassen, unterscheiden.[349] Besonders beliebt ist auch die Verwendung eines ausgeschnittenen Standbildes aus einer Filmsequenz (etwa einer mit starker Mimik vorgetragenen Wahlkampfrede), so dass ohne diesen dynamischen Kontext der Eindruck einer Grimasse entsteht; gelegentlich werden dabei auch unwillkürliche Armbewegungen »eingefroren«, die isoliert einen »Hitlergruß« assoziieren lassen sollen.[350] Visuelle Propagandatechniken, die sich die »Macht der Bilder« zunutze machen, arbeiten subtiler als die üblichen plumpen verbalen Zuschreibungen, werden auch von aufmerksamen Medienkonsumenten weniger leicht durchschaut und wirken daher umso nachhaltiger.

Sozialisierung und ideologische Formung:

Die mannigfachen Methoden der politisch korrekten »Erziehung« richten sich auf die Journalisten selbst und dadurch mittelbar auch auf ihr Publikum. Die Sozialisierung beginnt mit der Auswahl geeigneter Bewerber, die »das Richtige«, zumeist Sozial- und Kulturwissenschaften, die beinahe per se eine linke Gesinnung verbürgen, studiert haben, und intelligent genug sind, um die notwendigen Anforderungen zu erfüllen, aber nicht die geistige Freiheit besitzen, um auch unangenehme Fragen zu stellen oder eigenständige Meinungen zu formulieren. Zu den jeweiligen Themen müssen die konventionellen Positionen, hinreichend eloquent und informiert, abgerufen werden; geistesgeschichtliche Bildung ist darüber hinaus weder nötig noch erwünscht. Für entsprechende gelegentliche Beiträge sind miserabel bezahlte freie Mitarbeiter oder professorale Experten, die keine Bezahlung nötig haben und um der öffentlichen Aufmerksamkeit willen publizieren, zuständig. Die Anzahl von Hochschulabsolventen, die Journalisten werden wollen (oder müssen), ist hoch genug und die Situation dieser Heerscharen der Internet-Boheme so prekär, dass die meisten noch Geld für einen Praktikumsplatz bezahlen würden (wenn sie welches hätten), um irgendwo einen Fuß in die Tür zu bekommen. Natürlich fördern diese Verhältnisse Opportunismus, Selbstausbeutung, intellektuelle Prostitution und Korrumpierbarkeit; entweder passt man sich an, weil man es nötig hat, oder man hat gar nicht nötig, sich anzupassen, weil es an entsprechender Eigenständigkeit sowieso fehlt.

Ist mit dem Beruf des Journalisten selten ein verlockendes Einkommen verbunden, so wird dieser Nachteil für Intellektuelle, die sich nicht primär über materielle Statussymbole definieren, durch andere Faktoren kompensiert. Die Anmaßung, andere Menschen belehren und bestrafen zu wollen und einem großen Publikum Sprech-, Denk- und Empfindungsvorschriften zu erteilen, dabei womöglich durch die Nähe zur großen Politik an deren Macht ein wenig zu partizipieren, mindert die standestypischen Komplexe von Leuten, die sich zwischen den Berufen des Schriftstellers, des Wissenschaftlers und des Politikers bewegen und es doch zu nichts davon gebracht haben. Die meisten Journalisten, ob »frei« oder fest angestellt, leben in eher prekären Verhältnissen, aber einige wenige Spitzenjournalisten verfügen natürlich über stattliche Gehälter, zu denen noch allerlei weitere Einnahmen etwa aus Journalistenpreisen, die von ihresgleichen vergeben werden, und sonstige Vergünstigungen hinzukommen. In seinem Buch über »Gekaufte Journalisten« schildert Ulfkotte viele dieser Einnahmemöglichkeiten, die sich zuweilen am Rande der Legalität bewegen, aus nächster Anschauung.

Der typische Absolvent gesellschaftswissenschaftlicher Seminare oder von Journalistenschulen kann problemlos z.B. von einer Zeitung zur anderen wechseln, was ihm umso leichter gemacht wird, als sich die verschiedenen Medien des Mainstreams in wesentlichen Fragen meist kaum noch unterscheiden. Man kann heute etwa bei der linksgrünen taz beginnen und später für die einstmals konservative, heute linksliberale FAZ oder gar den Springer-Konzern tätig sein, wie viele Lebensläufe mehr oder weniger bekannter Journalisten zeigen. Hat ein Publizist seine Laufbahn aber im konservativen und/oder rechten Spektrum begonnen, ist eine solche Karriere kaum möglich; ein Wechsel etwa von der »Jungen Freiheit« zur FAZ gelang nur in ganz seltenen Ausnahmefällen. Aber auch innerhalb der konservativen-neurechten Publizistik fahren manche Medien, teils aus inhaltlichen, teils aus taktischen Gründen, einen rigiden Abgrenzungskurs gegeneinander, der jedoch vom Establishment niemals gedankt wird. Zu der »Abgrenzeritis«, die auch manche Autoren und Medien des rechtskonservativen Spektrums verinnerlicht haben, kommen szeneinterne Konkurrenzkämpfe, aber auch echte inhaltliche Unterschiede hinzu, da die Rechte einen außerordentlichen Binnenpluralismus aufweist. Während die allermeisten Linken in ihrem Ziel einer egalitären und »solidarischen« Gesellschaft übereinstimmen und bezüglich des Weges dorthin divergieren, herrscht bei Rechten, Konservativen, Rechtspopulisten, Neuen Rechten, Nationalisten, Ethnopluralisten usw. schon über das Ziel völlige Uneinigkeit, und es gibt allenfalls in der Gegnerschaft zur Politischen Korrektheit, dem Multikulturalismus usw. gewisse Allianzen. Manche neurechten Protagonisten versuchen aus dieser Not eine Tugend zu machen und propagieren das Konzept einer »Mosaikrechten«, die sich, anstelle einer verbindlichen Programmatik, nur durch Familienähnlichkeiten im Wittgensteinschen Sinne auszeichnet. Selbstverständlich spricht diese intellektuelle Vielfalt für die Rechte und trägt viel zu ihrer Attraktivität für nonkonforme, geistig bewegliche und vielseitig interessierte Menschen bei, die das Einerlei des politmedialen Komplexes satthaben, aber einer effektiven politischen Mobilisierung ist sie nicht dienlich.

Zwar muss nicht jeder Position ein Forum gegeben werden, aber Abgrenzung sollte stets nur aus selbst gesetzten, inhaltlichen Gründen und nicht aufgrund des Drucks politischer Gegner oder des Mainstreams erfolgen, wenn man langfristig überzeugen will. Mit der Übernahme der Themen, Wertungen, Normierungen und Tabus des Gegners hat man sich ihm bereits unterworfen. Die Linke ist hier wesentlich pragmatischer, so dass etwa bei Demonstrationen »gegen Rechts« mittlerweile Bündnisse von der CDU, ja der CSU über FDP, SPD, Grüne, Linke bis zu Organisationen der Antifa möglich sind. Allerdings unterlag sie auch keinem vergleichbaren Druck wie die Rechte, da sie es verstanden hat, jegliche Verantwortung für die Verbrechen des Sozialismus/Kommunismus zurückzuweisen und das NS-Erbe an die Rechte zu delegieren, die sich fortwährend mit ihm auseinanderzusetzen oder von ihm zu distanzieren hat, obwohl der Nationalsozialismus mindestens ebenso wirksame linke wie rechte Wurzeln besaß und mit einer konservativen, patriotischen oder ethnopluralistischen Position unvereinbar ist.

In den letzten Jahren haben nicht nur konservative, neurechte und rechtspopulistische Publikationen, sondern auch zahllose andere, meist nur online tätige Alternativmedien einen gewaltigen Zulauf erfahren, was den wirtschaftlichen Niedergang der traditionellen Printmedien weiter beschleunigte. Gewöhnlich begründen deren Vertreter ihre Auflageneinbrüche ohne inhaltlichen Bezug allein mit der kostenlosen Konkurrenz durch Online-Anbieter, aber angesichts der Unzufriedenheit vieler Menschen mit dem Angebot der »Lügen«- oder »Lückenpresse« lassen sich die Verluste damit allein nicht erklären. Die Mainstreammedien reagierten auf die neue Konkurrenz mit Bezahlschranken für einen Teil ihres Online-Angebotes, was langfristig aber kaum erfolgreich sein kann, wenn Mitbewerber ähnliche Inhalte kostenfrei anbieten und sich die traditionellen Medien nicht durch besondere Qualität empfehlen können. Eine andere, gerne gepflegte Methode ist die Beschimpfung der Konkurrenten, denen man die Produktion von »Fake News« vorwirft, auf die man mit vermeintlichen »Faktenchecks« reagiert. Solange die Mainstreammedien aber selbst immer wieder Fake News verbreiten und an ihrer tendenziösen Berichterstattung zugunsten einer vollkommen diskreditierten, verheerenden Politik festhalten, werden sich die verlorenen Leser, Hörer oder Zuschauer kaum zurückgewinnen lassen. Eine Hoffnung könnte für sie darin bestehen, dass der Staat oder die EU »systemrelevante« bzw. systemaffirmative Medien finanziell unterstützt, um die »Vielfalt der Medienlandschaft zu sichern«[351] – bereits jetzt fördert die EU Medien, die »proeuropäisch« berichten, und eventuell könnten manche private Medien einen Status ähnlich wie die öffentlich-rechtlichen Rundfunkanstalten erlangen, aber auch dies würde nur ihre finanzielle Situation, nicht jedoch per se auch ihre Reichweite verbessern. Wer seit 2013 den Rundfunkbeitrag zwangsweise bezahlt, sieht deswegen nicht häufiger fern, wenn er das Programm von ARD und ZDF inhaltlich ablehnt. Warum sollte es bei weiteren »Medienabgaben« anders sein?

Wir verfügen heute über wesentlich breiter gefächerte Informationsmöglichkeiten als vor 20 Jahren, aber gleichzeitig hat auch die Verwirrung zugenommen. Entweder vertrauen die Mediennutzer daher niemandem mehr und verlieren das Interesse an Politik und Medien – was dazu führt, dass sie noch leichter manipulierbar sind –, oder sie bringen den Alternativmedien eine kritiklose Begeisterung entgegen, die oftmals erstaunlich ist. Nicht wenige, die den »Spiegel« oder die »Bild«-Zeitung als Lügenpresse verachten, konsumieren kritiklos die dubiosesten Internet-TV-Programme selbsternannter »Aufklärer«, »Truther« und »Wahrheitsaktivisten«, die bei ihren »Enthüllungen« über Verschwörungen, Geheimbünde, Logen, Wunderheiler, Netzwerke von Politikern und Pädophilen, geheime Weltregierungen, extraterrestrische Kontakte, Chemtrails, genetische Experimente an Menschen unter außerirdischer Aufsicht, »reptiloide« Weltherrscher und dergleichen mehr keinerlei journalistische Standards, geschweige denn wissenschaftliche Prinzipien anwenden, sondern allein wirtschaftliche Interessen verfolgen. Viele solcher Formate dürften in den nächsten Jahren wieder verschwinden, wenn der »Hype« vorbei ist; auch die zunehmende staatliche Kontrolle könnte dazu beitragen, dass Angebote mit besonders »nonkonformen« oder »extremistischen« politischen Bezügen verdrängt oder marginalisiert werden.

Andererseits wird sich das Internet trotz der Zensurbereitschaft großer Konzerne wie Facebook und YouTube hoffentlich nicht in dem Maße reglementieren lassen, wie das die meisten Mainstream-Politiker gerne hätten; schon jetzt weichen Nutzer etwa von Facebook auf die russische Plattform vk.com und andere Netzwerke aus, und dieser Trend könnte zunehmen. Zudem werden sich die seriöseren Anbieter unter den Alternativmedien weiter professionalisieren und kommerzialisieren müssen, wenn sie sich gegen die etablierte Konkurrenz behaupten wollen. Dabei werden sie natürlich dieselben PR-Methoden anwenden müssen wie diese, so dass viele Appelle an einen seriösen, nonkonformen Journalismus, sorgfältig zu recherchieren, alle Quellen offenzulegen, unabhängig zu bleiben, sich nicht »kaufen« zu lassen usw., fromme Wünsche bleiben werden. Das Mediensystem wird sich bis auf Weiteres nicht ändern lassen, aber es ist doch möglich, alternative Inhalte einzuspeisen, die dessen Paradigmen mit der Zeit verschieben könnten.

Für das politische System und alternative Parteien gilt dasselbe. Das gesamte politisch-mediale System der westlichen Welt steht an einem Scheideweg, und in den nächsten Jahren wird sich zeigen, ob es gelingt, Freiheit und Identität zu bewahren, oder ob wir in das Zeitalter eines neuartigen »postdemokratisch«-totalitären Multikulturalismus eintreten.

Postdemokratie?

Ein bekanntes Bonmot, das verschiedenen Autoren, darunter Kurt Tucholsky und Oscar Wilde, fälschlich zugeschrieben wird, lautet: »Wenn Wahlen etwas verändern würden, wären sie verboten.« Ein solches resignierendes Fazit könnte man angesichts des Modells einer gelenkten Fassadendemokratie ziehen, wie es z.B. Rainer Mausfeld entwirft. Die repräsentative Demokratie ist dann eine Art Puppentheater, bei dem hinter den Kulissen die Fäden gezogen werden.

Ähnlich düster, aber doch nicht ganz so radikal und kategorisch schätzt der Politikwissenschaftler Colin Crouch die Situation der heutigen Demokratie ein, von der er annimmt, dass sie sich im Übergang in ein »postdemokratisches« Stadium befindet. Der Terminus »Postdemokratie« wird bereits seit den 1990er Jahren von Politikwissenschaftlern in Anlehnung an die weiter verbreiteten Begriffe »Postmoderne« und »Posthistoire« verwendet; einem breiteren Publikum wurde er jedoch erst durch das gleichnamige Buch von Crouch aus dem Jahr 2003 (erste deutsche Ausgabe 2008) geläufig:

> »Der Begriff bezeichnet ein Gemeinwesen, in dem zwar nach wie vor Wahlen abgehalten werden, Wahlen, die sogar dazu führen, dass Regierungen ihren Abschied nehmen müssen, in dem allerdings konkurrierende Teams professioneller PR-Experten die öffentliche Debatte während der Wahlkämpfe so stark kontrollieren, dass sie zu einem reinen Spektakel verkommt, bei dem man nur über eine Reihe von Problemen diskutiert, die die Experten zuvor ausgewählt haben. Die Mehrheit der Bürger spielt dabei eine passive, schweigende, ja sogar apathische Rolle, sie reagieren nur auf die Signale, die man ihnen gibt. Im Schatten dieser politischen Inszenierung, wird die reale Politik hinter verschlossenen Türen gemacht: von gewählten Regierungen und Eliten, die vor allem die Interessen der Wirtschaft vertreten.«[352]

Anders als Mausfeld geht Crouch allerdings nicht davon aus, dass dieser Zustand für die repräsentative Demokratie generell charakteristisch ist, sondern er hält ihn für deren – nicht schlechthin gegebene, sondern tendenziell zu beobachtende – Schwundstufe. Seiner Auffassung nach entwickelt sich die Demokratie in der Form einer Parabel: Nach einem mehr oder weniger krisenhaften Beginn in einer vordemokratischen Epoche oder der Überwindung einer tiefen Krise, etwa eines Krieges oder Bürgerkrieges, erreicht die Demokratie eine Blütezeit, in der bürgerschaftliches Engagement weit verbreitet und die Identifikation mit dem demokratischen System sehr hoch ist; mit der Zeit aber bilden sich neue (partei-)demokratische Eliten aus, deren Macht sich zunehmend verfestigt; ältere politische Eliten regenerieren sich und gehen Bündnisse mit den neuen ein, und neben bzw. hinter dem politischen Raum entstehen wirtschaftliche Eliten, die mehr und mehr die politische Macht usurpieren. Wirkliche Demokratie ist für Crouch also eher ein Ausnahmefall, beinahe eine seltene Schicksalsstunde, und muss immer wieder gegen ihre Feinde oder zumindest gegen diejenigen, die sie auf formale Verfahren mit möglichst wenig realer Wirkung beschränken wollen, verteidigt werden.

Die größte Gefahr für die Demokratie gehe derzeit von den globalen Wirtschaftseliten aus, da der Vernetzungsgrad bei den weltweit tätigen Großkonzernen und den demokratischen Nationalstaaten unterschiedlich schnell vorangeschritten sei. Diese hinkten bei der Angleichung von Lohnniveaus, Arbeitnehmerrechten oder ökologischen Standards der Vernetzung der Konzerne hinterher, die deshalb stets mit der Verlagerung von Arbeitsplätzen ins Ausland drohen könnten, wenn ihnen etwa die wirtschafts- und finanzpolitischen Rahmenbedingungen in einem Staat nicht genehm sind. Dementsprechend passe sich die Politik immer mehr dem neoliberalen Paradigma an, befriedige die Wünsche der Großindustrie, privatisiere staatliche Leistungen, baue Arbeitnehmerrechte ab und bürde den Menschen mehr Selbstverantwortung auf. Jegliche Politik orientiere sich nur noch an ökonomischen Effizienzvorgaben.

Auch sozialdemokratische und andere linke, egalitäre Parteien, denen Crouchs grundsätzliche Sympathie gilt, seien gegen diese Entwicklung nicht gefeit, wie die Umwandlung der Labour Party zu »New Labour« unter Tony Blair oder die Entwicklung der SPD unter Gerhard Schröder gezeigt hätten.

Mit dieser Tendenz sei auch der Verfall des Klassenbewusstseins der Arbeiterschaft einhergegangen, obwohl es laut Crouch durchaus noch sozioökonomisch bestimmte Klassen gäbe. Freilich resultiere dieser gerade aus dem Erfolg der Arbeiterbewegung, die für Crouch mit der Demokratisierung eng verbunden ist: In dem Maße, in dem die Arbeiterschaft Wohlstand gewinne, orientiere sie sich an bürgerlichen Identitätsmodellen, die stärker individualistisch geprägt seien. Wenn linke Parteien erfolgreich sein wollen, müssten sie sich an dieser Entwicklung orientieren, um breitere, ihrer Klasse »entfremdete« oder, da die Industriearbeiterschaft überhaupt schwinde, »klassenfremde« Wählerschichten für sich zu gewinnen, wobei sie kurzfristige Prognosen, Meinungsforschung und Marketingstrategien nutzten – das Ergebnis seien eine Verwässerung ihrer Programme, der Zwang, Kompromisse mit liberalen oder konservativen Parteien einzugehen, und dadurch eine pragmatische Beliebigkeit, die zur Entfremdung des Bürgers von der Politik beitrage. Neben den ökonomischen Eliten, um deren Gunst alle gemäßigten Lager buhlten, profitierten von dieser ökonomischen Rationalisierung der Politik lediglich (rechts-)populistische Parteien, die angeblich einfache Antworten auf komplizierte Fragen gäben und den Unterprivilegierten klare Feindbilder und damit neue eigene Identitätskonstrukte als Ersatz für die alten Klassenidentitäten böten. Typischerweise würden natürlich die noch Ärmeren und Schlechtergestellten als Feindbilder instrumentalisiert, insbesondere Immigranten.

Vor diesem Hintergrund kann Crouch seine skeptisch gebremsten Hoffnungen auch nur auf neue linke Gruppierungen, »antiglobalistische«, aber nichtsdestotrotz global orientierte Bewegungen setzen, bleibt, nicht ohne Grund, wenig konkret und muss seine Forderungen auf wohlfeile Gemeinplätze beschränken. Die Dürftigkeit seines Ansatzes zeigte sich besonders daran, dass er, wie er 2009 in einem Interview sagte, seine Diagnose von der »inneren Aushöhlung der Demokratie« allen Ernstes durch die Wahl Obamas zum amerikanischen Präsidenten widerlegt sah. Dieser sei zwar von einer der herrschenden Parteien aufgestellt, aber doch von einer kritischen Bewegung engagierter, junger Leute ins Weiße Haus gebracht worden.[353]

Sicherlich hat Colin Crouch den Phänotyp der heutigen westlichen Demokratie in einigen wesentlichen Punkten zutreffend beschrieben, aber die seiner linken Grundposition eigentümlichen Beschränkungen verhindern eine umfassende und – im eigentlichen Wortsinn – radikale Analyse.

Das zentrale Problem liegt in seinem »demokratischen Idealismus«. Einerseits hält er die Demokratie zwar für eine Schönwetterstaatsform, die nur unter günstigen Bedingungen gedeiht, andererseits ist sie für ihn anscheinend frei von immanenten Verfallstendenzen, d.h. alle negativen Erscheinungen, die gleichwohl in der Gegenwart an ihr zu beobachten sind, müssen auf äußere Einflüsse zurückgehen – insbesondere auf die Macht des globalen Kapitalismus. Offensichtlich ist er völlig blind für die oben im Zusammenhang mit der libertären Demokratiekritik herausgestellten, aber auch schon in den antiken Lehren von den Staatsformen behandelten Übergangs- und Entartungsformen. Während letztere die direkte Demokratie betreffen, beziehen sich erstere vor allem auf deren moderne, repräsentative Gestalt. So neigt die repräsentative Demokratie, um die vielschichtigen Bestrebungen innerhalb moderner Massengesellschaften zu bündeln, zur Ausbildung ideologisch bestimmter, schwerfälliger Parteiapparate. Diese sind immer darauf angewiesen, den Wählerwillen nicht nur zu erforschen, sondern ihn auch zu beeinflussen und in ihrem Sinne zu steuern; und sie sind umso erfolgreicher, je besser es ihnen gelingt, breite Schichten durch Wahlgeschenke und vor allem Wahlversprechungen auf ihre Seite zu ziehen. Aus diesem Grund zeigen letztlich alle Parteien, wenn sie erfolgreich sein wollen, eine Tendenz zur Sozialdemokratisierung und damit zu Bevormundung, Gleichmacherei, Paternalismus und einem am nächsten Wahltermin ausgerichteten Zeithorizont. Gerade die von Crouch als Kernelemente des demokratischen Staates gelobten klassenbewussten Parteien in der Tradition der Arbeiterbewegung führen die Demokratie, indem sie deren Prinzipien radikal umsetzen, über sich selbst hinaus in die Postdemokratie. »Mehr Demokratie wagen« heißt dann am Ende, weniger Demokratie zu haben. Die sozialdemokratischen, egalitären Parteien übernehmen die Forderungen der Wirtschaft nicht nur, weil sie auf Investitionen und die Schaffung von Arbeitsplätzen angewiesen sind, sondern weil sie mit ihnen den Primat des Ökonomismus, das materialistische Grundprinzip, teilen. Die Gesellschaft besteht für Crouch lediglich aus Klassen, die sozioökonomisch bestimmt sind; Völker und Kulturen kommen in seinem Modell allenfalls als Propagandaphrasen von Rechtspopulisten vor, die dazu dienen sollen, die Klassengegensätze zu verschleiern und Solidarisierungen zwischen Unterprivilegierten verschiedener Herkunft zu vermeiden.

Entsprechend schmal ist das Spektrum der von ihm erwünschten alternativen Bewegungen; sie haben gefälligst links zu sein, sonst sind sie »demokratiefeindlich« und agieren nur im Interesse der Großkonzerne. Er sieht nicht, dass gerade heutige linke »Bürgerbewegungen« bzw. NGOs von mächtigen Stiftungen und Think Tanks gesteuert werden, hinter denen wiederum (halb-)staatliche und/oder wirtschaftliche Akteure stehen. Demgegenüber sind heute eher »rechte«, heimatverbundene, national orientierte Parteien und Bewegungen »basisdemokratisch« organisiert und erringen ihre Erfolge ohne großkapitalistische Förderung, dafür aber gegen den erbitterten Widerstand der etablierten, mehr oder weniger sozialdemokratisierten Parteien und der von diesen beherrschten Staatsapparate. Dies ist auch nicht verwunderlich, denn eine solche Opposition stellt sowohl den ökonomischen Materialismus des Finanzkapitals als auch den gesellschaftlichen Materialismus der an diesem ausgerichteten staatlichen und überstaatlichen Institutionen in Frage. Linke Bürgerbewegungen werden hingegen bald vom Establishment absorbiert, sofern sie nicht überhaupt von diesem lanciert wurden, um unzufriedene, von den traditionellen Parteien immer weniger mobilisierbare Bürger für vorgegebene, systemkonforme Ziele einzuspannen. Die jüngsten, besonders deutlichen Beispiele nennen sich »Seenotrettung« und »Klima-Aktivismus«.

Arbeitnehmerrechte sind heute schlecht bei Parteien und Bewegungen aufgehoben, die sich dem Prinzip des Globalismus verschrieben haben; im Gegenteil können soziale und demokratische Standards, die letztlich auch Teilaspekte kultureller Identitäten sind, am ehesten von Nationalstaaten verteidigt werden, weshalb diese unter dem Dauerbeschuss liberaler wie linker Globalisten stehen und immer weiter geschleift werden.

Ein zentrales ideologisches Konstrukt, das den Abbau der Nationalstaaten nicht nur legitimieren, sondern für moralisch geboten erklären soll, ist dabei erstens die Gleichsetzung des Nationalstaatsprinzips mit Nationalismus und zweitens die These, dass dieser für alle Kriege der jüngeren Vergangenheit und insbesondere den Zweiten Weltkrieg verantwortlich sei. Daraus ergibt sich in den Augen des Establishments die Notwendigkeit, den Nationalstaat zugunsten einer supranational verfassten und im Innern »multikulturell« besiedelten Organisation wie der EU möglichst vollständig abzuschaffen. Der Nationalstaat wird also, wie der niederländische Jurist, Publizist und Politiker Thierry Baudet in seinem Buch »Der Angriff auf den Nationalstaat« gezeigt hat, von Supranationalismus und Multikulturalismus in die Zange genommen. Das Hauptziel ist angeblich eine Friedensordnung, die Kriege dauerhaft unmöglich macht; die Ergebnisse sind allerdings in Europa bislang unbekannte ethnisch-religiöse Konflikte bis hin zu regional bereits aufflackernden Bürgerkriegen, wachsende Uneinigkeit zwischen den europäischen Staaten, wirtschaftliche Instabilität in Form von Massenarbeitslosigkeit, extremer Verschuldung und Staatsbankrotten, die Zerstörung der Rechtsordnung durch die schleichende Abschaffung des staatlichen Gewaltmonopols und die Etablierung privater Paralleljustiz, der demographische Verfall der europäischen Völker und schließlich, mit dem Untergang der ethnischen Träger und Subjekte der Demokratie, auch deren Selbstabschaffung.

III. DER GROSSE ABBAU

Die drei Fehlurteile über den Nationalstaat

Es gilt heute geradezu als Selbstverständlichkeit, dass Nationalismus in aggressivem Hass auf alles Fremde bestünde und in seiner Konsequenz zu Kriegen führe. Dabei verschweigt man meist dessen Ursachen und geht von einem negativen Zerrbild aus, wie Thierry Baudet am Beispiel des deutsch-französischen Verhältnisses darlegt:

> »Der deutsche Nationalismus wurde im selben Jahr geboren, als die französische revolutionäre Armee triumphierend unter dem Brandenburger Tor durchmarschierte. Die Franzosen wurden ihrerseits von der deutschen Annexion von Elsass-Lothringen 1871 erniedrigt, und in den darauffolgenden Jahren zog ein gewalttätiger, intoleranter und antisemitischer Nationalismus durch die französische Dritte Republik. Das verletzte französische Nationalgefühl führte zu Versuchen, das Land zu ›säubern‹, zum Beispiel in der berühmten Dreyfus-Affäre. Und es unterliegt keinem Zweifel, dass die immensen Entschädigungszahlungen, die Deutschland nach dem Ersten Weltkrieg, in dem es ein Drittel seiner jungen Männer in den Laufgräben verloren hatte, entrichten musste, zur Entstehung einer aggressiven Form von Nationalismus in der Bevölkerung der Weimarer Republik beigetragen hat.«[354]

Der kurze Überblick zeigt, dass der Nationalismus in seiner aggressiven Form primär auf äußere Attacken reagierte und erst sekundär eine nach außen gerichtete, imperiale Tendenz annehmen konnte, die sein ursprünglich defensives Anliegen verfremdete.[355] Der diesen Nationalismus für seine Zwecke nutzende Imperialismus des 19. Jahrhunderts stellt aber bereits die erste Stufe der Globalisierung dar.[356] Der eigentliche Kern des Nationalismus ist der Patriotismus, die Liebe zur Heimat und zum eigenen Volk in seiner staatlich verfassten Gestalt. Dieses Gefühl des fraglosen Bei-sich-selbst-Seins steht einem Respekt vor anderen Völkern oder der Zuneigung zu diesen in keiner Weise entgegen; im Gegenteil bildet eine gesunde Identität eine wesentliche Voraussetzung der Anerkennung anderer. Wer sich selbst hasst, wird auch andere nicht lieben können, wie das Beispiel der Multikulturalisten zeigt, die an fremden Kulturen nur insofern interessiert sind, als sie dazu instrumentalisiert werden können, die eigene Kultur zu unterminieren.[357] Der Nationalismus kann unter extremen Bedingungen – vor allem im modernen (Propaganda-)Krieg – in einen Hass auf andere Völker ausarten, aber Globalismus und Multikulturalismus erstreben per se die Auflösung und Vernichtung der Völker.

Seinem Wesen nach ist das Eintreten für nationale Souveränität durchaus nicht kriegerisch, sondern »eigentlich die einzige stabile und intrinsisch friedliche politische Form. Die einzige Art von Kriegen, die Nationalstaaten aus ihrem Wesen heraus führen können, ist defensiv. Wer nationale Verfügungsgewalt anstrebt, wird keine Kriege führen, um sein Gebiet zu erweitern [...]«,[358] da er dann ja andere Völker zu integrieren hätte. Es würde weitaus weniger Kriege und Konflikte geben, wenn man sich bei der Grenzziehung zwischen Staaten an den Grenzen der Siedlungsräume der Völker orientieren würde, die vor allem als Sprachgrenzen erkennbar sind.

Wie Baudet dargestellt hat, sind es drei typische »Trugschlüsse« (oder zuweilen auch absichtlich verbreitete Fehlurteile), die den »Angriff« auf den Nationalstaat begleiten.

Der erste besteht darin, »dass der Erste und der Zweite Weltkrieg uns beigebracht hätten, dass ›Nationalismus‹ zu Krieg führt und dass supranationale – universalistische – Projekte, wie die EU, diese Kriegslust eindämmen und Frieden bringen. [...]

Der zweite Trugschluss ist, dass eine universelle Gesellschaft, gegründet auf abstrakte Prinzipien von Gerechtigkeit, mit denen alle Menschen einverstanden sein könnten, tatsächlich realisiert werden könnte.« In letzter Konsequenz führt dieser seit der Aufklärung vertretene Glauben zu dem Bestreben, eine Weltregierung zu installieren.

Und der dritte Trugschluss ist »die Inklusivität [...] von politischen Loyalitäten. Der Gedanke ist hier, dass es nie Probleme verursachen sollte, mehrere Pässe zu besitzen, um sich gegenüber verschiedenen Staaten, deiner Religion sowie deinem Land loyal zu fühlen.« Ohnehin sei die Staatsangehörigkeit ab einer bestimmten Stufe der globalen Vernetzung nicht mehr sonderlich wichtig, und das Individuum definiere sich eher über »Subgruppen« oder »virtuelle Gemeinschaften, die Grenzen überschreiten oder eigene Regeln haben können, wie der Multikulturalismus anregt.«[359]

Haben der zweite und der dritte Trugschluss einen utopischen Charakter, da weder die Weltregierung noch die totale Nomadisierung der Gesellschaft verwirklicht sind, so erscheint der erste vielen Menschen durch die bisherige Erfahrung bestätigt: Schließlich hatten wir seit dem Zweiten Weltkrieg tatsächlich keinen Krieg mehr in Europa (sieht man von den Auseinandersetzungen in den Nachfolgestaaten Jugoslawiens und der Sowjetunion ab, die man aus universalistischer Sicht mit »Nationalismus« – anstatt richtigerweise als Folgen des Scheiterns multiethnischer Imperien – erklärt); und diese Friedensepoche verlief sicher nicht zufällig parallel zur Einigung Europas. Zudem wird der Zusammenhang von europäischer Einigung und Frieden in so gut wie jeder Rede eines Mainstream-Politikers beschworen.

Dennoch ist dieser Zusammenhang durchaus nicht selbstverständlich. Erstens ging der Nationalsozialismus über den Nationalismus hinaus, auch wenn er nationalistische Tendenzen übersteigerte und vereinnahmte. Der Historiker Hugh Seton-Watson stellt daher fest, dass die Ziele Hitlers »nicht beschränkt waren auf etwas, was man als deutschen Nationalismus umschreiben kann, sogar wenn die Bedeutung des Wortes bis zum Äußersten ausgeweitet wird. Sein Ziel war es, ganz Europa und ein gutes Stück Land außerhalb zu erobern. Mussolini hatte zum Ziel, ein neues Römisches Reich um das Mittelmeer zu gründen, [und] die Japaner wünschten sich eine große ostasiatische Wohlfahrtssphäre, die Hunderte Millionen Menschen umfassen würde, die keine Japaner waren.«[360]

Die Europa-Ideologie der Nazis ist mittlerweile hinlänglich erforscht; jedoch ist aus verständlichen Gründen in der Öffentlichkeit wenig von ihr die Rede. Zweifellos geht es zu weit, die EU geradezu als Erbe oder Geheimprojekt (»Viertes Reich«) der Nazis anzusehen, wie dies manche Verschwörungstheoretiker tun, aber der Gedanke der Einigung Europas widersprach dem Nationalsozialismus keineswegs – ganz im Gegenteil:

»Unter europäischen Völkern schlägt sich das Bewusstsein immer mehr Bahn, dass vieles von dem, was zwischen ihnen vorfiel, im Grund nur Familienstreitigkeiten waren – verglichen mit den großen Fragen, die heute Kontinente klären müssen. [...] Ich bin überzeugt, dass man im Verlauf von 50 Jahren nicht mehr nur in den Kategorien eines Landes denken wird – viele der heutigen Probleme werden verschwinden«, wie Goebbels 1940 in einer Rede über »Das Europa der Zukunft« mitteilte.[361]

Ähnlich äußerte sich Hitler, wenn er bemerkte, es zeichne sich allmählich ab, »dass die Völker Europas zusammengehörten wie eine große Völkerfamilie.« »Die Aufgabe des Zusammenschlusses der europäischen Familie müsse jetzt gelöst werden. [...] In einer Zeit, wo man mit einem Flugzeug 600 km in der Stunde zurücklegen kann, sei ein großer räumlicher Zusammenschluss der Nationen nötig.«[362]

Vergleichbare positive Äußerungen über die Einigung Europas finden sich bei vielen anderen maßgeblichen nationalsozialistischen und faschistischen Politikern und Autoren. Natürlich diente diese Europa-Ideologie vor allem seit dem Überfall auf die Sowjetunion auch Propagandazwecken, um zur Einigung gegen die bolschewistische Bedrohung aufzurufen, aber damit allein ist sie nicht zu erklären, zumal sie häufig auch in privaten Gesprächen und Aufzeichnungen formuliert wurde. Zudem hätte man sich von einer solchen Propaganda kaum Erfolg versprechen können, wenn ihr nicht auch eine über das Nationale hinausgehende Gefühlslage zugrunde gelegen hätte.

Der Unterschied zur EU liegt also nicht in der Einigung an sich, sondern in deren Methoden. Scheiterte der Nationalsozialismus mit der militärischen Einigung Europas im Rahmen einer Diktatur, so ging die EU später mit größerem Erfolg den ökonomischen und demokratischen Weg, der allerdings auch nicht gegen den Umschlag ins Totalitäre gefeit ist.

Ein weiterer wichtiger Unterschied liegt in der Rassenideologie, die allerdings auch einen global-imperialistischen und keinen nationalistischen Charakter hat; schließlich geht es ihr ja um die Herrschaft einer »auserwählten«

oder »höherwertigen« Rasse über andere. John Laughland schreibt daher zu Recht: »Rasse übersteigt die Grenzen der Nation und des Staates, und die rassistische Theorie ist also per Definition eine internationale Doktrin.«[363]

Da auch der Antirassismus eine internationale Doktrin ist, erweisen sich beide als feindliche Brüder – zudem verbirgt sich hinter dem Antirassismus oft ein verkappter antiweißer Rassismus, der sich gegen das eigene Volk oder die eigene Rasse richtet. Er zeigt sich tagtäglich in vorgeblich antirassistischen Alternativen und Projekten aller Art, umgibt sich unter der kuriosen Bezeichnung »kritische Weißseinsforschung« mit einer pseudowissenschaftlichen Bemäntelung und spricht auch aus den Phantasien eines Globalisten wie Thomas P.M. Barnett – nur ist es jetzt nicht mehr die »Reinheit« einer bestimmten Rasse, die durch Züchtung zu gewinnen ist, sondern das Endziel der menschlichen Geschichte wird in der Entstehung einer globalen »Mischrasse« gesehen, in der alle Unterschiede aufgehoben und ausgeglichen sein sollen.

In »Blueprint for Action – A Future Worth Creating« schreibt der Pentagon-Stratege allen Ernstes:

> »Bei all den Herausforderungen gemischtrassiger, interreligiöser und interkultureller Beziehungen wählt niemand diesen Weg aus anderen Motiven als aufrichtiger und inniger Liebe zu den anderen Beteiligten, und ein Kampf gegen die Liebe ist, wie unzählige Generationen der menschlichen Evolution bewiesen haben, weit zweckloser als ein Kampf gegen Hass und Rassismus. Und außerdem mag ich, ehrlich gesagt, als Vater einer gemischtrassigen Familie einfach den Gedanken, dass die Menschheit in ihren Anfängen einst hellbraun gewesen war und sich dann in einer großen Vielfalt von Schattierungen aufgefächert hat, um eines Tages zu dieser mittleren Hautfarbe zurückzukehren. Die Symmetrie dieser Reise spricht mich einfach an, zumal ich weiß, dass der Begründer meiner eigenen Religion, Jesus Christus, sicherlich mit diesem Hautton auf Erden wandelte. Wenn ich also in die Augen meines braunäugigen Mädchens blicke, dann sehe ich keine fremde Rasse, sondern die Zukunft des menschlichen Gesichtes – und ich finde dies sehr schön.«[364]

Schließlich ist hinsichtlich der Friedlichkeit der Europäischen Union festzustellen, dass sich manche ihrer Mitgliedsländer, insofern sie zugleich der NATO angehörten, nach 1945 durchaus in einem Kriegszustand mit den Staaten des Warschauer Paktes befanden – nämlich im Kalten Krieg, der nur deshalb in Europa nicht ausbrach (sondern sich auf Stellvertreterkriege in der Dritten Welt beschränkte), weil das Gleichgewicht des Schreckens die beiden Kontrahenten mit wechselseitiger Vernichtung bedrohte. Es war also »nicht die Europäische Union, die eine passende Antwort auf den Kalten Krieg formulierte«, sondern das waren »die NATO-Allianz und die Anwesenheit von hervorragendem amerikanischem Kriegsmaterial«.[365] Der relative Frieden beruhte weniger auf der EU als vielmehr auf der Atombombe und daneben auf der wirtschaftlichen Verflechtung. Erstere ließ einen Weltkrieg und letztere einen Krieg zwischen europäischen Staaten als unsinnig erscheinen, da der Schaden einen möglichen Nutzen in jedem Fall bei Weitem überwiegen würde. Für einen Zusammenschluss der europäischen Länder zu »Vereinigten Staaten von Europa« taugt das Argument von der EU als Friedensgaranten aber schon deshalb nicht, weil die Situation relativen Friedens bereits zu einer Zeit eingetreten war, als sich nur wenige westliche Länder zur Europäischen Wirtschaftsgemeinschaft verbunden hatten. Die spätere Vertiefung und Überdehnung der EWG zu einer politischen Union wäre also gar nicht notwendig gewesen, wenn der »Frieden« allein auf wirtschaftlicher Verflechtung beruht hätte.

Seitdem die Bedrohung durch die Sowjetunion die westlichen Nationen nicht mehr zusammenschweißt, driften sie immer stärker auseinander. Man ist daher bemüht, neue äußere Feindbilder (Russland) zu inszenieren oder innenpolitische Teufel an die Wand zu malen (»Rechtspopulismus«), um die Reihen zu schließen. Der Erfolg ist mäßig, weshalb zunehmend auf totalitäre Maßnahmen (Zensur, Gesinnungskontrolle, Gesetzesverschärfungen, drakonische Strafen selbst für »Meinungsdelikte« etc.) zurückgegriffen wird.

Noch weitaus absurder als die populäre Ansicht von der EU als Quelle des Friedens ist das konstruktivistische Modell einer Weltgesellschaft, in der nur noch universale, auf »vernünftigen« Prinzipien beruhende Gesetze gelten.

Diese in neuerer Zeit etwa von John Rawls vertretene intellektuelle Kopfgeburt geht auf die oben behandelten Vertragslehren der Aufklärung zurück. Deren Hauptvertreter Hobbes und Locke nehmen beide einen Urzustand atomisierter Individuen an, die sich durch einen Vertrag zusammenschließen und ihre Souveränität einer dadurch begründeten staatlichen Autorität übertragen. Der wesentliche Unterschied zwischen ihnen besteht darin, dass ersterer einen ursprünglichen Kampf aller gegen alle annimmt (*bellum omnium conra omnes*) und die Vertragspartner auf sämtliche Rechte, ausgenommen das, geschützt zu werden, verzichten lässt, während letzterer den Menschen unveräußerliche Rechte zubilligt.

Gleichgültig, ob man den Menschen für ursprünglich »böse« und sündhaft oder, wie Rousseau, für »gut« und edelmütig hält, handelt es sich bei den Vertragslehren um ahistorische Fiktionen. »Völker sind historische Größen«, aber niemals ist ihre Existenz »vereinbart, beschlossen, kontrahiert, gestiftet, gegründet, geschaffen« worden. Das Volk ist »nicht mehr Natur, aber auch nicht künstlich wie etwa der Staat künstlich ist.«[366]

Kein Staat ist jemals als Vereinigung von Bürgern durch ursprüngliche Nichtbürger begründet worden. Jedem formalen Akt des Zusammenschlusses muss immer schon eine Erfahrung der Zusammengehörigkeit vorausgegangen sein: »Individuen können keine Bürger desselben Staates sein, wenn sie keine Schicksalsgemeinschaft erfahren«, wie es Raymond Aron formuliert hat.[367] Die soziale Kohäsion muss, wie Roger Scruton hervorhob, jeder Diskussion über die Verteilung von Rechten und Pflichten oder die Verteilung von Reichtümern vorausgehen; der Gesellschaftsvertrag verlangt also bereits »die Erfahrung von Mitgliedschaft« bzw. ein bereits gegebenes »Wir«.[368] Nur ein Wir kann seine gemeinsame Existenz auf eine formalisierte staatliche Grundlage stellen, keine beliebige Ansammlung von Leuten, die sich zufällig am selben Ort befinden. Damit zum Zeitpunkt eines Vertragsschlusses feststeht, wer überhaupt zu den Vertragspartnern gehört oder wo der Geltungsbereich des Vertrages endet, bedürfte es, wie oben schon erwähnt, eines vorangegangenen Vertrags, der wieder auf einem Vertrag beruhen müsste usw. ad infinitum. Tatsächlich aber beruhen Staaten immer auf einem vorkonstitutionellen Wir, das sich im mythischen Dunkel tribaler

Vorgeschichte verliert bzw. aus dieser ursprünglichen Zugehörigkeit heraus begründet. Zudem treten Menschen niemals als abstrakt-vernünftige und »gleiche« Vertragspartner in Erscheinung, sondern als unterschiedliche Geschöpfe ihrer jeweiligen Kultur. Verträge sind erst auf einer gewissen Stufe der Angleichung und Annäherung (und des dadurch bedingten Vertrauens) möglich und können nicht am Beginn einer Entwicklung gestanden haben.

Staaten werden nicht nach »vernünftigen Prinzipien« gegründet, und »Kulturen gibt es nur im Plural«, wie der Philosoph Reinhard Falter gesagt hat.[369] Sie sind stets ethnisch, national, religiös und damit in einem »weltregionalen« Sinne verwurzelt und von Herkunft und Abstammung unterschiedlicher Menschengruppen sowie den Einflüssen von Klima und Landschaft auf deren Lebensweise und Mentalität geprägt. Ein Weltstaat, der die menschliche Vielfalt in einer globalen Ordnung zusammenfassen wollte, müsste – nach allen derzeitigen Erfahrungen – totalitär sein. Demokratie ist nur in staatlichen Einheiten, die durch eine gemeinsame Identität ihrer Bürger auf der Grundlage von Kultur, Sprache, Abstammung sowie der Selbstwahrnehmung als Schicksalsgemeinschaft und dem gemeinsamen Willen zum Daseinserhalt bestimmt sind, möglich. Ein fiktiver Weltstaat müsste auf einer Weltkultur beruhen, aber es gibt allenfalls eine Weltzivilisation, und selbst diese ist letztlich eine Kultur, die sich global ausgebreitet hat. Und hinter dem, was wir bald als westliche Zivilisation feiern, bald zu einer Gesamtheit universaler Werte verklären, steht seinem Wesen nach der westliche oder westlich geprägte Finanz- und Konsumglobalismus, der sich mit einem Firnis an »Werten« bedeckt, die gewisse erwünschte Eigenschaften moralisch fundieren sollen.

Auch wenn wir gewisse Universalien aus einer allgemeinmenschlichen Existenzweise ableiten können, gelangen wir dadurch nicht auf eine Ebene oberhalb der verschiedenen Kulturen und Moralvorstellungen, also auf eine Stufe allgemeinmenschlicher Moral, sondern wir befinden uns dann unterhalb der Kulturen im Reich der Biologie. Als biologische Gattung bildet der Mensch eine sub- und keine transkulturelle Einheit, und Naturwesen stehen in einem vitalen Konkurrenzverhältnis zueinander. Zweifellos gibt es auch vielfältige Arten von Kooperation in der Natur, aber diese dienen der Weitergabe der eigenen Gene oder derjenigen, die mit diesen am nächsten verwandt sind. Alle Menschen wollen sich ernähren und fortpflanzen, aber sie ziehen gewöhnlich die eigene Ernährung und Fortpflanzung (oder die der eigenen Gruppe) der Sorge um Fremde vor – es sei denn, man befindet sich im gegenwärtigen Deutschland, das lieber seine eigenen Kinder abtreibt und sich künftige Generationen von Rentenzahlern durch Sozialstaatseinwanderung erhofft. Da die Ressourcen in einer endlichen Welt endlich und dementsprechend immer umkämpft sind und die Biologie gegenüber kulturellen Phänomenen wie Menschenrechten neutral ist, kann gerade aus einer Reduktion des Menschen auf seine biologische Existenz keine globale Ethik abgeleitet werden. Selbstverständlich soll damit keinem Sozialdarwinismus das Wort geredet werden – im Gegenteil, dieser resultiert ja gerade aus der Universalisierung der Biologie bzw. einer bestimmten (vulgären) Interpretation der darwinistischen Evolutionslehre –; vielmehr ist Moral prinzipiell auf der Ebene der Kultur zu verorten – nicht darunter in der Biologie und nicht darüber in einer allgemeinmenschlichen, humanistisch-zivilisatorischen Sphäre.

Ein Weltethos könnte allenfalls als Reaktion auf eine extraterrestrische Bedrohung formuliert werden – eventuell auch auf eine innerweltliche Katastrophe globalen Ausmaßes –, aber diese schwere Herausforderung müsste, um alle Menschen wirklich als »Brüder« und »Schwestern« zusammenrücken zu lassen, erstens hinreichend beängstigend sein, zweitens hinreichend lange andauern und drittens hinreichend konkret erlebbar sein, um nicht dem Streit der Meinungen anheimgegeben zu bleiben.

Die Diskussion um den angeblich anthropogen verursachten Klimawandel zeigt, dass solche Anforderungen an die Überzeugungskraft einer globalen Katastrophe noch lange nicht gegeben sind. Gerade eine globale Bedrohung wäre notwendig auch medial vermittelt; sie würde nicht unmittelbar wie ein feindlicher Angriff auf das eigene Dorf wahrgenommen – folglich bedürfte sie einer Interpretation durch Experten und mediale Vermittler von allgemein anerkannter Überzeugungskraft. Was der eine jedoch fraglos anerkennt, bezweifelt der andere energisch, und wir befinden uns im

Widerstreit der Theorien, Mentalitäten und Kulturen. Eine Bedrohung, die unmittelbar zur Ausbildung einer allgemeinmenschlichen Identität oberhalb der Ebenen von Biologie und Kulturen führt, ist nicht in Sicht.

Der dritte »Trugschluss« behauptet schließlich, dass es ein Vorurteil wäre, die Loyalitäten von Doppel- oder Mehrfachstaatsbürgern würden nicht kollidieren, oder man könne »in zwei Kulturen gleichermaßen leben« – schließlich wäre dies bei vielen Menschen mit Migrationshintergrund, die sich zu ihrem neuen Vaterland bekennen, der Fall.

Es ist ein typisches Argument entwurzelter »Eliten«, die ihre Bindungslosigkeit verallgemeinern. Baudet zitiert als Beispiel eine Äußerung der niederländischen Königin Máxima, daß sie keine niederländische Identität erkennen könne, wohl aber Europäerin und Weltbürgerin sei.[370] Man könnte es für ein Armutszeugnis halten, wenn die niederländische Königin keinen Begriff von ihrer nationalen Identität hat, aber erstens ist dies bei einer in Argentinien geborenen Frau baskischer, kastilischer, katalanischer, italienischer, portugiesischer und Inka-Abstammung verständlich, und zweitens hat sich der Hochadel stets in erster Linie über sein Adelsgeschlecht und nicht über eine Volkszugehörigkeit definiert. Verwunderlich ist nicht diese elitäre Perspektive, sondern ihre heutige Verallgemeinerung. Die meisten Menschen, die solche Phrasen von nicht vorhandener Identität und »Weltbürgertum« nachsprechen, zählen nicht zur globalen Adels- oder Geldelite wie Königin Máxima. Sie sind bloß deren hin und her verschobene Spielfiguren.

Nicht nur persönliche Entwurzelung durch Migration und/oder multiethnische Abstammung kann dazu führen, dass man Loyalitätskollisionen bei mehrfacher Staatsbürgerschaft bestreitet, sondern auch die Betrachtung kultureller und nationaler Zugehörigkeiten allein aus der Perspektive des Konsumenten. Dieser Konsumismus wurde oben bereits aus der Fusion von Neoliberalismus und 68er-Ideologie bzw. aus der Bemäntelung des ersteren mit letzterer hergeleitet. Kultur ist für den Konsumbürger etwas, das man kaufen kann, also eine Ware oder Dienstleistung. Widersprüche erkennt er dementsprechend nicht, denn natürlich kann man z.B. heute Italienisch, morgen Chinesisch und übermorgen Thailändisch essen, außerdem ein japanisches Auto kaufen und amerikanische Kleidung tragen. Man kann sich auch die eine Hälfte des Jahres in Deutschland und die andere in Frankreich aufhalten, zwei Pässe haben, womöglich sogar Deutsch genauso gut wie Französisch sprechen und sich in beiden Ländern »zu Hause fühlen«. Aber was ist, wenn es zu einem Krieg zwischen Deutschland und Frankreich käme? Der deutsch-französische »Europäer« und »Weltbürger« würde eine solche Argumentation empört zurückweisen, die – derzeitige – Unwahrscheinlichkeit eines solchen Konflikts betonen, auf die eventuelle Abschaffung der Wehrpflicht – die aber jederzeit wiedereingeführt werden könnte – und Berufsarmeen hinweisen, sich vielleicht auch als Pazifisten bezeichnen – was nichts daran ändert, dass er auf zivile Weise zur Loyalität gegenüber einem Land und damit zur Entscheidung genötigt würde –,[371] oder er würde entgegnen, dass nationale Armeen der Vergangenheit angehörten und man stattdessen internationale Friedenstruppen benötige. Die Loyalitätsverweigerung verweist letztlich auf das Konstrukt eines Weltstaates, der nur noch Weltinnenpolitik betriebe und militärische Polizeitruppen in »Krisengebiete« entsende, weil es dann ja auch keine – zwischenstaatlichen – Kriege mehr gäbe.[372] Es handelt sich also um die »mikrokosmische« Entsprechung eines globalen »Makrokosmos« – atomisierter Individualismus und »Welt(staats)bürgertum« bedingen einander.

Der Konsumbürger, der meint, sich seine Kulturwaren und Identitätsprodukte aussuchen zu können, denkt dabei selbstverständlich nur an Rechte, niemals an Pflichten. Rechte kollidieren für ihn nicht miteinander, aber Pflichten schon. Von Pflichten will der Weltbürger nichts wissen, für den sich politische Teilhabe von Zugehörigkeit abgekoppelt hat; zur Not zieht der globale Nomade weiter: *ubi bene, ibi patria.*

Es gibt jedoch immer noch Menschen, die sich für ihre Nation auch töten lassen oder für ihre Religion in die Luft sprengen, und der Krieg ist auch dann noch da, wenn »keiner hingeht«. Wenn sich ein Volk in eine Gemeinschaft von »Europäern« und »Weltbürgern« verwandelt und der Politik im eigentlichen Sinne des Daseinserhalts verweigert, verschwindet nicht die Politik, sondern das »verweltbürgerlichte« Volk. Es wird durch andere Völker – nicht durch Weltbürger – ersetzt.

Es ist gut möglich, dass wir diesen Prozess in den nächsten Jahrzehnten in Deutschland erleben werden. Als Minderheitenposition ist eine solche Haltung und Mentalität tolerabel; als Position der Mehrheit führt sie zur Auflösung funktionierender Nationalstaaten – und damit auch der institutionalisierten Garantie der Meinungsfreiheit des »Weltbürgers«. Ohne eine Loyalität, die konkurrierende Loyalitäten ausschließt, kann ein Staat nicht bestehen.

Souveränitätsverlust

Worauf zielt der Angriff auf den Nationalstaat seinem Wesen nach? Er zielt auf dessen Souveränität.

Karl Albrecht Schachtschneider hat den Souveränitätsbegriff in seinem Buch über »Die Souveränität Deutschlands« theoretisch neu zu fundieren versucht und den Verfall der deutschen Souveränität nachgezeichnet. Dabei orientiert er sich an Kants Definition des Staates aus der »Metaphysik der Sitten« (1797) als »Vereinigung einer Menge von Menschen unter Rechtsgesetzen.« Wie schon im Untertitel von Schachtschneiders Werk (»Souverän ist, wer frei ist«) zum Ausdruck kommt, muss »diese Definition des Staates im weiteren Sinne, der Bürgerschaft oder des verfassten Volkes, staatsrechtlich verstanden« eine »freiheitliche Lehre vom Staat« leiten:

> »Der Staat ist die Einrichtung der Menschen eines begrenzten Gebietes (Territoriums) zur Verwirklichung der Freiheit, Gleichheit und Brüderlichkeit, kurz der allgemeinen Freiheit, durch die allgemeine, dem Recht gemäße Gesetzlichkeit. Jeder Mensch hat aus seiner angeborenen Freiheit ein Recht auf Recht, ein natürliches Recht auf eine ›bürgerliche‹ Verfassung, ein Recht auf einen Staat.«[373]

Schachtschneiders Staatsverständnis ist also dezidiert aufklärerisch-liberal, aber gerade deshalb ziemlich verkürzt. Nach seiner Auffassung dient der Staat lediglich der Verwirklichung der menschlichen Freiheitsrechte, ansonsten wäre er, mit Augustinus gesprochen, eine »Räuberbande«. Insofern ist jeder wirkliche Staat für ihn per se eine Republik. Tatsächlich ist dies weder empirisch noch theoretisch der Fall; auch Monarchien und Diktaturen sind Staaten (und keine »Räuberbanden« bzw. private Verbände Einzelner innerhalb von Staaten zum Zwecke der rechtswidrigen Aneignung von Gütern). Und die Verwirklichung menschlicher Freiheit ist ebenfalls nicht zwingend und nicht ausschließlich die Aufgabe eines Staates, auch wenn dies wünschenswert wäre und freiheitlich verfasste Staaten das primäre Staatsziel – die Gewährleistung des Fortbestandes eines Volkes – in der Neuzeit meist besser und effektiver verfolgen.[374]

Ungeachtet Schachtschneiders Leistung bei der Darstellung des Souveränitätsverlustes Deutschlands sowie seiner juristischen Verdienste im Einsatz gegen die staatsrechtlichen Maßnahmen, die diesem Verlust den Weg ebneten –, gerät ihm das eigentliche Wesen des Staates aus dem Blick.

Dies ist nicht verwunderlich, da er über keinen hinreichenden Begriff des Volkes verfügt bzw. mit Kant ständig Volk und Bürgerschaft verwechselt. Das Volk ist »nach Kant eine Menge von Menschen, [...] die im wechselseitigen Einflusse gegen einander stehend, des rechtlichen Zustandes unter einem sie vereinigenden Willen, einer Verfassung (constitutio) bedürfen, um dessen, was Rechtens ist, teilhaftig zu werden.«[375] Der Staat organisiert nach Schachtschneider »eine Menge von Menschen als Volk, und ein Volk hat das Selbstbestimmungsrecht.«[376] »In der Republik ist das Volk die Bürgerschaft als die Vielheit der Bürger. Bürger ist, wer zum Staat, dem Gemeinwesen, gehört, der Staatsangehörige [...].«[377]

Einen »ethnischen Volksbegriff« weist Schachtschneider ausdrücklich zurück, offenbar ohne zu bemerken, in welche Widersprüche er sich verstrickt.

> »Volk ist ein Begriff der Ethik, also des Rechts, genauer des Staatsrechts. Volk ist nur eine Ethnie, wenn das Staatsrecht das Volk ethnisch definiert. Wenn der Volksbegriff menschheitlich verfasst sein soll, muss er dem weltrechtlichen Prinzip der Freiheit, Gleichheit und Brüderlichkeit genügen. Zum Volk gehören danach grundsätzlich alle Menschen, die dauerhaft auf einem Gebiet wohnen. Das entspricht dem französischen

> Begriff der Nation. Der deutsche Nationenbegriff ist durch das heute weitgehend durchbrochene ius sanguinis ethnisch geprägt [...]. In den meisten Staaten, auch in Deutschland, lebt nicht eine Ethnie, sondern leben Menschen unterschiedlicher Herkunft, zumal in den Einwanderungsländern. Den offenen Volksbegriff gebietet das Friedensprinzip. Für den Volksbegriff ist nur ein Kriterium tragfähig, nämlich die Gebietszugehörigkeit eines Menschen [...]. Die territoriale Rechtsgemeinschaft muss prinzipiell alle Menschen erfassen, die ein Gebiet bewohnen, um mit dem Recht den Frieden zu gewährleisten.«[378]

In Wirklichkeit kann ein Volk natürlich nicht »menschheitlich verfasst« sein, und selbstverständlich bilden auch nicht alle Menschen ein Volk, die sich auf demselben Territorium aufhalten. Vielmehr können Angehörige vieler Völker im selben Gebiet ansässig sein und zuweilen auch dieselbe Staatsangehörigkeit besitzen, ohne demselben Volk anzugehören. Wenn die Angehörigen ethnischer Minderheiten nicht zu viele, ihre Kulturen derjenigen des Staatsvolkes, das dort von jeher – d.h. seit historisch fassbaren Zeiten kontinuierlich – ansässig ist, nicht zu fremd sind und die Ordnung des Staatsvolkes nicht nur auf loser Integration, sondern auf Assimilation besteht – wie es früher bei den Hugenotten in Preußen oder den Polen im Ruhrgebiet möglich und der Fall war –, können diese Volksbestandteile im Staatsvolk aufgehen. Wenn nicht, bildet sich im relativ günstigsten Fall ein Vielvölkerstaat mit seinen bekannten Problemen; ansonsten geht das Staatsvolk langsam, aber sicher zugrunde.

Ein Staat organisiert keine »Menge als Volk«, wie Schachtschneider behauptet, sondern ein Volk organisiert sich als Staat. Eine »Menge« wird es nur durch Desorganisation und Staatszerfall, z.B. infolge von Masseneinwanderung.[379]

Trotz seiner theoretisch bedingten Missverständnisse finden sich in Schachtschneiders Buch auch viele richtige Äußerungen über den Volksbegriff. So sagt er im Widerspruch zu seinem Menschheitsuniversalismus, dass »die Menschen, die zusammenleben, die Bürgerschaft, ein wirkliches Volk sein«

müssen, »das durch seine Sprache, Geschichte, Schicksal oder in anderer substanzieller Weise, vor allem durch den Willen zur Nation seinen Zusammenhalt und damit Solidarität gewährleistet.«[380]

Oder: »Um der allgemeinen Freiheit, die sich demokratisch in der Republik verwirklicht, eine Chance zu geben, muss das Volk hinreichend homogen sein.«[381] Wenn das Volk aber hinreichend homogen, also überhaupt ein Volk ist, verwirklicht es nicht die »allgemeine Freiheit«, sondern allenfalls seine eigene, insofern es seine Homogenität, seinen spezifischen gemeinschaftlichen Lebensentwurf, zu behaupten vermag.

»Heterogenen Bevölkerungsgruppen mangelt es an der notwendigen inneren Solidarität. Eine heterogene Bevölkerung wird keine Bürgerschaft im freiheitlichen Sinne, sondern zu Untertanen einer elitären Obrigkeit.«[382] Vor allem sei sprachliche Homogenität »unverzichtbar, wenn alle Menschen eines Staates in Freiheit leben können sollen, sowohl privat als auch beruflich als auch und vor allem als Bürger, die an der politischen Willensbildung teilhaben.«[383] Auch in religiöser Hinsicht müsse eine gewisse Homogenität herrschen, bzw. die Religionsausübung müsse privatisiert sein und auf politische Einflussnahme verzichten. Ersteres ist richtig – zu große religiöse Spannungen gefährden die staatliche Einheit –, letzteres ist hingegen wieder eine liberale Verkürzung bzw. Individualisierung. Die Privatisierung der Religion infolge der Reformation stellt eine historische Ausnahme dar, deren Aufhebung wir derzeit durch die Selbstauflösung des Protestantismus und das Vordringen des Islam in Europa erleben. Sie ist auch nur möglich, wenn das Religiöse infolge der Rationalisierung der Gesellschaft bzw. einer breiten Aufklärung an Wichtigkeit verloren hat, da man zu der Einsicht gelangt ist, dass sich religiöse Fragen nicht allgemeinverbindlich beantworten lassen. Gleichwohl bedarf es auch bei einer Privatisierung religiöser Bekenntnisse immer noch einer Verbindlichkeit grundlegender ethischer Prinzipien, auf denen die herrschende Rechtsordnung beruht. Diese Prinzipien lassen sich teilweise von ihrem ursprünglichen religiösen Fundament abkoppeln, aber eine Möglichkeit ihrer vollständig areligiösen Fundierung ist bislang nicht erkennbar. Vielmehr bestehen sie auch in säkularisierter Form noch mehr oder weniger unhinterfragt und »selbstverständlich« fort, zumindest solange, bis es durch die Konfrontation mit einer fremden Religion zu einer neuen Reflexion über die eigenen verschütteten religiösen Grundlagen kommt.

Zurecht betont Schachtschneider (im Widerspruch zu seinen anderslautenden Äußerungen): »Das Grundgesetz verfasst das Deutsche Volk zu einem Staat, nicht irgendeine Bevölkerung.«[384] Dies folge aus der Präambel sowie aus dem Widerstandsrecht des Art. 20 Abs. 4 GG. Die Staatsangehörigkeit dürfe bei aller Formalisierung des Staatsangehörigkeitsrechts »nicht beliebig zugesprochen werden, so dass das Deutsche des Deutschen Volkes verlorengeht.«[385] Die Aufnahme von Einwanderern in die Gemeinschaft des Volkes sei möglich, aber eine Ausnahme; das Deutsche sei überwiegend durch Herkunft – bzw. Abstammung – und Kultur bestimmt, Deutschland aus der Spracheinheit der Menschen in Mitteleuropa, also der sprachlichen Einheit der deutschen Stämme, entstanden. »Das Grundgesetz verfasst Deutschland nicht als Einwanderungsland. Das Prinzip des Deutschen steht nicht zur Disposition des Gesetzgebers, auch nicht des verfassungsändernden Gesetzgebers (Art. 79 Abs. 3 GG).«[386] Insofern ist jede Politik, die das deutsche Volk de facto abschafft oder auf seine Auflösung hinwirkt, verfassungswidrig.

Aufgrund seines Liberalismus, der alles Staatliche nur vom Privaten her begreift, kommt Schachtschneider allerdings zu der merkwürdigen Behauptung, dass der Staat »kein Herrschaftsgebilde« ist.[387] Was soll er denn sonst sein? Laut Schachtschneider dient der Staat als Organisation des Volkes »dem Gemeinwesen der Bürger, der Republik [...] zur Verwirklichung des guten Lebens aller in allgemeiner Freiheit als dem Rechtszweck.«[388] Oder: »Der Staat ist die Organisation der Bürgerschaft, des Volkes, für die Verwirklichung des Rechts und damit der Souveränität des Volkes [...].«[389]

Das Recht geht für Schachtschneider also dem Staat und der Gesetzlichkeit voraus und ist seinerseits in der Sittlichkeit, unter der er Kants Sittengesetz versteht, fundiert. Die Rechtlichkeit sei mit der menschlichen Freiheit gegeben, und der Staat verwirkliche das Recht durch Gesetze, wenn diese sittlich seien – er erschaffe es jedoch nicht. Recht werde nicht »gesetzt«, es beruhe nicht auf Herrschaft.

Schachtschneider grenzt seine Souveränitätslehre vor allem von derjenigen Hegels sowie der in seinen Augen an Hegels Rechtsphilosophie anknüpfenden Souveränitätstheorie Carl Schmitts ab. Beide würden immer noch das heutige deutsche Staatsrechtsdenken prägen, das nicht von der vollständigen Souveränität der Bürger ausgehe. Hegel habe »die Souveränität nach innen und außen als überlegene Macht konzipiert und das Recht der Menschen und Bürger wie das Recht der Völker und Staaten der Macht untergeordnet.«[390] Staatssouveränität werde als »Organsouveränität« z.B. eines Fürsten verwirklicht; das Volk könne nach Hegel aufgrund seiner Unverständigkeit niemals souverän sein. Rousseaus »allgemeiner Wille« sei lediglich Ausdruck der Willkür der verschiedenen Einzelmeinungen. »Die Sittlichkeit der politischen Freiheit, der Autonomie des Willens als der Selbstgesetzgebung, die Bürgerlichkeit des Bürgers, vermag Hegel, der romantisierende Restaurator des herrschaftlichen Machtstaates, nicht zu akzeptieren.«[391] »Sittliches Sollen« sei bei ihm »das nationale Machtstreben«, stellt Schachtschneider mit Hermann Heller fest. Der Monarch als Herrscher werde durch »die Idee der Staatspersönlichkeit« zum »Inhaber aller Souveränität«,[392] wodurch Hegel die Macht über das Recht gestellt habe.

In Hegels Tradition habe Carl Schmitt mit seiner berühmten Sentenz, souverän sei, wer über den Ausnahmezustand entscheide, eine »rechtsferne« Machtlehre der Souveränität vorgelegt. Schmitt lehre eine »eigenwillige Art der Staatssouveränität«, denn sein Souverän sei »der Ordnung verpflichtet, nicht dem Gesetz, der ›Norm‹.«[393]

Zweifellos, denn erst vor dem Hintergrund einer anerkannten Ordnung kann es überhaupt Gesetze oder geltende Normen geben, wie es durch das berühmte Böckenförde-Theorem zum Ausdruck gebracht wird. Das Verhältnis ist ein anderes als das von Huhn und Ei, wie man hier annehmen könnte. Es gibt also keinen infiniten Regress von Gesetzen, die Ordnung herstellen (Schachtschneider), und Ordnung, die Gesetze fundiert (Schmitt), sondern die Lebensordnung bildet den Rahmen, in dem Gesetze überhaupt formuliert und fixiert werden können, die ihrerseits dann wieder – bestätigend oder modifizierend – auf die Ordnung zurückwirken.

»Die Ordnung muss hergestellt werden, damit die Rechtsordnung einen Sinn hat«, sagt Schmitt in seiner »Verfassungslehre«, und Schachtschneider wendet ein, dass nur Rechtlichkeit Ordnung sei und Schmitt ein über der Entscheidung des Souveräns stehendes Recht, das mit den Menschen selbst geboren sei, nicht kenne. Wo will Schachtschneider aber ein solches »Naturrecht« – das eigentlich ein gottgegebenes Recht sein müsste – hernehmen, wenn er den säkularen Staat ausdrücklich von jeder religiösen Fundierung abkoppelt und Religion nur noch als Sache privaten Glaubens gelten lässt? Er wirft Schmitt vor, das Volk als »übermenschliche«, »transzendentale« Einheit aufzufassen, versteht selbst aber das Recht als solche – ohne jedoch ein entsprechendes religiöses Fundament anzunehmen wie der Katholik Schmitt.

Während Schmitt die Staatlichkeit vom Recht trennt und sich den Vorwurf einer unrechtmäßigen oder richtiger rechtlosen, vorrechtlichen Staatlichkeit gefallen lassen muss, ist Schachtschneider nicht in der Lage zu zeigen, worin – wenn nicht nur in bloßen Behauptungen – sein Recht besteht, aus dem dann Staatlichkeit und bürgerliche Ordnung entspringen sollen.

Die Probleme beider ergeben sich daraus, dass sie keinen zureichenden Begriff vom Volk haben. Carl Schmitt versteht das Volk immerhin als »existenzielle politische Einheit, die der Repräsentation bedarf«, welche »stets der Idee nach vom Volk als Einheit und nicht als Vielheit« ausgeht, und Schachtschneider erkennt überhaupt nur die Vielheit der Vielen als Bürgerschaft – nicht als wirkliches Volk – an. Für Schmitt ist das Volk zwar eine politische Kategorie, aber es wird bei ihm von der Staatlichkeit verdeckt. Der Staat ist jedoch, wie man hier einwenden muss, keine »höhere«, »intensivere« oder »transzendentale« Art des Volksdaseins, sondern nur die Gesamtheit der Formen und Bestimmungen, die sich das Volk gegeben hat. Er ist nur Werkzeug des Volkes, nicht mehr. Das Volk muss immer die zentrale politische Kategorie sein. Der Staat ist um des Volkes willen da und nicht umgekehrt.

Schmitt hat den Staat verabsolutiert, konnte dadurch aber eine stringente, an der Machtausübung orientierte Souveränitätslehre formulieren, während sich Schachtschneider in Widersprüchen verwickelt. Er geht bei der Bestimmung der »inneren Souveränität« von der Freiheit als Grundprinzip aus, lässt diese aber – wenig konkret – »in der Verfassung der Menschheit des Menschen«[394] – enden, und unterscheidet davon die »äußere Souveränität« eines Staates als die »mit allen anderen Staaten gleichberechtigte Völkerrechtssubjektivität«. Wie die »Sittlichkeit« der inneren, so setzt das Völkerrecht der äußeren Souveränität Grenzen. Schachtschneiders Bestimmungen sind, anders als diejenigen Schmitts, wesentlich juristisch und weniger politisch, auch wenn ihm zuweilen politische Definitionen unterlaufen: »Die äußere Souveränität ist ebenso wesentlich die Unabhängigkeit von fremden Staaten und von Staatenbünden oder auch nur von Machthabern.«[395]

Das ist in der Theorie richtig, kommt aber in der Praxis selten vor. De facto ist Souveränität mit militärischer Macht – insbesondere dem Besitz von Massenvernichtungsmitteln wie Atomwaffen – verbunden; Macht ist stärker oder schwächer, aber ihrem Wesen nach stets begrenzt. Jede Macht gewinnt ihr Maß durch den Widerstand, der sie definiert. Keine Macht ist unendlich, dementsprechend auch keine Souveränität. Der theoretischen Souveränität, die für alle Staaten als Völkerrechtssubjekte gleich ist, steht also die praktische gegenüber.

Letztlich gilt das Völkerrecht nur für die Schwachen, indem die Starken seine Geltung durchsetzen – und damit zugleich aufheben, indem sie sich von ihm ausnehmen.

Es ist daher zu theoretisch und zu idealistisch gedacht, wenn man fragt, inwiefern Deutschland nach 1945 noch souverän war. De facto war es das nie völlig, aber dennoch lassen sich gewisse Stufen unterscheiden. Paradoxerweise büßte Deutschland in dem Masse an praktischer Souveränität ein, in dem es an theoretischer gewann. Seit den Zwei-plus-Vier-Verträgen gilt das wiedervereinigte Deutschland als souverän, aber es ist aufgrund der Übertragung seiner Souveränitätsrechte an die EU so unfrei wie nie zuvor in seiner Geschichte. Die Paradoxie wird noch dadurch gesteigert, dass deutsche Politiker einen Einfluss in Europa haben wie seit dem Zweiten Weltkrieg nicht mehr. Dadurch erhält das deutsche wie das europäische Publikum den falschen Eindruck einer Großmachtstellung, die vor allem durch die aufgeheizte Stimmung während der Finanzkrise in Griechenland zu Vergleichen Merkels mit Hitler führte. Die Tatsache, dass aus Deutschland stammende oder in Deutschland Ämter bekleidende Politiker diesen Einfluss ausüben, heißt jedoch nicht, dass es sich auch um einen Einfluss Deutschlands handelt.

Schritt für Schritt Entmündigung

2010 sprach der damalige bayerische Ministerpräsident Horst Seehofer (CSU) den kryptischen Satz: »Diejenigen, die entscheiden, sind nicht gewählt, und diejenigen, die gewählt werden, haben nichts zu entscheiden.«[396]

Kann man diese Äußerung noch als einen vagen Hinweis auf Einflüsse ökonomischer und medialer »Global Player« – interpretieren, so lässt sich die Aussage des damaligen Bundesfinanzministers Wolfgang Schäuble ein Jahr später, dass »wir in Deutschland [...] seit dem 8. Mai 1945 zu keinem Zeitpunkt mehr voll souverän gewesen« sind,[397] nicht mehr so einfach beiseiteschieben. Sein Satz irritierte nicht nur deshalb, weil Schäuble damit »Rechtsextremisten« und »Verschwörungstheoretikern« scheinbar ganz selbstverständlich recht gab, sondern womöglich auch noch einen indirekten Hinweis lieferte, bei wem die Souveränität stattdessen liegen könnte. Schließlich sprach der Finanzminister vor einem illustren Kreis von Bankern auf dem European Banking Congress und näherte damit skurrile Spekulationen, dass die Bundesrepublik gar kein richtiger Staat, sondern eigentlich ein wirtschaftliches Gebilde – eine GmbH oder eine »Finanzagentur« – sei.

Man tut Politikern, zumal in unserer Zeit der Herrschaft des Geredes, jedoch zu viel Ehre an, wenn man solche Äußerungen als staatsrechtliche Verlautbarungen versteht. Aufgrund unserer idealistischen, wahrheitsfixierten Tradition neigen deutsche Hörer zu solchen Interpretationen von Formulierungen, die eher als »Statements« zu lesen sind, die vieles andeuten und zugleich bewusst offenlassen. Diese Vagheit resultiert nicht immer nur aus Inkompetenz, sondern entspricht oft der Taktik, sich nicht »festnageln« zu lassen und den Konsequenzen der Klarheit auszuweichen. Bundeskanzlerin Angela Merkel hat diese Technik des schwammigen, nichtigen Sprechens perfektioniert, vielleicht indem sie aus der Not intellektueller Unzulänglichkeit eine Tugend machte.

Indem Schäuble die Souveränität Deutschlands in Abrede stellte, wies er indirekt den Vorwurf zurück, dass Politiker wie er unser Land an die Europäische Union »verkauft« haben, denn wenn es keine Souveränität Deutschlands gab oder diese ohnehin nur eine Fiktion ist, kann Deutschland auch nicht verraten und sein Volk nicht entrechtet worden sein, wie es viele Menschen glauben.

Auch hier müssen wir die Vermengung von Theorie und Praxis auflösen: Deutschland ist seit 1991 in der staatsrechtlichen Theorie durchaus souverän, aber es kann diese Souveränität aus vielerlei Gründen nicht praktisch wahrnehmen.

Wie ist es also um die deutsche Souveränität seit 1945 bestellt?

Als der Parlamentarische Rat am 23. Mai 1949 das Grundgesetz im Auftrag der drei westlichen Besatzungsmächte erließ, wurde zwar die Bundesrepublik Deutschland gegründet, aber sie war noch lange kein souveräner Staat. Hinsichtlich der Souveränität Deutschlands bestanden, wie wir gesehen haben, unterschiedliche Auffassungen, für die exemplarisch die Namen Adenauers und Schumachers stehen. Während der erste Bundeskanzler davon ausging, dass die Souveränität über Deutschland in den Händen der Alliierten läge und von dessen Regierung in kleinen Schritten wiederzuerlangen wäre, hielt der SPD-Vorsitzende daran fest, dass weiterhin das deutsche Volk die Souveränität innehabe und sie nur, aufgrund der alliierten Herrschaftsgewalt, nicht ausüben könne. Die Frage, wer recht hatte, ist womöglich unentscheidbar, da sie über verschiedene Arten von Souveränität – die politisch-faktische und die völkerrechtliche – sprachen.

Ein allgemeiner Konsens bestand – und besteht – jedoch darin, dass das Deutsche Reich mit der Kapitulation der Wehrmacht am 8. Mai 1945 nicht untergegangen, sondern lediglich handlungsunfähig geworden war.

Das Bundesverfassungsgericht hat diese Auffassung 1973 bestätigt und festgestellt, dass die Bundesrepublik Deutschland mit dem Deutschen Reich völkerrechtlich identisch ist.[398] Diese juristische Konstruktion – die auch dem damaligen Selbstgefühl der Deutschen als »unteilbarer Nation« entsprach – war nötig, um das Gebot der Wiedervereinigung zu fundieren. Wäre das Reich untergegangen und wären durch die Teilung Deutschlands nicht nur zwei Staaten, sondern auch zwei Nationen entstanden, wäre allenfalls eine spätere Vereinigung – in welcher Form auch immer –, nicht aber deren Wiedervereinigung als Wiederherstellung eines früheren Zustandes möglich gewesen.

Das Wiedervereinigungsgebot findet sich schon in der Präambel des Grundgesetzes von 1949 ausgesprochen. Laut dieser hat das Deutsche Volk das Grundgesetz »für eine Übergangszeit« beschlossen und dabei »auch für jene Deutschen gehandelt, denen mitzuwirken versagt war. Das gesamte Deutsche Volk bleibt aufgefordert, in freier Selbstbestimmung die Einheit und Freiheit Deutschlands zu vollenden.«

Aufgrund des provisorischen Charakters des Grundgesetzes wurde es ausdrücklich nicht als Verfassung bezeichnet; eine solche zu erlassen, wäre dem Deutschen Volk nach der Wiedervereinigung 1990 vorbehalten geblieben. Bekanntlich kam es nicht dazu, da ihm sowohl die ehemaligen Besatzungsmächte und jetzigen »Freunde« als auch – und vor allem – seine damaligen politischen Eliten nicht zutrauten, in verantwortungsvoller – und »erwünschter« – Weise mit seiner Souveränität umzugehen. War der Wortlaut, dass das Deutsche Volk das Grundgesetz »beschlossen« hat, 1949 eine euphemistische, aber den Umständen geschuldete Bemäntelung der alliierten Besatzungshoheit und des Fehlens einer Volksabstimmung, so mutet die Formulierung, dass sich das Deutsche Volk »dieses Grundgesetz gegeben« hat, in der Neufassung der Präambel von 1990 noch irritierender an. Nun war doch die »Übergangszeit« tatsächlich beendet und die Einheit Deutschlands wiederhergestellt – warum gab sich das Deutsche Volk jetzt nicht tatsächlich eine Verfassung, die, wie es Art. 146 vorsah, an die Stelle des Grundgesetzes tritt? Inhaltlich hätten sich wahrscheinlich keine großen

Differenzen ergeben, da sich das Grundgesetz in den Augen der weit überwiegenden Mehrheit der Deutschen bewährt hatte, aber dieser Akzeptanz sowie der wiedergewonnenen Souveränität hätte eigentlich eine Volksabstimmung entsprochen.

1949 war an dergleichen nicht zu denken, aber Adenauer gelang es, unter äußerst beschränkten Umständen mit den Pariser Verträgen von 1954 das Möglichste zu erreichen:

> »Paris wurde zum überragenden Erfolg von Adenauers Kanzlerschaft, beendete das willkürliche Besatzungsregime und beruhte auf einem Junktim zwischen deutscher Wiederbewaffnung und der Gewährung dessen, was in den Verträgen zwar nicht ›Souveränität‹, aber ›volle Macht eines souveränen Staates‹ genannt wurde. Man beachte den feinen Unterschied, womit der Bundesrepublik der Status der souveränen Gleichheit mit den Alliierten nicht zugebilligt wurde.«[399]

Die Grenze wurde in Artikel 2 des »Vertrags über die abschließende Regelung in bezug auf Deutschland« außenpolitisch gezogen. Die drei Mächte behielten im Hinblick auf die internationale Lage »die bisher von ihnen ausgeübten oder innegehabten Rechte und Verantwortlichkeiten in bezug auf Berlin und auf Deutschland als Ganzes einschließlich der Wiedervereinigung Deutschlands und einer friedensvertraglichen Regelung.« Artikel 7 bekräftigte das Ziel der Wiedervereinigung sowie eines Friedensvertrags, der dann auch die deutschen Grenzen abschließend regeln würde.

Insgesamt sollte Westdeutschland nun nicht mehr am Boden gehalten, sondern als Verbündeter in die amerikanische Geopolitik eingebunden werden; dementsprechend wurde die Westeuropäische Union mit eigenen Streitkräften gegründet, die Bundesrepublik trat der NATO bei, Westberlin erhielt mehr Selbstverwaltungsrechte, und das Besatzungsregime wurde beendet. An seine Stelle trat ein Vertrag über den Aufenthalt ausländischer Streitkräfte in der Bundesrepublik Deutschland, und dem neuen Status entsprechend verwandelten sich die Besatzungskosten, für die die Bundesrepublik aufkommen musste, in scheinbar freiwillige »Stationierungskosten«.

»Zur ihrer Sicherheit« behielten sich die Amerikaner auch die Überwachung der Kommunikation in Deutschland vor; allein zwischen 1960 und 1968 wurden rund 50 Millionen postalische Sendungen kontrolliert. Danach taten sie dies auch weiterhin, aber der rechtliche Rahmen änderte sich, und es trat eine Schwerpunktverlagerung von der Fremd- zur Selbstkontrolle in Deutschland ein. Die Deutschen hatten die ihnen anerzogene Notwendigkeit, sich selbst zu überwachen, soweit internalisiert, dass man ihnen das Recht dazu anvertrauen konnte. Am 1. November 1968 trat das G-10-Gesetz in Kraft, das das Brief-, Post- und Fernmeldegeheimnis einschränkte.

> »Die Regierungsparteien, auch die SPD, verbreiteten die Fiktion, das G-10-Gesetz sei Bestandteil der Notstandsgesetzgebung gewesen, baue die letzten Reste des Besatzungsrechtes ab und beschere der Bundesrepublik einen Souveränitätsgewinn. Richtig daran war nur, dass künftig nicht mehr die alliierten, sondern die deutschen Geheimdienste – Verfassungsschutz, BND und Militärischer Abschirmdienst – die Überwachungsmaßnahmen durchführen würden, und zwar unabhängig von der Ausrufung eines Notstandes. […] Was hatte sich geändert? Ganz einfach: Ab 1968 durften die Alliierten nicht mehr selbst flächendeckend überwachen, das ließen sie jetzt die westdeutschen Behörden für sich erledigen.«[400]

Josef Foschepoth kommentierte diesen Prozess mit den folgenden Worten:

> »Aus Siegerrecht wurde Besatzungsrecht, aus Besatzungsrecht wurde Vorbehaltsrecht, aus Vorbehaltsrecht wurde deutsches Recht und gesetzliche Verpflichtung der Bundesregierung, den Post- und Fernmeldeverkehr in der Bundesrepublik durch individuelle und allgemeine Überwachungsmaßnahmen auf Wunsch und im Interesse der Alliierten zu überwachen.«[401]

Offiziell wurde die Souveränität Deutschlands mit dem Zwei-plus-Vier-Vertrag hergestellt – auch wenn bis heute kein Friedensvertrag abgeschlossen wurde, der den Zweiten Weltkrieg und das Besatzungsregime formal beendet hätte. Allerdings lag ein solcher Vertrag auch nicht unbedingt im deutschen Interesse, da in diesem Fall mit allen ehemaligen Kriegsgegnern Reparationsfragen hätten geklärt werden müssen. Für Deutschland hätte dies die Zahlung von Milliardensummen bedeutet, und das enge Zeitfenster, das um 1990 für die Wiedervereinigung zur Verfügung stand, wäre alsbald geschlossen gewesen. »Ein zusätzlicher Friedensvertrag« war daher laut Klaus Stern »weder geplant noch machte er Sinn. Alles, was ein Friedensvertrag füglich enthalten sollte, ist mithin geregelt. Der Zwei-plus-vier-Vertrag ersetzt damit kraft seines auf mehr als Frieden gerichteten Inhalts jeden Friedensvertrag mit den Kriegsgegnern.«[402]

Im »Treaty on the final settlement with respect to Germany« (»Vertrag über die abschliessende Regelung in bezug auf Deutschland«) verzichteten die Vier Mächte auf ihr noch bestehendes Vorbehaltsrecht. Die Siegermächte »beenden hiermit ihre Rechte und Verantwortlichkeiten in bezug auf Berlin und Deutschland als Ganzes«, heißt es in Artikel 7, und in Absatz 2 wird bekräftigt: »Das vereinte Deutschland hat demgemäß volle Souveränität über seine inneren und äußeren Angelegenheiten.«

Seine Annahme durch die Siegermächte war bis zuletzt hoch umstritten. Noch im Januar 1990 verlangte der sowjetische Präsident Michail Gorbatschow, obwohl er die Vereinigung Deutschlands aufgrund der Situation in der DDR für unabwendbar hielt, dass Gesamtdeutschland aus der NATO austreten müsse. Wenige Monate später, Ende Mai 1990, verzichtete er jedoch, für die Weltöffentlichkeit völlig überraschend, auf diese Forderung und bestand nur noch darauf, dass auf dem Gebiet der ehemaligen DDR weder NATO-Truppen noch Atomwaffen stationiert werden dürfen (Art. 5).

Besonders die britische Regierung unter Margaret Thatcher hatte noch versucht, die Einigung zu hintertreiben,[403] indem sie verlangte, dass die Briten nach der Wiedervereinigung auch auf DDR-Gebiet militärische Manöver abhalten dürften, was die sowjetische Seite, wie von Thatcher erwartet, entschieden ablehnte. Der amerikanische Außenminister James Baker setzte bei den Briten auf Drängen seines deutschen Amtskollegen Hans-Dietrich Genscher schließlich die Kompromissformel durch, dass NATO-Manöver im Osten Deutschlands nur unter Berücksichtigung der Sicherheitsinteressen der Sowjetunion abgehalten werden sollen.

Der Vertrag regelte u.a. die Außengrenzen Deutschlands, die als »endgültig« bezeichnet wurden (Art. 1), bekräftigte, »dass von deutschem Boden nur Frieden ausgehen« werde, und dass es verfassungswidrig sei, einen Angriffskrieg vorzubereiten (Art. 2). Deutschland dürfe dazu militärisch nicht in der Lage sein und keine atomaren, chemischen und biologischen Waffen besitzen. Seine Streitkräfte seien auf 370.000 Soldaten zu reduzieren (Art. 3).

Artikel 4 und 5 bestimmte das Verhältnis zur Sowjetunion und untersagte die Stationierung ausländischer Truppen auf DDR-Gebiet. Artikel 6 betonte »das Recht des vereinten Deutschlands, Bündnissen mit allen sich daraus ergebenden Rechten und Pflichten anzugehören.« Deutschlands Mitgliedschaft in der NATO, die der Sowjetunion gegen deutsche Milliardenzahlungen abgerungen wurde, wird dadurch zu einem Akt der Wahlfreiheit erklärt, die de facto jedoch nicht bestand, »denn die NATO-Mitgliedschaft war eine Bedingung für die amerikanische Zustimmung zur abschließenden Regelung über Deutschland.«[404]

Der Zwei-plus-Vier-Vertrag wurde am 12. September 1990 in Moskau unterzeichnet und trat am 15. März 1991 in Kraft. Er lieferte die völkerrechtlichen Voraussetzungen für die Wiedervereinigung und die Wiederherstellung der Souveränität Deutschlands – zumindest in staatsrechtlicher Hinsicht.

Inwiefern Deutschland seitdem auch faktisch souverän ist, steht auf einem anderen Blatt. Neben dem Fortwirken von Unrecht der Nachkriegszeit – der Aufgabe der nur »unter polnischer Verwaltung« stehenden Ostgebiete ohne Volksabstimmung und die Festschreibung der Enteignungen in der Sowjetischen Besatzungszone zwischen 1945 und 1949 – benennt Bruno Bandulet einige Relikte fortdauernden Besatzungsrechts auch noch nach 1990. Diese finden sich im »Vertrag zur Regelung aus Krieg und Besatzung entstandener Fragen«, dem sogenannten »Überleitungsvertrag«, der am 23. Oktober 1954 mit den Westmächten unterzeichnet worden war und 1990 größtenteils obsolet wurde. Aber eben nur größtenteils: Weiterhin wirksam blieben diejenigen Teile, die deutschen Gerichten und Behörden untersagen, gegen Entscheidungen der alliierten Gerichtsbarkeit oder gegen Kriegsverbrechen der Siegermächte, willkürliche Enteignungen etc. vorzugehen. Christine Bötsch nennt Artikel 3 des sechsten Teils des Überleitungsvertrags eine »grundlegende Norm für die Nachbefolgung des Besatzungsrechtes«.[405] Daraus ergeben sich, laut Bandulet, Verstöße »gegen wesentliche Grundsätze des deutschen Rechts, so gegen das Diskriminierungsverbot, gegen das Verbot der Enteignung von Privatvermögen und gegen das Verbot der Rassendiskriminierung im Fall der Beneš-Dekrete.«[406] Unter Verweis auf »versteinertes Besatzungsrecht« könnten sich deutsche Politiker ihrer Verantwortung und Fürsorgepflicht entledigen. Zwar sei es der Bundesrepublik nun rechtlich möglich, die Kriegsfolgemaßnahmen nach eigenen rechtsstaatlichen Gesichtspunkten zu behandeln oder sogar »das Regierungsabkommen mit den westlichen Alliierten vom September 1990 ganz aufzuheben«, aber »praktisch möglich ist es nicht. Denn auf dem Prinzip, dass zweierlei Recht für die Sieger und den früheren Feindstaat gilt, beruht die politische Ordnung in Europa.«[407]

Die Feindstaatenklauseln der UNO-Charta sind jedoch noch immer nicht gestrichen. Sie »räumen den Siegern des Zweiten Weltkrieges Sonderrechte ein und ermöglichen Präventivmaßnahmen gegen die Wiederaufnahme der Angriffspolitik der Feindstaaten – auch ohne eine Ermächtigung des UN-Sicherheitsrates.« »Angriffspolitik« ist allerdings ein dehnbarer Begriff; die Klauseln sind daher »unvereinbar mit der souveränen Gleichheit der Nationen und mit dem Gewaltverbot nach Artikel 2 der UNO-Charta.«[408]

Der Völkerrechtler Dieter Blumenwitz zieht die Konsequenzen: »Die aus den Feindstaatenklauseln resultierende größere Verwundbarkeit der Bundesrepublik zwingt sie zu einer engeren Anlehnung an die westliche Führungsmacht, als dies sonst bei einem Staat vom wirtschaftlichen Potenzial der Bundesrepublik notwendig wäre.«[409]

Zu einem ähnlichen Schluss kommt auch Karl Albrecht Schachtschneider: »Solange die Feindstaatenklauseln in der Charta nicht gestrichen sind, ist Deutschland zu einer Politik gehalten, welche ihm die Einschätzung der früheren Feinde sichert, ein friedliebender und ungefährlicher Staat zu sein. Das gewährleistet die feste Einbindung Deutschlands in die Europäische Union und die NATO.«[410]

Von der Montanunion zur Schuldenunion

Bekanntlich nannte Helmut Kohl den Euro »eine Frage von Krieg und Frieden«. Etwas weniger pathetisch formuliert: Hinter seiner Einführung standen politische, nicht ökonomische Gründe. Ökonomisch gesehen, war er für Deutschland ein enormes Verlustgeschäft.

Ein treibendes Motiv hinter dem Euro war Frankreichs Wille, Deutschland wirtschaftlich einzubinden und dadurch politisch zu dominieren. Glaubte Frankreich nach dem Zweiten Weltkrieg zunächst noch, dies – mit dem zerstörten Westdeutschland – auf einer nationalen Ebene bewerkstelligen zu können, so musste es bald einsehen, dass sich die Verhältnisse in dem Maße änderten, in dem die USA auf einen Aufbau der Bundesrepublik als europäischen Partner hinarbeiteten. Ein Deutschland, das stark genug wäre, den geopolitischen Interessen der Amerikaner zu dienen, wäre aber zu stark, um von Frankreich dauerhaft unterjocht werden zu können. Bereits 1949 vertrat der amerikanische Hohe Kommissar für Deutschland, John McCloy, daher die Idee einer Montanunion für ganz Westeuropa anstelle der alleinigen »Internationalisierung« der Ruhr. In Frankreich wurde dieser Gedanke vor allem von Jean Monnet, dem späteren Präsidenten der Hohen Behörde der Montanunion, vorangetrieben, und Adenauer sah die Chance, in ihrem Rahmen als Vorläuferorganisation eines künftigen Staatenbundes mit den Nachbarn auf Augenhöhe zu gelangen. 1957 unterzeichneten die sechs Gründungsmitglieder der Montanunion (Frankreich, Deutschland, Italien und die Beneluxländer) die Römischen Verträge, und am 1. Januar 1958 schlossen sie sich zur Europäischen Wirtschaftsgemeinschaft (EWG) zusammen.

Es hätte theoretisch bei einer wirtschaftlichen Zusammenarbeit der westeuropäischen Nationen im Rahmen des von Charles de Gaulles favorisierten »Europas der Vaterländer« bleiben können; das Ergebnis wäre dann ein vertraglich dauerhaft fixierter Staatenbund gewesen. Stattdessen wählten die herrschenden Eliten aber »das Prinzip eines Vertrages auf Rädern. So entstand ein hybrides Gebilde irgendwo zwischen Staatenbund und Bundesstaat. Auf die Europäische Gemeinschaft für Kohle und Stahl folgte 1958 die EWG. 1976 fusionierten EWG, Euratom und Montanunion zu den Europäischen Gemeinschaften, 1987 wurden deren Kompetenzen durch die Einheitliche Europäische Akte erweitert. 1993 wurde mit dem Vertrag von Maastricht das Ganze in Europäische Gemeinschaft (EG) umbenannt, und als Dach der europäischen Einigung wurde die Europäische Union (EU) gegründet. Ebenfalls mit dem Maastrichter Vertrag wurde die Europäische Wirtschafts- und Währungsunion auf den Weg gebracht.«[411] Es folgten weitere Verträge: 1999 Amsterdam, 2003 Nizza und 2009 schließlich Lissabon.

Man kann diese Entwicklung mit Cyril Northcote Parkinson als anonyme, quasi naturgesetzliche Wucherung des Bürokratismus erklären; man kann aber auch eine bewusste Strategie darin erkennen. Zum einen verbergen die Eliten bewusst ihr Ziel eines europäischen Bundesstaates, der aufgrund seiner Größe und der Nichtexistenz eines europäischen Volkes keine wirkliche Demokratie sein kann; und zum anderen produzieren sie absichtlich Unruhe und Krisen, zu deren Bewältigung dann weitere Einigungsschübe angestoßen werden, die ihrerseits neue Krisen hervorrufen.

Die Macht wird dabei nicht im Sinne republikanischer Gewaltenteilung auf verschiedene legislative, exekutive und judikative Institutionen verteilt, sondern verschleiert: Die Gesetzesinitiative liegt nicht beim EU-Parlament, sondern bei der Kommission. Verabschiedet werden die Gesetze, unter Beteiligung des Parlaments, vom Rat der EU, der sich aus den jeweiligen Fachministern der Mitgliedsstaaten zusammensetzt. Auf diese Weise wird sowohl gegen das Prinzip der Gewaltenteilung verstoßen als auch die Gesetzgebungskompetenz der nationalen Parlamente ausgehebelt.

Was in Brüssel beschlossen wurde, wird sodann »vom Deutschen Bundestag folgsam und in schöner Regelmäßigkeit abgenickt. Der Öffentlichkeit ist nicht einmal bewusst, dass die Mehrzahl der Gesetze nicht mehr aus Berlin, sondern aus Brüssel kommt. Die deutschen Abgeordneten täuschen eine legislative Rolle vor, die sie aus eigenem Entschluss weitgehend aufgegeben haben.«[412]

Zwar stellt Deutschland als bevölkerungsreichstes EU-Land die meisten Abgeordneten, und viele führende EU-Politiker – seit 1. Dezember 2019 sogar die Kommissionspräsidentin Ursula von der Leyen – stammen aus Deutschland, das dadurch scheinbar eine starke Stellung in der EU innehat, aber erstens entspricht die Anzahl der Abgeordneten im EU-Parlament nicht den tatsächlichen demographischen Verhältnissen, so dass kleine Länder deutlich überrepräsentiert sind, und zweitens sind deutsche EU-Politiker primär Eurokraten und nicht Vertreter deutscher Interessen. Manfred Weber (CSU) hat dies als Spitzenkandidat der EVP zur Europawahl 2019 mit dem entlarvenden Satz zum Ausdruck gebracht, dass ihm der Posten des EU-Kommissionspräsidenten wichtiger sei als Bayern.[413]

Die EU kann schon wegen der Nichtexistenz eines europäischen Volkes keine Demokratie sein, aber sie ist laut Schachtschneider auch wegen ihrer Größe nicht demokratisch organisierbar:

> »Demokratie setzt die kleine Einheit voraus. [...] Große Staaten wie Deutschland müssen um des demokratischen Prinzips willen föderalisiert und kommunalisiert sein. Die Europäische Union hat keine Chance, zur Demokratie zu finden, erst recht nicht, wenn sie noch weiter überdehnt wird. Allein Wahlen machen noch keine Demokratie aus, wenn sie auch der Kern der Demokratie sind.«[414]

Demokratie erfordert »gelebte Öffentlichkeit«, die eine einheitliche Sprache (und mit ihr eine gemeinsame Kultur) voraussetzt, sowie die Möglichkeit, »effektiven Einfluss« auf die politische Willensbildung nehmen zu können. Dazu muss selbstverständlich auch die Freiheit der Rede gewährleistet sein, was in Deutschland nur noch in der Theorie der Fall ist.[415]

Bezahlt wird die europäische Demokratiesimulation vor allem vom deutschen Steuerzahler. Schon die Aufgabe der Deutschen Mark war das erste und größte deutsche Opfer. Der französische Präsident François Mitterand klagte bereits in den achtziger Jahren darüber, dass die DM Deutschlands »Atomstreitmacht« sei, und suchte nach Wegen, diese »Waffe« den Deutschen aus den Händen zu winden. Die Gelegenheit bot sich mit der Wiedervereinigung. Bekanntlich verlangte Mitterand von Helmut Kohl als Preis für seine Zustimmung die Einbindung Deutschlands in eine neu zu schaffende Währungsunion. Man müsse die deutsche Einheit zugleich mit der europäischen anstreben, damit Deutschland nicht mehr die Möglichkeit hätte, »Sonderwege« zu gehen. Kohl stimmte dem zu, dachte bei der Verbindung von politischer Einheit und Währungsunion allerdings an eine Aufgabe von Souveränitätsrechten aller beteiligten Nationen – Mitterand ging es hingegen nur um einen deutschen Souveränitätsverzicht, und er bekam in Maastricht, was er wollte. Der Vertrag von Maastricht sei ein »Super-Versailles«, sagte er vor französischen Kriegsveteranen.

»Zur Souveränität und existenziellen Staatlichkeit eines Volkes gehört die Währungshoheit«, so Schachtschneider.[416] Dementsprechend ist die Aufgabe seiner Währungshoheit ein wesentlicher Schritt zu seiner Unterwerfung.

Letztlich wurde über die deutsche Einheit allerdings in den USA und der Sowjetunion entschieden; insofern lässt sich die Abschaffung der DM nicht auf Frankreichs Bestrebungen reduzieren. Die Vorbereitungen waren schon längst im Gange, und deutsche Politiker waren willentlich und aktiv daran beteiligt: »Im November 1987 beschlossen die Regierungen in Bonn und Paris einen deutsch-französischen ›Finanz- und Wirtschaftsrat‹. Er sollte völkerrechtlich verbindlich in den deutsch-französischen Vertrag von 1963 aufgenommen werden und hatte keinen anderen Zweck als den, die Bundesbank an die Kandare zu nehmen.«[417]

Noch war der Widerstand der Bundesbank – aber auch von Teilen der Politik und der Öffentlichkeit – zu groß, doch insbesondere der deutsche Außenminister Hans-Dietrich Genscher ließ nicht locker: 1988 sprach er sich nachdrücklich für eine Europäische Zentralbank und die Einführung des ECU (European Currency Unit) zunächst als Parallel- und später als alleinige Gemeinschaftswährung aus. Kohl machte sich Genschers Position zu eigen und kam Mitterand 1990 mehr als nötig entgegen.

Formal entsprachen die Prinzipien des Vertrags von Maastricht der Geldpolitik der Bundesbank – und den naiven und/oder verlogenen Reden deutscher Politiker:[418] Die Europäische Zentralbank sollte unabhängig und der Stabilität des Geldwertes verpflichtet sein. Das jährliche Haushaltsdefizit der Euro-Mitglieder sollte nicht mehr als 3 Prozent betragen und die Staatsschuldenquote 60 Prozent des Bruttoinlandsprodukts nicht überschreiten dürfen.[419] Und vor allem wurde eine gegenseitige Haftung der Euro-Staaten für Staatsschulden ausgeschlossen. In Artikel 125 des Vertrags über die Arbeitsweise der EU (AEUV) heißt es dazu: »Ein Mitgliedstaat haftet nicht für die Verbindlichkeiten der Zentralregierungen, der regionalen oder lokalen Gebietskörperschaften oder anderen öffentlich-rechtlichen Körperschaften, sonstiger Einrichtungen des öffentlichen Rechts oder öffentlicher Unternehmen eines anderen Mitgliedstaats und tritt nicht für derartige Verbindlichkeiten ein.«[420]

Eine Schuldengemeinschaft war damit also ausgeschlossen. 1993 hat das Bundesverfassungsgericht dies bestätigt: Der Vertrag von Maastricht »schließt die Übernahme von und den Eintritt für Verbindlichkeiten öffentlicher Stellen oder öffentlicher Unternehmen eines Mitgliedstaates durch die Gemeinschaft oder einen anderen Mitgliedstaat aus, so dass ein Mitgliedstaat die Folgen unseriöser Finanzpolitik nicht einfach abwälzen kann.«[421]

Noch immer ist der Vertrag geltendes Recht; dennoch wurde und wird folgenlos dagegen verstoßen. Als wären diese Bestimmungen völlig nichtig, erklärte das EZB-Direktoriumsmitglied Yves Mersch 2016 vor dem Bundesverfassungsgericht: »Eine Währungsunion ist eine Haftungsgemeinschaft.«[422]

Bereits vor Einführung der illegalen Schuldenunion war Deutschland der Hauptfinanzier der EU: Addiert man die Beiträge aller EU-Nettozahler von 1991 bis 2014, so kommt man auf 510 Milliarden Euro, von denen Deutschland 211,9 Milliarden bzw. 41,5 Prozent zahlte. Auf die Preise von 2014 mit dem harmonisierten Verbraucherpreisindex der EU hochgerechnet, ergibt sich sogar die Summe von 646,5 Milliarden, wovon die Bundesrepublik 268,6 Milliarden zu tragen hatte.

Zwar erhielt Deutschland im selben Zeitraum auch Mittel von der EU – laut der Berechnungen des Volkswirtschaftsprofessors Franz-Ulrich Willeke 296,2 Milliarden Euro –, weshalb die Politik uns einredet, wie sehr wir von der EU profitieren, aber da seit 1991 inflationsbereinigt 550,8 Milliarden aus Deutschland abflossen, ergibt sich ein Minus von 254,6 Milliarden Euro.[423]

Spätestens seit der »Rettung« Griechenlands und des Euro verlagerte sich die herrschende Rhetorik allerdings vom »Nutzen«, den uns der Euro angeblich beschert, zu seiner »Alternativlosigkeit«. Im Oktober 2009 ließ sich das Ausmaß der griechischen Staatsverschuldung nicht mehr verheimlichen; zudem wurde bekannt, dass sich Griechenland nicht nur seinen Beitritt zum Euro durch falsche Angaben erschlichen, sondern auch danach noch die europäischen Partner, deren Regierungen allerdings geflissentlich wegsahen, getäuscht hatte. Wenn die Betrügereien eines korrupten Schwellenlandes die gesamte Eurozone in Gefahr bringen konnten, war jetzt offenkundig, auf welch tönernen Füßen der Euro stand.

Die finanzpolitische Vernunft hätte nun geboten, Griechenland aus dem Euro zu entlassen; es hätte dann die Drachme wieder einführen und gegenüber dem Euro abwerten können, um seine Wirtschaft wettbewerbsfähig zu machen – doch die europäische Politik wollte keinen Zweifel am Euro aufkommen lassen und die Schaffung eines Präzedenzfalles verhindern. Nachdem der griechische Premierminister Georgios Papandreou die EU-Regierungen und den IWF Ende April 2010 um Hilfe gebeten hatte, beschlossen die Regierungen Griechenland eine Finanzhilfe von 70 Milliarden Euro zu gewähren, von denen Deutschland 22,4 Milliarden zu tragen hatte. Wie üblich belog die Bundeskanzlerin das deutsche Volk auch bei der Griechenland-Rettung mehrfach, indem sie zunächst versprach, dass es keine deutschen Milliardenhilfen geben werde und diese dann als einmaligen Akt darstellte, denn bereits am 10. Mai wurde das »Rettungskarussell« (Bandulet) in Gang gesetzt: Erstens wurden den Griechen im Rahmen des Europäischen Finanzstabilisierungsmechanismus (EFSM) bis zu 60 Milliarden Euro aus dem Gemeinschaftshaushalt der EU bereitgestellt; als rechtliche Grundlage nahm man den in den EU-Verträgen vorgesehenen Sonderfall der Hilfe bei Naturkatastrophen in Anspruch, brach also wieder einmal geltendes Recht. Zweitens gründete man den Rettungsfonds EFSF (Europäische Finanzstabilisierungsfazilität) mit einer Laufzeit von drei Jahren, der sich mit bis zu 440 Milliarden Euro verschulden konnte, um damit »notleidende« Euro-Mitglieder zu unterstützen (die deutsche Haftung betrug 122,8 Milliarden). Drittens wurde der IWF eingeschaltet, der bereits am 2. Mai 30 Milliarden für ein Hilfsprogramm für Griechenland zur Verfügung gestellt hatte, an dem sich die Euro-Länder mit 80 Milliarden beteiligten.

Da dies alles nicht reichte, wurde im März 2011 der Europäische Stabilitätsmechanismus (ESM) als unbefristeter Rettungsschirm eingeführt. Die Euro-Staaten verpflichteten sich, etwaige Verluste bis zur Gesamtsumme des Stammkapitals von 700 Milliarden Euro zu übernehmen – notfalls kann der Betrag sogar auf absurde 2800 Milliarden Euro angehoben werden.

All diesen Enteignungen des deutschen Steuerzahlers hat der Bundestag zugestimmt, und auch das Bundesverfassungsgericht segnete sie, trotz erheblicher Bedenken, ab, da es sich scheute, den Rädern der Politik in die Speichen zu greifen.

Ein weiteres Rettungspaket folgte schließlich im August 2015; es umfasste Kredite, deren Zinsen und Tilgungsraten zunächst ausgesetzt wurden, in Höhe von 86 Milliarden Euro und mit einer Laufzeit von 32,5 Jahren.

Von der Öffentlichkeit weniger beachtet wurden die Maßnahmen der EZB im Rahmen des Target-Systems, das den Krisenländern gleichsam »Überziehungskredite« aus dem »gemeinsamen Kassenautomaten« (Hans-Werner Sinn) gewährt, die sie ohnehin nicht zurückzahlen werden – und wenn, dann mit einem Zinssatz, der bei Null liegt.

Das ifo-Institut hat eine Aufstellung der gesamten Rettungsmaßnahmen (Stand vom 23. Juni 2014) vorgelegt, nach der an Griechenland, Irland,

Portugal, Spanien, Italien und Zypern einschließlich der Target-Verbindlichkeiten 835 Milliarden Euro netto ausgezahlt worden sind. (920 waren insgesamt zugesagt.) Deutschland haftete mit 322 Milliarden Euro. Bis Februar 2016 wuchs dieser Anteil auf 378 Milliarden; potenziell haftet der deutsche Steuerzahler sogar mit 574 Milliarden Euro.[424]

Ein Ende ist nicht abzusehen – im Gegenteil, unsere französischen Freunde arbeiten energisch darauf hin, die als Ausnahme konzipierte Haftungsunion endgültig zu verstetigen: Seit Sommer 2015 forderten der französische Präsident François Holland und sein damaliger Wirtschaftsminister Emmanuel Macron – seit dem 14. Mai 2017 französischer Staatspräsident – »eine Fiskalunion mit einem gemeinsamen Haushalt, die Sozialisierung der Altschulden und einen Euro-Finanzminister und damit eine automatisierte Transferunion, die sich auf die Bonität des deutschen Staates und auf seine Finanzkraft stützen müsste [...].«[425]

Deutschland könnte dann nach Belieben ausgeplündert werden. Andere entscheiden, wir zahlen. Und das alles würde vollkommen »demokratisch« ablaufen, da es »die Mehrheit« der Europäer so wünscht. Es zeigt sich also, dass die Demokratie ad absurdum geführt wird, wenn man sie von politischen Einheiten, die durch gemeinsame Interessen zusammengehalten werden, abkoppelt. Nur dort, wo man sich als konkrete Gemeinschaft versteht – auf der kleinsten Ebene in der Familie, auf der größten als Volk –, ist das Prinzip finanzieller Solidarität vermittelbar. Für Fremde wird man womöglich spenden wollen, wenn sie etwa durch eine Naturkatastrophe in Not geraten, aber dann handelt es sich um einen Akt freiwilliger Hilfeleistung und nicht um eine erzwungene Pflicht.

Die Euro-Rettungspolitik ist laut Schachtschneider »mit fundamentalen Grundsätzen des Grundgesetzes unvereinbar, nämlich mit dem Sozialstaatsprinzip, zu dessen Kern die Verpflichtung des Staates gehört, die wirtschaftliche Stabilität zu wahren und zu fördern, die aber durch die Schulden-, Haftungs- und Finanzunion – die zur enteignenden Inflation, wenn nicht zur Währungsreform führen wird – ruiniert werden wird. Zweitens mit dem demokratischen Prinzip, weil die Völker weiter existenziell entmachtet und entstaatlicht werden und der Union, insbesondere dem ESM, die keine demokratische Legitimation haben, weitestgehend die schicksalhafte Währungs-, Wirtschafts- und Finanzpolitik übertragen wird. Drittens mit dem Rechtsstaatsprinzip, weil die Verpflichtungen und finanziellen Belastungen Deutschlands durch die Gewährleistung der Refinanzierung des ESM und die Ermächtigungen der internationalen Gremien so gut wie unbestimmt sind. Viertens mit der Eigentumsgewährleistung, weil die Vermögen der Deutschen, der Reichen und der Armen, durch die Finanzierung fremder Völker entwertet werden, und fünftens, weil das Recht der Deutschen auf Recht, nämlich auf Achtung des Grundgesetzes jedenfalls im Verfassungskern, missachtet wird.«[426]

Letztlich sind all diese Grundrechtsverstöße sowie die notorische Missachtung politischer und ökonomischer Vernunft aber keine »Fehler«, die den herrschenden Politikern menschlicherweise unterlaufen sind, sondern sie sind bewusst intendiert und dienen der »souveränitätswidrigen Einbindung Deutschlands«:

> »Die Währungsunion dient gerade durch ihr Scheitern als Hebel zur Staatswerdung der Europäischen Union und ist dadurch ein Instrument, die Souveränität der Mitgliedstaaten der Union und damit Deutschlands zu beenden. Diese Politik ist ein Umsturzversuch.«[427]

Die Krise hat System. Sie muss deswegen aber noch lange nicht zu dem gewünschten Erfolg, der Schaffung der »Vereinigten Staaten von Europa«, führen. Die gemeinsame Währung hat Europa so sehr entzweit wie kaum etwas anderes seit dem Fall der Mauer. Noch verheerender für die Einheit Europas hat sich nur Merkels Flüchtlingspolitik ausgewirkt.

Angela Merkel – Kanzlerin gegen Deutschland

Bis 2015 galt Angela Merkel als äußerst profillose Politikerin, die während ihrer damals immerhin schon zehnjährigen Kanzlerschaft kaum eigene Akzente setzen konnte. Mit treffenden Worten sprach Thorsten Hinz von ihrem »penetranten Bemühen, nirgendwo anzuecken«, dessen Ursprünge in ihrer DDR-Sozialisation liegen, »die inzwischen ein bundesdeutsches Charakteristikum ist«, und dem »das Rundlich-Amorphe ihrer Erscheinung« entspricht, »das wiederum die Fähigkeit zu äußerster Anpassung und Fügsamkeit verrät.«[428]

Ihre Reden sind einfältig und belanglos, Bildungsanleihen niemals erkennbar; die Grammatik ihrer unbeholfenen Sätze ist falsch und verquast. Komplexe Themen werden stets banalisiert und auf das Niveau einer tantenhaften »Moral«- bzw. Benimmlehre heruntergebrochen, wie wir sie oben als charakteristisch für die Ideologie der Politischen Korrektheit dargestellt haben.[429]

Obwohl Merkel, im misstönenden Einklang mit dem offiziösen politisch-medialen Hintergrundrauschen, immerzu moralisierte, nahm man ihr doch kaum ab, dass sie tatsächlich von den Prinzipien ihrer »Moral« überzeugt sein könnte. Weder als sie sich in ihren ersten Jahren als CDU-Vorsitzende bemühte, die Phraseologie ihrer Partei von »sozialer Marktwirtschaft« und »christlichen Werten« (unter Ausblendung der noch nicht völlig ins »Unsagbare« verbannten patriotischen Diskursrelikte) mit ihren bescheidenen rhetorischen Mitteln zu bedienen, noch als sie begann, immer mehr Anleihen bei linker und grüner Programmatik zu machen, erweckte sie den Eindruck, das Gesagte ernst zu nehmen. Zu oft wurden die Phrasen ausgetauscht; zu langweilig und einschläfernd wurden sie dahergeredet.

Gertrud Höhler beschrieb Merkels »Bindungslosigkeit« als ihr »Erfolgsgeheimnis«:

> »Die junge Angela Merkel betritt die politische Bühne mit Stärken, die viele Demokraten erschrocken als Schwächen beschreiben: Relativismus, Indifferenz in Wertefragen, moralisches Desinteresse, Verzicht auf Be-

> kenntnisse. […] Alles ist relativ. Alles ist vorläufig. Alles ist reversibel. Auch Werte sind relativ, so die Lektion. Wer sich an Werte bindet, kann auf der Loser-Seite landen. Misstrauen ist gut, weil auch die anderen misstrauisch sind. Unberechenbarkeit ist gut […].«[430]

Merkels »Misstrauen gegen Bekenntnisse zu höheren Werten erlebte sie nicht als Handicap, sondern als Waffe.«[431]

Die künftige Kanzlerin ist für Höhler vor allem eine Machtpolitikerin, die ihre Interessen »wertneutral« verfolgte und dabei weder von Bekenntnissen noch von Loyalitäten behindert wurde. Eher als den arrivierten westlichen CDU-Granden war es dem stets unterschätzten »Mädchen« aus dem Osten möglich, den Partei-Übervater Helmut Kohl, der sich gegen die Erkenntnis sträubte, dass seine Ära zu Ende ging, beiseite zu räumen. Wie so viele »große, alte Männer« hatte er, einem »Kronos-Komplex« entsprechend, alle befähigten Konkurrenten rechtzeitig ausgeschaltet und sich dadurch unabkömmlich gemacht. Unabhängige Köpfe wurden nicht geduldet, potenzielle Kronprinzen ausgebremst und demontiert. Übrig blieben nur Subalterne, die der Nachfolge nicht gewachsen waren und sich, der tiefverwurzelten Autoritätshörigkeit der CDU entsprechend, auch nicht trauten, die Nachfolgefrage zu stellen. Die Partei-Eunuchen wurden von der Frau, die ihre Aufgabe übernahm, beschämt und fügten sich der neuen Herrin. Die »Söhne« Helmut Kohls »werden nicht vergessen, dass diese Frau ihnen den brutalen Akt des Vatersturzes abgenommen hat. Schuldgefühle mischen sich von nun an mit zähneknirschender Dankbarkeit: eine fatale Mischung, die der Stellvertreterin nun Sieg auf Sieg erlaubt.«[432]

Dennoch war Merkel immer wieder in der Lage zu warten, bis ihre Zeit gekommen war; die Technik des Abwartens, Tarnens, Im-Hintergrund-Wirkens und Aus-dem-Hintergrund-Zuschlagens hatte sie sich noch zu DDR-Zeiten angeeignet. Erst trat sie hinter Wolfgang Schäuble zurück und überließ ihm zunächst den CDU-Vorsitz, bis er, in der Nachfolge Kohls, über die Spendenaffäre stürzte; dann ließ sie Edmund Stoiber den Vortritt bei der Kanzlerkandidatur, weil ihm höhere Siegeschancen zugesprochen wurden. Stoiber scheiterte, Merkel wurde schließlich Kanzlerin und blieb es ähnlich lange wie Kohl, wenngleich sie die CDU allmählich zugrunde richtete. Der Niedergang ihrer Partei wurde allerdings, lange genug, um ihr die Macht zu sichern, durch den noch extremeren Verfall der SPD kompensiert.

Merkel gelang es, Kohls Strategie in der Personalpolitik noch zu perfektionieren; sie beseitigte alle relativ profilierten Politiker wie Friedrich Merz und Roland Koch, die ihr hätten »gefährlich« werden können, und umgab sich mit austauschbaren Hofschranzen. Vor allem der »spektakuläre Machtkampf mit Friedrich Merz wurde zum legendenumwobenen Symbol für das, was man das Merkelsche Gesetz in der Personalpolitik nennen könnte: Die Starken gehen, die Schwachen bleiben. Ein ganzes Rudel bundespolitisch qualifizierter Ministerpräsidenten verabschiedete sich in Etappen aus dem Alpha-Club der Bewerber für höchste Bundesämter.«[433]

Vielleicht musste es in einer Partei, die – allem entleerten Gerede von »westlichen« (früher »christlichen«) Werten zum Trotz – vor allem als Kanzlerwahlverein wahrgenommen wird, zu einer solchen Wiederholung kommen. Beliebig lässt sich diese Methode allerdings nicht fortsetzen, da sie zu einer enormen – und nach dem Verlust ihres Markenkerns auch ihre Existenz als »Volkspartei« bedrohenden – Auszehrung nicht nur der CDU geführt hat. Die deutsche Parteienlandschaft wurde in den bleiernen Jahren Merkelscher »Alternativlosigkeit« in eine von Einfallslosigkeit, Langeweile und geistige Verödung gekennzeichnete Wüste verwandelt, in die jüngst die AfD wieder etwas Leben brachte. Seitdem kann wieder von tatsächlicher Opposition in den deutschen Parlamenten gesprochen werden; die konzertierte Bekämpfung der neuen Partei erfolgt mit allen legalen und teilweise auch illegalen Mitteln[434] – der Ausgang dieses Experiments ist noch offen.

Ist diese »Werte-Immunität«, verbunden mit einem geradezu »raubtierhaften Instinkt für Macht«,[435] aber wirklich schon die ganze Erklärung für die so erstaunliche wie verhängnisvolle Kanzlerschaft Merkels? Wie konnte ausgerechnet diese unscheinbare Frau aus der DDR mit so offenkundiger Gleichgültigkeit für die damals noch nicht gänzlich abgestorbenen »traditionellen Werte« der CDU – Westbindung, christliches Menschenbild, Patriotismus, Bekenntnis zu einer besonderen Verpflichtung gegenüber Israel etc. – die Führung dieser Partei übernehmen und derart lange behaupten?

Zur Neutralität gegenüber Werten kam laut Höhler ein ausgeprägter Hang zur Verstellung hinzu: Merkel begann ihren politischen Aufstieg unter einer »Tarnkappe« oder in einem »Tarnkleid«. Doch was wollte sie tarnen, wenn sie gar keine Gesinnung hatte? Sie war nur »Beobachterin«, sagte Merkel über den Herbst 1989 – und fügte hinzu: »Das war nicht meine Sache, so kurz vor Toresschluss noch abzuhauen.«[436] Die Politikerin, die später so vehement – um den Preis des Zerfalls Deutschlands und Europas – für die Öffnung und das Offenhalten von Grenzen kämpfen sollte, spricht ausgerechnet beim Mauerfall von »Toresschluss«! In dem Augenblick, in dem sich für Millionen Deutsche in der DDR das Tor in den Westen und zur deutschen Einheit öffnete, sah sie nur, wie ein Tor sich schloss – das Tor für eine Fortsetzung des sozialistischen Weges.

Hinrich Rohbohm ist in seinem Buch über »Merkels Maske« der Frage gründlich nachgegangen, was hinter dieser steckt, und er kam zu dem Ergebnis, dass es sich um eine nach wie vor sozialistische Überzeugung handelt. An der Formulierung, sie sei die »späte Rache Erich Honeckers«, die die CDU in eine »sozialistische Partei neuen Typs« verwandelt habe,[437] ist also einiges dran, wenn man »Sozialismus« im Sinne eines »Sozialismus mit menschlichem Antlitz« oder des »Kulturmarxismus« der Frankfurter Schule versteht – das östliche und das westliche Modell eines (vorgeblich) »demokratischen Sozialismus« laufen letztlich auf dasselbe Gesellschaftsmodell hinaus.

Merkel hat es geschafft, sich lange Zeit als die »Pfarrerstochter« zu verkaufen, die zu DDR-Zeiten im Stillen Ronald Reagan bewundert habe und sich äußerlich mit dem Regime arrangieren musste. Ihr Vater Horst Kasner (1926 als Sohn des Polizeibeamten polnischer Abstammung Ludwig Kazmierczak – seit 1930 Kasner – in Berlin geboren) war nach seinem Studium der evangelischen Theologie in Heidelberg, Bielefeld und Hamburg 1954, im Geburtsjahr der späteren Kanzlerin und ein Jahr nach dem Volksaufstand vom 17. Juni, freiwillig als Pfarrer in die DDR übergesiedelt. Damals kehrten bis zu 40.000 Menschen pro Jahr der DDR den Rücken – in die umgekehrte Richtung zogen nur wenige überzeugte Kommunisten.[438]

Der »rote Kasner«, wie man ihn nannte, leitete ab 1957 das Pastoralkolleg im uckermärkischen Templin. Bei der Ausbildung angehender Pastoren arbeitete er eng mit dem einflussreichen Funktionär der DDR-CDU und Stasi-Mitarbeiter Clemens de Maizière zusammen, der nach dem Zweiten Weltkrieg als »Parteisekretär mit besonderem Auftrag« Verwandte und Bekannte in den Westzonen für die Politik der Sowjetunion gewinnen sollte. Er war der Vater des letzten DDR-Ministerpräsidenten Lothar de Maizière, der laut »Spiegel« als IM »Czerny« ebenfalls für die Stasi tätig gewesen sein soll. Clemens de Maizière wurde u.a. auf seinen Bruder Ulrich de Maizière angesetzt, der später Generalinspekteur der Bundeswehr wurde und der Vater des späteren Bundesinnenministers Thomas de Maizière war.

Kasner war führendes Mitglied des von der Stasi gesteuerten Weißenseer Arbeitskreises linker Theologen, der einen verlängerten Arm der SED in der Kirchensynode darstellte. Außerdem gehörten Kasner und Clemens de Maizière der Christlichen Friedenskonferenz (CFK) an, einer sowjetisch gesteuerten kommunistischen Tarnorganisation.

Die Kasners genossen zu DDR-Zeiten Privilegien, wie sie nur linientreue Kommunisten hatten, durften in den Westen reisen und verfügten, neben einem Privatfahrzeug, auch über einen Dienstwagen. Die Weltanschauung ihres Vaters scheint auch die junge Merkel geprägt zu haben: Die Freundin einer Mitschülerin an der Erweiterten Oberschule von Templin hat die spätere Kanzlerin als »linientreue Marxistin« in Erinnerung, und eine Kommilitonin Merkels an der Karl-Marx-Universität in Leipzig erinnert sich an »eine überzeugte Kommunistin, die ihre Mitstudenten auf Linie gebracht« habe. Auch eine ehemalige Nachbarin der Kasners sagte, Merkel habe in der DDR »die Fahne hoch getragen.«[439]

Frühere Kollegen von der Akademie der Wissenschaften, an der Merkel nach ihrem Physikstudium tätig war, berichteten ebenfalls, dass sie »ein reges Interesse am Marxismus-Leninismus gezeigt« und als FDJ-Funktionärin eine »saubere politische Haltung« vertreten habe: »Haltung und Handlung würden bei ihr übereinstimmen«; zudem gehörte sie »neben der Betriebsgewerkschaftsleitung und der Gesellschaft für deutsch-sowjetische Freundschaft auch dem Leitungskreis der FDJ an, wirkte dort als Sekretärin für

Agitation und Propaganda« und sei für politische Bildung und die Vermittlung des Marxismus-Leninismus zuständig gewesen.[440]

Merkel selbst hat ihre FDJ-Tätigkeit stets als »Kulturarbeit« heruntergespielt, und sämtliche diesbezügliche Unterlagen gelten, ebenso wie ihre Abschlussarbeit über Marxismus-Leninismus, die ihre Dissertation in Physik ergänzte, als verschollen, aber ihr damaliger Gruppenleiter erinnert sich an eine »rührige FDJ-Leitung mit einer Sekretärin für Agitation und Propaganda«.[441]

Bei dieser Qualifikation lag es nahe, dass sie in der Wendezeit beim Demokratischen Aufbruch (DA), der 1990 mit der Ost-CDU fusionierte, das Amt einer Pressesprecherin übernahm. Der DA-Vorsitzende Wolfgang Schnur, der ein Freund ihres Vaters war, wurde kurz vor den Volkskammerwahlen am 18. März 1990 als Inoffizieller Mitarbeiter der Staatssicherheit enttarnt.

Nach der Wahl wurde Merkel von Lothar de Maizière – der laut Aktenlage ebenfalls als Stasi-IM gilt – zur stellvertretenden Regierungssprecherin berufen. Es war der Beginn einer steilen Karriere: Noch im selben Jahr zog sie, nach der ersten gesamtdeutschen Bundestagswahl am 2. Dezember 1990, in den Bundestag ein, und am 18. Januar 1991 wurde sie Bundesministerin für Frauen und Jugend – obwohl sie eigentlich, wie sie selbst sagte, »an Themen wie Frauen und Familie nicht interessiert« ist.[442] Weitere Stationen waren das Bundesumweltministerium (1994–1998), der Posten der CDU-Generalsekretärin (1998–2000), der CDU-Vorsitz (2000–2018) und das Amt der Bundeskanzlerin (seit 2005).

Ob Merkel (als »IM Erika«, wie sie im Internet-Volksmund genannt wird)[443] ebenfalls für die Stasi gearbeitet hat, ist umstritten. Als Indiz gilt u.a. ein Foto, das sie auf dem Anwesen des regimekritischen Kommunisten Robert Havemann zeigt, der rund um die Uhr von der Stasi überwacht, von gewöhnlichen DDR-Bürgern aber abgeschirmt wurde. »Ich kann es nicht beweisen, aber es würde mich wundern, wenn sie nicht bei der Stasi gewesen wäre«, sagte ein CDU-Politiker, der anonym bleiben wollte, der Wochenzeitung »Junge Freiheit« und verwies auf alte Seilschaften, die nach der Wende fortwirkten. Auch der frühere polnische Ministerpräsident Jaroslaw Kaczynski vermutete kommunistische Hilfestellung bei Merkels Karriere.[444]

Wenn man die CDU immer noch für eine konservative Partei hält, erscheint Merkels Karriere, auch ungeachtet etwaiger Stasi-Verstrickungen, erstaunlich. Jedoch ist diese Partei schon lange nicht mehr konservativ (wenn sie es denn je war), und Merkel war in ihrer Jugend, bei aller grundsätzlichen Regime-Loyalität und Affinität zum Sozialismus, keine orthodoxe Kommunistin, sondern begeisterte sich für die von Michail Gorbatschow eingeleiteten Reformen. An der Karl-Marx-Universität bewegte sie sich »in einem linksintellektuellen Umfeld, das sich durchaus ein Ende des verstaubten Honecker-Stalinismus wünschte, jedoch keine Abkehr vom Sozialismus anstrebte.«[445] Vielmehr favorisierten diese Kreise den »Dritten Weg« eines »demokratischen Sozialismus« mit »menschlichem Antlitz« zwischen Kapitalismus und Kommunismus. Ihre Vordenker waren u.a. Robert Havemann, Rudolf Bahro, Reiner Kunze und Andrej Sacharow. Merkel pflegte »eine innige Freundschaft zu Ulrich Havemann, dem Stiefsohn des ›Dissidenten‹ und Ex-KGB-Mannes Robert Havemann. Reiner Kunze benennt sie als ihren Lieblingsschriftsteller, mit dem sie sich während ihres Studiums getroffen habe. Kunze war langjähriges SED-Mitglied und Absolvent des Roten Klosters, ehe er zum DDR-Kritiker wurde. Die Werke des ›Dissidenten‹ Rudolf Bahro habe Merkel ›relativ wissenschaftlich‹ studiert und sei von seinen Analysen begeistert gewesen [...].«[446]

Hinrich Rohbohm legt ausführlich dar, dass die Gegensätze zwischen dem herrschenden System-Kommunismus und scheinbaren Dissidenten z.T. nur inszeniert waren, um im Westen Einfluss zu gewinnen. Ein wichtiger Gewährsmann für diese Auffassung ist der KGB-Überläufer Anatoliy Golitsyn. In seinem Buch »Perestroika Deception« schreibt er: »Ich konnte mir nicht vorstellen, dass amerikanische Politiker, insbesondere die Konservativen beider Parteien, trotz ihrer langjährigen Erfahrung im Umgang mit kommunistischem Verrat, nicht fähig sein könnten, die neuen ›Manöver‹ der kommunistischen Strategen zu verstehen, und eiligst den Westen davon überzeugten, ›Perestroika‹ zu fördern und zu unterstützen, was ihren Interessen zuwiderläuft.«[447] Laut Golitsyn sei die Perestroika Teil einer Langzeitstrategie gewesen, die bis in die fünfziger Jahre zurückreichte.[448] Ziel war es, »eine sozialistisch geprägte Europäische Union unter Einbeziehung der einstigen Ostblock-Staaten zu errichten. Um dieses Ziel zu erreichen, werde die UdSSR spektakuläre Reformen und Liberalisierungen vortäuschen, eine Dissidentenbewegung aus Intellektuellen bilden, um durch sie langfristig eine von ihr kontrollierte Scheinopposition als Vorstufe zu einem Mehrparteiensystem aufbauen zu können. Dabei würden jedoch sämtliche neugegründete Parteien, ganz gleich ob kommunistisch, sozialistisch, sozialdemokratisch, liberal, konservativ oder nationalistisch ausgerichtet, weiterhin unter der Kontrolle des KGB stehen. Ein System, das oft auch als ›Demokratismus‹ oder ›gelenkte Demokratie‹ verniedlicht wird.«[449]

Auch wenn man nicht, wie manche Verschwörungstheoretiker, einen geheimen Fortbestand des KGB und eine Überwachung unseres Parteiensystems durch diesen annehmen will, stellt man doch eine verblüffende Ähnlichkeit dieses Herrschaftsmodells mit der heutigen Parteiendemokratie fest, in der politische Vielfalt von weitgehend austauschbar gewordenen Parteiapparaten eher simuliert als tatsächlich praktiziert wird.

Während der Wendezeit beeinflusste und infiltrierte der KGB die kirchliche (Schein-)Oppositionsbewegung in der DDR, die Blockpartei CDU und neugegründete Parteien wie das Neue Forum und den Demokratischen Aufbruch. Auch Merkels erste Partei war anfangs noch stark (reform-)sozialistisch ausgerichtet: »Nicht nur das Wort ›sozialistisch‹, sondern auch bestimmte gesellschaftliche Prinzipien des Sozialismus haben für uns nach wie vor einen guten Klang. Rechte Gedankengänge sind damit ausgeschlossen«, sagte einer der Gründer des DA, der Erfurter Pfarrer Edelbert Richter, der linksalternativen *taz* im September 1989.[450]

Bereits im Dezember des Jahres unterzog sich die neue Partei – die für eine oppositionelle Gruppierung erstaunlich gut ausgestattet war, bereits über Computer und Kopierer verfügte sowie über 90 hauptamtliche Mitarbeiter hatte – einem plötzlichen Wandel: »Von einem demokratischen Sozialismus und einer sozialistischen Gesellschaftsordnung war plötzlich keine Rede mehr. Statt eines ökologischen Sozialismus propagierte man nun Marktwirtschaft mit ›hohem ökologischem Anspruch‹. Auch die Bundesrepublik und ihr politisches System sowie eine Wiedervereinigung lehnte man nicht mehr ab.«[451]

Die deutsche Frage könne nicht isoliert, sondern müsse im Rahmen des gemeinsamen »europäischen Hauses« behandelt werden, was Gorbatschows Vorstellungen – aber auch denen der westlichen »Partner« Deutschlands – sehr nahe kam. Man hatte in der Sowjetunion verstanden, dass die DDR als eigenständiger Staat und Mitglied des Warschauer Paktes nicht mehr zu halten war. »Nationalistische Leidenschaften haben das Land im Ganzen erfasst«, berichtete der stellvertretende Leiter der sowjetischen Auslandsaufklärung, Nikolai Leonow, dem Kreml über die Sehnsucht der Deutschen in der DDR nach der Wiedervereinigung.

»Der Kreml reagierte auf die neue Lage«, so Hinrich Rohbohm. »Und mit ihm der Demokratische Aufbruch. Vor allem Wolfgang Schnur war es, der früh den Kontakt zur West-CDU suchte und sich dabei als besonders konservativ herausstellte, wodurch er schnell das Vertrauen bei führenden Vertretern der Bundes-CDU gewinnen konnte. Schnur war kein gewöhnlicher Stasi-IM. Die Berichte über seine Spitzel-Tätigkeit haben einen Umfang von mehr als dreißig Aktenordnern, die Entlohnung für seine Dienste war auffällig hoch. Mit der Wendung Moskaus vollzog auch Merkel eine Kehrtwende. Demokratischer Sozialismus war nun kein Thema mehr, verbale Angriffe auf Stasi und SED, Loblieder auf Freiheit und Marktwirtschaft dagegen umso mehr.«[452] Die noch immer moskautreuen »Reformkommunisten« wurden »aus westdeutscher Sicht jetzt über Nacht zu gesamtdeutschen Patrioten, die dem Volkswillen Rechnung trugen. Und sie wurden damit zu potenziellen ›konservativen‹ Partnern.«[453]

Äußerlich schien Merkel einige klassische Positionen der CDU zu übernehmen, aber je mehr sie an Einfluss gewann, desto mehr verschob sie das Profil der Partei nach links. Als Ministerin für Frauen und Jugend setzte sie die Fristenlösung beim Schwangerschaftsabbruch, die kostenlose Vergabe von Verhütungsmitteln an Frauen unter 21 Jahren, einen Rechtsanspruch auf einen Kindergartenplatz ab dem dritten Lebensjahr, die Verabschiedung des zweiten Gleichberechtigungsgesetzes sowie das Frauenfördergesetz durch.[454] Und als Umweltministerin sorgte sie dafür, dass sich Deutschland 1995 auf der von ihr geleiteten Klimakonferenz in Berlin mehr als jedes andere Land zur Reduzierung von Treibhausgasen verpflichtete. Auch am Zustandekommen des Kyoto-Protokolls zwei Jahre später hatte Merkel wesentlichen Anteil.

2001 erregte sie mit einem Papier zu einer »neuen sozialen Marktwirtschaft« einige Aufmerksamkeit, aber das Missfallen linker Kommentatoren erwies sich später als unbegründet, da sie als Kanzlerin die CDU auch wirtschafts- und sozialpolitisch der SPD annäherte (was wesentlich zu deren Niedergang führte). Trotz der über die Jahre immer weiter zunehmenden Verluste der CDU profitierte Merkel lange Zeit von dem Kalkül, dass konservative Wähler mangels Alternative weiterhin CDU wählen, während sie gleichzeitig in Wählerschichten von SPD und Grünen vorstößt.

Berüchtigt sind auch die Äußerungen Merkels auf dem CDU-Parteitag 2003 oder auf dem Deutschlandtag der Jungen Union 2010, dass »Multikulti« gescheitert sei – tatsächlich verwandelte sich Deutschland während Merkels Regierungszeit in ein Einwanderungsland, das aufgrund seines Sozialsystems mehr Migranten aus aller Welt anzieht als jedes andere Land, und »Vielfalt« wurde zur Staatsräson erhoben bzw. gegen Kritiker mit zunehmend totalitärer Härte durchgesetzt.

Robohm fasst die Annäherung der CDU an SPD und Grüne folgendermaßen zusammen:

»Auf ihrem Parteitag in Hannover im Dezember 2007 relativiert die Partei mit dem ›C‹ im Namen die Unantastbarkeit menschlichen Lebens, beschließt die Verschiebung des Stichtags bei der embryonalen Stammzellenforschung. Zwei Jahre später brüskiert die Kanzlerin [...] Papst Benedikt XVI., als sie ihn für dessen Aufhebung der Exkommunikation von vier Bischöfen der Pius-Bruderschaft kritisierte. Mit Beschlüssen zur Aussetzung des Wehrdienstes und zum Ausstieg aus der Kernkraft, der fak-

> tischen Zustimmung zu Gesamtschulen, Homo-Ehe und Gender-Mainstreaming sowie der stillschweigenden Tolerierung eines mit staatlichen Mitteln bezuschussten, von linksextremen Antifa-Gruppen geführten Kampfes gegen Rechts (statt gegen Rechtsextremismus) erreichte Merkel eine weitestgehende inhaltliche Konformität zur Öko-Partei. [...] Im Zuge ihrer sogenannten Euro-Rettungspolitik öffnet die Kanzlerin zudem einer Haftungs- und Schuldengemeinschaft unter den Euro-Staaten das Tor. 2009 ist sie maßgeblich dafür verantwortlich, dass im Zuge der Finanzkrise um Griechenland der Maastricht-Vertrag und die darin enthaltene No-Bailout-Klausel faktisch außer Kraft tritt, wodurch statt der Banken der deutsche Steuerzahler zum Gläubiger der Griechen wurde. Der später folgende Europäische Fiskalpakt entwickelte sich zudem ›nach und nach zu einem Gebilde, das finanzpolitisch einem Staat näher ist als einer lockeren Gemeinschaft‹, wie die ›Financial Times Deutschland‹ im Juli 2011 schrieb. Dass Merkel genau den auch will, daraus macht sie keinen Hehl, als sie auf dem Brüsseler EU-Gipfeltreffen vom 7. November 2012 zu verstehen gibt, dass sie vielmehr einen europäischen Bundesstaat statt einer föderativen europäischen Staatengemeinschaft anstrebe. ›Ich bin dafür, dass die Kommission eines Tages so etwas wie eine europäische Regierung ist‹, erklärte sie.«[455]

Die eklatante Verfassungswidrigkeit dieser Position störte den politischen Betrieb, die Massenmedien und die meisten Rechtsgelehrten ebenso wenig wie die mit der Euro-Rettung und dem Ausstieg aus der Kernenergie verbundenen Rechtsbrüche.

Wie unten bereits dargestellt, wird von EU-Kritikern gelegentlich hervorgehoben, dass es sich bei dem Konzept einer zentral regierten europäischen Gemeinschaft ursprünglich um ein nationalsozialistisches und faschistisches Konzept gehandelt habe. Es war aber auch eine sozialistische Idee: 1943 schrieb der von Merkel verehrte Robert Havemann: »Die Zukunft von morgen wird ein geeintes sozialistisches Europa sein.«[456] Die kommunistische Gruppe, der Havemann angehörte und die einen »Dritten Weg«

propagierte, nannte sich »Europäische Union« und strebte die Gründung der »Vereinigten Staaten von Europa« an.[457]

Intensiv beschäftigte sich Merkel auch mit Rudolf Bahro und dessen Werk »Die Alternative«, in dem er eine Weiterentwicklung des Sozialismus forderte. Der Terror Lenins und Stalins sei zwar unvermeidlich gewesen, habe aber lediglich zu einer Vorstufe des wahren Sozialismus geführt. Um diesen zu verwirklichen, müssten nicht nur die gesellschaftlichen Verhältnisse, sondern die herrschenden Denkweisen verändert werden. Robohm verweist hier auf die Position des italienischen Kommunisten Antonio Gramsci, »der die Beherrschung und Kontrolle des menschlichen Bewusstseins als eines der vorrangigsten Ziele betrachtete.«[458] Der Weg zum Sozialismus – Bahro nennt ihn »alternativlos« – führe also nicht über die Veränderung der Verfügungsgewalt über die Produktionsmittel, sondern über die Einflussnahme auf die Kultur.

Dieser Ansatz entsprach genau dem der Frankfurter Schule, und Bahros »Alternative« wurde in den Kreisen der von ihr geprägten Intellektuellen auch intensiv rezipiert. Einem ihrer Vordenker, dem auch von Merkel mit großem Interesse gelesenen Herbert Marcuse, erschien das Buch als »der wichtigste Beitrag zur marxistischen Theorie und Praxis, der in den letzten Jahrzehnten erschienen ist.«[459] Der deutsch-jüdisch-amerikanische Philosoph und Politologe war, wie oben bereits erwähnt, auch Mitarbeiter des Office of Strategic Services (OSS), der Vorläuferorganisation der CIA. Sein Engagement für eine vollständige »Befreiung« der Sexualität, ja sogar für eine »polymorphe Perversität«, fand in der Hippie-Szene, aber auch in Teilen der Frauenbewegung – sofern Feministinnen die Forderung nach sexueller Liberalität nicht als ein verkapptes männliches Streben nach Verfügungsgewalt über die Frauen ansahen – ihren Widerhall. Insbesondere wirken sie in der heutigen Gender-Ideologie und ihren trans-, bi-, pan- und sonstigen sexuellen Konstrukten fort.

Auch von den feministischen Ideen Simone de Beauvoirs war Merkel begeistert: »Die Kanzlerin hatte die Lebensgefährtin des Philosophen und Marxisten Jean-Paul Sartre als ›eine der wichtigsten Vordenkerinnen des Feminismus‹ bezeichnet. Ihre Bücher habe sie ›sehr gerne‹ gelesen.«[460] Auch

Simone de Beauvoir gehörte zu den Wegbereiterinnen der sogenannten Gender Studies. Einerseits trat sie für sexuelle Freiheit, die Liberalisierung der Ehe-Gesetze und das Recht auf Abtreibung ein; andererseits zeigt sich bei ihr exemplarisch, wie schnell das Gleichheitsdenken zwanghaft-autoritäre Züge annimmt, wenn es um Lebensentwürfe geht, die den emanzipatorischen Prämissen nicht entsprechen: Das Recht, sich primär der Mutterrolle zu widmen und auf Erwerbstätigkeit zu verzichten, wollte Simone de Beauvoir den Frauen nämlich genau deshalb nicht zugestehen, weil sie wusste, dass sich viele dafür entscheiden würden, wenn sie könnten. Natürliche Regungen gelten linken Ideologen eben prinzipiell als reaktionär und sollen unterdrückt und verboten werden; für Linke steht Freiheit immer unter Vorbehalt.

Wenn heute von »Vielfalt« die Rede ist, beobachten wir stets dasselbe Phänomen. Durchaus nicht jede Vielfalt ist erwünscht. Vom Denken der Frankfurter Schule und der Neuen Linken führt eine direkte Linie zum »bunten« politischen Einerlei Merkel-Deutschlands.

Man sieht die Frankfurter Schule primär als westliche Denkschule, aber zu ihren geistigen Vätern gehörten auch osteuropäische Kommunisten wie der ungarische Philosoph, Politiker und Agent der Kommunistischen Internationale Georg Lukács, der 1954 mit seinem Machwerk über »Die Zerstörung der Vernunft« als Vertreter eines schablonenhaft schematisierenden Denkens hervorgetreten war und die Zerstörung der bürgerlichen Gesellschaft durch eine Zersetzung ihrer Werte propagierte.

Die im sowjetischen Machtbereich entwickelten Ideen zur Reform des Kommunismus und der westliche Kulturmarxismus entsprachen einander in vielen Grundtendenzen und stimmten in den Zielen einer neuen »demokratisch-sozialistischen« Gesellschaft und eines »Neuen Menschen« überein. Man könnte sagen, westliche und östliche Neue Linke standen einander wie zwei Spiegel gegenüber und warfen sich wechselseitig ihre utopische Leere zu.

Aufgrund ihres längst ausgearbeiteten gemeinsamen Weltbildes und dessen Analogien zum Neoliberalismus konnten Linke aus dem Westen wie dem Osten gleichermaßen schnell die Schockstarre nach dem Zusammenbruch des »real existierenden« Sozialismus überwinden und in den verbliebenen politischen Institutionen des Westens rasch aufsteigen. Die Reste an Ordnungsbeständen aus der Zeit vor 1968 boten ihnen keinen Widerstand mehr.

Die »Flüchtlingskrise«: das willkommene Staatsversagen

Bereits nach ihrer Wahl zur Generalsekretärin der CDU im November 1998 deutete Merkel an, dass die Ära, in der die CDU für Sicherheit und bewährte Traditionen stand, beendet ist. Der neue Parteislogan sollte nicht »Sicherheit statt Risiko« lauten, sondern »Risiko statt falscher Sicherheit«. »Niemand kam damals auf den Gedanken, dass hier ein neuer Antiwerte-Kanon in die Testphase ging: Wer Sicherheit sucht, wird aufgeschreckt: Sicherheit kann ›falsch‹ sein.«[461] Risiko war das neue Versprechen. Man hätte gewarnt sein können. Wenigstens dieses Versprechen wurde eingelöst.

Es hat sich eingebürgert, im Zusammenhang mit der sogenannten Flüchtlingskrise von »Kontrollverlust« oder »Staatsversagen« zu sprechen, aber Formulierungen dieser Art beschönigen die herrschenden Zustände, indem sie von der Tatsache ablenken, dass die gewaltigen Migrationsströme, die seit 2015 über Deutschland hereinbrachen, bei den Regierenden erwünscht waren und sind. Insofern handelte es sich in deren Augen auch um keine »Krise« – sie wurden lediglich durch die Schnelligkeit und Intensität, mit der ihre Wünsche in Erfüllung gingen, etwas überrumpelt und bei ihren Plänen gestört.

Zunächst ist es in den meisten Fällen falsch, die Migranten überhaupt als »Flüchtlinge« zu bezeichnen, da nur sehr ein geringer Prozentsatz (rund 1 Prozent pro Jahr) politisches Asyl wegen individueller Verfolgung nach Art. 16a GG erhält. Die weitaus meisten Aufnahmen erfolgen aufgrund der Genfer Flüchtlingskonvention; relativ wenige Personen erhalten »subsidiären Schutz« nach § 4 des Asylverfahrensgesetzes.[462] Zudem durchzogen die meisten von ihnen auf ihrem Weg nach Deutschland oder in ein anderes mittel- oder nordeuropäisches Zielland gewöhnlich eine Reihe von Staaten, die als sichere Drittländer gelten. Laut §18, Abs. 2 AsylG wäre ihnen daher eigentlich die Einreise zu verweigern. Wer also z.B. von Österreich aus die deutsche Grenze überschreitet, ist schon deshalb kein Flüchtling, weil ihm in Österreich keine konkrete Gefahr mehr droht. Die Dublin-Verträge, die die Einreise von Flüchtlingen völkerrechtlich regeln, sind nach wie vor geltendes Recht und werden dennoch fortwährend gebrochen. Überdies ist Deutschland auch nicht verpflichtet, Personen ohne Identitätsdokumente einreisen zu lassen; bekanntlich kamen die meisten Migranten seit 2015 aber ohne Pässe oder mit gefälschten Ausweisen in die Bundesrepublik, um die Überprüfung ihrer Fluchtgründe und eine Abschiebung in ihr Herkunftsland zu erschweren. Viele machten aufgrund der Vorzugsbehandlung syrischer Bürgerkriegsflüchtlinge und des besonderen Schutzes Minderjähriger offenkundig falsche Angaben, aber die politisch Verantwortlichen konnten bzw. wollten sich nicht auf wirksame Überprüfungsmethoden von Herkunft und Alter einigen.

Da sich viele illegale Einwanderer nicht registrieren ließen und untertauchten, andere sich jedoch mehrfach unter verschiedenen Identitäten anmeldeten, um mehr staatliche Unterstützungsleistungen zu erhalten, ist die genaue Zahl der im Katastrophenjahr 2015 Eingewanderten nicht bekannt. Der Vorsitzende der Deutschen Polizeigewerkschaft Rainer Wendt sagte im Januar 2016, dass »von den allermeisten Flüchtlingen nicht einmal der Name aufgeschrieben« werde; nur rund 10 Prozent der Flüchtlinge seien damals registriert worden.[463] Wendt korrigierte damit die Behauptung des damaligen Innenministers Thomas de Maizière, dass »fast alle Asylsuchenden« an der Grenze »vollständig erfasst« werden könnten. Laut Bundesamt für Migration und Flüchtlinge (BAMF) wurden 2015 in Deutschland 1.091.894 Asylsuchende erfasst; die tatsächliche Zahl wird allerdings auf mindestens 1,5 Millionen geschätzt.

»Wir haben das nicht vorhergesehen. […] Niemand. Hinterher gibt es natürlich viele Schlaumeier, die sagen, jeder hätte es wissen müssen«, sagte de Maizière am 30. August 2015.[464] Tatsächlich sind die Asylbewerberzahlen jedoch schon seit 2008 angestiegen. Einen sprunghaften Anstieg gab es 2014. Am 20. März 2015 teilte das statistische Amt der Europäischen Union, Eurostat, mit, dass »die Zahl der registrierten Asylbewerber in der Europäischen Union (EU) um 191.000 (+ 44 Prozent) auf einen Spitzenwert von 626.000 im Jahr 2014 gestiegen« ist. »Insbesondere stieg die Zahl der Syrer von 50.000 im Jahr 2013 um 72.000 auf nahezu 123.000« ein Jahr später.[465] Und am 18. Juni 2015 veröffentlichte das Flüchtlingshilfswerk der UNO einen Bericht mit dem Titel »Die Welt im Krieg«, laut dem die Zahl der Flüchtlinge damals weltweit fast 60 Millionen betrug. Fast 20 Prozent stammten aus dem Nahen Osten und Nordafrika; allein 7,6 Millionen Syrer sollen auf der Flucht gewesen sein, von denen sich 3,88 Millionen in den Nachbarländern, vor allem in der Türkei, aufhielten. Hinzu kamen 2,6 Millionen Geflüchtete im Irak und 309.000 in Libyen.[466] Unabhängig von der Frage, wie viele davon »echte« Flüchtlinge waren, und wie viele Wirtschaftsflüchtlinge die Gelegenheit nutzten, um nach Europa zu gelangen, waren die Zahlen längst bekannt, und man war gewarnt.

Zudem hat die westliche Politik viel zu dem Chaos beigetragen. Die »Flüchtlingskrise« war, wie Friederike Beck feststellt, »die direkte Folge einer vom Hegemon USA und seinen Verbündeten geführten bzw. tolerierten aggressiven Politik mit Langzeitzielen wie der Neugestaltung des Mittleren Ostens. Beabsichtigt sind dabei die Zerschlagung des schiitischen ›Halbmondes‹ (Libanon, Syrien und Iran) durch Herausbrechen des Mittelgliedes Syrien und neue Grenzziehungen.«[467] Die willkommene Voraussetzung bildeten natürlich die religiösen Dauerkonflikte und Machtkämpfe in der Region. Anstatt die dortigen Akteure zu isolieren, griff man in ihre Kämpfe ein und engagierte sich auf vielfältige Weise militärisch, politisch und ökonomisch. »Der Stellvertreterkrieg in Syrien – mit offener Unterstützung jeweils genehmer Rebellenmilizen durch die umliegenden Staaten und die Supermacht USA – führte zu einer umfassenden Zerstörung der Infrastruktur Syriens und zu einer seit 2011 immer schlimmer werdenden Flüchtlingskatastrophe.«[468] Auch die Bundesregierung hat daran mitgewirkt, indem sie beispielsweise in Syrien Oppositionsgruppen – mit z.T. islamistischem

Hintergrund – förderte und am 10. Juli 2013 gemeinsam mit der Nationalen Koalition der syrischen Revolutions- und Oppositionskräfte ein »Verbindungsbüro« eröffnete, das »deutschen Nichtregierungsorganisationen« helfen sollte, »ihre Unterstützung für die Opposition in Syrien besser zu koordinieren.« Außerdem sollte es »als erste Anlaufstelle für Neuankömmlinge aus dem Bürgerkriegsland dienen.«[469] Man rechnete also schon damals mit zahlreichen »Neuankömmlingen«.

Auch die Machtübernahme des IS in weiten Teilen Syriens und des Irak und dessen Gräueltaten hinderten Deutschland und die EU nicht daran, ihre irrationale Politik gegenüber dem »Assad-Regime«, wie die syrische Regierung in der Presse meist genannt wurde, fortzusetzen und 2015 die rigiden Wirtschaftssanktionen zu verlängern, die bereits zu einer Verelendung des syrischen Volkes geführt hatten.

Als noch schlimmer im Hinblick auf den wachsenden Migrationsdruck erwies sich der wesentlich von Frankreich vorangetriebene Krieg in Libyen, der schließlich zum Sturz und zur Ermordung des Machthabers Muammar al-Gaddafi führte. Dieser hatte 2008 mit dem damaligen italienischen Ministerpräsidenten Silvio Berlusconi ein Abkommen geschlossen, das die illegale Migration aus Afrika massiv eindämmte. Zwei Jahre später mahnte Gaddafi die Europäer, sich finanziell stärker zu engagieren; sonst würde Europa in absehbarer Zeit »schwarz« werden. Man hätte auf ihn hören und in Entwicklungs- und Beschäftigungsprojekte investieren sollen: Laut einem Bericht des Norwegian Center for Global Analysis und der Global Initiative against Transnational Organized Crime konnte die Zahl der im Mittelmeer aufgegriffenen Migranten durch die italienisch-libyschen Verträge auf 4.500 Personen im Jahr 2010 gesenkt werden. Stattdessen zog man es vor, das bestorganisierte und wohlhabendste afrikanische Land zu zerstören und dem Terror der Warlords, Islamisten, Menschenhändler und Schlepperbanden preiszugeben; dementsprechend schnellten die Migrantenzahlen nach oben: Bereits 2014 waren es mindestens 170.000 Menschen, die im Mittelmeer »gerettet« wurden. Die meisten von ihnen waren keine Bürgerkriegsflüchtlinge aus Libyen, sondern Migranten aus Schwarzafrika, die nun ihre Chance nutzten, seitdem Libyen keinen Riegel mehr darstellte.

Der EU scheint dies sehr gelegen zu kommen, denn je mehr Menschen bei den gefahrvollen Überfahrten in überfüllten Schlauchbooten ertrinken, desto unabweisbarer klingen die Forderungen, dem Sterben ein Ende zu bereiten, die »Seenotrettung« zu intensivieren und die illegale Migration zu beenden – indem man sie legalisiert! Bereits 2005 forderte der Global Approach to Migration and Mobility (GAMM), der offizielle »globale Ansatz« der EU-Kommission für – nicht gegen! – Migration und Mobilität als Ziel Nummer eins »die bessere Organisation der legalen Migration und die Förderung einer gut organisierten Mobilität«. Um dies zu erreichen, solle die irreguläre Migration bekämpft und verhindert werden.[470]

Mit ausdrücklichem Bezug darauf verlangte 2013 ein Maßnahmenkatalog der von der Kommission eingesetzten Task Force Mediterranean verstärkte »Bemühungen um Neuansiedlung und regionalen Schutz, die Prüfung der Schaffung rechtlicher Möglichkeiten für eine legale Einreise in die Europäische Union sowie eine allgemeine Konzentration auf verstärkte Neuansiedlungsanstrengungen [...].«[471]

Die EU betreibt, laut Friederike Beck, »eine Politik der Doppelbödigkeit, die einerseits Migration grundsätzlich fördern will, ja sie legalisiert sehen möchte, aber gleichzeitig seit Langem ihre Ankündigungen nicht einlösen kann, die EU-Außengrenzen mit irgendeiner Maßnahme wirksam zu schützen und das Schleuserunwesen zu reduzieren. Die EU ist Teil des Problems: Die seit Jahren unter anderem auch im Papier der Task Force Mediterranean angekündigte Bekämpfung von ›Menschenhandel, Schleuserkriminalität und kriminellen Netzen‹ ist nie vorangekommen. Im Gegenteil: Die Probleme verschärfen sich zunehmend, das Schleuserunwesen nimmt historische Ausmaße an.«[472] Auch von den in dem Papier ebenfalls angekündigten Rückführungsmaßnahmen ist wenig zu bemerken. Sie könnten nur von den einzelnen EU-Staaten durchgeführt werden, doch die größten und einflussreichsten haben die Migrationsagenda bislang weitgehend umgesetzt – am fanatischsten Deutschland –, während diejenigen, die zu Rückführungen bereit wären, natürlich kaum Migranten aufnehmen.

Das Doppelspiel der EU bei der Migrationsfrage ähnelt dem beim Demokratiedefizit. Stets wird mehr Demokratie und Transparenz angekündigt, aber es bleibt bei den immergleichen Phrasen.[473] Diese Doppelzüngigkeit entspricht dem hybriden Zustand, in dem sich die EU befindet, insofern sie kein Staatenbund mehr ist, aber auch noch nicht in den Bundesstaat umgewandelt werden konnte, den sich ihre Protagonisten wünschen. Da sie jedoch wissen, dass ihre radikalen Vorstellungen bei der Mehrheit der Bürger in Europa auf Ablehnung stoßen, gehen sie schrittweise vor und bedienen sich der Methode, die Jean-Claude Juncker in einem berüchtigten Zitat folgendermaßen umschrieben hat:

> »Wir beschließen etwas, stellen das dann in den Raum und warten einige Zeit ab, was passiert. Wenn es dann kein großes Geschrei gibt und keine Aufstände, weil die meisten gar nicht begreifen, was da beschlossen wurde, dann machen wir weiter – Schritt für Schritt, bis es kein Zurück mehr gibt.«[474]

Eine deutliche Reduzierung der Migrantenzahlen ist nicht erwünscht, und Rückführungskonzepte, die den Abbau migrantischer Parallelgesellschaften und den Erhalt der ethnischen Identitäten Europas zum Ziel haben, werden von den Meinungsführern als rechtsradikal diffamiert. Es geht lediglich darum, welche Migrantenzahlen man der europäischen Bevölkerung zumuten und wie man Migration möglichst positiv »framen« kann.

Migration wird von den tonangebenden »Eliten« vor allem aus wirtschaftlichen Gründen für notwendig gehalten (und mit Vielfaltspropaganda verbrämt). Erstens geht es ihnen darum, afrikanische Staaten im Rahmen von Freihandelsabkommen an die EU zu binden, um auf diese Weise leichten Zugang zu ihren Märkten, Rohstoffen und billigen Arbeitskräften zu haben; und zweitens sollen Immigranten in Europa die demographische Lücke schließen. Wenn die autochthone europäische Bevölkerung eines jeden Landes dann irgendwann nur noch eine Minderheit neben anderen darstellt und folglich auch durch stark identitätsorientierte Wahlentscheidungen keine Wendung zu ihren Gunsten mehr erreichen kann, haben die »Eliten« ihr Ziel erreicht und können drittens das Fernziel ihres europäischen Imperiums verwirklichen. So ist jedenfalls ihr Kalkül. Es bleibt aber auch die Möglichkeit, dass dieses »Großreich« an den Gegensätzen zwischen den verschiedenen Bevölkerungs- und Religionsgruppen zerbricht.

Ein langfristiges Projekt der EU ist die sogenannte »Mittelmeerunion« oder »Mittelmeerpartnerschaft« (Euro-Mediterranean Partnership, Euromed), in die man die nordafrikanischen Anrainerstaaten des Mittelmeers einbinden möchte. Als Vorstufe hat man mit ihnen verschiedene Abkommen geschlossen, die Handelsliberalisierungen, Vereinheitlichungen von Vorschriften usw. zum Gegenstand haben. Besonders eine »Liberalisierung des Handels mit Dienstleistungen« setzt natürlich eine hohe Mobilität von Menschen voraus. Die »Flüchtlingskrise« kam den globalistischen »Eliten« daher sehr gelegen.

Im März 2015 forderte der Sondergesandte für Migration und Entwicklung beim UNO-Generalsekretär und Chairman von Goldman Sachs, Peter Sutherland, die EU-Außenminister dazu auf, verstärkt Gespräche mit afrikanischen Ländern zu führen, »um neue, legale und sichere Wege für die, welche in Gefahr sind und das Mittelmeer überqueren wollen, zu etablieren. Das könnte die Ausweitung von humanitären Arbeits- und Familienzusammenführungsvisa beinhalten, deren Anträge im Heimatland gestellt werden. Die EU sollte Langzeitziele wie die Schaffung eines gemeinsamen Mittelmeermarktes verfolgen [...].«[475] Auch den sogenannten Arabischen Frühling hat er vor diesem Hintergrund betrachtet bzw. als verpasste Chance gesehen, um die zwei Seiten des Mittelmeers miteinander zu verbinden.

Der mit zahlreichen Preisen (darunter auch der Verdienstorden des Landes Baden-Württemberg) überhäufte Sutherland war u.a. von 2001 bis 2010 Vorsitzender der Trilateralen Kommission Europa, von 2006 bis 2009 Vize-Vorsitzender des European Round Table und der Bilderberg-Konferenz. 2015 wurde er von Papst Franziskus zum Vorsitzenden der International Catholic Migration Commission ernannt. Er gehörte bis zu seinem Tod 2018 zu den Hauptpropagandisten der Migrationsagenda, nannte die Ablehnung der Globalisierung »moralisch unhaltbar«, bezeichnete Migration als einen »entscheidenden Motor für das Wirtschaftswachstum«[476] und sah in alternden Bevölkerungen das »Schlüsselargument für die Entwicklung von multikulturellen Staaten«. Die Vorstellung ethnischer Homogenität solle von der Europäischen Union dagegen möglichst »unterminiert« werden.[477] Die europäischen Staaten »müssen endlich akzeptieren«, schrieb er 2012 in dem von Cecilia Malmström, der damaligen EU-Kommissarin für Innenpolitik, mitverfassten Papier »Europas Herausforderung durch Migration«, »dass sie wie die Vereinigten Staaten, Kanada und Australien Einwanderungsländer sind.«[478] Seiner Auffassung nach können die EU-Länder »entweder einen vergeblichen Versuch machen, zum überholten, monoethnischen Modell von Staatlichkeit zurückzukehren, oder sie können den Multikulturalismus akzeptieren und erkennen, dass ihre nationalen Kulturen nicht nur überleben, sondern sogar blühen werden.«[479]

Auch die Mittelmeerunion soll eine Station auf dem Weg in dieses »blühende«, »vielfältige« Europa und letztlich in die vollkommen globalisierte »One World« sein. Euromed geht auf die euromediterrane Konferenz der EU-Außenminister und der afrikanisch-nahöstlichen »Partnerländer« in Barcelona 1996 zurück, weshalb auch vom »Barcelona-Prozess« gesprochen wird.

2004 konstituierte sich eine »Euromediterrane Parlamentarische Versammlung« in Athen als parlamentarisches Kontrollgremium, dem zahlreiche Abgeordnete des EU-Parlaments, der EU-Mitgliedstaaten und der südlichen Anrainerstaaten angehören. Ihr oberstes Ziel ist »die Errichtung einer umfassenden euromediterranen Freihandelszone EMFZ, welche mit zahlreichen Verträgen zwischen EU und Ländern der Mittelmeerzone schon weit vorangeschritten ist. Durch Kooperation in wirtschaftlichen, politischen und sozialen Bereichen soll Demokratisierung, aber auch eine langfristige Transformation der Partnerländer erreicht werden«, woraus »eine zunehmende Integration der Euro-Mediterranen Region« folgen soll.[480] Seit 2007 wurde es insbesondere von Nicolas Sarkozy – dem Hauptkriegstreiber gegen Gaddafi, der die schrankenlose Migration aus Afrika unterband – vorangetrieben, wobei alte koloniale Traditionen Frankreichs sicher eine Rolle gespielt haben.

Die bisherigen »Bemühungen« der EU, eine »Wirtschaftspartnerschaft« mit afrikanischen Staaten zu begründen, haben dort zur Verelendung und damit auch zu den Fluchtursachen beigetragen, von denen man behauptet, sie bekämpfen zu wollen. Zahlreiche Abkommen zwischen der EU und afrikanischen Ländern legten fest, dass diese ihre Märkte »bis zu 83 Prozent für europäische Importe öffnen und hierbei schrittweise Zölle und Gebühren abschaffen müssen. Im Gegenzug wird ihnen ein weitgehend zollfreier Zugang zum EU-Markt gewährt.«[481] Gegen Staaten, die sich weigerten, begann die EU im Dienste europäischer Großkonzerne einen Wirtschaftskrieg zu führen und verhängte im Oktober 2014 Einfuhrzölle auf zahlreiche afrikanische Produkte, worauf manche Länder einknickten. »Nach Meinung von Wirtschaftsexperten gefährden das Freihandelsabkommen und die Importe aus der EU einheimische Industrien in Afrika und verhindern eine Entwicklung, da sie dem Wettbewerb mit EU-Ländern nicht standhalten können.«[482]

Ganz besonders konzentriert sich die Einwanderungspropaganda allerdings auf das »demographische Problem«, die Alterung und Schrumpfung der europäischen Bevölkerung. Zum Teil handelt es sich dabei um eine gewöhnliche Erscheinung wohlhabender, ökonomisch und technologisch hochentwickelter Gesellschaften, in denen Frauen überwiegend erwerbstätig, Verhütungsmittel allgemein verfügbar und Kinder, aufgrund eines modernen Rentensystems, nicht mehr zur Alterssicherung notwendig sind. Zum Teil tragen individualistische und hedonistische Lebensentwürfe zu dieser Entwicklung bei; auch hier wirken »linke« und »neoliberale« Ideen – Frauenemanzipation und Konsumorientierung – zusammen. Aber zu einem wesentlichen Teil haben wir es auch mit einer verfehlten, genauer gesagt, ausgebliebenen Bevölkerungspolitik zu tun. Der Hinweis darauf, dass die Nationalsozialisten eine solche betrieben und »lebensunwertes« Leben vernichtet hätten, soll offenbar begründen, dass deshalb jede Bevölkerungspolitik – auch eine positive, die Familiengründung fördert – verabscheuungswürdig sei. Schon der Begriff »Familie« gilt in tonangebenden Kreisen, dank der jahrzehntelangen verheerenden Wirkung des Kulturmarxismus, mindestens als anrüchig, wenn nicht gar reaktionär und »faschistoid«. Die herrschende Politik ist daher familienfeindlich und verletzt fortwährend das grundgesetzlich garantierte Schutzgebot der Familie. Paradoxerweise werden Ehe und Familie aber dann gelobt, wenn ihnen andere Formen des Zusammenlebens – etwa die »Homo-Ehe« – oder der Fortpflanzung – z.B. durch künstliche Befruchtung lesbischer Frauen – gleichgestellt werden. Man bricht das Grundgesetz also, indem man die Begriffe derart umdefiniert, dass sie das Gegenteil bedeuten. Und eine Gesellschaft, deren Wortführer nötig haben, tagtäglich selbstgefällig ihre sogenannten »Werte« zu loben, empfindet hunderttausendfache Abtreibung jedes Jahr, also die Produktion riesiger Leichenberge ungeborener Kinder, nicht einmal als diskussionswürdig. Sie hält dies für ein selbstverständliches Recht der Frau. Andererseits betrachtet die politische Klasse, natürlich wieder mit Blick auf den Nationalsozialismus, von dem sie so besessen ist, Experimente an menschlichen Keimzellen für ethisch verwerflich, ohne den Widerspruch zu ihrer Mein-Bauch-gehört-mir-Ideologie zu bemerken. Es scheint, dass jede Gesellschaft, mit Giorgio Agamben gesprochen, ihren »homo sacer« hat, d.h. eine Kategorie menschlichen Lebens aus der Gemeinschaft der Rechtsträger ausscheidet, das als »nacktes Leben« straffrei getötet werden darf.[483]

Eine Gesellschaft, die einen Großteil ihrer Nachkommenschaft abtreibt, aber fortwährend beklagt, dass ihr künftige Steuer- und Rentenzahler fehlen (und einen existenziellen Wert jungen Lebens jenseits des Ökonomischen offenbar nicht kennt), ist von einer erschütternden kollektiven Todessehnsucht befallen – sie ist eine Gesellschaft todgeweihter, konsumbesessener Lemminge auf dem Weg in den Untergang.[484]

Statt Fortpflanzung soll Zuwanderung alle Probleme lösen. Sie soll für unaufhörliches Wirtschaftswachstum sorgen, der greisen Restpopulation die Renten sichern und, besonders in Deutschland, aber auch in anderen von Selbsthass zerfressenen Gesellschaften, die »Erlösung« von der eigenen ethnischen Existenz herbeiführen. Wirtschaftsführer und neoliberale Politiker stoßen in das eine Horn, kulturmarxistische Ideologen in das andere, aber es schallt immer derselbe Misston heraus. Die selbstverständliche politische Mitte eines sich bejahenden Volkswillens wird nach ganz rechts verschoben und als ein Hort des Ungeistes beschrien.

»Europas Position ist gefährdet«, heißt es in einer Publikation des Europäischen Parlaments 2008, »wenn sich die aktuellen Geburtenraten in den nächsten Jahrzehnten fortschreiben. Eine Bevölkerungsabnahme dürfte auch ein Stagnieren der Wirtschaft mit sich bringen. Europas Wirtschaft ist auf Arbeitskräfte und Verbraucher angewiesen und unsere Sozialsysteme auf ein ungefähres Gleichgewicht zwischen arbeitender Bevölkerung und Rentnern.«[485]

Menschen sollen als Arbeitskräfte, Steuerzahler und »Verbraucher« kommen; dass sie auch ihre Kulturen und Lebensweisen mitbringen, wird teils ignoriert, teils als »Bereicherung« verkauft. Dabei wechselt der herrschende Diskurs in blitzschnellen Wendungen zwischen dem Beruhigungsdogma, das die offensichtlichen Veränderungen beharrlich leugnet (»eine Islamisierung findet nicht statt«), und dem Lob der Vielfalt. Die auch von den Mainstreammedien nicht mehr zu ignorierende, enorm gestiegene Gewaltkriminalität wird weiterhin individuell-psychologisierend verharmlost (»Einzelfälle«, »Familientragödie«, »psychisch gestörter Täter«) oder mit »sozialer Benachteiligung« erklärt, an der natürlich die »diskriminierende« Aufnahmegesellschaft Schuld haben soll.[486]

Natürlich ist nicht zu bestreiten, dass die demographischen Probleme infolge verweigerter Bevölkerungspolitik nicht von heute auf morgen zu lösen sind, aber technischer Fortschritt, bessere Gesundheit auch im höheren Alter, längere Arbeitsfähigkeit, soziokulturell verträgliche, überwiegend befristete Zuwanderung gut ausgebildeter junger Menschen sowie sinnvolle Bildungspolitik und Familienförderung würden es erlauben, die Fehlentwicklungen langfristig auszugleichen. Kanada und Japan zeigen, wie man mit einer bedarfsorientierten Einwanderungspolitik bzw. sogar fast gänzlich ohne Zuwanderung Spitzenplätze in der Weltwirtschaft behaupten kann – und Deutschland zeigt, wie man durch Massenzuwanderung ökonomisch, kulturell und intellektuell absteigt.

Dennoch wird Masseneinwanderung von den EU-Eliten gewünscht und für notwendig gehalten. Laut einem von der EU-Abgeordneten Françoise Castex für das Europaparlament angefertigten Bericht sind 56 Millionen Zuwanderer in die EU bis 2050 nötig, um die prognostizierte Schrumpfung der Bevölkerung im erwerbsfähigen Alter auszugleichen; daher wird empfohlen, das hohe Zuwanderungsniveau der Jahre 2004/05 von 2 Millionen Menschen pro Jahr aufrechtzuerhalten.[487]

Die Migrationsagenda der EU deckt sich in den Zielen mit derjenigen der UNO. Besondere Bekanntheit erlangte 2015 der bereits aus dem Jahr 2001 stammende Bericht »Replacement Migration: Is It a Solution to Declining and Ageing Populations?«[488] Die Frage wird natürlich bejaht, wobei verschiedene Szenarien mit unterschiedlichen Zuwanderungszahlen von 2000 bis 2050 durchgespielt werden. In Szenario IV beispielsweise, das darauf abzielt, die Bevölkerung im erwerbsfähigen Alter (15 bis 64 Jahre) konstant zu halten, müssten in diesem Zeitraum über 24 Millionen Menschen (bzw. 487.000 pro Jahr) nach Deutschland einwandern. Bei Szenario V, in dem ein konstantes Verhältnis zwischen Erwerbstätigen und Senioren ab 65 Jahren errechnet wird, sind die Zahlen noch weitaus höher. Deutschland müsste dann mehr als 181 Millionen Einwanderer aufnehmen – und die gesamte EU sogar 674 Millionen (bzw. 13 Millionen pro Jahr).

In der deutschen Version des Textes wird »replacement migration« mit »Bestandserhaltungsmigration« übersetzt. Der richtige Begriff wäre aber »Austausch« (oder »Ersetzung«). Es ist daher verlogen (bzw. ein Beispiel für »Lügenpresse«), wenn der Mainstream-Diskurs das Schlagwort vom »großen Austausch« pauschal als rechtsextreme und verschwörungstheoretische Parole abqualifiziert. Der Begriff geht vor allem auf das Buch »Le grand replacement« (2011) des französischen Schriftstellers (und homosexuellen Aktivisten) Renaud Camus zurück.[489]

Auch Sutherland hat solche Berechnungen vorgelegt. In einem im »Global Policy Journal« erschienenen Aufsatz mit dem Titel »The Age of Mobility: Can we make migration work for all?« legte der Sondergesandte für Internationale Migration dar, dass Deutschland von 2010 bis 2050 jährlich 3 Millionen bzw. insgesamt 120 Millionen Einwanderer »willkommen heißen« müsse, um das Verhältnis von Erwerbstätigen zu nicht mehr Erwerbstätigen auf dem Stand von 2010 zu halten. Auf diese Weise hoffte er anscheinend, zwei Fliegen mit einer Klappe zu schlagen: Der Bevölkerungsüberschuss in Afrika (wo bis 2050 eine Verdopplung auf über zwei Milliarden prognostiziert wird) soll nach Europa, dessen Bevölkerung altert und schrumpft, umgeleitet werden.[490]

Da es »eine lästige Angelegenheit« für ihn und seine Gesinnungsgenossen ist, »die Fähigkeit unserer Gesellschaften zur Integration von Immigranten abzuwägen und zu erkennen, ob wir sie mit der derzeitigen Rate der Migrationsströme überfordern«, müssen wir »schlau dabei sein, beides zu kalibrieren«, damit die Widerstände nicht zu groß werden. Um diese zu ersticken, »müssen wir unermüdlich dabei sein, Antidiskriminierungsgesetze zu verstärken.«[491]

Des Weiteren bedürfe es u.a. einer möglichst frühen Einschulung der Kinder, einer durchgehenden ethnischen Durchmischung an den Schulen und der Förderung der politischen Partizipation von Migranten. Sie müssten schnell in das Arbeitsleben integriert und die Staatsbürgerschaft des Aufnahmelandes ohne große Hürden erwerben können.

All diese Parolen begegnen uns in den Reden »unserer« Politiker immer wieder, wenn wir sie ständig über die »Integration« von Asylanten sprechen hören, obwohl Asyl eigentlich nur auf Zeit zu gewähren wäre.

Sutherland initiierte auch die Gründung des »Global Forum on Migration and Development (GFMD), an dem rund 150 Länder teilnehmen und das der »Verbesserung« der internationalen Zusammenarbeit in Migrationsfragen dienen soll. Auch »Repräsentanten der Zivilgesellschaft«, also NGOs, werden in diese Arbeit einbezogen, z.B. im Rahmen eines »Civil Society Days«. Im Krisenjahr 2015 stand dieser Tag unter dem Motto »Achieving Migration and Development Goals«; es ging also ausdrücklich um »Migrationsziele«. Laut einem Acht-Punkte-Plan gehört dazu die Steigerung der Mobilität von Arbeitskräften sowie der Attraktivität von Migration allgemein, die nicht mehr nur aus Notlagen heraus erfolgen soll. Die Tagung des

Jahres 2015 war mit 339 Teilnehmern aus aller Welt die größte seit Bestehen des GFMD. 225 Delegierte waren der »Zivilgesellschaft« zuzurechnen, von denen 40 Prozent Migranten- oder Diaspora-NGOs repräsentierten; ein Drittel waren Vertreter von Menschenrechts-NGOs, der Rest Akademiker, Gewerkschafter, Entwicklungshelfer und weitere Gruppen.

Das GFMD kooperiert eng mit der Global Migration Group, an der zahlreiche Organisationen der Migrationslobby wie die IOM (Internationale Organisation für Migration), aber auch die Weltbank, UNICEF, die UNESCO und das UNHCR beteiligt sind.

Die 1951 gegründete IOM versteht sich als führende zwischenstaatliche Organisation im Bereich der Migration. Ihr gehören 162 Staaten an, 9 davon haben Beobachterstatus. Sie unterhält weltweit 401 Büros mit mehr als 9000 Mitarbeitern. Zwar unterstützte die IOM grundsätzlich auch Rückkehrprogramme, aber unter der Führung ihres Direktors William Lacy Swing (bis 2018) schwenkte sie vollständig auf die Migrationsagenda der »Eliten« um, die eine totale Mobilität anstrebt. Die IOM setzt sich dementsprechend für eine »humane und geordnete Migration zum Wohle aller« ein und plädiert für eine internationale Kooperation bei der Migration.[492]

Mittlerweile ist Deutschland der größte Finanzier der IOM: »Allein zwischen 2010 und 2013 zahlte die Bundesrepublik Deutschland 66 Millionen Euro an die IOM! Wofür? Für Migrationsprojekte.«[493] Eines dieser Projekte hieß »Migration, Diversity and Community Development« und diente der »Integration« von Migranten in verschiedenen europäischen Ländern durch die Beteiligung religiöser Autoritäten: Diese hätten ein besonderes »Potenzial, positiv zum Integrationsprozess beizutragen«, wobei Integration allerdings als »two-way-integration« verstanden wird.[494] Der populäre, von Politikern, Kirchenvertretern oder NGO-Funktionären gerne im Munde geführte Slogan für diesen Terminus lautet: »Integration ist keine Einbahnstraße.«

Dieses Konzept ist sowohl integrationsfeindlich, da es durch religiöse Abkapselung Parallelgesellschaften fördert, als auch eine Zumutung für die Aufnahmeländer.

Neben der EU und den UN arbeiten auch zahllose private Stiftungen und NGOs an der Durchsetzung der Migrationsagenda. Besonders einflussreich ist der Hedgefonds-Milliardär George Soros, der unter dem Dach seiner Open Society Foundations[495] ein gewaltiges Netzwerk von Stiftungen und Kampagnenorganisationen unterhält, mit dem er die Weltpolitik im Sinne der globalistischen Agenda beeinflusst. Open Society Foundations gilt als zweitgrößte Stiftung nach der Bill & Melinda Gates Foundation; Soros hat ihr 2017 18 Milliarden Dollar übertragen (sein Gesamtvermögen wird auf 24,2 Milliarden Dollar geschätzt).

Zu den von ihr unterstützten Organisationen gehören beispielsweise Planned Parenthood, das National Council of La Raza, laut Friederike Beck eine Lobbygruppe, die angeblichen »weißen Rassismus« bekämpft und für die ungehinderte Einwanderung von »Hispanics« in die USA eintritt, Amnesty International und der Think Tank Center for American Progress.

Die Top-Spendenempfänger der Open Society Foundations waren in den Jahren 2005 bis 2009 der Media Development Loan Fund, die Drug Policy Alliance, die Tides Foundation, die American Liberties Union Foundation, die Alliance for Climate Protection und der Trust for Civil Society in Central and Eastern Europe.[496] Letzterer ist aus einer Vereinigung mehrerer privater Stiftungen hervorgegangen, darunter die Ford Foundation, die Charles Stewart Mott Foundation, das Open Society Institute (OSI), der Rockefeller Brothers Fund und der German Marshall Fund of the United States (GMF).[497]

Natürlich griff Soros auch in die amerikanischen Präsidentschaftswahlkämpfe ein, indem er die demokratischen Kandidaten Barack Obama und Hillary Clinton finanziell unterstützte, aber das Hauptbetätigungsfeld des »Philanthropen«, wie er in der Mainstream-Presse oft genannt wird, sind seine in über 120 Ländern aktiven Stiftungsdependancen:

»Als Verfechter einer ›offenen‹ Gesellschaft finanzierte seine Stiftung Open Society Foundations die ›Öffnung‹ Osteuropas und ehemaliger Sowjetrepubliken. Hierfür gründete er ein Netzwerk aus Open-Society-Instituten oder ähnlich gelagerten NGOs, die dann tatkräftig mithalfen, die sogenannten Farbrevolutionen aus der Taufe zu heben.«[498]

Auch die EU und der Euro liegen diesem Menschenfreund sehr am Herzen; in Großbritannien beispielsweise unterstützte seine Open Society Foundations migrations- und EU-freundliche Gruppierungen wie British Future, die die UKIP und andere EU-skeptische Organisationen bekämpften.[499]

Ein direkter europäischer Ableger der Soros-Foundations ist auch die Organisation PASOS, die 56 Mitglieder bzw. Mitgliedsorganisationen umfasst und vor allem in Osteuropa im Sinne der Open-Borders-Doktrin aktiv ist. Zu den Spendern von PASOS gehören, neben den Open Society Foundations, u.a. die EU, das Europäische Parlament, die NATO, UNICEF, die Robert Bosch Stiftung und der Visegrad Fund. Weitere Partnerstiftungen sind unter dem Dach des 2005 gegründeten European Programme for Integration and Migration (EPIM) zusammengefasst, darunter die Compagnia di San Paolo (Gesamtwert 2008 rund 6,2 Milliarden Euro; 2011 nur noch 5,1 Milliarden), die OAK Foundation (Stiftungsvermögen rund 3,16 Milliarden Euro), die Calouste Gulbenkian Foundation (Stiftungsvermögen 2,8 Milliarden Euro), The Atlantic Philantropies mit einem Stiftungsvermögen von 1,4 Milliarden Dollar und die Robert Bosch Stiftung (Stiftungsvermögen 1,2 Milliarden Euro). Das Netzwerk von zwölf Hauptstiftungen neben den Open Society Foundations ist aber noch weitaus größer: »Das EPIM-Partnernetzwerk hat seit seiner Gründung mittlerweile mehr als 450 Organisationen in 45 europäischen Staaten und Migrationsherkunftsländern als Partner angeworben und mit Finanzen ausgestattet!«[500] Bis 2011 hat es 3,6 Millionen Euro an 24 NGOs und 31 Projekte ausbezahlt; von 2013 bis 2015 gingen 3,8 Millionen an zehn Projekte.[501]

Die Robert Bosch Stiftung – um nur eine Institution exemplarisch herauszugreifen – möchte »zu der Etablierung einer wirkungsvollen Willkommens- und Anerkennungskultur für Zuwanderer in Deutschland beitragen«; dabei setzt sie sich »für einen pragmatischen Umgang mit dem Islam in Deutschland als Teil einer vielfältigen Gesellschaft« ein und fördert de facto die Islamisierung, etwa im Rahmen der Initiative »Yallah! Junge Muslime engagieren sich«.[502]

Die Ziele all dieser Stiftungen decken sich zu 100 Prozent mit den Parolen von »Vielfalt« und »Buntheit«, die Politik und Medien tagtäglich verkünden.

Deutliche Anweisungen, wie die EU das Asylsystem neu organisieren müsse, gab Soros 2015 auch höchstpersönlich auf seiner Webseite:[503] Europa habe jährlich eine Million Asylsuchende aufzunehmen. Über die Aufnahmequoten müsse per Mehrheitsbeschluss entschieden werden, und die EU solle pro Asylbewerber 15.000 Euro im Jahr bereitstellen, um die durch Kredite zu finanzierenden Kosten für dessen Unterhalt abzudecken – aber auch, um die Aufnahme von »Flüchtlingen« für die EU-Länder »attraktiver zu gestalten«. Und »selbstverständlich« sollen die Migranten ihre Aufnahmeländer frei wählen dürfen. Weiterhin forderte Soros die Einrichtung sicherer Fluchtwege nach Europa sowie einer zentralen Asyl- und Migrationsagentur.

Auf einen Katalysatoreffekt zugunsten einer dauerhaft gesteigerten Einwanderung hoffte auch Mohamed A. El-Erian, ein Berater Barack Obamas, der sich im September 2015 auf der Webseite georgesoros.com wünschte, dass die Asylkrise zur Überwindung bisheriger Hemmnisse der Masseneinwanderung und ihrer Finanzierung beitrüge. Insbesondere müsse künftig verhindert werden, dass migrationskritische Regierungen durch das Einstimmigkeitsprinzip Entscheidungen zugunsten von noch mehr Einwanderung verhindern könnten.

Bislang konnte diese Forderung der Eurokraten und Globalisten noch nicht durchgesetzt werden, aber bei der Europawahl 2019 warb der gescheiterte Spitzenkandidat der EVP, Manfred Weber (CSU), explizit dafür, das Einstimmigkeitsprinzip abzuschaffen, um »Europa zu stärken« bzw. den Nationalstaaten ihre Restsouveränität zu nehmen. Weber wurde nach der Wahl von der Bundesregierung auf Druck von Macron – aber auch von Orbán – fallen gelassen und die als Verteidigungsministerin wegen ihrer Beraterverträge berüchtigte Ursula von der Leyen als Kommissionschefin ausgekungelt. Es ist aber zu befürchten, dass sie diesen Kurs fortsetzen wird.

Friederike Beck fasst zusammen, dass Soros' Open Society Foundations »gemäß ihren Überzeugungen eine Internationale Migrationsinitiative« betreiben. Dabei stellen sie ihre finanziellen Mittel »nicht in den Dienst der Bekämpfung der Ursachen von Flucht und Weggang aus der Heimat, sondern erheben Flucht bzw. Migration zu einem Wert an sich, als handle es sich dabei um ein zu schützendes, ja zu förderndes und einzuforderndes Menschenrecht. Mit diesem Pseudohumanismus schützt Soros die Verursacher von Kriegen und Krisen wie auch deren Nutznießer und verlagert die Auswirkungen der Kriege und Krisen von den Verursachern weg.«[504] Zunächst werden Krisenländer weiter destabilisiert, indem Soros-Stiftungen dort Öl ins Feuer gießen, und dann wird die Migration von Bürgerkriegsflüchtlingen gefördert und Einfluss auf die Aufnahmeländer ausgeübt. Migration gilt als prinzipiell wünschenswert und muss um jeden Preis befeuert werden; Kriege und Krisen haben dabei einen »Katalysatoreffekt«.

Einen nennenswerten Unterschied zwischen legaler und illegaler Einwanderung gibt es folglich nicht; illegale Migration erscheint Globalismus-Ideologen wie Soros und Sutherland nur als Marketingproblem, weil sie von Zuwanderungskritikern »instrumentalisiert« wird. Für diese wiederum ist es strategisch günstiger, statt der Zuwanderung selbst deren Illegalität in den Fokus zu rücken, da Zuwanderungskritik von den Mächtigen leicht als »rassistisch« gebrandmarkt werden kann, während sie gegen den juristisch korrekten Hinweis auf tatsächliche Rechtsbrüche weniger leicht vorgehen können. Es liegt für die »Eliten« daher nahe, illegale Zuwanderung durch Legalisierung zu »beenden«. In einem Dokument des EU-Parlaments von 2008 heißt es daher verräterisch: »Das andauernde Problem illegaler Einwanderung in EU-Länder überschattet weiterhin die Versuche, den Zustrom zu managen.«[505] Davon, ihn zu unterbinden, ist nicht die Rede.

Kritik an dieser radikalen Politik gab es auch damals schon, aber sie war vergleichsweise schwach und konnte leicht als »rechtsextrem« abgetan werden. Seit 2015 ist dies nicht mehr so einfach. Dementsprechend rabiater und totalitärer werden die Methoden der herrschenden politischen Klassen, die statt auf Wahlen, die sie unter wirklich rechtsstaatlichen Bedingungen nicht mehr gewinnen könnten, auf geheimdienstliche Mittel der Ausspähung, Diskreditierung und »Zersetzung« des Gegners setzen.

Man hat mit Bezug auf die Flüchtlingskrise von einem »Kontrollverlust« und von »Staatsversagen« gesprochen. Diese Begriffe entstammten der Perspektive von Sicherheitsbeamten, die das verantwortungslose Taktieren von Merkel und anderen deutschen Spitzenpolitikern mit Entsetzen betrachteten, aber trotzdem nicht den Schritt zur Gehorsamsverweigerung wagten. Widerstand gegen staatliche Institutionen hat, selbst wenn diese den Bestand von Volk und Staat gefährden, in einem Land, in dem nach Lenins bekanntem Bonmot auch der Revolutionär eine Bahnsteigkarte löst, keine große Tradition; eher zieht man vor Gericht oder gründet eine neue Partei.

Aus der Perspektive der Spitzenpolitiker liegt allerdings kein Versagen vor – sogar diejenigen, die, wie Seehofer, Merkel zeitweise scheinbar erbittert bekämpften, lobten sie wenige Jahre später in den höchsten Tönen; und die politische Kontrolle ist der Bundesregierung auch nie entglitten. Sie fürchteten lediglich schlechte Presse und Umfrageergebnisse. Merkel ging alles bloß etwas zu schnell; sie sorgte sich, dass das ihrer auf Emotionalisierung und Infantilisierung beruhenden Herrschaft entsprechende »Nudging« – so der PR-Fachbegriff für die behutsame Beeinflussung des für irrational gehaltenen Wahlvolks[506] – nicht mehr funktionieren könnte. Daran, dass die Grundrichtung ihrer Linie entsprach, kann kein Zweifel sein. Auf einem Gipfeltreffen am 11. und 12. November 2015 flüsterte Peter Sutherland Merkel, »die er in den letzten 10 Jahren regelmäßig getroffen hat«, ins Ohr, dass sie eine Heldin sei. »Sie sah mich erstaunt an und erwiderte: ›Aber es ist für Europa.‹ Ich weiß. Eben darum.«[507]

Für Deutschland würde sie sich nicht so ins Zeug legen. Symptomatisch ist die berühmte Szene, als sie dem damaligen CDU-Generalsekretär Hermann Gröhe nach der Bundestagswahl 2013 eine Deutschlandfahne aus der Hand nahm und sie wie unappetitlichen Abfall in eine Ecke warf.[508] Kurze Zeit schien sie angesichts des erstaunlich guten Wahlergebnisses der Union sogar die Sorge gehabt zu haben, keinen Koalitionspartner mehr zu benötigen, der ihr dabei behilflich wäre, die politischen Koordinaten nach links zu rücken, aber zu ihrem Glück kam es nicht dazu, und sie »musste« mit der SPD weiterregieren.

Bis zum Herbst 2015 war überhaupt nicht absehbar, dass die »Flüchtlinge« zum beherrschenden Thema von Merkels Kanzlerschaft werden sollten. Ihre öffentliche Wahrnehmung war nicht durch ausgeprägten Moralismus, sondern eher durch Prinzipienlosigkeit und abrupte, taktische Wechsel geprägt. Natürlich führte sie die üblichen »Werte«-Phrasen im Mund, aber wie bei den meisten Politikern nahm man ihr nicht ab, dass sie es wirklich ernst damit meinte. Seit ihrem Amtsantritt 2005 waren die Asylbewerberzahlen auch verhältnismäßig niedrig; erst 2014 kam es, aufgrund der Bürgerkriege, die auf den »Arabischen Frühling« folgten, zu einem Anstieg auf 200.000 Personen. Aber bis weit in das nächste Jahr hinein mied Merkel dieses Thema. »Flüchtlinge sind politisch kein Gewinnerthema«, soll Merkels Ansicht gewesen sein.[509] Andere Politiker gefielen sich schon früh darin, Großherzigkeit zu fordern; die Presse drängte Merkel, sich ähnlich zu positionieren und endlich ein Flüchtlingsheim zu besuchen, aber die Kanzlerin zeigte wenig Neigung dazu. Erst nachdem eine Begegnung mit einem weinenden palästinensischen Flüchtlingsmädchen in einer Fernsehsendung im Juli 2015 zu einer schweren PR-Panne für die Kanzlerin missraten war und ihr in den Medien Empathielosigkeit vorgeworfen wurde, entschloss sie sich, bald eine Flüchtlingsunterkunft zu besuchen. Dieser Termin am 26. August im sächsischen Heidenau wurde jedoch zu einem noch größeren Fiasko. Statt der gewünschten Bilder mit dankbaren jungen Menschen, strahlenden Kinderaugen und einer huldvoll lächelnden Kanzlerin verbreiteten sich in den sozialen Netzwerken Szenen einer wütend aufgeladenen Atmosphäre. Nur mit Mühe konnte die Polizei die Demonstranten zurückhalten, Merkel wurde mit Hup- und Pfeifkonzerten empfangen und als »Volksverräterin« beschimpft; manche riefen Obszönitäten. Die Stimmung war aber nicht nur wegen der kurzfristigen Einquartierung von 700 Menschen in einem leeren Baumarkt so aufgeheizt, sondern auch wegen einer Provokation durch Sigmar Gabriel, der kurz zuvor in Heidenau – in einer für einen Außenminister und Vizekanzler ungewöhnlichen Sprache – Demonstranten als »Pack« bezeichnet hatte. Es war nicht ganz klar, ob er nur Randalierer und vulgäre Schreihälse meinte oder alle mit der Flüchtlingspolitik unzufriedenen Bürger. Die Pegida-Bewegung griff die Vorlage dankbar auf und wandelte den Slogan der DDR-Bürgerrechtsbewegung »Wir sind das Volk« ab zu »Wir sind das Pack«.

Konnte bislang noch durch die extrem einseitige »Berichterstattung« in den Medien und das faktische Fehlen einer Oppositionspartei im Bundestag der Anschein erweckt werden, dass bis auf ein paar unverbesserliche Rechtsextremisten »alle« auf Seiten der »Willkommenskultur« stünden, so wurden die Risse jetzt offensichtlich. Einem »hellen« Deutschland steht ein »Dunkeldeutschland« gegenüber, wie Bundespräsident Gauck gesagt hat. Es gibt andere Möglichkeiten, diese Kluft weniger wertend und inhaltlich aussagekräftiger beschreiben – der Publizist David Goodhart etwa sprach mit Bezug auf die Globalisierung von »Anywheres« und »Somewheres« –, aber an der Spaltung unseres Landes ändert das wenig. Weder mit restriktiven Maßnahmen noch mit PR-Aktionen, Nudging und »Bürgerdialogen« – die doch niemals ergebnisoffen geführt werden, sondern nur dazu dienen sollen, die Einwanderungspolitik besser zu verkaufen – konnte die Kluft bislang zugeschüttet werden.

In den Augen von Robin Alexander war der Besuch in Heidenau für Merkel ein Schlüsselerlebnis: In einer kurzen Ansprache nimmt sie »Stellung gegen die Bosheit, die Dummheit und die Vulgarität, die sie hier gerade erlebt hat. Sie will Flüchtlingen helfen, das auch, aber es treibt sie vor allem an, den Rassisten entgegenzutreten. [...] Der Wunsch, den Rassisten nicht das letzte Wort zu überlassen, wird ein Grundimpuls der deutschen Flüchtlingspolitik im Herbst 2015.«[510] Aus dem Medienjargon übersetzt, heißt das: Es geht gar nicht so sehr um die Flüchtlinge, sondern um den »Kampf gegen Rechts«. Die Flüchtlinge sind nur Vorwand und Instrument zur Durchsetzung der Globalisierungsagenda. Und wer für die Aufnahme von »Verfolgten« und »Geflüchteten« eintritt, hat zweifellos eine bessere kommunikative Ausgangsbasis als jemand, der, machtlos und mit dem Rücken zur Wand stehend, Grenzschließung und Abschiebungen fordert oder vor dem »Volkstod« warnt.

Es soll nicht bestritten werden, dass der »Willkommenskultur« – weniger bei Politikern und Journalisten, sicher aber bei Flüchtlingshelfern – auch wirkliche ethische Motive wie Hilfsbereitschaft und Nächstenliebe zugrunde lagen, aber diese mischten – und mischen – sich mit naiver Überschätzung der Aufnahme- und Integrationsmöglichkeiten Deutschlands, mit dem opportunistischen Drang, auf der Seite der »Guten« stehen zu wollen, mit Eitelkeit und ideologisch neugefasster »deutscher Großmannssucht«, ja sogar mit Deutschfeindlichkeit und Schadenfreude angesichts der Ohnmacht der »Rechten« sowie mit der Sehnsucht, durch eine außerordentliche kollektive Leistung aus dem Schatten eines als bedrückend empfundenen Erbes heraustreten zu können. Selbstverständlich finden sich auch auf der »dunkeldeutschen« Seite zweifelhafte Motive, Ressentiments und Egoismen – das Hauptproblem der asyl- bzw. eigentlich globalisierungskritischen »neurechten« Bewegung (die oft genug betonte, das Asylrecht nicht abschaffen, sondern nur auf die wirklich asylberechtigten Fälle angewandt wissen zu wollen) ist jedoch, neben der stets negativen, verzerrten Darstellung in den Massenmedien, das weitgehende Fehlen positiver Ziele oder gar Utopien. Immer steht sie unter Rechtfertigungsdruck – sei es aufgrund der von den Medien konstruierten »historischen Bezüge«, sei es wegen der unvorteilhaften Situation, sich gegen die Aufnahme tatsächlich oder vermeintlich hilfesuchender Menschen aussprechen zu müssen. Das rationale Argument, dass es nicht möglich sei, jeden aufzunehmen, kann schnell kaltherzig wirken; der Hinweis auf zahlreiche Betrüger, Schmarotzer und Kriminelle unter Asylbewerbern erscheint »misanthropisch«, ängstlich und pessimistisch; die Berufung auf geltendes Recht und die Legitimität der Abschiebung abgelehnter Asylbewerber lässt sich leicht als formaljuristische Paragraphenreiterei abtun. Und positive, oft jedoch nur halbherzig hergestellte Bezugnahmen auf die deutsche Kultur, die bewahrt werden müsse, stoßen auf wenig Resonanz, wenn ganzen Generationen jedes Kulturbewusstsein und jeder Patriotismus, der über den Fußball hinausgeht, ausgetrieben wurden. Das »christliche Abendland« begeistert kaum noch jemanden nach einem Jahrhundert jährlich steigender Kirchenaustritte sowie einer weitgehenden Trivialisierung und Banalisierung alles Christlichen und ist als Gegenbild zum Multikulturalismus ohnehin fragwürdig, da nicht nur die Amtskirchen die offizielle Politik stets unterstützen, sondern auch dem Christentum selbst egalitäre und globale Tendenzen innewohnen. Die neurechte Opposition versucht vor allem, den Status quo zu halten, und liefert sich Rückzugsgefechte mit einem immer noch übermächtigen Herrschaftsapparat. Ihr Mut ist vor allem ein Mut der Verzweiflung.

Trotzdem lief es auch für die Regierenden im Herbst 2015 alles andere als gut. Als Merkel am 4. September kurz vor Mitternacht die Grenze öffnete, zerstörte sie Deutschland, wie wir es kannten. Möglicherweise war sein Untergang längst vorgezeichnet, aber ein langsamerer Verfall hätte immer noch Chancen zum Gegensteuern geboten. Eine Zeitlang wurde Merkel in den Medien der westlichen Welt für ihre Entscheidung als »Mutter« eines anderen, angeblich besseren Deutschland, als moralische »Führerin« der westlichen Welt – in arabischen Ländern sogar als »Mutter aller Gläubigen«[511] – gefeiert, aber dieses Framing konnte nicht lange gegen die Realität aufrecht erhalten werden. Mit der Kölner Silvesternacht 2015/16 und dem unfassbaren Versagen von Politik und Mainstreammedien wendete sich das Blatt. Seitdem hat sich zwar die offizielle Politik noch immer nicht neu ausgerichtet, aber sie lässt sich immer schwerer positiv vermarkten, sondern nur noch autoritär durchsetzen. Die Beschwörung der angeblichen »rechten Gefahr« und das gemeinsame Feindbild der AfD sind die einzigen Klammern, die »bunte« Mehrparteienkoalitionen noch zusammenhalten. Das politische Personal wird nicht mehr nur von einer kleinen Minderheit als verabscheuungswert empfunden, und Merkel ist die meistgehasste Kanzlerin Deutschlands – ja, vielleicht die meistgehasste deutsche Politikerin seit 1945.

Robin Alexander hat in seinem Buch über »Die Getriebenen« anschaulich – und trotzdem akribisch – beschrieben, wie Merkel und die anderen politischen Hauptakteure in die »Flüchtlingskrise« hineinstolperten, wie sie die Verantwortung jeweils abzuwälzen versuchten und wie sie weniger von Mitmenschlichkeit als von der Angst vor schlechter Presse geleitet wurden. Nicht Moral war für sie entscheidend, sondern die Sorge, dass die Inszenierung ihres Moralismus in sich zusammenfallen könnte. Die Show musste irgendwie weitergehen. Obwohl die Kanzlerin und die übrigen Spitzenpolitiker oft nur unzureichend informiert und folglich inkompetent waren,[512] traf Merkel eine »Richtungsentscheidung für die Bundesrepublik«, die »vielleicht sogar mit Konrad Adenauers Westbindung, der Ostpolitik Willy Brandts oder der entschlossenen Wiedervereinigung unter Helmut Kohl vergleichbar ist. Die bedingungslose Grenzöffnung wird die soziale und ethnische Struktur der deutschen Bevölkerung nachhaltig verändern, sie wird das Parteiensystem der Bundesrepublik revolutionieren, das Land in Europa zeitweise isolieren und zu dramatischen politischen Verwerfungen in den Nachbarstaaten beitragen.« Und »keine Bundestagsdebatte, kein Kabinettsbeschluss, kein Parteitag und kein Wahlsieg hat legitimiert, was an diesem 4. September seinen Anfang nimmt.«[513]

Zwar behauptet die Bundesregierung bis heute, »eine Öffnung der Grenze habe es nie gegeben, denn als europäische Binnengrenze sei sie schon vorher offen gewesen. Doch das ist Wortklauberei, um die Tatsachen zu verdecken: Die Flüchtlinge hätten nach den EU-Regeln nicht nach Deutschland kommen dürfen, sondern in Ungarn bleiben müssen.«[514]

Unmittelbar ausgelöst wurde die Krise durch die schon länger schwelenden Spannungen zwischen Merkel und dem ungarischen Ministerpräsidenten Viktor Orbán, der seit Beginn seiner zweiten Amtszeit (ab 2010) als wichtigster europäischer Wortführer der Gegner des westlichen, liberalkapitalistischen Europa auftritt. »Für Orbán ist Merkel eine Agentin des Großkapitals. Sie hält sein Regime dagegen für die europäische Version eines neuen Autoritarismus, der sich nicht um Menschenrechte schert.«[515] Als immer mehr Migranten in Ungarn eintreffen und angesichts widersprüchlicher Äußerungen aus Berlin und Wien immer unsicherer wird, ob diese auch in Zukunft noch nach Deutschland und Österreich weiterreisen können, entschließt er sich, die ungarischen Grenzen zu schließen und die Sicherheit und Stabilität seines Landes nicht länger von deutschem Irrationalismus abhängig zu machen: »Orbán hält die deutsche Haltung für schizophren: Einerseits drängen ihn die Deutschen, die Flüchtlinge in Ungarn zu behalten. Andererseits bejubeln sie jeden, der es schafft, sich bis nach Deutschland durchzuschlagen.«[516] In Ungarn spitzt sich die Lage weiter zu, immer mehr Menschen warten in Budapest auf Züge, die sie nach Wien und München bringen; schließlich machen sich Tausende zu Fuß auf den Weg. Der österreichische Bundeskanzler drückt sich vor einer Entscheidung; niemand will inhuman erscheinen, aber so richtig hat auch niemand Interesse, zigtausende Personen, von denen viele keine oder gefälschte Papiere haben und unter die sich islamistische Terroristen gemischt haben können, aufzunehmen. Völlig unklar ist auch, wie viele Menschen es tatsächlich sind; bald werden es

12.000 sein, die an einem einzigen Tag ankommen. Wie gewohnt zeigen die Medien vorzugsweise junge Frauen und niedliche Kinder, aber die meisten Migranten sind junge Männer. Und natürlich sind die wenigsten von ihnen die begehrten »Fachkräfte«, von denen Politiker und Wirtschaftsvertreter schwadronieren; die meisten verfügen über keine Schulbildung und Berufsausbildung nach westlichen Maßstäben.

Vom Zwang getrieben, die moralische Fassade aufrecht zu erhalten, aber auch durch das mediale Zerrbild vom ungarischen »Diktator« beeinflusst, der womöglich noch sein Militär gegen die unschuldigen »Geflüchteten« einsetzen könnte, öffnet Merkel dem Migrantenstrom die Grenze, betont aber, dass es sich um eine Ausnahme aufgrund einer akuten Notlage handle.

Stets wird ein doppeltes Spiel gespielt: Einerseits versucht Merkel nun monatelang erfolglos, ihre Einwanderungsagenda, nach der es keine Obergrenzen gibt, den anderen EU-Staaten aufzunötigen und sie dazu zu bewegen, bestimmte Migrantenkontingente aufnehmen; andererseits trägt sie selbst, vor allem durch ihre berüchtigten Selfies,[517] nach Kräften dazu bei, dass so viele Einwanderer kommen. Die Selfies wurden »zum Sinnbild für Merkels offene Grenzen«.[518] Zwar fügt Robin Alexander einschränkend hinzu, dass »den Selfies erst nachträglich eine Bedeutung zugeschrieben« wurde, »die sie ursprünglich nicht hatten, aber: »Es hilft nichts: Wahrnehmungen sind in der Politik Tatsachen. Und die Selfies werden als Fluchtursache wahrgenommen. Merkel weiß, dass sie einen gravierenden Fehler gemacht hat. Sie ist für die ganze Welt fortan die Flüchtlingskanzlerin geworden. Jede Kursänderung wäre fortan nicht weniger als ein totales Scheitern.«[519]

Das rechtfertigt allerdings nicht, auch in den folgenden Jahren noch auf dieser Politik zu beharren. Hätte Merkel eine Änderung wirklich gewollt, dann hätte sie diese ohne Gesichtsverlust zumindest schrittweise durchsetzen können, zumal sich die Stimmung spätestens seit der Kölner Silvesternacht drehte und die Unbelehrbarkeit der Bundeskanzlerin Deutschland in Europa isolierte.

Ihr »Wir schaffen das« wäre bei weitaus mehr Menschen in Deutschland und anderswo auf Akzeptanz gestoßen, wenn dieses »das«, was zu schaffen sein soll, irgendwie definiert gewesen wäre. Dann hätte aber eine Obergrenze angegeben werden müssen – eine bestimmte Anzahl wirklicher Flüchtlinge, die für eine gewisse Zeit aufgenommen wird. Aber Merkels »das« blieb absichtlich unbestimmt, und daran hat sich nie etwas geändert. Die Zahlen, über deren Verteilung in der EU man in den Jahren nach dem Flüchtlingsherbst weiterhin ergebnislos diskutierte, wurden zwar kleiner, und die meisten Menschen kamen nicht mehr über die von den südosteuropäischen Ländern geschlossene Balkanroute, sondern über das Mittelmeer, aber am Bestreben der Bundesregierung, den europäischen Staaten und ihren demokratisch gewählten Regierungen feste Quoten aufzunötigen, hat sich nichts geändert.

Die Stimmung in Deutschland hat sich allerdings gewandelt. Seit dem Erlahmen von Pegida und anderen Bürgerbewegungen sowie der Etablierung der AfD bei der Bundestagswahl 2017 mit einem soliden, aber keineswegs atemberaubenden Ergebnis hat sich die hitzige Stimmung sowohl der Willkommensbegeisterten als auch der Migrationskritiker gelegt und ist einer kalten wechselseitigen Verachtung gewichen. Wutausbrüche und Hasstiraden werden – meist nur auf einer Seite – drakonisch geahndet; man erklärt »Hass« geradezu zu einem Verbrechen, als könnte man »Liebe« bzw. freudige Begeisterung über die exerzierte Politik vorschreiben, und die vorläufig Unterworfenen fügen sich murrend und erhoffen Veränderungen auf dem parlamentarischen Weg. Man machte gegen Ende der Ära Merkel weiter Dienst nach Vorschrift, aber mit der Faust in der Tasche.

2015 war die Lage noch eine andere. Diejenigen, die Wesen und Konsequenzen von Merkels Grenzeröffnung, ihren Rechts- und Kulturbruch, erkannten, bildeten eine relativ kleine Minderheit, und die breite Masse von links außen bis in die bürgerliche Mitte delirierte, von der Presse wie unter Drogen gesetzt, in einem ausgesprochen deutschen Rausch:

> »Tausende Münchner sind spontan zum Hauptbahnhof gekommen. […] Während die Ankommenden von den Strapazen der Reise gezeichnet sind, wirken die Menschen, die sie begrüßen, euphorisiert: Sie rufen und winken, viele weinen, einige tanzen. Die Stimmung wird von den

> Fernsehkameras ins ganze Land übertragen. Auch zu den Bahnhöfen in Frankfurt am Main und in Dortmund, wohin einige Flüchtlingszüge weitergeleitet werden, strömen die Menschen. Zwei Vergleiche machen sofort die Runde: ›Wie 2006‹, sagen die Jüngeren, ›wie 1989‹ die Älteren.«[520]

Wer so alt wäre, dass er sich noch an das Ende des Ersten Weltkriegs erinnern könnte, würde vielleicht an die von Wolfgang Schivelbusch beschriebene ekstatische Freude und »Tanzwut« denken. Dabei hatten die Deutschen doch jetzt gar keinen Krieg verloren. Aber offenbar schien es vielen, als hätten sie nun das künstlich verlängerte Trauma der Nachkriegszeit überwunden. 1989 haben das diejenigen, die weiterhin ein zerknirschtes Deutschland wollten, unterbinden können, aber der neue deutsche Rausch von 2015 kam ihnen sehr gelegen; er war ja eine kollektive, aber postnationale Begeisterung. Die Deutschen schienen das globalistische Projekt jetzt nicht mehr nur widerwillig oder schicksalsergeben hinzunehmen, sondern es leidenschaftlich zu bejahen.

Die »Bild«-Zeitung ging mit einer »Refugees-Welcome«-Kampagne voran (und verwendete dabei eine Parole der linksextremen Szene); die gesamte Mainstream-Presse folgte demselben Spin. »Zwei Deutschlands – wir haben die Wahl«, schrieb der »Spiegel« und übernahm damit die primitive Schwarz-Weiß-Malerei des Bundespräsidenten Joachim Gauck: »Es gibt ein helles Deutschland, das sich leuchtend darstellt gegenüber dem Dunkeldeutschland, das wir empfinden, wenn wir von Attacken auf Asylbewerberunterkünfte oder gar fremdenfeindlich Aktionen gegen Menschen hören!«[521]

Noch peinlicher benahm sich der thüringische Ministerpräsident Bodo Ramelow (Die Linke), der einen Sonderzug mit Migranten am Bahnsteig mit einem Spielzeugauto in der Hand, als Geschenk für eines der Kinder, begrüßte und den Ankömmlingen »Inschallah« (»So Gott will«) entgegenrief.

Auch seine Erklärung für seine Begeisterung verrät deutlich genug, dass ihn nicht so sehr die Freude, »Flüchtlingen« zu helfen, zu Tränen rührte, sondern vielmehr das Gefühl eines historischen und geschichtspolitischen Triumphes:

> »Ich hab' schon den ganzen Tag geheult. Hier in Saalfeld sind die meisten Waffen nach 45 gefunden worden. Hier in Saalfeld wollten die Nazis mal das Konzept der national befreiten Zonen durchsetzen. Hier in Saalfeld gab es mehrere Versuche, eine große Nazi-Kultur als Alltagskultur zu etablieren – dass hier in Saalfeld heute der erste Zug ankommt [...], ehrlich gesagt, das ist der schönste Tag meines Lebens.«[522]

Die Flüchtlingshilfe dient also der Vergangenheitsbewältigung, wie auch Merkel mehrfach andeutete: Der gute Ruf, den Deutschland aufgrund seiner Hilfsbereitschaft nun in der Welt genieße, »ist etwas sehr Wertvolles, wenn man einen Blick in unsere Geschichte wirft, und das drückt sich darin aus. Also, ich finde das schon durchaus bewegend.«[523]

Sie surfte auf der Welle mit, aber ganz geheuer war ihr diese »durchaus bewegende« Begeisterung dann doch nicht. Eine Woche nach der Grenzöffnung, am 12. September 2015, sollte die bayerisch-österreichische Grenze wieder geschlossen werden. Alles war vorbereitet, auch für den Fall, dass die Migranten einen gewaltsamen Durchbruch versuchen würden, der Befehl bereits geschrieben. Wer nicht einreiseberechtigt ist – und das war aufgrund der Durchquerung zahlreicher sicherer Drittstaaten niemand – sollte auch im Falle eines Asylgesuchs zurückgewiesen werden.

Was folgte, war nicht eigentlich ein »Staatsversagen«, denn Polizei und sonstige Behörden waren ja einsatzfähig, sondern ein Versagen der politischen Führung sowie der Mediendemokratie. Innen- und Sicherheitspolitiker mahnten zur Grenzschließung, aber die Juristen waren sich über die Rechtslage nicht einig. Dürfe man die Asylsuchenden einfach zurückweisen, oder müsse man nicht zuerst prüfen, welches Land als Erstaufnahmeland jeweils zuständig sei? Ist die Grenzschließung organisatorisch und logistisch überhaupt machbar? Würde sie von der SPD als Koalitionspartner mitgetragen? Könnte Merkel sie wirklich anordnen, ohne ihr Gesicht bzw. ihr Image als »Flüchtlingskanzlerin« zu verlieren? Und vor allem: Würde die Öffentlichkeit »hässliche Bilder« möglicherweise gewaltsam zurückgewiesener Menschen aushalten? Wäre dann nicht der »gute Ruf«, den sich Deutschland erworben hat, plötzlich wieder zunichte gemacht?

> »So bleibt die deutsche Grenze an diesem Wochenende für alle offen. Aus der ›Ausnahme‹ der Grenzöffnung wird ein monatelanger Ausnahmezustand, weil keiner die politische Kraft aufbringt, die Ausnahme wie geplant zu beenden. Die Grenze bleibt offen, nicht etwa, weil Merkel bewusst so entschieden hätte, oder sonst jemand in der Bundesregierung. Es findet sich in der entscheidenden Stunde schlicht niemand, der die Verantwortung für die Schließung übernehmen will.«[524]

Allein im September reisten offiziell 164.000 Asylbewerber ein; Beamte des Innenministeriums rechneten mit weiteren 920.000 bis zum Jahresende. Sämtliche Lager waren überfüllt, Kommunalpolitiker, selbst von SPD und Grünen, sowie Sicherheitsexperten schlugen immer lauter Alarm.[525] Auch in der obrigkeitsfixierten CDU wuchs der Druck auf Merkel. Im Internet bildete sich zum ersten Mal eine relevante Gegenöffentlichkeit; seitdem steht den Mainstream-Medien nicht mehr nur eine angeblich »extremistische« und »verschwörungstheoretische« Subkultur gegenüber, sondern ein alternativer Mainstream. Merkel forderte Facebook-Chef Mark Zuckerberg persönlich dazu auf, die Verbreitung von »Hasskritik« zu unterbinden. Seit 2018 wird das Internet in Deutschland gesetzlichen Regulierungen unterworfen, die in ihrer Strenge und ihren weitgefassten Definitionen an Diktaturen erinnern,[526] aber die neue Gegenöffentlichkeit ließ sich bislang nicht unterdrücken.

Auch die Mainstream-Medien fingen an, sich zu bewegen, und prominente Intellektuelle kritisierten die Regierungspolitik wie sonst nur Vertreter der Gegenkultur. »Die deutsche Regierung hat sich in einem Akt des Souveränitätsverzichts der Überrollung preisgegeben«, aber »es gibt keine moralische Pflicht zur Selbstzerstörung«, urteilte der Philosoph Peter Sloterdijk. »Die Politik hat die Entscheidung getroffen, Deutschland zu fluten«, schrieb der Schriftsteller und Philosoph Rüdiger Safranski, und selbst Heinrich August Winkler, der »inoffizielle Chefhistoriker der Republik«, stellte »die Grenzöffnung als ›illegitimen deutschen Alleingang‹ in die Tradition fataler historischer Sonderwege.«[527]

Zum prominentesten Gesicht der Merkel-Kritiker aber wurde der damalige bayerische Ministerpräsident und CSU-Vorsitzende Horst Seehofer. Er sprach bereits am 7. September davon, dass sich die Kanzlerin »für eine Vision eines anderen Deutschlands entschieden habe«; wenige Wochen später warf er ihr eine »Herrschaft des Unrechts« vor. Er drohte mit einem Bruch der Fraktionsgemeinschaft von CDU und CSU im Bundestag und wollte die Kanzlerin sogar vor dem Bundesverfassungsgericht verklagen.

Bekanntlich blieb es nur bei Ankündigungen, und man kann darüber streiten, ob er nur die Rolle des bayerischen Grantlers gab, der sich doch nie traute, seinen markigen Worten Taten folgen zu lassen, oder ob er das abgekartete Spiel von *good cop* und *bad cop* mit Merkel aufführte. Einerseits erschwerte er der Kanzlerin durch seinen öffentlichen Druck eine Revision ihrer Politik ohne Gesichtsverlust; andererseits band er immer noch Wähler an die Union, die sich von ihm eine Änderung der Politik erhofften. Seehofers spätere Lobeshymnen auf Merkel, nachdem sie ihre Streitigkeiten ohne substanzielle politische Veränderungen beigelegt hatten, sprechen sehr dafür, dass die beiden eine große Show in mehreren Episoden veranstalteten, um das Publikum zu verschaukeln.

Trotz des wachsenden Drucks in der Öffentlichkeit konnten Merkels »Kritiker« ihr nur belanglose Kompromissformeln abringen – man wolle die Flüchtlingszahlen »spürbar senken« und dergleichen. Einige Gesetzesänderungen (»Asylpaket I«) wurden eingeführt; statt Geld gibt es in Erstaufnahmeeinrichtungen nur noch Sachleistungen, und Migranten vom Balkan sollen schneller zurückgeschickt werden, aber die weit überwiegende Mehrheit kommt aus orientalischen und afrikanischen Ländern, und Migranten aus Rumänien oder Bulgarien haben in der EU ohnehin Niederlassungsfreiheit. Anfang 2016 folgten weitere Verschärfungen, die die schnellere Abschiebung krimineller Ausländer betreffen, aber auch diese Maßnahmen bleiben bloß Theorie, wenn die Gerichte Rückführungen in Krisengebiete »aus humanitären Gründen« untersagen oder die Behörden noch nicht einmal den Versuch dazu unternehmen. Die einzige Lösung, die Merkel anstrebte, war ein europäischer Verteilungsschlüssel, der in vielen EU-Ländern erbitterten Widerstand auslöste. Die deutsche »Willkommenskultur« zeigte sich zunehmend von ihrer anderen – totalitären, großdeutsch-kulturimperialistischen – Seite; das Ansehen Merkels und mit ihr ganz Deutschlands erreichte einen Tiefpunkt. Die Kanzlerin, deren Politik tiefe Gräben durch Europa gezogen hat, bekannte sich Ende Februar in einer Talkshow mit ungewohntem preußischem Pathos zu ihrer »verdammten Pflicht und Schuldigkeit« – aber nicht etwa Deutschland zu dienen, sondern »dieses Europa zusammenzuhalten.« Danach sagte die Tochter eines sozialistischen Pastors allen Ernstes über ihre »europäische Lösung«, dass man nur fest daran glauben müsse. »Dann kann man auch Berge versetzen.«[528]

Nicht ihr Glaube rettete Merkel die Kanzlerschaft, sondern ihr Spagat, einerseits die Herrschaft der entgrenzten Moral weiter beharrlich aufrecht zu erhalten, andererseits aber den türkischen Despoten Erdoğan den Grenzwächter vor den Toren des gelobten Kontinents spielen zu lassen.

Für jede Grenze, die irgendwo eingerissen wird, müssen eben woanders neue errichtet werden – am besten ist es für die Herrschenden natürlich, wenn dies irgendwo in der Ägäis oder auf dem Balkan geschieht, aber leider sind die neuen Grenzen nun auch in Gestalt von Betonpollern (im Volksmund »Merkelpoller«) um Weihnachtsmärkte unübersehbar, die sich nach dem Terroranschlag auf dem Berliner Breitscheidplatz in Hochsicherheitszonen verwandelt haben.[529] Kaum etwas symbolisiert die Absurdität von Merkels »offenen Grenzen« deutlicher als diese tristen, düsteren und sinnlosen Barrieren gegen islamistischen Terror.

Außenpolitisch konnte sich Merkel die Unterstützung Erdoğans erkaufen, der sie vor der Weltpresse wie von einem goldenen Sultansthron herab als unterworfen und tributpflichtig vorführte; innenpolitisch sprangen ihr die scheinbaren politischen »Gegner« zur Seite, vor allem die Grünen, Merkels Wunschkoalitionspartner. Der grüne Ministerpräsident Baden-Württembergs Winfried Kretschmann, ein ehemaliger Kommunist, betete angeblich »jeden Tag dafür, dass die Bundeskanzlerin gesund bleibt«, und nach den verlorenen Landtagswahlen in Baden-Württemberg und Rheinland-Pfalz erklärte die stellvertretende CDU-Vorsitzende und Verteidigungsministerin Ursula von der Leyen die Ergebnisse zu Merkels Siegen, weil doch 80 Prozent der Wähler für ihre Flüchtlingspolitik gestimmt hätten. Merkel kannte keine Parteien mehr, sondern nur noch Flüchtlinge – und Deutsche, die sich als Flüchtlingshelfer betätigten. Es bildete sich die faktische Allparteienkoalition der »Bunten« heraus, die für die nächsten Jahre bestimmend blieb. Zusammengehalten wird sie durch ihre »Weltoffenheit« (offene Grenzen) und »Toleranz« bzw. den Druck auf die Einheimischen, sich gefälligst an die »Vielfalt« anzupassen bzw. sich an die neue »bunte« Weltordnung zu gewöhnen. Sollten sie dazu nicht bereit sein, dürften sie ihr Heimatland gerne verlassen, wie sie der Kasseler Regierungspräsident Walter Lübcke (CDU) belehrte.[530] Seine Ermordung durch einen Rechtsterroristen am 2. Juni 2019 lieferte dem politischen Establishment einen Vorwand, die AfD einer geistigen Mittäterschaft zu bezichtigen und jede grundsätzliche Kritik an der Einwanderungspolitik zu kriminalisieren. Der ehemalige CDU-Generalsekretär Peter Tauber rief in der »Welt am Sonntag« sogar dazu auf, »Rechtsextremisten« unter Berufung auf Art. 18 GG Grundrechte zu entziehen – was ein Novum in der Geschichte der Bundesrepublik wäre.[531] Der Titel seines Beitrags »Der Feind steht rechts« greift ein Zitat des Reichskanzlers Joseph Wirth auf, den er einer heutigen bürgerlichen Politik als Vorbild empfiehlt – dass der Zentrumspolitiker 1955 den Stalin-Friedenspreis erhalten hat, erwähnt Tauber nicht.

Die Herrschaft des Unrechts, von der Seehofer – mit Bezug auf eine Regierung, der seine eigene Partei angehörte – gesprochen hat, konkretisiert sich in diesem Staatsantifaschismus wieder einmal auf das Deutlichste und bestätigt das berühmte, dem italienischen Schriftsteller Ignazio Silone zugeschriebene Zitat: »Wenn der Faschismus wiederkehrt, wird er nicht sagen: ›Ich bin der Faschismus‹. Nein, er wird sagen: ›Ich bin der Antifaschismus.‹«

Zur juristischen Bewertung von Merkels Grenzöffnung

Die Frage, ob Merkels Grenzregime in (und seit) der »Flüchtlingskrise« eine »Herrschaft des Unrechts« darstellt(e) – oder etwas schlichter formuliert: ob der Rechtsstaat durch die Grenzöffnung zumindest in Teilen außer Kraft gesetzt wurde –, haben führende Verfassungsrechtler mit Ja beantwortet. Ihre Argumente werden im Folgenden zusammengefasst.

Dabei ist die Frage, inwiefern die Politik der offenen Grenzen gegen rechtliche Bestimmungen zu Asyl und Einwanderung verstößt, von der weitergehenden Frage zu trennen, ob die Bundesregierung dabei verfassungswidrig gehandelt hat bzw. noch handelt.

Schon der Kirchenvater Augustinus hat das unbedingte Gebot der christlichen Nächstenliebe von seiner praktischen Realisierbarkeit unterschieden. Zwar seien alle Menschen in gleicher Weise zu lieben. Da man aber nicht für jedermann sorgen könne, müsse man vornehmlich für jene Sorge tragen, »die einem durch die Verhältnisse des Ortes, der Zeit oder irgendwelcher anderer Umstände gleichsam durch das Schicksal näher verbunden sind.«[532] Otto Depenheuer zählt zu solchen schicksalhaften Gemeinschaften »insbesondere Familie und Staat, aber auch Notgemeinschaften, deren Mitglieder, solange die Not dauert, ›brüderlich‹ aneinander gebunden und deshalb existenziell einander solidarisch verbunden sind.«[533]

Trotz der radikalen Inklusivität des Liebesgebotes ist es aus christlicher Sicht also legitim und angesichts der Beschränktheit menschlicher Kräfte auch geboten, Unterscheidungen vorzunehmen. Die Priorität natürlicher Verbindungen durch Abstammung ergibt sich von selbst; dennoch können auch starke Verpflichtungen gegenüber kontingenten Schicksalsgemeinschaften bestehen – aber nur »solange die Not dauert.« Pflichten gibt es somit nur gegenüber wirklichen Flüchtlingen, wenn durch deren Aufnahme für eine gewisse Zeit eine »Notgemeinschaft« begründet wird.

Diese Endlichkeit besteht nicht nur temporal, sondern auch quantitativ: Niemand kann allen helfen, und niemand muss über seine Möglichkeiten hinaus Hilfe leisten. Kyrill-A. Schwarz verweist auf den vom Bundesverfassungsgericht entwickelten »Vorbehalt des Möglichen« als »Begrenzung des normativen Befehls auf ein tatsächlich erfüllbares und rechtlich zumutbares Maß.«[534] Irdische Ressourcen sind prinzipiell endlich, insbesondere in einem durch Grenzen definierten Staat. »Ohne Grenze kein Staat.«[535] Da Begrenzung für jeden Staat konstitutiv und die Rechtsordnung wiederum an Staatlichkeit gebunden ist, können aus Recht und Gesetz keine unbegrenzten Forderungen abgeleitet werden. Folglich muss jede Zuwanderung auch an eine Obergrenze stoßen, wenngleich diese weder im Asylrecht exakt festgelegt ist noch numerisch aus dem Grundgesetz abgeleitet werden kann. Allerdings folgt aus der Verfassung, »dass es eine Obergrenze geben muss, die sich aus den Erfordernissen der Wahrung der nationalen Identität und daher insbesondere aus der Beachtung der realen Integrationskapazität ergibt.«[536] Ebenso resultiert eine Grenze »aus der Notwendigkeit, die Funktionsfähigkeit des Staates zu wahren.«[537] Es gibt also, wie Ulrich Vosgerau überzeugend darlegt, einen »Vorbehalt des Möglichen«.[538] Der Staat hat u.a. seine Rechtsstaatlichkeit und innere Sicherheit sowie die Eigentumsordnung und die Voraussetzungen der Sozialstaatlichkeit aufrechtzuerhalten. Keinesfalls darf die Regierung durch ihre Immigrationspolitik aber selbst einen Notstand herbeiführen, der dann Eingriffe in Grundrechte (z.B. Enteignungen von Wohnraum) rechtfertigen soll.

Der verfassungsrechtliche Rahmen jeder Einwanderungspolitik ist laut Prof. Dietrich Murswiek das Prinzip der Nationalstaatlichkeit. Das Grundgesetz ist die Verfassung der Bundesrepublik Deutschland und damit die eines Nationalstaates, des Staates des deutschen Volkes. »Es ist nicht irgendein beliebiges Volk, von dem in Deutschland die Staatsgewalt ausgeht« – oder gar eine multiethnische, multikulturelle Bevölkerung –, »sondern es ist das deutsche Volk. Dieses ist nach dem Grundgesetz Subjekt der verfassungsgebenden Gewalt; dieses ist Subjekt der demokratischen Legitimation staatlicher Herrschaft.«[539]

Aus der Nationalstaatlichkeit ergibt sich eine klare Grenze für jede Migrationspolitik: »Sie darf nicht die Überwindung des Nationalstaats durch eine multikulturelle Gesellschaft oder gar einen Vielvölkerstaat anstreben.«[540] Auch die Entstehung von Parallelgesellschaften »darf weder geplant noch in Kauf genommen werden.«[541] Wenngleich Identität einem Wandel unterliegt und Einwanderung zu diesem beiträgt, setzt das Grundgesetz als nationalstaatliche Verfassung voraus, »dass das Staatsvolk in seiner großen Mehrheit aus ethnisch Deutschen besteht und dass diejenigen, die eingebürgert werden, sich sprachlich-kulturell assimilieren oder jedenfalls integrieren.«[542] Die Identität des deutschen Staatsvolkes muss erhalten bleiben, was jedoch nicht mehr der Fall wäre, »wenn ein erheblicher Teil des Staatsvolkes nicht der deutschen Sprache mächtig wäre.«[543] Regierung und Parlament dürfen keinesfalls durch politische Entscheidungen eine neue ethnisch-kulturelle Struktur des Staatsvolkes herbeiführen. Allenfalls das deutsche Volk selbst könnte laut dem Lissabon-Urteil des Bundesverfassungsgerichts durch eine verfassunggebende Volksentscheidung gemäß Art. 146 GG seine Nationalstaatlichkeit und nationale Identität zugunsten eines Vielvölkerstaates aufheben, sofern man nicht annimmt, dass seine Identität als Souverän der Ewigkeitsgarantie nach Art. 79 III GG unterliegt.

Geht man davon aus, dass eine solche nicht durch Volksentscheid legitimierte Änderung durch die Politik der offenen Grenzen bzw. eine jährliche Einwanderung von hunderttausenden Menschen aus fremden Kulturkreisen unweigerlich eintritt, muss man die Politik der Bundesregierung sowie der sie unterstützenden Parteien mindestens seit 2015 als verfassungswidrig ansehen.

Die Regierung hat sich dadurch selbst an die Stelle des Souveräns gesetzt und das Selbstbestimmungsrecht des deutschen Volkes usurpiert. Zudem hat die Kanzlerin bei ihrer Entscheidung, die Grenzen zu öffnen, allein gehandelt und damit den Parlamentsvorbehalt verletzt. Und überdies hat sie die Bindung der Exekutive an das Gesetz (Art. 20 Abs. 3 GG) missachtet, indem sie sich über § 18 Abs. 2 AsylG hinweggesetzt hat, nach dem Zuwanderer, die sich nicht auf das Asylgrundrecht berufen können oder einen Aufenthaltstitel haben, hätten abgeschoben werden müssen. Zwar erlaubt §18 Abs. 4 AsylG dem Bundesinnenministerium, aus humanitären Gründen oder zur Wahrung politischer Interessen der Bundesrepublik, auf die Abschiebung eines eigentlich ausreisepflichtigen Ausländers zu verzichten, aber diese Vorschrift bezieht sich auf individuelle Einzelfälle und ermöglicht keine unbefristete Grenzöffnung für jedermann ohne Aufenthaltstitel oder gar ohne Identitätsdokumente.

Ebenso klassifiziert Karl Albrecht Schachtschneider die massenhafte Einwanderung von Flüchtlingen als verfassungswidrig. Das Grundgesetz gewährt Asyl nach Art. 16 a, Abs. 1 nur bei nachgewiesener individueller politischer Verfolgung, nicht aufgrund von wirtschaftlicher Not oder einer Bürgerkriegssituation. (Erst recht könnten »Klimaflüchtlinge«, die die Grünen als neue Migrantenklientel zu erschließen versuchen, das Asylrecht nicht in Anspruch nehmen.) Eine drastische Einschränkung ergibt sich sodann aus Absatz 2, Satz 1: »Auf Absatz 1 kann sich nicht berufen, wer aus einem Mitgliedstaat der Europäischen Gemeinschaften oder aus einem anderen Drittstaat einreist, in dem die Anwendung des Abkommens über die Rechtsstellung der Flüchtlinge und der Konvention zum Schutze der Menschenrechte und Grundfreiheiten sichergestellt ist.«

Die weit überwiegende Mehrheit der Asylsuchenden, die üblicherweise nicht mit dem Flugzeug oder per Schiff, sondern durch andere EU-Staaten einreisen, müsste also – ungeachtet ihrer etwaigen Asylgründe – in das Land, in dem sie erstmals EU-Boden betreten haben, oder in einen sicheren Drittstaat zurückgeschickt werden. »Die Einreise aus allen Nachbarstaaten ist somit durchgehend illegal und wird nicht durch ein Asylbegehren gerechtfertigt. Sie ist zudem strafbar. Sie geschieht dennoch massenhaft und wird geradezu gefördert.«[544]

Ebenfalls muss ein Ausländer nach § 18 Abs. 2 des Asylverfahrensgesetzes zurückgewiesen werden, wenn »er eine Gefahr für die Allgemeinheit bedeutet, weil er in der Bundesrepublik Deutschland wegen einer besonders schweren Straftat zu einer Freiheitsstrafe von mindestens drei Jahren rechtskräftig verurteilt worden ist, und seine Ausreise nicht länger als drei Jahre zurückliegt.« Hat der Ausländer die Grenze bereits übertreten, so ist er »zurückzuschieben, wenn er von der Grenzbehörde im grenznahen Raum in unmittelbarem zeitlichem Zusammenhang mit einer unerlaubten Einreise angetroffen wird und die Voraussetzungen des Absatzes 2 vorliegen.« Ausnahmen von der Verpflichtung zur Einreiseverweigerung oder Zurückschiebung können sich ergeben, wenn »(1) die Bundesrepublik Deutschland auf Grund von Rechtsvorschriften der Europäischen Gemeinschaft oder eines völkerrechtlichen Vertrages mit dem sicheren Drittstaat für die Durchführung eines Asylverfahrens zuständig ist oder (2) das Bundesministerium des Innern es aus völkerrechtlichen oder humanitären Gründen oder zur Wahrung politischer Interessen der Bundesrepublik Deutschland angeordnet hat.« Dabei muss es sich jedoch um begründete Ausnahmefälle handeln.

Auch das Schengen-Abkommen, das die Passkontrollen an den Binnengrenzen des Schengen-Raumes abgeschafft hat, ändert an dieser Rechtslage nichts.[545]

Analoges folgt aus dem »subsidiären internationalen Schutz«, den die Dublin III-Verordnung vom 29. Juni 2013 für nicht asylberechtigte Personen regelt: Der Flüchtling muss eine individuelle lebensbedrohliche Gefährdung nachweisen und ist zurückzuweisen, wenn er schwere Verbrechen begangen hat oder ein Sicherheitsrisiko darstellt. Zuständig ist ebenfalls der EU-Staat oder das sichere Drittland, in dem er erstmals Schutz gefunden hat.

§ 60 a Abs. 1 AufenthaltsG gibt laut Schachtschneider »eine mehr als fragliche Rechtsgrundlage für die Duldung«. Er lautet: »Die oberste Landesbehörde kann aus völkerrechtlichen oder humanitären Gründen oder zur Wahrung politischer Interessen der Bundesrepublik Deutschland anordnen, dass die Abschiebung von Ausländern aus bestimmten Staaten oder von in sonstiger Weise bestimmten Ausländergruppen allgemein oder in bestimmte Staaten für längstens sechs Monate ausgesetzt wird. Für einen Zeitraum von länger als sechs Monaten gilt § 23 Abs. 1.«

»Humanitäre Gründe« und »politische Interessen« sind reichlich unbestimmt und öffnen der Willkür Tür und Tor. Zudem ist die Aussetzung der Abschiebung keine Aufenthaltsgenehmigung, sondern der Ausländer bleibt ausreisepflichtig und hält sich weiterhin illegal im Land auf. Es wird nur von seiner Abschiebung abgesehen.

Schachtschneider hat gegen die Einwanderungspolitik der Bundesregierung eine Verfassungsbeschwerde eingelegt, die jedoch abgewiesen wurde.[546]

Auch der ehemalige Richter am Bundesverfassungsgericht Udo di Fabio kam 2016 in seinem Gutachten »Migrationskrise als föderales Verfassungsproblem« zu dem haarsträubenden Ergebnis, dass die Bundesregierung seit 2015 die Verfassung bricht. Das Gutachten war besonders brisant, da es der Freistaat Bayern in Auftrag gegeben hatte und somit Seehofers Diktum von der »Herrschaft des Unrechts« eine verfassungsrechtliche Bestätigung gab. Seehofer war damals bayerischer Ministerpräsident und CSU-Vorsitzender. Erstmals wies – so Wolfram Weimer – also »eine Regierungspartei der Kanzlerin nach, dass ihr Verhalten nicht mehr vom Grundgesetz gedeckt ist.«[547] Laut dem Gutachten »wirkt Merkels Politik als fortdauernder Rechtsbruch«; die Kanzlerin habe »per Handstreich das geltende EU-Recht außer Kraft gesetzt und ihre eigenen Regeln der Moralität proklamiert.«[548]

Eigentlich hätte die CSU danach aus der Regierungskoalition aussteigen müssen – stattdessen blieb es bei leeren Drohungen, und man setzte gemeinsam die »Herrschaft des Unrechts« fort.

Di Fabio stellt klar, dass es den Organen des Bundes »über beherrschbare Einzelfälle oder zeitlich eng befristete Ausnahmen hinaus nicht gestattet« ist, »auf wirksame Grenzkontrollen überhaupt zu verzichten. Denn damit würde mit der staatlichen Verfasstheit zugleich die in Art. 30 GG garantierte Funktionsfähigkeit der Länder aufs Spiel gesetzt.«[549] Der Grenzschutz kann an die EU-Außengrenzen verlagert werden, muss aber, wenn er dort nicht hinreichend gewährleistet ist, an den Staatsgrenzen erfolgen. Weiterhin »verpflichtet das in Art. 23 GG wurzelnde Staatsziel der europäischen Integration die Bundesrepublik, d.h. insbesondere auch die Bundesregierung, dazu, durch ihr Verhalten keine Ursachen für europäische Spannungslagen zu setzen« – z.B. indem »eine Politik offener Grenzen bei hoher wirtschaftlicher wie sozialer Attraktivität wie ein Magnet für Migration wirkt.«

Humanitäre Gründe rechtfertigen keine die staatliche Ordnung gefährdende Grenzöffnung. Art. 16 a GG gewährt »kein subjektives Recht bei Einreise über einen sicheren Drittstaat. Im europäischen Verbund des Gemeinsamen Europäischen Asylsystems (GEAS) steht die Schutzverantwortung gegenüber Flüchtlingen unter dem Vorbehalt von Kapazitätsgrenzen (vorhandene Aufnahmekapazitäten).« Nötig ist daher eine Richtungsentscheidung: »Entweder es bleibt beim quantitativ unbegrenzten individuellen Recht auf Asyl, bei dann auch individueller Prüfung einer drohenden politischen Verfolgung sowie der Einschränkung des Asylrechts beim Weg über sichere Drittstaaten, oder aber es gilt der weite Flüchtlingsbegriff, der von der europäischen Staatenpraxis und vom Handbuch des UNHCR zugrunde gelegt wird, der aber dann klare Kontingentierung, wirksame Verteilungsmechanismen und die Formulierung und Durchsetzung von Kapazitätsgrenzen erfordert.«

Da solche Kontingentierungen in Europa nicht erreichbar sind, wie die gescheiterten Bemühungen der Bundesregierung seit Jahren hinlänglich zeigen – und zudem gegen die Souveränität der Völker verstoßen würden –, müsste das Asylrecht also rechtskonform umgesetzt, d.h. nur wirklich politisch Verfolgten nach legaler Einreise gewährt werden.

Selbst die Annahme eines Notstandes Anfang September 2015 würde »nichts an der Tatsache ändern, dass damit allenfalls eine punktuelle, auf wenige Tage beschränkte einstweilige Maßnahme zu rechtfertigen wäre, aber keine längere oder gar dauerhafte Außerachtlassung des geltenden Rechts. Die Bundesrepublik Deutschland darf ihre Schutzverantwortung gegenüber hilfsbedürftigen Menschen ohne deutsche Staatsangehörigkeit nur im Rahmen internationalen und europäischen Rechts und nach Maßgabe der grundgesetzlichen Staatsstrukturprinzipien wahrnehmen.« Offenbar hat sie dies laut di Fabio nicht getan: »Wenn Art. 1 Absatz 1 Satz 2 GG alle staatliche Gewalt verpflichtet, die Würde des Menschen zu achten und zu schützen, so ist das keine Ermächtigung zur Durchbrechung der verfassungsmäßigen Ordnung.«

Das Grundgesetz garantiert »nicht den Schutz aller Menschen weltweit durch faktische oder rechtliche Einreiseerlaubnis. Eine solche unbegrenzte Rechtspflicht besteht auch weder europarechtlich noch völkerrechtlich.« Es gibt »kein Menschenrecht auf ungehinderte Einreise in einen Konventionsstaat« der Europäischen Menschenrechtskonvention.[550]

Zudem würde eine unbegrenzte Schutzpflicht mit der Folge ungehinderter Einreise die demokratische Selbstbestimmung verletzen und »das völkerrechtliche System sprengen, dessen Fähigkeit, den Frieden zu sichern, von territorial abgrenzbaren und handlungsfähigen Staaten abhängt.« Totale Migrationsfreiheit ist mit dem Demokratieprinzip unvereinbar, das auf der Staatlichkeit und damit der Unterscheidung zwischen Staatsbürgern und Ausländern oder Staatenlosen beruht. »Volk im Sinne von Art. 20 Abs. 2 Satz 1 GG, von dem alle Staatsgewalt ausgeht, ist nur die Summe der Staatsbürger« – keine beliebig zusammengewürfelte Bevölkerung:

> »Insofern muss das Staatsvolk einerseits über die Bevölkerungszusammensetzung und über die Regeln zum Erwerb oder Verlust der Staatsangehörigkeit mit dem Gesetz im formellen Sinne entscheiden, andererseits darf es dabei nicht die praktische Möglichkeit parlamentarischen Regierens und demokratischen Entscheidens bei elementaren Fragen der politischen Gemeinschaft aufgeben.«

Während der Verfassungsrechtler Udo di Fabio der Bundesregierung also rechts- und sogar verfassungswidriges Verhalten attestiert, hält sich der Wissenschaftliche Dienst des Deutschen Bundestages 2017 in seinem Gutachten zur »Einreiseverweigerung und Einreisegestattung nach § 18 Asylgesetz« vordergründig bedeckt.[551] Sein diplomatisch formuliertes Urteil lautet, dass letztlich nicht erkennbar sei, auf welcher Rechtsgrundlage die Bundesregierung die eigentlich gebotene Zurückweisung der Migranten aus einem sicheren Drittstaat nach § 18 Abs. 2 Nr. 1 AsylG ausgesetzt habe. In Frage kämen zwei Ausnahmen nach § 18 Abs. 4 AsylG: entweder eine unions- oder völkerrechtlich begründete Zuständigkeit der Bundesrepublik Deutschland für die Durchführung von Asylverfahren – die sogenannte Dublin-Zuständigkeit nach der Dublin-III-Verordnung, VO [EU] Nr. 604/2013 – oder das Vorliegen einer Anordnung des Bundesministeriums des Innern aus völkerrechtlichen, humanitären oder politischen Gründen nach § 18 Abs. 4 Nr. 2 AsylG.

Dublin-Zuständigkeiten könnten sich etwa ergeben, »wenn die eigentlich zuständigen ersten EU-Mitgliedstaaten, die die Asylsuchenden erreichen, mangels Registrierung nicht zu ermitteln sind (Art. 3 Abs. 2 S. 1 VO [EU] Nr. 604/2013), oder wenn in die zuständigen EU-Mitgliedstaaten wegen systemischer Mängel nicht überstellt werden kann (Art. 3 Abs. 2 S. 3 VO [EU] Nr. 604/2013).« Beides war bei der Übernahme der Flüchtlinge aus Ungarn und der nachfolgenden dauerhaften Grenzöffnung jedoch nicht der Fall.

Unklar bleibt nach Auffassung des Wissenschaftlichen Dienstes, ob die Bundesregierung einen Ausnahmetatbestand gemäß § 18 Abs. 4 AsylG als Rechtsgrundlage für ihre Einreisegestattungen herangezogen hat. Eine entsprechende parlamentarische Anfrage der Fraktion der Linken wurde ausweichend beantwortet. Die Bundesregierung verwies lediglich allgemein auf die rechtliche Situation und teilte mit, dass »Maßnahmen der Zurückweisung an der Grenze mit Bezug auf um Schutz nachsuchende Drittstaatsangehörige« derzeit »nicht zur Anwendung« kommen (§ 18 Absatz 2, 4 – AsylG).[552]

Weiterhin können EU-Mitgliedstaaten (nach Art. 17 Abs. 1 VO [EU] Nr. 604/2013) durch »Selbsteintritt« ihre Zuständigkeit für die Durchführung von Asylverfahren begründen. Der Wissenschaftliche Dienst deutet an, dass die Bundesregierung von diesem Selbsteintrittsrecht Anfang September 2015 möglicherweise Gebrauch gemacht haben könnte, als sie die Migranten aus Ungarn einreisen ließ: »Dafür spricht der Umstand, dass zeitweilig die Prüfung von Dublin-Zuständigkeiten ausgesetzt wurde. Die Aussetzung von Dublin-Prüfungen bedeutet aber keine Aussetzung der Dublin-III-Verordnung. Vielmehr ermöglicht die Dublin-III-Verordnung gerade die (freiwillige) Übernahme von Asylzuständigkeiten« – dies jedoch nur in begründeten Einzelfällen, etwa wenn ein Asylbewerber minderjährig ist und bereits Verwandte in dem Land leben, das die Zuständigkeit übernimmt.[553]

Die Bundesregierung selbst hat sich zum Selbsteintrittsrecht widersprüchlich geäußert: Im März 2016 nahm der damalige Justizminister Heiko Maas im »Spiegel« dieses Recht als juristische Grundlage für die massenhafte Aufnahme von Asylbewerbern, meist ohne Ausweispapiere, aus sicheren Drittstaaten in Anspruch. Der Staatsrechtler Ulrich Vosgerau sieht darin eine gravierende Änderung der Rechtsauffassung der Regierung, denn bisher habe sie die Aufnahme der Migranten damit gerechtfertigt, dass das

Asylrecht »keine Obergrenze kenne«. Durch die Abkehr von dieser juristisch falschen Behauptung wurde nun immerhin »klargestellt, dass es natürlich niemals eine rechtliche Verpflichtung der Bundesrepublik zur massenhaften Aufnahme unbekannter junger Männer aus sicheren Drittstaaten gegeben hat«, wie man bislang suggerierte, »sondern dass die ganze Aktion eine rein politische Entscheidung der Kanzlerin gewesen war.«[554]

Während für Maas 2016 die Aufnahme von 890.000 Asylbewerbern allein 2015 juristisch durch das Selbsteintrittsrecht gedeckt war, will die Bundesregierung im März 2018 aber »das Selbsteintrittsrecht im Jahre 2015 *lediglich in 10.495 Fällen* ausgeübt haben.«[555] Daraus folgt dann aber, »dass die seinerzeit durch den Justizminister ins Feld geführte, angebliche Rechtsgrundlage offenbar in den übrigen 879.505 Fällen *nicht* bestanden hat. Die Bundesregierung hat somit im Ergebnis die Rechtswidrigkeit ihrer Asylpolitik seit 2015 eigentlich bereits selbst eingeräumt«,[556] ohne dass dies in den Medien verbreitet und der Öffentlichkeit bekannt geworden wäre.

Insgesamt muss man feststellen, dass die Bundesregierung bei ihrer Grenzöffnung Fakten schaffen und eine nachvollziehbare Berufung auf ein bestimmtes Gesetz möglichst lange vermeiden wollte, um ihr rechtswidriges Handeln keiner lästigen juristischen Diskussion und Kritik auszusetzen. Erst im Nachhinein wurde durch vage Bemerkungen eine Rechtsgrundlage vorgetäuscht. Zu dieser Strategie, bei der die bewusste Verschleierungstaktik sicherlich auch mit juristischer Inkompetenz Hand in Hand ging, passt Merkels – angesichts der größten Staatskrise der Bundesrepublik – eigentlich unfassbare Äußerung, es sei ihr »egal«, ob sie am Zustrom der Flüchtlinge schuld sei. »Nun sind sie halt da.«[557]

Überdies ist fragwürdig, ob die Bundesregierung eine derart weitreichende Entscheidung überhaupt hätte durchführen dürfen, ohne das Parlament zu befragen. Zwar liegt der Verzicht auf Zurückweisungen an der Grenze im Ermessen des Innenministeriums, und – so der Wissenschaftliche Dienst des Bundestages – »eine Beschränkung dieser Anordnung auf Einzelfälle ist nach dem Wortlaut des § 18 Abs. 4 AsylG nicht zwingend«, aber die Bundestagsexperten betonen selbst, »dass jedenfalls die pauschale und massenhafte Einreisegestattung nicht mehr von § 18 Abs. 4 AsylG gedeckt sei.«[558] Gemäß der »Wesentlichkeitslehre« folge in einem so gravierenden Fall aus dem Demokratie- und Rechtsstaatsprinzip die »Verpflichtung des Gesetzgebers [...], in grundlegenden normativen Bereichen, insbesondere im Bereich der Grundrechtsausübung, alle wesentlichen Entscheidungen selbst zu treffen.«

Auch laut den Staatsrechtlern Murswiek und di Fabio ist bei massenhafter Einreise von Personen mit zumeist ungeklärter Identität die Wesentlichkeitsschwelle eindeutig überschritten, zumal wenn diese – wie zu erwarten ist – größtenteils dauerhaft im Land bleiben und irgendwann eingebürgert werden, so dass sie aufgrund ihrer Anzahl die ethnisch-kulturelle Zusammensetzung des deutschen Staatsvolkes verändern.

Besonders bemerkenswert ist in diesem Zusammenhang auch ein Urteil des Oberlandesgerichtes in Koblenz vom 14. Februar 2017, das bezüglich eines Gambiers feststellte, dieser habe sich durch seine illegale Einreise zwar strafbar gemacht, aber: »Die rechtsstaatliche Ordnung in der Bundesrepublik ist in diesem Bereich jedoch seit rund eineinhalb Jahren außer Kraft gesetzt, und die illegale Einreise ins Bundesgebiet wird momentan de facto nicht mehr strafrechtlich verfolgt.«[559]

Muss der Bürger es einfach so hinnehmen, dass die rechtsstaatliche Ordnung »außer Kraft gesetzt« wird?

Der Rechtsanwalt Dr. Dr. Thor von Waldstein ist der Frage nachgegangen, ob die Grenzöffnung durch die Bundeskanzlerin zu einer Situation geführt hat, in der Widerstand nach Art. 20 IV GG erlaubt oder sogar geboten ist.[560] Dieser lautet: »Gegen jeden, der es unternimmt, diese Ordnung zu beseitigen, haben alle Deutschen das Recht zum Widerstand, wenn andere Abhilfe nicht möglich ist.«

Mit »dieser Ordnung« sind die in Art. 20 I-III GG verankerten Verfassungsprinzipen gemeint, in diesem Zusammenhang insbesondere das Demokratieprinzip (Art. 20 I GG),[561] der Grundsatz der Volkssouveränität (Art 20 II Satz 1 GG)[562] und das Rechtsstaatsprinzip (Art. 20 III GG).[563]

Das vom Bundesverfassungsgericht mehrfach[564] bestätigte »Widerstandsrecht gegenüber einem Unrechtssystem« setzt nach Art. 20 IV GG als Tatbestandsmerkmale erstens den Versuch eines staatlichen Organs voraus, die in Art. 20 I-III GG verankerte Ordnung zu beseitigen, und zweitens die Feststellung, dass ein anderer Weg als die Ausübung des Widerstandsrechts nicht mehr gegeben ist.[565]

Laut Waldstein können am Bestreben der Merkel-Regierung, die verfassungsmäßige Ordnung zu beseitigen, »wenig vernünftige Zweifel« bestehen. Die Bundesregierung verletze »ebenso schwerwiegend wie permanent ›Gesetz und Recht‹ (Art. 20 III GG)«, indem sie »pflichtwidrig den Schutz der deutschen Staatsgrenze« unterlasse und damit »dem Asylmissbrauch Tür und Tor« öffne. Die Regierung dulde »die fortlaufenden Rechtsverstöße nicht nur, sie hat diese vielmehr als Instrument zur Steigerung der Massenimmigration überhaupt erst ermöglicht und das Geschäft in- und ausländischer Schlepperbanden auf allen Ebenen fördert. Aus den wiedergegebenen Äußerungen der Staatsspitze […] ergibt sich die offenkundige Absicht der Regierung, den Souverän, das deutsche Volk, sukzessive zu entrechten und zu beseitigen, indem dessen Homogenität und dessen Substanz binnen kurzer Zeit zugunsten eines ›Landes der Verschiedenen‹ zerstört werden sollen. Aus einem Deutschland, das […] seine Grenzen und die Kontinuität seiner Geschichte wahrt (Präambel Einigungsvertrag), soll ein entgrenztes *Jedermannsland* werden, das mit seiner Geschichte bricht […]. Die Deutschen sollen im Wege dieses ›staatspolitischen Selbstmords‹ (Nicolaus Fest) um ihr Recht auf Heimat gebracht und zur Minderheit im eigenen Land degradiert werden […]. Es handelt sich also um einen ›Angriff auf den Bestand der Bundesrepublik, [der] von innen gestartet [wird]‹, und sich gegen die ›nationale Selbstbehauptung‹ des Souveräns wendet. Zu gewärtigen ist also ein ebenso evidenter wie fortdauernd begangener Verrat an dem Träger der staatlichen Souveränität, dem deutschen Volk (Art. 20 II Satz 1 GG), durch die von ihm auf Zeit gewählten Vertreter. Dieser hier im wörtlichen Sinne (und nicht als billiges Schlagwort) vorliegende *Volksverrat* geschieht

[...] vorsätzlich und [...] heimtückisch [...]. Das aus einer Mischung von positivem Handeln [...] und bewussten Unterlassungen [...] bestehende Verhalten der Regierung ist daher nicht nur nicht demokratisch legitimiert. Wegen der sog. *Ewigkeitsgarantie* (Art. 79 III GG) der betroffenen elementaren Verfassungsgrundsätze stand und steht von vorneherein fest, dass solche staatlichen Maßnahmen/Unterlassungen in keinem Fall – auch nicht etwa ›nachträglich‹ – demokratisch legitimiert werden können. Gerade das Versäumnis des Schutzes der deutschen Grenze, also das gezielte Unterlassen verfassungsrechtlich gebotener Handlungen [...] rechtfertigt also ein Vorgehen der Bürger nach Art. 20 IV GG. [...]

In Bezug auf die Verletzung des Rechtsstaatsprinzip (Art. 20 III GG) liegen bereits unzählige *vollendete* vorsätzliche Rechtsbrüche der Regierung vor. Betreffend die Beseitigung des Souveräns und des Demokratieprinzips (Art. 20 I, II GG) liegt mindestens *Versuch* vor, so dass auch dieses Tatbestandsmerkmal von Art. 20 IV GG (›Jede[r], der es *unternimmt*‹) gegeben ist.«[566]

Auch die weitere Qualifikation, dass »andere Abhilfe nicht möglich ist«, wird von Waldstein bejaht. Der einzelne Bürger hat schließlich keine unmittelbaren verfassungsrechtlichen Antragsrechte gegenüber der Bundesregierung, dem Bundestag oder dem Bundesrat. Die Möglichkeit, nach Art. 93 I Nr. 4 GG Verfassungsbeschwerde zu erheben, betrifft nur eventuelle Verstöße der öffentlichen Gewalt gegen Grundrechte des Einzelnen. Volksbegehren oder Volksentscheide wie in der Schweiz können auf Bundesebene nicht erzwungen werden, und bloße Petitionen sind – gegen eine Regierung, die die verfassungsmäßige Ordnung beseitigt – wirkungslos. Angesichts »der Dringlichkeit der Wiederherstellung rechtsstaatlicher Verhältnisse und im Lichte der existenzgefährdenden Invasion Fremder« konnte laut Waldstein auch nicht einfach auf die nächsten Bundestagswahlen gewartet werden.[567] Ein Mandat zum fortwährenden Verfassungsbruch hat das Volk nicht gegeben (und hätte es auch aufgrund dessen Unzulässigkeit nicht geben dürfen), insofern hätte es während der von der Bundesregierung herbeigeführten sogenannten »Flüchtlingskrise« als »Hüter der Verfassung« wieder in seine demokratischen Urrechte eintreten müssen.

Thor von Waldstein zieht das Fazit, dass der Widerstandsfall somit vorliegt. Seine Vorschläge, auf welche Weise Widerstand zu leisten ist, bewegen sich allerdings auf der moderaten Ebene zivilen Ungehorsams durch Straßenblockaden, Verweigerung von Rundfunkbeiträgen und dergleichen. Physische Gewalt gegen Personen lehnt er prinzipiell ab und verweist auf gewaltlosen Widerstand nach dem Vorbild von Mahatma Gandhi.

Zwar lag 2015 und 2016 insbesondere bei den Pegida-Demonstrationen durchaus ein Hauch von »Vorbürgerkrieg« in der Luft; nicht nur Verfassungsrechtler, sondern auch zahlreiche Bürger sind seitdem der Auffassung, dass die Bundesregierung die Verfassung gebrochen habe, und dem politischen Spitzenpersonal wird von weiten Teilen der Bevölkerung ein wohlbegründetes Misstrauen entgegengebracht, aber zu Widerstandshandlungen, die die Regierung in ernsthafte Bedrängnis hätten bringen können (Großdemonstrationen, Generalstreiks, Steuerverweigerung, Besetzungen öffentlicher Gebäude, fortdauernde Verkehrsblockaden etc.), kam es nicht.

Die gelegentlichen Aktionen, die bislang etwa von der Identitären Bewegung (IB) durchgeführt wurden, verblieben auf dem Niveau von Ordnungswidrigkeiten oder – ganz selten – von Straftaten wie Hausfriedensbruch. Eine Vergleichbarkeit mit dem Terror der linksextremen, oft schwere Anschläge gegen Leib und Leben verübenden Antifa ist keinesfalls gegeben. Die Beobachtung der IB durch den Verfassungsschutz ist offenkundig politisch motiviert und dürfte juristisch keinen Bestand haben.[568] Dies gilt erst recht für eine mögliche Beobachtung der AfD, die derzeit als »Prüffall« gilt, während ihre Jugendorganisation »Junge Alternative für Deutschland« als »Verdachtsfall« und die mittlerweile aufgelöste innerparteiliche Strömung »Der Flügel« als »erwiesen rechtsextremistische Bestrebung« geführt werden.[569]

Die freiheitlich-patriotische und immigrationskritische Bewegung wählte einen strikt legalistischen Weg, der sich im Aufstieg der AfD niederschlug, die ohne die Flüchtlingskrise bzw. die Rechtsbrüche der Bundesregierung bei der Bundestagswahl 2017 sicher nicht zur drittstärksten Partei und stärksten Oppositionsfraktion geworden wäre. Ohne die Dauer-Migrationskrise und die Neuausrichtung der Partei von der Euro- zur Migrationskritik als zentralem

Programmpunkt wäre die AfD eine erfolglose Kleinpartei geblieben. Das Ausbleiben nennenswerten Widerstandes gegen die Unrechtspolitik der Bundesregierung entspricht der stark »obrigkeitsorientierten« Grundhaltung vieler Deutscher, der noch immer vorherrschenden Saturiertheit weiter Bevölkerungskreise und dem meist mittleren bis vorgerückten Alter der Menschen in den systemparteifernen Milieus.

Abgesehen davon stellen sich prinzipielle Fragen nach dem praktischen Nutzen des Widerstandsrechts, insofern Art. 20 IV GG einen juristisch schwer zu bewertenden Übergangszustand beschreibt. Das Recht zum Widerstand gilt schließlich nur gegen denjenigen, der es »unternimmt«, die verfassungsmäßige Ordnung zu beseitigen – d.h. solange dieser noch nicht effektiv damit begonnen hat, stehen dem Bürger noch legale, politisch-juristische Wege offen, und wenn die Ordnung bereits beseitigt ist, herrscht ohnehin ein Zustand der Diktatur, des Bürgerkriegs, der Anarchie, der Clan-Regeln oder sonstigen Unrechts, in dem die Berufung auf einen Grundgesetzartikel hinfällig geworden ist. Solange die Ordnung noch besteht, wird ein Gericht immer feststellen, dass »andere Abhilfe« möglich ist (und der Widerstand Leistende wird zum Kriminellen erklärt), und wenn die Ordnung nicht mehr besteht, gibt es auch kein Gericht mehr, das über die Legalität des Widerstands befinden kann. Dann entscheidet nur noch die Faktizität des Gelingens, ob eine Handlung im Nachhinein, nach Widerherstellung der verfassungsmäßigen Ordnung, vom Widerstandsrecht gedeckt war oder nicht. Manche Juristen bestreiten daher prinzipiell die praktische Relevanz dieses für den *Ausnahmezustand*, also die Gesetzlosigkeit, konzipierten Artikels. Womöglich liegt seine Bedeutung eher in einer geschichtspolitischen Aufwertung des Widerstandes gegen den Nationalsozialismus zu einer Zeit, in der die Hitler-Attentäter noch weithin als Verräter angesehen wurden. Der 20. Juli sollte als vorbildlich für die Gegenwart ausgezeichnet und das Grundgesetz in seine Tradition gestellt werden. Für den heute notwendigen Widerstand gegen die herrschende verfassungs- und demokratiefeindliche Politik bringt der Rekurs auf Art. 20 IV GG wenig. Er hat immerhin eine symbolische Bedeutung wie die Berufung auf Stauffenberg oder die Verwendung der Wirmer-Flagge bei Demonstrationen. Man zeigt damit an, in welche Tradition man sich stellt und provoziert das Establishment, das diese für sich vereinnahmt hat.

Insgesamt zeigt sich in der – manchmal etwas naiven – Hoffnung, vor Gerichten, deren Personal vom herrschenden Parteienkartell besetzt wird, auf juristischem Wege eine andere Politik durchzusetzen, ein sehr deutscher, vom Deutschen Idealismus geprägter Grundzug, der sich deutlich von der pragmatistischen angelsächsischen Rechtstradition abhebt. Man hält das Recht für »an sich gegeben«, nicht für »gemacht«, und glaubt an die Überzeugungskraft des besseren Argumentes. Dieses Denken ist edel und philosophisch, aber leider ein wenig realitätsfern.

Landnahme und Islamisierung

»Nun sind sie halt« da, und »ich sehe nicht, was wir anders machen sollten.«[570] Merkel, die in den Augen vieler so Wendige und Prinzipienlose, hält bis zuletzt unbeirrt an ihrer verheerendsten Entscheidung fest, auch wenn sie dabei Deutschland – und nebenbei ihre Partei – ruiniert. Wäre es ihr bloß um Machterhalt gegangen, hätte sie ihre Migrationspolitik nach dem Anschlag vom Breitscheidplatz, der Kölner Silvesternacht oder spätestens vor der Bundestagswahl 2017 geändert. Ein Verweis auf die »Ausnahmesituation« von 2015 hätte dies ohne Weiteres ermöglicht. Stattdessen wurde die Asylpolitik ohne Obergrenzen beibehalten, und die Abschiebungszahlen sind 2017 und 2018 gegenüber 2016 sogar noch gesunken.[571] Rückführungen werden massenhaft rechtswidrig »ausgesetzt« oder scheitern in mindestens der Hälfte der Fälle daran, dass die Ausreisepflichtigen keine gültigen Ausweise besitzen, untertauchen oder sich mit Gewalt widersetzen.[572] Offenbar fehlt es am politischen Willen, Abschiebungen in großer Zahl zu organisieren und bei den oft zur Rücknahme unwilligen Herkunftsländern durchzusetzen. Parallel zu diesem Unterlassen sucht man, insbesondere durch den UN-Migrationspakt, nach neuen Wegen der »legalen Migration«. Die deutsche Bevölkerung wurde von den »Eliten« dazu verdammt, ihre allmähliche Ersetzung klaglos hinzunehmen oder gar mit Jubel zu begrüßen.

Der »Große Austausch« ist Realität. Der französische Schriftsteller Renaud Camus meinte mit »Grand Remplacement« die faktische Verdrängung der autochthonen Franzosen durch Orientalen und Afrikaner. Von Mainstreamseite wurde der Ausdruck selbstverständlich als »politischer Kampfbegriff«[573] und Element einer Verschwörungstheorie« gebrandmarkt; letztere bestünde in der Auffassung, es gäbe einen »Geheimplan«, die europäischen Völker durch multiethnische Bevölkerungen zu ersetzen. Die Denunziation als »Verschwörungstheorie« ist wenig überzeugend, da ja sogar die EU eine »replacement migration« empfiehlt und sich überdies sogar das rassistische Motiv planmäßiger Rassenmischung bei Globalisierungsvordenkern wie Barnett findet. Es gibt solche Konzepte also tatsächlich, aber das heißt natürlich nicht, dass sich alle besonders mächtigen und einflussreichen Gestalten der globalen Machtelite wirklich zusammengesetzt und eine entsprechende Politik verabredet hätten. Umso verlogener ist es, wenn man Renaud eine solche Behauptung unterstellt, obwohl er sie doch selbst ausdrücklich zurückweist:

> »Ich glaube kaum, dass sich eines schönen Tages eine Gruppe von mächtigen und übelwollenden Personen in einem Büro, einem Salon oder einem Konferenzsaal getroffen hat, um zu beschließen, Frankreich und sämtlichen Ländern Europas eine radikale Umwandlung ihrer Bevölkerung aufzuzwingen. In jedem Fall scheinen mir in unserem Land die rechten und linken Regierungen gleichermaßen Verantwortung zu tragen.«[574]

»Rechte«, die noch den Vorstellungen anhingen, Frankreich sei ein Weltreich und könne Algerier zu wirklichen Franzosen machen, »Liberale«, denen es um nie versiegenden Nachschub billiger Arbeitskräfte ging, und »Linke«, die die ganze Welt mit sozialer Gerechtigkeit beglücken wollten: Sie haben ihr Zerstörungswerk gemeinsam betrieben. Und sie haben ihren jeweiligen positiven Auftrag im Rahmen des nationalen Ganzen gleichermaßen pervertiert: Rechte hätten sich für die ethnokulturelle Identität Frankreichs, Liberale für Bürgerrechte und Linke für eine soziale Politik, die nur nationalstaatlich verwirklicht werden kann, einsetzen müssen.

Letztlich ist aber, um Merkels Diktum etwas abzuwandeln, beinahe »egal«, wer für den Großen Austausch am meisten verantwortlich ist; »nun ist er halt da«, und durch die »Flüchtlingspolitik« der schwarz-roten Bundesregierung werden die Umwälzungen, die Thilo Sarrazin 2010 in seinem Bestseller »Deutschland schafft sich ab« prognostiziert hat, noch schneller stattfinden. Jeder kann sie schon längst in weiten Teilen Deutschlands und Westeuropas beobachten, obwohl die Tatsachen in den Mainstream-Medien – aufgrund von Framing-Vorgaben, kognitiven Verzerrungen oder Angst vor Arbeitsplatzverlust – noch immer nicht in hinreichender Deutlichkeit ausgesprochen werden können und dürfen. Der Austausch vollzieht sich nämlich nicht nur als Ersetzung eines Volkes durch ein Völkergemisch, seiner Kultur durch die »multikulturalistische Antikultur« und seiner Zivilisation »durch ein pluriethnisches ›globales Dorf‹, das seinerseits Rivale des muslimisch-fundamentalistischen Projekts der Eroberung der Welt ist, sondern der Austausch findet auch auf der diskursiven Ebene statt: Insbesondere werden in den öffentlichen Debatten ethnische oder allgemeiner gesprochen historische und politische Faktoren durch ökonomische und soziale ersetzt.«[575]

Noch allgemeiner gesagt, soll uns das Vertrauen in unsere eigene Wahrnehmung genommen werden:

> »Wir nehmen die Wirklichkeit nur noch hinter den Scheuklappen eines ›Diskurses‹ wahr, der nahezu ausschließlich soziologisch-ökonomischer Natur ist. Wir werden unseres eigenen Blickes beraubt, unseres eigenen Wirklichkeitsbezugs, unseres eigenen Leidens, das man uns zu schlucken gelehrt hat, damit wir bloß nicht auf die Idee kommen, ihm Bedeutung beizumessen. [...] Das eigene Volk, dieses Subjekt des Großen Austausches, sieht seinesgleichen immer seltener, in der U-Bahn, in Straßen, die einst wohlvertraut waren und nun fremd geworden sind, in Landstrichen, die sich rapide verändern (schließlich muss ohne Unterlass Wohnraum für den endlosen Strom der Neuankömmlinge geschaffen werden). Sein eigener Schmerz ist nicht nur unverständlich geworden, er darf sich selbst nicht mehr als solcher erkennen. Sein bloßes Dasein gilt als skandalös, und so wird er jeglicher Ausdrucksmöglichkeit beraubt. [...] Es ist nicht allein das Recht, ›wir‹ zu sagen, das den Eingeborenen abgespro-

> chen wird, während gleichzeitig ihre neuen und zukünftigen Landsleute davon wie selbstverständlich Gebrauch machen. Es wird ihnen auch noch das Recht genommen, *hinzusehen, sich eine Meinung zu bilden, eigene Urteile zu fällen.*«[576]

Zwar palavert der Machtdiskurs ständig von einem »Wir«, aber in dessen Gewand kleidet sich stets der Wechselbalg einer fiktiven Gemeinschaft, die nur über abstrakte und universale Eigenschaften (die »gemeinsamen Werte«) definiert wird – das wirkliche Wir wird ausgeschlossen.

Adressaten linker, staatlich erwünschter und geförderter »Identitätspolitik« sind nur »Minderheiten« (meist ethnischer, religiöser oder sexueller Art), deren Wahrnehmungen, Wünsche und vor allem Forderungen prinzipiell als berechtigt gelten, während die Perspektiven der Einheimischen lediglich auf Ressentiments und bloß »gefühlten Ängsten« beruhen, die sie gefälligst zu überwinden haben. Allenfalls vor Wahlen erscheint es opportun, den zurückgebliebenen »Modernisierungsverlierern« im Rahmen von »Bürgerdialogen« mit Ventilfunktion die – selbstverständlich folgenlose – Artikulation ihrer »Sorgen und Nöte« zu gestatten.

Entsprechend der »Bereicherung«, die von Migranten grundsätzlich ausgeht und offenbar einer kulturellen Armut der Bereicherungsbedürftigen entsprechen muss, werden sie in den Medien nicht nur mit euphemistischen oder mitleidheischenden Begriffen wie »Geflüchtete« belegt, sondern sie scheinen sogar auf die Bezeichnung »Menschen« ein vorrangiges Anrecht zu haben. Die autochthone Bevölkerung besteht im Medienjargon hingegen eher aus Bürgern, Verbrauchern, Konsumenten und Steuerzahlern, mithin aus Objekten der Verwaltung.

Wie steht es aber um die Realität dieser Bereicherung durch die seit Jahrzehnten andauernde und durch Merkel lediglich forcierte Zuwanderungspolitik?

Es ist hier nicht der Ort, auf die zahllosen »Einzelfälle«, die Morde, Körperverletzungen, Vergewaltigungen und alltäglichen Belästigungen einzugehen, die den Alltag der multikulturellen Gesellschaft ausmachen; ebenso wenig können hier die Unterwanderung des Rechtsstaates durch kriminelle Clanstrukturen, der Verfall der Bildungsinstitutionen oder die enorme Belastung des Sozialsystems beschrieben werden. All dies wird in der einschlägigen Fachliteratur dargestellt und findet sich sogar in den amtlichen Statistiken belegt.[577] Erst recht kann die islamische Religion an dieser Stelle nicht näher behandelt werden. Schon gar nicht geht es darum, Muslime pauschal zu diskreditieren. Gleichwohl können wir den Islam auch nicht außer Acht lassen, denn der »Große Austausch« vollzieht sich demographisch – und damit auch kulturell – wesentlich als Islamisierung.

Für den Mainstream-Diskurs ist bereits die Behauptung, es gäbe eine Islamisierung, Ausdruck einer »toxischen« Gesinnung. Gewöhnlich leugnen Politiker, Journalisten und »Experten«, dass eine Islamisierung überhaupt stattfindet, obwohl die Zahl der Muslime stetig zunimmt und der Islam die bisherige Mehrheitsgesellschaft vor früher unbekannte Herausforderungen und Probleme stellt. Zuweilen greifen bekennende »Antideutsche« Schlagworte wie »Islamisierung«, »Umvolkung« und »Volkstod« aber auf und bewerten sie positiv. In den Augen der Selbsthasser soll das »Volk der Täter« eben untergehen. Vorherrschend ist jedoch die Realitätsverweigerung derer, die die Islamisierung schon deshalb für eine Einbildung halten, weil sie sich weigern oder unfähig sind, in ethnokulturellen Gemeinschaften (bzw. Völkern) – und damit politisch – zu denken. In ihren Augen kommen bloß Individuen nach Deutschland, deren Religion ihre Privatsache sei, die sie für ähnlich irrelevant halten, wie sie bislang überhaupt gewohnt waren, über Religion zu denken. Das deutsche Volk ist für sie keine ethnisch-kulturelle Gemeinschaft, sondern eine Ansammlung von Menschen mit deutscher Staatsangehörigkeit, die im Prinzip jeder erwerben kann. Deutscher zu sein, ist also eine juristische und allenfalls noch eine »moralische« Angelegenheit, insofern »wir« gemeinsame Werte teilen, die meist jedoch als »europäisch« oder »westlich« bezeichnet werden. Ein Deutscher ist ein Passdeutscher oder allenfalls ein Europäer mit deutscher Muttersprache.[578] Er kann somit selbstverständlich auch ein Moslem sein, da »der Islam zu Deutschland gehört«, wie der zurückgetretene Bundespräsident Christian Wulff behauptete, von dem neben diversen Affären vor allem dieser Satz in Erinnerung geblieben ist.[579]

Werden einwandernde Muslime tatsächlich Deutsche? Oder wird Deutschland ein muslimisches Land? Wahrscheinlich wird beides zu gewissen Teilen eintreten. Einige Muslime werden wirklich zu Deutschen, aber mindestens ebenso sehr wird Deutschland islamisiert, insofern viele Einwanderer in ihrer Selbstwahrnehmung an ihren bisherigen religiösen und ethnischen Identitäten festhalten und diese für unvereinbar mit der deutschen Identität halten, auch wenn sie die deutsche Staatsbürgerschaft annehmen. Da Muslime in Deutschland jedoch sehr unterschiedliche Wurzeln haben und z.T. auch Differenzen (etwa zwischen Türken und Kurden, Sunniten und Aleviten, Sunniten und Schiiten usw.) aus ihren Herkunftsländern weiterhin pflegen, ist zu befürchten, dass Deutschland vor allem in den Ballungsräumen immer weiter in Parallelgesellschaften zerfällt, die von verschiedenen Spielarten des Islam geprägt sein werden, während auf dem Land und in östlichen Regionen eine traditionsorientierte deutsche Restkultur überdauern kann, von der sich manche die Fähigkeit zu einer Regeneration oder gar einer »Reconquista« erhoffen. Auch die Autochthonen bilden Parallelgesellschaften, die durch politische, soziale und kulturelle Milieus bestimmt sind. Ein AfD-Wähler aus der Lausitz und ein Wähler der Grünen aus München haben nicht mehr viel miteinander gemein, auch wenn sie beide Deutsche sind und dieselbe Sprache sprechen. Dennoch haben sie eine deutsche Identität, und vielleicht leiden beide ähnlich – wenn auch aus völlig unterschiedlichen Gründen – daran.

Bislang ist nicht zu erkennen, dass die Mehrheit der Muslime in demselben Sinne zu Deutschen geworden ist, wie dies in der Vergangenheit bei französischstämmigen Hugenotten oder ins Ruhrgebiet eingewanderten Polen – aufgrund der fraglosen Geltung der deutschen Leitkultur und der Assimilationsbereitschaft der Einwanderer – der Fall war. Beide Migrantengruppen werden gerne als Beispiele angeführt, die belegen sollen, dass es »immer schon« Einwanderung gegeben habe, ohne dass die von »Rechtspopulisten«

beklagten Probleme eingetreten seien. Allerdings behaupten die meisten »Rechten« gar nicht, dass Völker früher völlig »homogen« gewesen wären oder dass es zu anderen Zeiten keine Zuwanderung gegeben hätte, sondern sie nehmen Hugenotten und Polen ihrerseits als Belege dafür in Anspruch, dass wirkliche Integration eben nur bei hinreichender kultureller Verwandtschaft und bis zu einer bestimmten Anzahl der Einwanderer gelingt, die es diesen nicht ermöglicht, sich in eigenen Milieus von der Mehrheitsgesellschaft abzukapseln. Sogar die »Gastarbeiter« der sechziger und frühen siebziger Jahre wurden bis zu einem gewissen Grade integriert, wobei sich auch da schon charakteristische Unterschiede in der Integrationsfähigkeit und -bereitschaft zeigten. Es ist unbestreitbar, dass diese Migranten der ersten Generation durch geringe Bildung, sprachliche Schwierigkeiten und soziale Schwäche benachteiligt waren, doch hätten sich diese Faktoren bei Muslimen und Nichtmuslimen gleichermaßen auswirken müssen, wenn die vorherrschende »sozialpädagogische«, rein materialistische Auffassung richtig wäre. Und überdies müssten kulturelle, soziale und habituelle Unterschiede zwischen Migranten und Autochthonen bei gelingender Integration mit der Zeit marginalisiert werden oder ganz verschwinden.

Bekanntlich ist in der dritten oder vierten Migrantengeneration jedoch das Gegenteil zu beobachten. Obwohl sie in Deutschland geboren, aufgewachsen und zur Schule gegangen sind, zeigen muslimische Einwanderer sowohl gegenüber autochthonen Deutschen als auch gegenüber anderen Zuwanderergruppen – von denen man ebenfalls behaupten könnte, sie würden diskriminiert – signifikant schlechtere Bildungsergebnisse; sie erreichen seltener einen Schulabschluss, schließen oft keine Ausbildung ab, sind dementsprechend häufig dauerhaft arbeitslos, beherrschen die deutsche Sprache schlecht, werden häufiger kriminell, identifizieren sich wenig mit der deutschen Kultur und Gesellschaft und definieren ihre Identität stärker als ihre Eltern- und Großelterngeneration über ihre islamische Religion. Selbstverständlich gibt es positive Gegenbeispiele, aber diese können nicht über die unbestreitbaren statistischen Zusammenhänge hinwegtäuschen.[580] Da andere, insbesondere asiatische, aber auch osteuropäische Migrantengruppen bei ähnlichen sozialen Verhältnissen der ersten Einwanderergeneration deutlich erfolgreicher und integrationsfähiger sind, müssen die Differenzen kulturell und/oder durch Intelligenzunterschiede (für die es neben genetischen Gründen auch soziale und kulturelle Ursachen gibt) bedingt sein. Kulturelle Fremdheit allein genügt nicht, um die Unterschiede zu erklären, denn die Herkunftskulturen von Indern, Vietnamesen oder Thailändern sind der deutschen Kultur ähnlich fremd wie die muslimische, vielleicht sogar fremder, wenn man die strukturelle und religionsgeschichtliche Verwandtschaft zwischen Christentum und Islam bedenkt. Immerhin handelt es sich bei beiden um monotheistische Offenbarungsreligionen; der Islam betrachtet das Christentum wie auch das Judentum als verwandte Schriftreligionen, ja sogar als Vorläuferreligionen, die allerdings die eigentliche Lehre verzerrt und verstellt hätten; und christliche Kirchenvertreter werden nicht müde, die Gemeinsamkeiten ihrer Religion mit dem Islam zu betonen. Nach vorherrschendem politisch korrektem Narrativ werde der christliche Gott und der muslimische Allah nur verschieden benannt, es gäbe lediglich kontingente, historisch und kulturell bedingte Differenzen, und im Zentrum beider Religionen stünden ethische Werte wie Nächstenliebe, Barmherzigkeit, Mitgefühl, Toleranz usw. Insbesondere sei der Islam nicht für den Islamismus, erst recht nicht für Gewalt, Terror und Krieg verantwortlich zu machen; vielmehr würden islamische Terroristen ihre Religion nur als Vorwand für Verbrechen missbrauchen.

Ein wenig klingt das so, als würde man, wie Jost Bauch es schön formuliert, hat, behaupten, »der Alkoholismus habe nichts mit Alkohol zu tun.«[581]

Auch konservative Muslime wie der türkische Staatspräsident Erdoğan haben stets hervorgehoben, dass es nur *den* Islam gebe und eine Trennung von Islam und Islamismus eine »Beleidigung« des Islam sei. In der Tat können sich die Islamisten mit bestürzender Eindeutigkeit auf zahlreiche Koransuren berufen, die all das, was in westlichen Augen Mord und Verbrechen ist, deutlich genug legitimieren. »Nimmt man den Koran auch nur einigermaßen beim Wort, so ist der Islam beim besten Willen keine Religion des Friedens und der Toleranz, sondern eher eine ›Gewaltideologie, die im Gewand einer Religion daherkommt‹. Liebe und Barmherzigkeit erstrecken sich nur auf die Gläubigen, nicht auf den Rest der Welt. [...] Jeder Versuch, die Botschaft des Korans als tolerant und friedliebend zu interpretieren, ist zwar zu begrüßen, doch solche Versuche sind stets ein interpretierender Bergauf-Kampf gegen den unmittelbaren Sinngehalt der klaren Kernaussagen der koranischen Offenbarung.«[582]

Dass es dennoch zahlreiche Schulen und Richtungen des Islam gibt, die diese Textstellen unterschiedlich interpretieren, hängt mit der Frage zusammen, ob man sie alle gleichermaßen für Gottes offenbartes und zeitlos gültiges Wort hält oder zumindest in einigen eine zeitbedingte Gestalt zu erkennen bereit ist, die eine Neuinterpretation bzw. Anpassung an heutige Verhältnisse erlaubt. Das Interpretationsprinzip der Abrogation nimmt selbst eine Hierarchisierung der Suren vor, insofern im Falle eines Widerspruchs die früheren Äußerungen des Propheten von den späteren aufgehoben werden, aber dieses Verfahren begünstigt gerade die radikaleren, unduldsameren und in westlichen Augen grausameren Stellen des Koran. Anscheinend konnte es sich der späte Mohammed auf dem Gipfel der Macht leisten, weniger taktische Rücksichten zu nehmen. Die Deutung wird damit allerdings, als prinzipielle Interpretationsanweisung, in eine eindeutige Richtung gezwängt; eine ergebnisoffene Betrachtung ist nicht mehr möglich. Interpretation bedeutet nach islamischem Verständnis eigentlich nur die Erklärung dessen, was als unveränderliche göttliche Botschaft, bereits im Text enthalten sein soll – nicht das hermeneutische »Gespräch« zwischen Text und Leser, aus dem sich die Bedeutung erst noch ergibt.

Das Grundproblem liegt darin, dass jeder Text der Interpretation bedarf, diese aber nicht darin besteht, gleichsam eine Nuss zu knacken und den Kern aus der Schale zu nehmen. Der Sinn folgt erst daraus, was der Interpret mit dem Nusskern macht; ob er ihn, um im Bilde zu bleiben, beispielsweise isst oder einpflanzt. Aufgrund der Verschiedenheit der Interpreten ist der Interpretationsprozess prinzipiell offen – allerdings soll er im Falle des Koran durch dessen Auszeichnung als »Offenbarung« Gottes »geschlossen« bzw. nur noch in eine für zulässig erklärte Bahn gelenkt oder überhaupt

»verboten« werden, so dass die Fiktion eines reinen Hörens gelten soll. In vielen Koranschulen besteht der Unterricht daher vorrangig im Auswendiglernen und Rezitieren der Suren. Eine eigenständige Interpretation ist verboten, da sie der menschlichen Subjektivität Vorschub leisten und das göttliche Wort verfälschen würde. Noch schlimmer wäre die historisch-kritische Interpretation des Religionswissenschaftlers, die zeigen könnte, wie selbst der heiligste Text aus Vorläufern kompiliert wurde und wie Interpretationsinteressen, Machtverhältnisse und Überlieferungszufälle bei seiner Entstehung zusammenwirkten. Das Wort eines ewigen Gottes muss nach radikal monotheistischer Vorstellung ewig und unveränderlich sein; es kann keine Geschichte haben, da jede Veränderung zu »Graden« oder »Stufen« der Wahrheit und damit zur Falschheit führen würde. Der allwissende Gott kann sich nicht »entwickeln«, und sein Wort muss immer dasselbe sein. Monotheismus ist, mit Derrida gesprochen, Präsenzmetaphysik. Gott ist immer derselbe, von dem, über seine reine Identität mit sich selbst hinaus, keine Aussage gemacht werden kann: »Ich bin der ich bin« (2. Mose 3,14).

Der Islam teilt diese für Offenbarungs- und Schriftreligionen charakteristische Problematik mit Judentum und Christentum, aber beide Vorgängerreligionen haben Mittel und Wege gefunden, dieser Starrheit zu entkommen. Auch ihre heiligen Schriften werden als »Wort Gottes« verstanden, aber es handelt sich bei ihnen um mythische Erzählungen und nicht um metaphysisch legitimierte Gesetzestexte. Sie geben keine unmittelbaren Handlungsanweisungen. Das Alte Testament ist der hebräische Mythos, den eine Gruppe reformistischer Juden (die späteren Christen) in der Spätantike einem neuen, um eine soteriologische Gestalt namens Jesus und dessen Worte und Wundertaten zentrierten Mythos vorwegschickte. Interpretationen dieser heiligen Schriften werden nicht untersagt, sondern als Aufgaben einer Interpretationselite zugewiesen, die ihre Gemeinde zum richtigen Verständnis der Texte anhält.[583] Besonders im Judentum wird der individuellen Interpretationskompetenz Raum gegeben; im Christentum wurde diese Leistung hingegen in dem Maße, indem sich eine Priesterhierarchie (»Kirche«) nach römisch-imperialem Vorbild ausbildete, institutionalisiert. Dennoch wurde auch hier insgesamt eine Trennung von Kirche und Staat (»Gebt dem Kaiser, was des Kaisers ist, und Gott, was Gottes ist«, Matthäus 22,21) beibehalten. Für die Juden hat sich diese Frage sowohl aufgrund der ethnischen Fundierung ihrer Religion als auch aufgrund ihrer Position als Minderheit ohne eigenen Staat in der Diaspora nicht mehr gestellt, und Israel wurde von den Zionisten primär als ethnisch und weniger als religiös definierter Staat gegründet; von vielen orthodoxen Juden wird es daher als weltliches Konstrukt abgelehnt.

Mit der Trennung von Kirche und Staat korrespondiert in Judentum und Christentum diejenige von ethischen Regeln und gesetzlichen Vorschriften. Die Zehn Gebote liefern allgemeine Handlungsanweisungen, die stets der Interpretation am konkreten Fall bedürfen. Entsprechend können sie historisiert, kontextualisiert und immer neu aktualisiert werden. Den Vorschriften des Koran ist diese zeitliche Dimension fremd; sie sollen immer gleich gelten und regeln alle Lebensbereiche. Religiöse und staatliche Ebene werden nicht getrennt, die Gesellschaft ist nicht »funktional differenziert«, wie Jost Bauch mit Niklas Luhmann feststellt,[584] sondern die Politik erhält nur durch den Rekurs auf die Religion ihre Legitimation. Der legitime Herrscher (»Kalif«) muss in der Nachfolge Mohammeds stehen. Außenpolitik ist unter diesem Paradigma stets Krieg oder allenfalls vorläufiger Waffenstillstand. Der Gegensatz zwischen Gläubigen und Ungläubigen erscheint als globaler, weltgeschichtlicher Kampf des Guten gegen das Böse, bis eines endzeitlichen Tages der Islam auf der ganzen Welt – durch Mission, Kriegführung sowie insbesondere Migration und »Geburten-Jihad« – durchgesetzt ist.

Für die private Ebene gelten dieselben Prinzipien; privater und öffentlicher Bereich werden nicht unterschieden – es gibt keine religionsfreie Privatsphäre, in der sich eine Individualität frei entfalten kann; selbst die intimsten Verhältnisse zwischen Mann und Frau sind geregelt – stets zum Nachteil der Frau, versteht sich. Der Koran spricht überhaupt nur die gläubigen Männer an, die die Umma, die Gemeinschaft der Muslime, bilden; Frauen sind Gegenstände männlicher Inbesitznahme, Ware, Beute, Verhandlungsmasse und vor allem Objekte männlicher Triebbefriedigung. Allein schon deshalb ist der Koran, wenn man ihn als normativ ansieht, grundgesetzwidrig. Die Frau ist in erster Linie sexualisierter Körper, der dem Mann zu Willen sein muss und gegen die widerrechtliche Aneignung durch fremde Männer zu sichern ist. Persönlichkeitsrechte der Frau sind gering ausgebildet; ihre »Ehre« besteht darin, korrekt überwacht zu werden. Die Frau ist dem Mann als Dienerin unterworfen wie der Mann Allah; die Menschen sind insgesamt – gute oder ungehorsame – Diener Gottes. Islam heißt »Unterwerfung«. »Frieden«, wie man das Wort »Islam« gerne irreführend übersetzt, wird angeblich erst dann herrschen, wenn alle »Ungläubigen« bekehrt oder ausgerottet sind.

Es ist nicht verwunderlich, dass intellektuelle Begabungen unter solchen Bedingungen verkümmern oder »aussortiert« werden. Alle Daten zu den kognitiven Fähigkeiten von Muslimen, zu Alphabetisierung, Bildungsniveau, akademischen Leistungen oder gar Spitzenforschung zeigen, dass der Islam Bildungsferne und intellektuelle Stagnation begünstigt, ja geradezu eine intellektuelle Negativselektion betreibt.[585] Zu den kulturellen Faktoren kommen noch die genetischen durch die schädliche Wirkung von Verwandtenheirat hinzu, die in muslimischen Gesellschaften teilweise gepflegt wird. Dass die Mainstream-Parteien der Massendemokratie all dies ausblenden und dem Islam noch immer so erstaunlich wohlgesonnen sind, hat nicht nur in ihrer Übernahme der globalistisch-multiethnischen Agenda, sondern auch in ihrem Interesse an intellektueller Inferiorität eines leicht beeinflussbaren Massenwähler-Publikums seinen Grund. Kluge Menschen stellen zu viele Fragen.[586] Auch im christlichen Mittelalter und in der frühen Neuzeit hatten sie einen schlechten Stand und landeten häufig als Ketzer auf dem Scheiterhaufen, aber anders als im Islam finden die zahllosen und ungeheuerlichen Verbrechen des Christentums keine Rechtfertigung in den heiligen Schriften, insbesondere nicht in den Evangelien. Allenfalls die Hebräische Bibel, der Tanach bzw. das christliche Alte Testament, zeugt von mannigfachen Grausamkeiten und Greueltaten bis hin zum Völkermord, aber hier handelt es sich um mythische Erzählungen aus einer sakralisierten Vorgeschichte, die dem hebräischen Volk zur kollektiven Sinnstiftung, nicht aber der unmittelbaren normativen Handlungsanweisung für den

Einzelnen dienen. Dass es dennoch zu solchen Gräueln kam, folgt aus der Grundtendenz des Monotheismus zur Exklusion bzw. Annihilation fremder Götter.[587] Dem »einen Gott« entspricht eben nur eine Wahrheit – im Gegensatz zum Polyperspektivismus des Heidentums, das vor allem in der römischen Kaiserzeit die Gottheiten aller Völker des Erdkreises integrieren konnte –, freilich bereits um den Preis einer zunehmend relativistischen Beliebigkeit, die dem christlichen Glaubenseifer nur noch mit ratloser Gewalt entgegenzutreten wusste, bis sie ihm schließlich erlag.

Gleichwohl war das Christentum, da es sich nicht wie der Islam auf die Offenbarung eines einzelnen Propheten, sondern auf eine ganze Bibliothek von Texten stützte, doch von Beginn an auf Kompilation und Integration angelegt. Die heterogenen und widersprüchlichen Schriften mussten im Zuge ihrer Kanonisierung argumentativ homogenisiert werden, wenn alle das »Wort Gottes« manifestieren sollen. Gott widerspricht sich, jedenfalls nach »gläubiger« Lesart, nicht, sondern wir verstehen ihn falsch; also benötigen wir exegetische Techniken, die von einer hermeneutischen Elite entwickelt, gepflegt und gelehrt werden.

Mit der Zeit tendiert eine erfolgreiche Elite dazu, sich nach außen abzuschließen und in ignoranter Selbstzufriedenheit einzurichten; dadurch ruft sie die Reformer auf den Plan. Wie die Fixierung auf die angeblich einzig richtige Interpretation, aufgrund der Polyperspektivität unterschiedlicher Menschen, immer ihre Häresien hervorbringt, so wird jede Elite stets durch Gegeneliten oder, aufgrund der Machtpotenziale einer Massenbasis, durch demokratische Tendenzen in Frage gestellt. Der Protestantismus propagierte das Prinzip, dass jeder ein Interpret der heiligen Schrift sein könne. Das Wort Gottes richte sich schließlich an jeden, und durch die göttliche Gnade sei vorherbestimmt, wer es verstehen und Gott wohlgefällig sein werde und wer nicht. Entsprechend sah sich der Einzelne aufgewertet: Er durfte sich selbst berufen fühlen, das göttliche Wort zu ergründen und zu prüfen, ob Gott seine Werke mit Erfolg segnet. Die Folge war eine für den Protestantismus charakteristische Tendenz zur intellektuellen Bemühung und zum tatkräftigen Streben, wie Max Weber dargelegt hat.[588] Gesellschaftliche, ökonomische und technologische Fortschritte wurden dadurch begünstigt – nicht jedoch die Stabilität des Glaubens. Zwar lieferte dieser die anfängliche Begründung der Strebsamkeit, aber durch den Rückgang auf die individuelle Perspektive des fragenden, grübelnden und nicht zuletzt auch zweifelnden Gläubigen wohnt dem Protestantismus eine Tendenz zur Säkularisation und Selbstaufhebung inne, die in der moralisierenden Zeitgeist-»Kirche« unserer Tage, eigentlich längst einer politischen Vorfeld-Organisation linker Mainstream-Parteien, ihren Abschluss gefunden hat.[589]

All dies hat es im Islam nicht gegeben. Da ihm der Rekurs auf den individuellen Intellekt oder persönlichen Glauben jedes Einzelnen als Erkenntnisgrund fremd ist und allein der Gelehrte und »Geistliche« für die Vermittlung des rechten Glaubens und vor allem des rechten Verhaltens, also die Bestimmung, was als »halal« und was als »haram« gilt, zuständig ist, fehlt ihm diese zwiespältige Offenheit des Christentums. Die für den Islam positive Konsequenz liegt in seiner Beharrlichkeit, seiner Nötigung zum Glaubenseifer, seiner Unterdrückung des Zweifels und seiner Expansionskraft; die negative zeigt sich in einer intellektuellen Beschränkung, die gar nicht zu der von Mainstream-Politikern gerühmten Vielfalt der Einwanderungsgesellschaft passen will, sowie in seiner Neigung zum Fanatismus, zum Hass auf »Ungläubige« und seiner gesellschaftlichen Statik. Veränderung kann immer nur – negativ – durch die Auseinandersetzung mit den feindlichen »Ungläubigen« oder – positiv – durch die Wiederherstellung des Kalifats als Wiederholung des Goldenen Zeitalters bewirkt werden. Andere Arten von Entwicklung sind nicht vorgesehen. Modernisierung bzw. »funktionale Differenzierung« wird prinzipiell abgelehnt. Selbstverständlich wird auch wissenschaftliche Forschung nicht begünstigt, wenn alles relevante Wissen in einem einzigen Buch schon enthalten sein soll, und erst recht ist Toleranz gegenüber anderen Denkweisen und Lebensmodellen nicht möglich. Insofern die »Ungläubigen« auch »Schriftbesitzer«, also Juden und Christen, sind, haben sie die Offenbarung zwar auch erhalten, aber verfälscht und müssen sich mit einem untergeordneten Status begnügen, und sämtliche Angehörigen anderer Religionen sowie Atheisten können nur vor die Alternative der Glaubensübernahme oder des Todes gestellt werden.

Mit europäischen Prinzipien von Freiheit, Toleranz, Pluralismus und Menschenrechten sind wesentliche Lehren des Islam daher nicht vereinbar. Der Koran ist »für eine demokratische Staatsform nicht offen. Er ist nicht demokratiefähig, und damit ist es der Islam auch nicht, ganz gleich welcher Ausprägung.«[590]

Jost Bauch fasst die »Liste der Verstöße« folgendermaßen zusammen:

> »Der Islam unterteilt die Welt in Gläubige und Ungläubige, wobei Ungläubige Menschen niederen Rechts sind, die Polygamie ist erlaubt, es gibt einen Dschihad, Frauenrechte sind eingeschränkt, Frauentausch ist möglich, Apostaten (Konvertiten) zu Sklaverei zu zwingen, ist ebenfalls möglich. [...] Diese Differenzen haben unmittelbar mit der unterschiedlichen Stellung des Menschen vor Gott in Christentum und Islam zu tun. Islam bedeutet Unterwerfung, die Gebote des Islam gelten unerbittlich. Der Mensch ist lediglich und ausschließlich ein Allah unterworfenes beziehungsweise ein sich ihm unterwerfendes Geschöpf. Und der Koran ist ein ewiger Text, man kann also die in ihm enthaltenen Texte, ganz anders als in der christlichen Bibel-Exegese, auch nicht zeitbedingt auslegen. [...] Hier zeigt sich, dass der Islam – wenn er sich nicht in Richtung eines Euro-Islam reformiert – untauglich ist, in eine offene, demokratisch strukturierte, funktional differenzierte Gesellschaft inkorporiert zu werden. Ein theokratisches, besser ›Allahkratisches‹ Gesellschaftsmodell, das noch der mittelalterlichen stratifikatorischen Differenzierung anhängt und alle Lebensbereiche umfassend regulieren will, widerspricht dem Prinzip der funktionalen Differenzierung moderner Gesellschaften und damit der Freiheit und dem Recht, so wie wir es in Europa verstehen.«[591]

Ähnlich stellt auch Schachtschneider fest:

> »Die Muslime in Europa und in Deutschland gehören zur Umma, zur Gemeinschaft der Muslime. Diese bestimmt die Entwicklung des Islam. Eine aufklärerische Entwicklungstendenz ist nicht erkennbar. [...] Es gibt auch keine Chance der Integration der Muslime in die deutsche

> oder europäische Kultur; denn dafür müssten sich diese von der politischen Verbindlichkeit ihrer Religion lösen. Diese aber wird erfolgreich verteidigt.«[592]

Eine Trennung von Politik und Religion ist auch gar nicht möglich, denn der Islam ist seinem Wesen nach eine politische Theologie. Gesellschaften aber, die »diese für jede freiheitliche Ordnung notwendige Teilung nicht kennen, können nur autoritär oder totalitär verfasst sein. Im Islam sind sämtliche politische Ordnungen, Wertvorstellungen und Handlungsmaximen religiös bestimmt.«[593] Sowohl die Geschichte der islamischen Welt[594] als auch das weitgehende Fehlen von Demokratie und Religionsfreiheit, die eine Trennung von politischer und staatlicher Sphäre voraussetzt, in der Gegenwart deuten nicht auf eine Annäherung hin. Im Gegenteil: Demokratisierung führte in islamischen Ländern in neuerer Zeit gewöhnlich zu einem Erstarken oder gar einer demokratischen Machtergreifung fundamentalistischer Gruppierungen wie der ägyptischen Muslimbrüder, der ältesten islamischen Bewegung – das jüngste Beispiel ist die von westlichen Intellektuellen so grotesk missverstandene und als Aufbruch in die Moderne begrüßte »Arabellion« –, und Reformansätze erstreben immer eine Rückkehr zu den Wurzeln. »Das Vorbild für eine wahre islamische Gesellschaft« war für Hassan al-Banna, den Gründer der Muslimbruderschaft, »der frühe Islam zur Zeit des Propheten und seiner ersten Kalifen. In der Ideologie der Muslimbrüder konnte nur die Rückkehr zu einer rein islamischen Gesellschaft die Krise der islamischen Kultur«, die sich der westlichen Zivilisation wirtschaftlich, technologisch und militärisch so offenkundig unterlegen zeigte, »überwinden und eine Regeneration des Islam bewirken.«[595] Auf die Idee, dass die Unterlegenheit der islamischen Welt etwas mit ihren geistigen Grundlagen zu tun haben könnte, kamen die Islamisten bislang noch nicht.

Es ist daher müßig, von den Muslimen weiterhin eine Art »Reformation« oder die Nachholung der Aufklärung zu verlangen, denn erstens sehen die Muslime am kläglichen Zustand des christlichen Protestantismus oder des säkularisierten Christentums allgemein, wozu dieser Rat auch bei ihnen führen würde, und zweitens ist die protestantische Grundhaltung individueller Glaubensprüfung und Schriftexegese in der religiösen Struktur des Islam nicht angelegt. Zudem fehlt ihm das philosophische Fundament dazu, denn er rezipierte nur diejenigen Elemente der griechischen Philosophie intensiver, die sein theokratisches Modell unterstützten, insbesondere den Platonismus.

Anstatt die eigenen Grundlagen zu reformieren, was immer (auch bei anderen Religionen) zur Erkenntnis ihrer Haltlosigkeit führen könnte, erscheint es aus muslimischer Perspektive – die, um es noch einmal zu betonen, nicht die Perspektive »der« Muslime, sondern des Islam ist – einfacher und erfolgversprechender, sich in der westlichen Welt anzupassen, solange dies aus der Minderheitenposition heraus opportun erscheint, und die Zeit bzw. den »Geburten-Jihad« für sich arbeiten zu lassen. Bis dahin gilt es, die Möglichkeiten, die die westlichen Verfassungen bieten, zu nutzen, auf »Gleichberechtigung« und »Religionsfreiheit« zu pochen und immer weitergehende Forderungen etwa nach islamischem Religionsunterricht, der Ausbildung islamischer Lehrer und Imame, der Errichtung von Moscheen, der Durchsetzung islamischer Ernährungsvorschriften in Kindergärten, Schulen und Kantinen, der Akzeptanz islamischer Kleiderordnungen, der Sonderbehandlung muslimischer Kinder im Schulunterricht, der Einführung islamischer Feiertage usw. zu stellen. Religionsfreiheit wird dabei allerdings »von vielen Muslimen und ihren Verbänden völlig anders interpretiert als im westlichen Selbstverständnis. Religionsfreiheit im genuin islamischen Verständnis bedeutet nicht nur das Recht der Muslime auf die Ausübung ihrer Religion, sondern den Anspruch auf die religiöse Suprematie – auf die Islamisierung der Welt –, da nur der Islam die wahre Offenbarung besitze. [...] Die Berufung auf die gesetzliche Religionsfreiheit ist jedoch nicht mit der Anerkennung der Menschenrechte verbunden, die die rechtlichen Grundlagen der europäischen Religionsfreiheit sind. Die säkularen Menschenrechte werden von vielen muslimischen Vereinigungen nicht akzeptiert, da sie keine göttliche Grundlage im Koran und in den religiösen Überlieferungen haben.«[596]

Religionsfreiheit im westlichen Sinne bedeutet also etwas völlig anderes, da sie auf der Säkularisierung beruht. Die religiösen Auseinandersetzungen wurden im Abendland mit der Durchsetzung der Trennung von Kirche und Staat, bzw. der Erklärung des Glaubens erst zur Angelegenheit des Landesherrn, später zur »Privatangelegenheit« des einzelnen Bürgers, beendet. Jeder sollte »nach seiner Façon selig« werden dürfen. Der religiös neutrale Staat garantiert seinen Bürgern religiöse Freiheit und schützt ihr jeweiliges Bekenntnis, wenn die Religionsgemeinschaften die staatlichen Gesetze akzeptieren, die ihrerseits auf allgemein geteilten ethischen Grundwerten beruhen, die in einer gemeinsamen, religiös grundierten, aber nicht determinierten »Leitkultur« verwurzelt sind.

Der Islam hat eine solche, in verschiedenen europäischen Ländern unterschiedlich weit gehende Trennung von weltlicher und geistlicher Sphäre nie vollzogen, und er kann es als Gesetzesreligion auch gar nicht. Die Trennung zwischen einem Islam als »bloßem Glauben« und einem »politischen Islam« ist genauso unsinnig wie die zwischen Islam und Islamismus. Der Islamismus ist lediglich die konsequente Anwendung des Islam.

Michael Ley kommt daher zu dem ernüchternden Ergebnis, dass sich »der moderne säkulare Rechtsstaat und der traditionelle Islam« gegenseitig »blockieren«, »da nur eine Seite die Souveränität beanspruchen kann.« »Die heiligen Texte können nicht mit säkularer Modernität in Einklang gebracht werden – sie sind nicht kompatibel. Deshalb kann die Entscheidung nur zwischen der Aufgabe der tradierten Religionsvorstellungen oder der Bekämpfung der Säkularität bestehen: Tertium non datur.«[597] Entsprechend pessimistisch ist sein Verweis auf die Prognose des Islamforschers Bernhard Lewis, der Europa aufgrund von Einwanderung und demographischer Entwicklung zu einem »Teil des arabischen Westens, des Maghreb« werden sieht: »Nach den aktuellen Trends wird Europa spätestens Ende des 21. Jahrhunderts muslimische Mehrheiten in der Bevölkerung haben.«[598]

Umso erstaunlicher ist es daher, wenn Ley dennoch auf eine Ausbildung muslimischer Eliten mit europäischer Identität und demokratischer Grundhaltung hofft, die einen Vorbildcharakter für breite muslimische Bevölkerungsschichten entwickeln könnten. Dies ist jedoch nur durch die »Überwindung religiöser Gebote und Gesetze möglich, die den Grundsätzen liberaler Demokratien widersprechen. Unter der Annahme, dass weder

der Koran göttlichen Ursprungs ist noch die Hadithe eine historische Relevanz aufweisen, dürfen und müssen die theologischen Grundlagen des Islam selbstkritisch diskutiert und den modernen westlichen und islamischen Gesellschaften angepasst werden. […] Erst unter diesen Voraussetzungen könnten unterschiedliche Strömungen des Islam – von liberalen bis konservativen – entstehen, die prinzipiell mit den Werten der liberalen Demokratie vereinbar sind.«[599]

Warum aber sollten die Muslime, zumal wenn sie immer mehr demographisches Gewicht erlangen, zu einer solchen radikalen Selbstkritik bereit sein? Und was würde dann vom Islam noch übrigbleiben? Es erscheint äußerst naiv, von den Muslimen die Distanzierung von wesentlichen Aussagen ihrer Religion nach Maßgabe westlich-säkularer Gesetze zu erwarten.[600]

Wenn man schon von den Muslimen eine umfassende Neuorientierung verlangen möchte, dann sollte diese keine Reformation, sondern eine Renaissance sein. Erst wenn die Muslime sich bemühen würden, die verschütteten Wurzeln ihrer vorislamischen Kultur wiederzuentdecken und aus diesen ihre Identität abzuleiten, könnte es zu friedlicher Koexistenz und wirklich fruchtbarem Austausch mit Nichtmuslimen kommen. Es ginge also darum, ihnen einen »dritten Weg« zwischen dem Entweder-Oder der Übernahme – fremdartiger und verhasster – westlicher Lebensformen oder eines stumpfen und aggressiven Verharrens im Islam anzubieten. Sie könnten sich, wenn sie sich beispielsweise auf die Quellen des turktatarischen Schamanismus oder des altorientalischen Polytheismus besinnen würden, immer noch und erst recht als Türken oder Araber fühlen und dennoch europäische Denkweisen und Technologien an ihre Identität anpassen, ohne durch deren bloße Übernahme überfremdet zu werden. Angesichts der geistigen Situation in der islamischen Welt ist eine solche Entwicklung bislang zwar ein frommer Wunsch, aber es gibt, vor allem in der Türkei und in den zentralasiatischen Turkstaaten, durchaus Intellektuelle, die mit solchen Entwürfen experimentieren. Sinnvoller als der Versuch, einen »Euro-Islam« zu propagieren, wäre dieser Weg allemal.

Und zusätzlich müsste, statt einseitig auf Eliten zu setzen, die Mehrheit muslimischer Frauen gewonnen werden: Auch wenn sie nicht alle pauschal aus westlich-feministischer Sicht als »unterdrückt« angesehen werden können, ist davon auszugehen, dass ihr Unzufriedenheitspotenzial größer ist als das muslimischer Männer sämtlicher sozialer Schichten. Mehr als die Männer werden sie durch Schulbesuch, Ausbildung und Medienkonsum aus ihrer Herkunftskultur herausgelöst, die ihnen nur eine inferiore Stellung zubilligt. Ihre innere Zerrissenheit und ihr Leidensdruck sind stärker. Ob man die Frauen für eine freiheitlich-europäische Lebensart gewinnen kann, hängt allerdings wesentlich davon ab, ob man ihnen Rollenmodelle jenseits von westlicher Mode, Konsum- und Trashkultur einerseits, aber auch von unattraktivem Gender-Feminismus andererseits anbieten kann. Betrachtet man Fotos von Frauen aus islamischen Ländern der fünfziger und sechziger Jahre, scheint man damals schon weiter gewesen zu sein als heute. Die Problematik, ein auf Gleichberechtigung, Selbstbestimmung *und* weiblicher Eigenart beruhendes Identitätsmodell zu entwickeln, stellt auch für den Westen noch eine Herausforderung dar – letztlich kann sie nur von weiblichen Vordenkerinnen und Rollen-Vorbildern gelöst werden. Gelingt es der europäischen Zivilisation, die muslimischen Frauen wirklich für sich zu gewinnen, werden junge Männer möglicherweise mehrheitlich nachfolgen. Eine freiheitliche Kultur ist vielleicht doch stärker als eine alte Buchreligion.

Ausblick

Wie dieses Buch gezeigt hat, hängen Demokratie und Identität fundamental zusammen und können, sofern sie beide bedroht sind, auch nur gemeinsam wiederhergestellt werden.

Wenn ein Grundproblem der Demokratie darin besteht, dass sich eine bestimmte politische Klasse – in modernen Demokratien die Gesamtheit der etablierten Parteien und ihrer Emissäre in Wirtschaft, Medien und Verwaltung – vom Volk abkoppelt und ihre eigenen Interessen verfolgt, dann liegt es nahe, deren Macht zu beschneiden und dem Volk seine Souveränität zurückzugeben. Parteienkritiker wie der Verfassungsrechtler Hans Herbert von Arnim haben zahlreiche Reformen vorgeschlagen, die meist auf das Prinzip »Mehr Demokratie wagen« abzielen.[601] So nennt Arnim beispielsweise die Einführung der Mehrheitswahl, um das Koalitionsgeschacher, das sich typischerweise aus dem Verhältniswahlrecht ergibt, zu unterbinden; die Anpassung der Abgeordnetenzahl an die Wahlbeteiligung, wodurch die Mandatsträger gezwungen wären, die Unzufriedenheit ihrer Wähler ernster zu nehmen; die Begrenzung der Wiederwahlmöglichkeiten, um der Ausbildung eines Berufspolitikertums entgegenzuwirken, oder die Koppelung der Diäten an die bisherigen Einkommen der Abgeordneten, so dass sie zwar deren Versorgung sicherstellen, aber das Mandat für Karrieristen unattraktiv machen.

Weitere Möglichkeiten, den Einfluss der Parteien zu beschränken, wären die Direktwahl von Regierungschefs auf Bundes- oder zumindest auf Landesebene; die Zulassung von Parlamentsbeschlüssen über Diäten oder die Parteienfinanzierung lediglich für eine Legislaturperiode; ein Entscheidungsrecht der Wähler bei der Zuweisung von Geldern an die Parteien; die Abschaffung von Sperrklauseln, die neue politische Konkurrenz von den Parlamenten fernhalten soll; die Bekämpfung von Ämterpatronage durch Abschaffung des »politischen Beamten«; ein Verbot, kurz vor Wahlen noch schnell Beamtenstellen zu bewilligen; und schließlich die Beschränkung der Anzahl von Parteimitgliedern in Verwaltungspositionen nach Maßgabe ihrer Mitgliederzahl.

Leider sind sinnvolle Reformen dieser Art gegen den Willen der Parteien schwer durchsetzbar, solange der Bürger keine Handhabe dazu hat, sie zu einem Verzicht auf Macht und Geld zu zwingen. Wenn es um den Erhalt ihrer Privilegien geht, bilden die Parteien stets Kartelle gegen den Bürgerwillen und hebeln das Prinzip der repräsentativen Demokratie aus. Nötig wäre also die Einführung direktdemokratischer, plebiszitärer Elemente wie Volksentscheide, Volksbegehren und Referenden.[602]

> »Der Charme der direkten Demokratie liegt – neben dem Umstand, dass sie den Souverän selbst zu Wort kommen lässt – zum guten Teil im Gang des Verfahrens (obwohl sich auch die Ergebnisse durchaus sehen lassen können) und in ihren mittelbaren Auswirkungen: Direkte Demokratie beteiligt die Bürger unmittelbar, nimmt sie mit in die politische Verantwortung, weckt politisches Interesse, zwingt auch die Medien, im eigenen Interesse sachhaltig zu informieren und begünstigt im Vorfeld eine umfassende öffentliche Diskussion des Pro und Contra.«[603]

Ihr Kerngedanke besteht also in der Verhinderung problematischer Beschlüsse und Entwicklungen der rein repräsentativen Demokratie, insbesondere der Befangenheit des Parlaments und der Parteien in eigener Sache.

Abgesehen von dieser Korrekturfunktion hält Arnim direkte Demokratie hinsichtlich der Verfassung für unerlässlich: »Die Verfassung sollte – schon wegen des Prinzips der Volkssouveränität – vom Volk erlassen werden, das heißt, die verfassunggebende Versammlung sollte vom Volk gewählt und deren Entwurf vom Volk angenommen werden.«[604]

Ist dies nicht der Fall, wie beim Grundgesetz, dem laut Art. 146 eigentlich eine tatsächlich vom deutschen Volk beschlossene Verfassung nach Vollendung der deutschen Einheit nachfolgen sollte, steht sie »unter einem starken Legitimitätsdruck, wenigstens Volksbegehren und Volksentscheid einzuführen, mit welchen die Verfassung geändert werden kann.«[605] Dadurch könnte die ursprünglich fehlende Volkssouveränität zumindest nachgeholt werden.

Auch hier liegt es auf der Hand, dass die Parteien, die in der repräsentativen Demokratie die Macht weitgehend usurpiert haben, anstatt an der politischen Willensbildung lediglich mitzuwirken (wie es Art. 21 GG vorsieht), wenig Veranlassung haben, an diesem Zustand etwas zu ändern und Privilegien abzugeben. Üblicherweise begründen sie dies mit ihrer »Filterfunktion« in Bezug auf den sprunghaften und leicht verführbaren Volkswillen und verweisen auf angebliche Fehlentscheidungen des Volkes wie den Brexit. Zudem sei der Bürger über komplexe politische Zusammenhänge kaum hinreichend informiert und habe neben seiner Arbeit auch gar nicht die Zeit, sich darum zu kümmern. – Natürlich könnte man diese Einwände leicht gegen die Demokratie insgesamt erheben, denn warum soll es um die Urteilskraft des Bürgers besser bestellt sein, wenn er sich lediglich für eine Partei und deren Programm statt für ein bestimmtes Sachargument entscheidet? Indirekt wird damit zugegeben, dass Wahlentscheidungen zumeist auf Gewöhnung, Bequemlichkeit und Trägheit beruhen.

Der amerikanische Politikwissenschaftler Jason Brennan hat in diesem Sinne anhand zahlreicher empirischer Belege anschaulich beschrieben, dass die allermeisten Wähler entweder »Hobbits« oder »Hooligans« sind. Sie verfügen über äußerst wenig Informationen und treffen Wahlentscheidungen nicht durch rationale Abwägung von Argumenten, sondern aufgrund von Gruppenzugehörigkeiten. Selbst wer überdurchschnittliche Kenntnisse besitzt, informiert sich selektiv aufgrund seiner Vorurteile, lässt nur das gelten, was in sein weltanschauliches Raster passt, ignoriert Gegenargumente oder stellt sie verzerrt dar und verachtet den politischen Gegner.

Anders als ein libertärer Denker wie Hoppe will Brennan deshalb zwar nicht den Staat überhaupt abschaffen, aber er plädiert für eine »Epistokratie«, also eine »Herrschaft der Wissenden«: »Ein politisches System ist dann als epistokratisch zu bezeichnen, wenn es die politische Macht von Gesetzes wegen oder aufgrund politischer Entscheidungen entsprechend dem Wissen oder der Kompetenz verteilt.«[606] Diese Verteilung dürfe nicht nur de facto erfolgen – denn auch in einer Demokratie hätten natürlich manche Menschen mehr Macht und Einfluss als andere –, sondern auch de jure. Das könnte beispielsweise heißen, dass potenzielle Wähler eine Wahlzulassungsprüfung absolvieren müssten. Diese »würde jene Bürger aussieben, die extrem schlecht über die Wahl informiert sind oder keine grundlegenden sozialwissenschaftlichen Kenntnisse vorweisen können.«[607] Es könnte eine Art Staatsbürgerschaftsprüfung verlangt werden, oder alternativ könnte der Test auch gänzlich auf weltanschauliche Elemente verzichten und nur logisch-mathematische Fähigkeiten testen oder ein formalisiertes Allgemeinwissen abfragen.

Brennan benennt die naheliegenden Einwände allerdings schon selbst: »Es ist wahrscheinlich unmöglich, eine Prüfung zu gestalten, die genau jenes Wissen beinhalten würde, das für eine gute Entscheidung bei einer spezifischen Wahl erforderlich ist. Schließlich stehen bei jeder Wahl andere Dinge auf dem Spiel, womit auch das entsprechende Wissen variiert. Und natürlich ist umstritten, was als relevantes Wissen zu betrachten ist.«[608]

Über die Auswahl des Wissens würde ebenso gestritten werden wie über die Frage, wer überhaupt zu dieser Entscheidung befugt ist. Bevor eine Wissenselite zur Wahl zugelassen werden könnte, müsste also erst eine Wissenselite die Kriterien des maßgeblichen Wissens festsetzen, und diese Elite müsste wiederum anhand bestimmter Kriterien von einer anderen Elite benannt werden usw. Entweder käme es also zu einem infiniten epistokratischen Regress; oder die Relevanz von Wissensbeständen müsste per se schon unmittelbar einleuchten, was nur im Rahmen einer sehr starken Tradition und der daraus folgenden kollektiven Identität möglich wäre.

Dasselbe gilt auch für einen anderen Vorschlag Brennans: das »universale Wahlrecht mit epistokratischem Veto«. Nach diesem Modell bestünde zwar ein allgemeines und gleiches Wahlrecht, das allerdings durch einen Expertenvorbehalt eingeschränkt würde, der demokratisch beschlossene Gesetze aufheben könnte. In gewisser Weise kommt dem Bundesverfassungsgericht in Deutschland eine solche »aristokratische« oder in Präsidialdemokratien dem Staatspräsidenten eine vielleicht vergleichbare »monarchische« Funktion zu, aber auch hier stellt sich die Frage nach der Auswahl der Experten.

Ist der Präsident gewählt, so liegt der partiellen Epistokratie doch ein demokratisches Prinzip zugrunde; und werden die Verfassungsrichter von der Regierung ernannt, handelt es sich um eine Mischung aus repräsentativer Demokratie und formalisiertem Expertentum, für das es allerdings klar definierte Kriterien gibt (insbesondere die juristische Qualifikation). Anders verhält es sich bei einem epistokratischem Rat, für den sich dieselben Qualifikations- und Regressprobleme ergeben wie bei der von Brennan angedachten Wählerzulassungsprüfung.

Das Grundproblem bei Brennans epistokratischen Vorschlägen besteht nicht darin, dass sie »elitär« oder »undemokratisch« wären – zumal ja nach seinen Vorstellungen jeder prinzipiell die Möglichkeit hätte, die geforderten Qualifikationen zu erwerben –, sondern in seinem technokratischen und instrumentellen Staatsverständnis: »Institutionen sind Werkzeuge. Wenn sie uns dabei helfen, in Frieden und Wohlstand zusammenzuleben, sind sie gut.«[609] Ist dies nicht der Fall, sollten sie modifiziert oder abgeschafft werden. Dieser Pragmatismus ist zwar sinnvoll und notwendig, aber nicht hinreichend. Weder können verschiedene Systeme unter Laborbedingungen verglichen und auf ihre Funktionsfähigkeit überprüft werden, noch besteht ein gesellschaftlicher Konsens über die wesentlichen politischen Ziele. Zwar haben wir oben den Fortbestand und das Wohlergehen des Volkes als allgemeinsten politischen Maßstab vorgeschlagen (der sich in Brennans Formulierungen von Frieden und Wohlstand wiederspiegelt), aber alles, was innerhalb dieses Rahmens liegt und konkrete Entscheidungen betrifft, bei denen es nicht gleich um Sein oder Nichtsein geht, muss in einer freiheitlichen Gesellschaft offen bleiben. Gesellschaftliche Probleme lassen sich nicht mit naturwissenschaftlicher Präzision lösen.

Alain de Benoist hat auf die Gefahr des Reduktionismus aufmerksam gemacht, die sich ergibt, wenn der Techniker aufgrund seiner Ausbildung »die Illusion pflegt, dass es möglich ist, nicht nur die Mittel, sondern auch die Ziele des politischen Handelns rational und ›objektiv‹ zu bestimmen.«[610] Das Politische wird dann durch das Ökonomische und Technologische enteignet. Unter Berufung auf »Sachzwänge« wird behauptet, dass es nur noch ein »alternativloses« Ziel gäbe: »Mit anderen Worten: *Es gibt keine Auswahl mehr*. Die Politik (Staatskunst) ist aber per definitionem die Kunst der Auswahl. Und in der Demokratie sind die Wahlen hauptsächlich darin begründet, dass die Abstimmung die Möglichkeit gibt, eine Präferenz zu äußern, das heißt, auszuwählen. Wenn aber keine ›Auswahl‹ vorhanden ist, wozu dann wählen?«[611]

Epistokraten und Technokraten beantworten diese Frage unter Verweis auf die »richtigen Lösungen« politischer Probleme, die am ehesten von Experten verstanden würden, während das Volk kognitiv und intellektuell überfordert sei.[612] Demgegenüber stellt Benoist fest, dass das Mehrheitsprinzip gar keine Wahrheit »offenbaren« soll, wie seine Kritiker irrtümlich meinen: »Es ist nur *ein Mittel zu entscheiden*.« Und in der Politik »fällt die Entscheidung nicht zwischen wahr und falsch; sie fällt zwischen Möglichkeiten. Die Mehrheit [...] legt keine mathematische Wahrheit frei. Sie zeigt an, was man für politisch angemessen halten kann.« Die Kategorien von »wahr« und »falsch«, die der philosophisch-wissenschaftlichen Sphäre entstammen, taugen, wie Benoist mit Bertrand de Jouvenel feststellt, deshalb nicht für politische Fragen, weil dort zumeist Positionen vertreten werden, »die gleichermaßen ›legitim‹, aber miteinander überhaupt nicht vereinbar sind.« Und zum anderen »hängen die Lösungen vor allem von dem angestrebten Ziel ab, das höchst verschieden sein kann und letzten Endes meistens auf Werten und Wertungen beruht, die rational unbeweisbar sind.«[613]

Letztlich kann auf wissenschaftliche Weise nur beschrieben werden, welche Methoden anzuwenden sind, um dieses oder jenes politische Ziel zu erreichen – aber welches Ziel verwirklicht werden soll, bleibt eine prinzipiell offene politische Entscheidung. Wer »Alternativlosigkeit« propagiert, verhält sich also nicht demokratisch. Es ist am Ende eine Wertungsfrage, ob man beispielsweise eine Gesellschaft bevorzugt, in der größtmögliche Sicherheit bei bescheidenem Wohlstand für alle herrscht, oder eine, die große Einkommens- und Vermögensunterschiede zulässt, die daraus folgende Dynamik aber mit höheren Risiken für den Einzelnen erkauft.

Wertungsfragen verweisen wiederum auf das Problem der Identität: Je heterogener eine Gesellschaft ist, desto unterschiedlicher sind ihre Wertvorstellungen, und desto schwieriger ist es, eine von breiten Mehrheiten akzeptierte Politik zu formulieren und durchzusetzen. Entsprechend größer sind die Konflikte, entsprechend tiefer die Gräben zwischen den unterschiedlichen Schichten und Gruppen.

Alle noch so gutgemeinten und diskussionswürdigen Reformvorschläge mit unterschiedlichster Stoßrichtung, für die hier exemplarisch sowohl direktdemokratische als auch epistokratische genannt wurden, können nur dann umgesetzt werden und zu einer Stärkung der Demokratie und des Gemeinwesens beitragen, wenn eine hinreichende gemeinschaftliche Identität besteht bzw. wiederhergestellt werden kann. Gegenwärtig steht und fällt diese Frage mit dem Problem von Zuwanderung und Integration. Offensichtlich ist die politische Klasse aus ideologischen Gründen nicht bereit, Grenzen zu schützen und Zuwanderung gemäß den Interessen des deutschen Volkes – und nicht globaler Eliten – zu steuern bzw. zu unterbinden. Ebenso wenig kann Integration langfristig erfolgreich sein, wenn es kein positives Gesellschaftsmodell, keine schöpferische, attraktive und sich selbst bejahende Kultur, keinen gelebten Patriotismus, mit anderen Worten: nichts gibt, in das sich Menschen gerne integrieren wollen. Einer von Scham, Selbsthass und Schuldkult beherrschten Gesellschaft möchte niemand (außer jenen, die von der Niederdrückung der Menschen profitieren) gerne angehören; er wird immer nur um der materiellen Vorteile willen kommen, die sie ihm bietet, ihre Lippenbekenntnisse nachsprechen, solange es ihm nutzt, und ihr die Loyalität versagen, wenn die Umstände ihn zur Entscheidung drängen. Man kann zwei Pässe haben, aber nicht zwei Kulturen angehören. Und man kann im Krieg nicht auf beiden Seiten kämpfen.

Was wird also geschehen? Das Einzige, was mit großer Sicherheit vorausgesagt werden kann, ist das Scheitern der multikulturellen Utopie. Eine Gesellschaft, in der sehr unterschiedliche Kulturen mit verschiedenen Rechts- und Moralvorstellungen leben, sich aber doch auf »gemeinsame Werte« verständigt haben, wird es nicht geben.

Möglich ist, dass ein Zusammen- oder eher Nebeneinanderleben auf »postdemokratische« Weise – also mit halbtotalitären Mitteln – erzwungen werden kann; im günstigeren Falle sind die Bürger dann alle gleichermaßen Untertanen des Staates, im ungünstigeren bildet sich eine Art Apartheidsystem mit ethnischen und religiösen Hierarchien aus.

Ebenso gut möglich ist aber auch, dass die künftige multikulturelle, multiethnische und multireligiöse Gesellschaft zerfällt und sich auflöst. Vielleicht erfolgen die Separationen friedlich, vielleicht kommt es aber auch zu lange andauernden Bürgerkriegen.[614]

Falls es zu keinem tiefgreifenden Bewusstseinswandel in Deutschland, keinem Ende der Masseneinwanderung und keiner Integration bzw. langfristigen Assimilation der anpassungsfähigen Zuwanderer auf der Basis einer erneuerten Leitkultur und Identität mit starker, positiver Ausstrahlungskraft kommt, wird sich die Frage stellen, ob noch Rückzugsräume für diejenigen verbleiben, die auch nach der Selbstabschaffung Deutschlands weiterhin Deutsche sein wollen. Diese »Reservate« müssen nicht zwangsläufig nur in Deutschland liegen; denkbar ist auch eine Wiederbesiedelung vormals deutscher oder teilweise deutsch geprägter Ostgebiete, in denen Deutschen heute, trotz des unseligen Erbes der Vergangenheit, mehr Wohlwollen entgegengebracht wird als von Seiten ihrer eigenen Regierung. Auch eine zunehmende Verbreitung vieler Deutscher und mit ihnen der deutschen Kultur und Mentalität in weiten Teilen der Welt ist möglich; schon jetzt ist das Einwanderungsland Deutschland ein Auswanderungsland für seine hochqualifizierten Leistungsträger und Steuerzahler. Seit 2016 wandern jährlich hunderttausende Deutsche aus, und dieser Trend wird sicher anhalten oder noch zunehmen.[615]

Immerhin bleibt wenigstens die Gewissheit, dass der deutsche Geist, der der Welt so große Kulturschätze geschenkt hat, nicht völlig untergehen, sondern in transformierter Weise fortleben wird – sei es in einer Diaspora, die in einer seltsamen Ironie der Geschichte das Schicksal der Juden nachbilden könnte, sei es in der virtuellen Gemeinschaft eines – dann sicher auch von Nichtdeutschen getragenen – »geheimen Deutschland«.

Anmerkungen

1 Entsprechendes Zahlenmaterial liefert das Statistische Bundesamt unter https://www.destatis.de/DE/Service/Statistik-Campus/Datenreport/Downloads/datenreport-2018-kap-9.html oder das Online-Portal Statista: https://de.statista.com/statistik/daten/studie/153854/umfrage/zufriedenheit-mit-der-demokratie-in-deutschland/

2 »Daher ist das Phänomen des kulturellen Selbsthasses in seiner ganzen Tiefe [...] gar nicht zu begreifen oder auch nur hinreichend faßbar, ohne die Verstörungen zu berücksichtigen und in Erinnerung zu rufen, die das Christentum im Abendland ausgelöst hat. [...] Der Gott der Christen zwingt zur Unterwerfung und droht permanent mit Bestrafung, der sich eigentlich niemand entziehen könne, weil der Mensch durch sein Menschsein bereits ›sündig‹ sei.« (Frank Lisson: Die Verachtung des Eigenen. Ursachen und Verlauf des kulturellen Selbsthasses in Europa, Schnellroda 2012, S. 61.) »Erst mit der Christianisierung, also mit der Übernahme jener ›Kultur aus zweiter Hand‹, verbreitete sich der Gedanke des Schuldigseins in Europa – und damit der eines ganz neuen Moralverständnisses.« (ebd.)

3 Ebd., S. 77ff.

4 Rücktrittserklärung des Bundespräsidenten vom 17.02.2012. http://www.bundespraesident.de/SharedDocs/Reden/DE/Christian-Wulff/Reden/2012/02/120217-Erklaerung.html

5 Carl Schmitt: Der Begriff des Politischen. Text von 1932 mit einem Vorwort und drei Corollarien. 6. Auflage, Nachdruck der Ausgabe von 1963, Berlin 1996, S. 38f.

6 Ebd., S. 26.

7 Insbesondere wegen seiner berühmt-berüchtigten Formulierung »der Führer schützt das Recht« und seiner zeitweiligen juristischen Legitimation des Nationalsozialismus.

8 Arnold Gehlen schreibt in diesem Sinne: »Da die Familien selbst wehrlos sind, haben sie sich in der Frage der Sicherheit gänzlich dem Staat ausgeliefert, der nunmehr in der Sicherheit seiner selbst und der Lebensansprüche der Nation die privaten Schutzbedürfnisse mitgarantieren muss« (Moral und Hypermoral. Eine pluralistische Ethik, 2. Aufl. Bonn 1970, S. 104).

9 »Feind ist nur der öffentliche Feind, weil alles, was auf eine solche Gesamtheit von Menschen, insbesondere auf ein ganzes Volk, Bezug hat, dadurch öffentlich wird. Feind ist hostis, nicht inimicus im weiteren Sinne [...]. Die deutsche Sprache, wie auch andere Sprachen, unterscheidet nicht zwischen dem privaten und dem politischen ›Feind‹, so dass hier viele Missverständnisse und Fälschungen möglich sind. Die viel zitierte Stelle ›Liebet eure Feinde‹ (Matth. 5,44 Luk. 6,27) heißt ›diligite inimicos

vestros‹ […] und nicht: diligite hostes vestros; vom politischen Feind ist nicht die Rede. Auch ist in dem tausendjährigen Kampf zwischen Christentum und Islam niemals ein Christ auf den Gedanken gekommen, man müsse aus Liebe zu den Sarazenen oder den Türken Europa, statt es zu verteidigen, dem Islam ausliefern. Den Feind im politischen Sinne braucht man nicht persönlich zu hassen, und erst in der Sphäre des Privaten hat es einen Sinn, seinen ›Feind‹, d.h. seinen Gegner, zu lieben.« (Schmitt, a.a.O., S. 29f.)

10 Jost Bauch: Abschied von Deutschland. Eine politische Grabschrift, Rottenburg 2018, S. 73f.

11 Herrmann Heller: Staatslehre (6. Auflage), Tübingen 1983 (Original 1934), zit. nach Jost Bauch, a.a.O., S. 74.

12 Gehlen, Moral und Hypermoral, S. 103.

13 Hier mag eine archaische Struktur lange fortgewirkt haben; alle primitiven Kulturen kennen Initiationsriten, insbesondere der Jugend an der Schwelle zum Erwachsenenalter oder des spirituell Auserwählten, etwa des Schamanen, der rituell getötet und mit neuen Fähigkeiten wiedergeboren wird; und vielleicht darf man bis zu den urzeitlichen Jägern und Sammlern zurückgehen, die einsam durch Wälder und Steppen zogen, in langen Nächten am Feuer lagen, in Flammen und Sterne schauten und dabei begannen, den geheimnisvollen Mächten der Natur nachzusinnen. Die Frau war in weitaus stärkerem Maße an Behausung und Familie gebunden, sie zog die Kinder auf, pflegte Alte und Kranke. Die neolithischen Agrargesellschaften haben die einstmals schweifenden Männer dann im Laufe der Jahrtausende in das ländliche Leben integriert; Mann und Frau arbeiteten gemeinsam, säten und ernteten, und ihre verschiedenen, aber einander ergänzenden Aufgaben und Lebensbereiche wurden von männlichen und weiblichen Göttern archetypisch vollzogen. Es ist unklar, ob es wirklich Matriarchate gegeben hat, aber sicher gab es in manchen frühgeschichtlichen Kulturen auch matriarchale und matrilineare Strukturen. In dem Maße, in dem allmählich Städte und Stadtstaaten entstanden, die miteinander Handel trieben, Kriege führten und eine Öffentlichkeit gemeinsamer »bürgerlicher« Belange ausbildeten, hat sich die Rolle des Mannes teilweise vergesellschaftet, während das Leben der Frau sich nun in stärkerem Maße auf das, der männlichen Herrschaft unterworfene, häusliche Dasein beschränkte. Zwar gab es immer auch Einsiedler und zurückgezogen lebende Denker und Weise, aber das Leben vieler Männer fand auf den Straßen und Marktplätzen statt. Hier wurden Waren feilgeboten und auch Meinungen und Gerüchte ausgetauscht. Es entstanden Bildungsansprüche; Wissen wurde zu sozialem Prestige, und in den griechischen Stadtstaaten bildete sich eine eigene Berufsgruppe, die Sophisten, heraus, die intellektuelle Fertigkeiten verkauften. In diesem Milieu entwickelte sich die antike Philosophie, deren klassische Repräsentanten sie als gemeinschaftliches Erkenntnisstreben betrachteten – allerdings um der Erkenntnis selbst willen und nicht, wie bei den Sophisten, um das gesellschaftliche Fortkommen zu fördern.

14 Klaus Roth: Platon. In: Peter Massing, Gotthard Breit, Hubertus Buchstein (Hg.): Demokratietheorien. Von der Antike bis zur Gegenwart. 8., völlig überarbeitete Aufl., Schwalbach/Ts. 2012, S. 41.

15 Siehe Jens Kersten: Das Anthropozän-Konzept. Kontrakt – Komposition – Konflikt, Baden-Baden 2014; Jürgen Renn/Bernd Scherer (Hg.): Das Anthropozän. Zum Stand der Dinge, 2. Aufl. Berlin 2015; Eva Horn/Hanno Bergthaller: Anthropozän zur Einführung, Hamburg 2019.

16 Siehe Manfred G. Schmidt: Demokratietheorien. Eine Einführung. 3, überarbeitete und erweiterte Auflage, Opladen 2000, S. 51.

17 Ebd., S. 36.

18 Hierzu siehe auch Schmidt, a.a.O., S. 38ff.

19 F.P.B. Guizot: De la démocratie en France, Brüssel 1849, S. 9.

20 George Orwell: Selected Essays, London 1957, S. 149.

21 Diese Art der demonstrativ affirmierenden, zur Verbesserung aufrufenden Kritik erinnert an die systemimmanente Kritik am Sozialismus vor 1989, den man auch nicht in Frage stellen wollte oder durfte.

22 In jüngster Zeit stellen manche »Klima-Aktivisten« die Fähigkeit der Demokratie, die angeblich drohende Klimakatastrophe aufzuhalten, in Frage, ohne dass dies auf große Kritik in Politik und Medien stößt. Man kann sich die Reaktionen vorstellen, die die Behauptung, die Demokratie scheitere daran, die europäischen Staaten vor Migrationswellen aus Afrika und dem Nahen Osten zu schützen, auslösen würde.

23 Schmidt, a.a.O., S. 52ff.

24 Manche Interpreten, wie der Philosoph Kurt Hübner, halten Platons Darstellungen jedoch für einen Ausdruck seiner Ironie. Siehe Hübner: Das Nationale. Verdrängtes – Unvermeidliches – Erstrebenswertes, Graz/Wien/Köln 1991.

25 Alain de Benoist verweist allerdings darauf, dass der absolute Despotismus in Europa, anders als im Orient, selten gewesen sei: »Die Existenz einer Volksversammlung sowohl als militärischer wie auch als ziviler Organisation ist sehr früh nachweisbar. Ferner wird der König in der indoeuropäischen Gesellschaft meistens gewählt: alle früheren Monarchien waren Wahlmonarchien. Tacitus berichtet, wie bei den Germanen ›die Führer wegen ihrer Tugend und die Könige wegen ihres Adels gewählt wurden‹. [...] In Frankreich selbst blieb die Thronfolge lange Zeit elektiv und erblich zugleich.« Alain de Benoist: Demokratie: Das Problem, Tübingen/Zürich/Paris 1986, S. 9ff.

26 Antonia Geisler: John Locke. In: Massing et al. (Hrsg.): Demokratietheorien, S. 109.

27 In vorgeschichtlicher Zeit gab es weniger Menschen, aber auch weitaus geringere Möglichkeiten der Beschaffung, Aufbereitung und Herstellung lebensnotwendiger Güter.

Der Mangel erzwang immer neue Innovationen, aber wenn eine Innovation erfolgreich war und zu neuen technischen Möglichkeiten führte, machten das daraus folgende Bevölkerungswachstum und der erhöhte Ressourcenverbrauch den Fortschritt letztlich wieder zunichte bzw. zwangen zu neuen Innovationen. Menschliche Technik folgt überhaupt aus Mangel und Mangelverwaltung, wie Friedrich Georg Jünger in seinem Werk über die »Perfektion der Technik« (1946) ausgeführt hat. Der amerikanische Geopolitiker Thomas P.M. Barnett bezeichnet eine solche Position als »Nullsummenlogik« und glaubt an einen Fortschritt für alle durch die Globalisierung: »Einfach gesagt, haben wir heute bessere Möglichkeiten gefunden, das zu bekommen, was wir wollen. Wie Robert Wright in seinem Buch ›Nonzero‹ darlegt, hat die Menschheit allmählich durch Versuch und Irrtum entdeckt, dass der Frieden den Krieg besiegt, dass Zusammenarbeit die Konkurrenz schlägt, und dass Win-Win-Ergebnisse alle Alternativen schlagen. Warum ist die Globalisierung unvermeidlich? Weil sie letztlich ein Spiel ohne Nullsummen ist, bei dem alle Seiten gewinnen und die gesamte Bevölkerung des Planeten schließlich in der Lage sein wird, sich an dieser historischen Anhäufung von Wachstum und Erfüllung zu beteiligen oder an dem, was Wright als ›Nicht-Nullsumme‹ bezeichnet.« (Thomas P.M. Barnett: Drehbuch für den 3. Weltkrieg. Die zukünftige Neue Weltordnung. Aus dem Englischen von Christine Mey und Dr. Baal Müller, Gelnhausen/Roth 2016, S. 341.) Dieser Utopismus ist ebenso zweifelhaft wie der seit einiger Zeit modische apokalyptische Diskurs im Zusammenhang mit dem Klimawandel.

28 Volker Pesch: Charles de Montesquieu. In: Massing et al. (Hg.): Demokratietheorien, S. 118.

29 Nicht im Werkzeuggebrauch, der auch bei Menschenaffen zu beobachten ist, sondern in der Bewahrung und Beanspruchung des Nützlichen für künftigen Nutzen – sowie in der zweckmäßigen Zurichtung des Gegebenen – zeigt sich, inwiefern der Mensch aufgrund seiner ihm eigenen Zeitlichkeit über das im Augenblick lebende Tier existenziell hinausgeht.

30 Antonia Geisler: Jean-Jacques Rousseau. In: Massing et al. (Hg.): Demokratietheorien, S. 128.

31 Ebd., S. 129.

32 Der Verfasser des pädagogischen Jahrhundertwerks »Emile oder über die Erziehung« hat seine eigenen fünf Kinder einem Heim übergeben, um sich ungestört seiner schriftstellerischen Tätigkeit widmen zu können.

33 Das berühmte, ihm fälschlich zugeschriebene Schlagwort »Retour à la nature!« findet sich in seinen Schriften nicht wörtlich.

34 Wilhelm Dilthey: Aufbau der geschichtlichen Welt in den Geisteswissenschaften, zit. nach: Carl J. Burckhardt: Vorwort, zu: Alexis de Tocqueville: Über die Demokratie in Amerika, Stuttgart 1985, S. 3.

35 Zit. nach J.P. Mayer: Tocqueville heute, in: Alexis de Tocqueville: Über die Demokratie in Amerika, München 1976, S. 875. Die Einordnung in ein solches »Zwischenreich« erinnert an Nietzsches Diktum, er sei gleichermaßen »gesund« wie »krank« und könne daher die Dekadenz ebenso analysieren wie die Möglichkeiten ihrer Überwindung beschreiben.

36 John Stuart Mill: Alexis de Tocqueville on Democracy in America, in: Geraint L. Williams (Hg.): John Stuart Mill on Politics and Society, Glasgow 1840, S. 186-247, S. 235f. – Übers. von Manfred G. Schmidt, a.a.O., S. 131.

37 Vgl. Jack Lively: The Social and Political Thought of Alexis de Tocqueville, Oxford 1962.

38 Manfred G. Schmidt, a.a.O., S. 132.

39 Zit. nach: Alexis de Tocqueville: Über die Demokratie in Amerika, Stuttgart 1985 (zit.: DA).

40 Ernst-Wolfgang Böckenförde: Staat, Gesellschaft, Freiheit, Frankfurt 1976, S. 60.

41 Das Prinzip der Wahl erscheint klarer und gerechter als es ist, wenn man berechnet, welche Unterschiede sich aus dem jeweiligen Wahlmodus (Mehrheits- oder Verhältniswahlrecht, prozentuale Hürden, Einteilung der Wahlkreise etc.) ergeben. Letztlich beruht die Legitimität des Wahlergebnisses weniger auf seiner korrekten mathematischen Ermittlung als vielmehr auf der vorhergehenden gesellschaftlichen Verständigung darüber, was als der »Wille des Volkes« anzusehen ist.

42 Thomas Berry: Das Wilde und das Heilige. The Great Work – Unser Weg in die Zukunft. Aus dem Englischen von Dr. Baal Müller, Uhlstädt-Kirchhasel 2011, S. 49f.

43 Insgesamt grenzte sich die neurechte Szene jedoch nicht nur von der »Alten Rechten« (z.B. der NPD) ab, die zumindest in Teilen noch an den Nationalsozialismus anknüpfte, sondern sie stand und steht auf dem Boden des Grundgesetzes. Aus einer Wertschätzung demokratiekritischer Schriftsteller der Vergangenheit aufgrund ihrer literarischen Werke durch manche Autoren der Neuen Rechten kann nicht pauschal eine antidemokratische Gesinnung abgeleitet werden. Die Wochenzeitung »Junge Freiheit«, die manchen Journalisten und Politikwissenschaftlern als »Flaggschiff« der Neuen Rechten gilt, siegte daher 2005 nach einem langjährigen Prozess gegen den nordrhein-westfälischen Verfassungsschutz, der sie regelmäßig in seinen Berichten erwähnte (Alexander von Stahl: Kampf um die Pressefreiheit. Chronologie eines Skandals. Die Verfassungsbeschwerde der Wochenzeitung JUNGE FREIHEIT wegen Verletzung der Meinungs- und Pressefreiheit durch Verfassungsschutzberichte des Landes NRW, Berlin 2003). Der JF-Chefredakteur Dieter Stein lehnt das Etikett »Neue Rechte« für seine Zeitung allerdings vehement ab und sieht diese als Sprachrohr eines demokratischen Konservatismus (Phantom »Neue Rechte«. Die Geschichte eines politischen Begriffs und sein Missbrauch durch den Verfassungsschutz, Berlin 2005). Heute wird der Begriff der Neuen Rechten vor allem mit dem von dem Verleger Götz Kubitschek ge-

gründeten Institut für Staatspolitik (IfS) in Verbindung gebracht, das jedoch ebenfalls legitime, demokratische Zielsetzungen vertritt.

44 So lautete das Motto der Brandenburger AfD im Landtagswahlkampf 2019.

45 So hat der ungarische Ministerpräsident Viktor Orbán 2016 das ungarische Volk darüber abstimmen lassen, ob es bereit ist, EU-Quoten für die Verteilung von Flüchtlingen zu akzeptieren. Das Referendum wurde von westlichen Politikern scharf kritisiert. https://www.focus.de/politik/ausland/fluechtlings-referendum-in-ungarn-orban-ist-die-gueltigkeit-der-abstimmung-egal_id_6019264.html

46 Hans-Hermann Hoppe: Demokratie – Der Gott, der keiner ist (Titel der Originalausgabe: Democracy – The God That Failed), 2. Aufl. Waltrop/Leipzig 2004, S. 45.

47 Ebd., S. 75.

48 Ebd., S. 82ff.

49 Ebd., S. 93.

50 Ebd., S. 97.

51 Laut Hans Herbert von Arnim führt diese Selbstgleichschaltung längst zu einer »Funktionsstörung des politischen Wettbewerbs«: »Die Angleichung der etablierten Parteien nimmt dem Bürger die Möglichkeit, unter ihnen wirklich zu wählen. Damit wird der Wettbewerb selbst in seiner Funktion beeinträchtigt.« (Die Hebel der Macht und wer sie bedient. Parteienherrschaft statt Volksherrschaft, München 2017, S. 234.) Die Störung des Wettbewerbs zeigt sich »durch die Bildung von Kartellen der politischen Klasse zur Gestaltung der Regeln der Macht in ihrem Sinne und zusätzlich durch das Drängen der Elite in die politische Mitte« (ebd., S. 235), die in den vergangenen Jahrzehnen allerdings, wie man hinzufügen muss, stark nach links verrückt wurde.

52 Das Verkümmern traditionell sozialdemokratischer Parteien widerspricht diesem Befund durchaus nicht, sondern bestätigt ihn sogar, da die Sozialdemokratisierung der gesamten Parteienlandschaft eine Partei wie die SPD überflüssig macht.

53 Ein früherer Berater Tony Blairs hat hervorgehoben, dass die Öffnung Großbritanniens für Masseneinwanderung ab 2000 nicht zur darauf abzielte, den Multikulturalismus als neue gesellschaftliche Normalität zu etablieren, sondern auch darauf, die Tories vor vollendete Tatsachen zu stellen und deren traditionelle Wählerschichten zu marginalisieren. Siehe https://www.telegraph.co.uk/news/uknews/law-and-order/6418456/Labour-wanted-mass-immigration-to-make-UK-more-multicultural-says-former-adviser.html

54 Die Vorsitzende der Amadeu-Antonio-Stiftung, Anetta Kahane, hat 2015 ausdrücklich beklagt, dass es in den östlichen Bundesländern »zu viele Weiße« gäbe, ohne dass ihr dafür in der Mainstreampresse Rassismus vorgeworfen wurde. Siehe https://jungefreiheit.de/politik/deutschland/2015/kahane-der-osten-ist-zu-weiss/. In dasselbe Horn wie die

frühere Stasi-IM stieß nach der Landtagswahl in Thüringen am 27. Oktober 2019, bei der die AfD 23,4 Prozent erreichte, Christian Bangel in der »Zeit«. In seinem Artikel »Nichts ist verloren« forderte er eine Zuwanderungsoffensive, um die angeblichen Feinde der pluralistischen Gesellschaft zu marginalisieren: »Wer den Osten dauerhaft stabilisieren will, der muss vor allem für eines kämpfen: Zuwanderung. Massiv und am besten ab sofort. Zuwanderung aus dem Westen, Binnenzuwanderung aus den großen Städten in die ländlichen Räume, und ja, auch gezielte Migration aus dem Ausland. Nur so gibt es auch in bisherigen Verliererregionen die Chance, stabile wirtschaftliche Strukturen aufzubauen. Und nur dann ist es möglich, dass auch dort ein Miteinander von Generationen, Milieus und Hautfarben entsteht, die eine Partei wie die AfD mit ihren weißen Hoheitsfantasien schon heute an vielen Orten Deutschlands lächerlich erscheinen lässt.« https://www.zeit.de/politik/deutschland/2019-10/landtagswahlen-ostdeutschland-thueringen-afd-sachsen-brandenburg/seite-2. Indem die Zuwanderungsapologeten solche Hasstiraden von sich geben, reißen sie sich selbst die humanitäre Maske vom Gesicht und entlarven den destruktiven Charakter der multikulturalistischen Ideologie. Es fällt angesichts derart expliziter Forderungen auch immer schwerer, die Behauptungen über absichtlich geplante Austauschprogramme als Verschwörungstheorien abzutun. Tatsächlich liegen solchen oft vage und unter Rekurs auf zweifelhafte Quellen formulierten Mutmaßungen durchaus reale Pläne zugrunde, wie weiter oben dargestellt wird.

55 Siehe Volkmar Weiß: Die Intelligenz und ihre Feinde. Aufstieg und Niedergang der Industriegesellschaft, Graz 2012, oder ders.: Die IQ-Falle. Intelligenz, Sozialstruktur und Politik, Graz 2010. Weitere Gründe werden in Hormonbelastungen der Umwelt oder auch in der zunehmenden Überalterung der Gesellschaft gesehen, aber die Intelligenzminderung betrifft auch jüngere Jahrgänge: http://www.psyheu.de/10487/intelligenzquotient-sinkt-duemmer/, https://www.focus.de/gesundheit/werden-menschen-duemmer-umwelthormone-eine-gefahr-fuer-das-menschliche-gehirn_id_7847170.html.

56 Im Sinne Heideggers das »aufgehende Walten« der Natur, ihre in ihr selbst begründete schöpferische Energie.

57 Gegenwärtig vertritt der Philosoph Reinhard Falter eine besonders profilierte und fundierte Alternativposition: Natur neu denken. Erfahrung – Bedeutung – Sinn. Grundlagen naturphilosophischer Praxis, Klein Jasedow 2003.

58 Panajotis Kondylis: Der Niedergang der bürgerlichen Denk- und Lebensform. Die liberale Moderne und die massendemokratische Postmoderne, 3. Aufl. Berlin 2010, S. 186.

59 Ebd., S. 175.

60 Ebd.

61 Einige Arten von sogenannter »Hasskriminalität« können per definitionem nur von Mehrheiten gegen Minderheiten begangen werden. Darüber hinaus scheinen be-

stimmte ethnische und religiöse Gruppen aber auch in der Rechtsprechung zunehmend privilegiert zu werden, z.B. indem man bei ihnen häufiger Schuld- oder Haftunfähigkeit aus psychischen Gründen feststellt.

62 Alain de Benoist, a.a.O., S. 24.

63 Ebd., S. 24.

64 Ebd., S. 18.

65 Ebd., S. 24f.

66 Carl Schmitt: Die geistesgeschichtliche Lage des heutigen Parlamentarismus, 8. Aufl. Berlin 1996 (Erstausgabe 1923), S. 35.

67 Ebd.

68 Hier ist auf die Ähnlichkeitslehre von Ludwig Klages zu verweisen: Ähnlichkeit geht Gleichheit voraus, nicht umgekehrt. Siehe Klages: Der Geist als Widersacher der Seele, Bonn 1929-32; Vom Wesen des Rhythmus, Kampen auf Sylt 1934; Baal Müller: Kosmik. Prozeßontologie und temporale Poetik bei Ludwig Klages und Alfred Schuler: Zur Philosophie und Dichtung der Schwabinger Kosmischen Runde, München 2007. Allgemein dazu: Gerald Funk, Gert Mattenklott und Michael Pauen (Hg.): Ästhetik des Ähnlichen. Zur Poetik und Kunstphilosophie der Moderne, Frankfurt/M. 2000.

69 Schmitt: Parlamentarismus, S. 35f.

70 Ebd., S. 14.

71 Der frühere CDU-Generalsekretär Peter Tauber hat allen Ernstes gefordert, »Demokratiefeinden« – gemeint sind damit Bürger mit (in seinen Augen) »rechtsextremen« Einstellungen – bestimmte Grundrechte nach Art. 18 GG zu entziehen: https://www.welt.de/debatte/kommentare/plus195520597/Peter-Tauber-Muessen-endlich-Artikel-18-des-Grundgesetzes-anwenden.html

72 Ebd., S. 61. Wirtschaftliche Konkurrenz, Vertragsfreiheit, Gewerbefreiheit haben ebenso wie ihre politischen Entsprechungen der Meinungs-, Rede- oder Pressefreiheit nur als Anwendungsfälle des liberalen Prinzips ihren Sinn. »Es ist durchaus dasselbe, dass aus dem freien Kampf der Meinungen die Wahrheit entsteht als die aus dem Wettbewerb von selbst sich ergebende Harmonie. Hier liegt auch der geistige Kern dieses Denkens überhaupt, sein spezifisches Verhältnis zur Wahrheit, die zu einer bloßen Funktion eines ewigen Wettbewerbs der Meinungen wird.« (Ebd., S. 45f.)

73 Ebd., S. 16f.

74 J.L. Talmon: Die Ursprünge der totalitären Demokratie, Köln/Opladen 1961, S. 1 (engl. Originalausgabe: The Origins of Totalitarian Democracy, ins Deutsche übertragen von Efrath B. Kleinhaus).

75 Ebd.

76 Ebd., S. 1f.

77 Ebd., S. 4.

78 Ebd., S. 3.

79 Ebd., S. 5.

80 Ebd., S. 6.

81 Josef Schüßlburner: Konsensdemokratie. Die Kosten der politischen »Mitte«, Schnellroda 2010, S. 7.

82 Ebd., S. 9.

83 Ebd., S. 14.

84 Ebd., S. 8.

85 Chantal Mouffe: Das demokratische Paradox. Aus dem Englischen übersetzt und mit einer Einleitung versehen von Oliver Marchart, 2. Aufl. Wien 2015, S. 20.

86 Ebd.

87 Ebd., S. 22.

88 Ein Grundproblem des Liberalismus ist z.B. der infinite Regress seiner Vertragslehren, die immer schon die Vertragspartner voraussetzen, die durch den Vertrag erst ihre politische Gemeinschaft begründen sollen. Ein anderes liegt in der Tendenz zur Kapitalakkumulation und Monopolbildung auf der Basis der »freien Marktwirtschaft«.

89 Ausrottungsfantasien dieser Art hat z.B. der frühere niederländische Außenminister und Kandidat der europäischen Sozialdemokraten für das Amt des EU-Kommissionspräsidenten (bei der Europawahl 2019) Franz Timmermans sehr plastisch formuliert. In einer Rede vor dem »Grundrechte-Kolloquium der EU« (EU Fundamental Rights Colloqium) im Oktober 2015 in Brüssel nannte er die Masseneinwanderung muslimischer Männer nach Europa ein Mittel zur Abschaffung homogener Nationalstaaten. Kein Land solle der unvermeidlichen Vermischung entgehen; vielmehr sollten die Zuwanderer veranlasst werden, auch »die entferntesten Plätze des Planeten zu erreichen, um sicherzustellen, dass nirgends mehr homogene Gesellschaften bestehen bleiben«. Die Zukunft der Menschheit beruhe nicht länger auf einzelnen Nationen oder Kulturen, sondern auf einer gemischten »Superkultur«. Folglich müssten »multikulturelle Diversität« bei jeder einzelnen Nation weltweit vorangetrieben und »monokulturelle Staaten« ausradiert werden. Timmermans verlangte, den Europäern ihre nationale Souveränität und den »lästigen prähistorischen Nationalstaat auszutreiben«. Wer ihm unterstelle, dass er entschlossen sei, »die Homogenität der Völker zu zerstören, der hat verdammt noch mal absolut recht. Genau das habe ich vor«. https://www.compact-online.de/eu-kandidat-islam-gehoert-seit-2000-jahren-zu-europa-massen-von-muslimen-sollen-nationalstaaten-ausradieren/

90 Für die kosmozentrischen polytheistischen Religionen waren die Götter noch innerweltliche Wesenheiten oder, mit C.G. Jung gesprochen, kosmische »Archetypen«. Durch die monotheistische »Revolution«, die vielleicht schon bei Echnaton beginnt, wurden sie nicht nur auf ein einziges göttliches Wesen reduziert, sondern dieses wurde nun als transzendent bzw. »außerkosmisch« gedacht. Zu weiteren Unterscheidungen von kosmozentrischen und theozentrischen (monotheistischen) Religionen sei auf Jan Assmann verwiesen, z.B.: Die Mosaische Unterscheidung oder der Preis des Monotheismus, München 2010; Exodus – Die Revolution der Alten Welt, München 2015, oder: Religion und kulturelles Gedächtnis, München 2018.

91 Dieser Satz wäre auch höchst fraglich, da wir durchaus annehmen können, dass auch Fabelwesen denken, wenn sie existieren. Das Denken selbst ist also noch kein Existenzkriterium, sondern nur das eigene Denken.

92 Johann Gottlieb Fichte: Grundlage der gesammten Wissenschaftslehre. Erster Theil, § 1.

93 Novalis: Schriften. Die Werke Friedrich von Hardenbergs, hrsg. von Paul Klockhohn und Richard Samuel, Stuttgart 1960ff., Bd. II, S. 113, Nr. 15.

94 Manfred Frank: Selbstgefühl. Eine historisch-systematische Erkundung, Frankfurt/M. 2002, S. 29.

95 Ebd., S. 30. Frank gibt an dieser Stelle die Position des Stoikers Chrysipp wieder und behandelt in seinem Band die Deutungen des Selbstbewusstseins bzw. Selbstgefühls von der Antike bis zu Sartre unter besonderer Berücksichtigung der Frühromantik.

96 Zum Verhältnis von Zeit und Subjektivität sowie insbesondere zu den Zeittheorien der Lebensphilosophie siehe Baal Müller: Kosmik. Prozeßontologie und temporale Poetik: Zur Philosophie und Dichtung der Schwabinger Kosmischen Runde, München 2007 (Neuausgabe Neustadt an der Orla 2020).

97 Vgl. etwa Henri Bergson: L'Evolution créatrice (1907; dt. Schöpferische Entwicklung, 1921) und La pensée et le mouvant. Essais et conférences (1934; dt. Denken und schöpferisches Werden, 1948) oder Ludwig Klages: Der Geist als Widersacher der Seele (1929-1933).

98 Vgl. Nietzsche: Jenseits von Gut und Böse. Erstes Hauptstück. Von den Vorurtheilen der Philosophen: »Was den Aberglauben der Logiker betrifft: so will ich nicht müde werden, eine kleine kurze Thatsache immer wieder zu unterstreichen, welche von diesen Abergläubischen ungern zugestanden wird, – nämlich, dass ein Gedanke kommt, wenn ›er‹ will, und nicht wenn ›ich‹ will; so dass es eine Fälschung des Thatbestandes ist, zu sagen: das Subjekt ›ich‹ ist die Bedingung des Prädikats ›denke‹. Es denkt: aber dass dies ›es‹ gerade jenes alte berühmte ›Ich‹ sei, ist, milde geredet, nur eine Annahme, eine Behauptung, vor Allem keine ›unmittelbare Gewissheit‹. Zuletzt ist schon mit diesem ›es denkt‹ zu viel gethan: schon dies ›es‹ enthält eine Auslegung des Vorgangs und gehört nicht zum Vorgange selbst. Man schließt hier nach der grammatischen Gewohnheit

›Denken ist eine Thätigkeit, zu jeder Thätigkeit gehört Einer, der thätig ist, folglich‹ –.« (Friedrich Nietzsche: Sämtliche Werke. Kritische Studienausgabe, hrsg. von Giorgio Colli u. Mazzino Montinari, München/New York 1980, Bd. 5, S. 30f.)

99 Angesichts des exponentiellen Wachstums der Zahl der Vorfahren in jeder Generation müsste die Gesamtzahl der Menschen, von denen jeder Einzelne abstammt, unvorstellbar hoch sein; tatsächlich lebten in früheren Zeiten viel weniger Menschen auf der Erde. Die Wahrscheinlichkeit, von diesen abzustammen, wird somit mit jeder Generation, die man zurückgeht, immer höher.

100 Ernest Renan: Qu'est-ce qu'une nation? (Was ist eine Nation?), Rede in der Sorbonne am 11. März 1882.

101 Hübner: Das Nationale, S. 250ff.

102 Ebd., S. 252.

103 Ebd.

104 Ebd., S. 254f.

105 Ebd., S. 267.

106 Ebd., S. 231.

107 Ebd., S. 259.

108 Ebd., S. 280.

109 Ebd., S. 279.

110 Ebd., S. S. 280f.

111 Ebd., S. 281.

112 Ebd., S. 282. Ähnlich bestimmt Karlheinz Weißmann das Nationale vom Mythos her: »Mythos ist hier nicht verstanden als etwas genuin Religiöses, sondern als Metapher für die bildhafte, aufs äußerste verdichtete Vorstellung von dem, was die Nation ausmacht, mitsamt den Gestalten, Ereignissen, Landschaften, Farben, Empfindungen, Tönen, die sich an diese Vorstellung knüpfen. Dieser ›Mythos‹ bestimmt in Erzählungen das Bild der Vergangenheit, die Phasen der Blüte und des Unglücks, wie das Bild der Zukunft, in der die Nation ihre Ziele erreichen soll.« (Weißmann: Nation? Bad Vilbel 2001, S. 208). Allerdings unterscheidet Weißmann vom – insbesondere für Deutschland charakteristischen – mythisch-historischen Modell der Nation »als Ergebnis eines allmählichen Prozesses auf dem Fundament eines Volkes, einer vorpolitischen Einheit, die durch gemeinsame Herkunft, gemeinsames Wohngebiet, gemeinsame Sprache und Kultur bestimmt ist«, das »französische« oder allgemein eher westliche Modell der Nation als »vom Staat geschaffene Einheit«, die durch »zentralisierte Organisation«, ein deutlich abgegrenztes Staatsgebiet und die Beseitigung von kulturellen Abweichungen auf diesem gekennzeichnet ist. (Ebd., S. 193f.)

113 Friedrich Hölderlin: Werke, 1. Bd., Gedichte, Hyperion, München/Wiesbaden o.J., S. 224.

114 Friedrich Schiller: Aus einem Gedichtentwurf »Zur Feier der Jahrhundertwende«, 1801.

115 Friedrich Schiller: Sämtliche Werke, hrsg. von Peter-André Alt, Albert Meier u. Wolfgang Riedel, 5 Bde., München/Wien 2004, S. 16.

116 Anne Germaine de Staël: Über Deutschland. Vollständige und neu durchgesehene Fassung der deutschen Erstausgabe von 1814 in der Gemeinschaftsübersetzung von Friedrich Buchholz, Samuel Heinrich Catel und Julius Eduard Hitzig. Hrsg. und mit einem Nachwort versehen von Monika Bosse, Frankfurt/M. 1985. In diesem Werk hat sie sich die Aufgabe gestellt, »dasjenige Land Europas, wo Studium und Nachdenken so weit gediehen sind, dass man es als das Vaterland des Denkens ansehen kann, allgemein bekannter zu machen« (S. 19).

117 Richard Wagner: Gesammelte Schriften und Dichtungen, 2. Aufl. Leipzig 1888, Bd. VIII, S. 97.

118 Johann Gottfried Herder: Briefe zur Beförderung der Humanität, Bd. V, Riga 1795, S. 61.

119 Wagner: Gesammelte Schriften und Dichtungen, Bd. X, S. 39.

120 Friedrich Schiller: Sämtliche Werke, Bd. 1, S. 267.

121 Ebd., S. 478.

122 Ebd., S. 475.

123 Johann Gottlieb Fichte: Reden an die deutsche Nation. Mit einer Einleitung hrsg. von Alexander Aichele, Hamburg 2008, S. 19.

124 Ebd., S. 23.

125 Ebd., S. 13.

126 Dieter Borchmeyer: Was ist deutsch? Die Suche einer Nation nach sich selbst, 2. Aufl. Berlin 2017, S. 95.

127 Ebd., S. 22.

128 So die Titel zweier Bücher Natorps von 1915 und 1918.

129 Borchmeyer, a.a.O., S. 29.

130 Friedrich Nietzsche: Sämtliche Werke. Kritische Studienausgabe, hrsg. von Giorgio Colli u. Mazzino Montinari, 15 Bde., München/New York 1980, Bd. 5, S. 184f.

131 Siehe Wolfgang Schivelbusch: Die Kultur der Niederlage. Der amerikanische Süden 1865. Frankreich 1871. Deutschland 1918, Frankfurt 2007.

132 Die Parallelen zum gegenwärtigen Europa sind offensichtlich und bereits häufig beschrieben worden. Frank Lisson weist überdies darauf hin, dass im Rom der Kaiserzeit sogar ein »Schuldkomplex« aufgekommen war, »der schon alle Anzeichen des heutigen europäischen aufweist. Denn es waren nicht nur christliche Römer, die meinten, das Imperium, das sich überdehnt habe und dessen Sitten sichtlich verfielen, sei dem Untergang geweiht. Es entstand vielmehr zum ersten Mal in der Geschichte der Alten Welt ein von starker Selbstmissbilligung getragenes kollektives Schuldbewusstsein, das literarisch durch Autoren wie Horaz, Sallust, Tacitus, Juvenal noch geschürt wurde.« (Lisson: Die Verachtung des Eigenen, S. 122.)

133 Ebd., S. 14.

134 Ebd., S. 75.

135 Ebd., S. 76.

136 Unterstützt wurde diese »männliche« Sichtweise durch den Einfluss der Frauen, die für die Religion auf der Basis von Liebe und Barmherzigkeit (trotz deren gewaltsamer Verbreitung) oft empfänglicher waren.

137 Ebd., S. 74.

138 Ebd., S. 78.

139 Thorsten Hinz: Mentalität und Mittellage, in: Die Psychologie der Niederlage. Über die deutsche Mentalität, 2. Aufl., Berlin 2010, S. 45-82, S. 46f.

140 Ebd., S. 48.

141 Ebd., S. 50.

142 Monika Donner: Krieg, Terror, Weltherrschaft. Warum Deutschland sterben soll, Bd. I, Gelnhausen/Roth 2017, S. 74.

143 Zit. nach Hinz: Mentalität und Mittellage, S. 65.

144 Alfred von Tirpitz: Erinnerungen, Leipzig 1919, S. 157.

145 Ebd., S. 68.

146 Zum Verhältnis von »Geist« und »Macht« nach 1914 siehe Ernst Piper: Nacht über Europa. Kulturgeschichte des Ersten Weltkriegs, Berlin 2013.

147 Thomas Mann: Politische Schriften und Reden. Erster Band: Betrachtungen eines Unpolitischen, hrsg. von Hans Bürgin, Frankfurt/M. 1968, S. 24. Dort auch die übrigen Zitate.

148 Ebd., S. 42.

149 Ebd., S. 43.

150 Oswald Spengler: Der Untergang des Abendlandes. Umrisse einer Morphologie der Weltgeschichte. Erster Band: Gestalt und Wirklichkeit, München 1923, S. X.

151 Franz Schauwecker: Aufbruch der Nation, Berlin 1929.

152 Siehe Wolfgang Schivelbusch: Die Kultur der Niederlage, Frankfurt 2007.

153 Zit. nach Schivelbusch: Niederlage, S. 14.

154 Ebd., S. 18.

155 Ebd., S. 235.

156 Ebd., S. 19.

157 Gerhard Hecker: Walther Rathenau und sein Verhältnis zu Militär und Krieg, Boppard 1983, S. 436.

158 Prinz Max von Baden: Erinnerungen und Dokumente, Berlin/Leipzig 1927, S. 495.

159 Schivelbusch, a.a. O., S. 241f.

160 Ernst Bloch: »Kampf, nicht Krieg«. Politische Schriften 1917-1919, Frankfurt/M. 1986, S. 523.

161 Ebd., S. 427 und 481.

162 Ebd., S. 521.

163 Siehe dazu allgemein Theodor Lessing: Der jüdische Selbsthaß, Berlin 1930 (Nachdruck München 2004).

164 Thorsten Hinz: Deutsche Endspiele, in: Die Psychologie der Niederlage, S. 87f.

165 Das Versailler Diktat. Vorgeschichte – Vollständiger Vertragstext. Gegenvorschläge der deutschen Regierung. Mit einem Nachwort von Generalleutnant a.D. Dr. Franz Uhle-Wettler, Kiel 1999, S. 385 und 388.

166 Zit. nach Schivelbusch: Niederlage, S. 248.

167 Ebd.

168 So z.B. noch von Otto Höfler: Siegfried, Arminius und der Nibelungenhort, Wien 1978.

169 Schivelbusch, a.a.O., S. 254.

170 Zit. nach Schivelbusch, ebd., S. 242.

171 Unmittelbar nach dem Zusammenbruch vermochte diese Formel »das nationale Selbstbewusstsein zwar zu stabilisieren, später jedoch, als das volle Ausmaß und die moralischen Implikationen der unheorischen Widerstandslosigkeit des Zusammenbruchs klar wurden, verlor sie nicht nur ihre Tragfähigkeit, sondern verursachte einen

Rückstoß. Den Krieg ohne eine Entscheidungsschlacht verloren zu haben, wurde nun nicht mehr als Zeichen heroischen Unbesiegtseins gesehen. Im Felde unbesiegt konnte nun allzu leicht umgedeutet werden in: ohne Kampf kapituliert.« (Schivelbusch, a.a.O., S. 244).

172 Vor allem Max Scheler: Der Genius des Krieges und der deutsche Krieg (1915).

173 In der dem Krieg gewidmeten Lebensführung als wesentlichem Element des politischen Lebens lagen auch Ursprung und Aufgabe des Adels. Die ständige Todesdrohung bzw. die Wahrscheinlichkeit eines frühen Todes waren der Preis für adlige Privilegien. Friedrich II. von Preußen war der letzte europäische Staatsmann, der sich selbst noch unmittelbar an der Kriegführung beteiligt hat; seitdem bestand das Leben des Adels allenfalls noch in der Leitung von Großagrarbetrieben, wenn er sich nicht überhaupt völlig an bürgerliche Lebensformen angepasst hat. Die Abschaffung adliger Privilegien war also durchaus überfällig – nicht, weil sie nicht mehr »zeitgemäß« oder weil sie nicht »demokratisch« gewesen sind, sondern weil der Adel seinen eigentlichen Aufgaben nicht mehr nachkam und daher keinen Anspruch auf Privilegien mehr hatte.

174 Der Begriff »Geheimes Deutschland« wurde vor allem im George-Kreis verwendet: 1910 bezog Karl Wolfskehl ihn in seinem Aufsatz »Die Blätter für die Kunst und die neueste Literatur im ersten »Jahrbuch für die geistige Bewegung« auf die Dichtung Stefan Georges, den er damit vom »offiziellen« wilhelminischen Deutschland abgrenzte. George selbst versah später ein 1928 in seinem letzten Gedichtband »Das neue Reich« veröffentlichtes Gedicht mit dem Titel »Geheimes Deutschland«. Auch Norbert von Hellingrath, Friedrich Wolters und insbesondere Ernst Kantoriwicz haben den Begriff benutzt. Laut Edgar Salin und Marion Gräfin Dönhoff soll Claus Schenk Graf von Stauffenberg vor seiner Erschießung die Worte »Es lebe das Geheime Deutschland!« gerufen haben (laut anderer Quellen habe der Ausruf »Es lebe das heilige Deutschland!« gelautet). War der Begriff zunächst vor allem eine Selbstbezeichnung des George-Kreises, so wurde er zunehmend auf ein »eigentliches« und »wahres« Deutschland der Kultur und Sittlichkeit bezogen. Zuletzt hat Baal Müller eine Aktualisierung in seinem Buch »Der Vorsprung der Besiegten – Identität nach der Niederlage«, Schnellroda 2009, vorgenommen. Siehe Manfred Riedel: Geheimes Deutschland. Stefan George und die Brüder Stauffenberg, Köln 2006; Ulrich Raulff: Kreis ohne Meister. Stefan Georges Nachleben, München 2009; Hans-Christian Kraus: Das Geheime Deutschland – Zur Geschichte und Bedeutung einer Idee, in: Historische Zeitschrift, Bd. 291 (2010), S. 385-417.

175 In der Illias werden die parallel zu den menschlichen Auseinandersetzungen verlaufenden Götterkämpfe eindrucksvoll beschrieben; die homerische Götterwelt teilte sich in Unterstützer der Griechen und der Trojaner, und der Sieg der ersteren folgte letztlich aus der Unterstützung und sogar dem konkreten Mitkämpfen der mächtigeren Götter. Auch in der verzweifelten Frage Jesu am Kreuz, warum sein Vater ihn verlassen habe, findet sich noch die Akzeptanz dieses erfahrungsreligiösen Grundkonsenses, der offensichtlich den Hohn, wenn er Gottes Sohn sei, könne er doch vom Kreuz herab-

steigen, bestätigt. Selbst der Islam, der den Monotheismus gegenüber dem Christentum mit seiner Trinitätslehre vollendet hat, hält es für selbstverständlich, dass Allah seinen Propheten Isa (Jesus) nicht am Kreuz habe sterben lassen.

176 Zit. nach Schivelbusch, a.a.O., S. 263.

177 Klaus-Jürgen Brehm schreibt dazu: »Der Brand von Löwen war das Fanal zu einer beispiellosen Welle von Gräuelmeldungen, der sogenannten German atrocities, die als eine besondere Propagandaform fast bis zum Kriegsende mit beeindruckendem Erfolg immer wieder erneuert wurde. [...] Deutsche hätten wahllos Frauen, Kinder und sogar Priester ermordet und ein alter Mann sei, kopfüber aufgehängt, von den Besatzern lebendig verbrannt worden. Auch das schaurige Motiv der abgehackten Kinderhände tauchte jetzt erstmals in diesem Krieg auf und erwies sich in unterschiedlichsten Varianten als beliebter Dauerbrenner der alliierten Gräuelpropaganda. Bei Tornai hätten deutsche Soldaten, so glaubte der Daily Expresse am 31. August 1914 zu wissen, einer Frau ihr Kind aus den Armen gerissen und ihm beide Hände abgeschlagen. Das Blatt schloss seine Darstellung mit einer unverhohlenen Hetze auf die Deutschen, wie sie nur vier Wochen zuvor noch undenkbar gewesen wäre: Dies seien keine Menschen mehr, sondern Monster, und es gäbe nur einen Weg, mit ihnen fertig zu werden, nämlich zu töten, zu töten, zu töten!« (Klaus-Jürgen Brehm: Propaganda im Ersten Weltkrieg, Darmstadt 2013, S. 41f.)

178 Theodor Heuss: Hitlers Weg. Eine historisch-politische Studie über den Nationalsozialismus, Stuttgart/Berlin/Leipzig 1932, S. 129.

179 »Es ist das Charakteristische dieser Naturen, dass sie von altgermanischem Heldentum, von grauer Vorzeit, Steinäxten, Ger und Schild schwärmen, in Wirklichkeit aber die größten Feiglinge sind, die man sich vorstellen kann. Denn die gleichen Leute, die mit altdeutschen, vorsorglich nachgemachten Blechschwertern in den Lüften herumfuchteln, ein präpariertes Bärenfell mit Stierhörnern über dem bärtigen Haupte, predigen für die Gegenwart immer nur den Kampf mit geistigen Waffen und fliehen vor jedem kommunistischen Gummiknüppel eiligst von dannen.« (Adolf Hitler: Mein Kampf, München (851.–855. Auflage) 1943, S. 396.)

180 Joachim Fest: Hitler. Eine Biographie, 6. Aufl., Frankfurt/M. 1996, S. 533.

181 Ebd., S. 514.

182 Ebd., S. 515.

183 Siehe Die Neue Rundschau, Jg. 1933, S. 709.

184 Fest: Hitler, S. 566.

185 Ebd., S. 536.

186 Ebd., S. 572.

187 Siehe Ralf Georg Reuth: Hitlers Judenhaß. Klischee und Wirklichkeit, München/Zürich 2009.

188 Dass die Sozialdemokratie »den Kampf um das allgemeine und geheime Wahlrecht führte, freute mich innerlich. Sagte mir doch mein Verstand schon damals, dass dies zu einer Schwächung des mir so sehr verhassten Habsburgerregiments führen müsste. [...] So war mir also diese Tätigkeit der Sozialdemokratie nicht unsympathisch.« (Hitler: Mein Kampf, S. 39.)

189 Über die »Demokratie des heutigen Westens« sagt er, sie sei »der Vorläufer des Marxismus, der ohne sie gar nicht denkbar wäre« (ebd., S. 85). Dem von ihm verachteten Parlamentarismus, der stets zur Herrschaft von Inkompetenz, Feigheit, Verantwortungslosigkeit und faulen Kompromissen führe, stellt er eine »wahrhaftige germanische Demokratie der freien Wahl des Führers« entgegen, der »zur vollen Übernahme aller Verantwortung für sein Tun und Lassen« verpflichtet sei. »In ihr gibt es keine Abstimmung einer Majorität zu einzelnen Fragen, sondern nur die Bestimmung eines einzigen, der dann mit Vermögen und Leben für seine Entscheidung einzutreten hat« (ebd., S. 99).

190 Fest: Hitler, S. 543. Dort auch das nachfolgende Goebbels-Zitat.

191 Zit. nach Fest: Hitler, S. 546.

192 Ebd., S. 548.

193 Ebd., S. 565.

194 Ebd.

195 Johannes Pauli: Legitimitätsfassade. Zur Staatlichkeit der Deutschen, Neustadt a. d. Orla 2015, S. 28.

196 Zum sozialistischen Hintergrund Hitlers und den Ähnlichkeiten des nationalen mit dem internationalen Sozialismus siehe Josef Schüßlburner: Roter, brauner und grüner Sozialismus. Bewältigung ideologischer Übergänge von SPD bis NSDAP und darüber hinaus. 3. Aufl. Düsseldorf 2015.

197 Ernst Nolte: Europäische Revolutionen des 20. Jahrhunderts. Die nationalsozialistische Machtergreifung im historischen Zusammenhang, in: W. Michalka (Hrsg.): Die nationalsozialistische Machtergreifung, Paderborn/München/Wien/Zürich 1984, S. 395-410.

198 Rainer Zitelmann: Hitler. Selbstverständnis eines Revolutionärs, 4. erweiterte Neuauflage, München 1998, S. 40.

199 Ebd., S. 31.

200 Horst Möller: Die nationalsozialistische Machtergreifung. Konterrevolution oder Revolution? In: Vierteljahreshefte für Zeitgeschichte Nr. 1 (1983), S. 25-51. Hier S. 47.

201 Hitlers Tischgespräche im Führerhauptquartier 1941-1942 (Henry Pickers Aufzeichnungen), Wiesbaden 1983, S. 418. Von der Dankbarkeit Hitlers gegenüber sozialde-

mokratischen Politikern berichtet auch Hitlers Architekt Hermann Giesler: Ein anderer Hitler. Bericht seines Architekten Hermann Giesler. Erlebnisse, Gespräche, Reflexionen, Leoni am Starnberger See 1978.

202 Hitler in einer Rede vom 6. April 1927, zit. nach Zitelmann: Hitler, S. 57.

203 Hitler: Mein Kampf, zit. nach Zitelmann: Hitler, S. 84.

204 Besonders prominent ist in diesem Zusammenhang Georg Lukács: Die Zerstörung der Vernunft (1954).

205 Paul Sering (d.i. Richard Löwenthal): Der Faschismus, in: Zeitschrift für Sozialismus Nr. 24/25 (Sept./Okt. 1935), S. 765-787, S. 785ff.

206 Friedrich Pollock: Ist der Nationalsozialismus eine neue Ordnung? In: Horkheimer/Pollock/Neumann u.a.: Wirtschaft, Recht und Staat im Nationalsozialismus. Analysen des Instituts für Sozialforschung 1939-1942. Hrsg. von H. Dubiel und A. Söllner, Frankfurt/M. 1981, S. 81-109.

207 Ich setze »sozial« und »Modernisierung« im Zusammenhang mit dem Nationalsozialismus nicht in Anführungszeichen, da diese Begriffe meines Erachtens nicht per se etwas Positives bedeuten, sondern ambivalent zu bewerten sind. Und wie wohl deutlich geworden ist, verstehe ich den Nationalsozialismus als spezifischen Teil der Modernisierung.

208 Ralf Dahrendorf: Gesellschaft und Demokratie in Deutschland, München 1965, S. 432ff.

209 David Schoenbaum: Die braune Revolution. Eine Sozialgeschichte des Dritten Reiches, München 1980.

210 Zitelmann: Hitler, S. 36.

211 Hermann Rauschning: Die Revolution des Nihilismus (1938). Neu hrsg. von Golo Mann, Zürich 1964. In neuerer Zeit hat Frank Lisson den Nationalsozialismus als »Aggressionsform und Produkt des Nihilismus« angesehen. Die nationalsozialistische Bewegung machte gleichsam den Versuch, »dessen Energie nach außen zu lenken durch Imperialismus und Krieg.« (Lisson: Die Verachtung des Eigenen, S. 16.) Der »unheimliche Wille zum Nichts« des »gescheiterten Hasardeurs« Hitler und »der Mut zur Angst vor dem Nichts« im Sinne Heideggers »bilden die beiden ›deutschesten‹ Reaktionen auf den gespürten Weltzerfall infolge der Moderne, die wiederum selbst ein Kind des Nihilismus war« (ebd., S. 215).

212 Fest: Hitler, S. 523.

213 Auf die Avancen des preußischen Kultusministers Bernhard Rust, der ihm eine »Ehrenstellung ohne weitere Verpflichtung« sowie einen »Ehrensold« in der soeben gleichgeschalteten Sektion Dichtkunst der Preußischen Akademie der Künste antrug, antwortete George, dass er »irgendwelchen posten, auch ehrenhalber, der sogenannten akademie« ebensowenig wie einen Sold annehmen könne. Zwar begrüße er, »dass diese akademie jetzt unter nationalem zeichen steht«, und er betonte, dass er »seit fast einem halben

jahrhundert deutsche dichtung und deutschen geist verwaltet« habe, dies jedoch »ohne akademie, ja hätte es eine gegeben wahrscheinlich gegen sie.« Gleichwohl leugne er »die ahnherrschaft der neuen nationalen bewegung« nicht und schiebe auch seine »geistige mitwirkung nicht beiseite«, auch wenn »die gesetze des geistigen und des politischen« sehr verschieden seien. (Brief an Friedrich Morwitz vom 10. Mai 1933, zit. nach Thomas Karlauf: Stefan George. Die Entdeckung des Charisma, München 2007, S. 622.)

214 Ebd., S. 525.

215 Die Auffassung, dass das Grenzerlebnis der amerikanischen Pioniere die Wertvorstellungen und Institutionen der USA wesentlich geprägt habe, wurde vor allem von dem amerikanischen Historiker Frederick Jackson Turner vertreten. Dieser stützte sich u.a. auf den deutschen Geographen Friedrich Ratzel, auf den der Begriff des »Lebensraumes« zurückgeht. Edelbert Richter weist darauf hin, dass Turners Thesen während des Dritten Reiches auf großen Wiederhall stießen und mit der deutschen Ostkolonisation bzw. der angeblich wieder nötigen Landnahme im Osten verbunden wurden. (Siehe Richter: Für ein Ende der Halbwahrheiten. Korrekturen an unserem Bild von Judentum und Nationalsozialismus, Lüdinghausen/Berlin 2018, S. 367.) Insgesamt waren die USA und die angelsächsische Welt für Hitler vorbildlich und die nationalsozialistische Rassenideologie sowie der Sozialdarwinismus wesentlich vom amerikanischen Vorbild beeinflusst, wie Richter ausführt. Es gab »wohl vor 1933 keinen deutschen Staatsmann«, der »die Briten und Amerikaner so bewundert hat wie Hitler, und dann 1939 entsprechend enttäuscht war, als er keine Gegenliebe mehr fand« (ebd., S. 362). Anders als es die populären Ideologieversatzstücke vom »deutschen Sonderweg« und der nach 1945 endlich erreichten »Westbindung« suggerieren, orientierte sich Hitlers Außenpolitik insgesamt am Westen. Auch in dieser Hinsicht zeigt sich ein großer Gegensatz zu den Vordenkern der Konservativen Revolution, die dem »westlichen Materialismus« ablehnend gegenüberstanden und, trotz der Oktoberrevolution, z.T. für eine Orientierung nach Osten eintraten.

216 Caspar von Schrenck-Notzing: Charakterwäsche. Die Politik der amerikanischen Umerziehung in Deutschland, 2. Aufl. 1994, S. X.

217 Ebd.

218 Ebd., S. 61. Dort auch die Zitate aus Nizers Buch.

219 Ebd., S. 62.

220 Ebd.

221 Ebd., S. 63.

222 Ebd., S. 63f.

223 https://www.npr.org/templates/story/story.php?storyId=102618942. Zu Hastings Ismays Schriften: https://kingscollections.org/catalogues/lhcma/collection/i/is70-001/ (Liddell Hart Centre for Military Archives).

224 Rudolf Augstein schreibt über die drei in Potsdam konferierenden Sieger, dass sie »nach den Maßstäben des späteren Nürnberger Prozesses allesamt hätten hängen müssen. Stalin zumindest für Katyn, wenn nicht überhaupt. Truman für die völlig überflüssige Bombardierung von Nagasaki, wenn nicht schon für Hiroshima, und Churchill zumindest als Oberbomber von Dresden, zu einem Zeitpunkt, als Deutschland schon erledigt war. Alle drei hatten sogenannte ›Bevölkerungsumsiedelungen‹ verrückten Ausmaßes beschlossen, alle drei wussten, wie verbrecherisch diese vor sich gingen« (Auf die schiefe Ebene zur Republik, in: Der Spiegel 2/1985, S. 30). Derart deutliche Worte würde man im »Spiegel« heute wohl als »rechtsradikal« bezeichnen.

225 Schrenck-Notzing: Charakterwäsche, S. 54ff.

226 Max Horkheimer, zit. nach Schrenck-Notzing: Charakterwäsche, S. 114.

227 Ebd., S. 115.

228 Ebd., S. 117.

229 Zit. nach Schrenck-Notzing: Charakterwäsche, S. 121.

230 Ebd., S. 122.

231 Zit. nach Schrenck-Notzing, S. 123.

232 Genauer gesagt, unterschied man überzeugte Nazis (10 %), Nazis mit Vorbehalten (25 %), Unpolitische (40 %), passive Nazigegner (25 %) und aktive Nazigegner (10 %). Siehe Schrenck-Notzing S. 130f.

233 Ebd., S. 132.

234 Ebd., S. 134.

235 So verriet die Stellung zum eigenen Vater, »was einer im Innersten von der Demokratie hielt. Die Frage nach dem Zeitpunkt der Aufnahme des Geschlechtsverkehrs ermöglichte es, den Grad der demokratischen Gesinnung zu messen. Je früher der Zeitpunkt lag, desto demokratischer war die Gesinnung – je später, desto undemokratischer, so lautete die schlichte Formel. Doch lag in der analytischen Posse historischer Ernst. Denn die intimen Fragen wurden im Namen der Regierung der Vereinigten Staaten gestellt« (ebd., S. 142f.).

236 https://de.wikipedia.org/wiki/Marshallplan

237 Freilich kehrt das Verdrängte bis heute wieder und wirkt als Trauma fort. Der pathologische Umgang mit der »deutschen Schuld« erklärt sich z.T. auch daraus. Zur Erforschung transgenerationaler Traumata siehe Marianne Rauwald (Hg.): Vererbte Wunden: Transgenerationale Weitergabe traumatischer Erfahrungen, Weinheim 2013; Udo Baer/Gabriele Frick-Baer: Wie Traumata in die nächste Generation wirken. Untersuchungen, Erfahrungen, therapeutische Hilfen, 4. Aufl. Berlin 2014; dies.: Kriegserbe in der Seele. Was Kindern und Enkeln der Kriegsgeneration wirklich hilft, Weinheim

2018; Katharina Drexler: Ererbte Wunden heilen. Therapie der transgenerationalen Traumatisierung, 4. Aufl. Stuttgart 2019.

238 https://www.1000dokumente.de/pdf/dok_0131_ekd_de.pdf

239 Schrenck-Notzing, S. 212f.

240 Ebd., S. 223. Aufgrund jahrzehntelanger Indoktrination verbinden wir die fünfziger Jahre heute gewöhnlich nicht mit Freiheit, sondern mit überholten Moralvorstellungen. Selbst wenn man diese Ansicht teilt, trifft der Vorwurf nicht den Kern der Sache, da es Schrenck-Notzing um die geistige Freiheit, die Breite des zugelassenen Meinungsspektrums, und nicht um sexuelle Permissivität geht. »Die« Freiheit gibt es nicht, sondern nur verschiedene Grade, Abstufungen und Zumessungen von Möglichkeiten auf der einen Seite und Einschränkungen auf der anderen. Für eine hedonistische Gesellschaft ist die Zulässigkeit sexueller Entfaltungsformen der Maßstab für Freiheit; für andere Gesellschaften gelten andere Maßstäbe. Jede menschliche Gemeinschaft hat ihre spezifischen Freiheiten und Tabus, ja sogar ihr »lebenswertes« und »lebensunwertes« Leben. In unserer Gesellschaft besteht letzteres aus den Jahr für Jahr hunderttausendfach abgetriebenen ungeborenen Kindern.

241 Ebd., S. 275.

242 Ebd., S. 278.

243 Ebd., S. 279f.

244 Ebd., S. 280.

245 Ebd.

246 Auch »konservative« Kritiker der rot-grünen Koalition stellten meist nicht das geistige Erbe von 1968 in Frage, sondern thematisierten lediglich die gewalttätige Vergangenheit ehemaliger Protagonisten wie Joschka Fischer, die zumeist als »Jugendsünde« abgetan wurde – insbesondere von denen, die täglich vor »rechter Gewalt« warnten.

247 Götz Aly: Unser Kampf 1968 – Ein irritierter Blick zurück, Frankfurt 2008, S. 169ff.

248 »Die Freigabe aller Dinge« – Interview mit Peter Sloterdijk, in: Focus Nr. 31/2005, S. 51-54, hier S. 54.

249 Das gilt auch für die Frauenemanzipation, deren Vordenker zunächst Männer wie Karl Marx und August Bebel waren.

250 Auch der Nationalsozialismus war eine männlich dominierte Bewegung; seine Organisationsform hatte stark männerbündische Züge; gewählt wurde Hitler aber überproportional von Frauen.

251 Stolz und Schuld – 16 Rebellen von damals diskutieren über »68« und die Folgen, in: Der Spiegel vom 29. Oktober 2007, abgerufen unter http://www.spiegel.de/spiegel/print/d-53440346.html

252 Karlheinz Weißmann: Kulturbruch ’68. Die linke Revolte und ihre Folgen, Berlin 2017, S. 206

253 Ebd., S. 206f.

254 Ebd., S. 207.

255 Ebd., S. 43.

256 »Als Adorno am 22. April 1969 seine Vorlesung zur ›Einführung in dialektisches Denken‹ beginnen wollte, näherten sich dem Pult im Hörsaal drei junge Frauen, die plötzlich ihre Lederjacken auszogen, ihre Brüste entblößten und anfingen, um Adorno herumzutanzen, und ihn zu küssen versuchten. Adorno verließ fluchtartig den Hörsaal. Er kehrte nicht mehr zurück« (ebd., S. 143f.). Drei Wochen später verstarb er.

257 Solche postkolonialen asiatischen Leistungszentren wie Singapur zeigen in größter Deutlichkeit, was von der linken Standardtheorie, der Reichtum der »Ersten Welt« beruhe auf der Ausbeutung der Dritten, zu halten ist. Ihnen stehen afrikanische Länder gegenüber, die heute bettelarm sind und niemals – oder nur für relativ kurze Zeit – westliche Kolonien gewesen sind. Wesentlich aussagekräftiger als diese Variante europäischer Selbstbeschuldigung ist die positive Korrelation zwischen dem Wohlstand eines Landes und der statistisch gemessenen Intelligenz seiner Bevölkerung. Abweichungen ergeben sich typischerweise nach oben, wo Bodenschätze für einen höheren, oder nach unten, wo ungünstige ökonomische Einflüsse (Sozialismus) für einen niedrigeren Wohlstand sorgen, als aufgrund des Intelligenzniveaus der Bevölkerung wahrscheinlich wäre, aber auch diese Verzerrungen sind systematisch erklärbar. Statt auf der Ausbeutung durch die Kolonialmächte (die ihre Kolonien zwar verwerflicherweise von ihrer ursprünglichen Kultur entfremdet, sie andererseits aber auch technisiert und ihre Infrastruktur aufgebaut haben) beruht die Armut Afrikas wesentlich auf der statistisch minderen Intelligenz seiner Bewohner sowie auf Mentalitäten, die für das Gedeihen einer modernen Ökonomie nicht förderlich sind. Dies bedeutet nicht unbedingt, dass Intelligenz zwangsläufig mit genetischen und physiognomischen Merkmalen verbunden ist, die man früher – und in der biologischen Anthropologie auch weiterhin – mit dem Konzept der »Rasse« verbunden hat. Zudem ist die Intelligenz einer Population nicht statisch gegeben, sondern durch verschiedene Maßnahmen beeinflussbar, die z.T. jedoch schwer anwendbar sind (geeignete Schulbildung, genetische Selektion durch Familienplanung etc.).

258 Herbert Marcuse: Repressive Toleranz, in: Robert Paul Wolff, Barrington Moore und ders.: Kritik der reinen Toleranz [1965], Frankfurt/M. 1966, S. 91-128, hier S. 121.

259 Weißmann: Kulturbruch ’68, S. 112.

260 Ebd., S. S. 109f.

261 Jürgen Habermas: Die Scheinrevolution und ihre Kinder, zit. nach Weißmann: Kulturbruch ’68, S. 118f.

262 Weißmann: Kulturbruch ’68, S. 116f.

263 Ebd., S. 117.

264 Laut Weißmann solidarisierten sich mit dem Kongress u.a. Ernst Bloch, Helmut Gollwitzer, Eric Hobsbawm, Bertrand Russell, Jean-Paul Sartre, Luchino Visconti, Michelangelo Antonioni und Pier Paolo Pasolini oder schickten Grußbotschaften (ebd., S. 122). Die Achtundsechziger hatten also einflussreiche Fürsprecher.

265 Ebd., S. 123.

266 Aber damals war es tatsächlich ein Bündnis aus der Mitte der Gesellschaft und nicht, wie heute, eines der »Eliten« gegen diese.

267 Peter Furth: Kategorielles zur Political Correctness, in: Massendemokratie. Über den historischen Kompromiss zwischen Liberalismus und Sozialismus als Herrschaftsform, S. 77-103, hier S. 80. Feministinnen – oder Frauen, die sich als solche bezeichnen – stellen also, wenn sie ihre Umwelt nach den Maßstäben der Politischen Korrektheit bewerten, mitnichten ihre emanzipatorische Freiheit und Unabhängigkeit unter Beweis.

268 Ebd., S. 79.

269 Ebd., S. 86f.

270 Ebd., S. 82f.

271 Ebd., S. 83.

272 Ebd., S. 89f.

273 Tatsächlich bestreitet niemand, dass sich mit dem biologischen Geschlecht auch soziokulturelle Rollen verbinden, die durch die Biologie nicht streng determiniert sind, sondern historischem und kulturellem Wandel unterliegen und sich auch kulturwissenschaftlich untersuchen lassen. In diesem Sinne wäre gegen »Gender«-Forschung nichts einzuwenden. Tatsächlich überschreitet die Gender-Ideologie aber diese Unterscheidung, ignoriert die Biologie oder erklärt ihre Ergebnisse für nichtig oder als Ausdruck »patriarchalischen Denkens« und verabsolutiert den kulturellen »Überbau« der biologisch bedingten Geschlechtsidentität. In Wahrheit sind Geschlechterrollen aber kulturelle Interpretationen des biologischen Geschlechts.

274 Furth: Kategorielles zur Political Correctness, S. 87.

275 Sophie Liebnitz: Tote weiße Männer lieben, Schnellroda 2018. Dort analysiert sie (S. 14ff.) beispielsweise eine Stellenausschreibung der Universität Princeton, in der ein Mediziner gesucht wird, der auch über einen Abschluss in »women's and gender studies« verfügen, mit »diversity centers« kooperieren und einer Initiative mit dem Namen »Men's Allied Voices for a Respectful and Inclusive Community« vorstehen soll. Dabei gehört u.a. die Betreuung von »Überlebenden« sexueller Belästigung zu seinen Aufgaben, aber auch die »Erziehung und Programmierung erwachsener Männer«. »Kernaufgabe der Position ist die Propagierung ›gesunder Männlichkeit‹ – offenbar ein Gegenbegriff zur überall kursierenden ›toxic masculinity‹, sprich, dem normalen

Verhalten normaler Männer in normalen Situationen. In die Machtbefugnisse des ›Managers‹ fällt es, Pflichtkurse für Studenten, die eines sexuellen Fehlverhaltens beschuldigt werden, einzuführen. [...] Das Fehlverhalten muss nicht erst nachgewiesen sein, die Anschuldigung genügt, um einer Zwangsschulung unterworfen zu werden.« (S. 16) Der klassische rechtsstaatliche Grundsatz in dubio pro reo (im Zweifel für den Angeklagten) wird durch die Politischen Korrektheit also in sein Gegenteil verkehrt: Behauptet ein Mitglied einer privilegierten »Minderheit« oder »Opfergruppe«, »diskriminiert« worden zu sein, so liegt die Beweislast bei dem Beschuldigten. Große Teile oder gar eine Mehrheit der Bevölkerung unter Generalverdacht zu stellen und beispielsweise Männlichkeit zu pathologisieren – oder auch einen »Extremismus der Mitte« zu postulieren –, ist ein typisches Merkmal totalitärer Herrschaftsformen.

276 Ebd., S. 22. Stattdessen ignorieren und tabuisieren sie die Widersprüche ihrer Ideologie aus ihrer Machtarroganz heraus, wie Sophie Liebnitz anschaulich schildert. Einerseits sollen Rasse und Geschlecht nur Konstrukte sein, trotzdem werden Rassismus und Sexismus ständig beklagt. Einerseits darf nicht diskriminiert werden, andererseits spricht man sexistisch von »toxischer Männlichkeit«. Einerseits hält man Quoten für nötig und betrachtet Frauen damit als förderungs- und schutzbedürftig, andererseits betont man, dass sie genauso leistungsfähig sind wie Männer. Eine besonders absurde Konsequenz des Gender-Feminismus ist schließlich die Gleichstellung von biologischen Frauen und Transsexuellen, die in den USA in manchen sportlichen Disziplinen mittlerweile als Frauen antreten dürfen, was die Chancengleichheit zunichtemacht.

277 Siehe Lisson: Die Verachtung des Eigenen, S. 213f.

278 Ebd., S. 16.

279 Furth: Kategorielles zur Political Correctness., S. 91.

280 Ebd., S. 91f.

281 Manfred Kleine-Hartlage: »Neue Weltordnung« – Zukunftsplan oder Verschwörungstheorie? Schnellroda 2012, S. 79.

282 Furth: Kategorielles zur Political Correctness, S. 101f.

283 Kleine-Hartlage: »Neue Weltordnung«, S. 89f.

284 Ebd., S. 91.

285 Ebd., S. 90.

286 Wer, wie der Verfasser dieses Buches, Pegida-Demonstrationen mehrfach besucht hat, wird dort allerdings eher einen Querschnitt der gesamten Bevölkerung (einschließlich Menschen mit Migrationshintergrund) angetroffen haben – mit Ausnahme von Beamten und anderen staatsnahen Berufsgruppen, die in besonderer Weise Repressalien zu befürchten haben. Mittlerweile sind jedoch selbst Gastwirte, die z.B. der AfD Räume vermieten, schon von Repressionen wie Androhungen von Lizenzkündigungen, Boykottmaßnahmen und offener Gewalt durch die Antifa betroffen.

287 http://www.spiegel.de/politik/deutschland/urteil-bundespraesident-gauck-darf-npd-anhaenger-spinner-nennen-a-974267.html

288 https://philosophia-perennis.com/2017/05/17/ndr-nazi-schlampe/

289 http://www.pi-news.net/2012/04/felix-menzel-wegen-beleidigung-verurteilt/ Ungeachtet der größeren medialen Erregung über rechte als über linke oder politisch korrekte Hasstiraden ist in den letzten Jahren eine Verrohung der Ausdrucksweise in allen Lagern festzustellen. Diese liegt jedoch nicht, wie allgemein unterstellt, am »Rechtspopulismus« und dessen angeblicher Neigung zu »Hass« und »Gewalt«, sondern zum einen an der scheinbaren Anonymität des Internet, die die Hemmschwelle senkt, und zum anderen an der Spaltung der Gesellschaft durch die herrschende Politik und die Massenmedien infolge der multikulturalistischen Agenda.

290 Ulrich Teusch: Lückenpresse. Das Ende des Journalismus, wie wir ihn kannten, Frankfurt/M. 2016 (4. Aufl. 2017), S. 52f.

291 http://www.presserat.de/pressekodex/pressekodex

292 Tilmann Steffen: Presserat wehrt Änderung des Pressekodex ab (Zeit online vom 9. März 2016), https://www.zeit.de/gesellschaft/2016-03/diskriminierung-taeter-koeln-silvesternacht-presserat.

293 Auf zwei besonders niveaulose Entgleisungen linker Medienhetze der letzten Jahre sei exemplarisch verwiesen: Die kurdischstämmige Journalistin Mely Kiyak nannte den zuwanderungskritischen Buchautor und früheren Berliner Finanzsenator Thilo Sarrazin, dessen rechte Gesichtshälfte seit einer Tumoroperation teilweise gelähmt ist, in einer Kolumne der Berliner Zeitung sowie der Frankfurter Rundschau von Mai 2012 eine »lispelnde, stotternde, zuckende Menschenkarikatur«, wofür sie in alternativen Medien, aber auch in »Bild« und »Welt«, kritisiert wurde. Im Dezember desselben Jahres nahm sie der türkischstämmige damalige taz-Redakteur Deniz Yücel in Schutz und sagte mit Bezug auf Sarrazins Gesichtslähmung, die er – obwohl ihre Ursache schon durch die Diskussion über Kiyaks Ausfälle allgemein bekannt war – für die Folge eines Schlaganfalls hielt, er wünsche Sarrazin einen weiteren und noch schwereren Schlaganfall. Die taz wurde daraufhin zur Zahlung von 20.000 Euro Entschädigung an Sarrazin verurteilt. Der weiteren Karriere von Kiyak und Yücel schadeten diese Niveaulosigkeiten nicht: 2014 erhielten beide Journalisten, die schon zuvor mit zahlreichen Preisen bedacht wurden, einen »Sonderpreis« als »Journalisten des Jahres« vom »Medium Magazin für Journalisten«, 2015 folgte für Kiyak ein Stipendium des (rot-schwarzen) Berliner Senats, und Yücel wurde, im Zusammenhang mit seiner Inhaftierung in der Türkei, 2017 mit dem Theodor-Wolff-Preis, dem Preis für die Freiheit und Zukunft der Medien und dem Dr. Karl Renner Solidaritätspreis für Publizistik ausgezeichnet. Unwissenheit und Pöbelei schaden einem Journalisten also nicht, sondern steigern seine Popularität und bringen ihn voran, wenn er nur die »richtige« Gesinnung vertritt.

294 »Eine junge Frau aus Kuwait, die sich mit ihrem Vornamen ›Nayirah‹ vorstellte, gab am 10. Oktober 1990 vor einem informellen Menschenrechtskomitee des US-Kon-

gresses unter Tränen eine Erklärung ab: Sie habe als kuwaitische Hilfskrankenschwester freiwillige Arbeit im Al-Adnan-Krankenhaus in Kuwait-Stadt geleistet und sei dabei Zeugin des Eindringens irakischer Soldaten geworden. Sie sagte: ›Ich habe gesehen, wie die irakischen Soldaten mit Gewehren in das Krankenhaus kamen..., die Säuglinge aus den Brutkästen nahmen, die Brutkästen mitnahmen und die Kinder auf dem kalten Boden liegen ließen, wo sie starben.‹ Erst nach dem Krieg wurde bekannt, dass sie die fünfzehnjährige Tochter des kuwaitischen Botschafters Saud Nasir as-Sabah in den USA war. Ihr Vater saß während ihrer Aussage vor dem Kongress-Komitee als Zuhörer im Publikum. Ihr Bericht war frei erfunden, und die Jugendliche hatte dort nie gearbeitet. Die kuwaitische Regierung hatte aus dem Exil heraus die amerikanische PR-Agentur Hill & Knowlton für zehn Millionen US-Dollar beauftragt, in der amerikanischen Öffentlichkeit für ein militärisches Eingreifen der USA zugunsten Kuwaits zu werben.« (https://de.wikipedia.org/wiki/Brutkastenlüge)

295 Ein Beispiel aus neuerer Zeit ist etwa die sogenannte Wulff-Affäre von 2011/12. Dem damaligen Bundespräsidenten Christian Wulff wurde u.a. vorgeworfen, einen verbilligten Privatkredit für den Kauf seines Eigenheimes erhalten und darüber öffentlich falsche Angaben gemacht zu haben. Als er von der geplanten Berichterstattung der Bild-Zeitung erfuhr, rief er bei deren damaligem Chefredakteur Kai Diekmann an, sprach ihm, da er ihn nicht erreichte, auf die Mailbox und drohte ihm u.a. mit einer Strafanzeige. In den Medien wurde dies als Angriff auf die Pressefreiheit gesehen; Wulff hingegen verteidigte sich damit, dass er nur eine Verschiebung des Berichts erreichen wollte. Die Affäre, zu der noch weitere Vorwürfe hinzukamen, führte zu Wulffs Rücktritt am 17. Februar 2012. Im folgenden Jahr wurde er vom Landgericht Hannover vom Verdacht der Vorteilsnahme und Vorteilsgewährung freigesprochen.

296 Siehe Peter Denk: Lügenpresse, Gelnhausen 2015, S. 14f. Dort auch die nachfolgenden Angaben der Jahreszahlen. Das relative Alter des Begriffs und seine Verwendung bereits zu einer Zeit, als man unter »Presse« nur Druckerzeugnisse verstand, ist auch die Ursache dafür, dass sich »Lügenpresse« und nicht »Lügenmedien« eingebürgert hat.

297 »Der Schritt zum Massenmedium erfolgte im 19. Jahrhundert, denn nun war ein deutlicher Fortschritt in der Drucktechnologie zu verzeichnen.« Parallel wuchs die Alphabetisierung der Bevölkerung: »Während um 1750 in Deutschland nur knapp 10 Prozent der Bevölkerung lesen und schreiben konnte, waren es 1871 schon 88 Prozent.« (ebd., S. 18)

298 Ebd.

299 Ebd., S. 21ff.

300 Ebd., S. 22.

301 Ebd., S. 96. Dort auch die weiteren Informationen.

302 Siehe https://de.wikipedia.org/wiki/Friede_Springer. Die Verlegerin wurde selbstverständlich mit zahlreichen Preisen und Verdienstorden ausgezeichnet, darunter das Bundesverdienstkreuz, der Verdienstorden des Landes Berlin, der Bayerische Verdienst-

orden, die Ehrendoktorwürde der Ben-Gurion-Universität des Negev, der Leo-Baeck-Preis als höchste Auszeichnung des Zentralrats der Juden in Deutschland, der Preis für Verständigung und Toleranz des Jüdischen Museums Berlin, und die Moses Mendelssohn Medaille des Moses Mendelssohn Zentrums für europäisch-jüdische Studien. Stellvertretend für ihren verstorbenen Mann nahm sie 2014 auch den Theodor-Herzl-Preis des World Jewish Congress entgegen. Die Vielzahl jüdischer Auszeichnungen spiegelt Springers Unternehmensphilosophie wider, zu der – für jeden Mitarbeiter – ein Bekenntnis zu Israel (sowie zur deutsch-amerikanischen Freundschaft) gehört.

303 https://de.wikipedia.org/wiki/Hubert_Burda

304 Zit. nach https://de.wikipedia.org/wiki/Pressefreiheit.

305 »Pressefreiheit sank 2014 ›dramatisch‹«, in: Der Standard vom 12. Februar 2015.

306 Siehe https://de.wikipedia.org/wiki/Reporter_ohne_Grenzen

307 Elke Groß und Ekkehard Sieker: Mission Desinformation, in: Junge Welt vom 1. August 2007.

308 Siehe https://de.wikipedia.org/wiki/Reporter_ohne_Grenzen

309 Massenmediale Ideologieproduktion – Ein Interview mit Rainer Mausfeld, in: Jens Wernicke: Lügen die Medien? Propaganda, Rudeljournalismus und der Kampf um die Öffentliche Meinung, Frankfurt/M. 2017, S. 134-153, hier S. 135.

310 Ebd., S. 134.

311 Noam Chomsky: Der Mythos der freien Presse, in: Wernicke: Lügen die Medien?, S. 107-122, S. 139.

312 Ebd., S. 109f.

313 Ebd., S. 112.

314 Ebd., S. 110.

315 Ebd., S. 113.

316 Bernd Hamm: Das Ende der Demokratie … wie wir sie kennen, in: Ulrich Mies/Jens Wernicke (Hg.): Fassadendemokratie und Tiefer Staat – Auf dem Weg in ein autoritäres Zeitalter, S. 27- 46, S. 28.

317 https://de.wikiquote.org/wiki/Theodore_Roosevelt

318 http://www.jjahnke.net/rundbr38.html#tiet

319 https://www.youtube.com/watch?v=_xX81rV64II, ab Minute 4:30.

320 Rainer Mausfeld: Phänomene eines »Tiefen Staates« als Erscheinungsformen des autoritären Kapitalismus, in: Ulrich Mies/Jens Wernicke (Hg.): Fassadendemokratie und Tiefer Staat – Auf dem Weg in ein autoritäres Zeitalter, S. 47-61, S. 47.

321 Ebd., S. 49f.

322 Zit. nach Mausfeld, ebd., S. 51.

323 Michael Butter: »Nichts ist, wie es scheint«. Über Verschwörungstheorien, Berlin 2018, S. 62f.

324 Mausfeld: Phänomene eines »Tiefen Staates« als Erscheinungsformen des autoritären Kapitalismus, S. 61.

325 Massenmediale Ideologieproduktion – Ein Interview mit Rainer Mausfeld, S. 149.

326 Ebd., S. 148f.

327 Der Begriff ist ein wenig irreführend, da es sich bei der Bewusstseinsindustrie nicht um eine Branche neben anderen handelt, sondern um die Art und Weise, wie sich das System überhaupt im Dasein erhält.

328 Wie globale Nachrichtenagenturen und westliche Medien Propaganda verbreiten. Ein Beitrag der Forschungsgruppe zu Propaganda in Schweizer Medien, in: Jens Wernicke: Lügen die Medien?, S. 154-177, S. 155.

329 https://de.wikipedia.org/wiki/Bild_(Zeitung)

330 Udo Ulfkotte: Gekaufte Journalisten – Wie Politiker, Geheimdienste und Hochfinanz Deutschlands Massenmedien lenken, S. 115. Ulfkotte war viele Jahre selbst Redakteur der FAZ und galt als Experte für Geheimdienste, Islamismus und den Nahen Osten. Interessanterweise wurde er wegen der in diesem Buch aufgestellten Behauptungen über zahlreiche Kollegen und deren in seinen Augen unlautere Nähe zur Politik, zu transatlantischen Organisationen oder zu Geheimdiensten nicht verklagt, sondern sein Buch wurde als »verschwörungstheoretisch« abgetan. 2017 ist der »umstrittene Publizist«, soweit man weiß, an Herzversagen verstorben.

331 Zit. nach Ulfkotte, ebd., S. 117.

332 Ebd., S. 138f.

333 Zit. nach Ulfkotte, ebd., S. 139.

334 Zit. nach http://www.berliner-zeitung.de/archiv/ein-whos-who-der-politik-und-wirtschaft,10810590,9990036.html. Es ist vielleicht kein Zufall, dass sich diese Zahl mit derjenigen der reichen Männer deckt, die laut FAZ-Mitbegründer Paul Sethe die Freiheit haben, ihre Meinung zu verbreiten, worin die sogenannte »Pressefreiheit« bestünde.

335 Ulfkotte: Gekaufte Journalisten, S. 137.

336 https://de.wikipedia.org/wiki/Atlantik-Brücke

337 Ebd.

338 Ulfkotte, Gekaufte Journalisten, S. 154-157. Dieser Kontakt impliziert nicht in jedem Fall, dass die genannten Personen Mitglieder der Atlantik-Brücke oder ihrer »Young Leaders« sind oder waren, sondern bedeutet lediglich, dass sie laut Eigenangaben der Organisation an Veranstaltungen der Atlantik-Brücke teilgenommen haben.

339 https://www.atlantik-bruecke.org/programme/preisverleihungen/vernon-a-walters-award/

340 Ulfkotte: Gekaufte Journalisten, S. 147.

341 Ebd.

342 Ebd., S. 125f. Kai Diekmann war von 1998 bis 2000 Chefredakteur der »Welt am Sonntag« und von 2001 bis 2015 Chefredakteur der Bild-Zeitung sowie Gesamtherausgeber der Bild-Gruppe. Gegenwärtig ist er als Unternehmensberater, politischer Berater und in der Vermögensverwaltung in den USA tätig. Leo Kirch war Gründer der Kirch-Gruppe, die bis zu ihrer Insolvenz 2002 zu den größten deutschen Medienunternehmen gehörte und maßgeblich am Aufbau des Privat- und Bezahlfernsehens beteiligt war.

343 http://www.eurotopics.net/de/home/presseschau/archiv/magazin/politik-verteilerseite/frankreich-2008-07/artikel_scalbert/ Arnault ist einer der reichsten Menschen der Welt: »Auf der vom Wirtschaftsmagazin Forbes Magazine veröffentlichten Liste der reichsten Menschen der Welt 2018 wird sein Vermögen mit ca. 75 Milliarden US-Dollar angegeben, womit er Platz 4 bzw. laut dem Finanzdienst Bloomberg Platz 6 belegt. Der studierte Ingenieur ist seit 1985 Mehrheitseigner der Christian Dior S.A. und seit 1989 PDG des Luxusgüter-Konzerns LVMH Moët Hennessy – Louis Vuitton (LVMH), zu dem unter anderem Marken wie der Lederartikel-Hersteller Louis Vuitton, der Champagner-Fabrikant Moët & Chandon und der Cognac-Hersteller Hennessy gehören. Über seine Holding Groupe Arnault besitzt er 70,4 % der Anteile der Firma Christian Dior sowie über eine Tochtergesellschaft und eigenen Aktienbestand insgesamt fast 47 % der Aktien von LVMH (mit über 64 % der Stimmrechte). Er ist zudem Eigentümer der Wirtschaftszeitung Les Échos.« Quelle: https://de.wikipedia.org/wiki/Bernard_Arnault

344 https://de.wikipedia.org/wiki/Edward_Bernays

345 Ebd.

346 Selbstverständlich handelt es sich auch um Framing, wenn ich diese als »nonkonform« und nicht z.B. als »rechtspopulistisch« bezeichne.

347 Besondere Aufmerksamkeit erlangte im Februar 2017 ein geleaktes »Framing Manual«, das vom Berkeley International Framing Institute für die ARD erstellt worden war und Strategien der Meinungsmanipulation zu Gunsten des öffentlich-rechtlichen Rundfunks entwirft. Insbesondere geht es darum, diesen gegen die Kritiker der Zwangsgebühren zu verteidigen und »positive Gefühle« (statt Argumente) zu vermitteln. https://cdn.netzpolitik.org/wp-upload/2019/02/framing_gutachten_ard.pdf

348 Zur »Mythologie« des Medienzeitalters siehe das Standardwerk von Roland Barthes: Mythen des Alltags, Frankfurt 1964 (franz. Erstausgabe: Mythologies, Paris 1957).

349 In Berichten deutscher Medien zum französischen Präsidentschaftswahlkampf 2017 wurden Fotos der Kandidatin des Front National (jetzt Rassemblement National) Marine Le Pen häufig so bearbeitet, dass sie nahezu grau erschien, während das unmittelbar daneben abgebildete Gesicht Emmanuel Macrons in frischen Farben leuchtete. Das Abschneiden des Halses oder der unteren Gesichtspartie auf Fotos ist zuweilen bei korpulenten »unerwünschten« Politikern zu erkennen, die dadurch noch übergewichtiger wirken und kaum über den Bildrand zu sehen scheinen, so als würden sie durch ein zu hohes Fenster blicken. Dieses Fenster, also der Bildrahmen, verdeutlicht gleichsam die politische Öffentlichkeit, zu der ihnen visuell der Zutritt verwehrt wird.

350 So bei dem früheren Vorsitzenden der Republikaner Franz Schönhuber oder ähnlich bei dem ehemaligen FPÖ-Vorsitzenden und österreichischen Vizekanzler Heinz-Christian Strache, dem man 2007 vorwarf, er habe auf alten Fotos den »Kühnen-Gruß« (mit drei Fingern) gezeigt. Der Münchner Stadtrat Karl Richter (Bürgerinitiative Ausländerstopp) soll bei seiner Vereidigung 2008 den Hitlergruß gezeigt haben, wofür er zu einer Geldstrafe verurteilt wurde. Auf den veröffentlichten Fotos ist dies nicht eindeutig zu erkennen. Auch von unbekannten Teilnehmern migrationskritischer bzw. »rechtspopulistischer« Demonstrationen wird dergleichen oft behauptet. Zweifellos kommt es auch tatsächlich vor, dass bei solchen Anlässen verfassungswidrige Kennzeichen gezeigt werden – was dann von den Medien reißerisch ausgeschlachtet und verallgemeinert wird –, aber nicht selten handelt es sich um bewusste Verfälschungen.

351 Damit die Einflussnahme auf die Medienlandschaft nicht so offenkundig erscheint, entschied sich der Bundestag im November 2019 dafür, die Zusteller von Abo-Zeitungen finanziell zu fördern, was indirekt auch die Zeitungsverlage entlastet: »Der Staat steigt in die Förderung der Zeitungszustellung in Deutschland ein. Der Bundestag beschloss am Freitag in Berlin mit den Stimmen der großen Koalition den Haushalt für 2020, in dem auch 40 Millionen Euro für die Zustellung von Abonnementzeitungen und Anzeigenblättern vorgesehen sind. Das Geld soll eine temporäre Hilfe bei der digitalen Transformation für Abo-Zeitungen und der lokalen Vielfalt von Anzeigenblättern sein – zeitlich begrenzt auf fünf Jahre. [...] Hintergrund der staatlichen Hilfe sind rückläufige Auflagenzahlen von Tageszeitungen in Deutschland inmitten des digitalen Wandels. Die Verlage lassen ihre Zeitungen bislang bis in die hintersten Winkel Deutschlands austragen. Die Unternehmen beklagen gestiegene Kosten – dies auch wegen Veränderungen in den Verlagsstrukturen infolge der Einführung des gesetzlichen Mindestlohns für Zeitungszusteller, der seit 2018 gilt.« Besonders engagiert setzte sich die SPD für diese Neuregelung ein, die über die Deutsche Druck- und Verlagsgesellschaft an zahlreichen Zeitungsverlagen beteiligt ist. https://www.wuv.de/medien/staat_foerdert_zeitungszustellung

352 Colin Crouch: Postdemokratie. Aus dem Englischen von Nikolaus Gramm, Frankfurt (12. Aufl.) 2015, S. 10. Vgl. auch Karlheinz Weißmann: Post-Demokratie, Schnellroda 2009.

353 Colin Crouch über Postdemokratie. »Ein schizophrener Moment«, die tageszeitung (14. Februar 2009).

354 Thierry Baudet: Der Angriff auf den Nationalstaat, Rottenburg 2015, S. 13.

355 Die Attacken können auf äußere Feinde zurückgehen oder auch auf eine innerstaatliche Obrigkeit, die nationale Minderheiten unterdrückt. Vgl. Hugh Seton-Watson: Nations and States. An enquiry into the origins of nations and the politics of nationalism, Colorado 1977; Oliver Zimmer: Nationalism in Europe, 1890-1940, New York 2003, und Baudet: Nationalstaat, S. 235ff.

356 Thomas P.M. Barnett unterscheidet diese erste Stufe der Globalisierung in Gestalt von Imperialismus und Kolonialismus, die im Ersten Weltkrieg zugrunde ging, von einer zweiten in den zwanziger Jahren, gegen die sich die faschistischen/nationalsozialistischen Bewegungen richteten, sodann der dritten von der Nachkriegszeit bis in die achtziger Jahre und schließlich der vierten Globalisierungsstufe seit dem Untergang der Sowjetunion und dem Beginn des Internetzeitalters. Richtigerweise sollte man von den Globalisierungsphasen des Industriezeitalters sprechen, denn Globalisierungstendenzen gibt es mindestens seit der frühen Neuzeit. Eventuell kann man auch antike Imperien wie vor allem das Römische Reich als Ausprägungen einer Globalisierung im Rahmen der damals in Europa bekannten Welt ansehen.

357 Zuweilen tritt dieser destruktive Selbsthass, der oft auf eigener Entwurzelung beruht, hinter der üblichen humanitären Maskierung mit erschreckender Deutlichkeit hervor. So pries Alan Posener in der »Welt« Doppel- und Mehrfachstaatsbürgerschaften mit dem »Argument«, dass sie den »Mythos der Identität«, der angeblich soviel Unheil anrichte, »zersetzen.« Klarer kann man seine Agenda kaum formulieren. Es geht einem Globalisten und »Transatlantiker« wie Posener darum, funktionierende Staatsgebilde, die Grundlagen jeder Rechtsstaatlichkeit, zu zersetzen, weil Identität in seiner Ideologie generell ein Problem darstellt. https://www.welt.de/debatte/kommentare/article187179888/Staatsbuergerschaft-Je-mehr-Leute-Zweitpass-haben-desto-besser.html?wtrid=onsite.onsitesearch

358 Baudet: Nationalstaat, S. 241.

359 Baudet: Nationalstaat, S. 226f.

360 Hugh Seton-Watson: Nations and States, S. 467f.

361 Joseph Goebbels: Das Europa der Zukunft, in: Walter Lipgens (Hg.): Documents on the History of European Integration, Berlin/New York 1985, S. 73.

362 Siehe Walter Hewel: Record of conversation between Hitler and the Finnish foreign minister, R. Witting, 28. November 1941, in Lipgens: Documents, S. 94.

363 John Laughland: The Tainted Source. The undemocratic origins oft he European Union, London 1998, S. 15.

364 Thomas P.M. Barnett: Drehbuch für den 3. Weltkrieg. Die zukünftige neue Weltordnung. Aus dem Englischen von Christine Mey und Dr. Baal Müller, Gelnhausen/Roth 2016, S. 319f. (Originalausgabe: Blueprint for Action: A Future Worth Creating, G.P. Putnam's Sons, 2005.) Der militärische Analytiker und Vordenker der Globalisierung verrät hier nicht nur einiges über die persönlichen Motive seiner Arbeit, sondern offenbart ein erstaunliches Wissen über das Aussehen bzw. die »Rasse« Jesu! Michael Friedrich Vogt verweist in seiner Einleitung zur deutschen Ausgabe von Barnetts Buch auf dessen Nähe zum Denken des Grafen Richard Nikolaus Coudenhove-Kalergi, des Gründers der Paneuropa-Union. Dieser prophezeite in seinem Buch »Praktischer Idealismus. Adel – Technik – Pazifismus« (Wien/Leipzig 1925): »Der Mensch der fernen Zukunft wird Mischling sein. Die heutigen Rassen und Kasten werden der zunehmenden Überwindung von Raum, Zeit und Vorurteil zum Opfer fallen. Die eurasisch-negroide Zukunftsrasse, äußerlich der altägyptischen ähnlich, wird die Vielfalt der Völker durch eine Vielfalt der Persönlichkeiten ersetzen« (S. 22f.). Seiner Auffassung nach verbinden »Mischlinge« vielfach »Charakterlosigkeit, Hemmungslosigkeit, Willensschwäche, Unbeständigkeit, Pietätlosigkeit und Treulosigkeit mit Objektivität, Vielseitigkeit, geistiger Regsamkeit, Freiheit von Vorurteilen und Weite des Horizonts« (ebd., S. 21). Die Nichte des geistigen Ahnherrn der EU, Barbara Coudenhove-Kalergi, schrieb im österreichischen »Standard« (7. Januar 2015) angesichts der beginnenden »Flüchtlingskrise« voller Euphorie: »Europa bekommt ein neues Gesicht, ob es den Alteingesessenen passt oder nicht.« Die Durchmischung sei »unumkehrbar«. https://www.derstandard.at/story/2000010102927/eine-voelkerwanderung

365 Baudet: Nationalstaat, S. 239f.

366 Karlheinz Weißmann: Nation?, S. 113.

367 Raymond Aron: Is multinational citizenship possible?, in: Social Research. An international quarterly of the social sciences, vol. 41, no. 4 (Winter 1974), S. 638-656; S. 655.

368 Roger Scruton: England and the Need for Nations, London 2004, S. 9.

369 Während die technisch bedingte Zivilisation einen weltumspannenden Charakter hat, zeigen Kulturen laut Reinhard Falter stets ein regionales Gepräge. Zum Verhältnis von Kultur und Landschaft siehe Falter: Natur prägt Kultur: der Einfluß von Landschaft und Klima auf den Menschen. Zur Geschichte der Geophilosophie, München 2006.

370 Ebd., S. 251.

371 Baudet verweist neben dem militärischen als dem schlagkräftigsten, aber nicht dem Alltagsbewusstsein entsprechenden Argument auch auf gesetzliche Konflikte, denen man unterliegen kann, wenn bestimmte Handlungsweisen in dem einen Land erlaubt und im anderen verboten sind. Auch hier würde der »Weltbürger« zweifellos die Notwendigkeit einheitlicher Gesetze – also letztlich eines Weltstaates – anmahnen.

372 Thomas P.M. Barnett entwirft dieses globalistische Modell mit den USA als weltweiter Ordnungsmacht in seinen Büchern »The Pentagon's New Map – War and Peace in

the Twenty-first Century« (2004, dt. Ausgabe: Der Weg in die Weltdiktatur – Krieg und Frieden im 21. Jahrhundert. Die Strategie des Pentagon, Gelnhausen/Roth 2016) und »Blueprint for Action: A Future Worth Creating (2005, dt. Ausgabe: Drehbuch für den 3. Weltkrieg – Die zukünftige neue Weltordnung, Gelnhausen/Roth 2016). Darin stellt er dem »Kern« der hochtechnisierten, demokratischen Staaten die »Lücke« der »unverbundenen«, zurückgebliebenen und primitiven Länder gegenüber, die durch schrankenlose Einwanderung in die Kernländer, wirtschaftliche Zusammenarbeit durch Investitionen und Technologie-Exporte, mediale Vernetzung, aber auch auf militärische Weise integriert, d.h. an den Kern angeschlossen werden sollen. Nationalistische und globalisierungskritische Kräfte seien schonungslos zu bekämpfen, notfalls auch zu töten: »Ja, ich gehe in meiner Sicht der Welt auch auf die irrationalen Akteure ein. Und wenn sie Gewalt gegen die globale Ordnung androhen, sage ich: Tötet sie.« (Barnett: Drehbuch, S. 319.)

373 Karl Albrecht Schachtschneider: Die Souveränität Deutschlands. Souverän ist, wer frei ist, Rottenburg 2012, S. 40.

374 Diktaturen sind aufgrund ihres Zwangscharakters instabiler, da zu große Zwänge das natürliche Freiheitsbedürfnis der Menschen unterdrücken und zu deren Auflehnung führen. Bezüglich Monarchien kann dies nicht so pauschal festgestellt werden. Inwiefern Demokratien tatsächlich stabiler sind und dem Staatsziel eher dienen als Monarchien, ist aufgrund des historisch relativ seltenen Vorkommens von Demokratien schwer auszumachen. Meist wird die Demokratie heute aufgrund weltanschaulicher Vorentscheidungen per se für die bestmögliche Staatsform gehalten, ohne dass überhaupt nach den Staatszielen gefragt wird.

375 Kant: Metaphysik der Sitten, zit. nach Schachtschneider, S. 38.

376 Schachtschneider: Souveränität, S. 17.

377 Ebd., S. 38.

378 Ebd.

379 Vgl. Cicero, auf den sich Schachtschneider beruft: »Es ist also das Gemeinwesen die Sache des Volkes, ein Volk aber nicht jede irgendwie zusammengescharte Ansammlung von Menschen, sondern die Ansammlung einer Menge, die in der Anerkennung des Rechtes und der Gemeinsamkeit des Nutzens vereinigt ist« (De re publica. Liber primus, 25). Die Anerkennung des Rechtes beruht aber auf einer gemeinsamen Kultur, nicht auf einer Zustimmung zu abstrakten Rechtsprinzipien (»Verfassungspatriotismus«), die allenfalls kulturell fundiert sein kann; und die Gemeinsamkeit des »Nutzens« ist letztlich nichts anderes als ein gemeinsamer Wille zum Fortbestand als Volk. Sähe man davon ab, hätte jeder Nutzen nur privaten Charakter.

380 Schachtschneider: Souveränität, S. 36

381 Ebd., S. 38.

382 Ebd., S. 38f.

383 Ebd., S. 39.

384 Ebd., S. 39.

385 Ebd.

386 Ebd.

387 Ebd., S. 25.

388 Ebd., S. 42f.

389 Ebd., S. 130.

390 Ebd., S. 76.

391 Ebd., S. 78.

392 Hermann Heller: Hegel und der nationale Machtstaatsgedanke in Deutschland. Ein Beispiel zur politischen Geistesgeschichte, 1921, in: ders.: Gesammelte Schriften, 1. Bd., Orientierung und Entscheidung, hrsg. von Ch. Müller, 2. Aufl. 1992, S. 143.

393 Schachtschneider: Souveränität, S. 84.

394 Ebd., S. 132.

395 Ebd., S. 148.

396 https://de.wikiquote.org/wiki/Horst_Seehofer

397 https://www.youtube.com/watch?v=yjPvpJ3n4Ds

398 Von sogenannten »Reichsbürgern« wird gerne der erste Teil dieses Urteils, der sich auf den Fortbestand des Deutschen Reiches bezieht, zitiert, der zweite hingegen missachtet, denn mit der Identität des Reiches und der BRD erübrigt sich schließlich die Frage, wie man ersterem wieder Repräsentation und Handlungsmöglichkeiten verschaffen könne.

399 Bruno Bandulet: Beuteland. Die systematische Plünderung Deutschlands seit 1945, 3. Aufl., Rottenburg 2018.

400 Ebd., S. 163.

401 Josef Foschepoth: Überwachtes Deutschland. Post- und Fernmeldeüberwachung in der alten Bundesrepublik, Göttingen 2014, S. 196.

402 Klaus Stern: Das Staatsrecht der Bundesrepublik Deutschland, Bd. V, München 2000, § 135, S. 2071.

403 »Bekanntlich leistete Margaret Thatcher 1990 [...] den stärksten Widerstand gegen die deutsche Wiedervereinigung. Gegen Kohls Bemühung, Deutschland fest in die Europäische Gemeinschaft zu integrieren, war ihr Einwand, dabei werde das Gegen-

teil herauskommen: ›Manche Leute meinen, man müsse Deutschland nur in Europa verankern, um zu verhindern, dass sich die Charakterzüge seines politischen Übergewichts wieder durchsetzen. Statt aber Deutschland in Europa zu verankern, haben wir Europa an ein neuerdings dominantes Deutschland gebunden.‹« (Edelbert Richter: Für ein Ende der Halbwahrheiten, S. 21.) In diesem Sinne nannte ihr enger Vertrauter Nicholas Ridley die Währungsunion einen »deutschen Schwindel zur Übernahme ganz Europas« (ebd.). Die Situation stellt sich paradox dar: Ist die EU denn nun ein Werkzeug zur Einbindung und Schwächung der Deutschen oder deren Mittel zur Herrschaft? Der Widerspruch löst sich auf, wenn wir die grundsätzliche Differenz zwischen den politischen Eliten Deutschlands und dem deutschen Volk bedenken. Selten hatte die deutsche Politik – nicht Deutschland – einen so großen und verheerenden Einfluss auf Europa wie in der Ära Merkel; und selten wurden die Deutschen derart ausgebeutet und in Unmündigkeit gehalten. »Deutschland« trat unter Merkel in der Tat sehr dominant auf und trug dadurch wesentlich zum Brexit wie auch zur Spaltung zwischen West- und Osteuropa bei, aber die Deutschen profitierten nicht von dieser Dominanz, sondern mussten sie bezahlen.

404 Bandulet: Beuteland, S. 170.

405 Christine Bötsch: Die Nachbefolgung des westalliierten Besatzungsrechts im Lichte des Staats- und Völkerrechts, Frankfurt/M. 2000, S. 186.

406 Bandulet: Beuteland, S. 174.

407 Ebd.

408 Ebd., S. 175.

409 Dieter Blumenwitz: Feindstaatenklauseln. Die Friedensordnung der Sieger, München 1972, S. 130f.

410 Karl Albrecht Schachtschneider: Erinnerung ans Recht. Essays zur Politik unserer Tage, Rottenburg 2016, S. 296.

411 Bandulet: Beuteland, S. 199f.

412 Ebd., S. 202.

413 In der ZDF-Talkshow »Markus Lanz« vom 13.02.2019: https://www.zdf.de/gesellschaft/markus-lanz/markus-lanz-vom-13-februar-2019-100.html?fbclid=IwAR2W4i-uqSWliD_xGv3qfx6jdUryGVwEEm4dRZYd0Xnpatt_KPLmGRxl-qfM

414 Schachtschneider: Souveränität, S. 241f.

415 Dazu Schachtschneider (ebd., S. 242f.): »Ein Gemeinwesen, in dem die öffentliche Meinung wesentlich durch staatliche, zumal integrationistische Propaganda und von oligopolistischen oder monopolistischen Medien bestimmt wird, in der kritische Meinungsäußerungen entweder nicht zur Geltung kommen oder mit Mitteln des Verfassungsschutzes und sogar des Strafrechts unterdrückt werden, ist nicht freiheitlich

und folglich nicht demokratisch.« Wie unten dargestellt, entspricht dieser Geist der Unfreiheit aber einer »Schwundstufe« der Demokratie in ihrer »Entartungsform« als Parteienoligarchie.

416 Ebd., S. 246.

417 Bandulet: Beuteland, S. 239.

418 So sagte etwa Finanzminister Theo Waigel am 8. Oktober 1992 vor dem Deutschen Bundestag: »Durch den Vertrag von Maastricht ist auch keine europaweite Umverteilungsmaschinerie angelegt.« Oder, noch absurder: »Die starke Deutsche Mark wird auch durch die Währungsunion nicht abgeschafft« (zit. nach Bandulet: Beuteland, S. 245). Mit solchen Lügen erkaufte sich die Politik die Zustimmung der deutschen Wähler zu ihrer widerrechtlichen Ausplünderung.

419 Beim Gipfel von Dublin wurde 1996 allerdings durchgesetzt, dass Überschreitungen der Schuldenobergrenze keine automatischen Sanktionen mehr zur Folge haben sollen, wie von deutscher Seite zunächst gewünscht worden war. Dementsprechend wurden noch nie Strafen verhängt. Auch Deutschland hatte von 2001 bis 2005, während der rot-grünen Regierungszeit, ein höheres Haushaltsdefizit.

420 Zit. nach Bandulet: Beuteland, S. 244.

421 Ebd.

422 Ebd., S. 245.

423 Zahlen nach Bandulet: Beuteland, S. 221ff. Siehe auch Franz-Ulrich Willeke: Deutschland. Zahlmeister der EU – Abrechnung mit einer ungerechten Lastenverteilung, München 2011.

424 Siehe: »Der Haftungspegel – die Rettungsmaßnahmen für die Euroländer und die deutsche Haftungssumme« unter www.cesifo-group.de.

425 Bandulet: Beuteland, S. 269f.

426 Schachtschneider: Souveränität, S. 257.

427 Ebd., S. 254.

428 Thorsten Hinz: Klappentext zu: Hinrich Rohbohm: Merkels Maske. Kanzlerin einer anderen Republik, Berlin 2017.

429 Ein besonders krasses, aber typisches Beispiel für ihre Banalisierungstendenz lieferte sie, als sie bei einem CDU-Parteitag empfahl, der Islamisierung durch die Pflege christlicher Traditionen zu begegnen – etwa indem man Weihnachtslieder singt und dazu auf der Blockflöte spielt. https://www.welt.de/politik/deutschland/article158969829/Mit-Blockfloeten-gegen-den-Verlust-christlicher-Werte.html

430 Gertrud Höhler: Die Patin. Wie Angela Merkel Deutschland umbaut, 3. Aufl. Zürich 2012, S. 20.

431 Ebd., S. 35.

432 Ebd., S. 30.

433 Ebd., S. 34.

434 Zu den illegalen Mitteln gehören neben der Zerstörung von Plakaten und der Verweigerung von Tagungsräumen, die der AfD eigentlich zustehen, insbesondere auch tätliche Angriffe auf Mitglieder, Mandatsträger, Immobilien und Autos. Von den etablierten Parteien wird diese Gewalt kaum verurteilt, sondern meist mit kaum verhohlenem Wohlwollen geduldet. Der frühere stellvertretende SPD-Vorsitzende Ralf Stegner rief sogar dazu auf, Positionen und Personal der AfD zu »attackieren«: https://twitter.com/ralf_stegner/status/729212590874841088?lang=de&fbclid=IwAR2pu1-UasUK_DSplxndkl2wPRgW7d0mkEVNxwWSSHH0NWIRYnxZ6dK1Rsg

435 Christine Eichel, zit. nach: Der Spiegel 32 (2004), S. 23.

436 Zit. nach Gertrud Höhler: Die Patin, S. 14.

437 So die libertäre Zeitschrift »eigentümlich frei« im April 2009.

438 Zu Merkels Biographie siehe Hinrich Rohbohm: Merkels Maske. Kanzlerin einer anderen Republik, Berlin 2017.

439 Ebd., S. 39.

440 Ebd., S. 40.

441 Ebd., S. 41.

442 Im Dezember 1990 hatte sie dies dem früheren Ost-Berlin-Korrespondenten Detlev Ahlers mitgeteilt (siehe Robohm: Merkels Maske, S. 80).

443 Der Historiker und frühere Direktor der Gedenkstätte Berlin-Hohenschönhausen Hubertus Knabe ist der Geschichte dieser Bezeichnung nachgegangen und kommt zu dem Ergebnis, dass es keine Belege für eine Stasi-Mitarbeit gibt: https://www.achgut.com/artikel/im_erika_eine_spurensuche

444 Ebd., S. 53. Laut der Enthüllungsplattform Cryptome, einem Vorläufer von WikiLeaks, sollen Indizien auch auf eine Tätigkeit Merkels für den sowjetischen KGB hinweisen. Siehe Robohm: Merkels Maske, S. 57.

445 Ebd., S. 49f.

446 Ebd., S. 51.

447 Zit. nach Rohbohm: Merkels Maske, S. 67.

448 »Es war nicht 1985, sondern 1958, als die kommunistischen Führer nach den ungarischen und polnischen Revolten erkannten, dass die stalinistische Praxis der Massenrepression dem Sowjetsystem erheblichen Schaden zugefügt hatte und dass radikale

Maßnahmen erforderlich seien, um das System neu zu beleben und wiederherzustellen.« (Ebd., S. 169.)

449 Ebd., S. 69f.

450 Zit. nach Robohm: Merkels Maske, S. 62f.

451 Ebd., S. 66.

452 Ebd., S. 66f.

453 Ralf Georg Reuth/Günther Lachmann: Das erste Leben der Angela M. (2013), zit. nach Robohm: Merkels Maske, S. 67.

454 Siehe Robohm: Merkels Maske, S. 82.

455 Ebd., S. 88f.

456 Zit. nach Rohbohm: Merkels Maske, S. 101.

457 Ebd. Havemanns Organisation »unterhielt enge Verbindungen zum heute dem Attac-Netzwerk angehörenden ›Bund religiöser Sozialisten‹. Über seinen Neffen Wolfgang Havemann verfügte der gelernte Chemiker auch über Verbindungen zur Roten Kapelle, die mit der KPdSU und dem damaligen sowjetischen Geheimdienst NKGB zusammenarbeitete. Havemann, seit 1932 Mitglied der KPD und nach dem Krieg der SED, arbeitete später neben dem KGB auch mit der Stasi und der DDR-Armeeaufklärung zusammen.« (ebd., S. 102) Der vorgebliche Dissident leistete als »Geheimer Informant« (GI) Spitzeldienste für die Stasi und denunzierte Wissenschaftler, die vorhatten, in den Westen zu fliehen. Bis 1950 gehörte er dem »Friedensrat der DDR« und bis 1963 der Volkskammer an. Seit Mitte der 1960er Jahre vertrat er reformkommunistische Positionen und publizierte in Verlagen der Bundesrepublik, wo er zunehmend als Widerständler wahrgenommen wurde.

458 Ebd., S. 105.

459 Zit. nach Robohm: Merkels Maske, S. 108.

460 Ebd., S. 110.

461 Höhler: Die Patin, S. 23.

462 Aktuelle Zahlen zu den Entscheidungen über Asylanträge finden sich unter statista.com: »Im Jahr 2019 sind bis November 29,4 Prozent aller Asylanträge in einer Sachentscheidung in Deutschland abgelehnt worden. Zudem haben sich 32,6 Prozent der Asylanträge in einer formellen Entscheidung erledigt. […] Die Ablehnungsquote lag somit bei ca. 62 Prozent. Die Gesamtschutzquote lag im gleichen Zeitraum bei rund 38 Prozent. https://de.statista.com/statistik/daten/studie/197906/umfrage/entscheidungen-ueber-asylantraege-in-deutschland/

463 Siehe https://www.focus.de/politik/deutschland/haben-schon-laengst-die-kontrolle-verloren-polizei-gewerkschaft-derzeit-werden-nur-zehn-prozent-der-fluechtlinge-registriert_id_5234513.html

464 Zit. nach Friederike Beck: Die geheime Migrationsagenda. Wie elitäre Netzwerke mithilfe von EU, UNO, superreichen Stiftungen und NGOs Europa zerstören wollen, Rottenburg 2016, S. 17.

465 Ebd.

466 UNHCR: »Worldwide displacements hits all-time high as war and persecution increase«, 18.06.2015, http://www.unhcr.org/558193896.html

467 Friederike Beck: Migrationsagenda, S. 14.

468 Ebd., S. 16.

469 Auswärtiges Amt: »Deutschland unterstützt die syrische Opposition«, 11.07.2013, www.auswaertiges-amt.de/DE/Aussenpolitik/Laender/Aktuelle_Artikel/Syrien/130711_Verbindungsbüro-syrische-Opposition.html

470 Europäische Kommission: »Global Approach for Migration and Mobility«, http://ec.europa.eu/dgs/home-affairs/what-we-do/policies/international-affairs/global-approach-to-migration/index_en.htm

471 Zit. nach Friederike Beck: Migrationsagenda, S. 27.

472 Ebd., S. 29f.

473 Eine besonders kuriose Vorstellung bot die EU nach den Wahlen zum Europarlament vom 23. bis 26. Mai 2019, als kein Spitzenkandidat eines der europäischen Parteienbündnisse eine Mehrheit sowohl der Staatschefs als auch der Abgeordneten des EU-Parlaments hinter sich bringen konnte und die Regierungen sodann mit Ursula von der Leyen eine Kandidatin »auskungelten«, die gar nicht zur Wahl angetreten war.

474 Zit. nach: Die Brüsseler Republik, in: »Der Spiegel« vom 27. Dezember 1999.

475 Peter Sutherland: Migration Opportunity, 02.03.2015, http://jewishbusinessnews.com/2015/03/02/peter-sutherland-the-migration-opportunity/

476 Merkwürdigerweise gilt Wirtschaftswachstum immer als wünschenswert, wenn es angeblich durch Migration gefördert wird; unbedingt abzulehnen ist es jedoch aus Klimaschutzgründen.

477 Siehe https://de.wikipedia.org/wiki/Peter_Sutherland

478 Zit. nach Friederike Beck: Migrationsagenda, S. 124.

479 http://jewishbusinessnews.com/2015/03/02/peter-sutherland-the-migration-opportunity/

480 Friederike Beck: Migrationsagenda, S. 51.

481 Ebd., S. 46.

482 Ebd. Ähnliche Auswirkungen hat die Fischereipolitik der EU: Sie bezahlt afrikanische Länder – mit dem Geld europäischer Steuerzahler – dafür, dass diese ihre Küstenge-

wässer europäischen Fischereiunternehmen als Fanggründe überlassen. Einheimische Fischer werden dadurch ihrer Existenzgrundlage beraubt.

483 Siehe Giorgio Agamben: Homo Sacer. Die souveräne Macht und das nackte Leben, Frankfurt Main 2002.

484 Neuerdings wird der »Klimaschutz« als Argument für Kinderlosigkeit angeführt – paradoxerweise um die Erde für künftige Generationen zu bewahren.

485 Europäisches Parlament: »Europas demographisches Defizit«, 02.06.2008, http://www.europarl.europa.eu/sides/getDoc.do?pubRef=-//EP//TEXT+IM-PRESS+20080414FCS26499+0+DOC+XML+Vo//DE

486 Zuweilen bietet man auch weitere skurrile Erklärungen von unfreiwilliger Komik, z.B. wenn asoziales Verhalten migrantischer Jugendlicher in Schwimmbädern mit der Hitze und dem »Klimawandel« erklärt wird.

487 Friederike Beck: Migrationsagenda, S. 64f.

488 Siehe https://www.un.org/en/development/desa/population/publications/ageing/replacement-migration.asp

489 Dt. Ausgabe: Revolte gegen den Großen Austausch, Schnellroda 2016. Die Tatsache, dass auch der Terrorist Brenton Tarrant, der im März 2019 einen Anschlag auf eine Moschee im neuseeländischen Christchurch beging, ein Manifest mit »The Great Replacement« betitelte, spricht nicht gegen den faktischen Vollzug dieses Austauschs durch das Zusammentreffen von niedriger Fertilität bei Einheimischen und Massenzuwanderung von Menschen mit hoher Fertilität. Es bedarf angesichts der demographischen Entwicklungen auch keiner »Verschwörungstheorie«, um diesen Austausch anzunehmen. Zudem spricht der UN-Bericht ja selbst davon; man muss also die Existenz irgendwelcher geheimer »Hintergrundeliten«, die insgeheim die Weltpolitik lenken, gar nicht annehmen.

490 Die Bertelsmann-Stiftung empfiehlt in ihrer Studie »Zuwanderungsbedarf aus Drittstaaten in Deutschland bis 2050« ebenfalls die Einwanderung von hunderttausenden Menschen pro Jahr: »Zuwanderung im ›normalen‹ Umfang (ca. 200.000 Nettozuzüge pro Jahr) bremst den negativen Trend des Erwerbspersonenpotenzials, stoppt ihn aber nicht. Erst bei einer Nettozuwanderung, die im langjährigen Mittel 533.000 Personen umfasst, würde das Erwerbspersonenpotenzial in etwa auf dem heutigen Stand bleiben – unter Berücksichtigung normal steigender Erwerbsquoten.« Siehe https://www.bertelsmann-stiftung.de/de/publikationen/publikation/did/zuwanderungsbedarf-aus-drittstaaten-in-deutschland-bis-2050/

491 http://www.globalpolicyjournal.com/sites/default/files/pdf/Sutherland%20Essay%202012.pdf

492 Friederike Beck: Migrationsagenda, S. 152.

493 Ebd., S. 150.

494 Ebd., S. 151.

495 https://www.opensocietyfoundations.org/

496 Laut der Webseite The Soros Files: http://sorosfiles.com/soros/2011/10/open-society-top-150-grantees.html (wie viele Seiten, die sich kritisch mit Soros befassen, nicht mehr online, siehe Friederike Beck: Migrationsagenda, S. 176).

497 Vgl. Friederike Beck: Migrationsagenda, S. 176f.

498 Ebd., S. 160.

499 http://www.breitbart.com/london/2015/09/15/hungarian-pm-slams-soros-funded-ad-vocacy-groups-they-are-drawing-a-living-from-the-immigration-crisis/

500 Friederike Beck: Migrationsagenda, S. 200.

501 Ebd., S 201.

502 Zit. ebd., S. 191ff.

503 http://www.georgesoros.com/essays/rebuilding-the-asylum-system/

504 Friederike Beck: Migrationsagenda, S. 165.

505 European Parliament: »As Europe Ages, how can wie tackle it's demographic decline?«, 14.04.2008, http://www.europaparl.europa.eu/sides/getDoc.do?pubRef=-//EP//NONSGML+IM-PRESS+20080414FCS26499+0+DOC+PDF+Vo//EN&language=EN

506 »Nudge« (Stubs) ist ein Begriff der Verhaltensökonomik, der durch den Wirtschaftswissenschaftler Richard Thaler und den Juristen Cass Sunstein in deren Buch »Nudge: Improving Decisions About Health, Wealth, and Happiness« (Nudge: Wie man kluge Entscheidungen anstößt) 2008 geprägt wurde. Unter Nudging verstehen die Autoren eine Methode, das Verhalten von Menschen ohne Vorschriften zu beeinflussen.

507 Zit. nach Friederike Beck: Migrationsagenda, S. 125.

508 Ihre seit 2019 auftretenden Zitteranfälle erleidet Merkel auch vornehmlich bei Staatsakten mit Flaggen und Nationalhymnen, obwohl sich ihr Tremor sicher nicht mit einem Hass auf deutsche Nationalsymbole erklären lässt. Eine gewisse Symbolik wohnt ihm trotzdem inne. Vielleicht werden wir eines Tages die Ursachen für ihre Zitteranfälle erfahren. Womöglich ergibt sich auch ein Zusammenhang mit ihrem leeren Blick, ihrer schlaffen Haltung, ihren emotionslosen Phrasen, ihren tief eingekerbten und heruntergezogenen Mundwinkeln und ihrem Nägelkauen. Auch die öffentliche Nicht-Präsenz ihres Mannes, der nur sehr selten in linkischer Haltung neben Merkel zu sehen ist und sich dabei sehr unwohl zu fühlen scheint, mutet trist und befremdlich an.

509 Robin Alexander: Die Getriebenen. Merkel und die Flüchtlingspolitik: Report aus dem Innern der Macht, München 2017, S. 27. Alexander hat die Kanzlerin als Korrespondent der »Welt am Sonntag« über Jahre hinweg begleitet und ihre Politik kommentiert; trotzdem hat er sich ein für einen Mainstream-Journalisten beachtliches Maß an analytischer Distanz erhalten. Sein Bestseller ist zweifellos das Standardwerk zur Flüchtlingskrise.

510 Ebd., S. 41. Zweifellos haben manche Grobheiten und Obszönitäten auf Demonstrationen nicht gerade dazu beigetragen, die Anliegen von Kritikern der radikalen Zuwanderungspolitik zu fördern, aber offene Grenzen und unbeschränkte Flüchtlingsaufnahme zu kritisieren, ist sicher nicht »rassistisch«.

511 Siehe z.B. hier: https://www.gloria.tv/video/648sQq8fqfN3Ah6VvrnKYwLyv

512 Bei Merkel handelte es sich um ausgesprochene Informationsverweigerung, da sie die Spitzenvertreter der Sicherheitsbehörden ihre Bedenken lediglich untergeordneten Stellen vortragen ließ.

513 Robin Alexander: Die Getriebenen, S. 51.

514 Ebd., S. 45.

515 Ebd., S. 48.

516 Ebd., S. 50.

517 Betrachtet man einige dieser Selfies, ist ihre emotionale und erotisierte Aufladung unverkennbar. Möglicherweise genoss die unter größtem politischem Druck stehende, weithin verachtete und in Politik und Medien oft als unscheinbar oder geradezu »entsexualisiert« dargestellte Merkel – die ihre Karriere als »Kohls Mädchen« begonnen hat – die ihr entgegengebrachte dankbare Zuneigung vieler junger Männer.

518 Ebd., S. 89.

519 Ebd., S. 87f.

520 Ebd., S. 63f.

521 Zit. ebd., S. 70.

522 Ebd., S. 71.

523 Ebd., S. 72.

524 Ebd., S. 26.

525 Der frühere BND-Chef und Innenstaatssekretär August Hanning stellte in der »Welt am Sonntag« einen 10-Punkte-Plan zur Flüchtlingskrise vor, mit dem er der Regierung explizit entgegentrat und die Zurückweisung weiterer Asylbewerber forderte. Sein Plan entsprach einem Konsens auch der amtierenden Leiter der Sicherheitsdienste, aber bezeichnenderweise wagte doch kaum jemand, seinen Hut in den Ring zu werfen.

https://www.welt.de/politik/deutschland/article148000968/Sicherheitsexperten-entsetzt-ueber-deutsche-Politik.html

526 Am 1. Januar 2018 trat das umstrittene Netzwerkdurchsetzungsgesetz (NetzDG) in Kraft, das die Betreiber von Online-Plattformen verpflichtet, »volksverhetzende« Beiträge und »Hass«-Äußerungen innerhalb von 24 Stunden – in schwer zu entscheidenden Fällen spätestens nach sieben Tagen – zu löschen. Da in so kurzen Zeiträumen eine juristische Bewertung meist nicht möglich ist, erfolgt die Löschung durch nicht fachkundiges Personal, so dass es häufig zur Zensur legaler Inhalte kommt. Ein weiteres Gesetz gegen sogenannte Hasskriminalität im Netz wurde vom Bundesjustizministerium am 9. Oktober 2019 angekündigt. Der im Dezember vorgelegte Entwurf sieht für soziale Netzwerke ab zwei Millionen Nutzern eine Meldepflicht für Drohungen und andere Straftaten an das BKA vor. Weiterhin sollen die Netzwerke die Daten der gemeldeten Accounts, IP-Adressen und Portnummern herausgeben. Auch Passwörter sollen künftig weitergeleitet werden. Schon jetzt ermöglichte das Telekommunikationsgesetz Ermittlern, von Internetprovidern oder Telefongesellschaften die Herausgabe von persönlichen Passwörtern zu fordern. Dies soll nun auf sämtliche Telemedienanbieter ausgeweitet werden, vom E-Mail-Dienstanbieter über soziale Netzwerke bis zu Betreibern von Foren oder sonstigen Internetdiensten. Außerdem können nicht mehr nur Polizeibehörden, sondern auch Nachrichtendienste und der Zoll die Herausgabe verlangen. Und schließlich sollen Telemedien-Betreiber ihre Kunden nicht informieren dürfen, wenn eine solche Passwortanfrage vorliegt. Auch die Straftatbestände wurden erweitert: Während bislang nur die Androhung eines schweren Verbrechens sowie die Billigung einer bereits begangenen Tat strafbar waren, sollen künftig auch die Drohung mit geringeren Straftaten wie Sachbeschädigung und das Gutheißen von Drohungen, also noch gar nicht begangenen Taten, bestraft werden können. https://www.welt.de/politik/deutschland/article204440394/Gesetz-gegen-Hass-im-Netz-Es-wird-eine-Flut-von-Anzeigen-geben.html

527 Alexander: Die Getriebenen, S. 107; dort auch die Zitate von Sloterdijk und Safranski.

528 Ebd., S. 186.

529 Am 19. Dezember 2016 steuerte der islamische Terrorist Anis Amri einen Sattelzug in eine Menschenmenge am Berliner Breitscheidplatz an der Gedächtniskirche und tötete dabei 12 Menschen; 55 wurden verletzt. Der Tunesier war zu Beginn der Flüchtlingskrise im Juli 2015 illegal nach Deutschland eingereist und den Sicherheitsbehörden bereits aufgefallen; inwieweit man über eine mögliche Terrorgefahr, die von ihm ausgehen könnte, informiert war, ist nicht abschließend geklärt. https://de.wikipedia.org/wiki/Anschlag_auf_den_Berliner_Weihnachtsmarkt_an_der_Gedächtniskirche

530 Am 14. Oktober 2015 sagte Lübcke bei einer Bürgerversammlung in Lohfelden zu aufgebrachten Kritikern der »Willkommenskultur«: »Es lohnt sich, in unserem Land zu leben. Da muss man für Werte eintreten, und wer diese Werte nicht vertritt, der kann jederzeit dieses Land verlassen, wenn er nicht einverstanden ist. Das ist die Freiheit

eines jeden Deutschen.« Siehe z.B. diesen Bericht in der Hessischen/Niedersächsischen Allgemeinen: https://www.hna.de/lokales/kreis-kassel/lohfelden-ort53240/ueber-besucher-info-abend-5649881.html

531 https://www.welt.de/debatte/kommentare/plus195520597/Peter-Tauber-Muessen-endlich-Artikel-18-des-Grundgesetzes-anwenden.html

532 Aurelii Augustini Opera, Pars IV/1, in: Corpus Christianum, Seria latina, Bd. XXXII, Tournhout (Belgien) 1962, S. 22.

533 Otto Depenheuer: Flüchtlingskrise als Ernstfall des menschenrechtlichen Universalismus, in: Otto Depenheuer, Christoph Grabenwarter (Hg.): Der Staat in der Flüchtlingskrise. Zwischen gutem Willen und geltendem Recht, 2. um ein Vorwort ergänzte Auflage, Paderborn 2017, S. 20-41; S. 35f.

534 Kyrill-A. Schwarz: Gefährdung der Souveränität? Das Verfassungsrecht und der Vorbehalt des Möglichen unter dem Eindruck der »Flüchtlingskrise«, in: Depenheuer/Grabenwarter (Hg.): Flüchtlingskrise, S. 73-89; S. 76.

535 »Das meint mehr als ›Ohne Staatsgebiet kein Staat‹. Der Wert der Grenze erschöpft sich nicht in seiner klassischen (politisch-geographischen, geopolitischen) Territorialfunktion, nicht in der Vermessung eines Raumes, in dem der Staat nach innen seine Gebietshoheit ausübt und über den er nach außen seine territoriale Souveränität behauptet. [...] Was vielmehr und weitergehend in Rede steht, das ist die auch politisch-sozio-kulturelle Dimension der Grenzfunktion. [...] Indem und weil sich das staatliche Dasein und Leben unausweichlich auf dem Grunde eines Territoriums erhebt, steht dessen Umgrenzung zugleich für jene kulturelle Identität, geschichtliche Individualität und wertgebundene Verfasstheit, die sich auf ihm ausgeformt und dem staatlichen Raumwesen seine eigentümliche ›volkliche‹ Prägung gegeben haben.« (Hans-Detlef Horn: Grenzschutz im Migrationsrecht. Es geht nicht nur um innere Sicherheit, in: Depenheuer/Grabenwarter (Hg.): Flüchtlingskrise, S. 142-156; S. 148.)

536 Dietrich Murswiek: Nationalstaatlichkeit, Staatsvolk und Einwanderung, in: Depenheuer/Grabenwarter (Hg.): Flüchtlingskrise, S. 125-141; S. 130.

537 Ebd., S. 131.

538 Ulrich Vosgerau: Die Herrschaft des Unrechts. Die Asylkrise, die Krise des Verfassungsstaates und die Rolle der Massenmedien, Rottenburg 2018, S. 14. Vosgerau unterscheidet hier zwischen Abwehr- und Leistungsrechten: Nur erstere kennen keine Obergrenze (»willkürliche Einkerkerung ist immer verboten, unabhängig davon, ob der Staat einen oder 1000 Menschen willkürlich einkerkern will«), letztere jedoch nicht. Das Asylrecht aber ist ein Leistungsrecht und gilt folglich nur im Rahmen des Möglichen.

539 Murswiek: Nationalstaatlichkeit, S. 127.

540 Ebd., S. 128.

541 Ebd.

542 Ebd., S. 129.

543 Ebd.

544 https://www.wissensmanufaktur.net/verfassungswidrige-einwanderung. Dort auch die weiteren Zitate Schachtschneiders.

545 »Wer die Binnengrenzen des Schengen-Raumes überall und unkontrolliert überschreiten will, muss in den Vertragsstaaten ein Aufenthaltsrecht oder zumindest einen Schengen-Sichtvermerk (Visum) für den kurzfristigen Aufenthalt in dem Vertragsstaat, den er betritt, oder für die Durchreise durch einen Vertragsstaat, den er durchquert, haben. Asylbewerber halten sich illegal in Deutschland auf, wenn sie nicht berechtigt sind, einen Asylantrag in Deutschland zu stellen, weil sie aus einem Mitgliedstaat der Europäischen Union oder einem sicheren Herkunftsstaat einreisen.« (ebd.)

546 Siehe dazu https://sezession.de/53449/verfassungsbeschwerde-abgewiesen-gespraech-mit-schachtschneider-zur-lage

547 https://www.n-tv.de/politik/politik_person_der_woche/Der-Richter-der-Kanzlerin-article16746101.html

548 Ebd.

549 Das Gutachten von di Fabio findet sich unter http://www.bayern.de/wp-content/uploads/2016/01/Gutachten_Bay_DiFabio_formatiert.pdf. Dort auch die weiteren Zitate.

550 Ähnlich legte auch der Staatsrechtler Prof. Eckart Klein dar, dass es kein Menschenrecht auf Einwanderung gebe. Es gehöre zur territorialen Souveränität eines Staates, den Zugang zu seinem Gebiet zu kontrollieren. Auch aus internationalem Flüchtlingsrecht »ergibt sich gleichfalls kein unmittelbares Einreise- und Bleiberecht. Das Völkerrecht enthält keinen Rechtsanspruch auf die Gewährung territorialen Asyls, die vielmehr im politischen Ermessen des Staates steht.« Das Grundgesetz gewährt zwar politisch Verfolgten Asyl, setzt sich aber nicht im Rahmen einer übergeordneten »Moral« über die Rechtsstaatlichkeit, zu der auch das Recht und die Pflicht eines Staates zum Grenzschutz gehört, hinweg. Siehe Eckart Klein: Rechtliche Klarstellungen zur Flüchtlingskrise, in: Depenheuer/Grabenwarter (Hg.): Flüchtlingskrise, S. 159-173; S. 162.

551 Siehe https://www.bundestag.de/resource/blob/514854/0bdb98e0e61680672e965faad3498e93/wd-3-109-17-pdf-data.pdf. Dort die nachfolgenden Zitate.

552 Dabei nannte die Regierung den Rechtsrahmen der Dublin-III-Verordnung, was die Anwendung des § 18 Abs. 4 Nr. 1 AsylG nahelegt. »Andererseits wird die genaue Rechtsgrundlage des § 18 Abs. 4 AsylG […] gerade nicht benannt und das Vorliegen einer Anordnung des Bundesministeriums des Innern trotz der konkreten Fragestel-

lung nicht ausdrücklich zurückgewiesen. Soweit vorrangige Dublin-Zuständigkeiten angenommen worden sein sollten, bliebe zu klären, ob und inwieweit die Bundesregierung vom Recht des Selbsteintritts Gebrauch gemacht hat oder von einer unionsrechtlichen Verpflichtung ausgegangen ist.« Siehe https://www.bundestag.de/resource/blob/514854/0bdb98e0e61680672e965faad3498e93/wd-3-109-17-pdf-data.pdf

553 Vgl. Vosgerau: Die Herrschaft des Unrechts, S. 40f.

554 Ebd., S. 38.

555 Ebd., S. 39 (Hervorhebungen vom Verfasser). Vosgerau weist darauf hin, dass sich Maas in einem Beitrag für die FAZ bereits im Januar 2016 auf das Selbsteintrittsrecht zur nachträglichen scheinbaren Legitimation des Regierungshandelns berufen hat. Man habe von ihm »in einer humanitären Ausnahmesituation vorübergehend Gebrauch gemacht« und diese Praxis bereits im November 2015 beendet. Im »Spiegel«-Interview war jedoch von einem Ende dieser »Ausnahmesituation« keine Rede mehr; vielmehr sollte, so Vosgerau, das Selbsteintrittsrecht nun »offenbar auf unabsehbare Zeit die unkontrollierte Einreise unbekannter junger Männer aus dem Orient rechtfertigen.« (ebd.)

556 Ebd.

557 Laut Hugo Müller-Vogg sagte Merkel dies während einer Fraktionssitzung am 22. September 2015. https://jungefreiheit.de/politik/deutschland/2015/nun-sind-sie-halt-da/

558 Ebenso Vosgerau (a.a.O., S. 41): »Das Selbsteintrittsrecht hat die Bundesregierung [...] zu keinem Zeitpunkt berechtigt, Menschenmengen ungeklärter Herkunft und unbestimmter Identität aus sicheren Drittstaaten nach Deutschland einreisen zu lassen [...].« Selbst wenn das Selbsteintrittsrecht gegolten hätte, hätten »Nicht-EU-Bürger ohne Pass und Visum überhaupt nicht nach Deutschland einreisen dürfen (§§ 3 und 6 Aufenthaltsgesetz).« (Ebd., S. 38). Rund 80 Prozent der »Flüchtlinge« hatten ihren Pass jedoch auf der Flucht »verloren« (nicht jedoch ihre Mobiltelefone) bzw. weggeworfen, um ihre Herkunft und damit das Fehlen von Asylgründen zu verschleiern.

559 Siehe http://www.landesrecht.rlp.de/jportal/portal/t/7qe/page/bsrlpprod.psml?pid=Dokumentenanzeige&showdoccase=1&doc.id=KORE242742017&doc.part=L

560 Thor von Waldstein: »Wir Deutsche sind das Volk.« Zum politischen Widerstandsrecht der Deutschen nach Art. 20 IV Grundgesetz in der »Flüchtlingskrise«, Steigra (Institut für Staatspolitik) 2016 (2. Aufl. 2017). Eine ältere Version des Textes ist online verfügbar unter file:///C:/Users/AfD%20Fraktion/Documents/Waldstein_Widerstandsrecht.pdf.

561 »Das in Art. 20 I, II GG festgelegte Demokratieprinzip schützt [...] nicht irgendeine ›Demokratie‹ [...] irgendwelcher ›Demokraten‹ auf deutschem Boden, sondern die Herrschaft des deutschen Volkes über das deutsche Staatsgebiet. Es besteht somit ein

unauflöslicher (Art. 79 III GG) Zusammenhang zwischen der Existenz des deutschen Volkes und dem Demokratiepostulat des Grundgesetzes. Dementsprechend haben die Staatsorgane der Bundesrepublik nach der Rechtsprechung des Bundesverfassungsgerichts ›die verfassungsrechtliche Pflicht, die Identität des deutschen Staatsvolkes zu erhalten‹ bzw. ›die Einheit des deutschen Volkes als des Trägers des völkerrechtlichen Selbstbestimmungsrechts nach Möglichkeit zukunftsgerichtet auf Dauer zu bewahren‹.« (ebd., S. 8, Hervorhebung im Original)

562 »Als Träger der Staatsgewalt, als Souverän, also als denjenigen, von dem ›alle Staatsgewalt (aus-)geht‹, bestimmt das Grundgesetz das ›Volk‹ (Art. 20 II Sätze 1 und 2 GG). Wie sich aus der Präambel [...] und zahlreichen Grundrechts- und sonstigen Artikeln des Grundgesetzes, in denen von ›allen Deutschen‹ bzw. dem ›deutschen Volk‹ als Träger von Rechten nach dem Grundgesetz gesprochen wird (Art. 1 II, 8 I, 9 I, 11 I, 12 I, 16 II, 20 IV, 33 I, II, 146 GG), ergibt, ist mit ›Volk‹ im Sinne von Art. 20 II 2 Sätze 1 und 2 GG ausschließlich das deutsche Volk ›als Träger der verfassungsgebenden Gewalt‹ (Bundesverfassungsrichter Peter M. Huber) gemeint. Souverän des Grundgesetzes ist daher nur das deutsche Volk, das sich in einem Akt der Selbstbestimmung (Art. 1 Ziff. 2 UN-Charta) dieses Grundgesetz gegeben hat. Dabei knüpft insbesondere die Präambel ›an das deutsche Volk als politische Schicksals- und Handlungsgemeinschaft an und qualifiziert die Bundesrepublik Deutschland so als den letztverbindlich handelnden, souveränen bzw. souveränitätsbefähigten deutschen Nationalstaat. Dessen Zweck ist es, den Deutschen Sicherheit nach außen und nach innen zu gewährleisten, Wohlfahrt, soziale Gerechtigkeit und Nachhaltigkeit‹ (Peter M. Huber).« (ebd., S. 7)

563 »Die Gesetzgebung ist an die verfassungsmäßige Ordnung, die vollziehende Gewalt und die Rechtsprechung sind an Gesetz und Recht gebunden.«

564 Siehe BVerfGE 73, 206, 250; vgl. bereits BVerfGE 5, 85, 376 [KPD-Urteil].

565 Die Diskussion über Widerstand gegen die Regierung oder gar »Tyrannenmord« hat eine lange Tradition. Allgemein ist darauf zu verweisen, dass der Gesellschaftsvertrag zwischen Volk und Regierung in der klassischen Souveränitätslehre auf der Schutzfunktion des Staates beruhte. Selbst Luther war laut Klaus-Rüdiger Mai der Auffassung, dass kein Untertan einer Regierung gehorchen müsse, »die das eigene Land nicht schützt. Im Gegenteil, eine solche Regierung hat sich seiner Meinung nach selbst des Amtes enthoben.« (Klaus-Rüdiger Mai: Gehört Luther zu Deutschland? Freiburg 2016, S. 82.)

566 Waldstein: »Wir Deutsche sind das Volk«, S. 29ff. (Hervorhebungen im Original).

567 Ebd., S. 32.

568 Das Bundesamt für Verfassungsschutz (BfV) schreibt über die Identitäre Bewegung: »Die IBD bekennt sich zum Konzept des Ethnopluralismus, nach dem die Idealvorstellung einer staatlichen beziehungsweise gesellschaftlichen Ordnung in einem ethnisch und kulturell homogenen Staat besteht. Diese ethnokulturelle Identität sieht die IBD

durch den sogenannten Multikulturalismus bedroht, der durch eine angeblich unkontrollierte Massenzuwanderung zu einer Heterogenisierung der Gesellschaft führe. [...] Die IBD nimmt eine auf ethnischen, völkisch-abstammungsmäßigen Kriterien fußende einwanderungskritische und islamfeindliche Haltung ein. Sie fordert eine ›identitäre‹ – im Gegensatz zur bestehenden repräsentativen – Demokratie. Insbesondere die Fixierung der IBD auf eine ethnische Homogenität als zentralem Wert für Gesellschaft und Demokratie belegt, dass die Ideologie der IBD die grundgesetzlich geschützte Menschenwürde und das Demokratieprinzip verletzt. Die IBD vertritt insofern einen völkischen Staatsvolk-Begriff, der dem Verständnis des Grundgesetzes gemäß Art. 116 GG widerspricht. Unter anderem definiert sie ›Staatsvolk als Kultur-, Abstammungs- und Solidargemeinschaft‹, wobei sie der Ethnie als der maßgeblichen Grundlage für Kultur und gesellschaftlichen Zusammenhalt stets den Vorrang einräumt. Aus dieser Perspektive spricht die IBD allen Migranten mit fremder bzw. außereuropäischer ethnischer Herkunft jedwede Möglichkeit ab, Teil der deutschen Kultur oder deutschen Gemeinschaft werden zu können. Die Positionen der IBD sind nicht mit dem Grundgesetz vereinbar. Die ethnischen Minderheiten die Zugehörigkeit zum Staatsvolk verwehrende Ideologie richtet sich gegen die Menschenwürde des Art. 1 GG und verstößt gegen das Demokratieprinzip gem. Art. 20 Abs. 1 und 2 GG, welches eine freie und gleiche Teilhabe aller Staatsbürger voraussetzt.« Diese »Begründung« der Verfassungsfeindlichkeit muss eine Reihe von Unterstellungen vornehmen, um zunächst einen »ethnischen Volksbegriff« als Kern des ethnokulturellen (!) Konzeptes zu extrahieren und diesen dann in einem, von der IBD ausdrücklich abgelehnten, rassistischen Sinne umzudeuten. Demgegenüber ist festzuhalten, dass auch das Grundgesetz, wie auch die Ausführungen Schachtschneiders, Murswieks und di Fabios zeigen, davon ausgeht, dass die Identität des deutschen Volkes auf Abstammung und Kultur beruht. https://www.verfassungsschutz.de/de/arbeitsfelder/af-rechtsextremismus/zahlen-und-fakten-rechtsextremismus/identitaere-bewegung-deutschland-2018

569 Gegen die öffentliche Benennung als »Prüffall« hat die AfD mit Erfolg vor dem Verwaltungsgericht Köln geklagt (Urteil vom 26. Februar 2019), da es keine Rechtsgrundlage für diese Einstufung gebe und sie die Chancen der Partei bei Wahlen schmälere. Eine abschließende Bewertung durch das BfV steht (Stand September 2020) noch aus.

570 So Merkel nach der Bundestagswahl 2017, bei der CDU und CSU ihr bislang schlechtestes Ergebnis seit 1949 erzielten. https://www.t-online.de/nachrichten/deutschland/bundestagswahl/id_82292118/angela-merkel-nach-der-wahl-ich-sehe-nicht-was-wir-anders-machen-sollten-.html

571 https://de.statista.com/statistik/daten/studie/451861/umfrage/abschiebungen-aus-deutschland/

572 https://www.swr.de/swraktuell/Asylbewerber-in-Deutschland-Viele-Abschiebungen-scheitern,gescheiterte-abschiebungen-100.html. In Niedersachsen beispielsweise scheiterten 2018 sogar drei Viertel aller geplanten Abschiebungen: https://www.

ndr.de/nachrichten/niedersachsen/Drei-von-vier-Abschiebungen-scheitern,abschiebung866.html

573 https://de.wikipedia.org/wiki/Großer_Austausch

574 Renaud Camus: Revolte gegen den großen Austausch. Zusammengestellt und übersetzt von Martin Lichtmesz, 3. Aufl. Schnellroda 2019, S. 64.

575 Ebd., S. 98.

576 Ebd., S. 98ff.

577 Um nur einige Beispiele aus der Polizeilichen Kriminalstatistik (PKS) zu nennen: Die Straftaten gegen die sexuelle Selbstbestimmung sind 2018 gegenüber dem Vorjahr um 13,8 % gestiegen. Einen besonders starken Anstieg von 42,9 % gab es bei der sexuellen Belästigung. Bei dieser betrug die Ausländerquote 43,5 % und bei »Straftaten aus Gruppen« sogar 66,7 %. Auch Vergewaltigungen wurden 2018 zu 39,1 % von Nichtdeutschen begangen. Insgesamt machten Nichtdeutsche 30,5 % aller Tatverdächtigen aus; vor zehn Jahren lag ihr Anteil noch bei 18,9 Prozent. Personen mit Migrationshintergrund, aber deutscher Staatsbürgerschaft, erscheinen in der Statistik als Deutsche, so dass das tatsächliche Versagen der Integrationspolitik noch weitaus schlimmer ist. Trotz dieser Zahlen werden Politiker wie Innenminister Horst Seehofer nicht müde, das Lied vom »sichersten Deutschland aller Zeiten« zu singen. https://www.bka.de/DE/AktuelleInformationen/StatistikenLagebilder/PolizeilicheKriminalstatistik/PKS2018/pks2018_node.html; https://jungefreiheit.de/politik/deutschland/2019/kriminalstatistik-auslaenderanteil-unveraendert-hoch/; https://www.welt.de/politik/deutschland/article191228413/Seehofer-zur-Kriminalstatistik-Deutschland-eines-der-sichersten-Laender-der-Welt.html?fbclid=IwAR31_afsGAzNxkBI9gVX4L3O2fye4t5xIoRROBeAZ8VBMXGYKyRWiR12g7Y

578 Die frühere Integrationsbeauftragte der Bundesregierung, Aydan Özoğuz (SPD), hat eine deutsche Kultur abgesehen von der Sprache für »schlicht nicht identifizierbar« gehalten, was einiges über den Grad ihrer eigenen Integration aussagt. Es ist schon erstaunlich, dass eine Person mit Migrationshintergrund, die selbst keine kulturelle Identität des Landes, deren Regierung sie angehörte, erkennen kann, mit der Integration von Migranten betraut wurde. Wo hinein sollen denn Zuwanderer sonst integriert werden? Wie üblich, bot Özoğuz die übliche Vielfalt unserer »offenen Gesellschaft« an und ignorierte den Widerspruch zwischen dieser angeblichen Vielfalt – dem Nebeneinander von Parallelgesellschaften – und den »gemeinsamen Werten« auf der Basis des Grundgesetzes, die aber doch in einer gemeinschaftlichen Kultur fundiert sein müssen. https://jungefreiheit.de/politik/deutschland/2017/oezoguz-es-gibt-keine-spezifisch-deutsche-kultur/

579 https://www.deutschlandfunk.de/der-islam-gehoert-zu-deutschland-die-geschichte-eines-satzes.1783.de.html?dram:article_id=308619

580 Siehe hierzu den Bestseller von Thilo Sarrazin: Deutschland schafft sich ab. Wie wir unser Land aufs Spiel setzen, München 2010, und das ausgezeichnete Werk von Rolf

Peter Sieferle: Das Migrationsproblem. Über die Unvereinbarkeit von Sozialstaat und Masseneinwanderung, Waltrop/Berlin 2017.

581 Jost Bauch: Abschied von Deutschland. Eine politische Grabschrift, Rottenburg 2018, S. 111.

582 Thilo Sarrazin: Feindliche Übernahme. Wie der Islam den Fortschritt behindert und die Gesellschaft bedroht, München 2018, S. 63f.

583 Zur Interpretationselite und zur Entwicklung des Monotheismus siehe Jan Assmann: Religion und kulturelles Gedächtnis. Zehn Studien, München 2018, und ders.: Die Mosaische Unterscheidung oder der Preis des Monotheismus, München/Wien 2010.

584 Bauch: Abschied von Deutschland, S. 99ff.

585 Siehe die umfangreichen statistischen Belege etwa bei Sarrazin: Feindliche Übernahme, S. 264ff.

586 Andere Aspekte sind wohl die für überzivilisierte Hochkulturen charakteristische Begeisterung für den »edlen Wilden« bzw. die eigenen Projektionen auf diesen und eine spezifisch »weibliche«, die mediale Wahrnehmung prägende Perspektive auf junge muslimische Männer. Gerade auch solche Frauen, die sich selbst als feministisch einschätzen, zeigen oft eine merkwürdige Neigung, diesen ein sonst allgemein beklagtes »patriarchalisch« geprägtes Verhalten nachzusehen. Wahrscheinlich kommen hier eine erotische Faszination, Mutter- und Helferinstinkte, »Fernstenliebe« in Verbindung mit anerzogenem kollektivem Selbsthass und in manchen Fällen auch das bekannte »Stockholm-Syndrom« zusammen.

587 Im Judentum hat sich der Monotheismus erst allmählich durchgesetzt. Ursprünglich war es die ethnische Religion der Hebräer mit ihrem Nationalgott Jahwe, der die anderen altorientalischen Religionen mit ihren jeweiligen Hauptgöttern entsprachen. Alle waren volks- und raumbezogen, das Judentum war jedoch nur volksbezogen und musste sich seinen Raum, das »Heilige Land« Kanaan, erst noch erkämpfen. Siehe dazu Oskar Goldberg: Die Wirklichkeit der Hebräer, hrsg. von Manfred Voigts, Wiesbaden 2005 (Erstausgabe Berlin 1925).

588 Die Kehrseite dieser Entwicklung war freilich, »dass die Religion durch eigene Rationalisierung sich selbst einen tragischen Untergang« bereitet hat (Jost Bauch: Abschied von Deutschland, S. 106). Der Kapitalismus wurde durch die »innerweltliche Askese« des Protestantismus vorbereitet: Er entstand »nicht durch den Zerfall religiöser Bindungen, zum Beispiel durch die Aufklärung«, sondern »durch religiöse Leidenschaft (man könnte auch sagen, dass gerade ein christlicher Fundamentalismus Voraussetzung für die Zersetzung des Christentums war).« (ebd., S. 107)

589 »Schon Hegel bemerkte, dass die christliche Kirche alle Keime ihrer Überwindung enthält. Und so ist dem Christentum von Anfang an eine eigentümliche Säkularisierungstendenz inhärent. Denken wir nur an die Unterscheidung von Augustinus' civitas dei und civitas terrena (die ›Zweireichelehre‹). Einerseits lebt der Mensch im Reich

Gottes, andererseits lebt der Christ in einer Welt, die Gott geschaffen hat, die jedoch in Schuld und Sünde gefallen ist. Verschärft wurden die Säkularisierungstendenzen durch den Protestantismus. Denken wir an das calvinistische Gottesgnadentum, wo mir der weltliche Wohlstand zeigt, ob Gott mir gnädig ist. Hier wird das Diesseits als Projektionsfläche Gottes nachhaltig aufgewertet. Oder denken wir an das Sola-fide-Prinzip von Martin Luther. Denn wenn allein der Glaube zählt und nicht die Teilhabe an kollektiven religiösen Handlungen, dann wird Religion gleichsam verinnerlicht und transzendiert. Die Welt wird freigesetzt und folgt ihren eigenen Gesetzen, vielleicht noch in Gang gesetzt von Gott, dem ›ersten Beweger‹.« (Ebd.)

590 R. Wenner: Demokratie und Islam, in: U. Hildenbrand, F. Rau, R. Wenner: Freiheit und Islam. Fakten – Fragen – Forderungen, Bad Schussenried 2016, S. 415-502; S. 499.

591 Bauch: Abschied von Deutschland, S. 112f.

592 Karl Albrecht Schachtschneider: Grenzen der Religionsfreiheit am Beispiel des Islam, Berlin 2010, S. 78.

593 Michael Ley: Die kommende Revolte, 2. Aufl. Paderborn 2015, S. 82.

594 »Die Sultane im sunnitischen Islam herrschten theokratisch: Sie sorgten für Ordnung, bekämpften die abweichenden Meinungen und führten Djihad gegen Ungläubige. Unter diesen Bedingungen entstand in der islamischen Welt keine mit Europa vergleichbare Entwicklung: Unter der Herrschaft des Islam kam es zu keinen sich selbstverwaltenden Bürgerschaften, es fanden keine Volksversammlungen und Abstimmungen oder gar reguläre Wahlen statt.« (ebd., S. 81f.)

595 Ebd., S. 83.

596 Ebd., S. S. 86.

597 Ebd., S. 87.

598 Bernhard Lewis: Interview in der Zeitung »Die Welt« vom 28.07.2004. Aufgrund der erheblichen Zunahme der Masseneinwanderung insbesondere nach 2015 wird sich diese Entwicklung zumindest in Westeuropa deutlich beschleunigen. Schon jetzt gibt es vielerorts migrantische – und das heißt überwiegend muslimische – Mehrheiten in den jüngsten Alterskohorten, und diese Kinder werden um die Jahrhundertmitte erwachsen sein und selbst Kinder haben. Umgekehrt werden dann die älteren, noch weitgehend »biodeutschen« Jahrgänge, die allerdings nichts mehr zur Reproduktion beitragen, nicht mehr leben und die Statistik nicht mehr nach oben drücken.

599 Ley: Die kommende Revolte, S. 91.

600 Der Islamwissenschaftler Tilman Nagel schreibt in der Einleitung zu seiner Einführung in das islamische Recht: »Noch nie ist mir jemand begegnet, der sich selber als Muslim bekannt und zugleich geleugnet hätte, dass der Koran Gottes Wort und daher der

oberste Maßstab aller Daseinsbewältigung sei; nie habe ich einen Muslim getroffen, der mir gesagt hätte, ihn kümmere jener Muhammad nicht, der vor 1400 Jahren […] wirkte, und wie man heute beispielsweise die Riten des Islams ausübte, das habe mit jenem Manne nicht das geringste zu tun.« (Tilman Nagel: Das islamische Recht. Eine Einführung, Westhofen 2001, S. IX.)

601 Siehe Hans Herbert von Arnim: Die Hebel der Macht und wer sie bedient. Parteienherrschaft statt Volkssouveränität, München 2017, S. 251ff.

602 Zu deren Unterscheidung siehe ebd., S. 318f.

603 Ebd., S. 319.

604 Ebd., S. 324.

605 Ebd., S. 325.

606 Jason Brennan: Gegen Demokratie. Warum wir die Politik nicht den Unvernünftigen überlassen dürfen. Aus dem Amerikanischen von Stephan Gebauer (Titel der amerik. Ausgabe: Against Democracy), Berlin 2017, S. 357.

607 Ebd., S. 364.

608 Ebd.

609 Ebd., S. 246.

610 Benoist: Demokratie: Das Problem, S. 36.

611 Ebd., S 37 (Hervorhebung im Original).

612 Leider weiß der Befürworter einer Expertenregierung keine Antwort auf die Frage, warum die meisten Experten ebenso wie die Laien bei nahezu jeder Frage uneins sind. Brennan kritisiert ja selbst viele Fachkollegen, die andere Meinungen vertreten und doch über dieselbe formale Kompetenz als Hochschullehrer verfügen wie er.

613 Benoist: Demokratie, S. 55. Der Politiker ist dementsprechend »kein Gelehrter, sondern ein Entscheidender. Der ›inkompetente‹ Staatsmann ist keineswegs derjenige, der über wenig Wissen verfügt, sondern derjenige, der keine Politik festzulegen weiß.« Zwar sollte der Politiker die Ratschläge möglichst vieler kompetenter Fachleute bei seiner Entscheidungsfindung berücksichtigen, aber »sich mit Technikern und Experten zu umgeben, ist eine Sache; sie aber mit der Festlegung der zu erreichenden Ziele zu betrauen, ist eine ganz andere. Experten die Regierungsgeschäfte anvertrauen zu wollen, heißt, die Tatsache übersehen, dass die politischen Entscheidungen sowohl Interessenkonflikte als auch eine Vielzahl von Möglichkeiten in sich schließen; daher müssen die Urteile der Experten überprüft und bewertet werden können. Unsere Zeit aber, die sozusagen dem Mythos der Zielsetzung durch das ›technische Wissen‹ unterworfen ist, vergisst immer mehr diese Realität.« (Ebd., S. 35)

614 Die CIA hält Bürgerkriegsszenarien in Deutschland und Europa seit Jahren schon für wahrscheinlich. Siehe https://www.focus.de/finanzen/news/staatsverschuldung/tid-26216/fuenf-experten-reden-klartext-die-wahrheit-ueber-den-euro-crash-kommt-es-zum-buergerkrieg_aid_769490.html oder: https://www.focus.de/politik/experten/jaeger/ausblick-bis-2035-migration-nationalismus-klimawandel-cia-buch-gibt-dueste-re-prognose-fuer-europa-ab_id_7895127.html

615 Der Auswanderungsrekord lag 2016 bei 281.411 Menschen; 2018 waren es 261.851. Siehe https://de.statista.com/statistik/daten/studie/2534/umfrage/entwicklung-der-anzahl-deutscher-auswanderer/

Ausgewählte Literatur

Agamben, Giorgio: Homo Sacer. Die souveräne Macht und das nackte Leben, Frankfurt am Main 2002.

Alexander, Robin: Die Getriebenen. Merkel und die Flüchtlingspolitik: Report aus dem Innern der Macht, München 2017.

Aly, Götz: Unser Kampf 1968 – Ein irritierter Blick zurück, Frankfurt 2008.

Arnim, Hans Herbert von: Die Hebel der Macht und wer sie bedient. Parteienherrschaft statt Volksherrschaft, München 2017.

Aron, Raymond: Is multinational citizenship possible?, in: Social Research. An international quarterly of the social sciences, vol. 41, no. 4 (Winter 1974).

Assmann, Jan: Die Mosaische Unterscheidung oder der Preis des Monotheismus, München/Wien 2010.
-: Exodus – Die Revolution der Alten Welt, München 2015.
-: Religion und kulturelles Gedächtnis, München 2018.

Augstein, Rudolf: Auf die schiefe Ebene zur Republik, in: Der Spiegel 2/1985, S. 30.

Augustinus: Opera, Pars IV/1, in: Corpus Christianum, Seria latina, Bd. XXXII, Tournhout 1962.

Baden, Prinz Max von: Erinnerungen und Dokumente, Berlin/Leipzig 1927.

Baer, Udo/Frick-Baer, Gabriele: Kriegserbe in der Seele. Was Kindern und Enkeln der Kriegsgeneration wirklich hilft, Weinheim 2018.
-: Wie Traumata in die nächste Generation wirken. Untersuchungen, Erfahrungen, therapeutische Hilfen, 4. Aufl. Berlin 2014.

Bandulet, Bruno: Beuteland. Die systematische Plünderung Deutschlands seit 1945, 3. Aufl., Rottenburg 2018.

Barnett, Thomas P.M.: Drehbuch für den 3. Weltkrieg. Die zukünftige Neue Weltordnung. Aus dem Englischen von Christine Mey und Dr. Baal Müller, Gelnhausen/Roth 2016 (Originalausgabe: Blueprint for Action: A Future Worth Creating, G.P. Putnam's Sons, 2005).

Barthes, Roland: Mythen des Alltags, Frankfurt 1964 (franz. Erstausgabe: Mythologies, Paris 1957).

Bauch, Jost: Abschied von Deutschland. Eine politische Grabschrift, Rottenburg 2018.

Baudet, Thierry: Der Angriff auf den Nationalstaat, Rottenburg 2015.

Beck, Friederike: Die geheime Migrationsagenda. Wie elitäre Netzwerke mithilfe von EU, UNO, superreichen Stiftungen und NGOs Europa zerstören wollen, Rottenburg 2016.

Bendel, Wolfgang: Aristokratie. Eine Streitschrift, Dresden 2018.

Benoist, Alain de: Demokratie: Das Problem, Tübingen/Zürich/Paris 1986.

Bergson, Henri: Denken und schöpferisches Werden, Meisenheim am Glan 1948.
-: Schöpferische Entwicklung, Jena 1921.

Berry, Thomas: Das Wilde und das Heilige. The Great Work – Unser Weg in die Zukunft. Aus dem Englischen von Dr. Baal Müller, Uhlstädt-Kirchhasel 2011.

Bloch, Ernst: »Kampf, nicht Krieg«. Politische Schriften 1917–1919, Frankfurt/M. 1986.

Blumenwitz, Dieter: Feindstaatenklauseln. Die Friedensordnung der Sieger, München 1972.

Bode, Thilo: Die Freihandelslüge. Warum TTIP nur den Konzernen nützt – und uns allen schadet, München 2015.

Böckenförde, Ernst-Wolfgang: Staat, Gesellschaft, Freiheit, Frankfurt 1976.

Bötsch, Christine: Die Nachbefolgung des westalliierten Besatzungsrechts im Lichte des Staats- und Völkerrechts, Frankfurt/M. 2000.

Borchmeyer, Dieter: Was ist deutsch? Die Suche einer Nation nach sich selbst, 2. Aufl. Berlin 2017.

Brehm, Klaus-Jürgen: Propaganda im Ersten Weltkrieg, Darmstadt 2013.

Brennan, Jason: Gegen Demokratie. Warum wir die Politik nicht den Unvernünftigen überlassen dürfen. Aus dem Amerikanischen von Stephan Gebauer (Titel der amerik. Ausgabe: Against Democracy), Berlin 2017.

Butter, Michael: »Nichts ist, wie es scheint«. Über Verschwörungstheorien, Berlin 2018.

Camus, Renaud: Revolte gegen den Großen Austausch. Zusammengestellt und übersetzt von Martin Lichtmesz, 3. Aufl. Schnellroda 2019 (franz. Ausgabe: Le grand replacement, 2011).

Chomsky, Noam: Der Mythos der freien Presse, in: Jens Wernicke: Lügen die Medien? Propaganda, Rudeljournalismus und der Kampf um die Öffentliche Meinung, Frankfurt/M. 2017, S. 107–122.

Coudenhove-Kalergi, Richard Nikolaus: Praktischer Idealismus. Adel – Technik – Pazifismus, Wien/Leipzig 1925.

Crouch, Colin: Postdemokratie. Aus dem Englischen von Nikolaus Gramm, Frankfurt (12. Aufl.) 2015.

Dahrendorf, Ralf: Gesellschaft und Demokratie in Deutschland, München 1965.

Denk, Peter: Lügenpresse, Gelnhausen/Roth 2015.

Depenheuer, Otto und Grabenwarter, Christoph (Hg.): Der Staat in der Flüchtlingskrise. Zwischen gutem Willen und geltendem Recht, 2. um ein Vorwort ergänzte Auflage, Paderborn 2017.

Donner, Monika: Krieg, Terror, Weltherrschaft. Warum Deutschland sterben soll, Bd. I, Gelnhausen/Roth 2017.

Dorn, Thea und Wagner, Richard: Die deutsche Seele, München 2011.

Drexler, Katharina: Ererbte Wunden heilen. Therapie der transgenerationalen Traumatisierung, 4. Aufl. Stuttgart 2019.

Falter, Reinhard: Natur neu denken. Erfahrung – Bedeutung – Sinn. Grundlagen naturphilosophischer Praxis, Klein Jasedow 2003.

-: Natur prägt Kultur: der Einfluß von Landschaft und Klima auf den Menschen. Zur Geschichte der Geophilosophie, München 2006.

Ferguson, Niall: Türme und Plätze. Netzwerke, Hierarchien und der Kampf um die globale Macht. Aus dem Englischen von Helmut Reuter, Berlin 2018.

Fest, Joachim: Hitler. Eine Biographie, 6. Aufl., Frankfurt/M. 1996.

Fichte, Johann Gottlieb: Grundlage der gesammten Wissenschaftslehre. In: Fichtes Werke, hrsg. von Immanuel Hermann Fichte, Bd. 1: Zur theoretischen Philosophie I, Berlin 1971.

-: Reden an die deutsche Nation. Mit einer Einleitung hrsg. von Alexander Aichele, Hamburg 2008.

Foschepoth, Josef: Überwachtes Deutschland. Post- und Fernmeldeüberwachung in der alten Bundesrepublik, Göttingen 2014.

Frank, Manfred: Selbstgefühl. Eine historisch-systematische Erkundung, Frankfurt/M. 2002.

Funk, Gerald, Mattenklott, Gert, und Pauen, Michael (Hg.): Ästhetik des Ähnlichen. Zur Poetik und Kunstphilosophie der Moderne, Frankfurt/M. 2000.

Furth, Peter: Massendemokratie. Über den historischen Kompromiß zwischen Liberalismus und Sozialismus als Herrschaftsform, Berlin 2015.

Gauland, Alexander: Die Deutschen und ihre Geschichte, Lüdinghausen/Berlin 2018.

Gehlen, Arnold: Moral und Hypermoral. Eine pluralistische Ethik, 2. Aufl. Bonn 1970.

Geisler, Antonia: John Locke. In: Peter Massing, Gotthard Breit, Hubertus Buchstein (Hg.): Demokratietheorien. Von der Antike bis zur Gegenwart. 8., völlig überarbeitete Aufl., Schwalbach/Ts. 2012.

Giesler, Hermann: Ein anderer Hitler. Bericht seines Architekten Hermann Giesler. Erlebnisse, Gespräche, Reflexionen, Leoni am Starnberger See 1978.

Goebbels, Joseph: Das Europa der Zukunft, in: Walter Lipgens (Hg.): Documents on the History of European Integration, Berlin/New York 1985.

Goldberg, Oskar: Die Wirklichkeit der Hebräer, hrsg. von Manfred Voigts, Wiesbaden 2005 (Erstausgabe Berlin 1925).

Greenhill, Kelly M.: Massenmigration als Waffe. Vertreibung, Erpressung und Außenpolitik, Rottenburg 2016 (Titel der amerik. Ausgabe: Weapons of Mass Migration – Forced Displacement, Coercion, and Foreign Policy).

Groß, Elke und Sieker, Ekkehard: Mission Desinformation, in: »Junge Welt« vom 1. August 2007.

Guizot, F.P.B.: De la démocratie en France, Brüssel 1849.

Hamm, Bernd: Das Ende der Demokratie … wie wir sie kennen, in: Ulrich Mies/ Jens Wernicke (Hg.): Fassadendemokratie und Tiefer Staat – Auf dem Weg in ein autoritäres Zeitalter, Wien 2017, S. 27– 46.

Hecker, Gerhard: Walther Rathenau und sein Verhältnis zu Militär und Krieg, Boppard 1983.

Heller, Herrmann: Hegel und der nationale Machtstaatsgedanke in Deutschland. Ein Beispiel zur politischen Geistesgeschichte, 1921, in: ders.: Gesammelte Schriften, 1. Bd., Orientierung und Entscheidung, hrsg. von Ch. Müller, 2. Aufl. 1992.
-: Staatslehre (6. Auflage), Tübingen 1983.

Hentig, Hans von: Die Besiegten. Zur Psychologie der Masse auf dem Rückzug, München 1966.

Herder, Johann Gottfried: Briefe zur Beförderung der Humanität, Bd. V, Riga 1795.

Hetzer, Wolfgang: Rechtsbruch als Staatsraison. Deutscher Sonderweg in Europa, Neustadt an der Orla 2016.

Heuss, Theodor: Hitlers Weg. Eine historisch-politische Studie über den Nationalsozialismus, Stuttgart/Berlin/Leipzig 1932.

Hewel, Walter: Record of conversation between Hitler and the Finnish foreign minister, R. Witting, 28. November 1941, in: Walter Lipgens (Hg.): Documents on the History of European Integration, Berlin/New York 1985.

Hinz, Thorsten: Die Psychologie der Niederlage. Über die deutsche Mentalität, 2. Aufl., Berlin 2010.

Hitler, Adolf: Mein Kampf, München (851.–855. Auflage) 1943.
-: Tischgespräche im Führerhauptquartier 1941–1942 (Henry Pickers Aufzeichnungen), Wiesbaden 1983.

Höfler, Otto: Siegfried, Arminius und der Nibelungenhort, Wien 1978.

Höhler, Gertrud: Die Patin. Wie Angela Merkel Deutschland umbaut, 3. Aufl. Zürich 2012.

Hölderlin, Friedrich: Werke, hrsg. von Paul Stapf, München/Wiesbaden o.J.

Hoppe, Hans-Hermann: Demokratie – Der Gott, der keiner ist (Titel der Originalausgabe: Democracy – The God That Failed), 2. Aufl. Waltrop/Leipzig 2004.

Horn, Eva/Bergthaller, Hanno: Anthropozän zur Einführung, Hamburg 2019.

Horn, Hans-Detlef: Grenzschutz im Migrationsrecht. Es geht nicht nur um innere Sicherheit, in: Otto Depenheuer/Christoph Grabenwarter (Hg.): Der Staat in der Flüchtlingskrise. Zwischen gutem Willen und geltendem Recht, 2. um ein Vorwort ergänzte Auflage, Paderborn 2017, S. 142–156.

Hübner, Kurt: Das Nationale. Verdrängtes – Unvermeidliches – Erstrebenswertes, Graz/Wien/Köln 1991.

Karlauf, Thomas: Stefan George. Die Entdeckung des Charisma, München 2007.

Kersten, Jens: Das Anthropozän-Konzept. Kontrakt – Komposition – Konflikt, Baden-Baden 2014.

Klages: Der Geist als Widersacher der Seele, Bonn 1929–32.
-: Vom Wesen des Rhythmus, Kampen auf Sylt 1934.

Klein, Eckart: Rechtliche Klarstellungen zur Flüchtlingskrise, in: Otto Depenheuer/Christoph Grabenwarter (Hg.): Der Staat in der Flüchtlingskrise. Zwischen gutem Willen und geltendem Recht, 2. um ein Vorwort ergänzte Auflage, Paderborn 2017, S. 159–173.

Kleine-Hartlage, Manfred: »Neue Weltordnung« – Zukunftsplan oder Verschwörungstheorie? Schnellroda 2012.

Kondylis, Panajotis: Der Niedergang der bürgerlichen Denk- und Lebensform. Die liberale Moderne und die massendemokratische Postmoderne, 3. Aufl. Berlin 2010.

Kraus, Hans-Christian: Das Geheime Deutschland – Zur Geschichte und Bedeutung einer Idee, in: Historische Zeitschrift, Bd. 291 (2010).

Kuehnelt-Leddihn, Erik R. von: Demokratie – eine Analyse, Graz 1996.
-: Gleichheit oder Freiheit? Demokratie – ein babylonischer Turmbau?, Tübingen 1985.

Laughland, John: The Tainted Source. The undemocratic origins oft he European Union, London 1998.

Lessing, Theodor: Der jüdische Selbsthaß, Berlin 1930 (Nachdruck München 2004).

Levisky, Steven und Ziblatt, Daniel: Wie Demokratien sterben. Und was wir dagegen tun können. Aus dem Amerikanischen von Klaus-Dieter Schmidt, München 2018.

Ley, Michael: Die kommende Revolte, 2. Aufl. Paderborn 2015.

Lichtmesz, Martin und Sommerfeld, Caroline: Mit Linken leben, Schnellroda 2017.

Liebnitz, Sophie: Tote weiße Männer lieben, Schnellroda 2018.

Lipgens, Walter (Hg.): Documents on the History of European Integration, Berlin/New York 1985.

Lisson, Frank: Die Verachtung des Eigenen. Ursachen und Verlauf des kulturellen Selbsthasses in Europa, Schnellroda 2012.

Lively, Jack: The Social and Political Thought of Alexis de Tocqueville, Oxford 1962.

Lukács, Georg: Die Zerstörung der Vernunft, Berlin 1954.

Mai, Klaus-Rüdiger: Gehört Luther zu Deutschland? Freiburg 2016.

Mann, Thomas: Politische Schriften und Reden. Erster Band: Betrachtungen eines Unpolitischen, hrsg. von Hans Bürgin, Frankfurt/M. 1968.

Marcuse, Herbert: Repressive Toleranz, in: Robert Paul Wolff, Barrington Moore und ders.: Kritik der reinen Toleranz [1965], Frankfurt/M. 1966.

Mausfeld, Rainer: Massenmediale Ideologieproduktion. Ein Interview, in: Jens Wernicke: Lügen die Medien? Propaganda, Rudeljournalismus und der Kampf um die Öffentliche Meinung, Frankfurt/M. 2017, S. 134–153.
-: Phänomene eines »Tiefen Staates« als Erscheinungsformen des autoritären Kapitalismus, in: Ulrich Mies/Jens Wernicke (Hrsg.): Fassadendemokratie und Tiefer Staat – Auf dem Weg in ein autoritäres Zeitalter, Wien 2017, S. 47–61.

Mies, Ulrich/Wernicke, Jens (Hrsg.): Fassadendemokratie und Tiefer Staat – Auf dem Weg in ein autoritäres Zeitalter, Wien 2017.

Möller, Horst: Die nationalsozialistische Machtergreifung. Konterrevolution oder Revolution? In: Vierteljahreshefte für Zeitgeschichte Nr. 1 (1983), S. 25–51.

Mouffe, Chantal: Das demokratische Paradox. Aus dem Englischen übersetzt und mit einer Einleitung versehen von Oliver Marchart, 2. Aufl. Wien 2015.

Müller, Baal: Der Vorsprung der Besiegten. Identität nach der Niederlage, Schnellroda 2009.
-: Kosmik. Prozeßontologie und temporale Poetik bei Ludwig Klages und Alfred Schuler: Zur Philosophie und Dichtung der Schwabinger Kosmischen Runde, München 2007 (Neuausgabe Neustadt an der Orla 2020).

Murray, Douglas: Der Selbstmord Europas. Immigration, Identität, Islam, 4. Aufl. München 2018.

Murswiek, Dietrich: Nationalstaatlichkeit, Staatsvolk und Einwanderung in: Otto Depenheuer/Christoph Grabenwarter (Hg.): Der Staat in der Flüchtlingskrise. Zwischen gutem Willen und geltendem Recht, 2. um ein Vorwort ergänzte Auflage, Paderborn 2017, S. 125–141.

Nagel, Tilman: Das islamische Recht. Eine Einführung, Westhofen 2001.

Nietzsche, Friedrich: Sämtliche Werke. Kritische Studienausgabe, hrsg. von Giorgio Colli u. Mazzino Montinari, 15 Bde., München/New York 1980.

Nolte, Ernst: Europäische Revolutionen des 20. Jahrhunderts. Die nationalsozialistische Machtergreifung im historischen Zusammenhang, in: W. Michalka (Hg.): Die nationalsozialistische Machtergreifung, Paderborn/München/Wien/Zürich 1984.

Novalis: Schriften. Die Werke Friedrich von Hardenbergs, hrsg. von Paul Klockhohn und Richard Samuel, Stuttgart 1960ff.

Orwell, George: Selected Essays, London 1957.

Pauli, Johannes: Legitimitätsfassade. Zur Staatlichkeit der Deutschen, Neustadt an der Orla 2015.

Pesch, Volker: Charles de Montesquieu. In: Peter Massing, Gotthard Breit, Hubertus Buchstein (Hg.): Demokratietheorien. Von der Antike bis zur Gegenwart. 8., völlig überarbeitete Aufl., Schwalbach/Ts. 2012.

Pirinçci, Akif: Umvolkung. Wie die Deutschen still und leise ausgetauscht werden, Schnellroda 2016.

Pollock, Friedrich: Ist der Nationalsozialismus eine neue Ordnung? In: Horkheimer/Pollock/Neumann u.a.: Wirtschaft, Recht und Staat im Nationalsozialismus. Analysen des Instituts für Sozialforschung 1939–1942. Hrsg. von H. Dubiel und A. Söllner, Frankfurt/M. 1981, S. 81–109.

Raulff, Ulrich: Kreis ohne Meister. Stefan Georges Nachleben, München 2009.

Rauschning, Hermann: Die Revolution des Nihilismus (1938). Neu hrsg. von Golo Mann, Zürich 1964.

Rauwald, Marianne (Hg.): Vererbte Wunden: Transgenerationale Weitergabe traumatischer Erfahrungen, Weinheim 2013.

Renan, Ernest: Was ist eine Nation? Rede am 11. März 1882 an der Sorbonne. Mit einem Essay von Walter Euchner, Hamburg 1996.

Renn, Jürgen/Scherer, Bernd (Hg.): Das Anthropozän. Zum Stand der Dinge, 2. Aufl. Berlin 2015.

Reuth, Ralf Georg: Hitlers Judenhaß. Klischee und Wirklichkeit, München/Zürich 2009.

Richter, Edelbert: Für ein Ende der Halbwahrheiten. Korrekturen an unserem Bild von Judentum und Nationalsozialismus, Lüdinghausen/Berlin 2018.

Riedel, Manfred: Geheimes Deutschland. Stefan George und die Brüder Stauffenberg, Köln 2006.

Rohbohm, Hinrich: Merkels Maske. Kanzlerin einer anderen Republik, Berlin 2017.

Roth, Klaus: Platon. In: Peter Massing, Gotthard Breit, Hubertus Buchstein (Hg.): Demokratietheorien. Von der Antike bis zur Gegenwart. 8., völlig überarbeitete Aufl., Schwalbach/Ts. 2012.

Sander, Hans-Dietrich: Das tragische Interludium, Neustadt an der Orla 2017.
-: Das verborgene Volk, Neustadt an der Orla 2018.
-: Politik und Polis, Neustadt an der Orla 2016.

Sarrazin, Thilo: Deutschland schafft sich ab. Wie wir unser Land aufs Spiel setzen, München 2010.
-: Feindliche Übernahme. Wie der Islam den Fortschritt behindert und die Gesellschaft bedroht, München 2018.
-: Wunschdenken. Europa, Währung, Bildung, Einwanderung – warum Politik so häufig scheitert, München 2016.

Schachtschneider, Karl Albrecht: Die Souveränität Deutschlands. Souverän ist, wer frei ist, Rottenburg 2012.
-: Erinnerung ans Recht. Essays zur Politik unserer Tage, Rottenburg 2016.
-: Grenzen der Religionsfreiheit am Beispiel des Islam, Berlin 2010.

Schauwecker, Franz: Aufbruch der Nation, Berlin 1929.

Scheler, Max: Der Genius des Krieges und der deutsche Krieg, Leipzig 1915.

Schiller, Friedrich: Sämtliche Werke, hrsg. von Peter-André Alt, Albert Meier u. Wolfgang Riedel, 5 Bde., München/Wien 2004.

Schivelbusch, Wolfgang: Die Kultur der Niederlage. Der amerikanische Süden 1865. Frankreich 1871. Deutschland 1918, Frankfurt 2007.

Schmidt, Manfred G.: Demokratietheorien. Eine Einführung. 3. überarbeitete und erweiterte Auflage, Opladen 2000.

Schmitt, Carl: Der Begriff des Politischen. Text von 1932 mit einem Vorwort und drei Corollarien. 6. Auflage, Nachdruck der Ausgabe von 1963, Berlin 1996.
-: Die geistesgeschichtliche Lage des heutigen Parlamentarismus, 8. Aufl. Berlin 1996 (Erstausgabe 1923).

Schoenbaum, David: Die braune Revolution. Eine Sozialgeschichte des Dritten Reiches, München 1980.

Schrenck-Notzing, Caspar von: Charakterwäsche. Die Politik der amerikanischen Umerziehung in Deutschland, 2. Aufl. 1994.

Schüßlburner, Josef: Konsensdemokratie. Die Kosten der politischen »Mitte«, Schnellroda 2010.
-: Roter, brauner und grüner Sozialismus. Bewältigung ideologischer Übergänge von SPD bis NSDAP und darüber hinaus, 3. Aufl. Düsseldorf 2015.

Schwarz, Kyrill-A.: Gefährdung der Souveränität? Das Verfassungsrecht und der Vorbehalt des Möglichen unter dem Eindruck der »Flüchtlingskrise«, in: Otto Depenheuer/Christoph Grabenwarter (Hg.): Der Staat in der Flüchtlingskrise. Zwischen gutem Willen und geltendem Recht, 2. um ein Vorwort ergänzte Auflage, Paderborn 2017, 73–89.

Scruton, Roger: England and the Need for Nations, London 2004.

Sering, Paul (d.i. Richard Löwenthal): Der Faschismus, in: Zeitschrift für Sozialismus Nr. 24/25 (Sept./Okt. 1935), S. 765–787.

Seton-Watson, Hugh: Nations and States. An enquiry into the origins of nations and the politics of nationalism, Colorado 1977.

Sieferle, Rolf Peter: Das Migrationsproblem. Über die Unvereinbarkeit von Sozialstaat und Masseneinwanderung, Waltrop/Berlin 2017.
-: Finis Germania, Schnellroda 2017

Sloterdijk, Peter: »Die Freigabe aller Dinge« – Interview, in: Focus Nr. 31/2005, S. 51–54.

Spengler, Oswald: Der Untergang des Abendlandes. Umrisse einer Morphologie der Weltgeschichte, München 1923.

Staël, Anne Germaine de: Über Deutschland. Vollständige und neu durchgesehene Fassung der deutschen Erstausgabe von 1814 in der Gemeinschaftsübersetzung von Friedrich Buchholz, Samuel Heinrich Catel und Julius Eduard Hitzig. Hrsg. und mit einem Nachwort versehen von Monika Bosse, Frankfurt/M. 1985.

Stahl, Alexander von: Kampf um die Pressefreiheit. Chronologie eines Skandals. Die Verfassungsbeschwerde der Wochenzeitung JUNGE FREIHEIT wegen Verletzung der Meinungs- und Pressefreiheit durch Verfassungsschutzberichte des Landes NRW, Berlin 2003.

Stein, Dieter: Phantom »Neue Rechte«. Die Geschichte eines politischen Begriffs und sein Missbrauch durch den Verfassungsschutz, Berlin 2005.

Steinbach, Erika und Otte, Max (Hg.): Nachdenken für Deutschland. Wie wir die Zukunft unseres Landes sichern können, Lüdinghausen/Berlin 2018.

Stern, Klaus: Das Staatsrecht der Bundesrepublik Deutschland, 5 Bände, München 1977ff.

Suhrkamp, Peter: März 33, in: Die Neue Rundschau, Frankfurt 1890ff., Jg. 1933, Heft 5.

Talmon, J.L.: Die Ursprünge der totalitären Demokratie, Köln/Opladen 1961 (engl. Originalausgabe: The Origins of Totalitarian Democracy, ins Deutsche übertragen von Efrath B. Kleinhaus).

Teusch, Ulrich: Lückenpresse. Das Ende des Journalismus, wie wir ihn kannten, Frankfurt/M. 2016 (4. Aufl. 2017).

Thaler, Richard H. und Sunstein, Cass R.: Improving Decisions About Health, Wealth, and Happiness, New Haven/London 2008.

Tirpitz, Alfred von: Erinnerungen, Leipzig 1919.

Tocqueville, Alexis de: Über die Demokratie in Amerika, Stuttgart 1985.

Uhle-Wettler, Franz (Hg.): Das Versailler Diktat. Vorgeschichte – Vollständiger Vertragstext. Gegenvorschläge der deutschen Regierung, Kiel 1999.

Ulfkotte, Udo: Gekaufte Journalisten – Wie Politiker, Geheimdienste und Hochfinanz Deutschlands Massenmedien lenken, Rottenburg 2014.

Ullrich, Daniel und Diefenbach, Sarah: Es war doch gut gemeint. Wie Political Correctness unsere freiheitliche Gesellschaft zerstört, München 2017.

Vosgerau, Ulrich: Die Herrschaft des Unrechts. Die Asylkrise, die Krise des Verfassungsstaates und die Rolle der Massenmedien, Rottenburg 2018.

Wagner, Richard: Gesammelte Schriften und Dichtungen, 2. Aufl. Leipzig 1888.

Waldstein, Thor von: »Wir Deutsche sind das Volk.« Zum politischen Widerstandsrecht der Deutschen nach Art. 20 IV Grundgesetz in der »Flüchtlingskrise«, Steigra (Institut für Staatspolitik) 2016 (2. Aufl. 2017).

Weiß, Volkmar: Die Intelligenz und ihre Feinde. Aufstieg und Niedergang der Industriegesellschaft, Graz 2012.
-: Die IQ-Falle. Intelligenz, Sozialstruktur und Politik, Graz 2010.

Weißmann, Karlheinz: Kulturbruch '68. Die linke Revolte und ihre Folgen, Berlin 2017.
-: Nation? Bad Vilbel 2001.
-: Post-Demokratie, Schnellroda 2009.

-: Rubikon. Deutschland vor der Entscheidung, Berlin 2016.
-: 1919. Von der Revolution zum Friedensdiktat, Berlin 2019

Wenner, R.: Demokratie und Islam, in: U. Hildenbrand, F. Rau, R. Wenner: Freiheit und Islam. Fakten – Fragen – Forderungen, Bad Schussenried 2016, S. 415–502.

Wernicke, Jens: Lügen die Medien? Propaganda, Rudeljournalismus und der Kampf um die Öffentliche Meinung, Frankfurt/M. 2017.

Willeke, Franz-Ulrich: Deutschland. Zahlmeister der EU – Abrechnung mit einer ungerechten Lastenverteilung, München 2011.

Williams, Geraint L. (Hg.): John Stuart Mill on Politics and Society, Glasgow 1840.

Willsch, Klaus-Peter: Von Rettern und Rebellen. Ein Blick hinter die Kulissen unserer Demokratie, 2. Aufl. München 2015.

Zimmer, Oliver: Nationalism in Europe, 1890–1940, New York 2003.

Zitelmann, Rainer: Hitler. Selbstverständnis eines Revolutionärs, 4. erweiterte Neuauflage, München 1998.

Thomas Röper

SPIEGLEIN, SPIEGLEIN

in der Hand, wer lügt am meisten im ganzen Land?

€ 19,95

Festeinband, 280 S.

ISBN 978-3-96850-126-0

Zu bestellen bei:

J. K. Fischer-Verlag

Im Mannsgraben 33
63571 Gelnhausen

Tel.: 06051 474740
Fax: 06051 474741

info@j-k-fischer-verlag.de

In diesem Jahrbuch hat Thomas Röper, der Autor der Seite «Anti-Spiegel», einige der dreistesten Beispiele für Desinformation zusammengetragen, die es 2019 in den deutschen Medien gegeben hat.

Die Medien in Deutschland verfolgen eine politische Agenda und das lässt sich leicht aufzeigen. Um die öffentliche Meinung in die gewünschte Richtung zu beeinflussen, werden mal wichtige Informationen weggelassen, mal Dinge verdreht, mal Aussagen aus dem Zusammenhang gerissen und notfalls auch mal dreist gelogen.

Thomas Röper hat in diesem Buch 37 Beispiele zusammengetragen, die das für jeden nachprüfbar aufzeigen. Das sind aber wirklich nur Beispiele, das Buch hätte problemlos auch 3.000 anstatt 300 Seiten umfassen können.

Der Autor dokumentiert diese Beispiele und kommentiert sie mal mit trockenem Humor, mal mit beißendem Sarkasmus. So ist ein gruseliger Lesespaß entstanden, bei dem man manchmal nicht weiß, ob man lachen oder weinen möchte.

www.j-k-fischer-verlag.de